신세계사 2

고대 세계의 장의사 흉노의 출현과 이슬람 문명의 황금시대

신세계사 2 _____

쑨룽지 지음
오수현 옮김

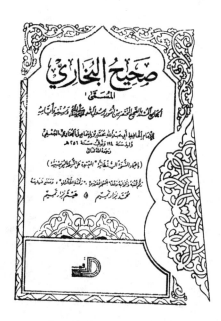

흐름출판

차례

일러두기

1. 책 속에 등장하는 외국어 번역명 뒤에는 해당 외국어를 병기하였는데 최대한 영문을 써서 통일시키고자 했기 때문에 반드시 '원어'와 같다고 할 수는 없다.

2. 시대나 사건을 지칭하는 명사는 괄호 안에 외국어와 연도를 병기하였다. 기원전은 연도 끝에 B.C.E.를 붙였으며 이는 Before the Common Era의 약자다. 기원전에서 기원후(서기)에 걸쳐 있는 기간은 뒤의 연도에 C.E를 붙였는데 이는 Common Era의 약자이다. 만일 둘 다 기원후(서기)라면 연도만 표시할 뿐, 그 뒤에는 어떠한 약자도 추가하지 않았다.

3. 인명 등의 고유명사는 상례를 따라 표기하였다. 괄호 안의 외국어 뒤에는 해당 인물의 생몰 연도를 기재하였다. 생몰 연도 중간에 추가된 제3의 연도, 즉 r.이라는 표기는 제위에 오르거나 임직한 시점을 가리킨다. 별도로 해임 연도가 표시되지 않았다면 임기 내 사망한 경우다. 일련의 연도가 연속 등장하는 경우에는 하이픈을 추가하였는데 이는 임기가 한 차례 이상임을 의미한다.

『신세계사』의 새로움

이제는 역사에 대한 기존의 이해를 완전히 뒤집어야 할 때가 되었다. 역사 연구의 대상은 과거일 수밖에 없으며, 그 대상은 이미 눈앞에 존재하지 않는다. 때문에 지금 우리가 할 수 있는 일은 기껏해야 과거의 편린을 그러모아 어느 한 부분을 복원하는 것뿐이다. 우리가 아무리 해봐야 과거 당시의 사람들만큼 지나간 시대를 장악할 수는 없다. 이는 외국인이 자국인보다 해당 지역을 더 잘 이해할 수 없는 것과 마찬가지로 자명한 이치일 것이다.

하지만 여기서 진지하게 짚고 넘어가야 할 것이 있다. 산속에 있어야만 비로소 그 산을 제대로 알 수 있다는 관점은 잘못된 것이라는 점이다. 고대 이집트의 촌민이 동시대 바빌론의 존재를 알았을 리 없다. 프랑스 대혁명 당시 리옹 사람들은 파리 혁명에 대한 정보를 지금 우리가 알고 있는 것만큼 알지 못했을 것이다. 사실상 과거 당시의 사람들이 알고 있던 것은 지금 우리가 알고 있는 것에 비하면 훨씬 국부적이다. 그런데도 우리가 과거의 어느 한 부분만을 알고 있을 뿐이라는 부족감이 드는 것은 모든 것을 통할하고자 하는 의지의 투영이라고 볼 수 있다. 이는 마치 영생을 추구하면서 전지전능한 신이 되고자 하는 것과 같다. 옛 사람에 비교하자면 이 시대의 사람은 올림푸스산의 신족神族이라 할 수 있다. 이렇듯 '옛것'을 장악하는 것은 바로 '지금'이다. 그러니 '지금'이 존재하지 않으면 '옛것'은 무엇에 의지해 존재할까? 시간이 흐를수록 '지금'은 점점 '옛것'으로부터 멀어진다. 따라서 '옛것'이라는 비단에 무늬를 짜 넣는 일에도 정밀한 능력이 더더욱 필요해진다. 따라서 역사(과거)는 단지 '새로움'만 요구하는 게 아니라 '나날이 새로워질 것'을 요구한다.

나는 또한 기존 역사학에 내재된 오류를 바로잡고자 한다. 글로벌 시대인 오늘날에 여전히 민족국가 시대의 의식으로 펼쳐낸 역사 서사를 보고 있노라면 마치 시간여행 드라마를 보는 것 같은 느낌을 받게 된다. 이것은 이 책『신세계사』가 4대 문명 '고국古國'이라는 기존의 틀을 깨고 농경과 목축의 변증관계로써 티그리스-유프라테스강과 나일강 문명을 연결하게 된 계기이기도 하다. 관건은 바로 이 양자 사이의 '환아라비아 유목-방목 복합 지대'다. 농목農牧혁명의 탄생지인 환메소포타미아 산측hilly flanks에서 형성된 이 복합 지대의 서쪽 지역이 갈수록 건조해지면서 이 지역은 농경과 목축 가운데 '목축'으로 치우치게 되었다. 이는 목축이 농경에 뒤떨어지는 저급 단계가 결코 아니며 양자가 동등하게 발전했음을 보여준다. 셈어족의 본향인 이 '복합 지대'는 티그리스-유프라테스강 고대 문명이 움트던 시기에 즉시 메소포타미아로 스며들었다. 복합 지대로부터 분출된 가장 마지막 물결은 7세기의 아라비아 정복이다. 봄갈이와 추수를 해야 하는 농경민에게는 1년 전체의 달력이 필요했지만, 유목민은 달의 삭망을 관찰하는 것만으로도 충분했다. 태양의 나라 이집트가 출현한 적도 있지만 고대 근동에서 그것은 매우 드문 경우였고, 오늘날 근동 지역에는 이슬람을 상징하는 초승달이 그려진 깃발이 두루 꽂혀 있다.

고대 근동을 하나의 단위로 구축하면서 이 책에서는 위성 위치결정체계SPS 방법을 사용해 이란고원의 서쪽 가장자리로 자리매김했다. 이란고원의 동쪽 가장자리는 고대 인더스강 유역 문명이다. 이로써 이란고원은 범위가 보다 넓은 연결고리로 변하게 된다. 고원의 동서 양측은 고대 근동 식의 한작농업(밭작물을 주로 하는 농업 - 옮긴이) 중심의 '밀과 양의 문화'로 칭할 수 있다. 이곳과 인더스강 유역의 관계는 티그리스-유프라테스강을 둘러싼 산측 지대와 메소포타미아의 관계와 같다. 그런데 고대 인도 문명의 경우, 나중에 한 층이 더해지게 된다. 아리아인의 인도 침입 가설은 이미 흔들린 지 오래다. 고대 인도 문명의 기초를 재차 다진 것과 관련하여 보다 타당한 설은 바로 창장長江 유역의 '쌀과 돼지 문화'의 침입이다. 이렇게 보면, 인도 아대륙(인도반도)은 원고遠古 문명의 분계선이자 합류지였다.

여기서 말하고자 하는 것은, 지역을 넘어선 연결 작업을 하지 않은 채 단지 지역으로 지역을 논한다면 각자 만지게 되는 것은 역사라는 코끼리의 코·다리·꼬리·상아에 불과하다는 사실이다. 중국 문명의 기원 문제에 있어서도 원고시대의 화베이華北는 유라시아 대초원과의 관계에서 벗어날 수 없다. 화난華南의 논벼 혁명은 중국 문명 기원론의 일환일 수 있는 동시에 남아시아어족(오스트로아시아어족)과 남도南島어족(오스트로네시아어족)의 원천일 수도 있다. 오세아니아로 이주한 남도어족은 마지막으로 지구를 채운 인류 집단이다. 이는 콜럼버스보다 위대한 서사시다. 중국 문명 기원론은 스스로 중국이라는 범위에만 갇혀 있으면 안 된다.

지리적으로 봤을 때, 서반구는 동반구의 안티테제다. 동반구의 문화 전파는 횡적 전파였다. 반면 서반구의 문화 전파는 수직형인데, 서로 다른 기후대를 뛰어넘어야 하기 때문에 문화 전파에 장애가 있었다. 나는 이 동서 양반구의 안티테제를 아프리카 역사에도 적용했다. 아프리카의 북반부는 '동반구 형태'이고 남반부는 '서반구 형태'다. 그런데 아프리카의 문제는 북반부의 지리가 동반구 형태의 이점을 지니고 있긴 하지만 세계 최대의 사막이라는 사실이다! 아메리카의 경우, 유라시아대륙에 비해 전반적으로 서반구 형태다. 그런데 그 내부를 들여다보면, 북아메리카는 동반구 형태인 반면, 남아메리카는 전형적인 서반구 형태다. 오늘날 지구의 남북 대립은 빈부 양극화와 마찬가지로 역사와 지리가 공모한 결과다.

글로벌 세계사에서는 서양 중심론을 반드시 제거해야 한다. 역대로 페르시아-그리스 전쟁에 대한 기술은 죄다 그리스의 입장에 서 있었다. 때문에 페르시아는 마치 그리스사의 일부처럼 되고 말았다. 이 책에서는 이를 수정해 페르시아제국의 관점에서 페르시아-그리스 전쟁을 투시했다. 또한 알렉산더대왕의 동방원정에도 아시아 입장에서의 시야를 부여했다. 당시에 중국은 진秦·한漢의 대통일로 이행하기 전이었다. 알렉산더가 내륙아시아에 먼저 도달했고, 장건張騫은 두 세기 뒤에야 그곳에 이르러 유라시아를 꿰뚫는 길을 개척했다. 이 전환점에 이르러 세계사의 글로벌 시야가 활짝 열렸다.

이 절정기는 오랜 숙성 기간을 거친 것이다. 일찍이 기원전 6세기에 소위 '인류사의 축의 시대'가 절정top gear 단계로 진입하면서, 유라시아대륙의 몇몇 중심에서는 훗날 보편 사상이 되는 사상 체계들이 각기 처음으로 만들어졌다. 이때까지는 아직 각 지역을 뛰어넘는 영향의 흔적을 찾아볼 수 없다. 각각의 기초적 설정이 크게 달랐기 때문이다. 축의 시대Axial Age는 인류에게 새로운 스타일의 문명을 설계해주었는데, 이를 따라잡지 못한 구세대의 문명은 즉시 도태되었다. 알렉산더가 펼친 헬레니즘 시대는 축의 시대의 몇 가지 요소를 보편적 구세주형의 종교로 다듬어냈다.

전통적인 세계 근대사의 역점은 서양의 굴기에 있다. 『신세계사』에서는 서양이 빚어낸 세계 경제의 형성기에 중국이라는 이 선진적인 초거대 시장이 바닥짐(밸러스트)의 역할을 맡았는지 탐구하고자 한다. 이로써 송대 중국이 세계 근대화의 이른 봄이었다는 '당唐·송宋 변혁론'의 명제를 증명할 수 있을 것인가? 어쩌면 이것은 21세기 미국의 최대 채권국이 된 중국의 회고적인 시각이 반영된 그림일까? 만약 나의 수정주의가 성립할 수 있다면,('마르크스의 이론을 개량해서 해석하는 형식을 취한, 마르크스주의에 적대하는 일체의 학설과 운동'인 '수정주의'에 빗대어 '만약 이러한 새로운 시각이 기존의 서양 중심 역사의 틀을 뒤집는 새로운 학설의 성립이 될 수 있다면'이라는 뜻으로 썼음 – 옮긴이) 전통적인 서양 근대사의 해양 중심론을 대폭으로 고쳐 쓰게 될 것이고, 또한 해양과 대륙의 상호작용에 주목하는 방향으로 전환함으로써 더 이상 서양의 첨병 역할만을 일방적으로 강조하지는 않을 것이며, 중국과 인도의 유발·후방 보급·바닥짐 역할을 소홀히 보지 않게 될 것이다.

쑨룽지

공동으로 직면할 수 있는 문제에 대하여

나는 일찍이 미국을 비롯해 타이완·중국·홍콩에서 세계사를 가르치거나 강연하면서, 다방면의 비교를 통해 많은 것을 느꼈다. 아직까지 한국은 방문할 기회가 없었는데, 나의 경험이 한국에도 적용될 수 있을지 모르겠다. 하지만 이렇게 이야기를 꺼냄으로써 어쩌면 공감을 불러일으킬 수도 있을 것이다.

최근 10년 동안의 강단 생활은 타이완에서였다. 그전에는 오랫동안 미국에서 지냈다. 가장 첨예하게 대비되는 것은 교과서다. 타이완에서는 20~50년 전에 편찬한 오래된 교과서를 세계사 교육에 사용한다. 비교적 최신의 미국 교과서를 번역한 내용이 보충되긴 하지만 미국의 최신판을 따라가진 못한다. 내가 미국에서 학생들을 가르칠 때, 해마다 몇몇 출판업자들이 교재로 채택해 달라며 견본 도서를 보내왔다. 보아하니, 타이완은 머뭇거리며 앞으로 나아가지 못하는 반면 미국은 날마다 새로워진다. 하지만 사실 양자 모두 폐단이 있다.

타이완의 세계사 교육은 중국어권의 상황을 상당히 반영하고 있는데, 대체로 20세기 중후반에 머물러 있다. 컴퓨터·휴대폰 등 정보 관련 과학기술이 거의 반년마다 업그레이드되는 것과 비교할 때, 중국어권의 세계사 교재는 마치 나노미터 과학기술 시대에 여전히 내연기관을 사용하고 있는 것과 같다. 미국은 시장이 훨씬 큰 만큼 많은 출판사들이 치열하게 경쟁하는 것은 이상할 게 없다. 하지만 그들은 어떻게 '고객'인 학생의 비위를 맞출 것인지 경쟁하는 것이다. 때문에 매번 수준이 하향화된다. 도판이 많아지고 컬러 인쇄가 정밀해지는 반면 글자는 점점 감소한다. 고유명사도 점점 없어진다. 나는 미국을 떠나던 해에, 미국의 한 세계사 교과서에서 이집트의 3000년 역사 가운데 단 한 명만 언급된 것을 발견했다. 그 한 명이 누구일지 알아맞혀보라고 중국인에게 물었더니, 쿠푸Khufu라고 대답하거나 람세스 2세Ramses II라고 대답했다. 심지어는 그리스인 클레오파트라Cleopatra라고 대답하는 이도 있었다. 모두 틀린 대답이었다. 그 한 명은 뜻밖에도 아케나텐Akhenaten이다! 아케나텐은 일신교의 원조로 말해지는데, 기독교 문명의 편견을 지닌 교과서에서 이집트를 대표하는 유산으로 그를 선택할 수밖에 없었던 것이다.

때문에 매년 갱신되는 미국 교재를 중국어 번역이 따라잡지 못하는 게 불행인지 다행인지 단언하기 어렵다. 그런데 문제는 이렇게 단순한 게 결코 아니다. 반드시 두 측면으로 나눠서 살펴봐야 한다. 즉 미국 대학생의 세계사와 학계의 세계사는 별개의 것이다! 학계의 세계사는 글로벌 히스토리를 개척하는 데 앞장서서 서양 중심론을 흔들어놓았고, 1980년대 대학 교육과정의 개혁을 야기했다. 유럽 통사가 세계 통사에 자리를 내주었다. 타이완과 중국 역시 이를 따라 하면서 서양 통사는 지나간 옛것이 되었다. 중국의 상황은 확실히 모르겠지만, 타이완에서는 이렇게 간판을 바꾼 게 사실은 양두구육羊頭狗肉이다. 가르치는 사람의 자질이 부족한 탓에 중국사 외의 다른 역사 영역은 전반적으로 알지 못할뿐더러 모르는 게 태반이다. 정상급 대학을 제외한 나머지 대학의 관련 학과에서는 미술사, 중외관계사, 심지어는 정치학과 국제관계 전공 교수를 초빙해 구색만 맞춘다. 그들의 학위가 서양과 조금이라도 관계가 있으면 되는 것이다. 이렇게 해서 가르치게 되는 건 세계사라고 할 수 없다. 역사라고도 할 수 없는 경우가 비일비재하다. 소위 정상급 대학이 세계사라고 내건 것도 실질적으로는 여전히 서양사다. 나는 강의실에서 자주 이렇게 탄식한다. "타이완의 세계사 교육은 서양 중심론의 마지막 보루일 것이다!"

우리가 직면한 최대의 역설은 이것이다. 서양 중심론, 포스트식민주의, 다원문화주의 등이 죄다 서양(보다 정확히 말하자면 미국)에서 기원했다는 사실. 서양 중심론 제거, 글로벌 사관, 동서양의 대분기설Great Divergence 등은 사실 서양의 흐름을 뒤쫓는 것이다. 시대 조류를 따르지 않으면 어떤가? 담론 패권이 누구의 손에 있는가? 완강한 저항은, 까놓고 말하자면 수십 년 전 서양의 서사敍事를 가지고 새로운 버전에 대항하는 것이다. 이는 영국 산업혁명 시대의 내연기관으로 오늘날의 첨단과학기술에 맞서는 것과 같다!

이와 동시에 존재하는 또 다른 역설은, 미국 사학계의 선구성과 일반 학생의 무지함이 병행한다는 것이다. 미국은 여러 민족의 이민으로 이루어진 국가이기 때문에 교육 정책은 전 국민에게 영국계의 역사를 강요하지 않도록 되어 있다. 따라서 오늘날 미국 통사 교재는 반드시 아프리카계와 기타 집단의 분량을 강화해야만 한다. 이는 물론 비교적 깨어 있는 태도이지만, 이러한 역사관은 의심할 바 없이 줄곧 '형성' 중인 상태다. 이는 오늘날 난산 중에 있는 글로벌 사관과 마찬가지다.

미국이 문화의 용광로라는 것에 대해 회의를 가지고 이에 맞서 '초국가적인 미국Trans-National America'이라는 개념을 제기한 사람도 있다. 즉, 세계 각지에서 온 이민자의 정신에 각 출신국의 문화 전승이 보존되어 있으므로, 오늘날의 미국은 이제 막 드러나고 있는 세계 문명의 구조를 예시豫示한다고 보는 것이다. 이 말이 다 맞는 것만은 아니다! 중국계의 경우, 2세대에까지 중국 문화가 전승되는 경우는 많지 않다. 설령 늘 강조한다 하더라도 이미 중국어를 잘 모르는 상황에서, 현재의 권력 쟁취에 유리한 문화 정체성을 구축하게 마련이다. 어쨌든 그들은 죄다 미국인으로 변한다. 또한 역사로부터 탈출하고 역사의 짐을 짊어지지 않는 망상증에 전염된다. 미국의 기초를 다진 초기의 영국계는 대부분 비국교도였다. 그들이 부패한 구대륙과 결별한 의도는 신대륙에 '새로운 예루살렘'을 세우고 에덴동산으로 되돌아가 '영원한 아담'이 되는 것이었다. 그들은 '역사' 역시 구대륙에 남겨두고 왔다. 훗날 잇따라 세계 각지에서 미국으로 온 이민자 역시 이러한 건국정신의 계보를 변주하여 잇고 있다.

미국 사상가 헨리 데이비드 소로는 각 세대는 모두 '좌초된 배'이기 때문에 아랫세대가 윗세대의 전승을 헌신짝처럼 버리는 게 당연한 진리라고 공언했다. 노인에 대한 미국인의 경시는 뼛속 깊이 박혀 있다. 이러한 경시가 설사 밖으로 표현된다 하더라도, 흑인이나 여성 그리고 동성애자를 포함한 다른 사회적 약자를 경시했을 경우 "정치적 올바름을 어겼다"고 받게 되는 비난이 노인을 경시한 이에게는 가해지지 않는다. 이와 같은 종적인 기억상실 외에 횡적인 파편성도 존재한다. 미국을 민족국가라고 여기는 사람은 없다. 때문에 민족의 공동 기억은, 개인의 사생활 상공에서 배회하는 불분명한 형체의 미확인 비행물체다.

민족의식은 새로운 세계사 시야의 장애물로, 반드시 해체해야 하는 것이다. 그런데 유감스럽게도 '세계'는 '민족'보다 더 무거운 태산이다. '민족'을 제대로 짊어지지 못하면 '세계'는 더 큰 짐이 되게 마련이다. 미국 학생의 반역사적 태도를 초래하는 보다 심각한 원인은 인문 소양에 대한 경시다. 인문 소양이 전혀 없는 사람에게 역사나 지리를 말하는 것은, 설령 그것이 자국의 역사와 지리라 할지라도 그저 마이동풍에 불과하다. 호르몬이 왕성한 나이의 미국 남성이 만약 인문 소양이 '지나치게 많고' 학교 축구팀과 관계가 없다면, 여성스럽다는 말을 듣거나 동성애 혐의를 받는다.

미국의 상황이 어쩌면 독특한 것일 수도 있다. 하지만 나뭇잎 하나가 떨어지는 것을 보고 가을이 다가옴을 아는 법이다. 미국의 상황이 보여주는 것은 '탈국가·탈민족·탈역사'의 공백이다. 경제가 발달한 동아시아 국가의 경우, 건국 시기는 일찌감치 역사의 배경이 되었고 국난과 관련된 역사의식은 점차 '미국화'된다. 즉 역사에서 민족을 제거하고, 민족에서 역사를 제거하는 것이다. 역사가 마침내 전 국민의 정신을 총동원하는 이데올로기 기능에서 해방된 것이다. '비참한 세계'의 재림을 그 누구도 보고 싶지 않은 건 확실하다. 행복하고 발달한 사회에서는, 경시되었던 '파편'으로 역사의 시선이 향하는 것을 허용할 수 있다. 즉 민족 아래의 각 집단, 성별, 인간과 환경, 지방사, 각종 전문 분야의 역사, 심지어는 평범한 개인의 전기에 관한 역사 말이다. 타이완 계엄 시기의 중요한 인물과 사건에 대해 전혀 들어본 바 없는 대학원생들에게 나는 약간 비꼬는 투로 이렇게 말했다. "외할머니의 역사를 연구하는 시대가 도래했다!" 확실히, 누군가 자기 외할머니의 일기 전체를 장악한다면 그는 이 방면에서 세계적 권위자가 될 것이다.

현대의 역사의식은 민족국가가 빚어낸 것이다. 그것은 '국민으로 살아가면서 반드시 알아야 하는 것'의 일환이다. 마치 국어가 국민 교육에 의해 빚어지고, 표준시간대가 중앙 정부에 의해 규정되는 것처럼 말이다. 미국의 경우, 1918년이 되어서야 네 개의 표준시간대가 법정화되었다. 그전에는 같은 주 안에서도 열 개가 넘는 시간대가 병존했다. 미국은 오직 국민 교육 방면에서만 같은 주 안에서 수십 개의 시간대가 존재하는 것과 같은 상태를 여전히 유지하고 있다. 독립적인 교육부는 카터 대통령의 재임 기간에 비로소 설립되었는데, 오직 경비와 통계만 담당하고 교육과정과 교재에는 관여하지 않았다. 교육과정과 교재는 1만 4000여 개의 공립 학구(學區)에서 담당한다. 이런 점에서 미국은 민족국가 같지 않고, 도리어 구대륙이 새로운 땅에서 환골탈태한 듯하다. 하지만 미국인은 여전히 '영어 민족'으로 귀속된다. 이것이 미국이라는 나라의 양면성이다.

이를 통해 볼 때, 지금까지 역사의식이 가장 강렬했던 시기는 프랑스 대혁명에서부터 오늘날 발달한 사회의 '탈국가·탈민족·탈역사' 시대까지다. 이 시기는 세계사에서 민족국가 건설이 가장 밀집된 단계이자 최대 규모의 집단의식이 역사화된 시기다. 오늘날을 '탈역사 시대'라고 말하면 분명히 다음과 같은 논쟁을 일으킬 것이다. 민족국가 의식이 점차 옅어지고 있더라도 역사의식이 마치 프리즘에서 굴절되어 나온 빛처럼 그동안 냉대받아온 여러 모퉁이를 비춘다면, 이것은 역사의식의 민주화이다. 이것이 어떻게 역사의식의 위기일 수 있겠는가? 인류 추억의 풍성화는 마땅히 기뻐할 일이지 걱정할 일이 아니다. 민족의 집단 추억은 여전히 그곳에 존재한다. 다만 그것은 더 이상 모든 것을 뒤덮고 다른 빛을 가리는 커다란 깃발이 아닐 뿐이다.

의심할 바 없이 이것은 탈국가·탈민족 사학의 최대 수확이다. 그 누구도 이를 부인할 수는 없다. 우리가 걱정하는 것은 또 다른 문제다. 국가 단위의 사관을 초월하는 것은 글로벌 사관을 구축하는 데 필수적이다. 하지만 국가 단위의 사관은 글로벌 사관으로 도약하기 위한 발판이기도 하다. 나는 새로운 세계사의 재료가 앞서 말한 미국사 방식일 것이라고는 상상하기 어렵다. 민족 단위를 해체하는 것은 역사를 획일적인 틀에서 해방하는 것으로, 다양한 틀을 허용하는 것이다. 떠들썩한 이런 다양한 소리가 어떻게 교향곡으로 빚어질지는 아직 기다려봐야 안다. 하지만 아무런 틀도 존재하지 않는 것은 별개의 일이다. 역사의 기억 상실과 초점상실은 동일한 것이 아니다. 하지만 지금의 역사의식의 위기 속에서 양자의 차이는 소멸된 듯하다. 그런데 옛 초점은 시대에 뒤떨어진 것이기 때문에, 역사의식의 위기는 초점을 새롭게 할 계기이기도 하다.

『신세계사』는 앞서 말한 갖가지 모순의 틈새 속에서 탄생한 것이다. 신세계사는 개별 국가의 역사와 지역사를 포괄해야 하지만, 그것들의 총합이어서는 안 된다. 또한 탈국가·탈민족 시대의 역사의식의 확산과 초점상실을 반드시 고려해야 하지만, 세계사의 총체성을 포착해야 한다. 이는 인류가 심해의 비밀을 푸는 동시에 우주의 윤곽을 그려도 괜찮은 것과 마찬가지다. 비서양권에서 나온 독창적인 세계사 저작으로서 이 책이 동아시아의 영광을 쟁취하기 위한 일과 관계없다고 말한다면 어느 정도 억지일 것이다. 하지만 그렇다고 해서 그러한 시각으로 세계사를 바라보면서 서양 중심론을 제거하고 그 자리에 동아시아 중심론을 채워 넣었다는 것은 아니다. 사실 중국인으로서 이 책을 저술하면서, 고유의 중국 문명 기원론(민족 기원신화)을 아주 매섭게 해체했다.

제2권에 대한 안내

제17장 구대륙을 가로지른 문명 사슬: 4대 제국과 실크로드

고대 유라시아 대륙의 4대 제국, 즉 진한제국, 쿠샨, 파르티아, 로마를 하나의 문명지대로 연결하여 고대 세계의 최종적이면서도 최고의 골격으로 삼았다. 이 문명 사슬에서 알렉산더가 개척한 헬레니즘은 하나의 중요한 요소가 되어 로마와 파르티아, 쿠샨에 서로 다른 정도의 영향을 끼쳤다. 당시 중국은 장건이 서역과 교류의 물꼬를 트기는 했지만 그리스인의 박트리아 왕국과는 교류할 기회를 잃는 바람에 헬레니즘의 영향권 밖에 있었다. 여기에서는 동과 서의 양 끝에 있었던 진한 제국과 로마 제국을 비교하는 데 역점을 두었다. 전자는 인류 역사상 가장 성공적인 제정帝政을 구축했던 반면 후자는 공화정共和政이라는 무거운 짐을 짊어진 제정이었다는 점에서 차이가 있다. 로마 제국의 확장은 시민권의 확대 과정이었다고 볼 수 있어서 기본적으로 '군웅을 평정하고 천하를 통일했던' 진나라 제국의 형태와는 사뭇 달랐다. 실크로드 중간 지대에 있던 쿠샨은 일찍이 진나라와 연접해 있던 월지인이 세운 제국으로, 그들을 통해 중국인은 실크로드에서 '진인秦人, Chinese'으로 불린다. 그러나 정작 중국인은 로마를 두고 '대진大秦'이라 불렀으니, 둘 다 상대방을 자기 자신의 그림자로 여긴 듯하다.

제18장 미륵과 메시아: 세계적 구세주형 종교의 탄생

제17장에서 유라시아 문명과 연결될 새로운 시대를 위한 배경을 제공했다면, 제18장에서는 그 뒤 변모한 세계를 다룬다. 이는 앞서 제1권의 제14장 '인류사의 축의 시대' 편에서 다뤘던 각 문명이 구축한 정신적 세계와는 사뭇 달라진 모습이다. 알렉산더의 동방 원정은 헬레니즘을 중앙아시아까지 전파하였다. 헬레니즘은 지중해에서 '그리스 로마 문명'을 위한 길을 닦았고 페르시아에서 내륙 아시아 및 인도 일대에서 현지의 요소와 융합하여 '그리스 아시아 문명'을 만들어냈다. 헬레니즘 시대에는 구세주론이 성행하였고 중앙아시아와 인도의 헬라화 된 정권은 그리스, 페르시아, 인도의 영향을 융합하여 원시 불교를 미륵 숭배로 변모시켰다. 한편 '메시아(구세주)'를 기다리는 헤브루 신앙이 로마 제국에서 플라톤화한 뒤 '3세기 위기' 이후 구축된 국교라는 틀을 거쳐 기독교로 성장하였다.

제19장 제국의 멸망: 흉노는 고대 세계의 장의사

여기서는 4대 제국 문명지대의 해체와 고대 세계의 종식을 다루며 이 과정에서 흉노가 어떻게 장의사 역할을 했는지 논증한다. 중화 제국과 로마는 모두 3세기에 '삼국'의 분열기를 거치지만 로마는 중화 제국에 비해 회복이 빨랐고 그 뒤의 생명력도 비교적 길었다. 그러나 전체적으로 볼 때 그 뒤 로마는 철저하게 붕괴한 반면, 중화 제국의 틀은 현대까지도 이어졌다. 쇠미해진 고대 중화 제국은 몽고 초원을 머리에 이고 있었던 까닭에 '오호난화五胡亂華'의 충격을 가장 먼저 겪게 된다. 흥미로운 것은 중화 제국 다음으로 충격을 경험하게 되는 곳이 다름 아닌 유라시아 대초원에서 가장 멀리 떨어져 있던 로마 제국이었다는 사실이다. 4세기 말 흉노의 서부 이주가 유럽 민족의 대이동을 유발한 나비효과의 시작점이 되었고, 훗날 또 다른 이주를 유발하게 되는 고트인 또한 조직을 갖춘 알프스산 북부 대제국(초원 제국은 아님)을 이루었기 때문이다. 고트족이 3세기 이후 로마에 큰 위협이 되었고 이런 그들을 흉노가 통합하여 다스렸다. 그러던 중 453년 흉노제국이 붕괴되면서 고트족에 대한 통제도 해제되었고, 얼마 지나지 않아 476년에는 서로마 또한 역사의 무대에서 사라지게 된다. 세계 역사에서 흉노의 행적이 묘연해진 것은 지금껏 역사에서 4대 제국 문명 사슬의 중간 지대를 소홀히 다뤘기 때문이다.

'백흉노白凶奴(에프탈족Ephthalites)'는 5~6세기까지 제3의 페르시아 제국(사산)과 쿠샨의 계승국인 굽타 제국을 위협했고 결국 굽타의 멸망을 초래했다. 그러나 이후 사산과 돌궐이 연합하여 공격함으로써 흉노의 위협은 종식되었으며 유라시아 대초원의 흉노 시대는 이제 돌궐의 시대로 넘어가게 되었다. 사산과 동로마라는 두 '고대의 잔여 세력'은 아라비아 정복기 전까지 유지되었다.

제20장 아프리카 고대사의 형태와 후기 고대사의 노선

세계사에 대한 새로운 배치 요구에 부응하고자 기존에 알고 있던 '상고'에서 '중고'로의 진행 과정은 제20장 '아프리카 고대사의 형태와 후기 고대사의 노선'을 통해 잠시 끊어놓았다. 이는 사실 서양사 중심의 진행 방향이라 아프리카 역사에 활용하기에 적합하지 않고 다만 세계사의 전체적 시각에서 요구되는 순서일 뿐이다. 북아프리카는 지중해의 일부분이지만 고대 이집트 역사의 전반부는 서남아시아 역사에 편입되는 요소가 다소 많았고 그리스와 로마에 정복된 뒤로는 지중해 역사로 이전되었다.

다른 측면에서 보면 고대 이집트의 역사는 줄곧 나일강 상류에서 아프리카 내륙에 이르는 방향으로 진행되었는데 이 흐름은 누비아의 역사로 확대 발전되었다. 누비아에서 사하라 남부에 연접한 주랑走廊을 가로지르면 서아프리카에 이른다. 서아프리카 문명의 발전은 어쩌면 현지의 요인으로 말미암은 결과일 수 있다. 이곳에서 출발한 반투인이 남으로 이동하여 해당 어족을 사하라 이남 아프리카까지 확산시키고 그 과정에서 문명의 요소(특히 철 제련 기술) 또한 나일강에서 남하했을 가능성도 배제할 수 없기 때문이다. 선사 시대 블랙 아프리카는 천혜의 조건을 갖추어 인류의 탄생지가 될 수 있었지만 역사 시대로 접어들면서 그 왕성했던 생명력은 아프리카를 바이러스 자생의 온상이 되게 했다. 지리적 구조 또한 역사 시대의 인류의 생존에는 극단적으로 불리한 요소가 되었다.

제21장 고대 세계에서 탈피하지 못한 고트족

여기서는 '게르만인이 로마를 멸망시킨 사건이 상고 시대에서 중고 시대로 넘어가는 분수령'이라는 잘못된 관점을 수정하였다. 오히려 마지막까지 로마와 운명을 함께한 것은 고트족이었다. 그들의 언어는 후대의 언어학에서 '동게르만어'로 편입되지만 고대 로마인은 라인강 바깥 지역을 게르마니아라고 칭한 반면 다뉴브강 밖의 외지를 고트인의 땅으로 부름으로써 그 경계를 명확히 구분했다. 3세기 상반기부터 다뉴브강 방어선의 중요성이 부각되면서 황실과 제후, 대장군들의 탄생지가 되었고 이들을 일컫는 '다뉴브 집단'이라는 말도 생겨났다. 변방이 이민족에 동화되면서 로마 말기의 중심축은 이미 로마인과 이민족을 구분할 수 없는 상황이 되었고 오직 아군과 적군만을 나눌 수 있을 뿐이었다. 제국 말기 역사의 '흉노라는 삽입곡'은 로마 변방의 우환이었던 고트족을 통일하여 로마에 위협을 가했다. 하지만 흉노제국이 붕괴하자 고트족 출신 집단이 서로마의 중심축으로 자리 잡으면서 '최후의 로마인' 역할을 감당했고 이로써 서로마의 멸망을 476년까지 미룰 수 있었다. 고트족이 미래 유럽의 문을 연 주인공이 되지 못했던 것은 고대 말기의 신학 논쟁에 지나치게 깊이 발을 들여놨기 때문이다. 그들은 콘스탄티누스 대제가 개종하기도 한 아리우스파를 신봉했지만, 378년 아드리아노플 전투에서 아리우스파에 찬동했던 로마 황제 발렌스를 죽였는데, 그 바람에 니케아 신조 복권을 도모했던 테오도시우스 1세가 등극하였고, 결국에는 그의 신앙이 국교로 확정되었다. 이는 훗날 고트족이 로마에 입성한 뒤로도 로마인과 '정체성 충돌'을 일으키는 계기가 된다.

제22장 서로마의 유산은 누구에게로?

동게르만족(고트족)이 고대 로마와 함께 멸망한 이상 훗날 새로운 서유럽의 문을 여는 주인공은 서게르만족이 된다. 앵글로 색슨족이 410년에 점령했던 브리테니아성은 지나치게 변방에 치우쳐 있었던 탓에 세계정세를 바꿀 만한 힘은 구축하지 못했다. 눈여겨볼 만한 세력은 4세기에서 5세기에 걸쳐 속속 라인강을 건너온 프랑크족이었다. 그들은 신속하게 로마 교회로 개종한 뒤 기존 갈리아성의 로마 지주와 손잡고 날로 라틴화하였다. 서로마 제국이 붕괴한 뒤 남은 로마 국교(즉, 로마 교황청)는 '서로마 제국'을 부활시킬 필요가 생겼는데 그때 교황청의 눈에 들어온 것이 프랑크 왕국이었고 둘은 힘을 합쳐 새로운 중심축을 형성, 미래의 유럽을 탄생시킨 배아로 성장한다. 이 과정에서 영국 제도의 '원서遠西 기독교'는 교황청 대신 편서 지역 변두리에서 가업인 기독교를 수호하는 역할을 했지만, 다른 한편으로는 교황청과도 경쟁해야 하는 이중의 짐을 져야 했다. 영국 제도의 지식인들은 프랑크 영주 샤를마뉴의 '카롤링거 문예 부흥'에 참여하였다. 해당 운동이 서방 기독교 세계의 '라틴 공동체'를 구축한 공은 비잔틴의 그림자 아래에 있던 로마 교황청보다 훨씬 컸다.

제23장 끊임없이 변모했던 나라, 비잔틴

제1권에서는 로마의 성장기를 라틴 평원기와 이탈리아 반도기, 티레니아해기, 서부 지중해기, 전 지중해기로 구분하였다. 그 마지막 단계에 이르러 제국의 판도는 다뉴브 근방까지 축소되는데 이는 고대의 마지막 무대이지만 비잔틴에는 서곡에 해당한다. 제국이 마지막까지 지키고자 했던 다뉴브 방어선은 발칸 반도와 흑해 좌측 연안을 아우르는데, 이는 훗날 천년 도시 콘스탄티노플의 천장에 해당한다. 콘스탄티노플은 마지막 순간까지 방어해냈지만, 방국邦國의 모양새와 성격은 늘 변하였고 이는 마치 고대 로마가 썰물처럼 빠져나가자 깎이고 깎여 빛나는 여울이 된 지중해 연안의 모래톱과 같았다. 비잔틴은 오랜 기간 발칸과 소아시아라는 두 반도를 손에 넣기도 하였지만, 중심지로부터 해안으로 밀려나고, 다시 중심지를 탈환하지만 이내 잃고 마는 운명을 맞이해야 했다. 그리고 후반부로 가서는 십자군과 오스만에 의해 분할되는 등 그 형태가 만화경처럼 끊임없이 변하였다. 이는 세계 역사상 보기 드문 방국의 모습이 아닐 수 없다. 고대 로마 말기 기독교의 국교화는 사상 통일을 위한 것이었지만 오히려 분열을 조장하였다. 콘스탄티노플은 로마 교회의 삼위일체론과 동방의 기독교 단성론 사이에서 갈팡질팡하다가 동방을 이슬람의 손에 빼앗기고 만다. 신의 완전성은 훗날 중앙에서 성상 파괴 운동으로 변했다. 삼위일체론을 적극 지지했던 서방 라틴 교회는 끝내 사이가 틀어졌다. 9세기, 비잔틴은 슬라브에 동화한 그리스반도 중심부를 수복하였고 그 포교 공세는 대 모라비아를 향했다. 훗날 비록 라틴 교회에 패하기는 하지만 그들이 만들어 낸 슬라브 교리로 불가리아와 루스를 얻을 수 있었다.

제24장 아라비아인의 '다르 알 이슬람'

고대 로마의 '3세기 위기' 때는 삼국이 대치하는 정세가 펼쳐지는데 그중 하나는 아라비아인에 의해 세워졌다. '고대'가 종식된 후 7세기에 이슬람이 권토중래하면서 아라비아인은 비잔틴의 4분의 3을 점령하고 전체 사산 제국을 병탄한 뒤 페르시아만에서 대서양에 이르는 칼리프(선지자의 대리인) 정권을 세웠다. 초기에는 선지자의 후예들, 즉 지도자 계층에서 배제된 이들이 이맘 전승의 지하 정권인 시아파를 형성하여 수니파로 불리는 칼리프 정권과 대립하였다. 그 밖에 우마이야 칼리프(백의대식)는 주로 아라비아 점령군으로, 점령당했던 이란인과 갈등하였다. 후자는 시아파에 합류하여 우마이야를 무너뜨리고 아바스 정권(흑의대식)을 세웠다. 해당 정권의 시작으로 비록 서부 영토를 잃기는 했지만 동쪽으로는 중국의 '서역'까지 확장했다. '다르 알 이슬람(이슬람의 땅)'의 추가 확장은 비잔틴과 프랑크 왕국, 토번 제국, 하자르 칸국, 북인도의 라지푸트족에 의해 가로막혔다.

제25장 이슬람 문명의 황금시대

아바스 정권 초기, 문화적 전성기로 접어든 대식 제국은 수도 바그다드에 과학연구 센터인 '지혜의 집'을 세워 중고시대 최고의 과학연구 혁명을 일으켰다. 그것은 메소포타미아 문명과 헬레니즘의 과학 유산을 종합하고 인도의 수학과 중국의 제지술을 받아들였다. 해당 기간에는 또한 이슬람 성훈학과 성률파가 절정기를 맞이하였는데 종교와 과학이라는 이 두 개의 황금시대는 둘 중 하나만 살아남게 된다. 종교가 과학을 억눌렀기 때문이다. 당시 바그다드 중앙이 쇠퇴하면서 과학연구와 문예 창조의 중심이 코르도바로부터 카이로, 트랜스옥시아나 일대로 확대되었다. 후자는 특히 '이란 문예 부흥'의 장소가 되었고 이는 오랜 기간 아라비아 패권에 억눌렸던 이란 문화의 부활을 의미했다. 바그다드의 쇠락기는 또한 이란인과 시아파가 도처에서 정권을 탈취한 시기이기도 했다. 그러나 해당 추세는 빠른 속도로 이슬람의 신예 부대, 즉 동으로는 돌궐인, 서로는 베르베르인이 유입되면서 역전당하게 된다. 그들은 모두 수니파의 맹장들이다. 베르베르인은 이슬람을 서아프리카로 전파했다. 돌궐인은 대식제국과 '이란 문예 부흥'을 계승하여 '돌궐-페르시아형 문화계'라는 새로운 조합을 탄생시켜 훗날 일 칸국, 킵차크 칸국, 차가타이 칸국, 티무르 칸국, 오스만 제국, 무굴 제국의 문화적 모판이 된다. 대식의 쇠락은 또 다른 의미에서 다르 알 이슬람이 대식 제국과 지리적 경계를 공유했던 데서 벗어나 밖으로는 유라시아 대초원과 남아시아, 사하라 이남 아프리카까지 전파된 계기가 되었다.

제26장 서유럽 열국의 탄생

서유럽 열국列國의 탄생은 반드시 '후 카롤링거 시대'로 거슬러 올라가 논해야 한다. 샤를마뉴 제국은 동과 서의 두 부분으로 분열되면서 각각 훗날의 독일과 프랑스의 배아가 된다. 제국의 쇠락기에 유럽은 삼면이 동방의 마자르와 북방의 바이킹, 남방의 무어인(무슬림)이라는 적에 둘러싸이지만, 샤를마뉴의 후예는 이들을 막아낼 힘이 없었다. 유럽은 새로운 지도자를 기다렸고 시국은 새로운 유럽의 탄생을 부르짖었다. 10세기에는 동프랑크 영토의 오토 대제가 최종적으로 마자르라는 위협을 해결하고 새로운 신성로마 황제로 등극한다. 그러나 이미 부패의 온상이 되어버린 로마 교황청으로부터는 새로운 보편 세계적 제국 중건에 필요한 협조를 얻어낼 수 없었다. 해당 대업은 물론 도이치의 탄생을 촉진하였지만 독일과 이탈리아 두 땅은 오랫동안 응집되지 못했다. 서프랑크의 땅에서는 바이킹의 습격을 막아내는 데 성공한 파리 백작의 무리가 별도로 프랑스 왕통을 세웠다. 바이킹의 위협으로 잉글랜드 7국은 하나의 나라로 합병되었지만 노르망디에 거주하던 바이킹이 훗날 해협을 건너와 이 나라를 수중에 넣는다. 이는 오늘날 영국의 시초가 되었지만 동시에 영국과 프랑스 간 오랜 갈등이 잉태된 순간이었다. 갈등이 끊이지 않았던 독일과 이탈리아 사이의 관계처럼 말이다. 또 다른 '노르만의 정복'은 이탈리아반도 남부에서 발생했다. 그들은 무어인을 쫓아내고 더 나아가 비잔틴을 공격했다. 비교적 효과가 있었던 건국 운동은 이베리아반도 기독교의 '광복 운동Reconquista'으로 남부 무슬림의 땅을 잠식하였으며 오늘날 스페인, 포르투갈 등의 나라를 구축하였다.

제27장 슬라브 세계의 형성

슬라브인은 6세기에 비잔틴의 시야에 등장하여 아바르인의 뒤를 이어 변방의 우환이 되었다. 아바르인과 슬라브인의 관계는 흡사 흉노와 고트족 사이의 관계와도 같아, 아바르인은 그들 아래에 있던 슬라브인을 위한 길을 닦는 역할만 하고는 정작 자기 자신은 역사의 무대에서 사라지고 말았다. 아바르인은 통치의 편의를 위하여, 심지어 슬라브어를 표준어로 삼기도 했다. 아바르인이라는 조류가 빠져나가자 동유럽 전체에는 슬라브라는 개펄이 맨몸을 드러내었다. 그 속도가 얼마나 빠른지 세계사적으로도 보기 드문 경우였지만 그 근원은 명확하지 않다. 슬라브인의 초창기 역사는 그야말로 미스터리라고 할 수 있다. 초기 대국인 '대 모라비아'의 지리적 위치도 지금까지 밝혀지지 않고 있다. 필자는 그곳이 카르파티아 분지였으리라 추측하는데, 대 모라비아가 마자르인에게 멸망했기 때문이다. 이 헝가리인들은 슬라브인을 서와 남의 두 지파로 나누었다. 서쪽 지파인 보헤미아는 신성로마제국(게르만계)으로 흘러 들어갔고 폴란드는 직접 로마 교황청을 통해 기독교로 개종하여 게르만과 얽히는 것을 피했다. 남부 지파는 그리스반도로 들어가 비잔틴화하였다. 발칸 북부의 불가리아에서는 백성들이 오히려 주인인 돌궐인을 슬라브에 동화시켰다. 슬라브 역사는 그들이 나라를 건설하는 것에 소질이 없었는가 하는 문제, 즉 오늘날 러시아의 원류가 동슬라브인이 북유럽인(바이킹)을 초빙하여 그들을 위해 나라를 세우게 했는지에 관한 문제를 포함한다.

제28장 인도 역사에 내재된 발전 로직

인도 역사는 '상고' 시대조차 전형적이지 않으니 '중고'시대에 이르는 과도기는 오죽하겠는가. 인도의 '축의 시대'의 전반부는 여전히 문자 이전 단계에 놓여 있었다. 4대 제국이 병립하는 시기에 이르면 쿠샨은 내륙 아시아와 북인도를 아우르는 비非 본토 왕조(비 전형적)가 되어 불교를 대승 불교의 방향으로 바꾸었다. 그 속에는 헬레니즘과 이란의 요소가 복잡다단하게 섞여 있다. 불교는 점차 탈인도화하여 실크로드의 종교가 되었다. 쿠샨 왕조가 불교를 숭상하기 전, 불교는 이미 마우리아 왕조의 국교가 되어 마가다 문화의 토양을 조성하였다. 그것의 쇠락 추세는 쿠샨의 뒤를 이어 굴기한 굽타 왕조에서 더욱 선명해졌다.

당시 범梵(브라만) 문화는 고대 베다 신앙과 함께 권토중래하여 힌두교의 '고전 시대'를 이루었지만 이는 오히려 양대 서사시와 『푸라나』로 재편된 신 브라만교(힌두교)였다. 그것은 이 전적들을 통해 새로운 구주救主를 발전시켜 경건 운동의 숭배 대상으로 삼았으며 이로써 불교와 자이나교에 맞섰다. 신 브라만교는 또한 자이나교와 불교의 채식 신앙을 흡수하였지만, 채식은 오히려 카스트 계급의 높낮이를 정하는 기준이 되고 말았다. 힌두교는 남방에서 세력을 얻었고 비非 아리안 여신 숭배를 받아들여 육체 혐오를 극단화한 고대 인도 신앙을 샤크티 숭배로 전환시켜 결국 더러운 것을 숭배하는 밀교로 변하였다. 아이러니하게도 이는 더러운 것에 대한 공포증을 기초로 일어난 기존의 브라만 신앙과 '힌두교' 안에서 공존하였다!

제29장 인도 역사의 '중고화'

기존의 인도 역사에 대한 해석을 뒤집었다. 불교는 힌두교에 대한 혁명이 아니고 후발주자인 힌두교에 의해 국교의 지위가 빼앗긴 경우다. 지역적으로는 북인도 평원의 '중국'이 끝내 동방의 '대 마가다(불교의 탄생지)'를 압도한 셈이다. 이러한 추세는 후 굽타 시대의 카나우지 제업帝業에서 구체적으로 드러난다. 이와 평행적으로 '중국' 지역의 브라만 패권이 공고해지고 전에는 도달하지 못했던 지역까지 처음으로 진군하게 되었다. 이러한 발전을 가능하게 한 것은 고대 '크샤트리아'가 중고시대의 라지푸트족 신분에서 '재생'될 수 있었기 때문이다. 라지푸트의 굴기는 우선 '백흉노'의 침입과 관련되어 있다. '흉노 시대'가 문명지대에 남긴 흔적은 획일화한 잣대로 세계사의 구간을 나누게 했다. 그다음은 이슬람의 침입이다. 이슬람은 '세계 중고사'의 현상이므로 인도에서는 '중고 전기'를 대체한 라지푸트족의 굴기가 '중고 후기'에 해당한다. 세 번째는 불교 밀승이 토번으로 유입되어 오늘날 티베트 문명의 바탕이 된 부분이다. 토번 제국의 굴기는 이슬람 제국과 마찬가지로 대략 세계사의 중고 시기에 해당한다. 네 번째로는 상좌부 불교가 스리랑카에서 인도차이나반도로 유입되어 버마를 중심으로 점차 해당 반도의 문화적 토양(베트남 제외)이 되었다는 점이다. 버마인이 인도차이나반도로 남하한 것은 서기 1000년 전후의 일이다. 그 밖에 세계사가 중고시대에 이르면 비로소 남양南洋의 '대인도 문화권'이 출현하게 된다.

제17장

구대륙을 가로지른 문명의 사슬: 4대 제국과 실크로드

기원전 3세기 알렉산더 대제는 '헬레니즘' 정책을 중앙아시아와 인도까지 확대하였고 기원전 2세기에는 한漢 제국이 다른 경로로 '서역西域'에 진출한다. 이로써 구대륙의 동과 서의 문명이 중앙아시아에서 합류하는 대 회합이 이루어지고 구대륙을 가로지르는 문명의 사슬이 형성되는데 이를 관통했던 대동맥이 바로 실크로드다. 알렉산더 대제가 사망한 뒤 '헬레니즘'의 추세에는 일련의 변화가 생기는데 이를테면 이란인의 복벽復辟(무너졌던 왕조의 회복 혹은 퇴위한 임금의 복권)과 신新 페르시아 제국의 수립을 들 수 있다. 이 때문에 중앙아시아에 고립됐던 그리스인들이 남쪽의 인도로 이동하면서 인도-그리스Indo-Greek 문화가 꽃피웠고, 그 뒤 중국 변경에서 흉노에게 쫓겨나 서쪽으로 이동한 월지月氏인 또한 이곳에 정착하면서, 인도-그리스 문화라는 토양 위에 초원 민족과 중국의 문화적 양분이 더해져 중앙아시아와 북인도를 아우르는 쿠샨 제국이 수립된다.

이번 장에서는 4대 제국에 관한 논의를 단순히 고대 동서 문명의 교류 역사로 변모시키기보다는 다음 장의 역사적 배경으로 삼고자 한다. 이런 까닭에 중국의 역사는 진秦 제국으로부터 시작하여 '서역의 길을 연' 한漢나라까지 다룬다. 그리고 인도의 역사는 진한秦漢 시기에 대응하는 마우리아 왕조(이 부분은 이미 제14장에서 언급하였을 뿐 아니라 실크로드와는 무관하므로)는 건너뛰고 마우리아 왕조 해체 이후 중앙아시아의 그리스인이 북인도로 이동한 시점부터 초원 민족이 계속해서 북인도로 남하한 끝에 그중 일부가 쿠샨 왕조를 수립하는 시점(30BCE~375CE)[1]까지를 다루고자 한다. 페르시아에 관해서는 파르티아 제국(247BCE~224CE)을 포함하고 그 계승국인 사산 제국(224~651)의 등장, 특히 쿠샨 말기와 중첩되는 시기를 약간 언급한다. 지중해 부분에서는 로마 공화정이 소위 '제정'으로 전환된 시점의 초반(44~27BCE)부터 서기 2세기, 제국의 전

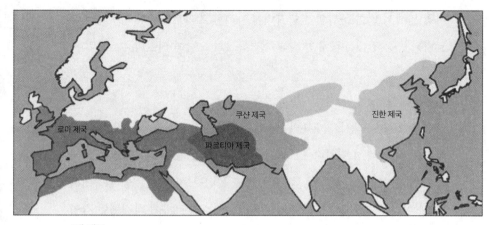

4대 제국

성기까지 다룬다. 이번 장의 로마사는 여기서 일단락하고 '제국의 멸망' 편에서 다시 다룰 것이다.

원래의 구상대로라면 동에서 서의 순서로 먼저 진한秦漢 제국을 논한 뒤 쿠샨과 파르티아를 다루고 로마를 가장 마지막에 서술할 계획이었으나 이 순서만을 따른다면 자칫 형식화할 수 있으므로 우선은 진한 제국과 로마 제국을 함께 논한 뒤 이 둘 사이에 있는 쿠샨과 파르티아를 나중에 다룬다. 진한 제국과 로마는 넓은 영토와 많은 인구를 발판삼아 고도로 조직화한 제국이었다는 공통점을 가진다. 쿠샨과 파르티아는 중앙아시아로부터 남하하여 고대 문명지대를 점거, 가히 광활하다고 할 만한 영토를 자랑했지만 정치 조직은 비교적 방만한 편이었다. 그 밖에도 모두 여러 문명이 교차하는 길목에 자리 잡고 있었다. 쿠샨은 중국에서 기원하여 오늘날의 아프가니스탄과 카슈미르, 파키스탄, 북인도, 페르시아 인접 지역을 아우르는 땅에 세워졌고 헬레니즘의 영향도 받았다. 이처럼 여러 문화 지대가 한데 어우러진 환경에서 쿠샨은 대승 불교의 온실이 될 수 있었다. 파르티아 동부 영토 중 쿠샨과 인접한 부분은 마침 위에서 말한 문화의 혼합지대에 자리했고 파르티아의 서부지역 중 로마와 근동 일대를 공유한 지대는 기독교의 요람이 되었다.

진秦과 대진大秦

기원후 초기, 유라시아 대륙의 동, 서 양 끝에는 '대진大秦'이라고 불린 제국이 각각 하나씩 있었다. 그러나 아이러니한 것은 둘 다 '대진'을 자처하기보다는 상대국을 향해 '대진'이라고 불렀다는 점이다. 중국 쪽에서 '대진'이라고 불렀던 나라는 반초班超(32~102)가 로마에 파견했던 감영甘英이 중도에 계획을 접고 귀국했다는 이야기에 가장 먼저 등장한다. 그러나 당시 기준으로 그들이 알고 있던 역사 속 진秦나라는 평판이 좋지 않았던 데다 단명했기 때문에 서역을 개발할 틈이 없었을 뿐 아니라 시점상으로도 멸망한 지 이미 3세기가 지나 있었다. 로마 쪽에서 '대진'이라고 불렀던 왕조에 관한 기록은 서기 1~3세기, 그리스어로 편찬된 지리서 『에리트리안해 항해기Periplus of the Erythraean Sea』에 등장한다. 거기에는 비단이 인도 동부 '내륙의 대도시 치나Great inland city of Thina'에서 왔다는 기록이 보이는데 여기서 말하는 '치나Thina'가 오늘날 '차이나China'의 기원이라고 알려져 있다. 그런데 문제는 역사 속 진나라 시대에는 아직 실크로드가 형성되지 않았다는 데 있다. 이 때문에 일부는 이러한 관점에 의문을 제기하면서 '대진'은 어쩌면 한나라와 로마 제국 사이에 존재했던 제3의 나라를 가리키는 것이라고 여기기도 한다.[2]

이번 장에서는 당장 이 문제에 대한 해답을 제시하기보다는 잠시 '대진'을 진한 제국이라는 거울에 투영된 어느 먼 지역의 나라로 설정하고자 한다. 『후한서後漢書』「서역전西域傳」에 대진에 관한 묘사가 나오는데 여기에는 다양한 상상의 요소가 풍성하게 함축되어 있다.

대진국은 일명 이건犂鞬이고 바다 서쪽에 있으니 또한 해서국이라고 한다. 땅은 네모지고 수천 리에 달하며 4백여 개의 성읍이 있고 그들을 위해 부역하는 작은 나라가 수십여 개에 달한다. 성벽은 돌을 쌓아 만들었고 역참을 두었는데 모두 회칠이 되어 있다. 소나무와 잣나무를 비롯하여 각종 나무와 풀이 자라난다. 풍속을 보면 농업과 경작에 힘쓰고 많은 사람이 뽕나무를 심어 양잠한다. 모두 머리를 밀고 무늬 있는 채색옷을 입으며 말이 끄는 흰색 차양 전차를 타고, 들고 날 때 북을 치고 각종 깃발을 내건다. 그들이 거주하는 성읍은 주변이 1백여 리에 달한다. 성읍 안에는 다섯 개의 궁전이 있는데 궁 사이의 거리는 십여 리다. 궁전은 모두 수정으로 기둥을 만들고 식기 또한 마찬가지이다. 대진의 국왕은 매일 그중 한 곳에 기거한다. 닷새에 한 번씩 번갈아 가며 다섯 궁전 중 한 곳에 머물러 정사를 논한다. 국왕은 종종 사람을 시켜 주머니 하나를 든 채 국왕의 전차를 따르게 했는데 누구든 국왕에게 청원할 일이 있으면 종이에 써서 그 주머니 안에 넣을 수 있었다. 국왕은 궁전으로 돌아간 뒤 주머니 속 서신을 살펴 시비곡직을 판단한다. 각 방면의 문서를 관리할 관원을 두었고 서른여섯 명의 장군을 두어 나랏일을 논의하는 데 참여하게 했다. 국왕은 항상 같은 사람이 맡는 것이 아니라 재능과 덕을 갖춘 사람을 간단히 추대한다. 나라 안에 재난과 이상 징후, 시기에 맞지 않는 비바람이 불어닥치면 기존의 국왕을 폐위하고 새로운 국왕을 추대하는데 파면된 자는 기꺼이 받아들일 뿐 원망하지 않는다. 그곳 사람들은 키와 덩치가 크고 생김새가 단정한 것이 중국과 비슷한 까닭에 그곳을 일컬어 대진이라고 한다.[3]

여기서는 대진을 '중국과 비슷한' 나라로 표현하기 위해 농경과 양잠을 하는 나라로 묘사했는데(당시에 중국 말고 비단이 또 어디서 왔단 말인가?) 이는 대진을 중국이라는 거울에 비친 그림자로 봤기 때문이다. 그러나 대진을 '또한 해서국海西國이라고 한다'라고 한 표현을 보면 지중해를 둘러싸고 있던 로마 제국에 부합하고 '성벽은 돌을 쌓아 만들었다'라는 묘사 또한 나무를 다듬어 건축했던 중국의 풍속과는 사뭇 다른 모습이다. '궁전은 모두 수정으로 기둥을 만들고 식기 또한 마찬가지다'라고 한 부분도 중국이 로마를 유리의 산지로 여겼던 점이 반영되어 있는데 이는 로마가 중국을 비단의 나라로 봤던 것과 같은 맥락이다.[4] '국왕은 항상 같은 사람이 맡는 것이 아니라 재능과 덕을 갖춘 사람을 간단히 추대한다. 나라 안에 재난과 이상 징후, 시기에 맞지 않는 비바람이 불어닥치면 기존의 국왕을 폐위하고 새로운 국왕을 추대하는데 파면된 자는 기꺼이 받아들일 뿐 원망하지 않는다'라고 한 부분에서는 한나라의 오덕종시五德終始와 천인상응天人相應의 정권 교체론을 억지로 갖다 붙인 듯한 것을 제외하면 기본적으로 로마 제국과 진한 제국 사이의 본질적인 차이가 드러나 있다.

공화정의 짐을 짊어진 제정

소위 로마의 '제정'은 공화정이라는 무거운 짐을 떠안은 체제이다. 앞서 제16장에서는 로마가 제정의 길로 들어서게 된 과정을 조명해 보았다. 최초의 징조는 민중파 군인인 마리우스가 기원전 107년부터 일곱 차례에 걸쳐 집정관직을 연임하고 공석 중에도 이례적으로 집정관에 임명되는 등 공화정의 근간이 날로 흔들렸던 때부터 나타나기 시작했다. 뒤이어 등장한 술라가 민중파를 소탕함으로써 제정의 등장이 저지되는가 싶더니 그 또한 2년이나 독재관(82~80BCE)에 임명되는 등 역사상 전례가 없는 일이 생겼다. 술라는 임무를 완수하고 퇴직한 뒤로도 스스로 당당함을 증명이라도 하듯 호위병을 해산했지만, 별 탈 없이 무사할 수 있었는데, 이는 그의 정적들이 이미 숙청된 뒤였기 때문이다. 기원전 67년, 과거에 술라파였던 폼페이우스는 평민회로부터 지중해 전 해역과 모든 해안에 대한 '관할권'을 5년간이나 부여받았다. 이로써 사실상 이탈리아 본토를 압도하는 거대한 제국이 그의 수중에 들어온 것이나 다름없었지만, 그는 민중파와는 달리 기회를 틈타 황제의 자리에 오르려 들지 않았다. 후일 민중파 배경을 가진 카이사르는 갈리아 지역에서 군대를 일으켜 이탈리아로 남하하였고 그 결과, 기원전 49년~기원전 44년, 폼페이우스를 격파하고 권력을 거머쥐게 되었다. 그렇게 카이사르는 기원전 44년 1월, '종신 독재자'에 임명되지만 같은 해 3월, 그만 암살당하고 만다. 그것도 암암리에 살해당한 것이 아니라 그가 원로원에 출석했을 때, 공모한 공화파 원로들에 의해 죽임을 당한 것이다. 그 무렵 카이사르는 수행원도 없이 혼자 험지를 다니곤 했는데 술라처럼 자신이 '폭군'이 아님을 증명하기 위해서였다.

기원전 509년, 왕정王政이 붕괴된 뒤 로마에서 '국왕'이란 '백성의 적'이나 다름없는 존재로 여겨졌기 때문에 누구도 감히 이러한 무모한 짓에 뛰어들지 않았다. 이 부분에서는 그리스의 도시국가들도 비슷한 양상이었다. 도시국가 정치는 귀족정치와 평민정치의 체계가 있을 뿐, 개인 전제專制정치만은 '참주僭主, Tyrant'라고 불리며 합법성이 부여되지 않았다. 서구 문화에서는 이를 '폭군'으로 해석하면서 페르시아나 마케도니아와 같은 군주제 국가를 야만족이라고 폄훼하기도 했다. '헬레니즘' 시대에 들어서면서 동방의 영향으로 '왕국'이 난립하기도 했지만, 로마는 여전히 고유의 공화 의식을 유지하면서 여타의 나라와는 다른 길을 걸었다. 폼페이우스는 권력을 거머쥐고도 감히 황제의 자리에 오르지 않았던 반면, 카이사르는 황제가 되기 위해 살얼음 위를 뛰는 듯 무리하게 시도하다가 결국 죽임을 당했다. 로마 공화정이 막을 내릴 무렵에는 옥타비아누스Octavius(63BCE~14CE)와 마르쿠스 안토니우스Mark Anthony(83~30BCE) 사이에 세기의 대결이 펼쳐졌다. 공화파는 강력한 정적인 카이사르를 제거하는 데는 성공했지만 이후의 어지러운 정국을 수습하지 못했고 두 영웅은 이를 틈 타 공화파를 진압하는 데 성공한다. 하지만 이내 두 사람은 서로를 향해 칼을 겨누기 시작했고 둘의 대결을 통해 다가오는 로마 제정의 형태는 서서히 윤곽을 잡아가기 시작했다. 동방에 주둔했던 마르쿠스 안토니우스는 프톨레마이오스 이집트의 마지막 파라오였던 클레오파트라 7세Cleopatra Ⅶ Philopator(69~30BCE)와 동맹을 맺었다. 만일 둘의 동맹이 승리를 거뒀더라면 이후의 로마 제정은 헬레니즘 왕국의 형태로 변모하였을 것이고 수도 역시 동방에 세워졌을 것이다. 즉, 서기 3~4세기는 되어야 닥쳤을 법한 역사의 운명이 앞당겨 실현되었을지도 모른다는 말이다. 이를 간파했던 옥타비아누스는 안토니우스가 '동방'의 요사스러운 여인에게 미혹되어 로마를 배반하려 한다고 소문을 내고는 로마군을 동원하여 이 요망한 나라를 토벌할 것임을 선전포고했다. 안토니우스는 눈 하나 깜짝하지 않았지만 결국 소문은 무기보다 더 빠른 효과를 발휘하여 끝내 안토니우스를 파멸의 길로 몰아넣고 말았다.

기원전 29년, 옥타비아누스는 결국 악티움Actium 해전에서 안토니우스와 클레오파트라를 격파하고 정국을 휘어잡는다. 그리고 기원전 27년, 원로원은 그에게 '원수Princeps'와 '아우구스투스Augustus'라는 존호를 부여하는데 그중에서도 그를 '아우구스투스'로 부른 것은 전에 없는 획기적인 일이었다. '아우구스투스'는 원래 라틴어 동사 '발양發陽하다augure'에서 유래한 말이지만 훗날 '찬란함'이라는 고유명사로 발전하게 되고 '원수'는 '원로원의 수장princeps senatus'에서 파생되어 '의장'과 비슷한 의미를 갖는다. '원수'는 감찰관에 의해 선출되었고 임기는 5년이지

마르쿠스 안토니우스와 이집트 여왕 클레오파트라가 나란히 주조된 주화

만 옥타비아누스에 이르러 종신직으로 바뀌었다. '제1시민Princeps'을 자처하는 미국 대통령과 비슷한 지위로 보이지만 아우구스투스 시절에는 존호에 불과할 뿐 관련 기구는 없었다. 훗날 '원수Princeps'는 영어권과 불어권에서 군주나 왕자라는 의미의 '프린스prince'로 발전한다.[5] 보통 역사학자들은 편의상 로마 제국의 앞선 200여 년의 정치를 일컬어 원수정Principate이라고 한다. 3세기에 이르면 디오클레시안Diocletian, r.(284~305)[6] 황제는 '공식적인 호칭으로 dominus et deus를 사용했다. 역사학자들은 이 시기 로마를 가리켜 전제정專制政, Principate이라고 칭한다. 이 호칭 때문에 역사가들은 로마를 주상主上 정권Dominate으로 바꿔 부르기도 한다.

아우구스투스는 권력을 잡은 뒤, 본인이 삼두정치 일원이 되어 집정했던 시기의 모든 위헌적 법령을 무효화 하는 등 짐짓 구 공화정을 회복하려는 시늉을 하기도 했다(그러나 그가 굴기했던 시점도 바로 해당 시기였다).[7] 외종조부 카이사르가 암살당했음을 고려하여 그는 왕이라고 칭해지기를 거절했을 뿐 아니라 종신 집정관직도 맡지 않았고 오직 종신 호민관, 감찰관, 최고사령관의 직책만 유지했다. 집정관이 고대 왕정에서 맹장盲腸과 같은 위치였다면 호민관이야말로 새로운 제정을 이끌어 갈 배아에 해당했다. 이에 대해서는『후한서』「서역전」에도 "국왕은 자주 사람을 시켜 주머니 하나를 든 채 국왕의 전차를 따르게 했는데 누구든 국왕에게 청원할 일이 있으면 종이에 써서 그 주머니 안에 넣을 수 있었다. 국왕은 궁전으로 돌아간 뒤 주머니 속 서신을 살펴 시비곡직을 판단하였다"라고 어렴풋하게나마 언급되어 있다. 기원전 48년, 아우구스투스의 외종조부 카이사르는 종신 호민관이 되어 '신체 불가침 특권(결국 이 특권조차 그를 보호해주지는 못했지만 말이다)'과 '원로원의 결정에 대한 거부권'을 부여받았다. 그러나 본래 호민관은 경쟁을 통해 선출된 평민이 맡는 직책이었고 귀족은 참여할 수 없었기 때문에 사실상 이는 위헌에 해당했다. 그래서 아우구스투스는 인내심을 가지고 기원전 23년까지 기다렸고 위중한 병에 걸려 회복된 이후, 드디어 원로원으로부터 '호민관 특권tribunicia potestas'을 부여받게 된다.[8] 이는 직책이 아닌 권한뿐이었지만 나머지 두 명의 현직 호민관과 동등한 지위를 누렸다. 실제 직책이 아니다 보니 선출되기 위해 경쟁할 필요도 없었고 동료의 견제도 받지 않았지만, 생전에만 유효한 권력일 뿐 세습할 수 있는 성격은 아니었다. 그밖에도 아우구스투스가 맡았던 감찰관직도 원로를 임면할 권한은 있었지만 여전히 세습은 불가했다. 여기서 우리는 로마 공화정은 왕의 권력을 세분화해놓았기 때문에 권력을 한 사람이 독차지하기 위해서는 무수한 장애물을 통과해야 하는 등 쉽지 않은 과정을 거쳐야 했음을 알 수 있다.

한 나라에 체제와 주인이 각각 둘

임페라토르Imperator(최고사령관)는 훗날 서양 언어권에서 황제를 뜻하는 엠퍼러emperor로 발전하게 된다. 소위 '로마 제국'은 원수와 원로가 협치하는 체제였다. 그래서 이탈리아 이외의 영토는 원수가 다스리는 원수령princeps province 그리고 원로원이 관할하는 원로원령senatorial province으로 나뉘어 통치되었다. 원로원령은 주로 후방에 위치하여 원로원이 파견한 관리에 의해 다스려졌던 반면, 원수령 속주는 군대가 반드시 주둔해야 하는 전방 지역에 속해 있었으므로 군대를 총괄하는 총사령관에 의해 통치되었다. 그러나 '제국의 곡식 창고'라고 불렸던 이집트만큼은 별도의 속주를 설치하지 않고 아우구스투스가 자신의 대리인을 보내 직접 통치하게 했다. 명문에는 아우구스투스가 군대를 독점할 수 없음이 규정되었지만 원로원이 아우구스투스에게 '전체 국면에 대한 통수권maius imperium'을 부여함으로써 그는 제국 전역의 일에 관여할 수 있게 되었다. 이에 관해서는 이미 선례가 있었다. 일찍이 폼페이우스가 명을 받아 지중해에 들끓던 해적을 소탕하고자 출정하면서 거의 모든 국면을 통제할 수 있는 통치권을 부여받았다가 임무를 완수한 뒤로는 철회됐던 일이 그 예다. '원수령' 속주에 대한 아우구스투스의 통치권은 10년을 주기로 갱신해야 했지만 '전체 국면에 대한 통수권'이라는 이례적인 영예의 타이틀은 기한이 없는 종신직이었다. 그러나 이 역시 세습될 수는 없었다.[9]

만일 아우구스투스에게 진나라의 '시황제始皇帝'와 같은 절대적 권한이 있었다면 굳이 이토록 잡다한 공화정 관직을 겸임할 필요는 없었을 것이다. 로마의 중앙 기구는 기본적으로 중국 진한秦漢 제국의 삼공구경제三公九卿制[10]와 같은 관제가 없었고 많은 부분 공화정의 관제를 그대로 따랐다. 제정 초창기 중앙 관제는 공직에 진출했던 해방 노예 출신이 많이 등용되어 친 황제 경향이 있었다. 재상宰相 제도도 없었으니 외정外廷에서 황제와 대등한 지위와 예우가 요구되는 기능은 원로원이 담당하였다. 제국 후기로 갈수록 제정이 날로 군사화하여 프라에토리안 장관praetorian prefect(근위대장)이 부제副帝(부황제) 자격으로 종종 황제의 권한을 대행하기도 하였지만 이 때문에 정변이 빈번히 발생하는 등 불안정한 정국이 극단으로 치달았다. 이 밖에도 로마는 기년紀年(특정 시점을

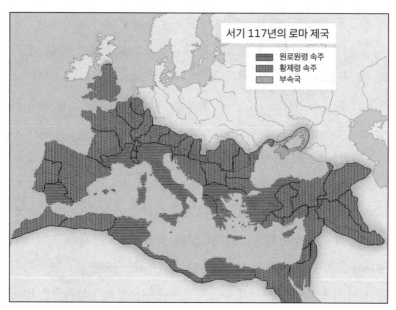

'황제령 속주'와 '원로원령 속주'

시작점으로 삼아 순서대로 햇수를 셈) 방식에 있어서 황제의 연호가 아닌 집정관 두 명의 이름을 사용하였다. 아우구스투스가 집정관을 지낼 때도 늘 동료 집정관이 더 있었다. 훗날 아우구스투스는 집정관직을 그만두고 다른 이에게 집정관 자리에 오를 기회를 넘기기도 하였는데 후임은 대부분 그의 측근으로 실권이 없고 이름뿐인 집정관이었다. 아우구스투스는 감찰관으로서 원로를 임면할 권한도 가졌다. '최고사령관'의 존호는 본래 전쟁에서 승리하고 돌아온 개선장군이라면 누구에게나 주어졌던 영예지만 아우구스투스 시대에는 황제에 독점되어 제국의 원수를 일컫는 비공식적인 직함이 되었다. 원로원은 원로원령 속주에 한해 군대를 거느릴 수 있었으나 그들의 군대는 원수령의 국경 수비군에 비해 수준이 한참이나 떨어졌다.

이처럼 제국의 속주를 양분하여 다스리는 제도는 '하늘 아래 왕의 땅이 아닌 곳이 없고 땅끝까지 왕의 신하가 아닌 사람이 없다'라는 생각이 지배적이었던 중국에서는 상상하기 어려운 일이었다. 그러나 문제는 로마 제국이 일원화 통치에 성공했음에도 여전히 도시국가 연맹과 유사한 정국에서 벗어나지 못했다는 점이다. 실제로 기원전 49년~기원전 48년, 카이사르는 구 셀레우코스 왕조의 서쪽 수도였던 시리아의 안티오크에 행정 자치권을 내어주기도 했다.[11] 또한 로마 제국이 그리스반도를 속주로 삼은 뒤로도 스파르타만은 여전히 자유로운 신분이었다는 점도 그 예다. 스파르타는 옥타비아누스와 안토니우스의 내전 당시, 훗날 승자로 등극하는 옥타비아누스 편에 섰던 덕에 변경의 영토를 확장할 수 있었고 2세기에는 자체 화폐를 발행하기도 했다.[12] 로마 황제는 중앙 집권을 원했지만 이를 이룰 힘도, 자원도 없었다. 그런 점에서 우리는 중국의 군주제가 어떻게 중앙 집권을 실현할 수 있었는가 하는 점에서 놀라지 않을 수 없다.

로마 황제가 완벽한 세습제도를 구축하기 어려웠던 것을 보면 로마 제정에 덧입혀졌던 공화정의 외피는 허울만은 아니었던 모양이다. 아우구스투스가 애초에 점찍었던 후계자는 그의 가장 큰 조력자이자 부하 장수 그리고 공동 집정관이었던 아그리파Marcus Vipsanius Agrippa(63~12BCE)였다. 하지만 아그리파가 아우구스투스보다 먼저 죽자 수차례 번복한 끝에 최종 후계자 자리는 결국 아우구스투스의 세 번째 부인이 전남편과의 사이에서 낳은 아들, 티베리우스Tiberius(42BCE~37CE)에게로 돌아갔다. 티베리우스에게는 아우구스투스의 양아들이라는 명분이 있기도 했지만, 그 시대에 유일하게 남은 명장다운 인물이기도 했다. 이처럼 율리우스-클라우디우스 왕조Julio-Claudian Dynasty(27BCE~68CE) 때는 권력의 부자 세습이 이루어지지 못했고 괴팍한 권력자 네로Nero, r.(54~68)가 자살한 뒤에는 군벌이 혼전하는 양상으로 접어들었다. 결국 이 왕조는 로마 역사상 두 번째로 단명한 왕조가 되고 말았다. 플라비안 왕조Flavian Dynasty(69~96)도 부자父子 양대에서 세 명의 황제를 배출하기는 했지만 마지막 군주, 도미티아누스Domitian(81~96)가 신하와 금군, 원로의 모의로 암살당한 뒤 왕조의 맥이 끊긴다.

티베리우스 때부터 수도 경비를 담당했던 근위대는 그 사이 황제의 폐위와 옹립을 좌우할 만한 역량을 가진 세력으로 성장했고 어떤 황제라도 근위대나 원로, 수도의 폭도로부터 지지받지 못하면 그 운을 다하여 권력을 잃고 마는 신세가 되었다. 플라비안 왕조가 막을 내린 뒤 황제의 후계가 끊기자 원로들은 자체적으로 65세의 현인 네르바Nerva(r.96~98)를 선출하여 황제로 추대했다. 이로써 오현제五賢帝 시대(96~180)가 열렸고 부자 계승이 아닌 현인에게 권력이 이양되는 태평성대가 시작되었다. 『후한서』「서역전」에서 대진大秦에 관해 서술하면서 "국왕은 항상 같은 사람이 맡지 않고 재능과 덕을 갖춘 사람을 간단히 추대한다"라고 묘사한 것도 해당 시대를 지칭한 것으로 보인다. 그러나 오현제 시대도 다섯 번째 황제인 마르쿠스 아우렐리우스Marcus Aurelius(121~r.161~180)에 이르러 부자 계승이 재현되면서 다시금 혼란의 정국에 빠진다. 그러나 오현제 이후에도 아무리 황제의 세력이 막강하더라도 황위 계승자는 반드시 원로원의 승인을 거치고 민중 및 근위대의 지지를 얻어야만 했다. 바꿔 말하면 황태자라고 해서 합법성이 자동으로 부여되는 것은 아니고 가끔은 승인을 얻기 위해 동료 황제co-emperor를 세워야 할 필요도 있었다는 의미다. 이는 '하늘에 두 개의 태양이 있을 수 없다天無二日'라고 여기던 중국의 군주 사상과는 완전히 다른 모습이다.

진나라 군주제의 '혁명성'은 로마를 능가했을까?

로마 제국의 창시자는 최대한 구체제를 유지하려 했던 수구파였다. 이에 비하면 진나라의 중국 통일은 전대미문의 혁명적인 일이라고 할 수 있다. 진나라 왕인 영嬴이 천하를 통일하자 군신들은 그에게 어떤 존호를 바칠지 논의하였고 "옛적에 천황天皇이 있고 지황地皇이 있고 태황泰皇이 있었는데 태황이 가장 귀했다"라고 하면서 진왕의 공적이 전에 없이 위대함을 들어 '태황'이라는 존호를 올렸다. 그밖에도 진 제국이 세워진 뒤로는 왕자들에게 분봉하는 문제를 둘러싸고 신하들 사이에 쟁론이 일었다. 승상 왕관王綰 일파는 연燕, 제齊, 초楚 땅에 왕자들을 보내어 왕으로 세울 것을 청했지만 정위廷尉 이사李斯는 춘추전국시대의 혼란이 재현될 것이라며 극구 반대했다. 진시황도 분봉국을 세우는 것은 오히려 적을 하나 더 만드는 것이라고 여겨 반대했고 전국적으로 군현제郡縣制[13]를 실시했다. 진시황 34년(기원전 213년)에는 사고師古(옛것을 섬김)와 사금師今(옛것보다는 시대의 변화와 현재를 중시함) 사이에 논쟁이 분서焚書(책을 태움) 사태의 도화선이 된다. 박사 순우월淳于越은 "신이 듣건대 은殷나라와 주周나라가 천여 년간 다스릴 수 있었던 것은 왕자들과 공신들을 제후로 봉해 왕조의 버팀목으로 삼았기 때문입니다. 오늘날 폐하는 천하를 거머쥐셨지만, 자제들은 여전히 평민인 상황에서 갑작스럽게 전상田常[14]이나 육경六卿[15]과 같은 신하가 나타나면 무슨 수로 서로 구제하겠습니까? 일을 함에 있어 옛사람을 본받지 않고 능히 오래도록 유지되었다고 하는 사례는 들어본 바가 없습니다"라고 아뢰었다. 그러자 진시황은 신하들에게 이 문제를 의논하도록 하였다. 그러자 당시 승상이었던 이사는 유생들을 향해 "현재를 본받지 않고 옛날 일을 배우고 있다" "옛것을 가지고 지금을 비난한다"라고 질책하면서 이 같은 상황을 방치하면 "임금의 형세는 아래로 떨어지고 당파의 습속이 위로 무성해질 것이다"라고 했다. 그러면서 "박사博士의 관직에 있지 않은 자로서 천하에 『시』와 『서』와 백가百家의 책을 지닌 자가 있다면 모두 지방

고을의 수령에게 가지고 나아가 불태우게 하소서. 그리고 두 사람 이상이 모여서 『시』와 『서』를 이야기하는 자가 있다면 저잣거리에서 처형하고 옛일을 가지고 오늘날을 비난하는 자가 있으면 삼족을 멸하되 관원이 그런 사실을 알고도 검거하지 않았다면 같은 죄로 다스리소서"라고 간청하였다. 진시황은 그의 간언을 받아들였다.

그러나 어쩌면 진나라 군주제의 급진성은 알려진 것보다 훨씬 과장된 것일 수 있다. 일례로 기원전 288년에는 제齊나라와 진나라는 서로를 '동제東帝'와 '서제西帝'로 칭하는 등 황제라는 칭호는 이미 이전부터 있었다. 그리고 전국시대 이래 약간의 차이는 있지만 각국에서 이미 군현제가 시행되고 있었고 진나라는 거기에 통일성과 일관성을 부여한 것에 지나지 않았다. 따라서 그런 상황에서 유생들이 주나라 예법 제도의 부활을 주장하는 것은 자연히 역사의 흐름에 역행하는 일이었다. 이에 대해 정색했던 이사의 반응 또한, 중앙 급진파의 과도함을 극적으로 묘사한 것이라고 하겠다. 그 밖에도 최근 윈멍雲夢에서는 진나라 내사內史였던 등騰이 남군南郡 통치기에 반포했던 『위리지도爲吏之道』의 죽간이 출토되었는데 그 내용을 보면 당시 진나라가 여전히 충효忠孝를 치국의 근본으로 삼았음을 알 수 있다. 진시황 또한 하늘과 땅에 제사하면서 '예禮로써 하늘을 섬기고 글文로써 입신하며 효孝로써 부모를 섬기고 인仁으로 사람이 된다'[16]라는 말을 돌에 새기기도 했다. 여기서 우리는 진시황이 인효仁孝의 가르침을 무조건 배척했던 것이 아니라 주나라 문화의 친친존존親親尊尊(가까운 이와 친하게 지내고 높고 귀한 자를 존귀하게 여김) 사상을 근간으로 하는 분봉제에 반대한 것뿐이었음을 짐작할 수 있다. 분봉제는 중앙 집권에 불리했지만 인효의 가르침은 통치에 도움이 되었기 때문이다. 진나라가 천하를 통일하기 직전까지만 해도 각국은 제자諸子의 여러 학설을 절충하여 적용했던 반면, 유독 진나라는 스파르타식의 사회 시스템 속에서 주로 삼진三晉의 법가 학설을 흡수하였기 때문에 법가의 색채가 짙었다. 훗날 한漢나라 때도 진나라의 법가 정책을 일부 도입하는 등 절충 노선을 걷기도 하지만, 시간이 흐르면서 점차 주나라 예법을 근간으로 하는 유가 사상이 주류가 되었다. 중국의 전제정치가 가족 윤리와 결합하여 극도로 안정된 체제를 구축한 셈이다.

로마 제정 하에서의 시민권 확장

최근 로마 연구에서는 로마가 공화적 도시국가에서 세계적인 제국으로 발돋움한 것에 대해 '로만 디아스포라the Roman diaspora'라는 관점에서 해석한다. '디아스포라(흩어진 자)'는 본래 유대인 공동체의 존재 형태를 일컫는 말이어서 거기에는 유대인들만의 역사적 사연이 함축되어 있지만 전 세계가 교류, 소통하게 된 오늘날에는 어떤 민족에게라도 적용할 수 있는 용어가 되었다. 이를테면 오늘날 전 세계에 흩어진 화교는 2,500만 명에 달하고 유대 시오니즘에 의해 근거지에서 쫓겨난 팔레스타인인도 세계 각지에 650만이 흩어져 있다. 공화정 말기 지중해에도 이미 '로만 디아스포라'가 존재했다. 로마 도시국가에는 대의제가 없었기 때문에 시민 본인이 로마에 없으면 설령 이탈리아반도에 살고 있다 하더라도 참정권을 행사할 수 없었다. 오늘날 해외 거주민들이 대사관을 통해 대통령 선거에 참여하는 것과는 다른 모습이다. 그러나 타지에 거주하더라도 시민협회conventus civium Romanorum를 조직해서 로마법의 보호 아래 거주 도시와 통치권을 공유할 수도 있었고 시민사회가 구성되지 않은 지역에서는 심지어 그 권한이 원주민보다 우선시되기도 했다.[17]

제정 하의 '로마 시민권'은 갈수록 '디아스포라(흩어진 자)'의 시민권으로 확대되는 추세였다. 이 디아스포라 집단은 자신이 속하지 않은 도시국가의 원로 계급과 동질감은 없었고 다만 도시국가를 넘어선 중앙

기구인 황제만 인정할 뿐이었는데 이 황제는 갈수록 옛 로마 도시국가의 통치 계층을 지나간 역사의 자취로밖에 여기지 않았다. 이 때문에 굳이 수도로 건너가서 '공화' 정치에 참여하는 것이 이제 큰 의미가 없고 오히려 제국의 체제 구축에 참여할 수 있는지가 더욱 중시되었다. 비공식 경로로 시민권을 얻는 경우도 물론 있었다. 공화정에서 제정으로 넘어가는 과도기에는 내전이 빈번하게 발생했고 그때마다 외국에서 병사들을 모집하고 말을 사들였기 때문에 참전했다가 퇴역하는 것도 시민권을 얻을 수 있는 첩경이었다. 따라서 '로마 시민'이 되기 위해 반드시 로마에서 태어날 필요도 없었을 뿐 아니라 심지어 로마 땅을 직접 밟을 필요조차 없게 되었다.[18]

시대를 거듭하면서 외국 출신 '시민'이나 기존의 로마 도시 혹은 이미 '로마'의 지위를 얻은 도시로부터 외국으로 이주한 식민지 개척자를 차별하는 추세도 점차 사라졌다. 심지어 공화정 말기에는 이들 식민도시가 언젠가 중앙을 압도하게 될까봐 염려하는 분위기가 조성되기도 했다. 특히 그라쿠스 형제의 토지 개혁은 토지가 없는 농민을 북부 아프리카 카르타고에 안착시키려는 것이었는데 이는 '또 다른 중앙을 세우려는 시도'로 여겨졌다. 훗날 술라에 의해 격파되는 민중파 세르토리우스Sertorius도 히스파니아에 별도의 공화국을 세우고 자신만의 원로원을 구성하기도 하였다(제1권 제16장 참조). 민중파 출신인 카이사르 또한 대체로 그라쿠스의 해외 로마 식민지 건설 기조를 따랐으며 오현제五賢帝, Five Good Emperors[19] 때도 대부분 황제가 히스파니아에서 태어났기 때문에 로마 제국이 '로만 디아스포라'의 제국이라고 불리는 것이 조금도 어색하지 않았다. 심지어 카라칼라Caracalla(r.211~217) 황제는 아예 212년 칙서를 통해 제국 내 모든 남성 자유인에게 로마 시민권을 부여하기도 한다.

이로써 로마의 체제가 공화정에서 제정으로 전환되면서 자유가 독재에 잠식되었다고 보는 협소한 견해는 크게 수정되었다. 하지만 그렇다고 해서 시민권의 확대를 자유와 동등하게 여겨서는 안 된다. 로마가 공화정에서 제정으로 넘어가는 과도기에 빈번하게 발생한 대외 정벌 전쟁은 대부분 로마보다 선진적인 문명을 가진 동방을 대상으로 했고 피정복지의 백성은 대거 노예로 전락, '자유인'이 아닌 재산으로 여겨져 결국 로마 역사상 가장 참혹하고 비인간적인 노예 제도가 시행되었기 때문이다.

이의 연장 선상에서, 로마 제국이 법치法治를, 중국이 인치人治를 중시했다고 정형화하는 것 또한 동일한 본질화의 오류이다. 물론 로마의 법치는 말할 것 없이 탁월했지만 고대 로마의 사회적 관계에도 소위 은혜를 베푼 주체와 은혜를 입은 객체 간에 맺어진 인적 네트워크가 있었고, 이를 아는 것도 로마사를 이해하는 데 필요한 일이다. 귀족당이 그라쿠스 형제의 토지 정책을 반대했던 것도 일단 그라쿠스 형제가 전답을 배분하여 식민지를 건설하기만 하면 전답을 부여받은 무리가 그라쿠스 가문을 '은인恩人'으로 추앙하게 되고 이로 말미암아 그들의 세력이 커질 것을 우려했기 때문이다. 훗날 마리우스는 상비군을 두는 방식으로 무無 농토 농민 문제를 해결하였으며 그들이 퇴역할 때도 원로원에 요청해서 토지를 나눠주었는데 이를 통해 군대를 사유화하기도 했다(제1권 제16장 참조). 또한 카이사르와 아우구스투스는 새로운 식민 속주를 세웠지만 로마와 헬레니즘 왕국 사이의 정치, 문화적 차이 때문에 '구세주'로까지 추앙받지는 못했다. 하지만 이를 통해 그들이 공화정 문화 속 '은인 정치'의 주인공이 되었음은 더 말할 필요도 없다.

아우구스투스는 속주의 지배층과 수많은 '은인' 관계를 구축하였는데 여기에는 유대 땅의 헤롯Herod을 비롯해서 북아프리카 모리타니Mauritania의 유바Juba 등이 있었다. 그들의 주종관계는 종종 '우정'으로 포장되기도 했다.[20] 그 '친구'는 당연히 로마 시민이 아닌 한 지역의 군주였으므로 그들과 로마 사이의 종속 관계는 내몽고, 티베트 등지와 중국 정부 사이의 관계처럼 별도로 설정되어야 했다. 이들 외국인은 로마가 지중해를 장악하기 전부터 이미 로마의 원로 및 장군들을 '은주恩主'로 섬겨 왔으므로 아우구스투스의 대통일은 다만 이 같은 '은주' 정치 네트워크를 본인 중심으로 재편했던 것에 불과하다. 어쩌면 고대 로마가 진秦제국보다 더 '우의友誼'와 인맥을 매개로 얽힌 사회였는지도 모른다. 오히려 법가 사상의 주도 아래 '천하를 가졌어도 자식들은 평민이었던' 진시황이야말로 사사로운 정에 얽매이지 않았던 황제가 아니었을까.

진나라의 중국 통일은 전제정치의 최고봉

공화정의 외피를 입은 '아우구스투스 혁명'과 '천고일제千古一帝(천년에 한 번 나오는 황제)' 진시황이 구축한 역사의 단층 중 어느 것이 더 우월한지는 지금 섣불리 결론짓기 어렵다. 만일 진나라 이전에 공화제가 출현하지 않았고 진나라의 대통일이 단순히 각국의 전제정치를 한데 모은 것에 불과했다면 진나라는 단순히 기존의 것을 확대 발전시킨 것일 뿐, 딱히 혁명이랄 것이 없었을 것이다. 그러나 진나라의 변법이 많은 부분 삼진三晉의 법가를 계승했다는 점, 상앙商鞅의 혹정이 서쪽 구석진 땅에 자리 잡았던 진나라에서만 실행됐고 동쪽의 선진적인 나라들이 모방할 수 없었던 점 그리고 특히 초나라가 오기吳起의 변법이 실패하면서 상앙의 노선과 다른 길을 걷게 된 점에 대해서는 추가적인 연구가 필요하다. 『좌전』에는 군주와 사대부 말고도 국인國人(도성 안에 사는 평민)의 흔적도 보이지만 지금은 전해지지 않는다.

중국에는 그리스나 로마 도시국가의 시민권 같은 권리가 없었다는 점에는 대체로 이견이 없으며 선진先秦 시대에 민중의 권리를 표현할만

한 별도의 방법이 있었는지는 알기 어렵다. 로마에는 등급이 구분된 시민제도(제16장 참조)가 있었던 한편, 생산활동에 대거 동원된 노예들도 있었으니, 시민의 권리와 비인간적 제도가 대립하면서도 병존하던 시대였다. 진 제국의 호적 제도를 보면 백성들은 주어진 의무에 비해 상응하는 권리가 부족했는데 이런 점에서만 모든 백성이 평등했던 것같은 모양이다. 그러함에도 검수黔首(백성) 사이에는 여전히 농공상農工商의 구별이 있었다. 등급별로 차등을 둔 시민권은 없었고 정도의 차이가 있는 의무만 지녔을 뿐이다. 진나라의 요역법徭役法에서는 죄를 짓고 달아난 사람, 가난하여 노비가 된 사람, 장사꾼을 가장 우선적으로 징발하였고, 그 다음으로는 과거에 장사를 했던 자, 마지막으로는 조부모나 부모가 상인이었던 자의 순서로 징발하였다. 그 밖에도 부자를 먼저 징발하여 요역을 감당하게 했는데 이를 가리켜 '여우閭右[21]를 보낸다'라고 했고 마지막에야 가난한 백성들을 징집했는데 이를 두고 '여좌閭左를 보낸다'라고 표현했다. 만리장성 및 여산릉驪山陵 수축과 같은 거대한 공정에는 죄수들이 대거 동원되었다. 이 때문에 검수와 죄수 간 경계가 모호해지기도 했지만 그렇다고 해서 그들이 노예 신분이었던 것은 아니며 일시적 혹은 주기적 성격의 강제 노동이었다.

칼 비트포겔Karl Wittfogel이 말한 '동방 전제주의Oriental Despotism' 모델에 가장 근접한 왕조가 진나라였음에는 반론의 여지가 없다. 국가가 거대 공정에 노역하도록 백성을 강제 동원할 수 있었기 때문이다. 그러나 진나라가 빠른 속도로 패망했던 것을 보면 이러한 형태가 동방에서만 영구적으로 나타나는 특징은 아니었음을 알 수 있다. 그렇지만 진나라는 15년이라는 짧은 기간의 혹정을 통해 오늘날 중국의 경계선을 확정하였다.

진한 제국의 판도

진나라는 기원전 221년 육국六國을 멸한 뒤 기원전 214년에는 몽염蒙恬으로 하여금 30만 대군으로 오르도스河套 일대의 흉노를 몰아내고 구원군九原郡을 설치하였다. 이를 통해 취약했던 국방을 보완한 뒤 조趙나라, 위魏나라, 연燕나라 등의 기존 북방 경계를 연결, '만리장성'을 축조했다. 진 제국은 남으로는 기존 육국의 범주를 넘어 백월百越까지 진군하여 민월왕閩越王을 폐위시킨 뒤 민중군閩中郡을 설치하였다. 뒤이어 영남嶺南을 평정하여 계림桂林과 상군象郡, 남해南海의 세 개 군을 설치하였으니 그 영토가 오늘날 베트남 북부까지 이르렀다. 이들 변경 지역에 대해서는 진나라의 통제가 그리 촘촘하지 않았던지 진나라 멸망 이후 속속 이탈하는 곳이 늘어났지만, 장기적으로 보면 베트남을 제외한 모든 지역이 결국에는 중국 경내로 편입되었다. 그 밖에도 진나라는 제국의 통합을 강화하기 위해 도로를 확충하였고 그 결과 함양鹹陽에서 뻗어 나간 도로가 제齊나라와 오吳나라, 월越나라까지 이르렀다. 기원전 212년에서 기원전 210년에는 오로지 국방의 목적으로만 수도에서 구원九原에 이르는 직도直道를 건설하기도 했다.

진나라와 한나라의 교체기에는 잠시 중국 변방의 영토가 줄어들기도 했지만 한무제漢武帝(r.141~83BCE) 때는 국력이 회복되면서 확장정책을 재개했다. 이를 위해 한무제는 먼저 북방의 강적인 흉노에 대응하였다. 기원전 127년, 그는 위청衛青을 파견하여 구원九原의 땅을 수복한 뒤 삭방朔方과 오원군五原郡을 설치하였고 기원전 121년에는 곽거병霍去病을 통해 하서주랑河西走廊[22]을 얻음으로써 훗날 서역西域으로 통하는 길을 열었다. 뒤이어 기원전 119년, 곽거병은 흉노 중심부까지 2천 리를 추격해 들어가 한해瀚海(바이칼호)까지 이르렀는데 이는 중국 제국이 이르렀던 최북단의 경계이기도 하다. "흉노가 멀리 도망하여 사막 남쪽에 왕정이 없었다匈奴遠遁, 而漠南無王庭"[23]라는 기록도 여기서 생겨났다. 그러나 한무제 후반부터는 흉노와의 전쟁에서 점차 불리한 처지가 되었고 기원전 112년에는 세력을 키운 흉노가 서강西羌과 연합하여 한나라를 공격하기 시작했다. 기원전 90년에는 이광리李廣利가 흉노 정벌에 나섰다가 패하여 항복하고 만다. 서한西漢의 흉노 문제는 선제宣帝(재위 91~48BCE)에 이르러서야 비로소 일시적으로 해결되는데 그가 선택한 것은 강경책이 아니라 동호東胡의 오환烏桓과 손잡고 흉노 내부의 분열을 틈타 승리를 거머쥐는 방법이었다. 한나라와 흉노 간의 오랜 싸움은 세계에서 가장 긴 성벽을 그 부산물로 남겼다. 그 밖에도 기원전 138~기원전 126년 그리고 기원전 119년의 두 차례에 걸쳐, 장건이 명을 받들고 중앙아시아로 파견되기도 했지만 흉노 문제는 좀체 해결되지 않았다. 동한東漢 시기 화제和帝(r.86~105)는 대부분 흉노를 서쪽으로 몰아내기는 했지만 그들은 '오호난화五胡亂華'[24] 때 다시 세력을 일으켜 도발한다.

남방에서는 기원전 111년, 한무제가 조씨趙氏의 남월南越을 멸하고 영남嶺南 일대를 다시금 제국의 판도로 편입시켰다. 남월 문제가 해결된 뒤 기원전 109년에는 운남雲南에 위치한 전국滇國이 투항하여 속국이 되었고 이에 한나라는 익주군益州郡을 두어 통치를 강화했다. 서남지역의 이민족 가운데 가장 강성했던 야랑국夜郎國 또한 속국 되기를 자청하였다. 비록 기원전 27년 한성제漢成帝 연간에 야랑국이 반란을 일으켰다가 격파되어 결국 멸망하게 되지만 말이다. 야랑국은 전국戰國 시대부터 귀주貴州 지역에 등장하였는데 전국滇國이 초나라 장군에 의해 세워지고 남월국이 진나라 장군에 의해 건립된 것과는 그 배경이 달랐다. 그러나 이 같은 미세한 차이는 '천하를 하나 되게 한다'라는 대통일 사관에 묻혀 역사 속으로 사라졌다.

최대치로 확장된 로마 제국 영토

로마는 공화정 때부터 도로를 구축하기 시작하였는데 이는 이탈리아반도를 통일하기 위한 목적이었다. 통일 이탈리아반도가 라티움 평원에 한정될지, 아니면 아펜니노 산맥까지 편입될지 결정되었던 삼니움 전투 Samnite Wars(343~290BCE, 제16장 참조) 기간, 로마인은 로마와 남부 이탈리아를 관통하는 아피아 가도Via Appia를 수축修築한다. 그리고 기원전 118년에는 이탈리아와 갈리아 남부를 연결하는 도미티아 가도Via Domitia가 건설되었고 아키타니아 가도Via Aquitania는 이베리아까지 닿았다. 이들 가도는 동방과 북아프리카, 브리튼으로 확대되는 로마의 성장에 발맞춰 일찌감치 속속 구축되었다. 변방을 제외하고는 나머지 고국古國들도 자기만의 오랜 도로망을 가지고 있었기 때문에 로마 제국의 도로망은 결국 기존의 것들을 한데 연결한 것에 불과했지만, 로마는 그 도로들을 대, 중, 소의 세 등급으로 구분하여 표준화한 뒤 대로大路를 수도인 로마에 닿게 한 점이 달랐다. 이들 도로는 제국의 교통과 운수, 경제, 민생을 활성화한 동맥이 되었을 뿐 아니라 군부대 이동 시에도 지극히 중요한 국방의 혈맥 역할을 하였다.

로마는 환 지중해 제국으로 성장한 뒤 방어해야 할 변경지대도 대폭 늘어났다. '마레 노스트룸mare nostrum '25으로 변모한 지중해에는 해적이 기승을 부려 제국 심장부의 우환이 되기도 했지만 연해 국가가 모두 굴복해 오고 해적의 육상 근거지 또한 소탕됨으로써(주로 폼페이우스의 공적) 로마는 제국 안팎으로 협공전을 펼쳐야 할 절박한 상황은 모면할 수 있었다. 아우구스투스가 지중해 세계를 통일했던 초창기에는 동방의 최대 위협 요인이었던 파르티아 제국과도 비교적 평안하게 지냈다. 심지어 아우구스투스는 외교 수완을 써서 크라수스 군대가 기원전 53년 파르티아에 대패하면서 빼앗겼던 독수리 깃발aquilae을 되찾아 오기도 했다. 또한 양국은 유프라테스강을 국경으로 하는 데 합의함으로써 영토 분쟁을 일단락했다. 그 뒤 로마와 파르티아 사이에 오랜 기간 반복되었던 전쟁이나 화친은 모두 완충지대인 아르메니아를 둘러싸고 이루어졌다.

아우구스투스 시절 가장 시급하게 해결해야 했던 일은 북부 변방의 문제로 이는 이탈리아반도의 안위와도 직결되었다. 카이사르의 갈리아 정복으로 로마의 북부 변방은 라인강까지 확대되었지만 방어해야 할 국경선도 늘어났다. 우선 갈리아와 이탈리아 사이의 교통 라인을 확보하기 위해서는 로마의 세력이 오늘날의 스위스와 남부 독일까지 진입해야만 했고 그 방어선은 발칸의 방어선과 연결되어야만 했다. 그러나 로마 세력이 라인강에서 다뉴브강 상류까지 확대되면서 거대한 곡선 가도가 형성되었고, 이 곡선을 비교적 단거리로 직선화하기 위해서는 반드시 다뉴브강 일대의 로마 통제권이 오늘날의 헝가리까지 확대되어야만 했다. 이 작업은 서기 9년, 아우구스투스 계승자 티베리우스 시절에 마무리되었고 해당 기간에 판노니아Pannonia가 세워졌다. 한편 변경 라인을 라인강 일대에서 동쪽의 엘베강 유역까지 변경을 확대해야 했는데 이 또한 로마가 같은 해에 이루어냈다. 그 시기 한쪽에서는 게르만 도시가 형성되고 있었는데 기원전 9년에는 로마의 3개 군단이 토이토부르크 숲 전투Battle of the Teutoburg Forest에서 게르만인에게 초토화됨으로써 북부 변경은 다시금 라인강과 다뉴브강 유역까지 후퇴하고 만다.[26] 시종일관 로마문화에 동화되지 않았던 게르만인은 훗날 로마를 멸망의 길로 이끄는 장의사 역할을 하게 된다.

클라우디우스Claudius(r.41~54) 황제 시절에는 브리튼 섬을 제국의 판도에 편입시켰고 플라비우스 왕조 때는 섬의 총독 그나이우스 줄리우스 아그리콜라Gnaeus Julius Agricola(40~93)가 북쪽으로 진출하여 섬 전역을 대부분 정복하였다. 이로써 로마는 칼레도니아Caledonia, 즉 오늘날의 스

토이토부르크 숲의 전투

코틀랜드 일대까지 진출하였지만 끝까지 수비하지는 못했다. 오현제 중 하나인 하드리아누스Hadrian(r.117~138) 시절에는 남반도와 칼레도니아 사이에 장성을 구축하여 그레이트 브리튼 섬의 허리를 끊었고 그의 후계자인 안토니누스 피우스Antoninus Pius(138~161)는 성벽을 북으로 160킬로미터 정도 옮겼다.

오현제 시대에 로마 제국의 판도는 최대치로 확장되었다. 하드리아누스의 전임 황제인 트라야누스Trajan(r.98~117)는 101~102년과 105~106년 두 차례에 걸쳐 다뉴브강 북안의 골칫거리였던 다키아 왕국Kingdom of Dacia을 정벌하였고 오늘날 루마니아에 해당하는 지역을 제국의 판도로 편입, 속주로 삼았다. 113년, 트라야누스는 로마와 파르티아 제국 사이의 전쟁을 영구히 종식하고자 우선 완충지인 아르메니아를 멸망시키고 나머지 지역에 속주를 설치하였다. 그런 다음에는 메소포타미아 유역으로 남하하여 파르티아 수도인 크테시폰을 치고 페르시아만 입구까지 밀고 나갔다. 그러나 후방에서 시리아, 특히 유대인이 반란을 일으키는 바람에 더는 진군하지 못한 채 크테시폰에 허수아비 왕만 세운 채 회군하였다. 과도한 판세 확장으로 점령지는 그리 오래가지 못했다. 트라야누스의 후계자인 하드리아누스는 아르메니아와 메소포타미아 유역을 원래의 주인에게 되돌려주고 말았고, 이로써 반 세기가량 평화가 유지될 수 있었다. 다키아 속주는 '3세기의 위기'(제19장 참조) 때 로마군이 돌아볼 여력이 없어 스스로 철수한다.

진한 제국이 규합한 제국의 판도는 대략 오늘날까지 중국 영토의 경계선 안에서 유지되고 있다는 면에서 지금의 중국은 현대의 '민족국가'라는 옷을 입은 고대의 '천하'라고 할 수 있다. 반면 로마 제국은 일찌감치 고대라는 고치를 찢고 나와, 나비와 나방의 성체로 탈태하였다.

중앙아시아의 헬레니즘 왕국

진나라가 중국을 통일하기 전, 알렉산더의 동방 원정을 통해 적잖은 그리스인이 중앙아시아로 이주하였지만 초창기 식민지는 그다지 안정적이지 않았다. 그러다가 알렉산더의 후계자인 셀레우코스가 동방의 속주를 안정시킨 뒤로는 그리스인이 대거 그곳에 정주하기 시작했고 박트리아Bactria, 즉 오늘날 아프가니스탄 동부와 우즈베키스탄 남부를 아우르는 지역이 중심지로 부상했다. 기원전 250년 무렵, 박트리아의 총독 디오도투스Diodotus(c.285~c.239BCE)는 서부의 파르티아Parthia 총독과 상호 독립을 약조한 뒤 박트리아의 건립자이자 구세주라는 의미의 소테르 디오도투스 1세Soter Diodotus I가 되었다. 아르사케스Arsaces가 파르티아 지방을 정복하여 셀레우코스 제국과 그 동쪽 변경을 단절시키자 박트리아 왕국은 서서히 고립된 상태가 되면서 아시아 중심부에서 헬레니즘 문화 전파의 중심지가 된다.

디오도투스의 왕위는 아들인 디오도투스 2세$_{\text{Diodotus II}}$(c.252~c.223BCE)에게 이어지지만 이내 에우티데무스 1세$_{\text{Euthydemus I}}$(c.260~200/195BCE)에 의해 찬탈되는데 그는 이전 왕조의 소그디아나$_{\text{Sogdiana}}$를 다스리던 총독이었던 것으로 보인다. 이 정권은 셀레우코스의 대제 안티오코스 3세$_{\text{Antiochus III the Great}}$(c.241~r.222~187BCE)가 빼앗긴 영토를 수복하기 위해 동진東進함에 따라 파르티아와 함께 일시적인 부속 왕국으로 전락하였다. 그러다가 기원전 189년, 안티오코스 3세가 로마에 패하면서 왕국의 동쪽 변경은 다시금 이탈하였다. 박트리아가 서방과 단절됨에 따라 그 역사 또한 갈수록 명확하게 전해지지 않았지만, 확실한 것 두 가지는 박트리아가 인도로 남하하여 발전하다가 남북의 양단으로 분열되었고 에우티데무스 1세의 아들인 데메트리우스 1세$_{\text{Demetrius I}}$(r.200~180BCE)가 힌두쿠시 지대까지 내려갔으나 인도에 진입하지는 못했다는 점이다. 박트리아 왕권은 이미 에우크라티데스 1세$_{\text{Eucratides I}}$(r.171~145BCE)에 의해 찬탈당한 뒤 이전 왕조가 남쪽으로 피신함으로써 남북조를 형성하였고 이 기회를 틈타 파르티아 제국도 박트리아의 도시 두 곳을 점령, 삼각 투쟁의 구도를 이루었다.

에우티데무스 왕조는 퇴로가 없어 인더스강 유역으로 들어갈 수밖에 없었는데 그 세력은 가장 멀게는 갠지스강 상류 마투라$_{\text{Mathura}}$까지 이르렀다. 그러나 인도-그리스인은 일련의 작은 나라들로 분산되면서 많은 사료가 소실되었고 유일하게 메난드로스 1세$_{\text{Menander I}}$(r.165/155~130BCE)의 이름만이 『미린다왕문경$_{\text{Milinda Panha}}$』에 전해진다. 메난드로스 1세는 불법을 널리 알린 사람으로 사후에 그 골회骨灰가 왕국 각지의 사리탑에 분장分葬되었다. 에우크라티데스 왕조 또한 인도로 남하하려 했지만 성공하지 못하였고 결국 박트리아는 초원에서 온 종족에게 멸망한다.

오늘날의 스코틀랜드로 진군
한 아그리콜라

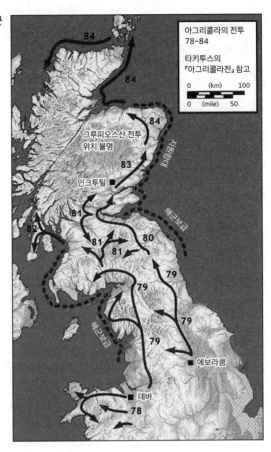

고고학 자료를 보면 이들 원방遠方의 대다수 그리스인은 그리스식으
로 건축된 신생 도시에 거주했으며 그리스 도시국가의 뿌리를 유지하면
서 고도의 자치를 누렸음을 알 수 있다. 헬레니즘 도시는 하나같이 구획
이 비슷해서 아크로폴리스와 시내를 나누고, 극장과 경기장, 체육관, 신
전이 들어서 있었다. 또한 헬레니즘 시대에는 새로운 관개 공사가 추진
되고 화폐 제도를 도입하여 주요 도시마다 화폐 제작소가 있었는데 이
는 해당 지역 화폐경제의 출발점이 되었다. 헬레니즘 화폐는 은과 동의
두 가지 종류가 있었고 그 정교함이 예술품 수준에 이르렀으며 국왕의

두상과 함께 그리스어와 카로슈티 문자Kharosthi를 사용한 인도 일상어인 프라크리트Prakrit[27]가 새겨져 있다. 사료가 소실되어 얼마 남지 않은 상황에서는 화폐가 중앙아시아와 인도 역사 연구에 귀중한 자료가 된다. 극동지역의 헬레니즘 세계는 그리스 종교와 이란의 조로아스터교, 인도 종교가 혼합된 양상을 보였으며 그 성과에 대해서는 다음 장에서 상세히 다루기로 한다.

월지인과 스키타이인, 인도 파르티아인

헬레니즘 세계의 동쪽 끝은 훗날 중국 변경에서 온 초원 민족에 의해 정복당하는데 그 나비효과는 최초로 흉노에게서 시작된다. 진한 제국 시기, 중국의 하서주랑河西走廊은 원래 월지족의 옛 근거지였다. 해당 지역은 훗날 강족羌族의 땅이 되기 때문에 『후한서』「서강전西羌傳」에는 "월지는 복식과 언어가 대략 강족과 같다"라는 기록이 전해지기도 한다. 한편 월지가 인도-유럽 종족이고 그들의 언어는 토카리아어Tokharian[28]일 것이라고 주장하는 이들도 있다. 한때 강성했던 월지는 흉노에게 볼모를 보낼 것을 요구하기도 했는데 그 볼모가 다름 아닌 훗날 흉노 제국을 세우게 되는 묵돌이다. 그는 흉노가 강성해진 뒤 월지를 격파한다.

　『사기』「대원열전大宛列傳」에서는 "흉노가 월지왕을 격파하고 그 머리를 식기로 삼았다. 월지는 달아나 늘 흉노를 원망하며 원수로 여겼다…"라고 언급했다. 서쪽으로 달아난 월지를 대월지大月氏라고 부르는데 그들은 나비효과를 불러일으켜 먼저 일리강Ili River 유역 스키타이인의 땅으로 달아났다. 『한서』「장건전張騫傳」에는 "월지가 이미 흉노에게 격파되어 서쪽으로 가서 새塞(스키타이) 왕을 쳤다. 새 왕이 남으로 멀리 이동하자 그 땅에 월지가 살았다"라고 기록되어 있다. 『한서』「서역전」에도 이런 표현이 나온다. '오손국烏孫國은 본래 새塞의 땅이었는데 대월지가 서쪽으로 새塞 왕을 패주시키자 새 왕이 남으로 현도縣度를 건너가 버리니 대월지가 그 땅에 살게 되었다. 훗날 오손국의 곤막昆莫이 대월지를 격파하니 대월지는 서쪽으로 이주하여 대하大夏(박트리아)를 신하로 삼았고, 그 땅에는 오손국의 곤막이 살게 되었다. 이러한 연유로 오손국 사람들은 새 종족種과 대월지 종족이 섞여 있다는 말이 있는 것이다." 헬레니즘의 박트리아 왕국은 대략 기원전 125년에 멸망하였고, 한漢나라의 장건張騫이 대월지와의 동맹 체결 임무를 띠고 서역으로 갔던 것도 기원전 138년~기원전 125년의 일이니, 이 때문에 장건과 알렉산더의 후예가 만날 기회는 잃고 만 것일까? 아니면 그 시기 월지인이 아직 박트리아를 멸한 것은 아니고 서북쪽의 소그드를 점거하며 살았던 것일까?

중국 역사서에서 말하는 '새塞'는 그리스와 이란, 인도의 사료에서 말하는 스키타이 혹은 사카Śakas or Sacaraucae를 가리킨다. 서방의 기록에는 기원전 100년경, 대월지에게 쫓겨난 스키타이인이 박트리아에 잠시 머문 뒤 오늘날의 서아프가니스탄과 동이란으로 들어갔다고 나온다. 그들은 해당 지역에 사카스탄Sakastan이라는 이름을 남기는데 이는 오늘날 동이란의 도시명인 세이스탄Seistan의 유래가 되었다. 이 지역은 스키타이인이 서로는 파르티아를 침범하고 남으로는 인도로 진출하는 전진 기지 역할을 했다. 두 명의 파르티아 국왕은 기원전 128년과 기원전 123년 무렵, 세이스탄과 스키타이인을 상대로 전쟁을 벌이지만 패하고 마는데, 미트리다테스 2세Mithradates II (r.c.123~88BCE)가 제위에 오른 뒤로는 파르티아인은 입장을 바꾸어 공격의 방향을 동남부로 전환한 끝에 인도 역사에서 인도-파르티아 시대를 열게 된다. 파르티아의 패권 아래서 동이란과 아프가니스탄으로부터 오늘날의 파키스탄과 북인도의 펀자브에 이르기까지 일련의 작은 나라들이 속속 출현하는데 통치자의 이름으로 미루어 보면 그중 일부는 파르티아인이고 나머지는 스키타이인인 것으

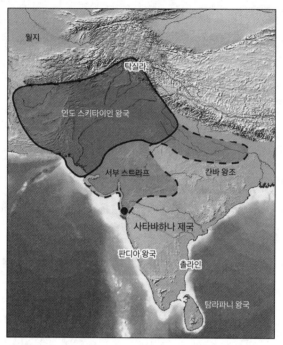

인도 스키타이인의 영토

로 보인다. 해당 시기의 인도 역사는 통상 스키타이인과 파르티아인, 팔라바스Pahlavas를 합하여 하나의 집단으로 보았다.[29]

이를 세분한다면 인도 파르티아 시대에 앞서 인도-스키타이인Indo-Scythians이 먼저 북인도에 진입한 단계가 있다. 사카스탄Sakastan의 스키타이인은 마침내 인도 서북부 변경의 틈을 비집고 인도로 들어갔는데 그 왕인 마우에스Maues(r.85~60BCE)가 북인도 박트리아 왕국의 땅을 점거하였다. 그 뒤 또 다른 왕인 아제스 1세Azes I(c.48/46~25BCE)가 인도의 그리스 정권을 철저하게 멸절하여 그 세력을 간다라에서 마투라까지 확대하였으니 이것이 훗날 쿠샨 영토의 틀이 되었다고 할 수 있다. 인도 스키타이인은 훗날 인도에서 대월지가 세운 쿠샨 왕조에 예속되어 그 지파가 27개 지방 정권으로 뻗어 나가는데 이들을 일컬어 '서부 사트라프Western

~Satraps~'라고 통칭한다. '서부 스트라프'는 이란식 관작 명칭이다. 370년 간(35~405년) 많은 이가 쿠샨 제국에 복종하여 섬겼지만 쿠샨은 훗날 인도의 굽타 왕조에 의해 멸망한다.

세계사의 관점에서 보면 헬레니즘 세계로 침투한 기원전 2세기 민족의 대이동에서 마지막 장면은 인도-유럽어계 초원 민족이 보였던 대규모 행동이 될 것이다. 그 후에도 물론 4~5세기 흉노에 의해 로마 제국으로 내몰린 알란족~Alan~과 고트족~Goths~의 사례도 있지만 전자는 인도-유럽어계 초원 민족의 잔류였고, 후자는 이미 농경사회로 진입한 상태였다. 그 뒤 초원의 무대는 고대 흉노계와 고대 퉁구스계의 후예에게로 넘어갔다. 이는 세계 역사를 바꾼 일대의 전환점이지만 주목받지 못한 채 소홀히 여겨졌다. 이에 관한 내용은 제3권에서 상세히 다뤄보고자 한다.

서기 1~3세기의 쿠샨 제국

『후한서』「서역전」에는 이런 말이 나온다.

처음에 월지가 흉노에 의해 멸망하자 마침내 대하大夏(박트리아)로 이주하고 나라를 휴밀休密과 쌍미雙靡, 귀상貴霜(쿠샨), 힐돈肹頓, 도밀都密의 다섯 부족으로 나뉘어 흡후翕侯(수령)체제가 됐다. 그 후 100여 년이 지나서 귀상의 흡후인 구취각丘就卻(쿠줄라 카드피세스)이 나머지 네 흡후를 멸하고 스스로 왕이 돼 국호를 귀상貴霜(쿠샨)이라고 했다. 안식安息(파르티아)을 침공하고 고부高附의 땅을 취했다. 또한 복달濮達과 계빈罽賓을 멸하고 그 나라를 모두 차지했다. 구취각은 80여 세에 죽고 아들 염고진閻膏珍이 뒤를 이어 왕이 됐다. 다시 천축을 멸하고 장군 한 명을 두어 그곳을 다스리게 했다. 월지는 그 뒤로 극도로 부강해졌다. 여러 나라가 그 나라 왕을 '귀상왕貴霜王'이라 칭하지만 한나라는 옛날의 칭호를 써서 '대월지'라고 부른다.

쿠샨 왕조는 인도에 들어가기 전부터 이미 헬레니즘과 파르티아 문화의 세례를 받았다. 사파드비제스Sapadbizes(40BCE~20CE)는 박트리아 서부를 차지한 대월지의 수령으로 그 화폐는 파르티아의 것을 개조해서 만들었고 그의 속지는 훗날 쿠샨 부족에 의해 병탄된다. 쿠샨 부족의 헤라이오스Heraios(r.1~30)의 영토는 그 중심지가 아무다리아강의 북부에 있었는데 그가 만든 화폐 앞면에는 그가 그리스 왕의 머리 장식을 하고 있는 모습이, 뒷면에는 그리스 승리의 여신인 니케Nike가 말을 탄 왕에게 월계관을 씌워주는 모습이 주조되어 있다.[30] 박트리아에서 시작하여 힌두쿠시 산을 넘은 이는 각 부족을 통일한 쿠줄라 카드피세스였다.

『후한서』에 언급된 '구취각丘就却'이 바로 서방 사료에 등장하는 쿠줄라 카드피세스Kujula Kadphises(r.c.30~80)이며 그 이름을 보면 그가 인도 스키타이인과 관계가 있음을 알 수 있다. 중국 사료에 나오는 '염고진閻膏珍'은 그의 아들인 비마 탁토Vima Takto(r.c.80~90)를 말한다. 그 손자는 비마 카드피세스Vima Kadphises(r.c.90~100)이지만 중국 사서에는 전해지지 않는다. 그리고 초기 쿠샨 왕조에서 가장 유명한 이는 불경에 나오는 카니슈카Kanishka(r.78~c.151) 왕이다. 앞서 역사가들은 이들 4대 왕의 계보에 누락이 있는지 여부는 확인하지 못했지만 1993년 아프가니스탄 북부의 수르흐 코탈Surkh Kotal 부근의 라바탁 유적지에서 그리스 철자를 사용한 박트리아어 암각문the Rabatak inscription이 발굴되면서 비로소 그 계보가 분명해졌다.[31] 거기에는 "증조부 쿠줄라 카드피세스Kujula Kadphises 왕과 조부 비마 탁토Vima Takto 왕, 부왕인 비마 카드피세스Vima Kadphises 그리고 본인 카니슈카Kanishka 왕에게 바친다"라고 적혀 있다.

쿠샨 관련 고고학 연구가 활발해지기 이전에는 헬레니즘 왕국의 화

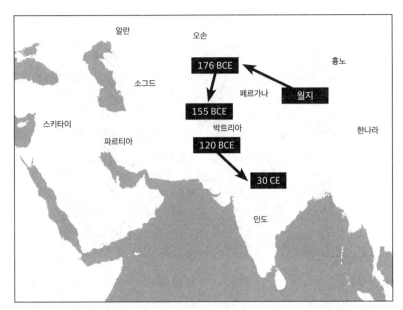

월지인의 진출 노선(중국 변방 → 중앙아시아 → 인도)

폐를 모방한 화폐가 쿠샨 제국 연구의 주요한 사료로 활용되었는데 이는 쿠샨 제국이 동시대의 3대 제국과 동등하게 여겨졌기 때문이다. 쿠줄라 카드피세스가 발행한 동전은 로마의 아우쿠스투스나 티베리우스의 것을 모방하였기 때문에 우리가 연도를 추정하는 데 도움이 된다. 비마 카드피세스는 로마의 금데나리온denarius aureus과 등가인 금화를 발행하였는데 앞면에는 인도의 시바 신상을 주조해 넣었다.[32]

카니슈카 때부터는 화폐의 명문이 그리스 문자에서 일종의 이란어이자 박트리아어로 추정되는 언어로 바뀌었지만, 여전히 그리스의 자모를 사용하여 표기하였다. 비마 카드피세스가 발행하기 시작한 금화는 줄곧 안정세를 이어가다가 훗날 굽타 왕조로 바뀌어도 계속 사용되었다. 쿠샨의 화폐가 로마의 금데나리온과 등가였고 파르티아나 사산 왕조의 은화와는 달랐다는 점에서 쿠샨과 로마 사이에 실크로드를 통

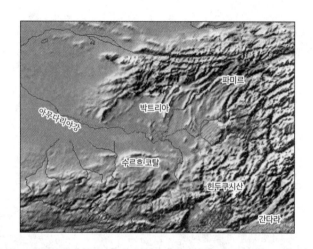

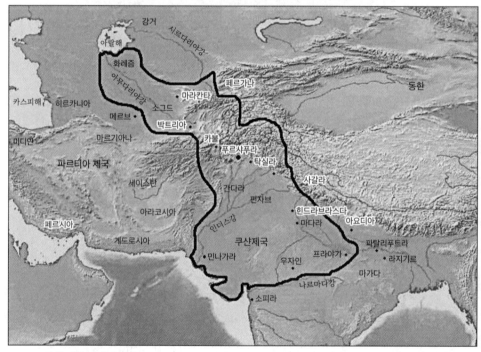

쿠샨 제국 전성기의 판도

수르흐 코탈의 라바탁 암각문

한 무역 활동이 빈번하였을 뿐 아니라 어쩌면 직접 교류도 있었으리라고 짐작해 볼 수 있다.[33] 카니슈카 전성기의 쿠샨 영토는 북방의 화레즘, 소그드, 박트리아로부터 파미르와 힌두쿠시를 아우르고 지금의 아프가니스탄을 거쳐 북인도의 간다라, 펀자브, 인더스강 전역으로 뻗어 나갔다. 남으로는 갠지스강 중상류의 마투라까지 갔다가 최남단으로는 중인도 말와Malwa 고원의 우자인Ujjain까지 이르렀고 오늘날의 신장新疆 지역까지도 여러 차례 진출했던 것으로 보인다. 중요 도시로는 상술한 두 곳 말고도 박트라Bactra와 카피사Kapisa, 카불Kabul, 푸르샤푸라Purushapura, 달차시라Taxila(탁실라)가 있었다. 쿠샨은 하계夏季 수도를 오늘날 아프가니스탄의 베그람Begram(발흐)에 해당하는 카피사에 두었고 동계 수도는 탁실라와 마투라로 삼았다. 카니슈카 시대의 수도는 오늘날 파키스탄의 페샤와르Peshawar에 해당하는 푸르샤푸르Purushapur였다.

서기 225년, 쿠샨 제국은 동과 서로 양분되는데 아프가니스탄 서쪽의 쿠샨은 이란의 사산 제국 세력으로 편입되었다. 사산 제국은 해당 지역에 꼭두각시 정권을 세우고는 '쿠샨왕Kushanshah'이라고 칭했는데 이를 역사에서는 인도-사산인Indo-Sassanids이라고 불렀다. 270년 무렵에는 펀자브 동부 쿠샨의 관할 하에 있던 지방 세력이 속속 독립을 선언하고 4세기 중엽에 이르면 나머지는 모두 굽타 왕조에 병탄된다.

제2의 페르시아 제국: 파르티아

기원전 250년 무렵, 셀레우코스 제국의 파르티아 총독인 안드라고라스 Andragoras(?~238BCE)와 박트리아 총독 디오도투스는 상호 맹약 후 반란을 일으켜 각각의 독립 왕국을 세운다. 동이란의 파르니족Parni도 이 기회를 틈타 모반을 일으켜 안드라고라스를 죽이고 파르티아를 탈취하여 마케도니아인의 통치에서 벗어난다. 당시 파르니인의 수령이었던 아르사케스 1세Arsaces I(c.250~246/211?)는 스키타이인의 혈통으로 추정되는데 로마의 황제를 통상 '시저'라고 부르듯 그의 이름인 '아르사케스'도 훗날 파르티아 제왕을 일컫는 호칭으로 발전하게 된다. 중국의 역사서에서 파르티아를 가리키는 '안식安息'이라는 한자도 아르사케스를 발음 나는 대로 적은 것이다.

셀레우코스 제국은 안티오코스 3세 시기에 중흥기를 맞아 그는 '대제大帝'라는 칭호를 얻었고 파르티아와 박트리아 등지의 반란을 평정하였는데 기원전 209년에는 제2대 혹은 제3대 왕 아르사케스 2세Arsaces II (Artabanus라고도 함, 211~191BCE) 치세의 파르티아를 다시금 속국의 지위로 떨어뜨렸다. 그러나 오래지 않아 안티오코스는 로마인과의 전쟁에서 패하고(기원전 190년), 그 틈을 타 파르티아와 박트리아는 다시금 반란을 일으킨다. 이 때문에 파르티아 제국의 진정한 설립자는 미트리다테스 1세 Mithridates I(195?~r.c.171~138BCE)라고 할 수 있다. 그는 동, 남, 서의 세 방향으로 영토를 확장하여 그 범위가 오늘날 아프가니스탄의 헤라트Herat, 이란 서북부의 메디아, 남부의 페르시아, 이라크 경내의 바빌로니아까지 이르 렀다. 기원전 139년 미트리다테스 1세는 셀레우코스 황제인 데메트리오 스 2세Demetrius II(?~125BCE)를 포로로 삼았고 이때부터 셀레우코스 영토는 시리아로 한정되었다.

헬라화에 적극적이었던 미트리다테스 1세는 파르티아 화폐에도 그 리스식 화상을 넣었고 '그리스인의 벗Philhellene'이라는 명문을 써넣기도 했다.[34] 뒤이어 등장한 사산 왕조는 파르티아의 헬라화 경향을 늘 비판 하면서 파르티아를 셀레우코스와 같은 부류로 여길 뿐 정통 페르시아가 아니라고 여겼다. 오늘날 역사학자들 가운데는 당시의 '헬라화'가 공공 관계 구축을 위한 수단이었다고 보는 이들도 있다. 셀레우코스 시대에 세워진 헬레니즘 도시는 도시국가와도 유사해서 고도의 자치를 누렸고 이 때문에 셀레우코스 군주조차 그들에게 예의를 갖출 정도였다.

파르티아는 비非 그리스인의 신분으로 셀레우코스 제국의 동부로 진입했기 때문에 필연적으로 현지 친화적인 유화정책을 베풀어야만 했 고 셀레우코스의 행정 체제와 법규, 관직도 그대로 계승했으므로 행정 용어는 여전히 그리스어를 사용하였다.[35] 그러나 한편 파르티아 제국 은 페르시아로부터 인정받지 않으면 구 페르시아 영토 내 세력을 규합 할 수 없었기 때문에, 일찌감치 동부에서 일어났던 두 명의 파르티아 군 주는 화폐에 아람어(고대 페르시아 제국의 통용어)로 된 명문을 넣음으로써 그리스어를 쓰던 관례에서 벗어나기도 했다.[36] 오늘날 후제스탄의 쏭에 아쉬다르Xong-e Ashdar에 있는 미트리다테스 1세의 바위 부조에도 고대 페 르시아 제국의 풍격은 그대로 남아 있다.

기원전 3세기~기원전 2세기의 파르티아 역사는 전해지는 사료가 적어 주로 출토된 화폐에 의존한다. 화폐 제작소는 주로 수도 지역에 집중되어 있지만 수도 또한 여러 차례 이전되었다. 가장 오래된 수도

파르티아 왕 미트리다테
스 1세의 '친 그리스' 화폐

는 오늘날의 투르크메니스탄에 해당하는 니사
Nisa였고 나중에는 그리스인이 '백 개의 문'이라
고 일컫는 동이란 호라산 소재의 헤카톰필로스
Hecatompylos로 천도한다. 그 뒤 제국의 중심축은
점차 서부로 이동, 메디아의 옛 수도인 에크바
타나Ecbatana까지 이르렀다가 마지막에는 셀레
우코스의 옛 수도이자 티그리스강 유역 셀레우
시아Seleucia에 정착, 그 이름을 크테시폰Ctesiphon
으로 변경한다. 기원전 63년, 로마 제국이 셀레
우코스 왕조를 무너뜨리면서 로마는 파르티아

제국과 바로 맞닿게 되었고 양국은 유프라테스강을 국경으로 삼게 되
었다. 이 때문에 크테시폰은 기본적으로 전선에 위치하게 되었고 파르
티아는 이곳을 통해 로마의 시리아와 아시아 도시의 중심지를 속속들
이 엿보고자 했다. 이는 파르티아라는 '페르시아 제국'에 있어서는 옛
영토를 수복하는 일이었다.

미트리다테스 1세가 기원전 2세기에 파르티아의 서쪽 국경선을 유
프라테스와 아르메니아까지 확장한 때로부터 서기 226년 사산 왕조에
의해 멸망할 때까지 파르티아와 로마 사이에는 화친과 전쟁이 끊임없이
반복되었다. 파르티아가 처음으로 로마공화국과 접촉한 것은 로마가 폰
투스와 아르메니아를 정복했을 때였다. 두 나라의 세력이 커지자 로마
와 파르티아는 서로 결맹하고자 하였지만, 폼페이우스가 동방의 문제를
해결하면서 파르티아와의 사이에는 긴장감이 감돌기 시작했고 결국 두
제국은 국경 문제를 놓고 다시금 유프라테스강 유역에서 다투었다. 공
화정 말기, 삼두정치의 일원이었던 크라수스는 페르시아를 멸망시킨 알
렉산더를 모방하기라도 하듯 시리아의 총독 자리를 얻어낸 뒤 그곳을

파르티아 공격을 위한 전진 기지로 삼았다. 하지만 그때까지만 해도 로마와 파르티아 사이의 화친이 여전히 유효했기 때문에 원로원의 허락 없이는 전쟁을 선포할 수 없었다. 끝내 승인을 얻어 시작하기는 했지만 전쟁의 결과는 카레 전투Battle of Carrhae(53BCE)에서의 참패로 돌아왔고 로마군은 군사의 태반을 잃었으며 크라수스 부자 또한 모두 전사하고 만다. 로마는 그제야 동쪽 국경에 등장한 나라가 강력한 적수임을 깨닫고 경계하기 시작했다.

크라수스가 죽자 삼두정치는 끝내 균형을 잃고 해체되는데 이는 카이사르와 폼페이우스 간의 결별 사건과도 직접적인 연관이 있다. 카이사르와 폼페이우스 간의 내전 기간 중, 파르티아는 비록 적극적이진 않았지만 폼페이우스 측과만 연락을 유지했다. 그러나 승리는 카이사르에게 돌아갔고 기원전 41년, 카이사르는 파르티아 정벌을 준비하지만 오래지 않아 암살당하는 바람에 그 계획은 무산되고 말았다. 그 뒤로 이어진 카이사르파와 공화파 간의 내전에서 파르티아는 공화파를 편들며 적극적으로 개입하였고 그 기회를 틈타 시리아를 점령하기까지 하였다. 제2차 삼두정치의 일원인 마르쿠스 안토니우스가 동방 전투를 주관하게 되면서 파르티아는 다시 내몰리는 신세가 되긴 했지만 얼마 안 가 안토니우스의 지휘로 이루어진 파르티아 공격이 참패로 끝나면서 로마는 아르메니아까지 잃고 만다.

이때 잃은 아르메니아는 훗날 아우구스투스가 외교 수단을 발휘하여 다시 로마의 세력권으로 수복한다. 아우구스투스는 무사Musa라는 이탈리아 여인을 프라아테스 4세Phraates IV(r.37~2BCE)에게 보냈는데 그녀는 국왕의 총애를 받는 애첩이 되어 아들을 낳았다. 훗날 모자가 모의하여 왕을 죽이고 아들은 프라아테스 5세Phraates V(2BCE~4CE)가 되어 모자는 공동으로 나라를 통치하였지만 근친상간을 이유로 두 사람 모두 처형당한다.[37]

카레 전투

지도 내 표기:
크라수스 패전, 전사, 53BC
카레
안티오크
메소포타미아
유프라테스강
티그리스강

그 뒤 티베리우스와 네로 황제 시대에 두 나라는 다시 아르메니아를 놓고 각축전을 벌인다. 서기 2세기, 트라야누스가 메소포타미아 유역을 공격, 페르시아만 입구까지 얻었지만 더는 진군하지는 못했고 그 뒤로도 로마와 파르티아 사이에는 간헐적인 전쟁이 이어지는데 이는 파르티아가 더욱 강력한 사산 정권에 의해 교체될 때까지 계속되었다.

파르티아 제국은 셀레우코스의 옛 영토만 직접 통치했을 뿐 주변을 둘러싼 작은 나라들은 옛 통치방식 그대로 존속하게 했다. 이는 고대 페르시아 제국이나 그 뒤를 이은 사산 제국보다도 더욱 느슨한 관리 방식이었다. 최서단 영토부터 살펴보면 로마의 아시아 속주와 파르티아 사이에서 완충지 역할을 했던 아르메니아는 파르티아이든 로마이든 둘 중 더 큰 세력으로 편입되곤 했지만 정상적인 상황에서는 둘의 영향력은 균형을 이루었다. 아르사케스 왕조의 분파가 통치하게 되더라도 반드시 이는 로마가 지지하는 세력이어야 했다. 아르메니아의 북부는 아르사케스 왕조의 통치를 받던 두 개의 카프카스 왕국, 즉 이베리아Kingdom of Iberia(c.189~284CE)와 알바니아 왕국Kingdom of Albania(123BCE~c.490CE)이었다. 아르메니아의 남부는 아디아베네Adiabene인데 이는 메소포타미아 유역 상류 절반을 이끌고 독립한 아시리아 왕국이었으며 그 통치자는 1세기에 유대교에 귀의한다.

아트로파테네Atropatene는 알렉산더의 후계자들 간 전쟁에서 살아남아 메디아의 일부를 점령한 나라로 오늘날의 아제르바이잔에 해당하며 3세기에 비로소 파르티아에 복속된다. 남방에는 페르시아만 입구 가까운 곳에 '바다에 인접한 땅'이라는 뜻의 카라케네Characene가 있었다. 이곳은 기원전 127년에 전 셀레우코스 총독을 위해 세워진 뒤 400여 년간 유지되면서 파르티아와 존망을 같이 하다가 결국 사산 제국에 의해 멸망한다. 카라케네 동쪽의 엘리마스Elymais는 대부분 고대 엘람인의 후손이 거주했다. 그 동부인 페르시스Persis는 파르티아의 통제가 느슨해지자 기원전 150년~기원전 100년, 왕을 칭하기도 했으며, 훗날 파르티아를 전복시킨 사산 왕조도 이곳에서 일어나게 된다. 동쪽의 아프가니스탄 지역, 특히 스키타이인의 근거지인 세이스탄은 파르티아의 최고 관료인 수렌 가문House of Suren이 다스리던 땅으로 그들은 인도로 세력을 확장해 반半 독립적인 '인도-파르티아' 정권을 형성하였다. 수렌 가문은 파르티아 정권이 멸망한 뒤로도 사산 조정에서 중대한 직책을 맡은 친 파르티아 세력이 되었다.

유라시아 대륙의 대동맥: 실크로드

유라시아 대륙을 가로지르는 실크로드가 형성되기 전에도 초원 민족은 이미 초원의 말을 이용해서 중국의 비단을 가져다가 교역했다. 그러다가 진나라가 각국 변방의 장벽을 연결해서 하나의 장성을 구축하자 거래는 국경 부근으로 몰리기 시작했다. 진나라는 북방의 흉노를 큰 적으로 여겼던 탓에 전략적 물자로 사용할 마필은 월지족에게서 사들였다.[39] 실크로드 대동맥은 기원전 3세기~기원전 2세기에 형성되었다. 알렉산더 대제가 동방 원정으로 페르시아를 점령한 뒤 내륙 아시아까지 도달하였고 얼마 뒤에는 한나라가 흉노와 전쟁 끝에 통일 전선을 내륙 아시아까지 뻗어 나가면서, 마침내 둘 사이를 연결하는 하나의 사슬이 형성된 것이다. 실크로드의 초창기 역사를 보면 월지인이 중요한 역할을 감당했음을 알 수 있는데 이는 그들이 세운 쿠샨 제국이 대동맥의 중간지점에서 연결 고리 역할을 했기 때문이다. 월지의 굴기는 파르티아 제국과 동시에 이루어졌기 때문에 둘은 빠른 속도로 서로의 무역 상대가 되었다.[40] 문제는 파르티아와 로마 사이에 있었던 오랜 교전이었다. 그러나 오히려 이 때문에 실크로드는 여러 갈래로 나뉘어 발전하였고 해상 실크로드라는 새로운 길이 개척될 수 있었다.

유라시아의 동서를 잇는 대동맥이 생기기 전에도, 일찍이 지역별 네트워크는 모세혈관처럼 흩어져 연결됐고 이는 대부분 서로 다른 문명 사이에 걸쳐 있었다. 그 네트워크는 유라시아 동부에서는 초원 유목민족과 인접 지역인 오아시스 부락 사이에 걸쳐 있었는데 후자는 타림분지의 '서역'에 해당하는 여러 나라를 가리킨다. 이란과 인도, 중국 등 대국에 사치품 수요가 급증하면서 장거리를 오가는 초국적 무역도 일반화되었다. 인도의 상인이 타림분지의 오아시스 국가로 가서 중국의 비단을 사오고 중국 상인은 그 지역에서 인도의 향신료를 구입하였는데 우전于闐, Khotan(호탄)에서 생산되는 옥은 중국의 막대한 수요를 충족시켰다.[41]

유라시아의 서부에는 북아라비아의 팔미라Palmyra와 페트라Petra 등 오아시스 도시를 중심으로 한 시장이 알렉산더 대제의 동방 원정보다 앞서 형성됐고 파르티아인이 세운 두라 에우로포스Dura-Europos(상세한 내용은 뒤에서 다룸) 또한 실크로드가 형성되기 전에 이미 생겨났다.[42] 이들 몇몇 헬레니즘 세계(훗날의 로마)와 파르티아 제국의 인접 오아시스 도시 외에도 아라비아반도 또한 이 초국적 무역 네트워크에 포함되었다. 지중해 지역은 예로부터 아라비아반도 남부에서 유향frankincense과 몰약myrrh을 사들여 종교 제사와 장례에 사용하였고 그 수요는 옥을 필요로 하는 중국의 수요에 못지않았다.[43]

그 공급지인 아라비아반도 남단에는 옛적 시바Saba/Sheba가 있었고 나중에는 힘야르Himyar도 생겨났는데 모두 오늘날 예멘의 땅에 해당한다. 해당 지역의 상인은 일찍부터 인도양 계절풍의 흐름을 파악하여 인도를 오갔고 반도의 서남 해안에서 계피와 후추, 각양각색의 향을 내뿜는 송진을 수입한 뒤 지중해 지역에 되팔았다. 처음에는 이 사실을 몰랐던 로마인들이 그것들을 아라비아반도 남단의 토산물로 여기기도 했다. 로마가 이집트를 정벌한 뒤 제국 통치하의 상인들은 홍해에서 인도양으로 들어가 계절풍을 이용해서 직접 붉은 산호와 유리 제품을 인도의 향신료와 교환하였다. 비교적 북쪽에 있는 인더스강 초입, 쿠샨의 상업 항구에서 먼저 중국의 비단을 볼 수 있었다.[44]

실크로드의 중국 쪽 라인은 사람들에게 비교적 잘 알려져 있다. 장안長安(동한 시기에는 낙양에서 시작함)에서 출발하여 하서주랑河西走廊 둔황敦煌 등지를 통과하여 타림분지로 들어갔다가 타클라마칸 사막의 남북변의 오아시스 지대를 따라 서쪽으로 가는 것이 천산天山 남로南路의 북도와 남도이다. 천산 북로는 중가리안Dzungarian 분지와 제티수Zhetysu 지구 그리고 추강Chu River 유역을 경유하였는데 이 두 길은 다시 트랜스옥시아나Transoxiana에서 회합했다. 이로써 소그드와 박트리아 등지는 실크로드의 집산지가 되고 이 대동맥은 해당 지역을 경유하여 이란과 로마에 연결되었다. 내륙 아시아에서부터 파르티아제국으로 들어가는 동북 라인은 카스피해 남부의 주랑을 거치는데 이 주랑은 사막 변경지대의 좁고 긴 길로 한漢 제국의 하서주랑과 유사하며 유프라테스강 중류의 두라에우로포스Dura Europos라는 거대한 중계점에 도달한 뒤 로마로 들어갔다. 그 길을 따라 상인들이 묵어갈 수 있는 많은 작은 마을이 자리잡고 있었다.[45]

이 길은 험준할 뿐 아니라 로마와 페르시아 사이의 정세가 수시로 변했던 까닭에 로마 상인들은 계절풍의 흐름을 따라 항로를 이용해서 직접 인도 해안에 닿은 뒤 향신료와 진주, 방직품, 특히 중국의 비단을 사들였고 로마는 유리와 금속 그릇, 그리고 석고상을 수출했다. 중국과 로마는 직접 거래하지는 않았기 때문에 쿠샨 제국의 중개 역할이 핵심적이었다. 쿠샨이 로마와 등가의 금화를 발행했다는 점에서 해상에서 경쟁 상대인 파르티아 제국을 피하려 했음을 알 수 있다.[46]

여기서 반드시 눈여겨 볼만한 것은 유라시아 대동맥이 형성됨으로써 4대 제국 주변 지역이 재편되어 활기가 넘치게 되었다는 점이다. 특히 쿠샨 제국이 쇠락하고 더욱 강력한 사산 제국이 파르티아를 대체해서 일어났으며 서북부의 인도 항구로 운송된 중국의 비단 대부분이 이란-흑해 육상 상업 로드로 이동한 뒤로는 로마는 홍해를 적극적으로 경영하기 시작했다. 특히 아프리카 홍해 해안의 기독교 국가인 악숨Axum(에티오피아)과 동맹을 체결하여 남아라비아 예멘 지역의 힘야르Himyar 등이 장악하고 있던 인도 무역로를 빼앗기도 했다.[47] 한편 인도 서북부로 운송되던 중국 비단의 양이 크게 줄면서 에티오피아인들이 아라비아인의 해상무역로로 끼어들었지만, 잘해야 남인도의 향신료를 들여오는 것에 그쳤다. 다행히 비단의 공급은 말레이반도를 경유하는 길도 있었다. 그 길은 갠지스강 입구에서 벵골만 동쪽 해안을 따라 말레이반도의 좁고 잘록한 지역인 끄라Kra 지협地峽을 통과하여 시암만Siam bay으로 들어가는데 여기서부터 화남華南과 연결된다. 그리고 경유지에는 중간에 머물러 쉴 수 있는 '부남국扶南國(캄보디아 일대)'이 형성되었는데 한때 악숨 세력과 결맹하여 남아라비아반도를 장악하기도 했지만 서기 350년을 전후로 역할이 다소 소극적으로 변화하면서 새롭게 등극한 말레이인에 의해 대체되었다. 말레이인은 계절풍을 이용하여 남중국해에서 스리랑카에 이르는 무역로를 개척하여 남인도에 중국의 비단뿐 아니라 향료군도香料群島의 향신료를 들여오기도 했다. 불경을 구해왔던 동진東晉의 법현法顯 스님의 생애도 그때 당시 역사의 축소판이라고 할 수 있다. 399년, 법현 스님은 장안에서 출발하여 육상 실크로드인 서역 등지와 파미르 고원을 거쳐 인도에 도달하였고 415년 귀국할 당시에는 스리랑카에서 출발하여 예포티(자바 혹은 수마트라) 등지를 거쳐 중국 산동山東에 도달하였다. 여기서 우리는 해당 무역 항로가 당시에 이미 자리 잡았음을 알 수 있다.[48]

사산 제국도 한가로이 있지만은 않았다. 3세기부터 사산 제국은 페르시아 상인이 페르시아만에서 인도에 이르는 상업 로드를 독점하게끔 독려했고 7세기에는 심지어 홍해와 비잔티움의 이집트를 한동안 점령하였으며 동쪽으로는 그 무역 활동이 중국의 광주廣州에 이르기도 했다. 페르시아 상인이 인도양에서 보인 이 같은 활약은 이슬람에 정복된 뒤로도 주춤해지지 않았다.[49] 그래서 에티오피아인의 활약이 결코 대단했던 것이 아니며 심지어 그들은 남아라비아인들을 완전히 대체하지도 못했지만, 서방(로마)의 시각에서 해상 실크로드를 봤을 때 그들의 활약이 대단해 보였던 것뿐이다. 이들 에티오피아인은 로마 제국에서 온 '그리스 상인'이 되어 그리스 화폐를 썼다가 이후에는 비잔틴 화폐를 사용하였는데 훗날 인도에서 출토된 다량의 유물에 그 흔적이 남아 있다. 그밖에 해당 상업 로드의 지리, 풍토에 관한 기록을 그리스어로 써서 후세에 남긴 『에리트리안해 항해기』를 통해서도 로마의 그리스 상인이 이 일대를 지배했음을 알 수 있다.[50]

쿠샨인이 한때 내륙 아시아에서 중추적인 역할을 했다면 페르시아인은 해상 실크로드의 중심이 되었다. 그러나 해상 실크로드에는 페르시아인 외에도 4대 제국의 남쪽 변두리에 있던 아라비아인, 에티오피아인, 서북부 인도인, 남인도인, 스리랑카인, 방글라데시인, 캄보디아인, 말

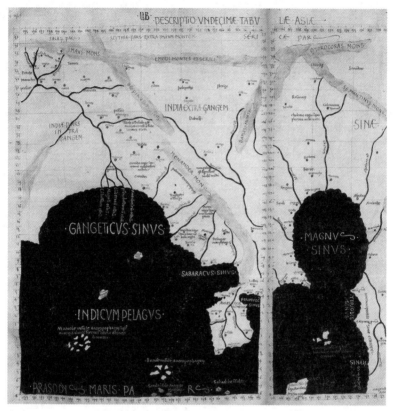

프톨레마이오스의 동남아 지도

레이시아인이 동원되었다. 앞서 말한 『에리트리안해 항해기』에는 비단이 인도 동쪽 '내륙의 대도시 치나Great inland city of Thina'에서 왔다고 기록되어 있으며 로마 세계에 인도 벵골만의 어귀가 이미 잘 알려져 있었음을 알리는 표현도 있다. 프톨레마이오스가 그린 세계 지도에도 이미 중남부 반도와 남중국해가 표기되어 있다. 시암만Gulf of Siam 지역의 유적지에서는 로마 오현제 시기 안토니누스 피우스 황제가 만든 기념 배지가 출토되었는데 연대 서기 152년에 해당하며 나머지는 중국 사서에서 말한 '부남국(캄보디아 일대)'의 것으로 보인다.[51] 『후한서』에 따르면 대진국 왕

안토니우스(오현제 말기의 아우렐리우스에 해당)가 동한東漢의 환제桓帝 연희延熹 9년(166년) 중국으로 사신을 파견했다는 기록이 나온다. 비록 로마 역사에는 이에 관한 기록이 전해지지 않고 한서에도 마찬가지로 "의심컨대 전하는 이가 지나친 듯하다"라는 표현이 보이긴 하지만 어쨌든 이 문제는 유라시아 대륙 양 끝 사이에 연결되지 못한 하나의 퍼즐로 남겨졌다.

실크로드가 만들어 낸 이름, China

쿠샨 제국의 영토는 한때 중앙아시아와 북인도 사이에 직선으로 걸쳐 있었는데 둘 사이를 연결하는 중간 지대는 카슈미르였다. 쿠샨이 무너지자 그 지역은 한때 백흉노白匈奴에 의해 점거되었는데 중국의 『위서魏書』에는 백흉노가 '대월지의 한 갈래'라고 묘사되어 있다(제19장 참조). 백흉노의 뒤를 이어 해당 지역에는 카슈미르국이 출현하였는데 현장玄奘이 쓴 『대당서역기大唐西域記』에 등장하는 '가습미라국迦濕彌羅國'이 그 전신이다. 카슈미르는 가히 막강해서 8세기에는 토번 제국의 남진을 막아냈고 서로는 신드, 동으로는 벵골만까지 세력이 미쳤지만, 훗날 서서히 국력이 약해지더니 14세기부터 쇠망의 길을 걷다가 결국 이슬람 술탄 왕조에 의해 대체되었다. 카슈미르국은 쿠샨의 전승을 애써 유지하려 했던 것으로 보인다.[52] 이슬람 세계의 인도학 창시자, 알 비루니Al-Bīrūnī(973~1048, 상세한 내용은 뒤에서 다룸)는 11세기 저서에서 카슈미르를 가리켜 북방 큰 산 밖 '마하친Mahāṣīn'이라고 하였는데 이는 중국의 현재 명칭이 아닌 고대 명칭이다.[53]

    신장新疆 니야尼雅 유적지에서 출토된 2~3세기 쿠샨 시기 문서에는 이곳에 정주했던 중국인이 모두 '치나Cina'라는 성으로 불렸으며 성 뒤에는 산스크리트어의 통속어 격인 프라크리트어Prakrit로 발음되는 본명을 사용한 정황이 서술되어 있다. 니야 문서와 화폐에는 산스크리트어와 한漢나라 말이 함께 사용되었지만 행정 체제는 오히려 쿠샨화하였다.[54] 중국인이 모두 '치나'라는 성을 쓴 것은 중국이 쿠샨에서 온 손님에게 모두 '지支'라는 성을 붙여주었는데 이는 월지月氏를 월지月支로도 표기했기 때문이다. 이는 파르티아에서 온 손님들을 '안安'이라는 성으로 불렀던 것과 같은 맥락이다. 또한 파르티아 제국이 쇠망하고 수백 년이 지났지만 당나라는 여전히 서역西域에 '파르티아 도호부'를 두었다.

'대진大秦'이라는 말은 쿠샨에서 유래했다. 쿠샨의 선조는 월지이고 월지족은 진나라 시대에 중국에 우호적인 유목민이었을 뿐 아니라 서쪽으로 이동하기 전에는 감숙甘肅 일대에 오랫동안 정주했었기 때문에, 진나라의 중국 통일 이전에는 '진秦'으로 중국을 통칭하였다. 그 뒤 중국의 왕조가 바뀌어도 그것은 정권 교체일 뿐이므로 중국은 여전히 '진'으로 불렸다. 이는 러시아어에서 중국이 줄곧 '거란Китай(기따이)'으로 불려온 것과 같은 이치이다. 요遼 왕조가 중국을 통일하지 못하여 거란의 시대가 일찌감치 막을 내리긴 했지만 요 왕조의 치세 기간은 오늘날 몽고 초원이 '투르키스탄'에서 '몽골리아'로 전환되던 시기였다. 러시아가 몽고의 화禍로 큰 영향을 받았던 만큼 그들의 중국 관련 언어 습관 역시 자연스럽게 몽골리아의 탄생기에 고정되어 형성된 것으로 보인다. 로마인은 쿠샨에서 중국의 비단을 들여왔기 때문에 서기 1세기의 그리스어로 된 지리서에는 비단이 인도 동쪽 '내륙의 큰 도시 치나'에서 왔다고 기록되어 있다.

그렇다면 중국이라는 이 '대진'이 로마를 가리켜 또 다른 '대진'으로 부르게 된 연유는 무엇일까? 혹시 중개지인 쿠샨 제국에서 로마를 가리켜 '중국과 비슷한 까닭에 그곳을 일컬어 대진이라고 한다'라고 한 말을 전해 듣고 그리 부른 것은 아닐까? 이에 대해서는 비교적 역사적인 사실

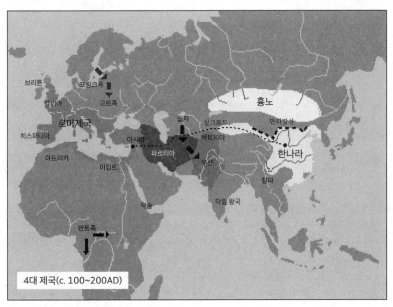

4대 제국을 연결하는 실크로드

을 참고삼아 일부를 헤아릴 뿐이다. 로마가 일단 '제국'이라는 개념과 동
의어로 인식되어 '제국'을 가리키는 대명사가 된 뒤, 게르만인이 일으킨
제국도 '로마 제국'으로 불렸다. 그리고 몽고가 세계를 제패한 뒤로는 인
도에 세워진 제국에도 '몽고(무굴)'라는 이름이 붙기도 했다. 그런 측면
에서 쿠샨도 어쩌면 '대진'을 보편적 '제국'을 일컫는 참고용 단어로
사용했을 수 있다. 그러나 한漢나라의 지리관을 고려한다면 중국인들이
쿠샨으로부터 '대진'이라는 나라 이름을 전해 들은 뒤 그것을 자국 역사
상 상서롭지 않게 단명한 진秦나라 왕조와 동일시했다고 생각하지는 않
는다. 이렇게 추측하는 것 외에는 실마리를 풀 수가 없어 이 문제는 만고
의 수수께끼로 남게 될 것이다. 기껏해야 이 두 '대진'은 실크로드라는
기다란 요지경瑤池鏡 속에서 양 끝이 서로를 조명하는 몽롱한 세상이라
고밖에 설명할 수가 없다.

주

1. BCE와 CE는 각각 'Before the Common Era(기원전)'과 'Common Era(서기)'의 약자임.
2. 진위페이金宇飛의 『대진이 고대 로마라는 설에 관한 의혹』(2007/05/10), 『유럽-아시아학 연구』(http://www.eurasianhistory.com/data/articles/d01/1683.html), 검색일 2013/8/26
3. 장싱랑張星烺은 '대진大秦'이 지칭하는 시대는 제각각이지만 오직 『후한서後漢書』에서만 로마 제국을 가리킨 것이라고 지적했다. 자세한 내용은 장싱랑이 편집하고 주제전朱杰勤이 감수한 『중국과 서양 교류 사료 총람中西交通史料匯編』(베이징 중화서국 2003년) 114쪽 참조.
4. 『에리트리안해 항해기』에는 로마와 이집트로부터 동방으로 유리 수출이 빈번하게 이뤄졌다는 기록이 있어 이목을 끈다. W. V. Harris, "Trade," in The Cambridge Ancient History, Second Edition, Volume XI, The High Empire, A.D.70~192(Cambridge, UK & New York: Cambridge University Press, 2000, p. 727.
5. 독일어에서는 'Prinz'라고 하며 이탈리아어의 'Principe'가 라틴어에 가장 가깝다.
6. r.은 '제위에 오른다.'라는 뜻의 'reign'의 약자이며 뒤에 나오는 c.는 '대략' '약'의 의미인 'circa'의 약자이다. 각 장별로 인물이 처음 등장할 때는 괄호에 생몰 연도를 표기한다. 3개의 연도가 연속적으로 배열되는 경우는 각각 출생, 제위, 사망 연도를 나타낸다. 이를테면 안티오쿠스 3세Antiochus Ⅲ the Great(c.241~r.222~187BCE)는 출생, 제위, 사망 연도가 각각 대략 기원전 241년, 기원전 222년, 기원전 187년이다. - 편집자 주
7. Walter Eder, "Augustus and the Power of Tradition," in Karl Galinsky, ed., The Cambridge Companion to the Age of Augustus(Cambridge, New York: Cambridge University Press), 2005, p. 23.
8. Erich S. Gruen, "Augustus and the Making of the Principate," in Karl Galinsky, ed., The Cambridge Companion to the Age of Augustus, pp. 38~40.
9. Ibid., pp. 36, 41.
10. 중국 진한 시대의 중앙 관제는 삼공三公과 구경九卿으로 이루어지는데 삼공은 행정을 담당하는 승상, 군사를 담당하는 태위, 감찰이나 정책 입안을 담당하는 어사대부를 말한다. 구경은 예의나 제사를 주관하는 태상, 궁정의 경비를 책임지는 광록훈, 위위, 황제의 거마를 담당하는 태복, 형벌을 담당하는 정위, 귀순하는 제후나 이민족을 상대하는 대홍려, 종정, 금전과 곡물의 장부를 열람하여 세금 거두는 일을 담당하는 대사농, 황궁에서 사용하는 의복이나 진귀한 보물을 관리하는 소부를 가리킨다. 간단히 말해 삼공은 정부를 중추로 삼아 지방을 통치하는 기관이고 구경은 황실을 위해 존재하는 기관이라고 할 수 있다. - 옮긴이 주
11. "Antioch by Daphne," in Michael Grant, A Guide to the Ancient World: A Dictionary of Classical Place Names(USA: Barnes & Noble, Inc., 1986), p. 40.
12. "Sparta," in Michael Grant, A Guide to the Ancient World: A Dictionary of Classical Place Names, p. 601.

13. 전국을 몇 개의 행정구획으로 나누고 여기에 중앙에서 임명한 지방관을 파견해 다스리던 중앙집권적 지방 행정제도. - 옮긴이 주

14. 제齊나라의 대부 진항陳恒을 말한다. 제나라 임금 간공簡公을 시해하고 평공平公을 옹립한 뒤 스스로 재상이 되었다. - 옮긴이 주

15. 진晉나라의 강성 가문을 이루었던 지智씨와 범范씨, 중항中行씨, 한韓씨, 위魏씨, 조趙씨에 이르는 여섯 개 성姓을 말한다. 이들 6성이 서로 정권을 차지하기 위하여 다투는 바람에 진나라는 결국 셋으로 나뉘고 말았다. - 옮긴이 주

16. 한싱韓星, 『유가와 법가의 만남: 진한 정치 문화론』(베이징 중국사회과학출판사, 2005년), 제99쪽.

17. Nicholas Purcell, "Romans in the Roman World," in Karl Galinsky, ed., The Cambridge Companion to the Age of Augustus, p. 95.

18. Ibid., p. 90.

19. 로마의 평화라고 불리는 전성기의 다섯 황제인 네르바, 트라야누스, 하드리아누스, 안토니누스 피우스, 마르쿠스 아우렐리우스를 말한다. - 옮긴이 주

20. Greg Woolf, "Provincial Perspectives," The Cambridge Companion to the Age of Augustus, pp. 112~113.

21. 과거에 행정 구역상 25가家를 1려閭로 삼아 가난한 사람들은 여좌閭左에, 부유한 사람들은 여우閭右에 나눠 살게 한 데서 유래함. - 옮긴이 주

22. 동쪽 오초령烏鞘嶺에서 시작하여 서쪽으로 위먼관玉門關(옥문관)에 이르는 약 900km구간의 서북에서 동남 방향으로 펼쳐있는 폭이 수km에서 100km 가까이 되는 좁고 긴 평지. 고대 실크로드의 일부분으로 중국이 서방세계와 정치, 경제, 문화를 교류한 통로였다. - 옮긴이 주

23. 흉노의 도읍지를 왕정王庭이라고 하는데 이는 높은 천막 앞의 땅이 뜰과 같기 때문이다. 진나라의 몽염이 빼앗았던 흉노의 땅을 한나라가 모두 점령하여 왕정을 사막 남쪽에 두었던 바, 그들이 사막 북쪽으로 멀리 도망갔으므로 사막 남쪽에 왕정이 없다고 한 것이다. - 옮긴이 주

24. '다섯 이민족이 중국을 어지럽혔다'라는 뜻. 사마염司馬炎이 세운 진晉나라가 망(203년)하면서 중원에는 다섯 이민족이 나라를 세우고 망하기를 반복하였는데, 오랜 난국 끝에 선비족의 북위가 화북 지방을 통일(439년)하기까지 136년 간의 시기를 '오호난화' 혹은 '5호 16국' 시대라고 부른다. - 옮긴이 주

25. 로마인들이 지중해를 일컬었던 명칭으로 '우리들의 바다Our Sea'라는 뜻임. - 옮긴이 주

26. Donald R. Dudley, The Civilization of Rome (NY: Meridian), 1993, pp. 131~134

27. Gennadi A. Koshelenko, "Hellenistic Culture in Central Asia," in UNESCO, History of Humanity: Scientific and Cultural Development, Volume III, From the Seventh Century BC to the Seventh Century AD (Paris, London & New York: UNESCO, 1966), p. 451.

28. 토카리아어는 지리상으로 인도-유럽어 극동지역의 갈래이지만 분류학상으로는 인도-유럽의 서부 켄툼centum 계에 속하여 아일랜드어와 오히려 가깝고 아시아에 분포하는 사템satem 계에는 속하지 않는다. 토카리아어는 둔황학을 이루는 큰 항목이기도 하다.

29. Richard N. Frye, "The Fall of the Graeco-Bactrians: Śakas and Indo-Parthians," in

UNESCO, History of Humanity: Scientific and Cultural Developmen, Volume III, From the Seventh Century BC to the Seventh Century AD, p. 455. 중고中古 페르시아어, 즉 팔레비어 Pahlavi로, 그것은 파르티아어에서 시작되었다.

30. John C. Huntington, "A Preliminary Introduction to Kushan Numismatic Iconographics," p. 10, Academia.edu https://www.academia.edu/13549386/Kushan_Numismatic_ Iconography_Preliminary_Study_검색일 2015/7/29.

31. Nicholas Sims-Williams and J. Cribb, "A new Bactrian inscription of Kanishka the Great," Silk Road Art and Archaeology, 1996, 4, pp. 75~142.

32. John C. Huntington, "A Preliminary Introduction to Kushan Numismatic Iconographics," pp. 15~16, Academia.edu, https://www.academia.edu/13549386/Kushan_Numismatic_ Iconography_Preliminary_Study_검색일 2015/7/29.

33. Richard N. Frye, "The Rise of the Kushan Empire," in UNESCO, History of Humanity: Scientific and Cultural Development, Volume III, From the Seventh Century BC to the Seventh Century AD, pp. 457, 459.

34. David Sellwood, "Parthian Coins," in The Cambridge History of Iran, Volume 3(1), The Seleucid, Parthian and Sasanian Periods, (Cambridge, UK & New York: Cambridge University Press, 2006), p. 282.

35. Michael Grant, From Alexander to Cleopatra: The Hellenistic World (New York: Charles Scribner's Sons, 1982), p. 83.

36. Josef Wolski, "The Arsacid Parthians," in UNESCO, History of Humanity: Scientific and Cultural Development, Volume III, From the Seventh Century BC to the Seventh Century AD, pp. 128, 130.

37. A. D. H. Bivar, "The Political History of Iran under the Arsacids," in The Cambridge History of Iran, Volume 3(1), The Seleucid, Parthian and Sasanian Periods, pp. 67~68.

38. 이베리아반도나 발칸의 알바니아와는 지명은 같지만 같은 지역은 아니다.

39. Xinru Liu and Lynda Norene Shaffer, Connections Across Eurasia: Transportation, Communication, and Cultural Exchange on the Silk Roads (Boston: McGraw Hill, 2007), p. 25.

40. Ibid., p. 29.

41. Johannes G. de Casparis, et al., "Nuclear Regions and Peripheries," in UNESCO, History of Humanity: Scientific and Cultural Development, Volume III, From the Seventh Century BC to the Seventh Century AD, p. 45.

42. Xinru Liu and Lynda Norene Shaffer, Connections Across Eurasia: Transportation, Communication, and Cultural Exchange on the Silk Roads, p. 78.

43. 『성경』「신약」에 예수가 베들레헴의 마구간에서 태어났을 때 동방의 세 왕이 알현하러 와서 각각 황금과 유향과 몰약을 바쳤다고 언급되어 있다.

44. Xinru Liu and Lynda Norene Shaffer, Connections Across Eurasia: Transportation, Communication, and Cultural Exchange on the Silk Roads, pp. 48~49.

45. Jozef Wolski, "The Arsacid Parthians," in UNESCO, History of Humanity: Scientific and Cultural Developmen, Volume III, From the Seventh Century BC to the Seventh Century AD,

p. 131. 파르티아 제국의 두라 마을은 로마에 점거된 후 에우로포스로 이름이 바뀌었다.

46. Braja Dulal Chattopadhyaya, "Dynastic Patterns of the Northern Subcontinent: Commercial and Cultural Links," in UNESCO, History of Humanity: Scientific and Cultural Development, Volume III, From the Seventh Century BC to the Seventh Century AD, p. 373.

47. Lynda Norene Shaffer, Maritime Southeast Asia, 1500(Armonk, NY: M. E. Sharpe, 1996), pp. 28~30에서는 콘스탄티누스 대제(r.324~337)와 악숨 사이의 동맹은 시기적으로 악숨의 군주 이자나Ezana(r. 320~c.360) 치세에 해당한다고 봤다. 그러나 그는 최초의 기독교 국왕으로 영토가 에티오피아, 소말리아, 남아라비아에 걸쳐 있어 홍해에서의 통제권 상실 문제는 없었을 것이다. Xinru Liu and Lynda Norene Shaffer, Connections Across Eurasia: Transportation, Communication, and Cultural Exchange on the Silk Roads, p. 104에서는 양국의 동맹이 유스티니아누스 치세 때(r.527~565) 이루어졌다고 보는데 비교적 믿을만한 설이다. Tekle Tsadik Mekouria, "Christian Aksum," in UNESCO, History of Humanity: Scientific and Cultural Development, Volume III, From the Seventh Century BC to the Seventh Century AD, pp.412~414에서는 동로마의 유스티누스 1세Justin I(518~527) 때, 남아라비아 유대교 국가인 힘야르가 기독교인을 학살하자(523년 사건) 악숨 국왕 칼렙Caleb(?~c.540)은 힘야르를 향해 군사를 일으켰다고 지적했다. 힘야르는 570년 전후 사산제국의 도움을 받아 악숨인을 쫓아냈지만 결국 스스로 사산 제국의 속주로 전락하고 말았다.

48. Lynda Norene Shaffer, Maritime Southeast Asia, 1500(Armonk, NY: M. E. Sharpe, 1996), pp. 20~21.

49. A. M. H. Sheriff, "The East African coast and its role in maritime trade," in UNESCO, General History of Africa, vol. II, Ancient Civilizations of Africa (Paris and London: UNESCO, 1995), P. 565.

50. 장싱랑은 이 미상의 작가가 이집트의 그리스인이라고 지적했다. 장싱랑의 『중서 교류사 총람』, 12쪽 참조.

51. Srisakra Vallibhotama and Dhida Saraya, "South-east Asia from AD 300 to 700," in UNESCO, History of Humanity: Scientific and Cultural Development, Volume III, From the Seventh Century BC to the Seventh Century AD, p. 420.

52. 이슬람 전 단계에서 카슈미르가 사용했던 화폐 도안을 보면 왕이 서 있고 여신이 앉아 있는 자세를 보인다. 이는 인도 스키타이인 쿠샨에서부터 백흉노 시기에 이르기까지 일관되게 유지된 형태로 그 기간이 1200여 년에 달한다. 관공 건축의 풍격도 로마 비잔틴의 경향을 보이는데 마치 헬레니즘이 쿠샨 시대에까지 계속 영향을 끼친 듯한 느낌이다. 상세한 내용은 다음을 참조한다. André Wink, Al-Hind: The Making of the Indo-Islamic World (Boston & Leiden: Brill Academic Publishers, Inc., 2002), vol. I, Early Medieval India and the Expansion of Islam, 7th-11th Centuries, pp. 246, 250~251.

53. André Wink, Al-Hind: The Making of the Indo-Islamic World (Boston & Leiden: Brill Academic Publishers, Inc., 2002), vol. I, p. 235. '마하'는 '크다'는 의미이다.

54. Xinru Liu and Lynda Norene Shaffer, Connections Across Eurasia: Transportation, Communication, and Cultural Exchange on the Silk Roads, p. 87.

제18장

미륵과 메시아:
세계적 구세주형 종교의 탄생

앞장에서는 구대륙을 가로지르는 문명의 사슬을 형성했던 4대 제국 그리고 그들을 연결하는 대동맥, 실크로드에 관하여 서술하였고 이번 장에서는 제17장을 배경으로 삼아 유라시아 양단이 한데 회합하여 일으킨 정신적 격변을 심도 있게 다뤄보고자 한다. 그것은 축의 시대 이후 두 번째로 다가온 정신적 변화의 물결이다. 첫 번째 정신적 변화기(축의 시대)의 산물이 활용, 동원되었기 때문에 이 시기를 '소小 축의 시대'라고 칭할 수 있다. 마치 고대 기상학에서 말하는 소小 빙하기처럼 말이다.

소 축의 시대에는 '중생 제도'에 관한 주제가 다뤄졌고 축의 시대 못지않게 광범위하게 파급되었으므로 '대중화한 축의 시대'라고 칭해도 무방할 것이다. 그러나 한편으로는 소 축의 시대는 축의 시대가 아울렀던 범위보다 훨씬 협소하다. 왜냐하면 소 축의 시대는 축의 시대에 있었던 종교 및 윤리 사상의 양분만을 흡수했을 뿐 자연계에 대한 관찰과 이성적 사유는 배제하였기 때문이다. 자연계에 대한 통제와 초 자연계에 대한 동경, 이 두 가지 수요는 상호 보완 관계이기도 하지만, 더 많게는 상호 충돌하는 관계에 있다. 보편 세계적 구세주형 종교가 이익 추구형 기득권 집단으로 경직된 뒤, 종교는 종종 이성적 사유와 과학연구의 발전을 가로막는 제동장치로 작용하기도 했다.

이번 장에서 다룰 명제는 헬레니즘 세계라는 거대한 용광로가 원시 불교와 고대 이스라엘 신앙을 세상을 구원할 구세주형 종교로 변모시켰다는 점이다.[1] 구대륙의 동서 양단이 한 곳에 회합하면서 서쪽으로는 로마 제국으로부터 동으로는 북인도의 광대한 지역까지 헬레니즘의 영향력이 두루 퍼졌다. 중국까지는 직접적인 영향이 미치지 않았지만 중국이 받아들인 대승 불교는 쿠샨 불교였다. 쿠샨 불교의 불상 조형은 헬레니즘 양식에서 탈피하였고 미륵 숭배는 본래 인도에는 없는 새 시대의 혼합물이었다. 그리고 모든 구세주론 사상은 헬레니즘 시대의 것으로 낙인찍혔고 심지어 해당 시대의 특색이라고 해도 과언이 아닐 정도가 되었다. 이스라엘 민족의 편협한 구세주 신앙에 그리스 철학이 더해져 세계적 기독교로 변모하였고 로마 제국은 그것에 '전 세계 청중'이라는 무대를 제공하였다.

이번 장에서는 '헬레니즘 시대'와 '헬레니즘 세계'라는 두 가지 개념을 교차하여 사용하겠지만 '헬레니즘 시대'는 제15장에서 이미 알렉산더에서 로마에 이르는 시기를 아우르는 역사적 개념으로 사용되었고 세계사 교과서에도 하나의 분기점으로 다뤄진다. 이 장에서는 연대를 가리켜 사용함과 동시에 더욱 폭넓은 의미의 '헬레니즘 세계'를 지칭하고자 한다. 좁은 의미의 헬레니즘 시대에 대해서는 제15장에서 고전 그리스 문명의 '포스트 고전'이라는 변주를 다룬 바 있다. 이와 같은 '헬레니즘'은 비 그리스 지역에 대한 그리스인의 정복과 영향이라는 의미로 도식화하여 설명할 수 있다. 이번 장에서는 이러한 협소한 정의를 넘어서서 한발 더 나아가 타 문명이 헬레니즘과 뒤섞여 이루어 낸 새로운 조합을 깊이 연구하였고 이를 '그리스-아시아 문명'과 '그리스-로마 문명'이라는 두 가지 큰 틀로 나누었다. 후자는 이미 잘 알려져 통용되는 개념이지만 전자는 본서가 독창적으로 만들어 처음 제시한 틀이다. 이 장은 크게 두 부분으로 나뉘며 각 부분 또한 세부적인 내용으로 구분된다.

그리스 아시아 문명

헬레니즘 시대는 알렉산더의 동방 원정에서 시작되었으므로 이 장의 서술도 헬레니즘의 동방 전파로부터 시작해도 무방할 것이다. 세계사에서 '그리스 아시아 문명'은 '그리스 로마 문명'만큼 많이 알려지지 않아 심

헬레니즘

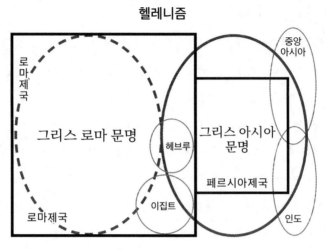

헬레니즘의 동부 전파

지어 기본 틀조차 마련되어 있지 않다. '그리스 로마 문명'은 로마 제국이라는 영토 안에서 통합성을 부여받았으므로 '그리스 아시아 문명'도 반드시 아시아의 서로 다른 문명의 판을 규합하고 각지에서 헬레니즘의 흔적을 판별해야 한다. 로마의 아시아 속주를 제외하고 아시아에서 헬레니즘의 영향을 받은 곳은 이란과 중앙아시아 그리고 북인도이다. 로마는 그리스 문명의 영향 속에서도 자기만의 정체성을 유지하여 서양인의 '고대 유산' 영역에서 그리스에 뒤지지 않는 비중을 차지했다. 아시아 지역의 '헬레니즘'은 우위를 점했다고는 할 수 없으나 하나의 중요한 요소로서 현지의 문화에 침투하여 새로운 문화적 유전자 변이를 일으켰다.

만일 헬레니즘 시대 이란에서 세상을 구원할 구세주형 종교가 탄생했다면 이를 유도한 요인은 어쩌면 조로아스터교일지도 모른다. 조로아스터교에서 말하는 '미래의 사오시안트Saoshyant(구세주)'는 가장 먼저 등장한 세상의 구세주로서 조로아스터교 경전의 가장 오래된 가타스

Gathas(찬가)에도 나오는데 이 때문에 고대 페르시아 제국에도 등장하였다.[2] 그러나 이는 구세주의 유래일 뿐 구세주론이 본격적으로 유행했던 것은 헬레니즘 시대이다. 구세주를 추앙하는 당시의 시대적 분위기는 헬레니즘 왕국에서 군주를 '구세주'로 떠받드는 풍조로 이어졌다.

헬레니즘의 통치자는 '구세주'

브뤼셀 왕립 예술 역사박물관에는 고대 폰토스 왕국(지금의 터키 북부)의 유일한 존귀자 알렉산더의 두상이 있는데 머리에는 월계관이 씌워져 있으며 '우주의 왕cosmokrator'이라고 표시되어 있다. 헬레니즘 시대의 '통치자는 곧 구세주'라는 사상은 어쩌면 일찍이 동방의 여러 도시로부터 유래했을 수 있는데 이런 상황에서 알렉산더 대제의 이집트 원정은 하나의 이정표적인 사건이 되었다. 그가 이집트 정복 후 스스로 필리포스의 아들이라는 신분을 버리고 제우스-아문의 아들(상세한 내용은 제15장 참조)이 되었음을 선포하였기 때문이다. 그가 열어젖힌 새 시대는 동방의 신권神權 신앙에 더하여 그리스의 영웅 숭배라는 새로운 동력을 주입하였다.

헬레니즘 시대에는 '소테르soter(구세주)'라는 호칭이 집중적으로 등장하는데 이것이 시대를 구분하는 특색이 되었다. 이집트의 프톨레마이오스 왕조에는 프톨레마이오스 1세 소테르Ptolemy I Soter(c.367~c.283BCE)와 프톨레마이오스 9세 소테르 2세Ptolemy IX Soter II(c.143?~81BCE)가 있다. 그리고 알렉산더 후계자 중 왕국의 일부를 할거한 셀레우코스 왕조에는 안티오코스 1세 소테르Antiochus I Soter(r.281~261BCE)와 셀레우코스 3세 소테르Seleucus III Soter(c.243~223BCE), 데메트리오스 1세 소테르Demetrius I Soter(r.161~150BCE)가 있다. 페르가몬 왕국의 아탈로스 왕조를 세운 아탈로스 1세 소테르Attalus I Soter(269~r.241~197BCE)도 있다. 박트리

알렉산더 대제

아 왕국 및 박트리아의 인도 지역 후계자인 범 그리스 왕국에는 박트리아의 건립자 디오도투스 1세 소테르 Diodotus I Soter(c.285~c.239BCE)를 비롯해서 불경에서 '밀린다Milinda'라고 칭하는 메난드로스 1세 소테르Menander I Soter(165/155~130BCE)가 있다. 펀자브의 인도 그리스 왕국은 스트라토 소테르 & 디카이오스Strato Soter and Dikaios와 스트라토 에피파네스 소테르Strato Epiphanes Soter라는 동명이인이 통치했던 것으로 보이는데 그들의 존재는 오로지 화폐를 통해서만 확인되고 있으며 동일인이 아니라고 추측할 뿐이다.

헬레니즘 시대 왕의 호칭에는 '현현신顯現神', 즉 '에피파네스Epiphanes'라는 존호가 등장하는데 그 예는 일일이 열거할 수 없을 정도로 많다. 이집트의 현현신인 프톨레마이오스 5세 에피파네스Ptolemy V Epiphanes(r.204~181BCE)를 비롯해서 셀레우코스의 현현신인 안티오코스 4세 에피파네스Antiochus IV Epiphanes(175~164BCE), 현현신에 '니카토르Nikator(승리자)'라는 존호가 더해진 셀레우코스 6세 에피파네스 니카토르Seleucus VI Epiphanes Nikator(96~95BCE), 현현신에 '필라델푸스Philadelphus(형제를 사랑한)'라는 수식어가 추가된 안티오코스 11세 에피파네스 필라델푸스Antiochus XI Epiphanes Philadelphus(95~92BCE)가 그 예다. 이 밖에도 최소한 38명의 왕이 일찍이 '에피파네스'라는 존호를 사용했던 것으로 보이는데 이런 면에서 헬레니즘 왕국이 그리스인이 세운 정권보다 더욱 헬라화 했던 것으로 보인다.

헬라화한 아르메니아의 콤마게네Commagene 왕국의 가이우스 율리우스 안티오코스 4세 에피파네스Gaius Julius Antiochus IV Epiphanes(r.c.17~c.72)는 이미 로마 시대로 접어들어 로마의 복속국 처지였기 때문에 헬라화 한 존호 말고도 이중의 모방 흔적이 있다. 즉 셀레우코스 황제 계통에서 내려온 '안티오코스'라는 호칭 말고도 로마 카이사르의 본명인 '가이우스 율리우스'라는 호칭을 함께 사용한 것이다.[3]

동방화인가? 그리스화인가?

'소테르(구세주)' '에피파네스' 심지어 '데오스theos(신)'와 같이 왕명에 존호를 추가하는 추세가 그리스인의 이집트 및 아시아 정복 이후에 대거 등장하고 알렉산더조차 자기 자신을 신격화하기 시작하자 근위부대의 불만이 고조되었고 이는 결국 제왕 암살 모의(제15장 참조)로 이어졌다. 그러나 알렉산더의 후계자가 세운 헬레니즘 왕국에서는 유일하게 마케도니아 왕국만큼은 왕호에 신격 존호를 사용하지 않았다. 이를 통해 내릴 수 있는 가장 합리적인 추론은 유럽인이 아시아와 아프리카 등지를 정복한 뒤 통치의 편의를 위해 '절대자에게 복종하는' 동방의 습성을 자신들에게 유리한 방향으로 전용하여 신격화 운동을 일으켰고 이 때문에 그리스인의 동방화가 이루어졌다고 보는 견해다.

문제는 이들 존호가 대체로 헬레니즘 시대에 집중되어 나타났다는 점이다. 메소포타미아 유역과 페르시아 제국의 군주들은 '소테르'라고 불린 적은 없었고 '신'으로 칭해진 적은 더더욱 없으며 기껏해야 신의 하인이나 총아로 일컬어졌을 뿐이다. 고대 이집트의 파라오는 스스로 신이라고 여겼고 종종 '토트Thoth 신의 아들' '라Rah 신의 아들' '아몬Amon 신이 만족하는 자' '아톤Aton 신의 살이 있는 영혼' 등으로 칭해졌다. 파라오가 신이자 하늘의 아들이라는 사상은 제도화된 것으로도 모자라 건물을 떠받치는 대들보처럼 좀체 무너지지 않을 것 같은 굳건한 시스템으로 자리 잡았다. 반면 헬레니즘 사회의 '소테르' 호칭은 능동적이고 적극적인 성과, 실적을 중시했기 때문에 세습되지 못하고 스스로 쟁취해야만 했다.

헬레니즘 군주의 신격화는 많은 부분 영웅 숭배에서 유래했다는 것이 전문가의 의견이다. 그리스 신화 속 반신반인demi-gods 헤라클레스Heracles와 아킬레스Achilles는 둘 다 사람이 할 수 없는 것을 할 수 있었는데, 특히 헤라클레스는 자기 몸에 지워진 막대한 임무를 영원히 떠안고 살아야 했다. 알렉산더는 자신의 부계가 헤라클레스에 뿌리를 두었으며 모계는 아킬레스의 혈통이라고 주장했는데 아킬레스는 젊은 나이에 죽어 천고에 이름을 떨쳤으니, 알렉산더 대왕이 우상으로 삼을 만했다. 이런 배경을 가졌던 탓에 알렉산더는 기원전 331년 이집트를 침공, 시와 오아시스Siwa oasis의 아몬 신전을 참배하면서 신의 아들이라는 전통 파라오의 지위를 계승하였다. 그리고 기원전 324년에는 그리스 도시국가에 명하여 '투표를 통한 알렉산더 대왕의 신격화'를 추진하도록 했다. 세계의 군주라는 지위는 기존의 어떠한 '헌법 공식'으로도 합법화될 수 없었으므로 반드시 이와 같은 전략을 통해서만 '통일 제국을 유지할 수' 있었기 때문이다. 투표와 같은 '비非 동방적 전통'이 헬레니즘 시대의 군주 숭배 사상을 이끌었던 셈이다.⁴ 실제로 '동방'의 전통에서 투표를 통해 누군가를 신으로 봉했다는 전례가 어디 있단 말인가!

간단히 말하자면 이렇다. 알렉산더의 동방 원정 당시 후방인 그리스, 특히 아테네와 스파르타는 가장 불안정한 지역이었던 데다 알렉산더는 아테네의 함대를 신뢰하지 못했기 때문에 아테네 함대를 항구에 정박시키고 자신이 육군을 이끌고 나가 페르시아의 해군을 얻고 나서야 비로소 그들의 잠재적 위협 요인을 없앨 수 있었다(제15장 참조). 그렇다면 이런 상황에서 어떻게 그가 그리스 도시국가 시민대회에서 '투표를 통해 알렉산더를 신격화'하도록 할 수 있었을까? 이에 관한 비교적 정밀한 견해는 이렇다. 대형 신흥 왕국과 도시국가 사이의 새로운 관계 정립은 알렉산더 시절에 시작된 뒤 알렉산더의 후계자 사이의 전쟁 시기에 크게 성행했으며 그 후로는 점차 형식화되다가 결국 상투적인 일이 되었다고 본다. 통치자를 신격화하는 일의 동력은 군주가 스스로 애쓴다고 생기는 것이 아니라 대부분 군주로부터 은혜를 입은 도시국가의 자발적인 의지에서 나오는 것이다. 그래서 각 도시가 서로 다른 다양한 신격화 존호를 군주에게 바치는 현상이 생겨나기도 했다. 헬레니즘 시대의 도시국가는 시대적으로 왕국들이 서로 충돌하는 상황이었기 때문에 늘 국경 수호의 필요가 생겼다. 그러나 기존의 신들은 수호신의 기능을 잃은 지 오래였으므로 사람들의 기대는 자연히 군주에게로 모였다. 적이 점거한 도시를 얻으면 공격 측은 해당 도시에 '자유(즉, 자치권)를 돌려준다'라는 그럴듯한 명목을 내세우는데 만일 민심을 얻어 승리하면 은혜를 입은 도시국가 입장에서는 공격자를 '구세주'로 부르게 되는 식이다. 이 밖에도 새로운 도시의 설립자는 관례상 시조신始祖神으로 추대되었는데 헬레니즘 왕국의 초창기 건립자는 이런 식의 신격화를 굳이 피하지 않고 오히려 즐겼다. 이러한 신격화는 성과와 실적으로 결정됐던 만큼 통치자가 예수처럼 구세주로 받들어지지는 않았더라도 도시국가에서는 여전히 소테르를 위한 제사의식이나 제전, 경축행사, 경기 등이 거행되곤 했다. 도시국가가 신격화 호칭을 봉헌한 것 이외에도 왕국의 중앙에서는 자체적으로 국가급 제사와 왕실의 제사를 수행하는 등, 정도의 차이는 있을 뿐 통치자에 대한 신격화 경향이 있었다. 이와 같은 추세는 그리스 식민도시 건설에 그다지 적극적이지 않았던 프톨레마이오스 이집트에서도 예외는 아니었는지 그리스 영웅 숭배의식을 통한 신격화는 알렉산드리아의 그리스 종족에 의해 이루어졌다. '동방의 백성'은 민족적 응집력이라고 할 만한 게 없어서 국왕이 이집트를 구슬리기 위해 했던 제사는 현지화한 종교의식을 채택하는 등 별도의 공공관계수완으로 호소하기도 했다.[5] 이처럼 상황과 임무, 지역에 따라 '신神'이 변화한다는 것은 기독교 및 불교적 배경을 가진 사람들은 이해하기 어렵겠지만 역사학자라면 반드시 고찰해볼 만한 일이다.

인도 그리스인의 조로아스터교화 및 불교화

국왕의 신격화는 기존 도시국가의 신이 더는 수호신의 기능을 발휘하지 못했음을 반영하는 현상으로 이 때문에 시민들의 기대와 희망은 군주에게로 옮겨갔다. 이러한 헬레니즘 시대의 특색은 '신 희극'에도 반영되어 정치, 시사적 비판 위주의 주제를 버리고 소시민의 일상으로 시선을 돌렸다. 헬레니즘 철학도 겉으로만 세계 시민론을 떠들어댈 뿐 실제로는 내적 우울감으로부터의 탈피를 추구하였다(제15장 참조). 이와 같은 무력감은 동시에 초탈감이기도 해서 세계적 종교의 도래를 앞당기지 않았을까?

중앙아시아의 헬레니즘 왕국에서는 헤라클레스 영웅 숭배가 특히나 성행했는데 그런 면에서 어쩌면 셀레우코스 왕국과 비슷한 군주 제사가 있었으리라고 짐작할 수 있다. 이와 동시에 태양신 아폴론 숭배가 조로아스터교 미트라Mithra신 숭배와 혼재하여 나타나는 경향도 있었으며 특이하게도 불교에 귀의한 그리스 군주까지 등장했다.[6]

헬레니즘 세계의 극동지역에는 조로아스터교와 인도 종교의 영향력이 우세했다. 조로아스터교는 천상에 구세주가 있다고 믿지만 불교는 근본적으로 구원론적 종교는 아니다. 그러나 그리스인은 구세주론과 조로아스터교, 불교의 요소를 혼합, 문화 유전자의 돌연변이를 일으켜 불교가 해당 방향으로 탈바꿈하게 했다.

중앙아시아의 헬레니즘 왕국에 관해서는 실크로드 중간지점의 박트리아 왕국에서부터 논하여도 무방하다. 이 왕국은 훗날 세 지역으로 나뉘는데 판탈레온Pantaleon(c.190~180BCE)은 아라코시아Arachosia와 간다라 일부를 통치한 그리스 군주이자 최초로 인도식 청동 화폐를 주조하기도 했다. 중앙아시아 그리스 왕국은 사료가 부족하여 연구자가 대부분 화폐에 의존한다. 판탈레온의 화폐는 한 면에는 월계관을 쓰고 있는 그리스 주신 디오니소스Dionysus 상이 있고 다른 한 면에는 목에 방울을 건 채 왼발로 포도 덩굴을 만지는 표범의 모습이 있는데 명문은 모두 그리스어다. 그 밖에도 판탈레온의 네모진 화폐는 앞뒤 양면에 브라흐미Brahmi 문자로 된 왕의 이름이 있고 앞면에는 춤을 추는 락슈미Lakshmi가, 뒷면에는 불교의 사자가 주조되어 있다.[7]

박트리아 왕국의 분열 이후 남쪽으로 진출한 일파가 오늘날 인도 북부를 통치하며 '인도 그리스인IndoGreeks'이 인도 역사의 무대에 등장하게 된다. 그 통치자 가운데는 '소테르(구세주)'인 메난드로스 1세가 있었는데 화폐 이외에 유일하게 『미린다왕문경Milinda Panha』에 그에 관한 기록이 전해진다. 그는 아소카왕 이후 또 다른 전륜왕轉輪王, Chakravartin[8]이라고 불릴 정도로 불교사에서 갖는 위상이 대단했다. 인도 그리스인 연구에 관한 사료는 대부분 정교하고 아름다운 헬레니즘 화폐에 의존하는데 이들 화폐는 왕의 생애 전체를 알려주지는 못하더라도 각 문화권의 융합에 관한 정보를 알려준다. 메난드로스 왕의 화폐에는 '법륜' 도형이 주조되어 있고 또 다른 화폐의 앞면에는 그리스어로 '구세주 메난드로스 ΒΑΣΙΛΕΩΣ ΣΩΤΗΡΟΣ ΜΕΝΑΝΔΡΟΥ'가, 뒷면에는 인도의 카로슈티Kharoshti(간다라어라고도 함) 문자로 '구세주 메난드로스'가 있으며 여신 아테나가 번개와 방패를 든 모습이 그려져 있다. 메난드로스 1세에 관한 또 다른 화폐를

판탈레온의 화폐

'구세주' 메난드로스 1세의 화폐

보면 앞면에는 아테나 여신이 손에 긴 창과 종려나무 가지를 들고, 다른 손으로는 불교식 손동작인 수인手印: Mudra을 하고 있다. 화폐의 명문은 '정의의 메난드로스'라고 쓰여 있고 뒷면에는 카로슈티 글자로 '메난드 로스 대법왕'이라고 되어 있으며 불교의 사자가 그려져 있다.⁹

인도 중앙 도시 마디아 프라데시Madhya Pradesh의 모 지역에서는 그리 스 왕의 부조가 출토되었다. 주인공은 메난드로스로 추정되며 그가 든 칼집에는 불교의 세 가지 보물triratana을 의미하는 부호가 새겨져 있다. 메 난드로스의 '대법왕', '구세주' 칭호는 단순히 그리스인 부락에 대한 공 공관계 수단에 그치지는 않았을 것이다.

헤르메우스Hermaeus(90~70BCE)는 인도 밖 힌두쿠시 지역의 박트리 아 왕으로 월지인에 의해 정복되기 전 마지막 왕이었다. 그 화폐 앞면에 는 그리스어로 '구세주 헤르메우스'라고 새겨져 있으며 뒷면에는 카로 슈티어로 '구세주 헤르메우스'라고 되어 있다. 화폐 도안은 제우스-미 트라Zeus-Mithra가 오른손으로 불교식 손동작인 비타르카 무드라vitarka mudra

를 하고 있는 모습으로[10] 파르티아와 그리스,
인도 문화가 혼합된 양상이다. 여기서는 국가
급 제사로서 '구세주'는 형식적 칭호이긴 했지
만 그의 통치 아래 있던 백성들은 잡다한 신앙
을 가졌다. 화폐의 권위를 높이기 위해 그들의
신을 한꺼번에 화폐에 모아 새기기는 했지만
그 효과는 그리 크지 않아 문화 다원주의가 아
닌 그저 잡다한 신을 한곳에 모아놓은 것에 불
과했다.

인도 마디아 프라데시에서 출토된
그리스 왕의 부조

인도 스키타이인의 종교 혼합 정책

앞장에서 서술하였듯이 인도 스키타이인Indo-
Scythians은 대월지의 축출정책 때문에 중앙아
시아에서 오늘날 동이란으로 밀려난 뒤 오늘
날 세이스탄에 해당하는 사카스탄Sakastan을 근
거지 삼아 머물렀다. 사카스탄에 머물던 스키
타이인은 결국에는 인도 서북부 변경의 틈을
비집고 인도로 진출하였고 그 왕인 마우에스
Maues(r.85~60BCE)는 북인도의 박트리아 왕국
의 여러 땅을 점거했다. 그 뒤 또 다른 왕인 아

헤르메우스의 화폐

제스 1세Azes I(c.48/46~25BCE)는 인도의 그리스인 정권을 철저하게 멸절
시켰고 그 영토를 간다라에서 마투라Mathura까지 확장하였으니 가히 쿠
샨 제국 건국의 기틀을 마련했다고 할 수 있다. 인도 스키타이인은 인도
에서 대월지 쿠샨 왕조의 속국이 되었다가 뒤에는 잠시 파르티아인의
속국이 되었다. 그들의 분파는 27개 지방 정권으로 파생되었는데 이들

인도 스키타이인이 남긴 문물   그리스 장인의 부처상

을 '서부 스트라프Western Satraps'라고 통칭하였다. 이는 이란화한 국경 지대 장관의 관직명이기도 하다. 이들 지방 장관 정권은 370년(35~405년)간 이어지면서 대부분 쿠샨에 굴복하였다가 나중에는 인도의 굽타 왕조에 의해 멸망한다. 여기서 우리는 최소한 세 지역에서 온 종족과 문화가 한 곳에서 회합하는 광경을 볼 수 있다.

마투라에는 인도 스키타이인의 유물이 전해지는데 사암석沙岩石에 조각된 사자 기둥이 그 예다. 위쪽에 새겨진 명문은 카로슈티어로 쓰인 통속어 프라크리트Prakrit이고 기둥에는 불교의 세 가지 보물이 새겨져 있다. 학자들은 이 기둥이 어쩌면 마우에스 왕과 관계가 있으리라고 본다.

19세기 초 아프가니스탄 동부의 비마란Bimaran에서 출토된 인도 스키타이왕 아제스 2세Azes II(r.c.35~12BCE)의 사리함은 불교의 중요한 유산이다. 아제스 2세는 한때 인도 스키타이인 독립 정권의 마지막 군주로 알려졌으나 최근에는 그를 아제스 1세와 동일인으로 보는 시각도 있다. 어찌 됐든 이 사리함은 인도 스키타이인이 인도 그리스인의 문화 혼합 정책을 계승하였음을 보여주는 증거이다. 어쩌면 그리스 장인이 만들었을 수도 있는 이 정미한 예술품의 겉면에는 세 개의 부조, 즉 대범천大梵

天과 제석천帝釋天, 불타佛陀가 있는데 대범천과 제석천이 중앙의 불타를 향하고 있는 모습이다. 불타 조형은 흔한 그리스 조소 작품과 마찬가지로 그리스식 긴 옷을 걸친 채 한쪽 다리로 지탱하는 자세Contrapposto를 취하고 있다. 사리함에는 아제스 2세의 화폐 또한 보관되어 있었는데 대체로 인도인의 조폐 전통을 따라 만들어졌다. 앞면에 있는 말 타는 왕의 모습은 그들이 초원 민족에 뿌리를 두고 있음을 반영한다. 그리고 뒷면에는 창과 방패를 든 아테나 수호신이, 나머지 화폐에는 불교의 사자와 시바의 소가 주조되어 있다.

쿠샨 왕조, 대승 불교학, 미륵교

쿠샨 부족의 쿠줄라 카드피세스Kujula Kadphises(r.30~80)가 부족을 통일하여 쿠샨 제국을 세우자 여러 문화가 한 데 혼합되어 헬레니즘 시대의 세계주의적 색채가 농후해졌다. 쿠샨 제국과 로마 제국의 건립은 거의 동시에 이루어졌는데 쿠줄라가 발행한 동전 가운데 하나는 로마 아우구스투스의 두상을 모방하고 그리스어를 사용하여 쿠샨의 명문을 주조해 넣었다. 쿠줄라 화폐 중 어떤 것은 박트리아 왕 헤르메우스(앞서 서술했듯이 인도 밖 힌두쿠시 지역의 마지막 박트리아 왕)의 두상과 그리스 명문이 원래의 형태대로 보존되어 있으며 뒷면에는 카로슈티어로 '다르마Dharma의 쿠샨 왕 쿠줄라'라는 명문이 주조되어 있다. 도안은 사자의 가죽을 걸치고 거대한 봉을 들고 선 그리스의 힘센 신 헤라클레스이다. 이 그리스 영웅은 중앙아시아에서 널리 숭배되었음은 앞에서도 이미 설명한 바 있다.[11]

쿠줄라의 계승자는 비마 탁토Vima Takto(r.c.80~90)이다. 화폐에 묘사된 그는 월계관을 쓴 머리 위로 태양광선이 뻗어 나가고 손에는 패를 든 모습이며 그 옆에는 유목민족이 자주 사용하는 삼지창 탐가tamgha가 보인다. 그 위에는 변형된 그리스 명문으로 '구세주 메가스Soter Megas'라고 쓰

쿠줄라가 발행한 화폐

비마 탁토와 그의 아들이 발행한 화폐

여 있다. 그의 본명은 쓰여 있지 않지만 현대 학자들의 오랜 연구 끝에 비로소 그가 비마 탁토임이 밝혀졌다. 그 이름에서 쿠샨 왕권이 이미 헬레니즘 시대의 구세주론이라는 틀에 들어갔음을 알 수 있으며 이는 '전륜성왕'의 불교 정치 이론 발전에 기여한 것으로 보인다. 비마 탁토의 아들인 비마 카드피세스도 로마의 금 데나리온denarius aureus과 등가의 금화를 발행하였지만 화폐에는 인도의 시바 여신을 주조해 넣었다. 화폐의 앞면에는 구름 속에 있는 왕이 손에 패를 들고 있는 모습이 있고 변형체 그리스어로 '바실레우스 우에모 카드피세스Basileus Ooemo Kadphises'라는 명문이 새겨져 있다. 바실레우스는 그리스어로 '왕'이라는 의미다. 뒷면에는 시바신이 손에 삼지창을 들고 오른손으로는 불교의 세 가지 보물 표시를 하고 있으며 카로슈티어로 '대왕, 왕 중의 왕, 세계의 왕, 대지의 왕 Mahisvara, 불법 수호자'[12]라고 새겨져 있다. 쿠샨 왕은 종교적인 포용력을 보였을 뿐 아니라 인도와 페르시아 왕의 존호까지 받아들였던 것으로

보이며 훗날에는 한漢나라의 '천자
天子, devaputra'를 모방하여 우주 사방
을 아우르는 왕호를 갖게 되었는데
그가 불교의 '법왕法王'을 겸하게
되면서 보편 세계적 성격을 갖게
되었다고 보는 이들도 있다.[13]

쿠샨 왕조는 2세기 카니슈카
Kanishka(r.78~c.151) 왕 때 전성기를
맞이하였다. 카니슈카 화폐 뒷면
에는 그리스 철자를 사용한 쿠샨
문자로 '불타'라고 쓰여 있고 불상

카니슈카의 사리함(페샤와르 출토)

의 손은 시무외인施無畏印, abhaya mudra[14] 동작을 하고 있다. 20세기 초 페샤
와르Peshawar에서 발견된 카니슈카 사리함의 표면에는 왕생往生하는 망령
을 상징하는 함사hamsa가 비상하는 모습의 부조가 있고 카니슈카 본인의
모습도 있는데 양쪽에는 해와 달이 둘러싸고 있다. 사리함의 덮개에는
세 개의 상이 있는데 가운데 불타를 둘러싸고 대범천과 제석천이 양쪽
에 있는데 그 방위는 인도 스키타이왕 아제스 2세의 비마란 사리함의 배
열과 일치한다.[15] 주목할 것은 불타가 가부좌를 틀고 있는 모습이다. 여
기서 우리는 불타 조형이 주로 한쪽 다리로 지탱하며 서 있던 기존 그리
스 조형물 양식에서 벗어나 '미륵보살'의 형태로 발전하고 있음을 알 수
있다.

현장 법사의 『대당서역기』에 따르면 카니슈카는 제4차 불교 결집대
회[16]를 거행하였고 이는 승려이자 존자尊者인 바수미트라Vasumitra의 주재
로 진행되었다고 한다. 여기서는 삼장三藏의 해석이 이루어졌는데 경장經
藏, 율장律藏, 논장論藏의 주석은 각각 10만 송頌으로 구성되어 총 30만 송頌,

960만 언量에 달했다. 불경에서는 해당 결집대회가 카슈미르Kashmir에서 거행되었다고 하였는데 이는 당시 쿠샨의 수도인 푸르샤푸라Purushapura를 가리키며 시기는 대략 서기 70년 전후이다. 해당 결집대회를 통해『아비달마대비바사론阿毘達磨大毘婆沙論, The Abhidharma Mahāvibhāsa śāstra』200권, 즉 설일체유부說一切有部 혹은 살바다부薩婆多部, sarvâsti-vāda가 집대성되었다. 설일체유부는 속칭 소승小乘이라 불리는 상좌부上座部, Theravada에서 분리되어 나왔으나 여전히 뿌리는 같다. 불교의 종파는 몇 마디 정의로 명확히 설명할 수 있는 것이 아니지만 간단히 말해 설일체유부는 공유空有(없으면서 있음)의 문제에서 소승의 '아공법불공我空法不空'[17]에 속하지만 초창기 대승불교의 '아법개공我法皆空'[18]과는 일정한 거리가 있다.[19] 그러나 그것은 아라한阿羅漢을 대수롭지 않게 여기는 관점, 즉 대중부大衆部, Mahāsāmghika를 발판삼아 대승大乘으로 통하는 교량이 되었다. 대승을 꽃 피운 중심지는 남방의 안드라Andhra이다. 이곳에서 설일체유부 출신의 용수龍樹, Nagarjuna는 대승의 중관론中觀論, Madhyamika을 창설하였는데 대략 북방의 카니슈카와 같은 시기였다. 쿠샨 경내에서도 미륵교와 유식론唯識論을 꽃피웠다.

마투라 왕조의 아소카왕, 인도 그리스 왕국의 메난드로스, 쿠샨의 쿠줄라와 카니슈카는 불교의 '전륜왕'으로 받들어졌다. 불교 성인의 스투파stupa(불교 성인의 사리나 유골을 모신 탑) 조형의 변천사를 보면 마투라 왕조(기원전 3세기), 인도 그리스의 메난드로스 1세 시기(기원전 2세기), 인도 그리스 말기에서 인도 스키타이인 시기(기원전 1세기 말), 또 쿠샨 시기(2세기)의 변화를 통해 헬레니즘 양식이 점차 뚜렷해졌음을 알 수 있다. 달차시라呾叉始羅(탁실라) 부근의 시르캅Sirkap은 박트리아 왕 데메트리오스 1세Demetrius I(r.c.200~180BCE)가 구축하기 시작한 도시로 그 뒤를 이은 메난드로스 1세, 인도 스키타이인, 인도 파르티아인을 거치며 꾸준히 완성되어 갔다. 한때 쿠샨인이 시르캅을 버리고 부근에 또 다른 성을 세우기도 했지만 그 도시 집결체는 유엔의 중점 문물 보호 대상인 탁실라 고대 유적지를 형성하였다.[20] 시르캅에서 출토된 스투파의 헬라화 양상은 무척이나 뚜렷해서 마치 하나의 그리스 신전을 보는 듯하다. 아테네의 파르테논 신전보다 면적은 더 넓고 그리스식 건축 양식의 처마 돌림띠와 고린트corinth(고린도)식 기둥 받침이 되어 있는 벽기둥, 삼각 모양의 페디먼트pediment를 갖추고 있다. 한편 그 위에 새겨진 석조 조각은 그다지 조화롭지 못한 쌍두 독수리의 형상을 하고 있는데 그 유래를 두고 전문가는 원래 메소포타미아 유역에서 유래하여 초원의 스키타이인을 거쳐 이곳에 이식되었기 때문이라고 추측한다.[21] 여기서 반드시 지적할 것은 탁실라 고대 신전 유적지는 불교만 거쳐 간 것은 아니라는 점이다. 다만 여기서는 불교를 집중적으로 거론할 뿐이다.

쿠샨인이 힌두쿠시 남북을 다스린 기간은 인도 스키타이인이나 인도 파르티아인보다 더 길어서 그리스 문명의 영향을 받은 유물이 더 많다. 카피사Kapisa에서 출토된 유리병에는 로마의 검투사가 그려져 있는데 이는 아마도 로마에서 수입한 것으로 보인다. 간다라의 한 부조에는 목마가 성을 점령하는 내용의 호메로스의 서사시가 묘사되어 있는데 이는 분명 현지의 것으로 보인다. 서기 1~2세기 간다라의 헬레니즘 불교 조소상에는 포도 풍작과 술에 취한 그리스 주신 디오니소스Dionysus가 나온다. 디오니소스 축제는 그리스의 경축일인데도 불교와 어우러져 한데 표현된 점은 다소 의외가 아닐 수 없다.

간다라의 하다Hadda 유적지에서 출토된 헬레니즘 색채가 짙은 조소 작품에는 2~3세기의 화신花神 조각상과 3세기의 나체 남자 조각상이 있으며 하다의 불교 건축에는 장식 받침에 그리스 신 아틀라스Atlas를 표현하기도 했다. 1930년대에서 1970년대까지 오늘날 아프가니스탄 하다

카피사에서 출토된 유리병에는 로마의 검투사가 묘사되어 있다.

헬레니즘 부처의 두상

에서 출토된 점토와 석고로 된 그리스 불교 조소품은 2만 3,000여 건에 달한다. 가장 중요한 것은 서기 1~2세기 간다라의 헬라화 부처 두상이다. 헬레니즘 조각이 유입되면서 부처는 처음으로 인체 형태의 조형으로 표현되기 시작했는데 그전에는 대부분 삼보三寶나 법륜法輪, 각인脚印, 공좌公座, 공기空騎의 형태로 대신했다. 쿠샨 제국의 통치 아래 간다라와 마투라는 각각 남과 북에 위치하여 헬레니즘 불교 예술의 양대 중심지가 되었다. 2001년 3월, 아프가니스탄의 탈레반 조직이 폭파한 바미얀 석불은 쿠샨의 계승자인 간다라 왕국의 고대 유적이다.

중국에 최초로 불교를 전파한 곳은 쿠샨이 아닌 파르티아, 즉 이란 정권 통치하의 인도 지역이었다. 쿠샨에서 온 사람은 여전히 월지月支인으로 여겨졌기 때문에 하나같이 '지支'라는 성姓을 가졌고 파르티아에서 온 사람은 '안安'을 그 씨氏로 삼았으며 천축天竺(인도)에서 온 경우에는 성으로 '축竺'을 썼다. 그러나 당시 북인도를 통치했던 것은 쿠샨 혹은 그 후계 정권이었다. 정리하자면 이렇다. 안세고安世高는 2세기경 사람으로 서역 파르티아의 태자였으나 불경을 최초로 한나라 말로 번역하였다. 지루가참支婁迦懺, Lokaksema은 동한東漢 시기 쿠샨 불교의 승려로 167~186년 최초로 대승 불교의 서적을 중국어로 번역하였으며[22] 지요支曜는 월지 출신 불교 승인으로 대략 185년 지루가참 이후 제2대 불경 번역가가 되었다. 안현安玄은 파르티아 사람으로 한영제漢靈帝 말기에 낙양洛陽으로 건너와 경전 번역에 몰두하였다. 지겸支謙은 대월지의 후예로 동족 학자인 지량支亮과 대승불교학 이론을 배워 한나라 말 삼국 시기에 강남江南으로 피난 갔다가 경전 번역에 종사하게 되었다. 축법호竺法護는 원래는 월지인이었기 때문에 본래 성은 지支였고 돈황敦煌에 거주하다가 진무제晉武帝 때 중국에서 경전을 번역하였다. 쿠마라지바Kumarajiva는 구자龜玆 사람으로 어린 시절 계반罽賓[23]에서 대승 불법을 배웠다. 전진前秦과 후진后秦 시기에는 중국으로 건너와 중국 불교사에서 4대 경전 번역의 대가 중 한 명이 되었다.[24]

지셴린季羨林의 연구에 따르면 중국어에서 석가모니를 칭하는 존호인 '푸투浮屠(fútú)'나 '포어佛(fó)'는 출처가 다르다고 한다. 전자는 박트리아에서 산스크리트어를 번역하여 bodo, boddo, boudo가 된 것이고 후자는 중국 '서역'의 이란어 사용국에서 But를 음역한 것이라고 한다. 바꿔 말하면 불교가 인도에서 중국으로 전파됐다기보다는 실크로드의 산물이라고 하는 편이 더욱 타당하다.[25]

미륵, 미트라(베다 시대), 미트라

인도는 아亞대륙인 데다 환環 힌두쿠시 지역이므로 한 가지 계파의 '인도 불교'라기보다는 다양한 종파가 있었을 것이며 당시 가장 활발하게 활동했던 종파도 어쩌면 오늘날 인도 영토의 밖에 있었을 것으로 추정한다. '인도 북부는 아소카왕 이후 그리스, 페르시아와 교류하고 불교학자가 배출되었기 때문에 그리스 등지로부터 종교적, 사상적 영향이 없지 않았다. 그런 까닭에 인도 북부에는 타력왕생他力往生을 기도하고 숭배할 것을 주장하는 대승 불교가 일어났다.'[26] 불교는 본래 상像을 두지 않았지만 그리스인은 신을 숭배할 때 반드시 성상이 필요했으므로 불교 예술이 인간 형상의 부처를 조형하는 쪽으로 발전한 것도 헬레니즘의 영향이라고 하겠다. '타력왕생', 곧 '자료한自了漢'의 특성을 가진 아라한阿羅漢에서 구세주, 즉 타력他力에 의지하는 종교로 변화한 것도 헬레니즘의 구세주론과 합치한다.

북방은 대승 불교의 유가행유식파瑜伽行唯識派의 중심지로 대표적인 인물로는 무착無著, Asanga과 세친世親, Vasubandhu이 있다. 그들은 뤼청呂澂이 쓴 인도 불교학사에서 이미 '중기 대승 불교학'으로 분류되었으나 그 연원은 미륵Maitreya 신앙이어서 아득히 멀고 오래됐을 것으로 추측한다. 불교 전통에 따르면 북부 인도 푸르샤푸라국Pursapura 사람인 세친Vasubandhu은 설일체유부說一切有部 분파에서 출가하여 훗날 그 형인 무착의 영향을 받아 대승불교로 전향, 유식唯識을 적극적으로 알린 인물이다. 푸르샤푸라국은 카니슈카 당시의 수도인 페샤와르를 가리킨다.

무착은 아상가Asanga라고도 하는 간다라 사람으로 동생인 세친과 함께 미륵이 창시한 유가행파를 수정하여 유가행유식파Yogācāra Vijñānavāda를 창시했다. 이 학파는 '초창기 대승 불교학'에 속하는 남방의 중관파中觀派와 함께 대승 불교의 양대 종파로 자리매김한다. 무착과 세친은 쿠샨 말기에 활동하였기 때문에 일찍이 그들이 '미륵'의 가르침을 받았다는 것은 미스테리한 부분이다. 뤼청은 유식파의 전신이 유가사瑜伽師 무리로 세우世友, Vasumitra, 승가나찰僧伽羅刹, 중호衆護, Samgharaksita의 계통, 즉 카니슈카 시절 제4차 결집대회를 개최한 불교 지도자들 아래에 속했던 것으로 봤다.[27] 유가행유식론瑜伽行唯識論은 철학적 이치가 심오하고 미륵교는 대중화한 것으로 중국 역사에서 심하게는 군중 반란 운동으로 변천하기도 했다. 둘의 관계가 어떠했는지는 지금까지 완벽한 답은 없고 특히 미륵교가 하나의 교파를 형성한 뒤 불교가 자력 구원에서 타력 구원의 추세로 바뀌는 시기를 틈타 불교 내부로 침투했다는 주장은 의심을 받기도 한다.[28] 많은 불상 조형이 유가행자의 가부좌 자세를 하는 것에서도 알 수 있듯이 쿠샨은 무척 일찌감치 미륵 숭배의 중심지가 되어 유식파가 형성되었다.

분명한 점은 미륵 숭배가 인도에서는 뚜렷하게 나타나지 않았다는 점이다. 미륵과 조로아스터교의 미트라신은 관련이 있었을까? 미트라와 고대 인도 베다 시대의 미트라Mitra신은 인도 구라파에 뿌리를 두고 있다는 점에서는 공통점이 있다. 그러나 고대에 같은 종족의 뿌리를 두었더라도 미륵교가 성행할 당시 인도의 미트라는 이미 뒷전으로 밀려난 차등신이었고 이란의 미트라는 중천에 떠오른 태양처럼 전성기를 맞이했다. 지셴린의 고증에 따르면 '미륵'이라는 이름은 중앙아시아 토카리아어인 메트락Metrak에서 유래한 것인데, 이는 산스크리트어의 마이트레야Maitreya가 아닌 산스크리트어의 마이트리Maitri를 번역한 것이라고 한다. 후자는 '자애'의 뜻을 가지고 있다.[29] 또한 지셴린은 쿠샨 일대가 미륵교 전파의 중추 지역이었음을 지적했다. 그러나 힌두교에는 마이트리Maitri라는 신은 없고(『우파니샤드Upanishad』는 이것을 이름으로 함), 인도 본토의 불교에서 '마이트레야'가 주요 대불大佛이 되었다는 이야기도 들어보지 못했다. 지셴린은 치불학治佛學을 위주로 하였고 조로아스터교의 요소까지 고려하지는 않았다. 미트라의 쿠샨 전파는 이미 의심의 여지가 없어서 카니슈카의 수르흐 코탈Surkh Kotal 암각문(제17장 참조)이 이 신의 이름을 부르며 끝을 맺는데 여기서 그의 중심적 지위가 얼마나 대단한지 알 수 있다.[30] 미트라의 전성기는 그 뒤로도 이어져 심지어 로마에까지 전파되었고 또 다른 구세주를 내세운 기독교와 경쟁하게 되는데 둘 중 누가 로마의 국교가 되는지는 뒤에서 살펴보자.

개개인이 스스로 깨달아 해탈에 이르러야 한다고 주장한 석가모니

는 기대하던 구세주는 아니었고 미래불未來佛로서의 미륵불이야말로 중
생을 제도할 구세주였다. 미륵 숭배는 원시 불교에는 없던 현상이지만
확실한 것은 미트라와 미륵은 헬레니즘 시대의 현상으로 유례없는 위
상을 가진 구세주였다는 점이다. 이 때문에 그리스, 이란, 인도, 서역의
몇몇 문화가 융합된 곳, 이를테면 헬레니즘 세계의 극동 외연 지역은 중
첩될 가능성이 매우 컸다. 불교는 비非 구세주형 종교에서 구세주형 종
교로 탈바꿈하여 헬레니즘의 구세주론을 외피로 삼았고 속 내용은 이
란의 색채가 농후한 내용이 깔렸다. 이란의 세력은 두 차례에 걸쳐 인도
와 환 힌두쿠시 지역으로 흘러 들어가 쿠샨 건국 초기의 인도 파르티아
정권(1세기)과 쿠샨 말기의 인도 사산 정권(3~4세기)을 이루었는데 이
두 지역은 기본적으로 크게 중첩된다.

미트라신은 『아베스타Avesta』의 가장 오래된 부분에서는 보이지 않
는다. 고대 페르시아 아케메니스 제국 시대에는 명목상 아후라 마즈다
Ahura-Mazda의 아래에 있었고 명성은 아나히타Anahita와 맞먹었다. 만일 자
라투스트라(조로아스터교의 창시자)의 영혼이 지하에 있다면 그는 조로아
스터교의 전체 변천사는 하나의 쇠락의 역사라고 한탄하였을 것이다.
그가 세운 것은 분명히 일신교였고 『아베스타』의 가장 오래된 찬가 단
계에 있었다는 점은 의심할 여지가 없다. 그러나 후기 단계the Younger Avesta
에 가면 지상신至尚神이 그의 창조물인 미트라와 지위가 동등해졌다. 그
밖에도 수많은 신yazata이 있었는데 주신인 아후라 마즈다는 이들 여러
신에 의지해서 그만의 독창적인 우주를 유지했고 가끔은 반드시 그것들
에 헌제를 드려야 했다. 이 때문에 윗사람이 아랫사람의 비위를 맞추는
격이 되었다!³¹ 파르티아 시기의 조로아스터교 역사는 셀레우코스 시대
와 마찬가지로 완전한 형태로 남아 있지 않지만 미트라의 흔적은 무
척 선명하여 사산 시대의 주르반Zurvan과는 꽤 다르다. 서기 3세기 파르티

아와 로마의 접경지대이자 오늘날 시리아의 두라 에우로푸스Dura Europus 에는 미트라 신전 폐허가 있는데 그곳의 벽화에는 자라투스트라의 상이 있어서 마치 파르티아판 조로아스터의 한 지표를 보는 것 같다. 고대 페르시아의 한 부조에서는 아케메네스 제국 군주인 아닥사스다 2세 Artaxerxes II(404~358BCE)가 사자의 몸통 위에 서서 21개의 미트라신 광선을 발하는 아나히타 여신을 참배하는 모습이 새겨져 있기도 하다.

파르티아 제국에서는 50명의 군주가 50대를 이어갔는데 하나같이 아르사케스Arsaces를 왕호王號로 삼았다. 이 때문에 아르사케스를 중국어로 음역하는 과정에서 파르티아가 '안식安息'으로 불리기도 했다. 아르사케스 1세의 이름이 왕호가 되어 50대를 이어간 것은 이집트의 파라오나 로마의 카이사르Caesar(시저)가 군주를 가리키는 대명사가 된 것과 같은 맥락이다. 각 왕은 본명이 있었지만 최소한 4명 이상의 이름에 '미트라'라는 신의 명칭이 포함되었다. 파르티아제국의 진정한 건립자인 미트리다테스 1세Mithridates I(195?~r.c.171?~138?BCE), 미트리다테스 2세 대제 Mithridates II the Great(r.123~88BCE), 미트리다테스 3세Mithridates III(r.c.57~54BCE), 미트리다테스 4세Mithridates IV(r.129~140)가 그 예다. 50명의 군주 중 이 4명이 차지하는 비율이 높다고 할 수는 없지만, 조로아스터교의 주신인 마즈다Mazda의 이름은 그 어디에도 찾아볼 수 없다.

범 파르티아 문화권에서 왕의 호칭에 '미트라' 신의 이름이 등장하는 경우는 더욱 흔하게 볼 수 있다. 폰투스Pontus 왕국에는 설립자 '미트리다테스 1세 크티스테스Mithridates I Ctistes(r.302~266BCE), 미트리다테스 2세Mithridates II(r.c.250~c.220BCE), 미트리다테스 3세Mithridates III(r.c.220~c.185BCE), 미트리다테스 4세 필로파토르&필라델푸스Mithridates IV Philopator and Philadelphus(r.c.170~c.150BCE), 미트리다테스 5세 에우르게테스Mithridates V Euergetes(r.c.150~120BCE), 폰투스의 미트리다테스 6세

아나히타 여신

Mithridates VI of Pontus(r.120~63BCE)가 있다. 아르메니아 왕국에는 미트라
네스Mithranes(r.331~323BCE), 미트리다테스Mithridates(r.35~37, 42~51BCE),
미트로부자네스Mithrobuzanes(r.c.170BCE)가 있다. 아르메니아계의 콤
마게네Commagene 왕국에는 미트리다테스 1세 칼리니쿠스Mithridates I
Callinicus(r.109~70BCE), 미트리다테스 2세 안티오쿠스 에피파네스 필로호
마이오스 필헬레노스 모노크리티스Mithridates II Antiochus Epiphanes Philorhomaios
Philhellenos Monocritis(r.38~20BCE), 미트리다테스 3세 안티오쿠스 에피파
네스Mithridates III Antiochus Epiphanes(r.201~12BCE), 미트리다테스 1세Mithridates I
(r.67~66BCE)가 있다.

미트라신은 파르티아를 대체한 사산 제국 초기에도 여전히 영향력
을 발휘해서 3세기 자그로스Zagros 산의 암각에는 미트라신이 사산 왕
조 아르다시르 1세 혹은 2세Ardashir I or II에게 대관식을 행하는 모습이 새
겨져 있다. 그러나 사산 시대로 접어들면서 어떤 왕도 미트라로 명명되
지 않았고 도리어 조로아스터교의 주신인 마즈다 혹은 오르므즈드Ormuzd
의 이름을 더욱 자주 사용하였는데 이들만 총 6명에 이른다. 바꿔 말하
면 미트라 호칭은 고대 페르시아 제국에서는 보기 드물고 뒤이어 등장

하는 사산 제국에서는 더더욱 볼 수 없게 됐다. 미트라 시대의 종식은 서기 6세기 초까지 미루어지는데 인도에 있는 에프탈족Ephthalites(백흉노)의 통치자인 미히라쿨라Mihirakula(?~542)는 『대당서역기』에서 마선나구라摩醯邏矩羅 혹은 대족왕大族王으로 불렸다. 그는 펀자브의 사갈라Sagala를 수도로 삼고 통치 기간에 불교를 탄압하였는데 당나라 시대의 현장법사도 불경을 구해오던 중 이 지역을 지나친 바 있다. 학자 중에는 미히라쿨라Mihirakula라는 이름이 고대 이란어에서 '미트라의 기델 자'라는 의미를 가진 '미트라쿨라Mithra-kula'에서 유래했다고 보는 이들도 있다. 다음에서는 미트라의 최고 전성기가 로마 제국 말기였는지 논해보기로 한다.

조로아스터교는 세상에는 일곱 개의 땅이 있고 그 중앙이 크바니라사Xvaniratha, 곧 이란인의 땅이라고 믿었다. 또한 그 땅의 중앙에는 우주에서 가장 큰 산인 하라Hara가 하늘을 떠받친 채 홀로 우뚝 서 있으며 해와 달이 그것을 둘러싸고 운행한다고 믿었다. 후기 조로아스터교 경문인 『미트라 야슈트Mithra Yasht』에는 아후라 마즈다와 뭇 신들이 미트라를 위해 하라산 정상의 밝음이나 어두움, 추위와 더위, 질병이나 악귀도 없는 거주지에서 살며 세상을 살핀다고 되어 있다.[32] 그 뒤 이란인은 하라산을 경내 가장 높은 알부르즈 산맥Alburz Range, 특히 가장 높은 다마반드산Mount Damāvand와 동일시하였다.

『미륵상생경彌勒上生經』에는 미륵이 성불成佛하기 전에 도솔천에 거주하는데 도솔천은 수미산須彌山 정상에 있으며 수미산은 우주의 대산大山으로 세계의 중심에 있다고 되어 있다. 『관미륵보살상생도솔천경觀彌勒菩薩上生兜率天經』에서는 이렇게 말했다. "미륵이 도솔 천궁에 화생하여 불법을 설파할 때 천궁의 대신大神이 선법당善法堂을 짓기로 서원하면서 이마에서 500억 보배구슬이 나와 그 광채로 49중重의 미묘한 보배궁전을 이루었다. 또한 도솔천에는 500억 천자가 있어서 궁전을 지을 때 미

알부르즈 산맥의 다마반드산

륵을 봉양하기로 서원하였다. 이로써 장엄한 도솔천궁이 이루어져 도솔천은 절경의 국토國土가 되었다.”

쿠샨 시대에 가부좌를 튼 유가행자瑜伽行者의 모습으로 미륵상을 형상화한 방식은 기본적으로 중국이 계승했다. 오늘날 산시성山西省 윈강雲崗, 북위北魏 시대의 윈강 석굴 미륵상과 오늘날 허난성河南省 뤄양洛陽 룽면龍門 석굴(북위에서 북송 시기) 미륵상도 가부좌를 틀고 있다. 7세기 이후 중국의 거대한 미륵상 조형 추세가 쇠퇴하기 시작하면서 미륵 숭배의 중심적 지위는 아미타불과 관세음보살로 대체되었다. 그전 중국 남북조시대에 북조北朝에는 '황제여래皇帝如來'설이 등장하였고 남조南朝의 양무제梁武帝는 '황제보살皇帝菩薩' 정치를 적극적으로 시행하였으며 수문제隋文帝 때는 미륵교가 수차례 봉기하기도 했다. 구세주 사상은 민간에서 일어나기도 했고 당나라 때는 무측천이 통치의 편의를 위하여 '미륵의 환생'을 자처, 무주혁명武周革命[33]을 일으켜 미륵 신앙이 최고조에 이르기도 했다.[34] 헬레니즘 시대의 구세주론은 쿠샨화라는 변압기를 거친 뒤 중국에 그 자취를 남기기도 했다.

그리스 로마 문명

기독교가 고대 유대 신앙에서 갈라져 나와 신흥종교로 변모한 세계사 구간을 유대 역사에서는 제2의 성전聖殿 시대(535BCE~70CE)라고 부른다. 유대인이 페르시아의 고레스 대왕에 의해 해방되어 옛땅으로 돌아와 성전을 재건축한 때로부터 훗날 제2의 성전이 로마인에게 훼파되기까지는 시기적으로 페르시아 제국과 헬레니즘 시대, 로마 제국 초반에 걸쳐 있었다. 고대 유대 신앙이 본격적으로 기독교로 변하기 시작한 것은 로마 제국 중후반의 일로, 헬레니즘 시대에 유행하기 시작했다가 로마 제국에서 크게 성행했던 각종 제전과 종교의식을 받아들이고 그리스 철학으로 포장된 뒤 로마 태양신이라는 국교와 결합하여 형성되었다.

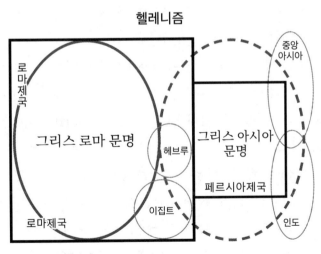

그리스 로마 문명

'메시아'를 향한 유대인의 열망

유대인은 자신이 하나님의 '선민選民(선택받은 백성)'이고 민족 신인 여호와Yahweh에 의해 자신들이 '천하 만방의 빛'이 되리라 믿었다. 그러나 유대 민족사는 오히려 피정복과 멸망의 화가 끊이지 않았던 재난의 연속이었다. 이 때문에 유대인의 경전인 성서에는 이민족으로부터 당하는 고난은 여호와의 징벌이며 각 제국의 흥망성쇠는 신의 뜻이 반영된 결과라고 여기는 역사 해석이 발전하였고, 여기에는 '나라의 회복과 중건'을 열망하는 민족적 염원이 담겨 있다. 선지자 시대에 남방 유대 왕국, 특히 선지자 이사야는 다윗왕의 후예가 정통 왕권이라는 관념을 발전시켰다. 기원전 586년 왕국이 멸망하고 첫 번째 성전이 무너진 뒤 유대인은 바빌론에서 포로 생활을 시작했고 그 시기 유대인의 세습 통치자 Exilarch 역시 다윗왕의 후예여야만 했다. 포로 생활이 끝난 뒤 '메시아' 사상은 더욱 완비되어서 구세주가 유대인을 이끌고 나라를 회복하여 천하 만방에 뛰어난 민족이 되리라고 믿었다(제14장 참조).

헬레니즘 시대에 유대인은 마카베오 가문the Maccabees의 통솔 아래 셀레우코스 제국으로부터 독립하여 하스몬 왕국Hasmonean Kingdom(140~37BCE)을 세웠다. 『성경』의 「구약」 중 「다니엘서Book of Daniel」는 기원전 2세기 마카베오 가문이 봉기한 기간에 완성된 것으로 보인다. 「다니엘」서는 금으로 된 머리, 은으로 된 가슴, 놋으로 된 넓적다리, 쇠로 된 종아리의 형상을 한 큰 신상을 통해 칼데아Chaldea(바빌론)와 미디안Median, 페르시아Persian, 그리스Greece의 4대 패권 시대를 비유하였다. 뒤이어 작은 돌 하나가 거대한 신상을 부서뜨린 뒤 하나의 큰 산처럼 커져 온 세상을 가득 채운다고 하였는데 이는 유대인의 왕국을 빗댄 것이다. 그 시대에 메시아를 향한 열망이 얼마나 커졌는지 짐작할 수 있는 대목이다.

문제는 하스몬 왕조를 건립한 마카베오 가문이 다윗 왕의 후예가 아니라 제사장 계급을 뿌리로 두었다는 점이다. 그래서 하스몬 왕국은 명분상 왕을 배출할 수 없었고 결국은 급격히 쇠락하는 또 하나의 헬레니즘 왕국에 머물렀다. 사실 유대인은 헬라화 한 국가들 사이에 둘러싸여 있었다. 유대와 강 하나를 사이에 두고 인접해 있던 요단강 동부에 위치한 '10개의 도시'라는 뜻의 '데가볼리decapolis'는 다마스쿠스Damascus와 같은 고성을 제외하고는 대부분 헬레니즘 시대에 세워진 도시로 그리스의 도시 제도를 채택하여 고대 근동 헬레니즘 전파의 중심지가 되었고 로마 시대에는 특별히 도시 자치제를 허가받기도 했다. 그리스 로마 문명의 선봉 깃발이 셈어족 근거지에 꽂힌 셈이다. 각종 이질 문화의 도전 속에서 하스몬 시대의 유대인은 몇 개의 분파로 나뉘었다. 첫 번째 분파는 사두개인Sadducces이다. 그들은 성전 예배를 장악한 세습 제사 집단으로 「모세오경」을 기본 신앙으로 삼았으며 영혼 불멸과 육신의 부활 그리고 사후 보응을 믿었지만 경전에 이를 뒷받침할 만한 증거는 없다. 두 번째 분파는 바리새인Pharisees으로 원래 그 이름 자체에 '분리주의자'라는 의미가 함축되어 있으며 시간이 지날수록 점차 주류로 자리매김하였다. 그들은 유대의 율법 전문가가 되어서 성전 밖에서 예배를 드릴 때도 정결 의식을 거행해야 한다고 주장했고, 이질 문화에 동화될 위기에 직면하자 전통 종교를 끝까지 고수한 율법 학자로 오늘날 유대교의 시조라고 할 수 있다. 세 번째 분파는 에세네파Essenes로 비주류적인 금욕과 고된 수행, 현세 회피의 경향을 보였으나 마찬가지로 메시아의 강림을 열망하였다. 1946년에는 에세네파에 의해 기록, 보관되었던 『사해문서』가 발견되기도 하였다.

하스몬 왕국은 결국 로마인의 세력에 편입되는 운명을 맞이하였다. 로마의 폼페이우스 장군은 기원전 63년, 셀레우코스 왕국을 멸망시키고 예루살렘을 점령한 뒤 성전의 지성소至聖所를 약탈하였으며 그 뒤 유대인의 나라는 로마의 보호국이 되었고 시리아 총독의 관할 지역으로 편입되었다. 기원전 57년~기원전 55년, 로마의 시리아 총독은 하스몬 왕국을 갈릴리와 사마리아, 유대의 셋으로 분할하고 유대인의 최고 종교 판결 법정sanhedrin은 다섯 개로 나눈 뒤 각각 관할 지역을 두는 등 분할 통치 정책을 펼쳤다. 기원전 37년 로마인은 이두매인Idumean과 나베테아인 Nabatean 혈통의 헤롯 대왕Herod the Great(37~4BCE)을 '유대인의 국왕'[35]으로 삼았고 이로써 '메시아'를 열망했던 유대인은 다시 한번 좌절했다.

분노와 공의의 하나님이 인자의 하나님으로

헤롯 대왕은 하스몬 왕조의 왕녀를 부인으로 맞이했고 그의 조상들도 이미 유대교에 귀의한 상태였으며 유대인의 왕으로서 권위를 입증하기 위해 기원전 19년, 성전 중건을 위한 대규모 토목 공사를 일으키기도 하였다. 예수는 아우구스투스 시절 헤롯 대왕의 통치하에서 태어났지만 「신약」 성서에 언급된 것처럼 헤롯 대왕이 예수와 비슷한 시기에 태어난 사내아이를 모두 죽이라고 명했다는 내용은 역사적 근거는 없다. 헤롯 대왕이 사망한 뒤 로마인은 다시금 그 왕국을 넷으로 나누는데 이것이 예수가 살던 시대의 배경이다. 예수는 십자가에 못 박히기 전 수난당할 때 처음에는 로마 총독에게 넘겨졌으나 총독은 그를 원래의 관할지인 헤롯 안티파스Herod Antipas(c.20BCE~c.39CE)에게로 돌려보내 그에게 처리하게끔 했다. 당시 헤롯 안티파스의 직위는 나라의 4분의 1을 다스리던 '분봉왕tetrarch'이었다. 예수는 기원전 7년~기원전 2년에 태어나 서기 26년~36년에 세상을 떠났다. 「신약」 성서에 따르면 목수의 집안에서 태어난 예수는 30세가 되어서야 세례 요한으로부터 세례를 받고 공생애를 시작하였다고 한다. 한편 세례 요한은 고행자와 같은 삶을 살았는데 에세네파 또한 세례를 중시했다는 점에서 일부에서는 세례 요한이 에세네

헤롯 대왕이 중건한 예루살렘 성전

파에 속했을 것이라고 추측하기도 한다.

반면 예수는 사두개인이나 바리새인, 에세네파, 그 어떤 분파에도 속하지 않고 스스로 한 일파를 이루었다. 그들보다 후대에 태어나 활동하여 시기적으로는 이미 로마인의 통치기에 접어들었다. 로마의 통치 아래 유대인 신앙 공동체에는 '과격파Zealots'가 생겨나기도 했는데 그들은 교리적으로는 바리새파에 뿌리를 두었지만 무장봉기를 선호했다. 그들을 이끈 지도자는 예수와 동향 출신인 갈릴리 유대인Judas of Galilee으로 서기 6년, 대중을 이끌고 모반했지만 잔혹하게 진압당했다. 이와 같은 사회적 배경 탓에 어린 시절부터 예수는 죄수들의 십자가 형벌 장면을 많이 목격하였을 것으로 보인다. 목수의 집안에서 태어났던 예수였기에 더욱 그러했을 것이다.

스스로 한 분파를 일궜던 예수는 고대 유대 신앙을 새로운 차원으로 발전시켰다. 유대인의 고대 경전에 등장하는 하나님은 이미 다차원적인 이미지를 구축하고 있었다. 원래 그는 독단적이고 가정폭력형 이미지였지만 축의 시대 선지자 운동을 거치면서 공의의 하나님으로 진화하였다. 물론 예수도 옛 교리를 들어 부자를 질책하고 가난한 이를 동정하는 등 사회 정의를 신장하고자 했다. "심령이 가난한 자는 복이 있나니 천국이 저희 것임이요(「마태복음」 5장 3절)" "낙타가 바늘귀로 나가는 것이 부자가 하나님의 나라에 들어가는 것보다 쉬우니라(「마가복음」 10장 25절)"라고 한 것이 그 예다. 그러나 예수의 그 말은 요지가 아니었다. 시대적 배경이 선지자 운동 때와는 달랐기 때문이다. 예수가 살던 시절은 이스라엘 백성이 전통 유목 생활을 버리고 도시화한 뒤 사회는 갈수록 계층화하여 민족 단결이 이루어지지 않았으며 조상의 신을 떠나 살 뿐 아니라 주변에는 강한 적들이 도사리고 있는 등, 멸망이 임박한 시대를 배경으로 한다.

예수의 선교 활동은 축의 시대의 자원을 원천으로 삼았기 때문에 그 시대의 흔적이 없을 수는 없다. 그러나 예수는 거기에서 한발 더 나아가 야훼(여호와)를 '인애의 하나님'으로 바꾸어 놓았다. 이러한 하나님이 유대민족의 회복 운동, 특히 민족 복권주의라는 협소한 목적을 지향하기보다 보편 세계적 성격을 갖게 된 것은 필연적 결과다. 예수는 "내 나라는 이 세상에 속한 것이 아니다"(「요한복음」 18장 36절)라고 말하여 민족 복권 운동의 흐름을 뒤집었다. 예수는 하나님이 보편 세계의 천부天父임을 널리 알리고 사람들에게 형제로서 사랑을 실천해야 한다고 했다. 이와 같은 예수의 말에 원천적인 창조성이 있다고 볼 수 있을까? 여기서 알아야 할 것은 헬레니즘 시대에서 로마 제국에 이르는 시기 이미 인류의 범애 사상이 싹튼 상태였다는 점이다. 스토아 철학의 경우, 예수 이전에 벌써 세상 만물에 대한 사랑의 명제를 제시하여 원수를 사랑으로 갚아야 함을 주장하고 노예제를 질책했다. 로마 제국 오현제 중의 한 명인 아우렐리우스Marcus Aurelius(121~r.161~180)는 사람이라면 누구나 자기 내면에 인류를 위해 봉사하고자 하는 내적인 호소와 갈망[36]이 있다고 봤다. 이는 예수가 "인자가 온 것은 섬김을 받으려 한 것이 아니라 도리어 섬기려 하고 자기 목숨을 많은 사람의 대속물로 주려 함이니라"(「마태복음」20장 28절)라고 한 말과 같은 맥락이다.

이러한 윤리학적 입장은 아리스토텔레스가 말한 '선천적 노예설'이나 유대 민족 회복 운동의 '선민설選民說'과는 거리가 있어서 고대 유대 신앙이 기독교로 전환된 것이 헬레니즘 윤리학의 새로운 경향 탓이 아닌가 하는 의구심이 들게 한다. 초창기 기독교와 동시대를 살았던 스토아학파 철학가 에픽테토스Epictetus(55~135) 또한 제우스는 '인류의 아버지'이므로 사람 각자는 내면에 신성神性을 지니고 있지만 도리어 우리는 그것을 배척한다고 했다.[37] 역사의 생태는 변한다. 상습 강간범이었던 제우스도 유전자 변이를 일으키는데 하물며 폭력 전과범인 여호와가 진화하지 않는다면 시대를 거듭할수록 서서히 몰락하고 말 것이다.

「신약」 성서는 예수 사후 1세기가 지나서야 편찬되기 시작하였으므로 당시 그리스 로마 문명 시대의 윤리 사상을 답습했는지는 확실치 않지만 동시대 사상의 정수가 집결됐다고 보는 편이 타당할 것이다. 예수의 사적에 관한 진위 여부는 분명하지 않다. 「신약」에 의하면 로마인이 예수를 죽인 명목은 그가 스스로 '유대인의 왕IESVS NAZARENVS REX IVDÆORVM'을 칭했기 때문이라고 한다.

이는 유대 민족 회복 운동의 흔적인 듯하다. 기독교 전통에 따르면 예수는 또한 다윗왕의 후손인데 이 또한 유대인의 '메시아'관에서 벗어나지 못한 것이다. 그렇다면 이와 같은 기독교가 어떻게 해서 세상의 신도들에게 개별적 '영생'의 은혜를 베푸는 '구세주형' 종교로 탈바꿈할 수 있었을까?

기독교와 유대인의 이별

예수가 세상을 떠난 뒤 기독교 역사는 '사도 시대The Apostolic Age(26/36~100)'로 접어들었고 이는 그 뒤 기독교 역사의 전체적인 노선을 결정지었다. 바울은 예수파의 교리를 '이방인Gentiles'에게 전파하였고 모세의 율법, 특히 할례의 의무에서 벗어날 것을 주장했다. 이를 위해 초창기 기독교회는 서기 49~50년에 예루살렘 회의를 개최하기도 했다. 그중 서로 다른 노선을 대표했던 '이방인의 사도' 바울과 현지파 그리고 예수의 열두 제자 중 한 명인 의인 제임스James the Just(야고보)는 일시적인 '일교양제一敎兩制(하나의 교리에 두 가지 제도)' 노선에 합의한다. 그러나 바울은 끝까지 '유대주의자Judaizers'들을 선교의 장애물이라고 여겼다. 바울의 전도 대상은 유대인 너머의 사람들이었고 그가 전한 것은 세상을 향한 구원의 소식이었다.

바울의 '영생' 관념은 예수를 통해 구원을 얻는 것이다. 예수가 십자가에 못 박혀 처참하게 죽은 것은 인류의 죄악을 대신 지고 구원하기 위함이다. 그러나 예수는 우리 각 사람을 위하여 대신 속죄한 것이며 이는 유대인 집단이 여호와와 맺은 언약을 위배하여 망국의 징벌에 이르게 한 '죄'와는 다르다. 물론 민족 전체에 죄가 있음을 질책하는 것은 선지자 차원에서 하는 말이다. 고대 유대인 신앙에는 개인이 스스로 계명을 어겼다고 느끼면 속죄하기 위해 어린 양을 죽여 하나님 앞에 불태우는 '번제holocaust(홀로코스트)'를 드려야 했는데 불행하게도 이 용어는 훗날 나치의 유대인 학살 사건을 일컫는 말로 차용되기도 했다. 그러나 바울의 신학 노선을 따라가다 보면 필연적으로 예수가 인류의 '죄를 대신하여 죽은 어린 양'이라는 추론에 이른다. 잔혹한 형벌로 죽임당한 '유대인의 왕'은 '메시아'를 열망하는 민족 회복 운동의 길을 근본적으로 끊어버린 철저한 패배자처럼 보였다. 그러나 바울은 패배를 승리로 바꾸어 '메시아'가 처참하게 죽은 십자가를 영생으로 통하는 길목의 등대로 삼았다.

예수파는 본래 유대교 내부의 한 갈래였으나 성 바울이 그것을 '이

죽임당한 예수

방인'에게 개방한 뒤 신흥종교 기독교는 유대인을 등지고 로마 세계를 향하게 되었다. 또한 「신약」에는 로마 총독이 예수의 죽음에 대한 죄과를 유대인에게 돌렸다는 말이 나오고 복음서에는 유대 폭도가 로마 총독에게 예수를 죽이라고 압력을 넣었다는 언급도 있다. 이는 기독교 문명이 유대인을 박해하는 근거가 되어 20세기에는 끝내 히틀러의 유대인 학살이라는 거대한 재앙으로 이어지고 말았다.

국교로 인정되어 합법화되기 전까지 기독교는 로마 당국으로부터 박해를 받았고 네로 황제는 로마에 발생한 대형 화재를 기독교의 소행이라며 누명을 뒤집어씌우기도 했다. 당시 기독교가 유대인으로부터 철저하게 분리되어 나왔는지는 분명치 않다. 서기 66~73년에 발생한 제1차 유대인 반란이 로마인에 의해 진압되고 제2성전이 불타면서 유대인의 역사에서 제2의 성전 시대는 일단락된다. 132~136년에는 '메시아'를 자칭한 지도자 바르 코크바Bar Kochba의 지휘 아래 제3차 유대인 반란이 일어나(제2차 반란은 생략) 독립 국가가 세워지기도 했지만 2년 반 정도 존속하다가 하드리아누스 황제에 의해 평정된다. 당시 사망한 유대인은 60만 명에 달하였고 50개의 도시와 1,000여 개의 부락이 파괴되었다. 하드리아누스 황제는 발본색원 차원에서 유대인의 민족적 정체성을 철저하게 파괴했고 유대인의 경전과 유대력까지 금지했으며 유대학자들을 죽였다. 심지어 유대 땅 일대의 지명도 「구약」 성서에 나오는 유대의 적국, 블레셋philistine(필리스틴)에서 파생된 명칭인 '팔레스타인'으로 바꿔버렸다. 이로써 예루살렘은 이교도의 도시 엘리아 카피톨리나Aelia Capitolina로 변하여 로마인에 의해 식민 통치되었으며 유대인의 진입은 허락되지 않았다.

그 뒤 유대민족은 곳곳에 흩어져 사는 디아스포라diaspora의 형태로 존속하게 되는데 이러한 형태가 기독교가 로마 제국 각지로 전파되는데 일조했으리라는 점은 의심의 여지가 없다. 이러한 봉기는 기독교와 기타 유대인 사이의 균열을 더욱 심화시켰다. 기독교는 예수를 '메시아'로 여겨 이미 세상에 강림했다고 봤기 때문에 코크바의 회복 운동을 지지하지 않았다. 해당 봉기는 한편 바울파에 유리하게 작용했는데 야고보파가 지배하는 예루살렘 교회가 예루살렘 도시와 같은 운명을 맞이했기 때문이다. 이제는 유대인의 본토 밖에 전파된 분파가 유일하고도 정통인 기독교회로 발전하게 되었다.

초대 기독교의 성경 제작 운동

유대라는 모태와의 단절 여부는 '사도시대'를 이어 일어난 '초대 교부教父 시대Age of the Early Church Fathers'의 노선 투쟁이 되었다. 서기 2세기, 소아시아의 주교 마르키온Marcion of Sinope(c.85~160)은 로마로 건너가 자기만의 교단을 세우고는 유대인의 신앙과 분명히 경계선을 긋고 유대인의 고대 경전을 완전히 배척하였다. 그리고 일곱 권의 바울 서신을 포함하여 바울의 개인 비서 겸 의사였던 누가의 「누가복음Gospel of St. Luke」만을 정식 성서로 인정하였다. 그리고 유대의 여호와(야훼)를 '나쁜 신'으로 여기고 여호와의 신도가 예수 그리스도를 죽였다고 주장했다. 이는 구교에서 갈라져 나와 제 갈 길을 갔던 바울의 주장이 극단으로 치달아 만들어진 교단으로, 그 편향된 '종파주의'와 '폐쇄주의' 노선은 훗날 이단으로 규정되기도 한다.[38]

기독교의 주류파는 마르키온을 배척하는 한편 그를 모방하여 정경 正經, Canon(정식 성경)을 확정하였는데 갈리아의 주교인 성 이레나이우스 St.Irenaeus(c.130~c.202) 주교가 말한 마태복음, 누가복음, 마가복음, 요한복음[39]의 '4대 복음서' 의견을 채택하였다. 주류파는 또한 유대인의 고대 경전을 완전히 무시하는 것은 지혜롭지 못하다고 판단하여 복음서에 근거하여 그것을 새롭게 해석한 뒤 「구약」 성서로 명명했다. '4대 복음서' 채택은 물론 한 권만 선택하는 것보다는 포용적이지만 '정경'의 범주를 정함으로써 다른 복음서를 배척하여 수많은 외경外經, apocryphas을 탄생시

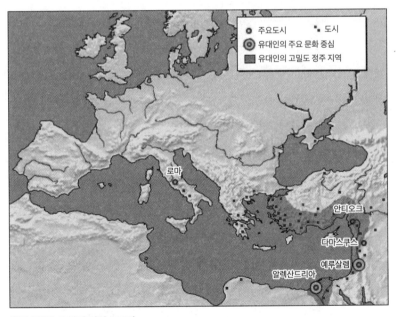

서기 1세기 유대인 디아스포라

상좌上左는 마태, 상우上右는 마가, 하좌下左는 누가, 하우下右는 요한

켰다. 오늘날 여성 권익 운동의 저항을 가장 많이 불러일으킨 것도 「마리아 복음」의 배척 때문이기도 하다.

『교리사』의 권위자인 아돌프 폰 하르나크Adolph von Harnack(1851~1930)는 마르키온이 「구약」을 배제한 것을 두고 기독교가 철저하게 헬라화하는 데 방해되는 요소를 제거한 것이며 이러한 시도는 초대 교회 안에서 가장 큰 영향력을 가졌던 그노시스파Gnostics(영지파)에 의해 행해졌다고 봤다.[40] 이레나이우스는 그노시스파 배척에 가장 앞장섰던 초대 교부로 그는 기독교를 위해 일부 히브리 전통을 되돌리기도 했다. 그러나 기독교가 자체적으로 체계적인 교조자를 발전시키게끔 자극하고 심지어 기독교의 신흥종교 정체성 확립에 가장 기여한 것은 바로 그노시스파였다. 성 바울의 서신은 훗날 「신약」 성서로 편입되는데 성 바울이 각지로 보낸 서신을 한데 모아 최초로 집대성한 공신도 바로 마르키온이었다. 그러나 그노시스파는 결국 유대 전통을 수호하는 주류파를 당해낼 수 없었다. 그렇지 않았다면 기독교가 설령 헬레니즘이라는 조류에 휩쓸리지 않았더라도 오늘날과 같은 모습은 아니었을 것이다.

그리스 로마 철학으로 도식화한 기독교

그노시스가 그리스 종교, 특히 플라톤주의인지에 관한 문제에서 오늘날에는 적잖은 사람이 하르나크에 반대한다. 그들은 그노시스에 이란적 요소가 많고 심지어 그 뿌리가 고대 유대인 신앙이라고 보기도 하는데 이를 세계 통사적 관점에서 논하기는 곤란하다. 다만 지적할 것은 헬레니즘 시대의 확장이란 그리스 로마 문명이 주도한 각 지역 문화의 거대한 회합이었다는 점이다. 이를테면 조로아스터교에서는 일찍이 최고신 아후라 마즈다가 수많은 추상적 요소를 유출하였고 특히 첫 번째 유출이 바로 '성령Spenta Mainyu'이라고 했다. 그런데 이와 같은 교리와 관념이 그리스 로마 문명 속에서 변주될 때는 반드시 플라톤의 언어로 포장되어야만 했다. 만약 기독교가 고대 유대 신앙이 그리스 로마화한 결과라면 고대 조로아스터교 신앙은 어째서 그리스 로마화하지 못했을까?

거의 기독교 주류가 된 그노시스뿐 아니라 3세기의 신플라톤주의도 모두 유출설에서 벗어나지 못했다. 그노시스파는 최고신은 악한 세상과는 멀리 떨어진 존재이므로 세상은 차등급의 조화신인 데미우르고스Demiurge에 의해 창조되었다고 여겼다. 이 '데미우르고스'의 범주는 플라톤의 『대화록』에서 알려졌다. 또한 마르키온은 이 세상이 악한 신 여호와가 창조한 것이라고 여겼기 때문에 그노시스파라는 의심도 받았다. 사실 그노시스파의 교리는 마르키온의 '반反 유대화'보다 훨씬 복잡해서 개인의 영혼이 암흑暗黑, Saeculum obscurum(Dark Ages)에 갇힌 반딧불과도 같다고 여겼고 최고신의 '사자'가 강림하여 그들을 모아 천국으로 돌아가기만을 기다렸다.

3세기의 신플라톤주의 또한 실재하는 모든 것은 최상신의 '일자一者, Hen'라는 원류에서 유출되어 형성되며 그 뒤에는 이데아→능동적 지성→세계 영혼→뭇 하늘→개별 영혼→신체→물질→비존재의 단계를 거친다고 봤다. 신플라톤주의가 그노시스파와 쉽게 혼동되는 것은 둘 다 물질을 빛에서 가장 멀리 떨어진 암흑의 낮은 단계라고 여기기 때문이다. 그러나 신플라톤주의는 각 단계를 긍정하며 다만 높고 낮음을 구분할 뿐이다.[41] 반면 그노시스파는 각 단계가 아래 단계를 철저하게 억누르고 부정하며 우리가 사는 암흑의 세계는 최고신의 이데아를 떠난 차등신이 망가뜨린 부실공사라며 질책했다.

한때 기독교의 예수가 '능동적 지성'과 동등하다고 주장한 것도 플라톤을 전승한 일파로 보인다. 사실상 기독교의 신은 추상적인 철학 원리가 아니라 여호와에서 예수에 이르기까지 피와 육체를 가지게 된 전기傳記라고 할 수 있다. 이 때문에 각종 플라톤주의나 심지어 스토아 철학의 범신론에 동화될 수 없었고 그의 하나님은 이 세상의 창조자여서 누구도 그와 동등해질 수 없었다. 예수도 한때 플라톤화하여 '능동적 지성'이 되어 거의 하나님의 사자로 전락하기도 했지만, 결국에는 기독교의 독창적인 '삼위일체론三位一體論'을 통해 하나님과 동등한 존재가 될 수 있었다.

'삼위일체설'의 지식 고고학

시골에서 시작된 교파가 신흥종교로 발돋움하는 과정에서 로마의 엘리트 계급을 유입하려면 반드시 당대의 가장 선진적인 철학 사상을 차용하여 자기만의 신학 체계를 구축해야 했다. 당시 로마인은 자기만의 철학이 없었고 그들이 발전시킨 것은 피타고라스주의와 플라톤주의, 스토아 철학 등 헬레니즘 철학이었다. 이것들은 모두 기독교 사상 구축을 위한 틀이 되었다.

헬레니즘과 로마 제국 시대에 이르기까지 그리스 철학은 각파의 사상을 혼합하여 절충하는 방향으로 발전하였다. 중기 스토아학파the Middle Stoa는 정신계와 물질계가 이원 대립한다는 플라톤의 관점을 윤리학에 적용하여 이 두 세계가 '사람'과 교차하면서 사람은 위로는 신계에 맞닿을 수 있게 되었다. 이 학설의 대표적인 인물은 아파메아의 포세이도니우스Poseidonius of Apamea(c.135~51BCE)[42]이다. 이러한 입장은 '사람'의 지위를 크게 격상시켰다. 후기 스토아 철학the Later Stoa에 이르면 기독교가 "남에게 섬김을 받는 것이 아니라 남을 섬긴다"라고 말한 것과 비슷한 식의

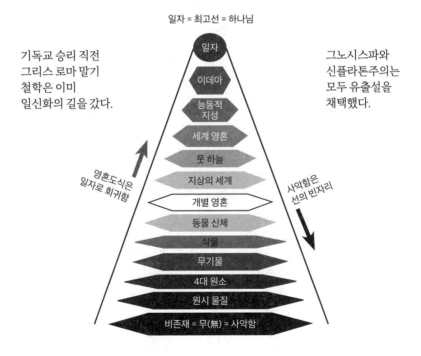

일자 = 최고선 = 하나님

일자

이데아

능동적 지성

세계 영혼

뭇 하늘

지상의 세계

개별 영혼

동물 신체

식물

무기물

4대 원소

원시 물질

비존재 = 무(無) = 사악함

기독교 승리 직전 그리스 로마 말기 철학은 이미 일신화의 길을 갔다.

그노시스파와 신플라톤주의는 모두 유출설을 채택했다.

영혼도식은 일자로 회귀함

사악함은 선의 빈자리

윤리가 생겨나는데 섬김의 대상을 자유인이나 노예로 한정하지 않았다. 대표적인 인물은 로마 오현제 중 한 명인 아우렐리우스이다.

기원전 1세기에 출현한 피타고라스주의Neo-Pythagoreanism는 이념과 물질이 이원 대립하는 플라톤의 본체론을 종교화하여 순수한 정신계의 최고신이 어떻게 물질세계를 창조했는가에 관한 명제를 만들어냈다. 기원후 해당 학파의 거물로는 티아나의 아폴로니오스Apollonius of Tyana (c.15?~c.100)가 있다. 플라톤화한 새로운 피타고라스주의는 이로써 일신삼격설一神三格說을 만들어냈다. 즉, 최고신은 지성이고 차등신은 그의 일부에 참여할 뿐이며 그의 지성 중 이데아를 이용하여 물질세계를 만들어냈다는 내용이다. 이 세상 자체는 이데아가 물질화한 것으로서 세 번째 단계의 신격이다.[43] 이 학설을 제창한 아파메아의 누메니우스Numenius of Apamea는 '신플라톤주의'의 아버지라고 불렸고 기독교 삼위일체설 신학의 효시가 되었던 것으로 보인다.

신 피타고라스주의에서 신플라톤주의, 그리고 기독교 삼위일체설로 가는 과도기는 중기 플라톤주의Middle Platonism로 그 대표적인 인물은 알렉산드리아의 에우도루스Eudorus of Alexandria(c.25BCE)와 카이로네이아의 플루타르크Plutarch of Chaeronea(c.45~120), 알비누스Albinus(c.150CE) 등이다. 에우도루스는 신피타고라스주의의 '일신삼격론一神三格論'을 확대, 발전시켰다. 플루타르크는 최고신의 순수성을 유지하기 위해 반드시 이 세상의 불완전함을 그의 아래에 있는 '세계영혼the World Soul'의 탓으로 돌려야 했다. 후자도 세상을 창조하기는 했지만 최고신의 지성을 이용했고 둘 사이의 중개자는 각종 선마善魔와 악마惡魔이다. 알비누스는 플라톤과 아리스토텔레스, 스토아학파 철학을 종합해서 차등적 '아름다움'을, 신성에 단계적으로 접근하는 계단으로 삼았다.[44]

헬레니즘 시대에서 로마 제국에 이르는 시기의 절충 철학은 모두

'능동적 지성nous, logos'에 대한 사고가 있었는데 이는 선할 수도, 악할 수도 있으며 최고신이 초 자연물 밖에 있다는 조건 하에 세계를 창조하는 능동적 역량에 해당한다. 알렉산드리아의 유대 철학가 필로 유대우스Philo Judeaus(20BCE~50CE)는 가장 먼저 '능동적 지성'의 개념을 히브리의 하나님과 결합하여 이중진리설, 즉 히브리 경전의 지위는 그리스 철학과 동일하다는 주장을 선보였다. 필로는 중기 플라톤주의에서 큰 영향을 받음과 동시에 신 피타고라스학파의 누메니우스에게 영향을 끼쳤다. 이에 두 사람을 모두 '신플라톤주의'의 아버지이자 기독교 삼위일체설 신학의 길을 연 선봉이라고 해도 과언은 아니다.

초창기 기독교 신학은 어째서 예수를 '능동적 지성'으로 변모시켰을까? 우선 초대 교부이자 순도자殉道者(도의를 위해 목숨을 바친 사람)인 유스티누스Justin Martyr(100~165)는 '능동적 지성'을 그리스도와 동일시했지만 그것은 독립적인 존재를 가지며 육신으로 화했다. 그 뒤 초대 교부인 알렉산드리아의 클레멘트Clement of Alexandria(c.150~c.216)는 플라톤주의에서 '최고의 선'이 곧 하나님의 본질을 아는 것이라고 여겼다. 마찬가지로 알렉산드리아 출신의 오리게네스Origen(185~251)도 지성이 비록 하나님으로부터 영원한 생을 부여받는 것이긴 해도 여전히 하나님 아래에 거하는 것이라고 여겼는데, 이는 기독교회 정통파에 의해 이단으로 규정되었다.

'능동적 지성'과 동등하다고 여겨진 예수와 하나님 사이의 관계는 가장 까다로운 신학적 명제이다. '라틴 기독교회의 교부'라고 칭해지는 북아프리카인 터툴리안Tertullian(c.150~c.230)은 우선 하나님은 곧 '삼위일체trinitas'라는 개념을 제시했고 이를 위해 성부聖父, 성자聖子, 성령聖靈으로 이루어진 삼위일체 방정식을 만들어내었다. 성령론은 독립적인 기원이 있어서「요한복음」에서 영감을 받아 오늘날 오순절 교파와 유사한

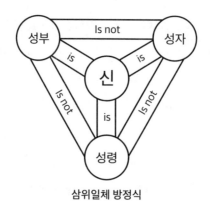

삼위일체 방정식

성령교Montanism로 변화, 발전하였다. 그 세력은 한때 크게 성행했으나 훗날 이단으로 규정되어 초대 기독교사에서 묻히고 말았다.[45] '성령'은 '성자'와 마찬가지로 하나님의 방정식에 들어갔다. 그러나 플라톤주의에 의해 도식화된 것처럼 성령은 최고신으로부터 비교적 아래 단계의 신으로 '유출'되어 흘러 들어가 '성자'와 나란히 위치하여야만 한다. 기독교 신학의 탁월함은 '삼위일체'를 통해 플라톤주의를 극복하고 본래의 상하 유출 관계를 세 변의 길이가 같은 정삼각형 구도로 바꾸었다는 데 있다. '성자'와 '성령'은 비록 '성부'에게서 나왔지만 영원함 속에서 탄생한 만큼 시간의 선후 관계가 없어진 것이나 마찬가지여서 '모두 영원한 것'으로 바뀌었다.

제20대 총주교인 알렉산드리아의 아타나시우스Athanasius of Alexandria (c.298~373)가 제국 정부에 영향을 끼쳐, 상술한 방정식은 점차 교리로 자리잡는다. 하나님은 성부와 성자, 성령의 삼위일체이며 그들은 각각 '전체'이지 3분의 1에 해당하는 하나님이 아니다. 그러나 셋은 완전히 동등할 수도 없고 완전히 분리되어 다신교가 될 수도 없다. 셋이 완전히 동등하다면 나머지 둘까지 예수와 함께 십자가에서 수난당한 것이 되어 전체가 무력한 신으로 전락하기 때문이다. 오직 예수만 홀로 고난받았고, 예수가 화육신 하였기 때문에 인류 대신 죄를 씻을 수 있었다.

아타나시우스의 명제는 325년 콘스탄티누스 황제가 친히 주최한 제1차 니케아 대공의회The First Council of Nicaea에서 교리로 인정받았다. 해당 공의회는 알렉산드리아에서 온 교사 아리우스Arius(c.250/256~336)를 이단으로 규정했다. 아리우스는 하나님은 한 분뿐이고 예수는 다만 사람보다 높고 완벽한 하나님의 사자로 최초의 창조물일 뿐 조물주가 아니라고 주장했다. 실권파인 아타나시우스는 예수가 곧 하나님이며 그는 성부와 다르지만 동일한 하나님이라고 주장했다. 만일 아리우스의 뜻대로 되었다면 기독교는 이슬람교처럼 일신교가 되었을 것이고 예수는 무함마드와 같은 사자가 되었을 것이다.

니케아 대공의회 이후에는 삼위일체설에 대한 도전이 반복되었다. 콘스탄티누스 황제는 임종 직전 아리우스파의 주교에게 세례를 받는데 그의 조카인 줄리안Julian(331/332~r.355~363)이 황제가 된 뒤, 새 황제는 그리스 로마 문명의 전통 종교를 다시 일으키기 위해 힘썼다. 테오도시우스 2세Theodosius II(r.408~450) 때는 385년에 제1차 콘스탄티노플 대공의회를 개최, 삼위일체 교리를 국교 신앙으로 다시금 확정하였고 그 뒤로는 모든 니케아파의 공동 신조the Nicene Creed가 되었다. 구교나 마틴 루터 이후의 신교를 막론하고 말이다.

예수는 하나님이지만 유일하게 육신을 입고 사람이 된 하나님의 신격이라는 설이 확정되자 새로운 문제가 등장했다. 예수가 신격과 인성을 동시에 보유한다면 그 둘 사이의 비중을 어떻게 설정하느냐의 문제이다. 신성은 반드시 인성을 압도하게 되어 있으므로 '신성'과 '인성'의 저울추가 같을 수 없음은 자명한 일이다. 이러한 이치를 주장하는 이들은 점차 '단성론자Monophysitism'로 통칭되었다. 반면, 예수의 '일격이성一格二性'을 주장하는 일파는 만일 예수의 인성이 있는데도 없다고 여겨진다면, 그의 화육신은 사기극이 되고 그가 받은 고난도 허구이자 환상에 불과하게 되니, 대속의 가치를 잃게 된다고 했다.

이 두 가지 입장은 431년 동로마 황제인 테오도시우스 2세Theodosius II (r.408~450)가 친히 주최한 제1차 에페수스 대공의회First Council of Ephesus에서 팽팽히 맞섰다. 그곳에서는 성 마리아가 예수의 인성 모친인지 신성 모친인지에 관한 쟁론이 간접적인 경로를 통해 일어났다. 교리에 내재한 논리에 따르면 성모는 사람으로 창조된 피조물이므로 조물주의 어머니가 될 수 없다. 그러나 '신의 어머니Theotokos'를 주장하는 일파가 의외의 승리를 거두면서 성모를 '그리스도의 어머니Christotokos'로 받들어야 함을 주장하는 콘스탄티노플 주교 네스토리우스Nestorius(c.386~450)를 몰아내었다. 후자의 추종자들은 아시아로 물러나 훗날 경교景敎라는 이름으로 중국에 전파되었다.

'신의 어머니'파가 승리할 수 있었던 것은 그리스 로마 문명의 '대모신大母神'이 시체를 통해 부활했다는 신화의 영향이 있었던 것 외에도 예수의 '인성人性(인간적 성정)'을 대면하고 싶지 않았던 것이 주요한 원인이 되었다. 여기에는 분명 단성론에 대한 의문도 생겨났다. 이 때문에 로마 교황 레오 1세Leo I(r.440~461)는 동로마 황제를 독촉하여 451년에 칼케돈 공의회the Council of Chalcedon를 개최함으로써 간접적인 방식을 버리고 단도직입적으로 예수의 '일격이성론' 통과를 강행하였다. 예수는 신으로서 우주적이고 만능의 존재이지만 인간으로서는 무기력하게 십자가에서 형벌을 받아 죽었다는 역설을 제시한 것이다. 단성론자의 눈에는 레오의 입장이 잘해야 겉모습만 바꾼 네스토리우스주의로 보였지만 칼케돈 공의회는 단성론을 이단으로 규정하였고 이는 동방 교회들의 이탈을 초래했다. 그래서 후자는 이슬람이 굴기한 뒤 대부분 개종하였으나 아시아-아프리카에는 영향력이 크지 않은 비非 칼케돈non-Chalcedonian 경향의 작은 종파가 일부 남아 있었다.

예수의 일격이성론과 마리아가 신의 어머니라는 주장은 신학적, 철학적으로 논란이 많지만 기독교만의 비교 불가능한 독창성을 만들어냈다. 즉, 최고신이 친히 인간과 신 사이에서 교량 역할을 하여 '인간'으로 하여금 자신의 구원 역사에 동참하게 한 것이다. 이는 그노시스가 주장한 것처럼 전적으로 하늘 밖의 영적 힘에만 의지한 것과는 다르다. '신'은 세상에 한 차례 내려왔고 해당 강림은 전체 인류사의 중간을 가르는 분수령이 된 것이다. 힌두교처럼 신이 수도 없이 화신化身하여 역사적인 의의나 가치가 떨어지지도 않았다. 한편, 일격이성론은 '신은 신이고 인간은 인간이다'라고 여기는 이슬람교의 교리와도 다르다. 후자는 신을 형상화하여 성상을 만드는 것조차 허락하지 않았다. 신은 어떠한 육신의 형태도 가지지 않으므로 인간이나 동물로 그를 표현한다면 이는 알라의 창조권을 침범하는 일이기 때문이다. 하늘과 인간이 혼동되지 않고 '구세주'가 공석인 상황에서, 이슬람에 정복된 조로아스터교의 옛 땅 이란에서는 알리파라는 영구적 반대파를 통해 변형된 '구세주'가 제시되었는데 이는 마치 중국에서 반복적으로 봉기했던 미륵교처럼 날로 정치화하여 보편 세계화의 길에서 갈수록 멀어졌다.

비의秘儀 형식을 차용한 기독교

고위층 지식인을 흡수하는 것과 군중을 끌어들이는 것은 별개의 일이다. 그리스 로마 문명에서 '종교'라는 초대형 시장에는 고난받은 뒤 부활한 신을 숭배하는 비의(비밀스러운 종교의식)가 넘쳐났다. 신흥 기독교는 반드시 이와 같은 대중의 취향에 영합해야만 생존하여 최후 승리를 얻을 수 있는 것이 아닐까? 이러한 비의로는 엘레우시스 비의Eleusinian mysteries, 헬레니즘 시대에서 로마 시대에 성행했던 주신제酒神祭, Dionysian cult, 이 둘과 모두 관련된 오르피즘Orphism, 소아시아의 키벨레와 아티스 Cybele and Attis 숭배, 시리아의 아프로디테와 아도니스Aphrodite and Adonis 신화, 이집트의 이시스Isis 대모신, 프톨레마이오스 정권이 연구해서 만들어 낸 세라피스Serapis 신, 마지막으로는 기독교의 최대 경쟁자이자 조로아스터교에 뿌리를 둔 미트라스Mithras가 있다. 이와 같은 의식의 원류는 대부분 전前 그리스 시대로부터 유래했으며 그것들의 태곳적 원형은 수메르의 이난나Innana 여신과 그녀의 신혼神婚 배우자인 두무지Dumuzi 그리고 이집트의 이시스Isis와 그녀의 남편 오시리스Osiris이다. 이는 신이 죽은 뒤 부활하는 이야기로 대지의 산물이 나고 시듦을 반복하는 농경 계절의 주기가 반영되어 풍요 기원 제사의 신화적 각본이 되었다.[46] 그러나 헬레니즘 시대로 들어선 뒤, 점차 개인의 영생 추구에 대한 욕구를 충족시키는 역할을 하게 되면서 풍요제 또한 그리스 로마 문명 특유의 '비의'로 바뀌었으며 그 소비 집단도 대부분 도시에 집중되었다.

대표적인 비의로는 아테네의 엘레우시스 비의가 있으며 그 기원은 미케네 시기[47]까지 거슬러 올라간다. 저승의 지배자인 하데스Hades가 대지의 여신인 데메테르Demeter의 딸, 페르세포네Persephone를 데려가 강제로 아내로 삼자, 데메테르는 딸을 위해 슬퍼하다가 대지의 생산을 멈추었고 이로 말미암아 땅에는 가뭄과 같은 재앙이 닥쳤다. 그러자 하늘의 제왕 제우스가 하데스를 타일러 페르세포네는 봄에 지상으로 가 모친을 만날 수 있게 되었다. 엘레우시스Eleusis는 원래 독립된 도시였으나 훗날 아테네에 병탄되는데 아테네의 위세와 명망 덕에 범 그리스권의 숭배의 중심지가 되었다.

그 밖에도 헬레니즘 시대의 유명 비의로는 주신酒神 디오니소스 Dionysus 숭배가 있다. 이는 한때 트라키아Thrace-프리기아Phrygia 문화였다가 그리스 문화에 편입된 것으로 알려져 있다. 시기적으로 비교적 늦었던 탓에 올림피아 신족神族에는 들어가지는 못했지만 신족의 일원으로 여겨지기도 한다. 그러나 크레타섬에서 선형문자B가 출토된 뒤 비로소 전前 그리스의 신족이 크레타섬과 지리적 연원을 가졌음을 알게 되었다. 디오니소스는 제우스와 인간 사이에서 태어났는데 이를 질투한 헤라의 계략으로 디오니소스의 어머니는 제우스의 불에 타죽고 만다. 그러나 제우스는 여인의 뱃속에 있는 태아를 자신의 몸에 이식하였고 디오니소스는 탄생 후 명실상부한 '신의 아들'이 된다. 헤라는 거인족 타이탄을 시켜 그를 찢어 죽이는데(포도주를 만들기 위해서는 반드시 으깨는 과정이 필요함을 상징함), 제우스는 다시 한번 그를 기사회생시킨다. 이로써 디오니소스는 명백하게 '수난 후 부활한 신'의 모델이 되었고 부활 후 저승으로 가 그의 어머니를 데리고 와서는 그녀와 함께 하늘로 올라간다. 기원전 6세기에 등장한 악사 오르페우스Orpheus 이야기는 엘레우시스 비의, 디오니소스 숭배와 모두 관련이 있어서 저승에서 아내를 구해오고 비참하게 찢겨 죽는 것도 상술한 두 가지 신화와 중첩된다.

헬레니즘 시대의 비非 그리스 비의도 하나같이 이러한 '그리스' 모델을 모방하였고 그리스어로 전파되었다.[48] 한니발 전쟁 말기, 로마는 헬라화한 페르가몬 왕국으로부터 프리기아의 대모신大母神 키벨레를 들여오는데 그의 신화 범주에는 아들이자 연인인 아티스가 포함되는데 마찬가지로 참혹하게 죽음을 맞이하기 때문에 이 역시 '수난의 성자' 모델에 부합한다. 키벨레의 제사장들은 모두 아티스와 동일시되어 대모신에 대한 충절의 표시로 거세한다.[49] 시리아의 아프로디테와 아도니스 신화 범주에서는 아들 신 또한 참혹하게 죽는다.

고대 이집트의 신화에는 오시리스가 그를 질투한 형제 세트에 의해 찢겨 죽는 이야기가 있다. 부인 이시스가 오시리스의 시신을 수습하여 바늘로 꿰매자 부활한 오시리스는 저승의 주재자가 된다. 이집트의 오시리스 숭배는 황소 신 아피스Apis와 관계가 있다. 주기적으로 도살당하여 희생제물이 되는 것은 고난받는 오시리스의 모습이 투영된 그림자와도 같다. 구세주 프톨레마이오스 1세는 몇몇 이집트 성직자와 그리스 종교가를 소집하여 연구한 끝에 하나의 새로운 신을 만들어냈는데 그것이 바로 오시리스와 아피스를 통합한 세라피스다. 프톨레마이오스의 이와 같은 조치는 이집트와 그리스의 백성을 비위를 맞추기 위한 것으로 그리스 사람들은 동물숭배를 달가워하지 않음을 감안해서 세라피스는 반드시 인간의 형상을 지녀야 했다. 그래서 세라피스는 제우스를 닮았고 머리에는 화분을 이고 있는 모습이었다.

오시리스의 아내 이시스가 독립하여 나오면서 오시리스를 중심으로 하는 대모신 숭배가 성행하여 로마 세계까지 널리 퍼졌고 이는 키벨레의 유명세에 못지않았다. 그리스 로마 문명 말기에는 대모신이 혼동되는 경향이 있어서 에페소스의 아르테미스Artemis가 로마에서는 사냥의 여신 디아나에 해당하고 본래는 처녀였지만 대모신으로 바뀌기도 했다. 그녀를 숭배하는 중심지인 에페소스에서 기독교회는 431년, 1차 대공의회를 열고 마리아를 '신의 어머니'로 추앙하기로 결의했다.

마지막은 미스터리에 가까운 미트라스 비의다. 이는 로마 제국 내에서 기독교에 가장 큰 타격을 입힌 것으로 여겨지는 적수이다. 해당 비의가 특히 제국 정권을 좌지우지했던 로마 군인 사이에서 성행했기 때문이다. 미트라스가 무엇이냐 하는 것은 딱 잘라 설명하기 어려운 부분이다. 그는 태양신이자 '태양의 벗'이기도 하며 그 자체는 사망도 부활도 없다. 그러나 그가 바친 동물이 전 인류를 위해 대신 고난을 받았다. 미트라스는 '미트라'가 라틴화한 말이다(로마 이름 끝에는 대부분 's'가 붙는다). 앞서 서술한 것처럼 박트리아 왕국에서 미트라는 이미 그리스 태양신 아폴로와 같았으며 어쩌면 불교가 구세주형 종교로 전환되는 과정에서 효소 역할을 했을 수도 있다. 그것이 로마 제국에서 크게 성행할 수 있었던 것을 보면 이미 '구세주'적 요소를 품고 있었음이 틀림없다.

기존의 관점은 로마가 소아시아를 공격하면서 그 지역의 미트라스 숭배 사상을 접하게 되었고 1세기 말부터 로마 세계에 유행하기 시작했다고 보는 것이다. 이는 미트라스 비의의 흔적이 발견된 로마 경내 유적지가 북부 변방 군대 주둔지에 집중되어 있음에서 알 수 있다. 미트라스는 군인의 신이었으므로 여신도는 받아들여지지 않았다고 알려졌지만[50] 최근 일부 지역에서 여신도의 흔적이 발견되면서 해당 관점은 수정되었다. 이런 면에서 미트라스교는 어쩌면 로마인이 스스로 만들어 낸 종교이며 그 기원도 수도 근방이었을 수도 있다.[51] 지금까지 페르시아 경내에는 미트라스 신전Mithraeum의 증거가 그 어디서도 발견되지 않았고 영원히 출토되지 않을 가능성도 있다.[52] 실제로 비의는 그리스 로마 문명에서만 발견되는 형태이다. 로마 제국의 군인들이 어찌 적국(파르티아)의 신, 특히 파르티아 황제가 이름까지 지은 신에게 절하며 경배할 수 있었겠는가? 그가 단순히 '미륵'

프톨레마이오스 1세의 '세라피스'

에페소스의 대모신 아르테미스

미트라와 고대 인도 베다 시대의 미트라Mitra는 모두 인도 구라파에 뿌리를 두고 있지만 훗날 갈라져 각자의 길로 갔기 때문에 학자들은 이 둘을 혼동해서는 안 된다고 주장한다. 마찬가지 원리로 몇몇 학자는 쿠샨의 미륵불Maitreya이 사실은 이란의 미트라Mithra라고 주장하는데 이 역시 주류파에 의해 글자만 보고 대강 뜻을 짐작하는 행위로 치부되었다. 그러나 신은 실체가 없는 존재이기 때문에 어떤 신이 다른 신과 일치한다거나 절대 다르다고 고집하는 것은 다 터무니없는 일이다. 확실한 것은 미트라와 미륵은 모두 헬레니즘 시대에 탄생한 새로운 산물이자 둘 다 구세주라는 점이다. 이 때문에 그것들은 그리스와 이란, 인도, 서역의 몇몇 문화가 중첩하거나 혼재했던 지역 그리고 당시 헬레니즘 세계의 극동지역 외연에서 이질 문화간 조합의 결과물이었을 가능성이 크다.

2~3세기 로마화한 미트라신

2세기 쿠샨의 간다라 미륵 불상

과 같은 구세주의 전형이 아니고서는 말이다.

신흥종교가 가장 많이 탄생했던 20세기를 참고하면 교주 한 명이 새로운 종교를 독립적으로 창단했을 가능성도 완전히 배제할 수는 없다. 교주는 반드시 '구세주'라는 브랜드를 내세울 만한 신의 이름을 취한 뒤 현지화, 현재화해야 한다. 미트라스교의 대표 성상은 미트라스신이 황소를 도살하는 모습인데 이는 마치 예수가 십자가에 못 박혀 고난받는 모습의 기독교 성상을 보는 듯하다. 그러나 이는 확실히 터무니없는 엉터리 조로아스터교이다. 조로아스터교는 악신惡神 아리만의 죄상을 고발하고 우주의 신성한 소를 죽이는데 오늘날 미트라스가 고통을 참고 신성한 소를 도살하는 것은 그것이 인류 모든 음식의 근원이기 때문이다.[53] 이는 기독교의 성부가 그의 독생자를 세상에 보내어 인류 전체를 위한 희생제물로 삼은 것과 유사하다(비록 기독교는 어린양의 이미지를 쓰는 걸 좋아하긴 하지만 말이다)! 미트라스교는 당시 형성 중이었던 기독교를

현대에 복원된 미트라스 신전

서로 답습하였으며 기독교의 성찬의식은 미트라스교의 것을 모방한 것임이 다양한 흔적에서 보인다.

기독교가 승리한 뒤 미트라스교의 역사적 흔적은 많은 부분 사라졌다. 로마의 항구 도시 오스티아Ostia에서 출토된 미트라스 신전 유적지는 바위굴이나 가옥 저층의 모습이며 그 안에서 신도들은 성찬을 누렸음을 짐작해볼 수 있다. 미트라스 신전은 '우주의 형상'에 근거해서 지어진 것으로 보이며 영혼의 여정을 절기의 궤적에 빗대었다. 미트라스학의 전문가는 해당 비의가 헬레니즘 시대 천문학이 춘분, 하지, 추분, 동지가 매년 변위하는 현상(상세한 내용은 제15장 참조)을 새롭게 발견한 것에 대한 하나의 종교적인 반응이라고 봤다. 즉, 매년 네 절기가 조금씩 이동하는 현상 때문에 지구는 대략 25,800년을 한 주기로 하는 '세차歲差'[54]가 생기는데, 이것이 지구 자전축으로 말미암아 발생하는 현상이라는 것을 과거에는 미처 몰랐고 다만 하늘에 새로운 동태가 관찰되는 것은 필시 하늘 밖의 신이 그것을 조작하기 때문이라고 봤다. 이러한 현상은 최근에야 사람들에 의해 발견되었다.[55] 이의 연장 선상에서 기독교의 부활절 시기도 특정 날짜에 고정되지 않고 대략 춘분 무렵으로 정해지는 것도 그 시대가 남긴 하나의 흔적이다.

예수는 '나라를 회복시킬' 구세주에 대한 민족적 염원을 배경으로 등장한 유대 지역의 한 선교사였다. 그러나 그리스 로마 문명에서 '고난받다가 부활한 신에 관한 비의'라는 패턴이 덧입혀지면서 '개인'의 영혼을 구원하는 보편 세계적인 구세주로 변신, 국교화의 궤적을 따라 발전하였다.

로마 국교로 받아들여진 기독교

로마는 줄곧 동방으로부터 국교國教를 들여왔다. 가장 먼저 그리스로부터 들여왔고 뒤에는 소아시아로부터였다. 다만 미트라스(신의 이름을 제외하고)가 이란에서 유래했는지에 대해서는 의문이 제기된다. 최종적으로 선택된 국교인 기독교는 확실히 아시아의 종교였다. 서기 66년, 아르메니아 왕인 트리다테스 1세Tiridates I(r.53~54, 58~63)는 로마에서 네로 황제를 알현할 때 네로를 '미트라스 신'이라고 부르면서 네로로 하여금 조로아스터교의 의식과 예를 따르도록 유도하기도 했다. 여기서 말하는 '미트라스 신'은 미트라스 비의의 신이 아니다. 해당 비의는 아직 형성되지 않았고 단순히 조로아스터교의 신이었을 뿐이기 때문이다. 2세기 말, 아우렐리우스의 아들 코모두스Commodus(r.180~192) 황제는 한때 개인적으로 미트라스 비의에 참여하기도 했다. 307년에는 로마 중흥기의 황제 디오클레티아누스가 공동황제와 함께 다뉴브강 변경에 미트라스 신전을 지어 바치면서 '제국의 보호신'으로 섬기기도 했다. 그런 것을 보면 국가 신전과 비의 신전은 확실히 별개의 일이었던 셈이다.

이 같은 발전과 평행 선상에서 하나의 새로운 신이 국교의 신으로 받들어졌는데 그것은 바로 로마 황제 아우렐리아누스Aurelian(r.270~275)

가 274년에 제정한 '무적의 태양$_{Sol Invictus}$'[56] 숭배였다. 이 새로운 국교는 아우렐리아누스가 274~275년 로마에서 주조한 은도금 동전에 반영되어 황제가 (오늘날 뉴욕항의 자유 여신상이 쓰고 있는 관과 비슷한) 태양 면류관을 쓴 모습으로 묘사되었다. 콘스탄티누스 황제가 315년 무렵 주조한 동전에는 한 면에 황제의 반신상이 나오는데 다른 한 면에는 '무적의 태양신' 도안이 그려져 있으며 '황제의 무적의 동반자인 태양에게'라는 의미의 'Sol Invicto Comiti'라는 문구도 주조되어 있다. 콘스탄티누스 대제는 321년 3월 7일 조서를 내려 '태양절$_{dies Solis}$'을 국가 지정 안식일로 정했으며 이날에는 도시 내 모든 관료와 백성이 휴식하고 모든 일이 중단되었는데 유일하게 농촌만은 예외가 허락되었다. 그것이 바로 오늘날 우리가 말하는 '일요일'의 기원이다.

이 기간 미트라스 비의 또한 전성기를 맞이하여 미트라스의 명칭도 '태양신의 동반자'였고 머리에는 같은 태양 면류관을 썼다. 흥미로운 것은 신도들은 그에게 '무적'이라는 존호를 써서 '무적의 태양 미트라스$_{Sol Invictus Mithras}$'라는 호칭을 만들어내었는데 이것이 국교 신에 근접했다는 의미일까? 아니면 미트라스 자체가 국교인 '무적의 태양'일까? 그렇다면 국교는 미트라스교인가? 오늘날 바위굴 형태로 출토된 미트라스 신전은 다소 초라한 모습이어서 중앙 정부가 설립했으리라고 생각되지 않는다. 그 밖에도 만약 미트라스교가 이미 국교였다면 군인은 응당 애국의 차원에서 섬겨야 했겠지만 로마 군인에게는 환영받으면서도 여성의 참여를 반기지 않았다는 관점 등은 다소 앞뒤가 맞지 않는 부분이다.

여기서는 반드시 국가 제전$_{祭典}$으로서의 태양교와 개인적인 구원을 위한 비의를 구별하여 판단해야 할 필요가 있는데 그것들은 기본적으로 두 가지 서로 다른 양식을 갖기 때문이다. 앞서 이미 지적하였듯이 헬레니즘 시대의 도시 국가는 '구세주'라는 존호를 군주에게 바치고 지방

동전에 주조된 태양관을 쓴 아우렐리아누스

에서는 그를 기리는 행사를 하거나 경축일을 정하여 경기를 개최했지만 이들 국왕은 그것 말고도 별도의 중앙급 국가 제전이 있었으며 군주의 가족 제사도 있었다. 천자가 하늘 제단에 제사하는 등의 국교의 제전은 선교사를 파견하는 것과 같은 조치를 취하지 않는다. 로마의 상황에서는 당시 가장 환영받았던 종교를 국가급 제전으로 편입시킨 것으로 보이며 그 시작이 태양교이며 마지막이 기독교였다.

최근의 미트라스학 성과에 따르면 '무적의 태양'은 하늘 밖의 태양 hypercosmic sun이며 그의 동반자는 천상의 태양이다. 미트라스교는 중기 플라톤주의의 영향을 받아, 플라톤이 태양으로 그의 이념 세계를 상징한 데서 처음 영감을 받았다. 플라톤의 제자들은 그것을 일컬어 '순수 광명계'라고 하였고 이는 훗날 신플라톤주의가 세운 우주 질서 단계의 광원光源인 '일자'로 발전한다. 미트라스 신전의 설계는 플라톤이 "인류는 암흑의 동굴에 살며 반드시 바위굴에서 나아가 광명을 봐야만 진리를 만날 수 있다"라고 한 은유에 부합한다.

그 밖에도 헬레니즘 시대의 과학은 세차歲差 현상을 발견하였고 천궁을 움직이는 자는 반드시 하늘 밖의 신이라고 했다. 천상의 태양에 관해서는 플라톤 체계의 우주 질서 중 '지상의 세계'보다 한 단계 더 높은 '뭇 하늘'에 속한다. 이는 미트라스가 곧 '태양신의 동반자'이자 그 자체가 '무적의 태양'[57]이라는 설을 설명해준다. 사실 로마에는 이미 기존의 태양신인 아폴로가 있었기 때문에 만일 태양교를 설립하려고 한다면 아폴로를 내세우면 되지 어째서 새로운 신을 하나 더 내세웠을까? 로마가 세계를 제패하여 제국의 범주로 편입한 상황에서 아폴로와 같은 신을 숭배한다면 그것은 도시 국가 단계로 퇴보하는 것이 된다. 로마라는 세계는 이미 지상의 우주가 되었고 그것이 천상에 투영된 것이 바로 천궁, 하늘 전체이며 지상의 황제가 천상

태양관을 쓴 미트라스

에서 대응하는 것이 하늘의 주인인 '일자一者'이기 때문이다. 이는 도시 국가의 우상신이 아니라 헬레니즘 천문학과 플라톤 사유 전통이 공들여 구축한 국교이다. '일자'라는 코드는 미트라스에도, 그리스도에도 대입할 수 있다. 어떤 이는 312년 밀비안 다리 전투Battle of the Milvian Bridge에서 승리를 거둔 측이 콘스탄티누스 황제가 아니고 그의 적수였던 막센티우스Marcus Aurelius Valerius Maxentius(278~312)였다면 서양 문명은 어쩌면 미트라스 문명으로 바뀌게 되었을지도 모른다고 조금은 과장되게 말하기도 한다. 사실 콘스탄티누스는 오랫동안 그리스도를 군인이 숭배하는 태양신과 동시에 섬기기도 하였는데 이는 그의 기념비와 동전에서도 확인할 수 있는 사실이다.

　로마의 성 베드로 성전 지하 동굴 묘지에서 발견된 〈태양이신 그리스도Christ the Sun〉라는 모자이크 작품은 제작 연대가 서기 4세기 이전이다. 이는 '무적의 태양'이 최종적으로 변주된 작품으로 해당 국교 신의 주인 자리는 결국 그리스도에게로 돌아갔다. 기독교 교리에 따르면 태양은 지음을 받은 피조물이므로 조물주와 동등하게 여겨질 수 없다. 이

〈태양이신 그리스도〉 모자이크화

'태양'이 하늘 밖의 빛인 '일자'가 아니고서는 말이다. 이 단계에 이르면 기독교가 승리를 거두기 전 말기의 그리스 로마 문명이 이미 일신론의 노선에 접어들었음을 알 수 있다. 따라서 기독교의 일신론이 그리스 로마 문명 다신교를 상대로 이겼다는 진부한 관점은 반드시 폐기되어야 한다. 로마 국교이든 신플라톤 철학 계통이든 최고신은 하나로 축약되었고 그 아래에는 차등신이 있었으며 이는 기독교의 삼위일체론 안에 그 흔적이 남아 있다. 삼위일체론과 신플라톤주의는 동일한 모판에서 나왔기 때문이다.

아우렐리아누스 황제가 274년 제정한 '무적의 태양' 국교는 마침내 391년에 기독교에 의해 대체된다. 기독교가 무적의 태양 생일인 12월 25일을 성탄절로 삼았다는 주장은 과거에는 정설로 받아들여졌으나 최근에는 의문이 제기되고 있다. 4세기 말에 이르러서야 뒤늦게 예수의 탄생일을 확정할 필요도 없었던 데다 예수가 '고난을 받고 부활한 신'이 된 이상 그의 탄생일은 북반구의 동지冬至나 동지 이후로 설정하는 것이 이치에 맞았다. 이는 밤이 가장 긴 날을 회귀점 삼아 낮이 길어지기 시작하는 시기로 빛의 부활을 의미하기 때문이다. 사실 미트라스의 생일도 12월 25일이다. 이는 기독교가 로마 제국의 미움을 산 유대인과 경계를 긋기 위해 일찌감치 유대 신앙의 '안식일'을 토요일에서 일요일로 바꾼 것과 같은 맥락이다. 일요일은 물론 예수가 고난받은 뒤 부활한 날이기도 하지만 콘스탄티누스 황제의 국가 지정 안식일인 '태양절Sunday'이기도 해서 무적의 태양의 날 역시 기독교의 예배일이 되었다.

기독교는 말기 로마 제국을 토양 삼아 형성되었으므로 제국 말기의 국교, 수난 및 부활로 이어지는 비의, 대모신 숭배, 신학 체계, 신新 윤리학을 자체에 복제한 종교이자 한 시대의 관련 요소들이 조합된 복합체이다. 그래서 오늘날 가톨릭의 수도도 여전히 로마에 있으며, 교회 교구 dioceses의 전신 또한 제국 말기 디오클레티아누스가 지방정부 조직을 재편하면서 설립한 대형 행정 구역이다. 로마 가톨릭의 세계에는 여전히 로마 제국이 살아 숨 쉬고 있는 셈이다.

기독교, 그리고 기독교의 뿌리인 고대 유대 신앙

기독교가 로마 제국이라는 거푸집에서 주조되어 나온 이상 그 뿌리라고 할 수 있는 고대 유대 신앙과의 관계는 어떻게 재정립해야 할까? 한마디로 요약하자면 '기독교는 히브리 전승을 통해 그리스 전승을 압도함과 동시에 신흥 그리스도로 고대 유대를 대체하였으며 2천 년에 가까운 유대인 박해와 학살의 역사가 시작되었다.'라고 표현할 수 있다.

카이사레아의 에우세비오 주교Eusebius of Caesarea(263?~339?)는 313년에 콘스탄티누스 대제를 위해 『복음의 준비Praeparatio Evangelica』라는 책을 저술하면서 그리스 철학, 특히 플라톤주의가 고대 히브리 사상을 도용한 것이라고 주장했다. 그러나 그의 다른 저서 『교회사Historia Ecclesiae』에서는 유대인이 로마인의 통치 아래 겪은 불행을 그들이 '그리스도를 떠나고 죽인 죄' 때문이라고 했다. 그는 그리스인의 우상 숭배 경향은 페니키아와 이집트에서 전승되어 뒤늦게 나타난 현상으로 해당 계통의 마지막 단계였다고 봤다. 반면 히브리는 신 숭배 경향이 그리스보다 앞섰지만 계통이 달라 창조물이 아닌 조물주를 숭배했다. 이것은 히브리 선조가 전수한 진리로 그들은 '원시 기독교'라고 할 수 있다. 그 뒤에 유대인은 고대 이집트와 접촉하면서 또 다른 형태의 쇠락을 초래했는데 오직 기독교만이 고대 히브리의 신앙을 유지하였다.[58] 에우세비오는 각 민족의 사적을 평행 연표 방식으로 대조하여 『세계사 연대기Chronicon』를 집필, 예수의 강림을 축으로 삼아 세계사를 통일하였으며 그의 연표는 325년을 끝으로 한다. 기독교를 중심으로 한 세계사는 마침내 히브리 선지자의 이스라엘 중심 역사를 대체하였다.

이를 집대성한 마지막 고대 교부 히포의 어거스틴Augustine of Hippo (354~430)은 410년 로마가 서고트인에게 약탈된 후 『하나님의 도성City of God』이라는 책을 저술하였다. 책에서 그는 고대 히브리 선지자 운동의 '선민選民(선택받은 백성)'이란 고대로부터 당대까지 하나님의 진리를 탐구하는 사람이라고 해석하면서 이제 진리는 교회 안에 명백히 밝혀졌다고 했다. 한편 '하나님의 나라civitas dei'와 대립하는 것은 '세속의 나라civitas terrena'로 예로부터 지금까지 하나님을 버리고 세속의 영광과 향락을 추구하는 사람을 일컫는다. 그는 이로써 「구약」 속 선지자 운동이 만들어낸 이스라엘 중심의 '세계사'에 새로운 신학적 내용을 부여했다. 어거스틴은 과거에 '선민'의 신분을 가졌던 유대인이 제국 안에서 흩어져 살게 된 것도 하나님이 기독교인들에게 주신 하나의 교훈이라고 봤다. 그리고 유대인도 종말에 이르면 진정한 주인에게 돌아올 것이므로 기독교인들이 그들을 핍박할 이유가 없다고 했다(『하나님의 도성』 제18권 제46장). 그러나 구시대의 '선민'은 이제 뒷전으로 밀려나 사람들 사이에서 증발한 뒤 하나의 의제로만 남았고 '유대인 학살'은 불행히도 기독교 문명에서 순환, 반복되는 현상이 되었다.

1. 이번 장을 마무리한 뒤 반세기 만에 다시 꺼내든 토인비의 저서에서 이런 문구를 발견하였다. "…기원전 2세기에서 서기 3세기, 중앙아시아와 서북부 인도가 먼저는 그리스에 의해 나중에는 쿠샨에 의해 통치되었을 때, 당시 있었던 일시적인 정치적 결합은 중대하고도 심원한 문화적 결과를 초래했는데 이는 시리아와 그리스 세계Hellenic World가 상당 기간 공존하면서 생긴 결과와 맞먹는 수준이다. 두 경우 모두 이질 문화의 유전자가 정치적으로 결합함으로써 하나의 위대한 종합 종교를 파생하였다. 그중 하나가 시리아-그리스Syro-Hellenic가 만나 탄생한 보편 세계 기독교회Catholic Christianity이고 다른 하나는 인도-그리스Indo-Hellenic가 만나 이루어진 대승불교이다. 대승불교가 쿠샨의 틀에서 성장했다면 보편 세계 교회는 로마 제국이라는 구조 속에서 성장했다." (상세한 내용은 다음 참조: Arnold J. Toynbee, A Study of History, Volume 2, The Genesis of Civilization, Part Two(New York: Oxford University Press, 1962), pp. 372~373) 맥닐도 토인비의 영향을 받았을 수 있지만(상술한 저서의 초판인쇄는 1934년임), 힌두교를 그 안에 포함시켰다. 힌두교는 남인도의 드라비다 문화와 침입자 아리아인 그리고 훨씬 약체였던 그리스 로마 문화가 혼합된 결과이다. 3대 종교는 모두 계급이나 성별을 차별하지 않는 구세주의 보편적 대속代贖을 근본으로 삼는다.(상세한 내용은 다음 참조: William H. McNeill, The Rise of the West, A History of the Human Community(Chicago & London: University of Chicago Press, 1963), pp. 338~339). 맥닐의 명제는 다소 모호한 편인데 그가 말한 '아리아인'은 인더스강 유역 문명을 뒤이어 북인도로 진입한 문화이고 그 베다교는 마침내 남인도에 영향을 끼쳤으나 시기가 훨씬 일러 구세주 신앙과는 무관하다.

2. R.C. Zaehner, The Dawn and Twilight of Zoroastrianism(New York: G.P.Putnam's Sons, 1961), p. 59.

3. 에피파네스Epiphanes처럼 신격화한 호칭은 도쿠가와 이에야스가 사후 '다이곤겐大權現', 즉 인간 세상에 잠깐 내려온 신으로 받들어진 것과 유사하지만, 도요토미 히데요시의 신격화 호칭인 '다이묘진大明神'과는 강조점이 다르다. 후자는 헬라화한 데오스Theos와 유사하다.

4. Michael Grant, From Alexander to Cleopatra: The Hellenistic World(New York: Charles Scribner's Sons, 1982). pp.95~96.

5. F. W. Walbank, "Monarchies and monarchic ideas," The Cambridge Ancient History, Second Edition, Volume VII, Part I, The Hellenistic World(Cambridge, UK & New York: Cambridge University Press, 1984), pp. 87~100.

6. Gennadi A. Koshelenko, "Hellenistic Culture in Central Asia," History of Humanity: Scientific and Cultural Development, Volume III, From the Seventh Century BC to the Seventh Century AD(Paris & New York: UNESCO, 1996), p. 451.

7. The Coin Galleries: Bactria: Pantaleonm, http://coinindia.com/galleries-pantaleon.html 검색일자 2015/8/8.

8. 통치의 수레바퀴를 굴려 세계를 통일하고 지배한다고 여겨지는 이상적인 제왕. – 옮긴이 주

9. The Coin Galleries: Indo-Greeks: Menander I Soter, http://coinindia.com/galleries-menander.html, 검색일자 2015/8/8.

10. Alexander Cunningham, Coins of Alexander's Successors in The East(Bactria, Ariana & Indiana)(Chicago: Argonaut, Inc., Publishers, 1969), Numismatic Chronology, N. S., Vol. XI, Plate VII. I.

11. John Huntington, "Kushan Numismatic Iconography(Preliminary Study)" https://www.academia.edu/t/a-KdrXaiA LtKki/13549386/Kushan_Numismatic_Iconography_Preliminary_Study, 검색일자 2015/8/8.

12. Ibid

13. 구정메이古正美, 『쿠샨불교 정치전통과 대승불교』(타이베이: 원천문화출판사, 1993), 120쪽.

14. 다섯 손가락을 가지런히 펴고 손바닥을 밖으로 하여 어깨높이까지 올린 손 모양으로, 중생의 두려움과 근심을 없애 준다는 의미이다. – 옮긴이 주

15. Prudence R. Myer "Again the Kanishka Casket," The Art Bulletin, vol.48, no.3/4(Sep.-Dec. 1966), pp. 396~403. http://www.jstor.org/stable/3048396?seq=1#page_scan_tab_contents. 검색일자 2015/8/17.

16. 불제자들이 부처님 가르침의 산실을 막고 교권을 확립하기 위해 경을 외워 정리, 집성하는 모임. – 옮긴이 주

17. 아我(나, 자아)는 공空하고 법法(존재)은 공空하지 않다. 무아無我와 공空을 주장하면서도 물질세계를 인정하는 소승불교의 교리. – 옮긴이 주

18. 아我(나, 자아)와 법法(존재)은 모두 공空하다. – 옮긴이 주

19. "Sarvastivada," "Sautrantika," in John Hinnells, ed., A New Dictionary of Religions (Blackwell Online Reference, 2014)

20. 달차시라呾叉始羅, Taksasile는 탁실라Taxila의 옛 이름.

21. "Taxila: Sirkap(2)" Ancient Warfare Magazine(http://www.livius.org/ta-td/taxila/sirkap2.html), 검색일자는 2013/9/30.

22. 『고승전高僧傳』 제1권 역경상譯經上.

23. 한위漢魏 시기에는 오늘날 카슈미르를 가리켰고 당唐대에는 오늘날 카불을 가리켰으나 쿠마라지바Kumarajiva가 살던 시기에는 인도 사산 왕조 경내에 있었음.

24. 『고승전高僧傳』 제2권 '역경중譯經中'.

25. 지셴린, 『부처와 불佛을 다시 논하다』, 『지셴린 불교 학술 논문집』(타이베이: 둥추출판사, 1995)

26. 뤼청呂澂의 『인도 불교 사략』(타이베이: 신원평출판주식회사, 1983년), 47쪽.

27. 뤼청의 『인도 불학 원류 약설』(상하이: 상하이인민출판사, 1982년), 185쪽. 영국의 불교학자 워더A. K. Warder는 해당 종파의 경전 『요가사지론Yogācārabhūmi-śāstra』이 카니슈카 시절 제왕의 스승이자 집결대회의 경전 대가들보다 1~2대 앞선 승가나차僧伽羅叉, Samgharakṣa가 저술한 것이라고 본다. 상세한 내용은 [영]워더 저, 왕스안 역, 『인도 불교

사』(베이징: 상무인서관, 1987년), 319쪽 참조. 이에 비해 승려 무착無著이 참선을 통해 도솔천에 이르러 직접 미륵보살에게서 얻은 설법이 비교적 역사화하여, 유식파의 뿌리를 제4차 결집대회 이전으로 거슬러 올라가 그것을 카니슈카 시대로 확정하였다.

28. 세계 통사에서는 이 문제를 심층적으로 논의할 방법이 없으니 훗날 뜻있는 이가 '미륵교와 대승불교학의 유식론의 관계가 마니교와 그노시스교Gnostics의 관계와 같은가?'라는 주제로 비교적 역사적인 논의를 해볼 것을 권할 뿐이다. 후자는 지극히 심오한 것이고 전자는 혁신적 성격의 군중 운동이 되었다. 미륵교의 천당관과 불교의 열반관은 기본적으로 서로 배치되지만 신도가 죽은 뒤 간다고 하는 미륵의 천상의 정토, 도솔천兜率天은 욕계육천欲界六天(오관五官의 욕망이 존재하는 세계인 육계에 딸린 여섯 하늘) 중 하나이다. 여기서는 최대한 여섯 욕망을 만족시킬 수 있으니 이슬람교에서 천상의 72명의 처녀가 남성의 혼백을 기다리고 있다는 것과 무슨 차이가 있는가?

29. 지셴린,『지셴린 불교 학술 논문집』에 수록된「마이트레야와 미륵」283쪽. 무측천武則天은 당나라를 대체할 주나라를 세우고는 미륵불의 현생이라고 자청하며 '자씨慈氏'를 칭하기도 했다.

30. Carsten Colpe, "Development of Religious Thought," in The Cambridge History of Iran, Volume 3(2): The Seleucid, Parthian and Sasanian Periods(Cambridge, UK & New York: Cambridge University Press, 2004), p. 851. 그러나 Colpe는 미트라가 반드시 조로아스터교에 완전히 속한 것은 아니며 조로아스터교가 아닌 미트라교도 있었다고 봤다. 나는 미륵이 불교 안에 머물러 있었으나 자체적으로 미륵교를 세웠다고 봐도 무방하다고 본다.

31. M.Schwartz, "The Religion of Achaemenian Iran," The Cambridge History of Iran, Volume 2, The Median and Achaemenian Periods(Cambridge, UK & New York: Cambridge University Press, 2003), p. 667.

32. R. C. Zaehner, The Dawn and Twilight of Zoroastrianism, pp. 112~113.

33. 690년에 중국 당나라의 측천무후가 예종을 폐위시키고 국호를 주周로 삼아 직접 황제의 자리에 오른 정변. 이때의 주周를 고대의 주周와 구분하기 위해 무주武周라고 한다. - 옮긴이 주

34. 구정메이古正美,『천왕天王 전통에서 불왕佛王의 전통으로-중국 중세불교 치국의식 형태연구』(타이베이 상저우출판사, 2003), 226~227쪽.

35. 이두매인은「구약」성서에서 에돔인Edomites으로 일컬어지는 민족으로 야곱에게 장자권을 빼앗긴 형, 에서Isau의 후예로 알려졌다. 나베테아인은 유대인과 아라비아인 사이에 개입한 셈어족이다.

36. Marcus Aurelius, translated by George Long, annotated by Russell McNeil, The Meditations of Marcus Aurelius: Selections Annotated & Explained(Woodstock, VT: Skylight Paths Publishing, 2007), p.214.

37. 에픽테토스의『담화록』제3장에서는 "신이 인류의 아버지라는 이 사실에서 어떠한 결론을 얻을 수 있다"라고 하였는데 여기서는 제우스를 우리의 아버지로 제시했다. 상세한 내용은 다음 참조. Epictetus, translated by P. E. Matheson, The Discourses of Epictetus, Including the Enchiridion(Oxford: The Clarendon Press, 1916).

38. Adolph Harnack, translated from the Third German Edition by Neil Buchanan, History of

Dogma(Wipf and Stock Publishers, 1997), Volume I, pp. 271~274, 280~281.

39. 본서에서 사용한 번역명은 신, 구의 양교를 혼합하였다. 이를테면 구교(천주교)의 「마태오복음」은 그들 구교 내에서만 사용하는 말이므로 여기서는 '마태'라고 표기하였다.

40. Adolph Harnack, translated from the Third German Edition by Neil Buchanan, History of Dogma, Volume I, pp. 228~229.

41. 신플라톤주의는 서양철학을 위해 실존하는 부분이 풍부한 이념을 개척했고 이 방면에서 가장 권위 있는 저서는 다음을 참조한다. Arthur O. Lovejoy, The Great Chain of Being: A Study of the History of an Idea(Cambridge, MA: Harvard University Press, 1936).

42. Frederick Copleston, S. J., A History of Philosophy, Volume I: Greece and Rome(New York: Doubleday, 1993), pp. 422~423.

43. Ibid., p. 448

44. Ibid., pp. 452~456.

45. Adolph Harnack, translated from the third German edition by Neil Buchanan, History of Dogma(Wipf and Stock Publishers, 1997), Volume II, pp. 95~100.

46. Samuel Noah Kramer, The Sacred Marriage Rite, Aspects of Faith, Myth, and Ritual in Ancient Sumer(Indiana University Press, 1969).

47. H. J. Rose, Ancient Greek and Roman Religion(U.S.A.: Barnes & Noble Books, 1995), p. 73.

48. Ibid., p. 132.

49. Ibid., pp. 125~129.

50. Franz Valery Marie Cumont, translated from the second revision by Thomas J. McCormack, The Mysteries of Mithra(New York: Dover Publications, 1956).

51. Israel Roll, "The mysteries of Mithras in the Roman Orient:the problem of origin," Journal of Mithraic Studies, Volume II, no.1(1978), pp. 53~68.

52. Carsten Colpe, "Development of Religious Thought," in The Cambridge History of Iran, Volume 3(2), The Seleucid, Parthian and Sasanian Periods, p. 854.

53. H. J. Rose, Ancient Greek and Roman Religion, p. 139. 여기서는 미트라스교가 키벨레 대모신 숭배의 황소 희생제taurobolium를 차용했을 가능성을 배제할 수 없다. 제사장은 제단 위에서 희생 소를 도살한 뒤 그 피를 제단 아래 구덩이에 있는 입문자의 머리에 뿌린다. 입문자는 온몸 가득 피가 묻힌 채 땅 위로 올라와 모인 사람들의 절을 받는데 그가 '영원히 재생'된 것으로 여겨졌기 때문이다. 상세한 내용은 같은 책 pp. 128~129 참조.

54. 지구의 자전축의 방향이 해마다 각도 50.26초씩 서쪽으로 이동함으로써 춘분점과 추분점이 조금씩 앞당겨지는 현상. - 옮긴이 주

55. David Ulansey, "Mithras and the Hypercosmic Sun," in John R. Hinnels, ed., Studies in Mithraism(Rome: "L'Erma" di Brettschneider, 1994), pp. 257~264. http:rosicrucian. org/publications/digest2_2010/04_web/ws_02_ulansey/ws_o2_ulansey.pdf 검색일자:2013/10/10.

56. 아우렐리아누스 전에는 시리아 태양신 제사장 출신 황제 엘라가발루스Elagabalus

(r.218~222)가 '무적의 태양신'을 유일신으로 세우려는 일도 있었으나 황제는 문란한 행위 때문에 암살당했다. 이는 우리가 '무적의 태양신'의 근원을 추적하는 데 어려움을 안겨준다. 현재 비교적 합리적인 해석은 '무적의 태양신'이 한 명의 신에게만 전용된 이름이 아니라는 관점이다. 엘라가발루스의 신은 흑운석이다. 아우렐리아누스는 우선 미트라스를 '제국의 수호신'으로 높였지만 국교를 바꾸지는 않았고 그를 통해 '무적의 태양신'을 대체하려 했음이 틀림없다.

57. David Ulansey, "Mithras and the Hypercosmic Sun," in John R.Hinnels, ed., Studies in Mithraism, pp. 257~264.

58. Arthur J. Droge, "The Apologetic Dimensions of the Ecclesiastical History," in Harold W. Attridge and Gohei Hata, Eusebius, Christianity, and Judaism(Detroit: Wayne State University Press, 1992), pp. 499~503.

제19장

제국의 멸망:
흉노는 고대 세계의 장의사

이번 장의 명제는 흉노가 고대 세계의 장의사인가에 관한 논증이다. 과거 교과서에서는 흉노匈奴가 '오호난화五胡亂華' 시대의 선봉 역할을 했으며 '흉노Huns, 匈人'가 로마 제국을 멸망의 길로 내보내는 핵심 역할을 했다고 강조했다. 잘 알려지지 않은 사실이지만 유라시아 대륙 양극단 사이에 있는 이란과 북인도 또한 '흉노'의 충격을 피할 수 없었다. 먼저는 서융西戎, Xionites과 키다라인Kidarites이고 다음은 에프탈인Hephthalites이다. 이들 종족은 서방과 서아시아, 인도의 기록에서 모두 '흉노'의 범주로 편입되었지만 중국의 사서에서는 '흉노'로 간주되지 않았다.

이는 고증의 방식, 즉 '흉노'의 이름에 부합하는 대상을 일일이 찾는 방법으로는 해결할 수 없는 난제이자 밝혀질 수 없는 실증주의다. 애초부터 대상이 인지되거나 제국 등을 건설한 것이 아니므로 그 이름 또한 역사라는 진공의 틀에는 존재하지 않는다. 따라서 애초에 흉노라는 제국은 초원에서 거대한 동맹을 이루었던 종족 집단일 뿐 하나의 민족 국가는 아니었다고 이해해야 할 것이다. 설령 흉노가 한나라와 대전에서 패하여 해체됐다고 하더라도 그들은 이미 초원의 패권을 상징하는 대명사가 되었다. 이는 마치 훗날 몽고蒙古족이 일으킨 회오리가 세계 무대를 휩쓸고 지나간 뒤 적잖은 돌궐족(투르크족)이 여전히 '타타르족韃靼人, tatar'임을 자청하면서 칭기즈칸의 후손을 옹립하여 왕실을 잇게 하고 심지어 인도에 차가타이칸 돌궐어로 '무굴'로 발음되는 '몽고국'을 세운 것과도 같은 맥락이다. 이러한 현상은 초원 제국에만 국한되지 않는다. 고대의 '로마'도 세계적인 제국을 일컫는 대명사가 되었는데 로마의 통치를 전혀 받지 않았던 게르만인이 나라를 세우고는 '신성로마 제국'을 자청한 것이 그 예다. 해당 제국은 1806년까지 존속하였다.

내륙 아시아의 '흉노 시대'

'흉노'는 '종족 집단'이라기보다는 하나의 '시대'로 간주하는 편이 더 타당하다. 오늘날 사람들에게 잘 알려진 것처럼 유라시아 대륙 초원이라는 무대는 처음에는 인도-이란 종족에 속하며 그들이 최초로 말을 길들여 활용했을 가능성이 크다.[1] 훗날 그들은 속속 서부와 남부로 이동하여 유럽과 이란, 인도로 진입하였다. 마지막까지 초원에 남았던 이란 종족은 그리스인에 의해 '스키타이인Scythians'으로 불렸고 이란인과 인도인은 이를 '사카인Saka'이라고 불렀는데 이들이 바로 한漢나라 고서에 언급된 '색종인塞種人'이다. 이는 '흉노'라는 명칭처럼 하나의 '통칭'일 뿐 별도의 대제국을 세운 것이 아니다. 어족을 경계로 삼아 구분한 것에 불과하여 오늘날 '유럽인'이라는 용어처럼 가리키는 대상의 경계가 모호하다.

당시는 초원이 '스키타이인의 시대'에 속했고 기존의 흉노족은 아마도 흥안령興安嶺 일대에 살던 백성으로 이란 유목 집단으로부터 말타기와 활쏘기를 배웠을 것이다.[2] 스키타이인이 그들의 '무대'를 내어주고 나서야 '흉노의 시대'가 펼쳐졌다. 흉노는 앞서 스키타이인이 활동했던 무대 중앙에서 동쪽으로 이동하여 몽고 초원에서 굴기하였다. 이를 기준으로 정남正南 쪽에 있던 중국은 당시 진나라에서 한나라로 이어지는 통일 제국이었으므로 초원 민족도 이에 대응하여 세력을 응집, 하나의 통일된 제국을 이루었다. 사막과 초원은 환경이 척박한 탓에 남방의 농경 문명에서 필요한 물자를 공급받았다. 북방에서도 말과 가죽을 교환 수단으로 사용하기는 했지만 대부분 남하하여 약탈하는 방식에 의존했다. 농경 지대에 작은 규모의 나라가 난립해 있다면 사막과 초원의 유목민은 큰 힘을 들이지 않고도 그들을 약탈할 수 있었다. 그러나 남방 문명에 거대한 통일 제국이 들어서면서 북방도 이에 맞춰 통일 세력을 갖춰야 할 필요가 생겼다. 이를 위해서는 또한 물자가 필요하게 마련인데 그 강탈 대상은 남방의 중앙 정권이 되었고 이를 통해 얻은 물자는 그야말로 공전空前의 규모였다. 초원 제국은 강탈한 물자를 중앙에서 부족에게 배분함으로써 산하의 부족이 흩어지지 않도록 붙들어 두었으며 그 규모는 갈수록 커졌다. 농경 제국도 자기들이 애써 일궈놓은 물자로 적의 배만 불리는 상황을 모르는 바 아니었지만 속수무책이었다가 한무제 시대(r.141~87BCE)에 이르러서야 비로소 반격할 힘이 생긴다. 농경 제국의 이번 반격은 동한東漢 중반까지 이어져 결국 흉노 제국을 무너뜨리는 데 성공한다. 그러나 흉노 제국이라는 진한제국의 거울에 비친 그림자는 훗날 유연柔然과 돌궐突厥(투르크), 몽고蒙古라는 일련의 초원 패권을 찍어 내는 원시 주형에 다름아니었다.

'흉노'는 한 시대를 가리키기도 하지만 동에서 서에 이르기까지 시간별, 지역별 차이도 있다. 흉노는 가장 먼저 동방에서 막을 내렸지만 서방에서는 비교적 늦게 멸망했고 이란과 인도의 중간지대에서는 가장 오래 존속했다. 이는 어쩌면 중국에서 일찌감치 흉노가 사라진 이유를 설명해 줄 만한 근거가 될지도 모른다. '흉노'는 오히려 로마와 이란, 인도 변경 지역에서 끊임없이 우환거리로 등장했다. 중국의 진秦, 한漢, 진晉으로 이어지는 고대 제국이 무너지기 시작하면서 중원 지역에 가장 먼저 일어난 소위 '이민족' 정권은 바로 유연劉淵(c.251~310)으로, 그의 조상은 귀순한 흉노였지만 유연 자신은 한나라를 계승했다고 주장하면서 '한漢'을 국호로 삼았는데 이는 304년의 일이었다.[3] 그러나 그 뒤 여기저기 난립한 세력을 통합하고 북방 지역의 질서를 재정립한 왕조는 선비족의 북위北魏였다. 마지막으로 제국을 통일한 것은 북위北魏-북주北周 계통의 수당隋唐이었는데 당시 흉노는 파괴적이고 비건설적인 배역만 담당했던 것으로 보인다.

로마 제국의 상황도 마찬가지였다. 흉노는 유럽에 이르러 동게르만 어족의 일파인 고트족과 반달족, 수에비족, 부르군트족을 비롯해서 이란어계인 알란족을 자극하여 로마 제국으로 진입하게 했고 이로 말미암아 서로마 제국은 분열을 거듭한 끝에 476년 멸망하고 만다. 그러나 정작 최종적으로 서로마 제국의 바통을 이어받은 것은 흉노도 아니고 여기저기에서 일어난 동게르만 종족도 아니었으며 서게르만 어족의 일파이자 선비족처럼 외곽에 거주하던 프랑크족이었다. 유라시아 대륙의 동서 양단에 있던 고대 제국의 멸망은 기본적으로 위와 같이 비교될 수 있다. 중간지대인 사산 제국과 굽타 제국은 다른 방식으로 병론할 수 있는데 그들 앞에 직면한 우환도 마찬가지로 서융과 흉노, 키다라족, 에프탈족('백흉노')의 도발이었다.

그렇다면 이들 '흉노인'은 동일한 종족일까? 기존의 관점은 흉노의 활동 범위가 동에서 서로 수천 리에 달할 뿐 아니라 시간상으로는 400여 년에 걸쳐 존속했다고 본다. 여기에는 두 가지 문제가 있는데 하나는 시차視差의 문제이고 다른 하나는 계산법의 문제이다. 시차 문제란 중국 변경을 전쟁 사슬의 머리 부분, 도화선으로 보고 로마 제국을 꼬리로 간주하는 관점이다. 계산법 문제는 흉노의 서부 이동이 시작된 기점을 흉노가 심각한 타격을 입었던 서기 89년 계락산稽落山 전투로 삼고 종착점을 서로마 제국이 막을 내린 476년으로 보는 관점이다. 사실 『후한서』「두융 열전竇融列傳」에는 두헌竇憲이 "북선우北單于와 계락산稽落山에서 다투니 북흉노의 군대가 붕괴하여 선우가 달아났다… 명왕名王 이하 1만 3,000명을 참수하고 포로를 비롯해서 말과 소, 양, 낙타 등 100여만 마리를 노획했다… 81개 부족이 무리를 이끌고 항복하니 그 무렵 항복한 자가 20여만 명에 달했다"라고 기록되어 있다. 대도大都가 한나라에 병탄된 뒤 서쪽으로 대거 이동한 무리가 그들을 가리키는 것은 아니다.

훗날 북흉노의 잔당이 151년에 동한東漢에 의해 신강新講에서 쫓겨 나게 되는데 그때야 비로소 서쪽으로 이동하기 시작했다. 만일 이들을 같은 세력이라고 가정한다면 유럽에서 게르만 '이민족'의 나비효과가 생기기 시작한 376년을 기준으로 수십 년 전인 350년 무렵에는 우랄산맥의 서쪽에 이르러야 하는데 이는 북흉노가 서역을 떠났던 시기와 200년이나 차이가 난다. 이 2세기 동안 서쪽으로 이주하면서 흉노의 세력은 갈수록 불어났다. 주변의 다른 초원 종족과 여러 차례 통합, 재편하는 과정을 거치기도 했지만 한동안 초원의 패주는 흉노였다. 서부 초원에서는 견줄만한 도전자가 없었던 탓에 흉노는 아마도 대다수 지도자 그룹의 핵심 지위를 차지했을 것으로 보인다. 그러나 이 단계는 400년이나 이어졌으므로 지도자 집단이 동일했을 가능성은 크지 않다. 다만, 원래의 핵심 지도자 집단이 200여 년 유지되었을 가능성은 다소 크다. 흉노의 원류를 찾기는 어렵지만 유일하게 후기 고대Late Antiquity로 보는 것이 유일하게 타당한 관점이다. '흉노'라는 이름도 초원 전사의 명망 있는 통치 계층을 일컫는 말이었다.[4] 이는 '흉노'란 단지 '세계사의 흉노 시대에 초원의 패주를 폭넓게 일컫던 칭호'일 뿐이라는 나의 관점을 증명해 주는 말이기도 하다.

376년의 재난은 동로마에서 발생했지만 최종적으로 멸망한 것은 오히려 서로마이며 그것도 1세기 뒤인 476년에 일어났다. 이러한 복잡한 과정을 세계통사의 교과서가 허용하는 편폭 내에서 한마디로 요약하자면 이렇다. 즉, 동유럽으로 이주해 온 흉노의 제국이 아틸라Attila(?~453)의 사망으로 붕괴하고 원래 흉노에 예속되어 있던 동게르만족이 통제에서 벗어나 속속 이탈리아 정권 싸움에 개입하면서 빈껍데기만 남은 서로마 중앙 정권을 무너뜨린 것이다. 이러한 의미에서 흉노 제국은 서로마와 운명을 같이한 사이였다고 할 수 있지만 흉노가 한발 앞서 멸망했다.

중국 변경 지역이 연쇄폭발의 머리 부분, 도화선에 해당하고 로마의 변경이 꼬리가 되는 '제국 멸망'의 드라마는 연쇄 폭발 과정에서 흉노가 이란과 인도로 퍼져나갔다는 착각을 불러일으켰고 흉노가 북방 초원 내 행적이 묘연하다가 수 세기가 지나서야 돌연 유럽에 등장했다는 가설을 만들어냈다. 만일 기존의 세계사에서 사산 왕조와 굽타 왕조의 역사를 소홀히 다루지만 않았더라도 중국과 로마 사이 연쇄 폭발전의 중간지점은 깜깜이 역사로 남지는 않았을 것이다.

보통 중국 변경에서 유목민 제국이 위기에 직면하면 흩어져서 서쪽으로 내몰렸는데 가장 먼저 오늘날의 신장新疆 지역을 점거하였을 것이다(대부분 물과 풀이 있는 중가리아 분지). 그런 상태에서 만일 다시금 쫓겨난다면 서쪽으로 밀려나 이리하伊犁河와 제티수Zhetysu, 七河 지역, 초하楚河 유역까지 물러날 것이고 뒤이어 아랄해의 트랜스옥시아나 지역, 아무다리아강 이남의 박트리아 지대를 유랑하게 된다. 해당 지역에서부터는 몇 가지 선택안이 주어지는데 하나는 서쪽으로 가서 호라산(동이란)으로 들어가는 방법이다. 만일 페르시아의 강한 저항 세력에 부닥친다면 남쪽으로 방향을 틀어 비교적 반감이 덜한 북인도 펀자브로 침입하게 된다. 초원 민족은 농경 지대 점거를 반드시 선호한다고 볼 수 없다. 이 때문에 중국에서 실패한 '변방의 위협'은 자신들의 진지를 바꾸어 이동, 이란과 북인도 변방의 우환으로 변모했다. 그들의 또 다른 선택지는 트랜스옥시아나, 박트리아 등지로 진입하지 않고 카스피해 북안의 우랄산 남쪽 틈에서 유럽으로 들어가는 방법이다. 세계사를 하나의 장기판으로 보면 유럽으로 진입할 수 있었던 흉노는 다만 한 개의 지파뿐이며, 나머지는 중앙아시아에 남아 이란에 큰 위협이 되었고 굽타 제국의 와해를 초래하였음을 알 수 있다. 세계사의 '흉노 시대'는 6세기 말이 되어서야 막을 내리게 된다.

중국의 '삼국시대'와 로마의 '삼국시대'

서기 3세기 한나라 제국은 삼국으로 나뉘었고 훗날 진晉나라에 의해 잠시 통일된다. 그러나 한족漢族은 내부적인 갈등 진화에 군사력을 소진한 탓에 4세기에 이르면 다른 신흥 민족이 중원中原을 접수하고 결국 중국의 역사는 '5호16국의 시대'로 접어든다. 동기간 '3세기의 위기'를 겪고 있던 로마는 한나라 제국과 마찬가지로 세 개의 정권으로 분열되었지만 회복 속도가 중화 제국보다 빨랐고 중흥 단계를 누린 기간도 비교적 길었다. 4~5세기 무렵, 로마 제국은 동서의 정치 분립이 고착화 되었고 기존 제국의 서부 라인은 모두 붕괴하여 신흥 침입자에 의해 분할되었다.

양국의 '삼국시대'를 초래한 요인은 모두 내우외환이었으나 그 성격은 사뭇 다르다. 동한 시대에는 서쪽 변경과 북부 변경에 자리 잡고 있던 적잖은 이민족이 중앙으로 이동해 왔다. 그들은 변방에 병력을 제공하였지만 한편 그들 때문에 변방의 백성들이 이민족에 동화되기도 했다. 그 결과 한나라 제국 말기 내란이 폭증하기 전, 옛 경기京畿의 삼포三輔 지역에는 이미 한족과 이민족을 구분하기 어려운 지경에 이르러 변방의 우환이 되기도 했다. 184년, 동한에서는 부패한 정치에 반발하여 일어난 황건적의 난이 진압되기는 했지만 그 후유증으로 각지 지방장관들의 할거가 이어졌다. 그들 중 첫 번째로 중앙에 쳐들어온 세력은 바로 서강西羌 변방의 양주涼州 군벌 동탁董卓이었다. 그의 부대에는 강족羌族과 한족漢族이 섞여 있었다.[5] 군웅할거 시대에 동북 지역은 이미 내지로 이주해 와 있던 오환烏桓의 개입으로 내란인지 외환인지조차 구분이 안 되는 혼란스러운 상황이 이어졌다.[6] 4세기를 이어온 한나라 왕조는

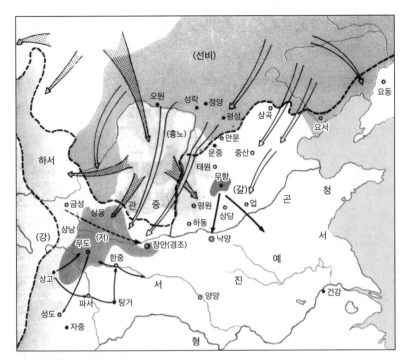

오호의 이동 경로와 분포도

어느새 그 끝을 고하게 되고 위魏, 촉蜀, 오吳의 삼국이 삼발 솥의 형세를 이루는 시대(220~280)를 맞이한다. 뒤이어 위魏나라의 정권을 찬탈하며 일어난 진晉 왕조는 최종적으로 오나라를 멸망시키고 다시금 통일 제국의 탄생을 알리지만 이 또한 짧은 기간 존속하다가(265~316) 종실 분봉 왕 간의 정쟁을 중심으로 한 팔왕의 난八王之亂에 휘말리는데 나중에는 '난화亂華'로 지목된 오호五胡(다섯 이민족)가 용병 신분으로 개입하기도 한다.

황건적의 난 때는 한나라로 이미 귀순했던 남흉노의 선우單于(흉노의 지도자), 어부라於扶羅(150~196)가 '천하가 어지러워지자 서하西河의 백파적白波賊과 힘을 합쳐 태원太原과 하내河內를 깨뜨리고 여러 군郡을 약탈하였고' 나중에는 흑산적黑山賊의 잔당과 함께 원술袁術을 도와 조조曹操와 대항하였다가 실패하여 귀순하였다.[7] 196년, 어부라가 사망하자 그 아들인 유표劉豹가 좌현왕左賢王이 되어 흉노의 좌부左部를 장악했다. 유표는 195년, 파란만장한 삶을 살았던 채문희蔡文姬를 첩으로 맞아들이기도 하였고, 유연劉淵의 아버지로 세상에 알려지기도 했다. 진晉나라 시기 팔왕의 난이 일어나자 본디 진나라 왕실 내전에 참여했던 유연劉淵(c.251~310)이 '진晉에 반대하고 한漢 황실을 복권한다'라는 명분을 내세워 흉노를 일으켰는데, 훗날 '만주족의 천하를 무너뜨리고 한족의 천하를 부활한다'라는 의미로 일어난 '반청복명反淸復明' 운동과도 같은 맥락이다. 조상이 여러 차례 한나라 황실과 혼인하여 유씨劉氏의 혈통이 있었던 탓에 유연은 304년 '한漢'나라 중건을 내세웠지만 아이러니하게도 그는 '오호난화'의 원흉이 된다.

로마의 '삼국시대(260~274)'는 '3세기의 위기(235~284)' 시기와 일부 겹치는데 당시의 위기는 단순히 '내우외환'이라는 말로 설명하기보다는 두 시대가 날실과 씨실로 교차하며 만들어 낸 역사의 편직이라고 할 수 있다. 보통 역사서에서는 세베루스 왕조Severan dynasty(193~235)의 종말을 '3세기 위기'의 시작점으로 보며 그 뒤 중앙 정권의 교체가 빈번해지다가 디오클레티아누스(r.284~305)의 중흥기 직전에 종료된다. 이 기간 로마는 총 22명의 황제가 탄생하지만(기준미달이거나 성과가 미미했던 황제는 제외함) 그중 비명非命에 죽지 않은 황제는 단 두 명에 불과했다. 사실 이는 세베루스 왕조의 권력 계승 모델이 만들어 낸 변주와 가속에 불과하다.

세베루스 왕조 시기에는 왕조를 건국한 셉티미우스 세베루스Septimius Severus(r.193~211)가 병사한 것을 제외하고는 나머지는 모두 비명횡사했다. 여기에는 세베루스 왕조와 반목했던 두 명의 지역 황제와 제위를 찬탈했던 외부인 한 명이 포함되었다. 해당 왕조의 암살 사건은 대개 가족의 일원에 의해 자행되었다. 세베루스 왕조가 끝을 고한 뒤로도 군주는 한 세대만 이어지다 종식하고 말아 새로운 왕조를 일구지 못한 것이 일반적인 상황이 되었고 암살과 시해, 반란이 시도 때도 없이 반복되었다. 이는 안으로는 로마 제정의 승계법이 정상 궤도를 이탈하고 밖으로는 변방의 우환이 심해진 데다 영토가 지나치게 광활한 범위에 걸쳐 있어 통제가 어려워지는 등, 다양한 요인이 복합적으로 작용한 탓이다. 변방의 위협은 로마 동부의 오랜 적수인 파르티아제국이 더욱 엄밀한 조직을 갖춘 사산 제국(224~651)에 의해 대체된 사건이 분기점이 되어 더욱 심해졌다. 후자는 옛 페르시아 제국의 영토에 대한 수복 의지를 가졌기 때문에 로마는 점차 새로운 도전에 직면해야만 했다.

'3세기 위기' 기간 중 그나마 비교적 유능했다고 할 수 있는 황제는 발레리아누스Valerian(r.253~260)이지만 그는 에데사 전투Battle of Edessa(260)에서 패하여 사산 왕조의 샤푸르 1세Shapur I(r.240~270)에게 포로로 사로잡힌 뒤 전무후무한 치욕을 당했다. 시리아의 팔미라Palmyra는 즉시 중앙에서 독립하여 이집트를 통괄함으로써 하나의 나라를 이루었다. 서부에서는 브리튼과 갈리아, 히스파니아도 중앙에서 분리한 뒤 별도의 '갈리아 제국'을 세웠다. 이로써 로마는 '삼국시대'에 접어든다.

어떤 측면에서는 로마가 셋으로 나뉜 것은 국방상의 분업이라고도 할 수 있다. 갈리아 제국은 라인강 변경에서 게르만족의 압박을 견뎠고 팔미라 제국은 사산 제국의 무서운 기세를 막아냈으며 중간의 제국은 다뉴브강 라인 전체를 비롯하여 다뉴브강과 라인강 상류가 교차하는 지점의 가장 기다란 방어선을 보호했고 북아프리카에 사하라 사막의 유목민을 주둔시켰다.

제국은 서부 브리튼 섬의 허리에서 시작하여 동으로는 오늘날의 이

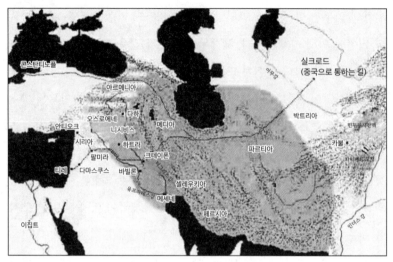

사산 제국

라크까지 이르렀고 동북으로는 우크라이나의 흑해 기슭에서 서남 방향으로 하나의 직선을 그어 모로코까지 이르렀다. 이로써 아무리 멀리 떨어진 변방이라도 위급함을 알려오면 열흘이나 보름 안으로는 중앙으로 전달되어 적절한 조치가 취해졌으니 로마의 중앙적 지위가 무색해질 정도였다. 그래서 디오클레티아누스가 '3세기의 위기'에서 벗어날 수 있었던 것도 네 황제의 공치제 덕이었다고 할 수 있다.

　로마는 환 지중해를 아우르는 제국이었으므로 병력이 각 지역에 분산되어 있었다. 정세가 불안해진 동쪽 변경에 병력을 증강하면서 북부 변경의 군사력이 약해졌고 이에 따라 라인강과 다뉴브강, 심지어 흑해의 방어선이 붕괴 위기에 놓였다. 프랑크족과 알레마니족Alemanni, 부르군트족, 이우퉁기족Iuthungi, 수에비족Suevi, 마르코만니족Marcomanni, 콰디족Quadi, 반달족, 카르피족Carpi, 사르마티아족Sarmatians, 고트족, 헤룰리족Heruli이 로마의 수천 리에 달하는 북방 변경의 거의 모든 거점을 압박했고 몇몇 지역에서는 거침없이 국경선을 넘어 침입해 오기도 했다.

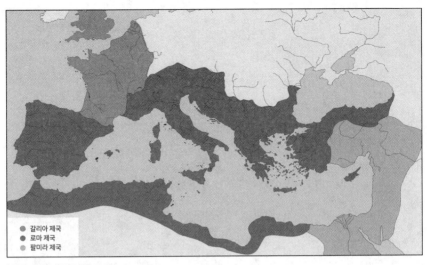

● 갈리아 제국
● 로마 제국
● 팔미라 제국

'삼국시대'에 접어든 로마

로마의 '3세기 위기'는 일련의 야전 출신 '군인 황제barrack emperors'를
탄생시켰다. 위기 대처 능력이 없었던 중앙 정권 대신 외부의 침략을 막
아내는 데 성공하는 과정에서 기세가 오른 각지의 야전군이 부대의 장
관을 황제로 옹립했던 것이다. 후자는 할거 정권을 수립하면서 뒤로는
이민족 병사를 모집하는 등 외부 세력을 통해 기반을 다지고자 했다. 이
들 황제 중에는 로마 중앙에서 집권한 이들도 있지만 일부 지방을 할거
했다가 며칠 만에 사망한 이들도 있다. 그들이 황위에 오르게 된 동기는
제각각이어서 야심가의 면모를 보였던 이들이 있는가 하면 또 어떤 이
는 등 떠밀려 마지못해 황위에 오른 경우도 있었다. 중앙의 통제를 벗어
난 장수와 병졸들은 마치 투자라도 하듯 그들의 총사령관을 황제로 옹
립하였고 그가 자신들의 부대에 부귀와 영화를 가져다주기를 바랬으
며 혹여라도 그 같은 꿈이 좌절되기라도 하면 옹립했던 황제를 종종 죽
이기도 했다. '3세기 위기' 때는 황위에 오르는 것이 마치 사형 선고와도
같아서 자원해서 황위에 올랐다고 볼 수만은 없다. 그러나 황제 되기를

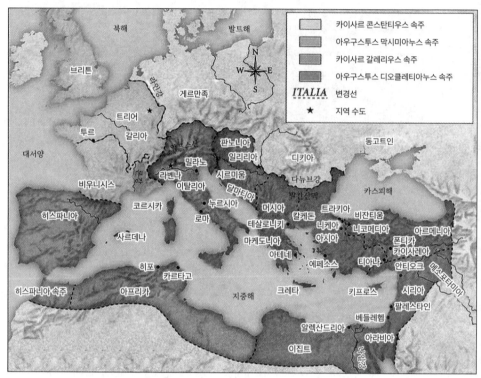

지도 범례:
- 카이사르 콘스탄티우스 속주
- 아우구스투스 막시미아누스 속주
- 카이사르 갈레리우스 속주
- 아우구스투스 디오클레티아누스 속주
- *ITALIA* 변경선
- ★ 지역 수도

지도 지명:
북해, 발트해, 브리튼, 게르만족, 트리어 ★, 투르, 갈리아, 대서양, 라인강, 판노니아, 일리리아, 디키아, 동고트인, 밀라노, 라벤나, 시르미움, 다뉴브강, 이탈리아, 달마티아, 발칸산맥, 카스피해, 코르시카, 누르시아, 머시아, 트라키아, 비잔티움, 로마, 테살로니키, 칼케돈, 니케아, 니코메디아, 아르메니아, 사르데냐, 마케도니아, 아시아, 폰티카, 카이사레아, 아테네, 에페소스, 티아나, 안티오크, 메소포타미아, 히포, 카르타고, 크레타, 키프로스, 시리아, 히스파니아, 비우니시스, 히스파니아 속주, 아프리카, 지중해, 베들레헴, 팔레스타인, 알렉산드리아, 아라비아, 이집트

디오클레티아누스가 시행한 4인 황제 공치제도

꿈꾸는 자들의 반란은 여전히 암세포처럼 번져 나갔고 이를 막아낼 길은 없었다.

이런 상황에서 발레리아누스 황제가 적의 포로가 된 것은 고대사의 헤드라인 뉴스감이었으며 사산 제국 전선의 중요성을 부각시켰다. 또 다른 방어선은 어쩌면 한층 더 긴박하다고 할 수 있는 다뉴브강 유역이었다. 서기 238년, 남하한 고트족이 이 방향으로 제국에 침입했다는 기록이 처음 등장한다. 251년에는 제위에 등극한 지 얼마 되지 않은 트라야누스 데키우스Trajanus Decius(r.249~251)는 오늘날 루마니아와 불가리아 부근, 다뉴브강이 바다로 유입되는 지점인 도브루자Dobrogea에서 고

172

트족의 침략을 막아섰지만 회군하는 도중 매복에 걸려 패전하였다. 보통 사서에서는 376년 아드리아 전투에서 사망한 발렌스를 고트족과의 전투에서 사망한 유일한 황제로 기록하고 있지만, 웬일인지 이 일을 언급하는 이는 많지 않다.[8] 253년에는 발레리아누스의 아들 갈리에누스 Gallienus(r.253~268)가 259~260년에 다뉴브강 상류와 라인강 상류가 교차하는 아그리 데쿠마테스agri decumates 지역을 포기하고 이를 알레마니족에 넘겼다. 271년, 아우렐리아누스Aurelian(r.270~275)는 다뉴브강 북안의 다키아(대략 오늘날 루마니아 땅에 해당)를 고트족에 할양했다. 아우렐리아누스는 제국의 중흥을 이끈 주인공으로 275년 무렵 삼국 분열의 정세를 종식하고 제국을 중건한다. 다뉴브 방어선만큼은 쉽지 않았지만 3세기가 종식된 뒤 여전히 이 방어선은 지켜내었고, 이로써 5세기의 전체 방어선 붕괴 위기가 앞당겨 발생하는 것만큼은 피할 수 있었다.

비교해보자면 로마는 사산 제국과 오랜 기간 일진일퇴의 교전 상태에 있었지만 아시아 군단 출신의 황제는 많지 않았다. 본국에서 분리되어 나간 지역 왕국은 국방의 부담을 분담하여 사산 제국의 서침을 막아냈지만 다뉴브강의 방어선은 여전히 중앙 정권이 부담해야 할 몫이었다. 세베루스 왕조에서 시작하여 아우렐리아누스 그리고 디오클레티아누스에 이르는 황제들은 다뉴브 유역의 군단 출신이며 심지어 발칸에서 태어나기도 했다. 콘스탄티누스 대제도 남천南遷 이후의 다키아에서 태어났는데 이는 그의 부친이 디오클레티아누스가 뽑은 네 명의 공동황제 중 한 명이자 다뉴브 군단 출신이었기 때문이다.[9] 로마를 중흥의 길로 이끌 주역들을 가장 잘 검증할 수 있는 곳이 바로 변방이었으므로 다뉴브 집단은 흡사 중화 제국 재건을 꿈꾸며 수당隋唐 제국을 일으켰던 관롱집단關隴集團에 비유되곤 했다.

이후 동서 양쪽의 '삼국시대'는 전혀 다른 양상으로 전개된다. 로마의 '3세기 위기' 때 있었던 북방 이민족의 움직임은 5세기 게르만족 대이동의 예행연습이었다. 로마의 '삼국시대' 때 쪼개진 세 개의 판도는 훗날 서유럽과 비잔틴, 아라비아 제국(팔미라 제국은 아라비아인에 의해 세워짐)으로 분열되는 지중해의 삼분 정세와도 흡사하다. 이와 같은 분열은 로마인에게는 불행이었지만 전체적인 추세로 봤을 때는 역사의 외피를 깨뜨리고 새로운 판세를 짜는 계기가 되었다.

중국의 '삼국시대'는 최초로 강동江東과 파촉巴蜀이 독립하여 발전함으로써 중원中原을 벗어난 중화中華 지역에 양대 경제 구역을 추가하는 기능을 했다. 훗날 5호16국의 뒤를 이어 일어난 남북조는 이 기세를 타고 화남華南을 발전시켰고 수당隋唐 제국은 중국 전역을 통일한 뒤 대운하를 이용하여 화북과 화남의 두 지역을 연결하였다. 중국 역사의 추세는 한나라 제국이라는 옛 외피를 확대하며 발전한 셈이다. 중국은 4대 제국 가운데 가장 일찍 해체됐으며[10] 뒤이은 대분열 또한 중국 역사상 가장 길어서 184년 황건족의 봉기로부터 수나라의 대통일까지 397년이나 걸렸다. 그것은 훗날 '흩어지면 반드시 합하게 되는' 역사 원리의 전형적 모델이 되었고 이후 펼쳐지게 된 중국의 대통일 역사는 갈수록 길어지고 쉼표는 갈수록 짧아졌다.

로마 제국의 중흥과 중화 제국의 성공

기존의 역사관에서는 디오클레티아누스의 중흥기를 로마 제국이 멸망으로 치닫기 전 온 힘을 쏟아 부르는 마지막 절창絶唱이자 '후기 고대Late Antiquity', 즉 중고 봉건시대로 넘어가는 과도기적 분기점으로 봤다. 그 주장의 근거는 제국 자원의 고갈이다. 중앙 정권의 전횡이 갈수록 심해지고 국방의 필요에 의해 지방의 자원이 죄다 징집되는 바람에 고대 도시 국가의 근간이 되는 원천을 잃게 되었고 이로 말미암아 지방 건설이 주춤해졌다. 세금 징수의 편의를 위해 사회 곳곳의 업계에서는 각자의 자리와 직위를 정형화하였고 이는 봉건 농노제로 진입하는 첫 물꼬를 텄다.

그러나 이러한 시각은 시대에 뒤떨어진 관점이 된 지 오래다. '3세기 위기' 때문에 제국의 화폐가치가 줄곧 하락하다가 결국 화폐의 총 붕괴 위기에 이르게 됐다는 것은 이미 진부한 주장이 되었다(이 현상은 사실 20년간만 지속됐기 때문에 과장하여 해석하는 것은 바람직하지 않다).[11] 최근 발굴된 도시 유적을 보면 4세기경 로마의 경제는 활력이 넘쳤고 쇠퇴의 조짐은 보이지 않았다. 바꿔 말하면 못의 물을 말려서 고기를 잡아야 할 지경에는 이르지 않았고 오히려 국방의 효과가 나타났다는 것이다. 기존의 관점에서는 도시 국가 공공건설의 부진이 고대 도시 국가 문명 정체의 원인이라고 여겼다. 그러나 오늘날 새로운 해석에 따르면 중앙 정권의 관제가 날로 방대해져서 제국 구석구석까지 통제력이 미치지 않았고 과거에는 지방 건설을 위해 중앙 정권에 아첨하던 도시 장로들이 이참에 차라리 직접 중앙관료 체제로 진입하려 했기 때문에 지방 건설에 대한 재투자가 사라졌다고 여겼다.[12] 확실히 디오클레티아누스 황제도 지방 군벌의 반란 거점을 제거하기 위해 48개 속주를 조정하여 100여 개로 세분화했고[13] 이에 따라 관직의 수도 자연히 증가했으며 세수와 징병 제도도 엄격해졌고 국교가 성립되었는데 이는 중앙 관료 체제의 팽창을 초래했다.

'3세기 위기'가 초래한 제국 체제의 개편으로 로마는 갈수록 숙적인 페르시아(사산 제국)처럼 변해갔다. 갈수록 중앙 전제정치의 경향을 보였고 갈수록 동방화했다. 궁정은 태감 제도를 도입하기 시작했고 황제 옹립과 폐위를 좌지우지했던 금위군도 해산했다. 로마 제국의 초기의 정치 형태는 '원수정principate'이었다가 디오클레티아누스의 개편 때는 '전제정dominate'으로 변모하여 황제를 알현할 때 무릎을 꿇고 절하는 예를 요구하기도 했다. 이러한 동방화는 정치제도 방면에만 국한됐던 것이 아니라 종교적인 면에도 영향을 끼쳤다. 로마는 근동에서 '무적의 태양Sol Invictus' 신을 들여왔고 아우렐리아누스 시절에는 국가적으로 숭배하기도 했다. 제국 말기에 성행했던 미트라스 숭배도 페르시아에서 유래했고(상세한 내용은 제18장 참조), 최종적으로 국교로 지정된 것도 물론 동방에서 온 기독교였다. 기독교가 국교로 지정됐던 날은 로마가 전제주의 국가로 전환된 시점이기도 했다.

체제 개편을 거친 로마는 기존의 도시 국가 연맹에서 벗어나 행정이 통일되고, 하나의 존귀한 신에 사상을 집중한 제국으로 탈바꿈했다. 그 과정에서의 강제성은 가장 먼저 기독교에 대한 박해로 표현되었다. 그 이전에도 박해는 적지 않았지만 3세기 이전에는 대부분 지방적인 성격이었고 폭도로 말미암은 것이라 제국 정부는 상대적으로 피동적인 입장이었다. 그러나 '3세기 위기' 때 국교화 운동의 보폭을 늘렸고 고트족과의 전쟁에서 사망한 데시우스 황제(3세기 중엽)도 위기의 제국을 위해 복을 빌라며 전국 각지에 명령을 내려 어떤 신을 숭배하든 문제 삼지 않았지만 유독 기독교만은 명령을 따르지 않자 중앙으로부터의 박해가 시작되었다.[15] 그 뒤로 기독교의 수난은 간헐적이긴 했지만 갈수록 규모가 커졌고 디오클레티아누스 연간까지 박해는 이어졌다. 이는 의심할 여지 없이 제국의 위기가 종교적인 측면에까지 영향을 미친 결과라고 하겠다. 이런 상황에서 제국의 전제화가 오히려 기독교의 국교화를 통해 완성되었다는 점은 의외가 아닐 수 없다.

기독교는 당시 다른 비의에 비해 체계적이어서 중앙의 조직을 중심으로 단계별로 지도자가 있었고 이들을 따르는 군중이 있었다. 콘스탄티누스 대제는 이점에 주목했다. 당시 교통 및 전달수단이 낙후한 상황에서도 기독교는 이미 세계적인 교회의 틀을 갖추었다. 그러나 황제가 개입하여 공의회를 직접 주최하여 교리를 통일한 후로는, 기독교는 전前현대적인 조건 아래서 현대적인 혁명당 지하조직에 근접해 갔다. 이와 같은 전제주의는 정치적 중심축이 사라진 뒤로도 여전히 로마교황청을 통해 이어져 교황청이 유럽 전역을 통괄하는 방식이 종교개혁 때까지 계속되었다. 오늘날 로마교황청은 이미 정치적 권력을 잃었지만 여전히 세계적으로 가장 중앙집권화한 교회이다.

체제 개편의 성공 효과는 작게는 365년 시작된 발렌티니아누스-테오도시우스 왕조Valentinian- Theodosian dynasties가 93년(서진西晉은 겨우 31년 유지됨)이나 유지되고 크게는 동로마(비잔틴)의 역사가 1천여 년이나 연장된 데서 드러났다. 그렇다면 서로마는 어떻게 멸망하게 되었을까? 서로마의 멸망은 흉노와 관계된 것처럼 보인다. 그러나 서로마는 다른 3대 제국(동로마에 비해서도)에 비해서 유라시아 대초원으로부터 가장 멀리 떨어진 구석에 있었다는 점에서 세계사는 우리에게 쉽게 답을 내어주지 않았다.

중화 제국보다 더욱 철저하게 흩어진 로마 제국

이에 대한 답은 다소 복잡하다. 서로마가 유라시아 대초원으로부터 가장 멀리 떨어져 있다는 요소 말고도 반드시 고려해야만 할 것은 바로 오늘날의 상황이다. 오늘날 중국의 북부 변방은 여전히 큰 사막과 몽고 초원이 펼쳐져 있는 반면 지중해 권역의 이북 지역은 세계적으로 가장 발전한 유럽의 여러 국가가 포진해 있다. 이 때문에 서로마의 멸망은 알프스산 이북 지역의 중흥을 이끌었다고 볼 수 있다. 로마 제국은 갈리아(오늘날 프랑스)와 브리튼을 아울러 다스렸지만 게르만을 정복하지는 못했는데 이는 향후 서로마 멸망의 화근이 되었다. 그러나 '교화권(라틴화와 도시화) 밖'이라고 해서 다 유목민족이었던 것은 아니고 알프스산 북부

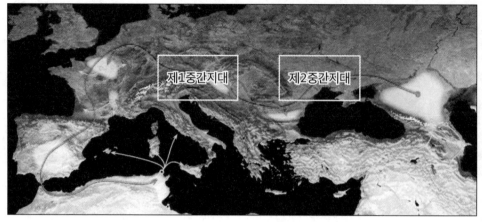

알란족의 서부 이주 노선(4~5세기)

는 전체적으로 농경 경제였으며 로마가 속주를 건설했던 지방이라면 라틴화와 도시화가 추가적으로 이루어졌기 때문에 '발전 중인' 지역에 해당했다고 볼 수 있다. 만일 흉노의 침입이 없었다면 '교화권 밖'의 게르마니아도 점차 발전하면서 로마 문명의 일부를 받아들이는 한편 자기만의 언어와 전통을 유지하였을 것이며 남방의 로마와 대립하였을지라도 갑작스럽게 서침 혹은 남하하여 서로마가 해체되는 지경에 이르게 하지는 않았을 것이다.

분명한 것은 알프스산 이북의 게르만 유럽이 로마 문명과 유라시아 대초원이라는 '제3세계' 사이에 존재했던 '제1의 중간지대'였다는 점이다. 그리고 그 동쪽은 이란 유목민족인 사르마티아족으로 로마 문명의 그림자 아래 있던 유라시아 대초원의 서쪽에 있어서 '제2중간지대'라고 할 수 있다. 가장 먼저 흉노의 습격을 받은 지역도 이 두 곳으로 이는 나비효과를 불러일으켜 피난민이 물밀듯 로마 경내로 쏟아져 들어오는 결과를 불러왔다. 그러나 가장 먼저 충격을 받은 곳은 동로마였다.

제국 몰락의 서막은 376년에 열렸다. 3세기 '사르마티아족'의 일부인 알란족Alani이 고트족과 함께 콘스탄티노플 당국을 향해 남쪽 다뉴브강으로의 피난을 요청한 것이 발단이 되었다. 제국은 당시에는 허락했지만 각자 다른 속내가 드러나면서 결국은 수도 부근의 아드리아노플Adrianople에서 충돌이 발생했고 그 과정에서 로마 황제 발렌스Valens(r.364~378)가 전사한다. 그 뒤 고트족 위주로 구성된 새로운 연합이 그리스 반도로 파죽지세로 밀고 들어왔고 이내 그들의 거주는 '합법화'되었다. 새로운 황제 테오도시우스 1세Theodosius I(r.379~395)는 382년, 협의 끝에 그들을 트라키아에 정착시켜 경지를 나눠주었다. 이로써 그들은 제국의 농가가 되었으며 전시에는 병력도 제공했다. 과거 로마에 '이민족'을 제국 군대에 편입하는 정책이 없었던 것은 아니지만 적을 격파한 뒤로는 그들을 자국의 군대에 합병시키거나 나머지는 노예로 삼곤 했었다. 382년의 협의가 혁명적이었던 것은 이미 제국 경내에 진입했지만 투항하지 않았던 집단의 지도자와 '동맹자foederatus'의 자격으로 조약을 체결했을 뿐 아니라 그들이 부락의 법으로 자치하게끔 허락했기 때문이다. 이는 제국이 전체 영토와 속주에 대한 방어 업무를 '군사 용병'에게 외주를 주는 일의 효시가 되었다.

이 '외국인 근로자'들은 오래지 않아 로마 문명에 동화되었고 심지어 392~393년에는 테오도시우스의 서로마 반역자 정벌 전쟁에 참여하기도 했다. 그러나 이들 고트족을 위주로 구성된 다양한 배경의 부대는 395년에 알라리크Alaric(370~410)라는 지도자를 추대했다. 그는 수중의 병력과 세력을 본전 삼아 로마의 중심부로 들어가 고위직을 차지하고자 하였고 반란의 방식으로 관직을 요구했다. 콘스탄티노플 공략이 실패한 뒤 '장군'의 직책에 봉해지기는 했으나 중앙의 친 고트파가 빠르게 실권하면서 알라리크는 401년에 방향을 전환하여 서로마를 출구로 삼았다. 그가 만난 적수는 유력자 스틸리코Flavius Stilicho(c.359~408)

였다. 그는 반달족 혈통의 군 통수권자로 동로마에서 발칸의 일부, 즉 알라리크의 방어지역을 되찾고자 했기 때문에 알라리크에 맞서는 한 편, 동시에 그를 회유하여 동로마에 맞서게 했다. 그러나 불행히도 405~408년 제2차 '민족대이동'의 움직임이 시작되면서 이제는 화의 근원이 서로마로 향하여 갈리아 지역까지 미쳤다. 브리튼 장군은 이 기회를 틈타 황제를 칭했고 군단을 이끌어 라인강 전선 방어에 나서지만 브리튼의 방어 공백을 초래했다. 스틸리코는 나라를 망친 죄로 죽임당했고 실망한 알라리크는 서로마의 중앙(이때 수도는 이미 라벤나로 이전한 상태)을 향해 손해 배상을 청구했다. 이제 그는 거액의 공물과 '군대 총사령관'의 직책을 요구했고 세 차례나 군사를 이끌고 로마에 쳐들어갔다가 결국에는 410년 로마를 약탈, 세상을 떠들썩하게 했다. 이 고트족 지도자는 로마를 무너뜨리려는 목적이라기보다는 로마의 중앙 정권에 진출하려는 뜻을 이루지 못하자 이런 결정을 내렸던 것이다. 이 사소한 동기는 어거스틴으로 하여금 『하나님의 도성』이라는 불후의 명저를 저술하게 한다.

405~408년 제2차 '민족대이동'에 참여한 무리 중 규모가 가장 컸던 것은 알란족과 반달족, 수에비족 동맹으로 그들은 406년에 라인강을 넘어왔다. 언뜻 376년 고트족의 발칸 침략이 재연된 듯 보이지만 '3세기 위기' 시대의 '이민족 침입'과는 본질적으로 다른 것은, 그들은 노략이 목적이 아닌 노인과 어린아이들을 동반한 '이민'이 목적이었기 때문이다. 그리고 이 둘은 모두 어족 집단을 초월한 조합으로 376년에는 고트인이 주가 되고 알란족이 다음이었지만 405년에는 알란족이 주가 되고 나머지 종족은 부가 되었다. 알란족은 이란 어족 유목 집단이었고 나머지 셋은 모두 동 게르만 농경 집단이었는데 그들이 언어와 생활 방식을 초월한 동맹을 맺었던 것은 하나같이 피난민 신세였기 때문이다. 그 배

아드리아노플에서 전사한 로마 황제 발렌스(328~r.364~378)의 전투 노선

후에는 박해자인 '흉노'가 있었다.

사료에서는 376년의 피난민 대이동을 흉노의 침입 때문이라고 명시하고 있지만 당시 흉노가 어디에 있었는지는 추측만 할 뿐이다. 피난민의 물결이 발칸으로 유입되었음을 고려하면 흉노는 아마도 흑해 초원에 이미 도달했던 것으로 보인다. 405~408년에 있었던 제2차 이동에 관하여는 사료에는 흉노가 언급되어 있지는 않았지만 피난민이 서유럽으로 이동했음을 감안하면 흉노는 이미 서쪽으로 이동했을 것이다. 흉노는 이미 카르파티아 분지, 즉 로마의 판노니아 속주이자 오늘날 헝가리 땅에 해당하는 지역에 왕정王庭을 세웠다. 아틸라가 세력을 일으키기 전까지만 해도 흉노로 말미암은 로마의 직접적인 피해는 크지 않았고 주요 피해자는 알프스산 북부의 유럽인이었다. 그래도 서로마는 여전히 회복

능력이 있었고 수시로 흉노에게서 병력을 빌려 제국 내의 동란에 대처했다.

서로마 중앙 정권은 411년, 갈리아에서 황제를 칭한 브리튼 군단 문제를 해결하였으나 브리튼이라는 울타리가 사라지면서 대륙의 앵글로-색슨족이 점차 바다를 건너 침략했고 결국 로마는 영원히 이 땅을 잃고 만다. 알라리크는 로마를 약탈한 뒤 계책이 다하자 남쪽으로 이동, 북아프리카까지 넘봤으나 결실을 보지 못한 채 세상을 떠나고 만다. 그의 동생 아타울프Ataulf가 412년 이탈리아에서 갈리아로 진군하여 로마를 대체할 '대 고트' 수립을 도모하기도 했지만, 훗날 그의 정권을 이어받은 계승자는 로마에 무릎을 꿇는다. 알란족, 반달족, 수에비족은 409년에 이미 로마의 속주 히스파니아Hispania를 침공했고 서로마 정권은 점차 고트의 '동맹족'을 이용하여 '이이제이以夷制夷(이민족을 통해 다른 이민족을 견제함)' 정책을 펼쳤다. 구체적으로 보면 416~418년 그들과 손잡고 히스파니아를 점거한 '불법 이민자'들을 공격, 반달의 일부를 멸절하고 알란족에게 심한 타격을 입혔다. 그러나 그들을 완전히 섬멸하지는 못한 채 반도 남부의 속주 세 곳만을 수복했을 뿐이다.[16] 서로마는 다시금 고트 '동맹'을 히스파니아 북부 갈리아 아퀴타니아Gallia Aquitania에 주둔시켰는데 이는 훗날 '서고트 왕국'의 시초가 된다.

그러나 서로마의 '이이제이' 정책은 성한 살을 도려내어 상처에 덧붙이는 격이었다. 흩어져 히스파니아를 점거한 이민족들은 반달족의 또 다른 지도자에 의해 재통합되고 429년에는 바다를 건너 북부 아프리카를 침탈, 439년에는 수도인 카르타고를 무너뜨렸다. 제국의 입장에서는 북부 아프리카는 방어가 시급한 변방 지역이 아니었던 탓에 군사력이 약했지만 사실 그 지역은 이집트가 콘스탄티노플의 곡창지대였던 것과 마찬가지로 로마의 곡창지대였다. 서로마가 장기간 존속할 수 있느냐는 이와 같은 치명적인 피해에서 회복할 수 있느냐에 달려 있었지만 동로마의 협조가 없다면 서로마 제국의 힘만으로는 북부 아프리카를 수복할 수 없었다. 그러나 제국 각지에서 밀려드는 위기 소식 때문에 양측은 협력의 적기를 놓치고 말았다. 서로마 중심부의 권력 투쟁은 제국의 마지막 유력자이자 다뉴브 집단의 마지막 영웅인 아이티우스Flavius Aetius(396~454)를 등장시켰는데 그는 433년 대권을 장악하고도 막강해진 서고트 왕국과 전쟁하느라 정신이 없었다. 동서의 양 제국이 441년 시칠리아에 함대를 모으고 북부 아프리카 수복을 준비하였지만 때마침 동로마는 아틸라의 습격을 받아 어쩔 수 없이 본토로 회군하였다.

아틸라의 굴기는 마치 진한秦漢 제국 시기 중국 북방 초원에서 일어났던 묵돌 선우와 닮아있었다. 그는 변방 밖의 각 부족을 규합하여 거대하고 강력한 권력을 구축하였는데 이 때문에 한漢 제국은 여러 차례 굴욕을 감내해야만 했다. 헝가리는 유라시아 대초원의 서쪽 말단부로 말을 방목할 수 있는 범위가 오늘날 몽고인민공화국 경내 초지의 4%에 불과하다.[17] 이 점을 감안하면 해당 지역이 '흉노 대제국'의 또 다른 핵심 근거지였을 가능성은 없는 셈이다. 그러나 아틸라는 오늘날 헝가리의 땅을 사방으로 출격이 가능한 대본영으로 삼아 동유럽의 농경 부락, 즉, 로마 제국으로 편입되지 못한 동게르만 종족을 항복시키고는 그들을 병력 삼아 로마 제국을 약탈하였다. 540년에 이르면 흉노 제국 안에 게르만어를 쓰는 이들이 흉노를 넘어섰고 특히 고트어는 제국의 통용어가 되었다.[18] 사실 '아틸라'라는 이름도 고트어이고 그의 원래 이름은 유럽인은 발음할 수가 없었다.[19] '3세기 위기' 때까지만 해도 로마 북부 변경에는 이민족 간의 통일 전선이 형성된 적이 없었지만 이제는 그곳에 강력한 초대형 권력이 결집되어 흉노도 방목에 의존하기보다는 무장 용병이 되어 침략을 통해 보상받는 일에 종사하게 되었다.

　441~442년, 아틸라가 다뉴브 방어선을 돌파하면서 로마가 북부 아프리카를 수복하려던 계획은 물거품이 되고 말았다. 이에 서로마는 442년, 북부 아프리카의 속주 세 곳을 점령한 반달족 왕 가이세리크Geiseric(c.389~477)와 화친하고 그를 '맹우盟友'로 인정할 수밖에 없었고 가이세리크은 로마에 식량을 보내기 시작했다. 그의 장자 훈네리크Huneric는 서로마에 보내져 부마가 되기도 했다.[20] 445년 무렵, 아틸라는 형인 블레다Bleda(c.390~445)를 죽이고 힘을 키우다가 447년에는 동로마에 대한 총공격을 시작, 콘스탄티노플 아래까지 쳐들어갔다. 그리고 동로마가 바치는 황금의 양을 1400파운드에서 2100파운드로 인상할 것을 강요하였다.[21] 아틸라와 서로마 사이의 관계는 비교적 좋았다. 유력자 아에티우스는 이름을 알리기 전에 일찍이 흉노의 땅에 인질로 보내졌던 탓에 의도치 않게 이른바 '흉노 통'이 되었는데 그 때문인지 훗날 그는 서로마 중심부에서 군 통수권자의 지위를 차지하기 위한 권력 투쟁에서 두 차례 흉노의 병력을 동원한다. 그 밖에도 막강해진 서고트 왕국과 갈리아의 농민 무장집단Bagaudae을 토벌할 때도 흉노에게서 군사를 빌렸다.

　그러나 아틸라는 450년에 돌연 군대를 서유럽으로 돌렸다. 처음에는 서로마와 동맹을 맺고 서고트 왕국을 멸망시키고자 함이었기 때문에 알프스산 북부 유럽을 통일하려는 의도가 만천하에 드러나게 되었다. 때마침 서로마 황제 발렌티니아누스 3세Valentinian III(425~455)의 누이가 결혼을 핑계로 도피하고자 아틸라에게 도움을 요청하자 이를 청혼으로 해석한 아틸라는 지참금으로 서로마 영토의 절반을 요구했다. 그러나 서로마는 서고트와 동맹을 통해 합심하여 아틸라의 서진을 막아섰다. 로마 쪽에서는 '흉노의 벗' 아에티우스가 군대를 통솔하여 프랑크족, 부

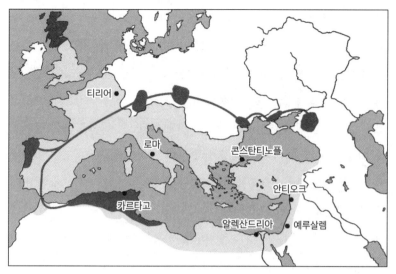

반달족의 이주 경로

르군트족, 켈트족, 서고트족의 연합군을 소집하였고 샬롱Châlons에서 아틸라의 게피드족Gepids, 동고트인Ostrogoths, 루기족Rugii, 스키리족Scirii, 튀링겐족Thuringians, 헤룰리족Heruli, 일부 알란족과 부르군트족의 연합군을 맞아 그들을 격파하였다.

451년 샬롱 전투는 시대의 획을 그은 사건이지만 전쟁의 승자는 서로마라고 볼 수 없고 패자 또한 흉노라고 딱 잘라 말할 수 없다. 그 둘은 오래지 않아 세계사의 무대에서 사라졌지만 그들 대신 세계사 무대를 장악하게 된 것은 교전 양측의 수하에 있던 유럽인이었기 때문이다. 서로마의 흉노 격파는 오히려 서로마 자체의 멸망을 가속화 했다. 아틸라가 패주였던 시대는 인력과 병력 자원이 로마 제국 경내로 유입되는 것이 금지되어 오히려 민족대이동이 저지되었고 이로써 서로마의 멸망 시기가 다소 늦춰진 면이 있었는데 이제는 그 방벽 노릇을 했던 흉노가 사라지고 없어졌기 때문이다. 흉노 제국은 로마의 영토 자체에 야심이 있었다기보다는 마치 불량배들이 점포주에게 보호비 명목의 수수료를 받아 챙기는 것과 같은 심산이었다. 직접적인 점포 관리는 점포주들이 계속 했으니 경영에 소질이나 관심이 없어도 무방했다. 아틸라는 샬롱에서 패배한 이듬해 알프스산 남쪽에서 곧장 로마로 쳐들어갔지만 아무런 소득 없이 회군해야 했고 이 두 번의 실패로 흉노의 위신은 땅에 떨어졌다. 아틸라가 453년에 사망하자 제국은 빠르게 해체됐으며 그의 벗이자 적수였던 아에티우스도 이듬해 조정에서 발렌티니아누스 3세의 손에 '토사구팽'격으로 죽고 만다.

반년 후 발렌티니아누스 3세 또한 시해당하는데(455년) 동로마의 테오도시우스 2세Theodosius II(r.408~450)도 그보다 앞서 사망하는 바람에 91년에 달하는 발렌티니아누스-테오도시우스 왕조는 결국 종말을 고하게 되었다. 혼란기에 발렌티니아누스 3세가 자신의 딸을 반달족의 왕자와 혼인시키기로 한 약속은 그 뒤를 이은 황제에 의해 파기되었고 이에 분노한 가이세리크가 바다를 건너 로마를 공격, 함락한다. 교과서에는 455년의 약탈에 관해 410년 때처럼 야만족이 로마 제국을 무너뜨린 이정표적 사건이라고 간단히 소개되고 있으나 사실 이는 '강제혼인'이나 다름없는 일이다. 앞서 있었던 무력을 통한 '관직 청탁'처럼 하나같이 '이민족'이 로마 중심부에 편입하고자 하는 시도였다. 그 뒤에 이어지는 역사적 일대 혼란기에서 몇 가지 주요한 사건만을 꼽자면 이렇다. 일단 서로마 중심부의 정치 생태는 이미 '비非 로마화'의 방향으로 변모했다. 군주 시해를 통한 왕위 찬탈 시도가 수포로 돌아가자 리키메르Ricimer(c.405~472)가 서로마의 중심부를 장악한 군수통수권자가 되었다. 리키메르의 조부는 서고트의 왕이었고 어머니는 수에비 공주였지만 훗날 본인은 이탈리아 본위주의를 강화하였다. 그리하여 그는 서고트인이 옹립해서 로마 중앙 정권으로 들어가 황제가 된 갈리아 속주의 로마

지주 정권을 무너뜨렸다.

455년 반달족은 발렌티니아누스 3세의 홀로된 부인과 두 공주를 로마에서 납치하는데 첫째 공주는 반달족 왕자 훈네리크와 결혼하고 나머지 두 사람은 콘스탄티노플로 귀환하였다. 둘째 공주는 훗날 로마 귀족과 결혼하는데 반달족 왕 가이세리크는 그를 로마 황제로 추대하여 황제의 외척이 되고자 했고 그의 해군은 끊임없이 로마를 침략하여 압박했다. 동로마의 새 황제 레오 대제Leo I the Great(r.457~474)는 그의 동료를 서로마 황제로 위임하여 힘을 합쳐 반달 왕국을 멸절하고자 했는데 이는 서부 제국을 소생시키고자 처방한 마지막 강심제였다. 서부 제국은 침략으로 대부분 잠식당했고 세금 수입원도 고갈된 상황이었기 때문에 과거 서로마 제국의 곡창지대였던 북아프리카를 되찾아 오는 것만이 서로마가 살 수 있는 길이었다. 동로마는 고대 역사상 가장 방대한 규모라고 할 수 있는 해군 전함 1,113척을 한데 모았지만 캡본Cape Bon(오늘날의 튀니지)에 정박 중일 때 반달제국이 밀어붙인 적벽대전 식 화공전에 패해 전함의 태반이 불타버렸다.

그 뒤 서로마는 멸망의 수순을 밟았다. 이미 이베리아의 대부분 지역을 점거하고 있던(수에비족만 서북쪽 일부 남아 있었음) 서고트족은 이제 제멋대로 북벌을 시도했고 유일하게 프랑크족의 남하와 부르군트족의 건국이 그들의 갈리아 병합을 저지할 뿐이었다. 중앙에서는 오래지 않아 리키메르가 사망하고 그 뒤를 이어 군사 유력자의 자리에 오른 이는 그의 외손자 부르군트 왕자였다. 그러나 단 한 곳의 속주만 남은 빈껍데기 '제국'에 관심이 없었던 그는 이내 부르군트 왕국으로 되돌아가 부친의 유업을 계승했다. 이 틈을 타 일리리아에 남은 야전군 장수 율리우스 네포스Julius Nepos(r.474~475)가 중앙으로 밀고 들어갔다.

그러나 제국의 폐막식은 결국 흉노 제국의 잔당에 의해 연출되었다. 훈노 제국이 무너지자 앞서 아틸라의 라틴 보좌관이자 고트족 출신이었던 것으로 보이는 오레스테스Flavius Orestes(?~476)는 일찌감치 로마에 투항하여 출로를 모색했다.[22] 그는 네포스에 의해 군대 총사령관 magister militum in praesenti이 되지만 이미 강경한 이탈리아 본위주의자로 변모했던 탓에 친 일리리아 파의 새로운 황제를 쫓아내고 자신의 아들 로물루스 아우구스투스Romulus Augustus(r.475~476)를 황제로 삼는데 그가 바로 서로마의 마지막 황제이다. 그러나 로물루스는 훈노 제국이 무너진 뒤 역시나 이탈리아 들어가 중앙 관직 진출을 도모하던 오도아케르Odoacer(435~493)에 의해 축출된다. 오도아케르의 아버지는 아틸라의 충신이었던 에데코Edeko이고 그의 아들은 중앙 총사령관comes domesticorum이 되었다. 오레스테스와 에데코가 훈노 왕정의 숙적이 되었는지는 알 수 없으나 만일 그렇다면 그 두 사람이 옛 훈노 제국 중심부의 권력 투쟁을 말기 로마의 조정으로 옮겨왔던 것으로 보인다. 오도아케르는 스키리인과 루지인, 헤룰리인의 종용을 받았는데 전前 아틸라 제국에서 온 이 '군사 용병'은 기존에 함락됐던 외국 속주의 '이민족'과 동등한 대우 받기를 원했던 탓에 이탈리아 지주의 토지 중 일부를 나누어달라고 요구했다. 오레스테스는 한때 아틸라의 보좌관이었지만 이제는 도리어 로마의 마지막 수호자가 되었는지 결연히 반대하고 나섰고 이 때문에 야만족의 손에 죽었으며 그의 아들 황제도 폐위되고 말았다. 오도아케르는 일리리아에서 기다리던 네포스를 모셔오지 않았고 도리어 황제의 왕관을 동로마 황제에게 바침으로써 로마 제국은 명목상 한 명의 황제가 통치하는 제국으로 환원되었다. 그러나 사실상 멸망이 코앞에 닥친 서로마는 중앙의 조정이 함락된 것도 모자라 최후에는 또 하나의 '이민족' 왕국으로 변모하고 말았다.[23]

사산 제국과 굽타 제국의 근심거리 '흉노'

세계사는 사산 제국과 굽타 제국 등 유라시아 대륙 중간지대의 역사를 소홀히 다룬 대가로 흉노의 시대를 미스터리로 남게 했다. 그들은 한漢 제국 변방에서 도망쳐 나온 뒤 행방이 묘연하다가 훗날 돌연 공수부대 처럼 유럽의 지평선 한가운데 떨어졌다. 세계사의 흉노 시대에 이르면 제17장 '구대륙을 가로지른 문명 사슬'에 언급된 쿠산 제국은 더는 존재 하지 않는다. 파르티아를 대신해서 사산 제국이 일어남과 동시에 쿠산 왕조는 무너졌기 때문이다.

파르티아 왕조를 대체해서 일어난 사산 왕조는 스스로 '이란 왕국 Ērānshahr(224~651)'이라 칭했다. 사산의 개국 군주인 아르다시르 1세 Ardashir I(180~r.224~242)는 쿠산 제국의 서부를 사산의 속국으로 편입한 뒤 최종적으로는 속주로 삼아 왕자를 파견하여 통치하게 했지만 통치자 가 주조한 화폐에서는 여전히 스스로 '쿠샨왕Kushanshah'이라고 칭했다. 제국은 아르다시르 1세의 아들인 샤푸르 1세Shapur I(215~r.240~270) 때 전 성기를 맞이하여 260년에는 로마 황제 발레리아누스를 포로로 삼기도 했다. 또한 동남부의 성들을 하나의 큰 행정구역으로 통합하여 그 아들 을 해당 지역에 봉하여 '사카왕the king of the Sakas', 즉 '스키타이 왕'으로 삼 았다. 이로써 쿠산 제국은 비록 한 일파가 작은 나라를 일구어 간다라와 인더스강 유역에 존속하기는 했지만 한 나라로서의 명분과 실리는 모두 잃고 말았다.[26]

그러나 당시 사산과 옛 쿠산 변방의 지평선에는 흉노의 그림자가 드 리워졌다. 로마의 역사가는 사산 제국의 왕 샤푸르 2세Shapur II(r.309~379) 가 로마 변경의 아미다Amida(아르메니아에 위치함)를 포위하면서 항복한 침 입자 서융인, 즉 시오나이츠Xionites 혹은 키오나이츠Chionites를 병력으로 투 입했다고 기록했다.[25] '~아이트-ite'를 접미사로 쓰는 말은 서양 언어에서

'~사람' 혹은 '~인 자'의 뜻이기 때문에 사실 이들은 '흉노'로 볼 수 있다. 아미다 포위는 359년의 일이다.[26] 만약 376년에 동로마로 밀고 들어온 고트 난민의 피난 물결이 흉노가 우크라이나 초원에 도달했던 일과 관련이 있다면 후자는 어쩌면 일이 발생하기 약 15년 전에 해당 장소에 도달했을 것이다. 그리고 사산의 용병인 서융Xionites이 바로 로마 세계에 나비효과를 불러일으킨 원흉이었을 가능성도 지극히 커진다. 480년대 로마와 사산은 아르메니아 문제 때문에 다시금 충돌했지만 평화 조약을 통해 충돌은 520년대로 미루어졌다. 5세기를 끝으로 양측 사이에는 각각 1년이 소요된 두 차례의 전쟁만 있었을 뿐인데 이런 이 두 나라에게 공동의 근심거리가 있었으니 그것은 바로 북부 변경 지대에 경계를 맞대고 있던 '흉노'였다.

376년의 사건의 유발자가 흉노였음이 마침내 드러났고 그들은 395년 대거 로마 제국으로 침입하였다. 그들은 외곽 카프카스에서 소아시아로 남하하여 트라키아에 접근하였는데 동로마 군대에 쫓겨 동쪽으로 이동했다가 유프라테스강 유역까지 달아났다. 398년에는 로마를 떠나서 사산 제국에 침입, 수도 크테시폰에 이르러 공격으로 무너지기 시작하다가 카프카스 원래의 경로를 따라 북방으로 회귀했다.

로마에 있어서 흉노의 이번 소란은 405~408년의 제2차 나비효과식의 민족대이동과 관계가 있을 수 있지만 추측하기로는 395년 사건 가운데 또 다른 흉노 일파가 우크라이나 초원에서 카르파티아 분지까지 돌진한 사건으로 촉진되었던 것으로 보인다. 그때 흉노족에는 아직 아틸라와 같은 지도자는 등장하지 않았고 각자 흩어져 지내던 상태였으며 일부 지파는 심지어 로마 제국뿐 아니라 로마 제국을 침략한 고트인을 대신할 용병을 각 진영에 제공하기도 했다. 395년 교전에서 알 수 있듯이 로마가 흉노와의 정면 교전에서 반드시 실패한 것만은 아니고 종종

우위를 점하기도 했으며 오히려 로마를 최종적으로 무너뜨린 것은 흉노에게 쫓겨 간 게르만 난민이었다.[27]

서로마의 마지막 황제를 폐위하는 오도아케르

사산 제국의 역사에서 흉노의 행방은 종잡을 수 없고 묘연하여 전문가들의 추측만 난무한다. '서융'은 역사의 무대에서 종적을 감추었고 그를 대신해서 일어난 것은 키다라족이었다. 어떤 이는 이 둘이 같은 종족이며 키다라는 부족의 족장 이름을 딴 서융의 일파라고 봤고 동로마 역사가는 키다라인을 '키다라흉노'로 부르기도 했다.[28] 이와 같은 문제는 초원의 '흉노시대'에는 유목민을 패주霸主의 이름으로 통칭하는 경향이 있었다는 점에서 제기되었다. 서융족은 로마 변경을 침범한 이

아미다의 최근 모습

민족 전투 집단이었고 키다라 왕조는 광범위하게 화폐를 주조하기도 했다. 출토된 것은 간다라 지역에 집중되어 있고 토하레스탄(옛 박트리아)을 비롯해 북으로는 트랜스옥시아나까지, 남으로는 카슈미르와 펀자브 북단까지 이르렀다.[29] 이런 형국은 쿠샨 제국과 비슷하였기 때문에(후자는 트랜스옥시아나 지대까지 이르지 못했다) 제2의 쿠샨 제국이라는 억측도 생겨났다.

키다라인은 350년 무렵 옛 쿠샨의 땅을 점거했다. 일본 학자와 중국 학자 위타이샨余太山은 그들을 쿠샨인으로 봤는데 이와 같은 관점은 『위서魏書』와 『북사北史』에서 입증되었다. 두 곳 모두 "대월지국은 감씨

監氏의 성을 다스렸다… 그 왕 키다라는 용맹하여 군사를 일으켜 큰 산을 넘어 남으로 침략하고 북으로 천축天竺에 이르렀다. 간다라 이북 다섯 나라가 복속하였다"라고 쓰여 있기 때문이다. 사실 '230년 바수데바Vasudeva가 사자를 조위曹魏에 파견한 뒤로는 월지국의 이름은 한나라 서적에 이렇다 할 기록이 전해지지 않는다.'[30] 쿠샨왕 '바수데바'가 조위에 사람을 보낸 것은 위명제魏明帝 태화太和 연간이었는데 그는 바수데바 2세Vasudeva II를 가리키며 재위 기간은 대략 195~230년이다. 233년에는 사산 제국의 아르다시르 1세가 토하레스탄을 약탈하여 부속 국가로 전락시키면서 쿠샨은 한쪽 구석을 점거한 잔여 세력만 남게 된다. 이후 월지의 이름은 확실히 한나라 서적에 이렇다 할 기록이 전해지지 않는다.

문제는 키다라인이 '확실한 기록이 전해지지 않는' 나라에서 '쿠샨왕'을 자청했다는 점이다. 이는 사산의 봉토封土 왕이 쿠샨 땅의 이름을 참고해서 지명으로 사용했던 것과 판박이다. 그 밖에도 키다라인이 옛 쿠샨 경내의 흉노였다는 사실도 배제할 수 없다. 이 쿠샨은 현대 민족 국가는 아니고 다민족 집단으로 이루어진 제국이며 건국자 자체도 유목민족의 뿌리를 가지고 있기 때문이다. 키다라인이 자칭 '쿠샨왕'임을 주장했던 것은 멀리 갈 것도 없이 흉노의 유연劉淵이 '한나라의 부흥'을 기치로 내걸었던 역사와 꽤 닮아 있다. 또 다른 시대의 사례도 있는데 11세기 셀주크인이 비잔틴의 소아시아를 점령하고 '룸 술탄국Sultanate of Rum'을 세우고는 자칭 '로마'라고 한 것이 그 예다. 월지는 흉노가 아직 흥기하기 전에 하서주랑에 모여 살면서 토카리아어를 사용했던 인도 유럽 어족으로 흉노에게 쫓겨 서쪽으로 이동하다가 힌두쿠시를 아우르는 지대까지 이르러 쿠샨 제국을 세웠는데 이는 세계사의 앞부분에 속하는 내용이다. 『위서』와 『북사北史』가 범한 시대적인 오류는 당나라가 사산이 멸망한 때에도 여전히 그곳을 '파르티아'라고 칭했던 것과 같은 잘못이다. 만일 쿠샨 정권이 정말로 복권해서 나라를 일으켰다면 자명해질 것을 어찌 그리 힘들여 고증할 필요가 있겠는가?

경계해야 할 것은 5세기의 동로마 역사가는 별생각 없이 키다라인에게 '흉노'라는 이름을 붙였지만 중국에서는 이미 흉노의 시대는 저물었고 북부 변경지역에 유연柔然의 시대가 찾아왔으며 돌궐(투르크)의 시대 역시 이미 무르익는 단계에 접어들었다. 그런데도 중국은 서역을 식별할 때 여전히 '월지月氏'와 '안식安息(파르티아)' 등의 호칭을 사용하는 등 옛 방식을 썼다. 역사적 시간과 장소의 차이 말고도(중국에서 '흉노 시대'는 이미 저물었지만 서양에서 해당 시기는 이제 막 시작이었다) 여기에는 복잡하게 뒤엉킨 지역적 요인도 배제할 수 없다. 이곳은 쿠샨의 옛 영토였을 뿐 아니라 사산 제국이 이곳에 세운 부속 정권의 지도자도 '사카왕', 즉 '스키타이 왕'으로 불렸다. 이 때문에 키다라 '흉노' 정권의 기층에는 여전히 유라시아 대초원 인도-유럽인의 마지막 일파가 포함되어 있었을 가능성을 배제할 수 없다. 인도 유럽인의 마지막 무대는 알란인이 흉노에 의해 히스파니아로 쫓겨났던 곳이 아닌, 지금껏 소홀히 다뤄졌던 대초원 중간지대일 수 있다.

그러나 키다라인은 "큰 산을 넘어 남으로 침략하고 북으로 천축天竺에 이르렀다"라고 하였는데 굽타왕조와 정면충돌하지는 않았을까? 소위 "북으로 천축에 이르렀다"라는 것이 '간다라 이북 다섯 나라가 복속하였다'라는 뜻이라면 곧 힌두쿠시 산 이북으로 돌아가 펀자브의 북부 경계에 도달했을 것이다. 우리는 쿠마라굽타 1세Kumaragupta I(r.415~455) 때부터 서북부에 '흉노'의 우환이 있었음을 알고 있다. 쿠마라굽타 1세는 그 아들 스칸다굽타Skandagupta(r.455~467)를 보내어 대응하게 했으나 적은 여전히 펀자브의 북부를 점거했던 것으로 보인다. 스칸다굽타가

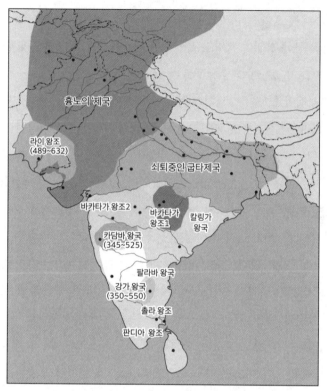

흉노 '제국'(백흉노, 에프탈인)과 간신히 명맥을 유지 중인 굽타왕조

왕위에 오른 뒤로는 인도 안팎의 적을 막아내기에 역부족이어서 제국에
는 쇠락의 그림자가 드리우기 시작했다. 만일 키다라인이 가장 먼저 침
입해서 그들이 마지막에 패망했다면 어쩌면 이것은 스칸다굽타의 승전
때문이 아니고 오히려 그 배후에는 에프탈인과 같은 또 다른 유목 집단
의 습격이 있었을 것이다. 심지어 그들이 힌두쿠시를 넘어 펀자브로 남
하한 것도 어쩌면 산 북부의 기지를 잃었기 때문일 수 있다. 그러나 스칸
다굽타 왕조와 사산 제국의 '흉노'는 동시대의 우환거리였으며 그 적수
는 에프탈인으로 바뀌었다는 사실을 눈여겨봐야 한다.

　사산 제국은 옛 쿠샨의 북부 땅(토하레스탄, 옛 박트리아)에 침입한 적과 줄곧 전쟁을 벌였다. 바흐람 5세Bahram V(r.420~438) 때부터 적은 확실히 에프탈인으로 바뀌었고 그 뒤를 야즈드기르드Yazdgird II(r.438~457), 호르미즈드 3세Hormizd III(r.457~459), 페로즈 1세Peroz I(r.459~484)가 이었다. 후자는 에프탈인에게서 병력을 얻어 형제인 호르미즈드 3세를 밀어내고 왕위를 차지했으나 그 뒤 에프탈인과의 전쟁에 패하여 포로가 되었으며 태자인 카바흐Kavah를 인질로 보내야만 했다. 태자가 송환된 이후 페로즈는 다시금 에프탈인에 대한 공격을 감행하지만 이번에는 전군이 전멸하고 만다. 계승자인 카바흐는 에프탈인에게 배상금 명목으로 토지를 할양해야 했다. 498년 혹은 499년, 카바흐는 한 차례 실권하는데 부왕이 했던 것처럼 에프탈인에게 자신의 복권을 위한 지원을 요청한다. 이를 보면 에프탈인이라는 이 '변방의 위협'은 가끔은 정말 유용한 존재였던 모양이다!

인도의 '흉노' 우환에 대해서는, 어느 때 전쟁했던 대상이 키다라인이었는지, 또 어느 때 에프탈인으로 전환됐던 것인지는 학자들에게 또 다른 추측 게임이 될 뿐이다. 이 에프탈인이 간다라와 펀자브에 진입한 뒤 '키다라의 존호를 유지한 것은 마치 옛 키다라인이 자칭 '쿠샨왕'이라고 했던 것과 같은 맥락이다.'**31** 굽타인은 이와 같은 서북부 변방의 우환을 일괄해서 '스베타 후나Sveta Huna(백흉노)'라고 칭했는데 여기서 후나Huna는 '흉노匈奴'라는 고대 중국어에 가장 근접한 발음이다. 유럽인이 말하는 훈Hun이 만일 '훈渾(혼)'으로 발음된다면 이는 중국어의 '후胡(호)'에 해당한다. 동로마의 기록은 각각 구분해서 키다라는 '키다라 흉노' 에프탈은 '헤프탈라이트Hephthalites'라고 했지만 결국에는 둘 다 '백흉노'로 칭하였고 이는 굽타인이 명명한 것과도 상통한다.**32** 중국의『위서』에서는 키다라와 에프탈을 모두 대월지화 하여 "엽달국嚈噠國(에프탈)은 대월지의 일종이고 고차高車의 별종으로 불리며 그 원류는 새북塞北에서 나왔다"[33]라고 하였다. 확실한 것은 대월지는 새북塞北에서 유래한 것이 아니라 진한 시기 하서주랑에 있었으며 고차高車는 돌궐의 선조인 철륵鐵勒인이기 때문에 이 관점은 시대가 뒤섞여 있지만 당시 중국은 굳이 그들을 '흉노'라고 칭하려 하지 않았다. 흉노에게 있어서 중국인은 확실히 오래간만의 존재이기 때문이다.

한나라 초기 대월지가 중앙아시아로 진입하고 원래 있던 스키타이인을 남쪽으로 내몰면서 스키타이인은 동이란과 인도로 들어갔다. 어떤 이는 동로마의 기록에 '백흉노'의 피부색이 비교적 희다고 한 묘사 때문에 에프탈인이 흉노가 아니라고 단정 짓기도 하지만 인도 유럽 어족의 유목민(월지, 특히 스키타이인)은 세계 역사상 마지막으로 대이동을 감행했던 민족이다. 그러나 스키타이인이 세운 '서부 사트라프 Western Satraps'는 이미 인도 서부에서 수백 년이나 웅거하고 있었기 때문에(제17장 참조) 만일 굽타인이 새로운 스키타이인의 침입에 맞닥뜨렸다면 분명 식별 능력이 있어서 마음대로 그들을 '후나Huna'라고 칭하지는 않았을 것이다. 위타이샨은 소역蕭繹의 〈직공도職供圖〉에 묘사된 '활국滑國(에프탈)' 사신의 이미지로 추측하기를 "그 같은 형체와 용모를 고려하면… 이란계라기보다는 몽골계에 더욱 가깝다고 할 수 있다"라고 말했다.[34]

에프탈인의 세력은 트랜스옥시아나에서 토하레스탄(옛 박트리아)으로 뻗어 나간 뒤 다시금 북인도까지 확장하였다. 인도에 진입한 에프탈인은 스스로 하나의 세력을 이루었는데 이는 마치 과거에 헬라화 했던 박트리아 왕국과도 같았고 힌두쿠시를 경계선으로 남북 양쪽의 세력이 나뉘었다. 인도에 들어간 에프탈인은 굽타 제국을 쇠퇴하게 하다가 끝내 쇠망에 이르게 했다. 힌두쿠시의 남쪽에도 나라를 건설하였는데 역사서에는 토라마나Toramana와 그 계승자인 미히라쿨라Mihirakula(?~542)를 중요하게 언급한다. 후자는 바로 훗날 현장법사의 『대당서역기』에 등장하는 '대족왕大族王'이다. 미히라쿨라는 불교를 억압한 것으로 유명하여 『대당서역기』 제4권에는 "솔도파窣堵波(스투파)를 훼파하고 사찰을 폐쇄하니 1,600여 곳에 달했다"라는 말도 나온다.[35] 그는 말와 Malwa의 군주인 아쇼다르만Yasodharman 과 마가다Magadha 일각에 위치한 굽타 왕 나라싱하굽타 발라디티아 Narasimhagupta Baladitya에게 패배했다.

말와의 군주와 굽타 왕이 연합하여 미히라쿨라를 격파하는 모습

약 533년, 에프탈의 인도 내 통치는 상황이 전복되면서 새로운 국면을 맞는다. 중앙아시아 지역의 에프탈 대본영은 사산인과 새롭게 굴기한 돌궐(투르크)족의 협공으로 멸망하는데 그때가 560~563년 전후이다.[36]

에프탈인의 침략과 굽타 제국의 멸망으로 인도사는 '중고中古'시대의 서막을 열었다. 에프탈인의 통치 기간에 인도 서북부 지역은 키다라 시대에 간신히 명맥만 유지했던 '서부 사트라프'조차 끝내 사라지고 없었다. '사트라프'라는 호칭은 이전 시대에 동이란에서 인도로 들어온 스키타이인이 만든 것으로 고대 페르시아 제국의 유산이기도 하며, 인도 파르티아 정권과도 관계가 있다. 훗날 그들은 쿠샨 왕조에 복속되었고 이후로는 다시 굽타왕조의 정벌 대상이 되었다. 에프탈인 시대에 이르면 '서부 사트라프'는 끝내 부락화한 라지푸트족Rajputs에 의해 대체되는데 이들은 에프탈인을 따라 중앙아시아에서 인도로 들어온 것으로 보인다.[37] 그들은 페르시아화한 서부 사트라프와는 달랐는데 후자는 브라만

교를 믿지 않았기 때문에 브라만에 의해 '쇠락한 크샤트리아'로 폄하되었다. 라지푸트족은 브라만교를 섬겨서 베다 시대의 '크샤트리아' 후예를 다시금 만들어내었다. 그들은 힌두교를 위해 오랫동안 조로아스터교와 불교가 우세했던 서북부 지역을 수복하였고 그 뒤로는 아라비아인의 이슬람 확장을 신드Sindh 일대로 효과적으로 제한하였다. 심지어 10세기 이후에는 북인도의 힌두스탄Hindustan 지대가 점차 돌궐(투르크) 무슬림의 세력 범위로 편입되었지만 라지푸트는 여전히 힌두교를 고수했다. 이들 '백흉노'의 후예는 힌두교 문명의 든든한 기둥이 되었다.

흉노는 고대 세계의 장의사였을까?

이번 장에서는 고대 흉노의 행적에 얽힌 미스터리를 해체하여 흉노가 오늘날 신장 지역을 떠나 서부에 패권을 다시 세운 시기를 서기 350년 전후까지 확대하여 설정하였다. 그러나 2세기 하반기부터 3세기에 이르는 시기 흉노의 행적은 묘연하다. 2세기에도 쿠샨 제국이 건재하여 초원 민족의 남하를 저지하였기 때문이다. 쿠샨 제국이나 파르티아제국의 역사조차 분명히 밝혀지지 않았는데 그들 변방의 우환거리였던 흉노의 역사는 더 말할 필요도 없다.

3세기 전반 무렵, 사산 왕조는 파르티아를 멸하고 쿠샨의 서북부를 병탄한 뒤 왕자를 해당 지역에 봉하여 '사카왕', 즉 '스키타이왕'으로 불렀다. 이는 해당 지역이 여전히 인도 유럽 유목민족이 주류를 이루었음을 보여주는데 이런 상황에서 흉노의 대거 남하는 어쩌면 그들에게 방해가 되었을 것이다. 흉노가 동방에서 강세를 떨칠 당시 유라시아 대초원의 서부는 여전히 인도 유럽계 종족, 즉 강거인康居人, 스키타이인, 알란족(중국 사서에서는 '엄채奄蔡' 혹은 '아란료阿蘭聊'로 칭함)의 천하였다. 이는 앞서 이미 로마와 흉노 사이의 '제2의 중간지대'로 칭해졌다.

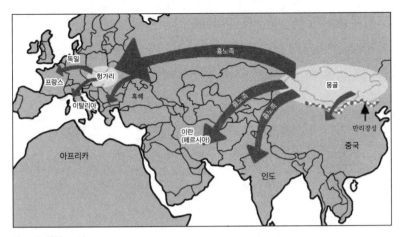

흉노의 이동 노선

흉노가 유라시아 대초원을 가로질러 유럽에 등장하기까지 200여 년이 소요됐던 것을 보면 더디고 쉽지 않았으리라 짐작되지만 이로써 인도 유럽인은 결국 유라시아 대초원에서 모두 밀려났고 심지어 알란족의 일파는 멀리 히스파니아까지 이주했다. 백흉노를 따라 인도로 들어간 라지푸트의 선조가 초원 인도 유럽인의 마지막 일파였는지는 여전히 연구 중이다. 그 뒤 동방 초원으로부터 일파만파 이주의 행렬이 이어졌는데, 그 거대한 이주 물결 속의 주인공은 하나같이 알타이어계 종족이었다.

　이번 장에서도 마찬가지로 한 가지 시각 차이를 수정하였다. 즉, 흉노가 중국 변경에서 난관에 봉착한 후 줄곧 서진하여 유럽에 들어간 것은 아니라는 점이다. 그들의 활동은 전체 유라시아 문명지대의 북부 변방을 뒤흔들었지만 안타깝게도 서기 4세기에서 6세기에 이르는 시기는 '중앙아시아 역사에서 밝혀지지 않은 가장 모호한 역사적 구간 중 하나'이다.[38] 높은 곳에 서서 드넓게 펼쳐진 유라시아 대륙의 동, 서, 중앙 각 부분을 바라보면 비로소 전체의 형세를 살필 수 있다. 우리는 그제야 '흉노 시대'가 중국 북부 변경에서 서막을 연 뒤 유럽이 아닌 유라시아 대륙의 중간지대에서 막을 내렸음을 알 수 있다. 흉노의 시대가 막을 내린 곳은 바로 돌궐(투르크) 시대가 서막을 연 땅이었다.

주

1. 전차는 그들이 발명한 것이 아니고 바퀴는 고대 근동에서 발명된 것인데 수메르 시대에는 이미 당나귀가 끄는 전차가 사용됐었다. 심지어 어떤 이는 말 또한 근동 지역에서 먼저 길들여지기 시작했다고 본다. 해당 지역에서 가장 먼저 다른 가축이 길들여지기 시작했던 것처럼 말이다. 그러나 오직 초원에서만 말이 대량으로 생육되었기 때문에 전쟁이 전차와 기사騎射 위주로 발전하게 되는 것은 순리였다.

2. Richard N. Frye, "Iranian Nomadic Tribes in Central Asia," in UNESCO, History of Humanity, Volume III, From the Seventh Century BC to the Seventh Century AD(Paris & New York: UNESCO, 1996), p. 443.

3. 같은 해에 세워진 파저巴氐는 한쪽 구석을 할거하였지만 중원에 미치지는 못했던 까닭에 유연劉淵의 한나라가 여전히 우위를 유지했다.

4. Walter Pohl, "Huns," in G. W. Bowersock, Peter Brown, Oleg Grabar, eds., Late Antiquity: A Guide to the Postclassical World(Cambridge, MA: The Belknap Press of Harvard Press, 1999), p. 502.

5. Yü Ying-shih, "Han foreign relations," The Cambridge History of China, Volume I, The Ch'in and Han Empire, 221 B.C.~A.D.220(Cambridge, UK & New York: Cambridge University Press, 1986), p. 433.

6. Ibid., p. 441.

7. 『삼국지三國志』「위서魏書」「무제기武帝紀」.

8. "Trajanus Decius, 249-31," in Michael Grant, The Roman Emperors: A Biographical Guide to the Rulers of Imperial Rome, 31 BC~AD 476(New York: Barnes & Noble Books, 1985), p. 159.

9. "Constantius I Chlorus, 305-6," in Michael Grant, The Roman Emperors: A Biographical Guide to the Rulers of Imperial Rome, 31 BC~AD 476, p. 216.

10. 이들 4대 제국은 진한秦漢(진나라와 한나라), 쿠샨, 파르티아, 로마를 가리킨다. 한나라는 220년에 멸망하였다. 파르티아(224년) 및 쿠샨(225년)도 비슷한 시기에 멸망하였다. 후자의 두 제국은 사산왕조와 굽타왕조에 의해 계승되어 '고대 4대 제국' 시대로 편입될 수 있다. 한나라 제국의 붕괴는 '5호 16국'의 초기 단계이기도 하다. 그 뒤 시간 순서상으로는 서로마가 멸망하고 뒤이어 굽타왕조가 백훈노를 맞서다가 붕괴에 이르렀다. 사산왕조는 '흉노시대'를 겪은 뒤 아라비아인의 정복기에 이르러 역사의 막을 내린다.

11. Alan K. Bowman, "Diocletian and the first tetrarchy, A.D.284~305," in The Cambridge Ancient History, Second Edition, Volume XII, The Crisis of Empire, A.D.193~337(Cambridge, UK & New York: Cambridge University Press, 2005), p. 77.

12. Peter Heather, The Fall of the Roman Empire: A New History of Rome and the Barbarians(Oxford, UK & New York: Oxford University Press, 2006), pp. 114~116, 440.

13. Elio Lo Cascio, "The new state of Diocletian and Constantine: from the tetrarchy to the reunification of the empire," in The Cambridge Ancient History, Second Edition, Volume XII, The Crisis of Empire, A.D.193~337, p. 179.

14. Mark Edwards, "Christianity, A.D.70~192," in The Cambridge Ancient History, Second Edition, Volume XII, The Crisis of Empire, A.D.193~337, pp. 616, 625~627.

15. Richard Lim, "Christian Triumph and Controversy," in G. W. Bowersock, Peter Brown, Oleg Grabar, eds., Late Antiquity: A Guide to the Postclassical World, p. 200.

16. Peter Heather, The Fall of the Roman Empire: A New History of Rome and the Barbarians, p. 264.

17. Ibid., p. 328.

18. Ibid., pp. 329~330.

19. '아틸라'는 고트어 혹은 게피드어(모두 동게르만 어족에 속함)로 '아버지'의 뜻을 가진다. 상세한 내용은 다음 참조. Otto J. Maenchen-Helfen, The World of the Huns: Studies in Their History and Culture(Berkeley: University of California Press, 1973), p. 386.

20. Peter Heather, The Fall of the Roman Empire: A New History of Rome and the Barbarians, p. 292.

21. Ibid., p. 307.

22. 그는 로마 판노니아 사람으로 상세한 내용은 다음 참조. Otto J. Maenchen-Helfen, The World of the Huns: Studies in Their History and Culture, p. 376. '판노니아'는 4세기에 이미 네 곳으로 분할되었는데 이는 오늘날 헝가리, 오스트리아 등지를 아우르며, 로마의 다뉴브 전방에 해당한다.

23. "Romulus, 475-6," in Michael Grant, The Roman Emperors: A Biographical Guide to the Rulers of Imperial Rome, 31BC~AD 476, pp. 332~334.

24. A. H. Dani and B. A. Litvinsky, "The Kushano-Sasanian kingdom," B. A. Litvinsky, Zhang Guang-da, R. Shabani Samghabadi, History of Civilizations of Central Asia, Vol. III, The Crossroads of Civilizations: A.D.250 to 750(Paris, France: UNESCO Publishing, 1996), pp. 104~105.

25. N. N. Chegini and A. V. Nikitin, "Sasanian Iran-Economy, Society, Arts and Crafts," History of Civilizations of Central Asia, Vol. III, p. 38.

26. Xiang Wan, "A Study on the Kidarites: Reexamination of Documentary Sources," Archivum Eurasiae Medii Aevi, 19(2012), p. 278.

27. 유프라테스강 전쟁에서 로마인은 흉노를 '남김없이 죽였다'. 상세한 내용은 다음 참조. Jeffrey Greatrex and M.Greatrex, "The Hunnic Invasion of the East of 395 and the fortress of Ziatha," Byzantion: Revue Internationale des Etudes Byzantines, 69(1), 1999, p. 70.

28. E. V. Zeimal, "The Kidarite kingdom in Central Asia," History of Civilizations of Central Asia, Vol. III, p. 120.

29. 완상萬翔, 『키다라인의 연대와 족속 고찰』『유라시아 학간』 제9권(2009/12), 1쪽.

30. 완상萬翔, 『키다라인의 연대와 족속 고찰』『유라시아 학간』 제9권(2009/12), 6쪽.

31. B. A. Litvinsky, "The Hephthalite Empire," History of Civilizations of Central Asia, Vol. III, p. 124.

32. 위타이샨,『에프탈 역사 연구』(베이징: 상무인서관, 2012), 10~11쪽.

33. 여기서는 그들을 전 흉노 시대의 월지인으로 여기는 것 말고도 후 흉노 시대의 돌궐 (투르크)인으로 보기도 하는데 고차는 돌궐족이기 때문이다.

34. 위타이샨『에프탈 역사 연구』28쪽.

35. 위타이샨은 멸불滅佛 정책을 편 미히라쿨라가 동명이었던 에프탈 왕보다 수백 년 앞 서 살았던 또 다른 사람이라고 봤고, 둘을 혼동하여 에프탈 왕이 억울한 누명을 쓰게 되 었다고 했다. 상세한 내용은 위타이샨의『에프탈 역사 연구』117쪽 참조.

36. B. A. Litvinsky, "The Hephthalite Empire," History of Civilizations of Central Asia, Vol. III, p. 143.

37. A. H. Dani, B. A. Litvinsky and M. H. Zamir Safi, "Eastern Kushans, Kidarites in Gandhara and Kashmir, and Later Hephthalites," History of Civilizations Of Central Asia, Vol. III, p. 172. Rajputra는 '왕'이라는 뜻인데 '왕족'으로 번역되는 것은 오도된 면이 있다. 비록 부락의 왕을 '제왕'으로 부르는 것이 지나친 면이 있긴 하지만 그들이 고대 인도의 크샤 트리아임을 자처한 이상 '라지푸트족'이라고 칭해도 무방하다.

38. Xiang Wan, "A Study on the Kidarites: Reexamination of Documentary Sources," Archivum Eurasiae Medii Aevi, 19(2012), p. 244.

제20장

아프리카 고대사의 형태와
후기 고대사의 노선

가장 핵심적인 대륙이자 가장 오래된 인류

고생대Paleozoic(대략 5억 4,100만 년~2억 5,200만 년 전)에서 중생대Mesozoic(2억 5,200만 년~6,600만 년 전)에 이르는 시기, 지구상의 육지는 한 덩어리로 응집된 상태였는데 이를 일컬어 판게아Pangaea라고 한다. 대륙 이동설에 따르면 판게아는 여러 대륙의 지각판으로 분열되기 시작하였고 그 중앙의 지각판이 대략 오늘날 아프리카에 해당한다. 이 때문에 아프리카는 지구 대륙의 원류이자 핵심인 셈이다. 또한 아프리카는 인류의 조상이 살던 곳이다. 대륙은 최근 200만 년간 대부분 빙하기였고 전 세계 기후는 갈수록 건조해졌다. 아프리카의 기온은 지금보다는 낮았지만 건조함 때문에 사하라 사막이 형성되고 삼림지대가 줄면서 원숭이과 동물들은 초원지대로 근거지를 옮겼다. 이 무리가 원숭이과 중에서도 우수한 '비비狒狒'가 되었다. 새로운 환경에 적응한 원숭이는 직립보행 원인猿人으로 진화하여 오스트랄로피테쿠스Australopithecus 종이 되었는데 유일하게 아프리카에만 존재했다.[1] 200만 년 전, 오스트랄로피테쿠스는 호모 에렉투스Homo erectus로 진화한 뒤 사하라 사막을 건너 구대륙 각지에 흩어졌다. 호모 헤이델베르겐시스와 메간트로푸스, 베이징원인이 대표적이다. 빙하 시대 말기 호모 에렉투스는 호모 사피엔스Homo sapiens로 진화하였는데 그 분포지가 아프리카로 한정되었는지는 여전히 논쟁 중이다(제1권 제1장 참조).

기나긴 역사를 백만 년 단위로 끊어서 보면 아프리카는 끊임없이 혁명적 전환점이 생긴 장소임은 분명하지만, 천년 혹은 백 년 단위로 끊어서 보는 역사 구간으로 진입한 뒤로는, 아프리카는 후발주자인 여타의 대륙에 밀려나기 시작했다. 아프리카를 떠난 원시 인류는 세계 각지의 서로 다른 환경이 주는 도전에 직면하면서 새로운 행위 모델을 발전시켜 나갔다. '호모 사피엔스'의 유전자형genotype은 모두 대동소이한 데다

10만 년 전에 이미 형성되었기 때문에 1만 년 전의 신석기 혁명과 그 뒤 문명단계로의 도약을 이루어낸 일련의 새로운 행위 모델들은 대개 유전 자형과 문화적 전승이 상호 작용하여 이루어낸 결과물이다. 따라서 이를 '공진화共進化, co-evolution'라고 표현한다.[2] 세계사의 고대단계에서는 나일강 유역과 북아프리카 지중해 연안이 모두 참여, 고대문명 형성에 각각 독특한 공헌을 했다. 그러나 사하라 사막 이남의 블랙 아프리카는 또 별개의 세계다. 블랙 아프리카는 환 지중해의 고대사가 끝난 뒤에야 비로소 석기시대에서 벗어났지만, 청동기 시대를 건너뛴 채 곧장 철기시대로 접어든 뒤 해당 시대에 정체된 듯하다.

블랙 아프리카의 지리 형태와 역사 생태

21세기에 이르기까지 블랙 아프리카는 늘 '낙후'한 상태로 20세기에는 대륙 전체가 오랜 마이너스 성장을 겪었다. 세계사가 '문명'의 단계, 특히 '현대'로 접어든 뒤 블랙 아프리카의 '공진화' 속 문화 전승이라는 양분은 갈수록 풍성해졌다. 19세기 제국주의 서방은 인종의 개념을 들어 흑인이 열등하다고 해석했다. 그러나 인류 유전학의 새로운 지식 측면에서 보면 이러한 관점은 더 이상 발붙일 수 없게 되었다. 포스트 식민주의 시대를 사는 오늘날, 이러한 관점은 정치적으로도 정확하지 않다. 후자의 입장도 반드시 객관적이라고 할 수 없을 뿐 아니라 다소 지나친 면이 있어서 역사에 대한 왜곡적 이해가 전자에 못지않다. 일례로 극단적인 '아프리카 중심론'을 주장하는 이들은 유럽 문명이 아프리카에서 발원했다고 여겨 역사 왜곡에 빠지기도 한다. 유럽 및 미국 사람들은 흑인을 노예화했던 조상의 과거 탓에 일종의 죄책감을 품고서 후자의 논지에 대해 직접적이고 과감한 비판을 하려 들지 않는다. 동아시아 사람들은 흑인을 노예화했던 역사는 없지만(당나라 시대에 극소수의 '쿤룬 노예'는 제외) 과거 심미적인 측면에서 흑색 인종 경시하기를 거리낌 없이 했던 적이 있으니 마찬가지로 날을 세우지 않는 편이 낫다고 여긴다. 이에 따라 북아프리카 역사는 정치 정확성이라는 지뢰가 가득 묻힌 학술영역이 되었다.

인종을 넘어서서 사람, 시간, 지역이 상호작용하는 관점에서 깊이 있게 총체적으로 비교해야만 안전하다! 아프리카와 유라시아 대륙은 다르다. 후자는 북반구에 위치하고 가로 방향의 구조인 반면 아프리카는 적도에 의해 남반부와 북반구의 두 개 반구로 나뉘는 형태이다. 북반구에 속한 부분은 횡적인 '북반구 구조'이며 남반부에 속한 지역은 종적이어서 흡사 남미와도 같아 둘 다 '남반구 구조'에 포함된다. 제1권 제5장에서 이미 언급하였듯이 유라시아 대륙과 비교했을 때 미주 대륙의 전체적인 형태는 비교적 종적이고 수직형이어서 문명의 전파가 쉽지 않다. 왜냐하면 이와 같은 지역에서 문명을 전파하려면 다양한 기후대를 통과해야 하기 때문이다. 비록 서반구에서는 북미 대륙의 형상이 여전히 '북반구 구조'에 편향된 면이 있지만 남미 대륙에 비해서는 횡적이다. 아프리카는 머리가 무겁고 다리가 가벼운 팽이의 형태다. 그러나 비교적 문명 전파가 수월한 '북반구 구조' 부분에는 세계 최대의 사하라 사막이 가로놓여 있는데 이는 아프리카 대륙 전체의 3분의 1을 차지한다.[3] 이는 단순히 대륙을 지리적인 면에서만 지중해 문명의 북아프리카와 사막 이남의 블랙 아프리카로 나눈 것이 아니라, 역사적으로도 유라시아 대륙의 고대사에서 활약했던 북아프리카와 청동기 시대를 건너뛰어 일어난 '철기시대의 아프리카'로 구분했다.

아프리카는 세계에서 두 번째로 큰 대륙이지만 정작 해안선은 약 2만 6,000킬로미터에 불과하여 고작 오스트레일리아만을 앞설 뿐이어서 다섯 대륙 가운데 비교적 짧은 편이다. 아프리카보다 더 작은 유럽 대

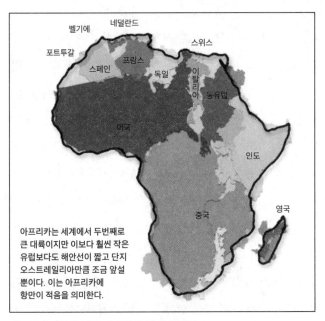

아프리카는 세계에서 두번째로
큰 대륙이지만 이보다 훨씬 작은
유럽보다도 해안선이 짧고 단지
오스트레일리아만큼 조금 앞설
뿐이다. 이는 아프리카에
항만이 적음을 의미한다.

아프리카 판도와 다른 나라 판도 간의 중첩도

류의 해안선이 오히려 3만 2,000킬로미터임을 보면 아프리카에 항만이
나 도서 지역이 많지 않음을 알 수 있다.[4] 이 점은 역사 연구가들이 특히
주의해야 할 부분이다. 유라시아 대륙 서쪽을 아우르는 전체 고대사는
바로 항만의 역사이기 때문이다. 즉, 메소포타미아 문명과 이집트는 모
두 남북에 각각 바다가 있는데, 전자는 아카드 제국 시대에 이미 아래쪽
바다인 페르시아만으로부터 위쪽 바다인 지중해로 전진하였고 이집트
또한 홍해와 지중해 사이에 있었으며 그리스 역사도 한 마디로 들쑥날
쑥한 항만 도서에 관한 이야기라고 할 수 있다. 환 지중해 제국이었던 로
마는 지중해 분지의 해안선이 4만 6,000킬로미터였는데 여기에는 제국
의 또 다른 내해인 흑해나 제국의 홍해, 대서양 해안과 도서를 포함하여
계산하지 않았다.

아프리카의 해안선이 짧다지만 남미보다는 길다. 그러나 후자는 신

대륙의 반절뿐이므로 반드시 그렇다고만은 할 수 없다. 아프리카와 남미는 항만이 부족하다는 점 외에도 내륙이 가로막혀 통하지 않는다는 공통점을 가진다. 남미의 서부는 북미의 로키산맥과 같이 남쪽으로 뻗어 이어진 안데스산맥이다. 로키산맥이 막아 지키는 것은 광활한 미시시피 평원, 즉 오늘날 최선진국 미국의 내지이지만 안데스 산지는 세계에서 가장 큰 아마존 열대우림이 기대고 있다. 이 때문에 남미 대륙이 북부 아메리카보다는 심각하고 북부 아프리카와는 막상막하인 교통 장애를 안게 된 것은 애초부터 정해진 운명이었다고 할 수 있다. 북미 대륙과 대응하는 아프리카의 북반부는 누런 사막이다. 사막 남부에는 좁고 작은 동서 방향의 초원 통로가 있는데 그 남쪽은 세계에서 두 번째로 큰 콩고 열대우림이고 콩고 분지의 남쪽은 남아프리카 고지이다. 그 중간은 비교적 평평하면서도 아프리카에서 두 번째로 큰 칼라하리 사막으로 면적이 고비 대사막 다음으로 크다. 칼라하리 사막의 남쪽에 있는 카루 층군Karoo Supergroup은 토착 코이산어에서 '갈증의 땅'으로 불리는 곳으로 남아프리카공화국 영토의 3분의 2에 해당한다. 칼라하리의 서쪽은 대서양에 연해 있는 나미브 사막Namib Desert으로 앙골라와 나미비아에서 남아프리카공화국에 이르는 2,000킬로미터 길이의 연해 사막이자 내륙과 대양 사이를 가르는 지대이다. 오늘날 세계의 남북 대립은 다름 아닌 빈부의 양극화라고 할 수 있는데 이 어찌 우연이 아니라고 하겠는가?

종족과 어족 사이의 경쟁인가, 아니면 다원적 발전인가?

어족의 관점에서 보면 오늘날 아프리카인은 크게 다섯 개의 집단으로 나뉜다. 아프리카 아시아 어족Afroasiatic languages 아래에는 아랍(아라비아)어족, 베르베르어족Berber, 쿠시트 어족Cushitic, 차드 어족Chadic, 오모 어족Omotic, 암하라 어족Amharic(고대 셈어족) 등이 있다. 아랍어족의 주류는 아프리카 밖에 있으므로 순수하게 아프리카에 속한 어족은 네 개, 즉 나일로 사하라 어족Nilo-Saharan, 니제르 콩고 어족Niger-Congo, 스스로 하나의 계열을 이룬 코이산 어족Khoisan 그리고 한때만 존재했던 니그리토 어족이다. 그 밖에 마다가스카르는 남도 어족에 속하지만 아프리카 대륙에 속한다기보다는 오히려 인도양과 비교적 더 밀접한 관계를 갖는다.[5] 이에 대해 이의를 제기하는 이들은 이렇게 지적한다. 소위 5대 어족 중에서도 아프리카 언어의 복잡성은 5대륙에서 단연 으뜸이며 특히 사하라 남부(초원지대와 같은 지역) 언어는 전체 대륙의 3분의 2를 차지하여 가히 '파편적 지대Fragmentation Belt'라고 할 만하니, 이 때문에 소위 5대 어족의 분할 및 식민 통치 시대의 행정적 영토 구획은 보통 임의로 이루어졌다는 것이다.[6] 그러나 이와 같은 '포스트 식민 비판'은 또 다른 문제를 초래했다. 만일 아프리카의 언어가 '파편적'이라는 이유로 큰 부류로 귀납하여 묶을 수 없다면 이는 아프리카의 작은 지역 사이에 왕래가 적고 심지어 전혀 교류가 이루어지지 않았음을 의미하는데 이는 일종의 극단적 낙후 상태가 아닐 수 없다!

어찌 됐든 어족을 기준으로 집단을 구분하는 것은 인종을 기준으로 하는 것보다 더 잘 수용된다. 아프리카 아시아 어족은 한때 '함-셈 어족Hamito-Semitic Languages'으로 불렸는데 그 배경에는 「구약」 성서의 색채가 짙게 깔려 있다. '함'은 부친인 노아가 저주한 자녀로 그의 자손은 대대로 다른 형제의 노예가 되었다. 1963년부터 통용되기 시작한 '아프리카 아시아 어족'은 아시아와 아프리카 고대문명의 장점을 한데 연결하였고 고대 이집트어에서 파생한 콥트어Coptic 또한 이 계열로 편입된다. 나일-사하라 어족은 아프리카 내륙에 갇혀 유일하게 바다를 보지 못한 어족 집단으로 주로 남수단에서 사하라 중부까지 아울렀는데 독립된 어족을 이뤘는지의 여부는 여전히 논쟁 중이다. 기타 아프리카 어족

남아프리카의 부시맨

으로 분류되지 못한 채 분류되길 기다리는 지대여서 이를 '파편적 지대 Fragmentation Belt'로 칭했던 이도 있다. '니제르-콩고 어족'은 기존의 '니그로Negro'를 대체하여 사용되었다. 후자는 원래 서부 아프리카 인종을 일컫는 말이었을 뿐 언어를 지칭하지는 않았지만 종족주의의 색채가 짙어 더 이상 사용되지 않고 폐기되었다. 종족의 측면에서 보면 전통 니그로족의 동남부는 피그미족Pygmies인데 지금은 '니그리토'로 해석되는 것이 맞다. 그들은 '니제르-콩고 어족'의 반투어 Bantu 지파가 남하함에 따라 콩고 열대우림으로 몰려 들어갔는데 원래는 자체의 언어가 있어야 하지만 지금은 이미 반투화 한 상태이다. 아프리카 최남단의 부시맨Bushmans은 고립된 코이산 어족이자, 반투인의 이주로 칼라하리 사막까지 밀려 나갔다. 그러나 반투인은 부시맨을 병탄할 수 없었고 이 때문에 그들만의 독립적인 코이산어를 유지할 수 있었다. '코이산인'이라는 말은 식민지 시대에 관용적으로 쓰던 '부시맨'이라는 말 대신 사용되었다.

세계사적인 측면에서 보면 가장 일찌감치 고대 근동 문명 형성에 참여했던 집단은 아프리카 아시아 어족이다. 나일강 유역은 기원전 5천 년 무렵 농경 목축의 혁명이 주는 충격을 경험했다. 기존의 관점에 따르면 새로운 생활 방식은 나일강 유역에서 남북의 양쪽 통로를 따라 서쪽, 즉, 북아프리카 지중해 연안과 사하라 이남의 들판 지대로 전파되었다. 후자의 통로는 아랍어에서 '주변'이라는 뜻의 '사헬Sahel'로 불렸다. 바꿔

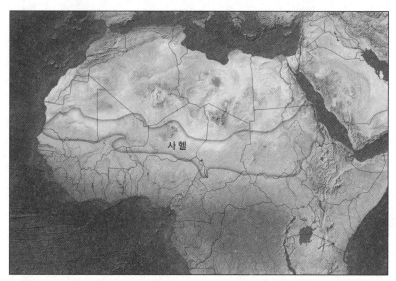

사하라 사막 이남의 초원지대: 사헬

말해 남북에 위치한 두 개의 자연적, 문명적 주변 지대가 사하라 사막을 포위하였지만, 대서양 해안을 아우를 수는 없어서 사하라 자체는 공백 상태가 이어졌고 적도 이남의 아프리카 대륙도 공백 상태가 되었다.[7] 그러나 오늘날 농업 기원 다원론자들은 이러한 관점을 수정하여 서부 아프리카 역시 토산 농작물이 있었던 데다 대부분 고온 다습한 환경에 최적화된 제품이어서 근동 지역의 농작물은 해당 지역에서 생존할 수 없었다고 지적한다.[8] 쟁론하기 어려운 부분은 사하라 이남 아프리카는 비교적 뒤늦게 농경 생활 방식을 채택한 데다 훗날 출현하게 되는 문명 역시 농경과 목축이 병행되는 환경 위에 세워졌기 때문에 토지에 기반을 둔 농경 제국이 등장하지 않았다는 점이다.

기존의 관점에서는 아시아 아프리카 어족인 고대 이집트인이 문명을 전파할 때, 서쪽으로는 같은 어족인 베르베르족까지, 남쪽으로는 역시나 같은 어족인 누비아족까지 이르렀다고 본다. 이런 의미에서 아시

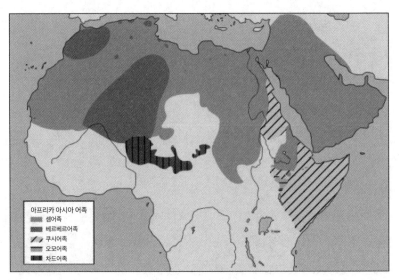

아프리카 아시아 어계: 아랍어, 베르베르어족, 쿠시어족, 차드어족, 오모어족, 암하리어족
(고대 셈어족)

아 아프리카 어족이 세계의 고대사에 참여하였다고 할 수 있다. 여기서
'아시아 아프리카'라고 언급한 것은 비록 아프리카에서 갈라진 가지이
긴 하지만 아시아와도 연관되어 있기 때문이다. 나일강 상류, 문명의 경
주에서 바통은 누비아인에게서 순수 아프리카 대륙 소속인 나일 사하라
어족에게로 넘어갔다. 후자는 문명을 사하라 이남의 사헬에서 중앙아프
리카로 전파했고 다시 서부 아프리카의 니제르 콩고 어족이 바통을 이
어받았다. 이는 후자로 하여금 청동기 시대를 건너뛰고 바로 철기시대
(및 이에 상응하는 농경시대)로 진입하게 했고 이를 전체 아프리카 대륙의
남반부에 전파하여 남부 아프리카 대사막의 북부 경계선까지 이르게 했
다. 오늘날의 아프리카 연구에서는 아시아에서 아프리카로 유입됐다고
보는 '전파론'에 대해서는 의문을 제기하며, 특히 서부 아프리카의 철기
기술은 자체적으로 창조한 것이라고 본다. 서부 아프리카인이 남하하여
문명을 블랙 아프리카에 전파하였다는 점을 '전파론'으로 해석하는 것

에 대해서는 대체로 이견이 없다. 사헬 이남의 아프리카에 반투어가 지배적이었다는 점은 이미 논쟁거리가 아닌 기정사실이 되었다. 그들에 의해 도태된 니그리토와 코이산족이 수렵과 채집 생활을 한 몰락 종족에 속했음도 이를 대변해줄 만한 근거는 없다.

나일강 중심의 '고대'

아프리카가 참여한 세계 고대사에서 이집트는 자연스럽게 그 주인공이 되었다. 고대 이집트와 훗날 수메르인의 메소포타미아 유역 문명은 모두 아프리카 아시아 어족 집단이 구축한 것이다. 이러한 의미에서 '근동'은 아시아와 아프리카 두 대륙을 아우르며 고대사의 한 단락을 이루었다. 그러나 다른 시각에서 보면 이집트와 고대 근동은 훗날 일어난 지중해 문명과 일정한 거리가 있는데 근동 문명의 중심이 되는 메소포타미아 유역이 아시아에 있고 지중해와 근접해 있지 않기 때문이다. 이집트는 아프리카와 아시아가 맞닿는 경계지점에 위치하여 지중해 해안선이 있지만, 웬일인지 이집트는 지중해에 관심이 없어서 그리스인이나 페니키아인과는 완전히 달랐다. 고대 이집트인은 지중해에 식민지를 두지 않았고 나일강 삼각주에도 큰 항구를 건설하지 않았는데 정복자 알렉산더 대왕이 알렉산드리아를 세우기 전까지도 이런 상황은 계속되었다. 프톨레마이오스 왕조는 이곳에 수도를 두고 이를 기지 삼아 동부 지중해의 제국을 경영했다. 내부적으로는 하나의 나라에 두 가지 체제를 유지하는 일국양제一國兩制를 운영하여 '알렉산드리아인'과 '이집트인'은 두 부류의 집단으로 변모하였다. 전자가 남하하여 이집트로 갔다면 후자는 마치 미라의 내관內棺처럼 프톨레마이오스 제국이라는 무덤 외곽外槨에 둘러싸인 형국이 되었다(제15장 참조).

이런 의미에서는 아프리카 본위의 '고대사', 즉 나일강 일대의 고대사를 확실히 규정할 수 있다. 고대 이집트 왕국이 등장하기 전에는 지금의 이집트에서 수단에 이르는 나일강 일대가 선사 시대 문화의 통합적 성격을 지니고 있었다. 이를테면 최근 발굴된 누비아Nubia 사막의 나바 플라야Nabta Playa 유적지는 해당 지역이 훗날 고대 이집트 왕국, 특히 암소 숭배에 영향을 끼쳤음을 확실히 보여준다. 기원전 3,200년, 이집트는 문자와 수리水利를 담당하는 중앙 조직을 구축함으로써 특정 지역만이 갖는 통합성을 깨트리고, 그 남부의 '수단'을 별개의 지역이자 별개의 문화로 삼았다. 고대 이집트는 나일강 상류 제1폭포the First Cataract의 남부 지역을 '누비아'라고 통칭했다. 아프리카는 곳곳에 교통상의 장애 요인이 겹겹이 놓여 있었지만 누비아는 마침 동서남북의 통로가 교차하는 지점에 위치하여, 나일강을 따라 남하하여 에티오피아에 도달하고 이를 거쳐 홍해와 인도양에 닿을 수 있었다. 누비아에서 서쪽을 향해 오늘날 수단의 코르도판Kordofan과 다르푸르Darfur에 이르고 여기서 사막 이남 통로를 따라 차드 저지대Chad depression에 도달함으로써 서부 아프리카와 연결되었다.[9]

이는 또 다른 유형의 역사 생태라고 할 수 있다. 즉, 타우루스-자그로스산 계열과 북아라비아의 건조한 목초지가 비스킷 사이에 낀 크림과도 같은 '비옥한 초승달 지대'를 만들어 냈다. 이는 자그로스Zagros산계山系의 외부가 이란 고원과 연결되어 뻗어 나간 근동 고대사와 다르다. 나일강의 역사 생태 또한 지중해의 역사 생태와는 다른 양상을 보였다. 페니키아인은 이베리아반도의 매장 광물을 장악하기 위해 남지중해에 일련의 식민 지대를 구축했고 서부 지중해에서도 우위를 점했다. 그리스인은 에게해라는 요람을 벗어나 점차 흑해와 이오니아해(아드리아해의 남부)까지 이르렀고 지중해 동북부 구석에 웅거했다. 티레니아해에 막힌 로마는 가장 먼저 카르타고(페니키아의 후손)를 해당 해역에서 쫓아냈고 더 나아가 그 세력을 서부 지중해에서 축출하였으며 이와 동시에 아드리아해를 주재하여 지중해 전역을 포괄하였다. 그들과 비교하면 나일강은 완전히 별개의 역사적 단위라고 할 수 있다.

또 다른 나일강 고대 왕국

학자들은 기원전 4,000년에서 기원전 3,000년 사이 누비아 북부 선사 문화를 'A그룹'이라고 칭하였는데 이는 대략 고대 이집트의 제1왕조에 해당한다. 'A그룹'은 여전히 신석기 시대에 속하며 이집트에서 일부 청동기를 들여와 돌과 청동을 병용하던 시기이다. 그 뒤 쇠락기에 들어간 'B그룹' 시기는 고대 이집트의 제3왕조에서 제6왕조에 해당하며 누비아의 쇠락은 이집트와 관계가 있었던 것으로 보인다. 누비아의 황금과 보석, 침향, 상아, 흑단목을 탐낸 지 오래였던 이집트는 누비아 북부를 점거한 뒤 나일강의 제2폭포the Second Cataract 유역까지 진군하였을 것으로 보인다.[10]

이집트의 고대 왕국이 무너지고 제1중간기(2240~2150BCE)에 접어들면서 북부 누비아에는 하나의 독립적인 문화가 등장하였는데 학자들은 해당 기간을 'C그룹'이라고 칭한다. 여전히 금속과 석기를 병용하였으며 목축 위주의 경제였다. 해당 문화기의 매장 방식은 이집트와는 확연히 달랐고 이집트의 종교나 문자도 도입하지 않았다. 이집트는 중왕국 시기에 통합을 이룬 뒤 누비아에 대한 정복을 다시금 추진하였고 이집트 문헌에서는 최초로 이 땅을 쿠시Kush라고 일컫기도 하였다. 중왕국 시기에는 좀 더 상류에 있는 제3폭포the Third Cataract에 누비아족의 국가가 등장, 제3폭포 이남의 케르마Kerma를 중심으로 삼았다. 이는 '쿠시 왕국'의 수도로 볼 수 있다. 이집트 역사의 제2중간기는 대략 기원전 1730년에서 기원전 1580년 사이이다. 쿠시 왕국은 전성기에는 북쪽으로 제1폭포까지 이르러 그 영토가 이집트에 필적할 만했고 이집트 아래를 점거했던 힉소스족과 동맹하여 이집트에 대한 남북 협공 태세를 구축하기도 했다.

이 때문에 테베는 다시금 이집트를 통일하고 새로운 왕국을 세운 뒤 남북 양쪽에 대해 공격을 개시했다. 즉, 카모세 1세Kamose I(c.1555~1550BCE)가 먼저 남쪽으로 누비아를 침략하고 힉소스인에 대한 북벌을 감행했다. 케르마 정권은 최후에 제18왕조인 투트모세 1세(1530~1520BCE)에게 멸망하고 이집트는 한때 제5폭포the Fifth Cataract의 북부 가장자리까지 밀고 들어간다. 신왕국은 누비아에 대한 통제도 상당히 안정적이었다. 제19대 왕조 람세스 2세의 가장 웅대한 절벽 조각 신전이 바로 누비아 경내와 제2폭포 북부 아부 심벨Abu Simbel에 있다. 이집트는 나파타Napata를 중심으로 무려 500여 년간 쿠시를 다스렸고 그곳에 위임한 총독의 직책은 '쿠시의 왕자the King's son of Kush'로 불렸는데 이는 아마도 처음에는 왕실에서 실제로 임명되었다가 나중에는 관행적인 직함 명칭으로 변모하였을 것으로 추측된다. 어쨌든 이것이 이집트 왕국과 분리할 수 없는 역사의 단락임은 분명하다. 신왕국 통치하의 쿠시는 제2중간기부터 시작된 이집트화가 이제는 더욱 심화하여 현지의 부족장은 반드시 아들을 이집트 왕정에 인질로 보내어 교육을 받게 해야 했고 심지어 그들은 본국의 언어조차 잊고 살았다고 한다. 신왕국 말기에 이르면 쿠시는 이미 군사적 요청지가 되어 중앙 왕정의 폐립을 좌지우지하기에 충분한 세력으로 성장하였다.[11]

이집트 신왕국이 제20대 왕조와 함께 막을 내린 뒤 일어난 것은 '제3중간기'로, 그 시기 특징으로는 국가의 분열과 서방에서 온 리비아인의 통치, 즉 리비아에서 온 베르베르인이 세운 제22대, 제23대, 제24대 왕조의 통치를 들 수 있다. 쿠시는 다시금 독립을 얻었지만 수도는 여전히

이집트 중왕국 시기 한때 누비아에 등장했던 케르마 왕국

나파타 유적지의 소형 피라미드

나파타에 두었고 쿠시왕 피예Piye(?~721BCE)는 심지어 북으로 이집트를 정벌하고 제25대 왕조, 즉 '쿠시왕조'를 세우기도 했다. 그 시기 고대 근동 국제무대의 중앙은 이미 아시리아인에 의해 강점되었는데 어떻게 하면 이 강적을 막아낼 수 있느냐는 쿠시 왕조에 닥친 시급한 문제였다. 신왕국이 막을 내린 뒤 이집트는 쿠시 왕조 탓에 처음으로 팔레스타인과

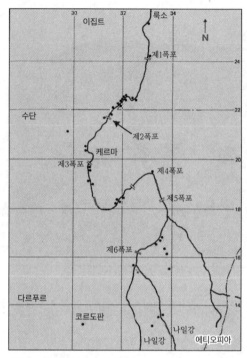

이집트 나일강 상류의 여섯 폭포

시리아의 문제에 휘말리게 되었다. 기원전 673년과 기원전 671년, 아시리아 왕 에살핫돈은 두 차례에 걸쳐 이집트 본토를 침략하였고 이에 쿠시 파라오 타하르카Taharqa(690~664BCE)는 누비아로 도망하였다. 에살핫돈이 죽자 타하르카는 재기를 꿈꾸지만 에살핫돈의 아들인 아슈르바니팔에 의해 영원히 이집트에서 쫓겨난다. 훗날 이집트는 삼각주 지대에 있던 한 정권의 주도로 나라를 수복하였고 이로써 쿠시 왕조는 종말을 고한다. 이집트는 처음으로 아시아 제국에 패하였고 이집트의 청동 병기는 아시리아의 철 병기를 당해낼 수 없다는 침통한 교훈을 얻었다. 아시리아의 침입은 이집트를 '철기시대'로 들어서게 하였다.[12]

이상한 것은 쿠시 왕조는 이집트 역사에서 '제25대 왕조'를 이뤘는데도 쿠시 본토에 대한 이집트의 영향은 미미했다는 점이다. 일찍이 쿠시 본토가 신왕국 시대에 이집트의 속국 신세로 전락했던 적이 있었는데도 말이다. 쿠시 왕조는 명의상 이집트와 누비아의 연방이며 머리를 치켜든 한 쌍의 코브라double Uraeus 상징을 써서 연합왕국의 이중 왕위를 표시하기도 했다.¹³ 그러나 그것은 상하上下 이집트를 상징하는 매와 뱀 형상의 이중 왕관과는 다르다. 이 두 종류의 동물은 비록 하나는 하늘을 날고 다른 하나는 땅을 기지만, 어쨌든 둘 다 이집트 문화의 토템이고 쿠시왕이 내세웠던 쌍두뱀과는 다른 생태환경에서 유래하였기 때문이다. 쿠시 왕조는 이집트를 통치했지만 누비아 본토는 부락 연방의 형태를 유지했고 자기만의 종교가 있었는데 심지어 자기만의 문자를 사용하기도 했다. 이는 두 곳의 자연 생태와 정치 생태가 달라서 생긴 결과다. 제1폭포 이북의 나일강은 사하라 사막을 가르는 협소하고 기다란 오아시스 지대여서 중앙집권 체제를 갖춰야만 전체 형국을 다스릴 수 있는 구조였다. 누비아 경내에는 여섯 개의 폭포가 있어서 나일강을 구간별로 나누었고 강의 양쪽 기슭은 더는 협소하고 기다란 농경 지대가 아니고 넓고 광활한 초원 지구여서 방목이 쉬웠다. 국왕과 귀족, 사당의 재산은 모두 소 떼를 기준으로 셈하였다.¹⁴

이집트에 의해 쫓겨난 누비아인은 아프리카 내지로 내몰렸지만 수도는 여전히 나파타에 두었다. 그곳은 남북 방향의 나일강 길에서 가장 먼저 동북 방향으로 꺾어 도는 물줄기 쪽에 위치했고 이 때문에 비록 제4폭포 앞이긴 하지만 오히려 그 남쪽에 위치했다. 기원전 591년, 이집트 제26대 왕조의 파라오인 프사메티쿠스 2세Psammetichus II(595~589BCE)는 그리스와 카리아 용병을 써서 남하, 나파타를 함락했다. 쿠시 왕국은 수도를 남쪽의 메로에Meroe로 옮길 수밖에 없었는데 이곳은 제5, 제6폭포 사이, 나일강과 그 지류인 앗바라 강Atbara River 간 교차점의 남쪽 그리고 청나일강과 백나일강 교차점의 북부에 위치하여 이미 블랙 아프리카로 깊숙이 들어가 있었다. 천도 후의 쿠시 왕국은 나파타를 종교 중심지로 삼았는데 이집트인이 철수한 뒤로도 여전히 쿠시왕의 매장지가 되었다.[15] 1,300여 년간 존속한 이 왕국은 청동기 시대가 총 붕괴할 무렵 탄생하여 로마 시대에 이르러서는 아우구스투스와 맹약을 통해 양국의 경계선을 나누어 확정하기도 했다. 멸망한 시기는 3, 4세기의 교차기였으며 원인은 좌우 양측의 유목민과 남방 신흥 에티오피아인 악숨 왕국Kingdom of Axum의 협공 때문이었다.

일찍이 이집트에 의한 통치도 받아보고, 이집트를 통치한 적도 있었던 쿠시 왕국이 이집트 문명의 영향을 피하지 못했으리라는 점은 가히 짐작할 수 있다. 쿠시 왕실이 구축했던 다수의 소형 피라미드가 이를 증명한다. 국가 제전에서는 아몬 신을 받들었지만 사자신 아페데마크Apedemak와 같은 현지의 신도 숭배했다. 메로에는 이집트의 문자를 모방하여 23개 철자를 가진 문자 체계를 만들어 냈고 이집트의 글자 체계를 그대로 답습하지는 않았다. 메로에의 내륙은 나파타보다 광활했기 때문에 목축업을 제외하고 농경도 발전하였고 고대이집트에는 없었던 목화를 대량으로 생산했는데 이는 현지 내수를 위해서만 공급했던 것으로 보인다. 그곳의 황금과 보석은 외부로 판매되었다. 가장 중요한 것은 메로에가 지중해와 홍해 사이의 상업 중심지에 위치했을 뿐 아니라 무궁한 아프리카 천연자원을 배경으로 가지고 있었다는 점이다. 메로에는 일찍이 역사가에 의해 '고대 아프리카의 버밍엄(철기 제련의 중심지. 비록 오늘날의 상황과는 맞지 않지만)'으로 불리기도 했다.[16]

기독교가 누비아로 전파된 뒤 해당 지역은 이미 노바디아Nobadia, 마쿠리아Makuria, 알로디아Alodia의 세 왕국으로 나뉘었다. 노바디아는 나일강 제1, 제3폭포가 있는 땅이고 지리적으로 이집트와 가장 근접해 있

메로에 왕국(800BCE~350CE)의 소형 피라미드. 그들은 스스로 '이집트인'이라고 칭했으나 후자에 의해 전적으로 받아들여지지는 않았다. 그러나 이집트가 몰락하자 이집트 문화를 전승하고 유지한 쪽은 오히려 메로에였다.

으며 일찍이 그 남쪽에 있는 제3~제5폭포까지의 마쿠리아와 연합하여 6세기에는 공동으로 동서 정통 교회가 두루뭉술하게 정의된 '단성론' 교리를 신봉하였다. 두 나라의 개종은 무척이나 철저했다. 고고학 증거도 고대 누비아의 성왕聖王 제도가 돌연 중단되고 노비를 함께 순장하는 풍습도 개종 무렵 중단되었음을 보여준다.[17] 이집트가 이슬람에 의해 정복된 뒤 남방의 기독교 연합왕국은 일찍이 병사를 파견하여 북벌을 감행하는데 당시 대식국大食國(아라비아 제국) 총독에 의해 구금된 알렉산드리아의 대주교를 구출한다는 명분이었다.[18] 그러나 훗날 노바디아는 점차 이슬람화하여 가장 철저하게 아랍화하였다. 그 남부에 위치한 마쿠리아 기독교 왕국은 끝까지 완강히 저항하다가 오히려 8, 9세기에는 황금시대에 진입하기도 하였지만, 반면 이슬람의 이집트에는 쇠락의 기미가 보이기 시작하였다. 마쿠리아는 줄곧 유지되다가 오스만 제국 시기에 이르러 비로소 함락된다. 가장 남방에 위치하고 제6폭포의 남북에 걸쳐 있는 알로디아의 역사는 가장 모호하다. 한때 마쿠리아와 연방을 구성하기도 했지만 16세기에 이르러 남방 수드Sudd에서 온 유목민에 의해 멸망한 것으로 보인다.

악숨 왕국

누비아의 동남쪽에는 '아프리카의 지붕'으로 불리는 에티오피아 고지가 있는데 그 북부는 고대이집트가 '푼트의 땅Land of Punt'이라고 칭한 곳에 속했고 이집트는 그곳에서 송진과 흑단목, 상아 그리고 노예를 들여왔다. 고고학적 증거를 통해 그곳은 기원전 4,000년에서 기원전 3,000년 사이에 이미 좁쌀을 재배했고 도기도 만들었다는 사실이 밝혀졌다.[19] 또한 그곳은 기원전 2세기에 세워진 악숨 왕국의 요람이기도 했다. 학자들은 한때 악숨이 아라비아반도 남단의 사바인Sabaeans(시바인)이 세운 왕국이라고 굳게 믿었다. 그러나 오늘날 학술 분위기는 악숨이 현지의 다모 문명을 계승했다고 보고 사바인이 기원전 4세기 혹은 5세기에 해당 지역으로 이주하기 전에 이미 현지에는 왕국이 출현했다고 강조한다. 문제는 그들이 훗날 악숨 정권과 연속성을 갖는지의 여부가 아직 증명되지 않았다는 점이다. 해당 지역의 고대 셈어족 게즈어Ge'ez는 지금은 사바어에서 파생된 것이 아니라고 여겨진다. 그러나 에티오피아의 가장 오래된 글자는 오히려 남아라비아 형태에 속하지 않는데 글자란 차용할 수도 있는 것이므로 특별히 언급할 만한 것은 없다. 게즈어는 오늘날 에티오피아의 모국어인 암하라어Amharic의 원형이다. 암하라어는 아라비아어 이외에 세계에서 두 번째로 규모가 큰 셈어족이다. 만일 누비아를 제2의 나일강 왕국으로 본다면 에티오피아는 또 다른 아라비아라고 부를 수 있을 것이다.

　나일강의 두 왕국과 비교했을 때 악숨 왕국은 또 다른 별개의 역사

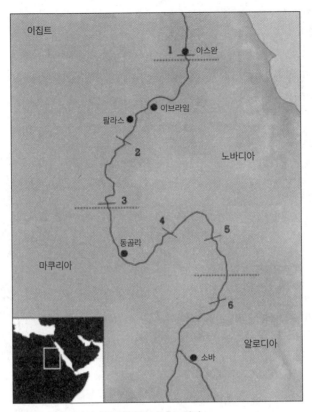

노바디아, 마쿠리아, 알로디아로 나뉜 누비아

생태적 산물이다. 해당 왕국의 이름은 수도인 악숨에서 비롯되었는데 경제는 농경과 목축을 위주로 했고 로마 제국이 홍해 지역까지 확장해 온 뒤로는 해상 무역까지 선도하였다. 로마는 그의 적국인 페르시아 및 동방을 피하여 교통 체계를 구축하고자 했고 특히 해상 노선을 반드시 구축해야만 했다. 악숨 왕국의 아둘리스항Adulis은 지중해와 인도양 무역의 중계 기지가 되었고 왕국은 이를 통해 국제무역 대국으로 거듭났으며 자국의 금, 은, 동 화폐를 발행하기도 했다. 악숨에서 가장 먼저 출현한 화폐에 주조된 것은 그리스어였고 얼마 뒤에는 고대 에티오피아어의

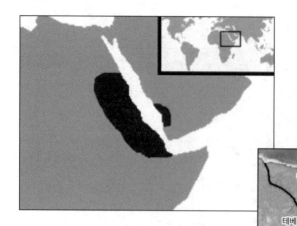

악숨 왕국(400~1270)

오늘날 에티오피아의 전신은 한때 아라비아 반도 남단의 사바인이 세운 것으로 전해졌지만, 오늘날 학자들은 그곳이 현지의 다모(D'mot) 문명의 계승자임을 강조한다. 오늘날 에티오피아의 모국어는 아라비아어를 제외하고 세계에서 두 번째로 큰 규모의 세어계 암하라어(Amharic)이다.

글자가 주조되기도 했지만, 남아라비아어는 좀체 사용되지 않았다.[20] 알렉산더의 계승자가 처음으로 내륙 아시아에 화폐를 전파했기 때문에 내륙 아시아의 화폐에 그리스어가 주조되었던 상황과 같은 맥락이다. 이 때문에 악숨은 그리스인(동로마를 가리킴)의 시야에 들어가 '악숨은 본국 및 수많은 속국으로 이루어졌다'라는 기록이 그리스에 남기도 했다. 동로마 작가는 그리스 이름을 써서 그 왕을 '바실레우스basileus라고 불렀으며 속국은 아르코니테스archonites, 타이런츠tyrants, 에트나르크스ethnarchs라고 칭했다. 또한 악숨왕은 '왕 중의 왕'이라는 존호를 얻어 사실 황제나 다름없었다. 악숨의 중앙 정권은 상당히 국제화되어 모국어인 게즈어 외에도 그리스어를 추가하여 공식어公式語 및 외교 용어로 사용하였다.[21]

2~3세기에는 아프리카 동북부의 강대국으로 성장하였고 3, 4, 6세기에는 바다를 넘어 남아라비아를 침범하기도 하였다. 4세기에는 메로에를 공격하였고 그 남방도 점거하여 후자의 쇠망을 불러일으켰다.

또한 악숨은 4세기에 기독교화하였는데 기독교의 전파는 홍해를 경유해야 했기 때문에 내륙의 누비아보다 시기적으로 앞섰다. 악숨의 이전 기독교 신앙은 남아라비아와 지극히 유사하여 조상 숭배를 강조했다.[22] 국왕 이자나Ezana(320~c.360)는 기독교를 국교로 받들어 알렉산드리아 교구를 관할했다. 451년 열린 칼케돈 공의회Council of Chalcedon는 그리스도의 신성이 인성을 압도하느냐, 아니면 둘 다 중시되냐를 두고 또 한 차례 분열하였다. 후자가 세력을 잡자 단성론자들은 속속 달아났는데 그중 일부가 악숨으로 도망하여 악숨의 기독교 노선이 단성론으로 발전하였고 악숨의 민족 정체성을 주조하였다. 이를 위해 악숨이 받아들인 것은 라틴도 그리스도 아닌 콥트교의Coptic 교리였다. 악숨은 그전까지 남아라비아를 본향으로 여겼으나 기독교화한 뒤로는 그 본향과 문화적으로 단절되었다. 그러나 예루살렘 성전이 무너진 뒤, 유대인이 대거 남아라비아에 모여 살게 되면서 해당 지역의 힘야르Himyar 왕국이 유대교로 귀의한다. 악숨을 배경으로 한 기독교인에게 박해가 가해지자 악숨 황제 칼렙Kaleb은 525년, 바다를 건너 동쪽 정벌 전쟁에 나서 힘야르를 병탄한다.[23] 이에 따라 악숨은 횡으로 누비아와 에티오피아, 남아라비아를 아우르는 대제국이 되었고 그 세력이 동로마, 사산 왕조와 함께 솥발 모양의 삼분지세를 이루었다. 힘야르는 훗날 사산 왕조의 원조 속에서 나라를 수복하고 악숨은 동로마의 동맹국이 된다. 아라비아인의 먼 갈래였던 악숨은 로마 '3세기 위기' 때 세 곳의 분열 왕국 중의 하나인 파밀라와 함께 아라비아 제국의 굴기를 미리 보여주었다.

동아프리카와 사하라 이남 아프리카

서부 아프리카에서 꽃피웠던 전형적 문명은 오늘날 나이지리아 경내의 노크 문화Nok Culture를 들 수 있는데 그 존속 기간은 대략 기원전 900년에서 서기 200년까지였다. 이는 석기시대의 채집 경제에서 철기시대의 농경 형태로 비약 발전한 사례이자 사하라 이남에서 최초로 생겨만 문화이다. 해당 문화가 철기시대로 진입한 것은 대략 기원전 500년 무렵이다.[24]

노크 문화는 요르바Yoruba가 세운 일련의 정권을 파생시켰는데 요르바의 언어는 니제르-콩고 어족에 속한다. 아프리카 문명의 경주에서 다음번 바통을 이어받을 대상은 니제르-콩고 어족의 반투족이다. 그들은 서기 원년에 '갈 지之'자 형태의 노선으로 적도에 진군하였다. 그들은 동쪽으로 진출하면서 문명도 동부 아프리카로 전파하였기 때문에 콩고 분지를 거쳐 동부 아프리카 그레이트 리프트 밸리Great Rift Valley의 다발성 호수 지대, 즉 최초의 인류를 잉태하여 기른 요람으로 들어갔고 어쩌면 또 다른 일파가 서부 아프리카 해안선을 따라 남하하였을 수도 있다. 서기 750년 무렵, 반투족은 남아프리카의 서로 연결된 몇몇 사막지대를 제외하고는 이미 전체 대륙의 남반부에 널리 퍼졌다. 그들은 또한 철기 그리고 철기의 발전과 연계하여 일어나게 마련인 농경 경제를 블랙 아프리카로 확산하였다.

그러나 오늘날 일부 사람은 반투어를 하나의 민족과 같다고 보고 반투족의 이동을 철기 전파와 동등시하는 모호한 관점에 의문을 제기하기도 한다. 현재 선사 시대 중부 아프리카에 관한 연구가 많지 않아 이처럼 광대한 가설을 뒷받침하기에 역부족이라는 것이다. 자료가 부족한 탓에 철기가 발견된 탄자니아 유적지를 근거로 그 연대를 다시 계산하니 기원전 500년으로 거슬러 올라가게 되는데 어쩌면 이는 메로에 철기의 남

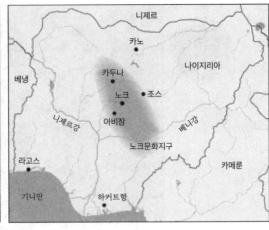

노크 문화의 문물   오늘날 나이지리아 지역에 있던 노크 문화, 900BCE-200CE

방 전파와 관계가 있고, 반투족도 이주 과정에서 철기 제련술을 배웠는 지도 모른다.[25]

사하라 사막 이남의 철기시대는 기원전 500년에 시작되었다. 이는 장광즈張光直와 쉬줘윈許倬雲이 편의상 고대 중국의 철기시대가 시작됐다 고 여기는 때와 같긴 하지만 두 지역이 전후 내력에 공통점이 없기 때문 에 그 시점은 의미가 없다. 아프리카 본위주의자들은 서부 아프리카의 철기 제련술이 자체적으로 발전한 것이라고 보지만, 근동에서 전파되었 다고 주장하는 이들은 유라시아 대륙의 기구器具(그릇, 도구 따위의 집기) 발전 단계론을 보편 세계적인 법칙으로 일반화시킨다.[26] 이 법칙에 따르 면 블랙 아프리카의 출발이 지나치게 늦어진 탓에 미처 청동기 단계를 경험하지 못한 데다 스스로 철기시대로 진입할 역량이 없어 틀림없이 외부로부터 철기 기술이 유입되었을 것이라고 한다. 따라서 사하라 이 남 아프리카가 비교적 원시적이어서 청동기가 무용지물이었을 가능성 도 배제할 수 없다. 사하라 이북과 나일강 일대가 철기시대로 진입한 뒤

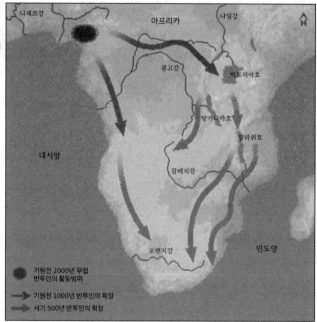

반투인의 남하

에야 비로소 사하라 이남 아프리카도 농경 목축 단계로 접어들었다. 아프리카에는 세계적으로 가장 큰 구리 광맥이 있었던 점을 고려할 때 블랙 아프리카에 청동기 시대가 출현하지 않았다는 점은 의아한 일이 아닐 수 없다.[27] 그러나 이에 대해 섣불리 답을 내거나 그것을 전체 대륙의 차원으로 일반화하는 것은 바람직하지 않다. 청동기를 합성하는 과정에서는 주석이라는 광물도 필요하기 때문이다.

한편, 블랙 아프리카의 철기 제련 기술은 타지역과 달랐는데 그 특색을 들자면, 용광로의 바람구멍tuyères의 위치가 바람이 용광로 벽에 부딪히지 않고 곧장 용광로 내부에 도달하게끔 설계되어 있어서 풀무에서 내보내진 바람이 숯불에 도달하기 전에 이미 예열되어 고온을 실현하는 구조다. 이 때문에 제련되어 나오는 것은 유라시아 지역의 숙철熟鐵(유철)이 아닌 고탄소강인 단강鍛鋼(강철) 덩어리이며 이를 다시 용광로에서 탄소 성분을 제거한다. 철 제련 기술이 남쪽으로 전파된 뒤 아프리카의 어떤 지방에서는 전혀 풀무를 사용하지 않고 3~4미터 높이의 좁은 지붕의 용광로를 만들기도 했다.[28]

블랙 아프리카의 철 제련 방식에 풍부한 삼림자원이 연료로 공급되어야만 했음은 물론이다. 그러나 아프리카의 철기시대는 '신석기 시대의 경향과는 큰 차이가 없는 듯'하다. 초창기 철기 유적지에서는 석기 산업이 선진적인 수준이었음을 엿볼 수 있는 흔적이 발견되었는데 종종 그것은 철기보다 훨씬 효율적이기까지 했다.[29] 심지어 최근 일부 인도학자는 남인도가 세석기 시대에서 곧장 철기시대로 진입했다고 주장하지만, 이것이 반드시 고급 단계로의 도약을 의미하는 것은 아니다. 중간 단계를 건너뛴 '대약진'을 자찬하는 이들은 '유라시아 대륙의 기구(器具: 그릇, 도구 따위의 집기) 발전 단계론이 보편 세계의 통칙'임을 간접적으로 인정하는 것과 같다. 인류 문명이 좀 더 일찍 저렴한 철기 제련 기술을 발전시켰다면 '청동기 시대'는 불필요했을지도 모른다. 근동 지역에는 삼림지대가 적었지만 사하라 이남 아프리카는 땔감이 풍성했다. 그리고 문명사를 돌아보면 철기시대로 접어든 뒤로도 구리는 여전히 철보다 비쌌다. 그런데도 고대 그리스의 헤시오도스는 심지어 구리의 시대에서 철의 시대로 접어든 것은 하나의 쇠락이라고 표현하기도 했다. 덴마크 고고학자 크리스티안 위르겐센 톰센Christian Jürgensen Thomsen(1788~1865)의 석기, 청동기, 철기의 3단계설은 세계적으로 통용되고 있지만, 석제石制나 골제骨制 화살촉이 철제 화살촉으로 바뀌었는데도 여전히 예전처럼 수렵 생활 형태를 고수하고, 북미 인디언이 조총을 도입하고도 여전히 수렵 생활을 유지했던 경우는 해석하지 못한다.

3단계설이 문명의 발전 단계와 절대적인 관련성이 없다는 것은 다음에서 확인된다. 철기시대의 사하라 남부 아프리카는 금속을 다뤄보지 않았던 고대 인디언과 같은 눈부신 문명을 구축하지는 못했다. 중부 아프리카, 철기시대 초기에는 농경의 유일한 고고학 증거인 철로 된 괭이가 발견되었는데 이는 '사실상 오늘날과 같은 모양'이었다. 고고학 연구로 알게 된 가장 오래된 철기 기술은 근대 사회의 철기 제련 기술과 기본적으로 차이가 없었다. 근동 지역이 철기시대로 접어든 뒤로 아시리아와 같은 막강한 제국이 등장했지만 중부 아프리카는 철기시대 초기에 여전히 어업과 수렵에 크게 의존했다. 철기시대의 도기도 석기시대의 제품과 분리하여 판단하기가 쉽지 않은데 이는 도기가 모두 돌림판에서 제작된 것은 아니기 때문이다.[30]

사실상 아프리카 연구는 기본적으로 유라시아 선사 고고학의 구석기, 중석기, 신석기의 삼분법을 쓰는 것이 아니라 별도로 '초창기 석기시대Early Stone Age'와 '중기 석기시대Middle Stone Age', '비교적 늦은 석기시대Later Stone age'를 설정하여 사용한다. 제1기는 구석기 시대라는 하층下層을 설명하며 제2기는 중석기 시대가 아닌 유럽의 구석기 시대 중층中層에 해당한다. 소위 '비교적 늦은 석기시대'는 곧 유럽의 구석기 시대 상층上層에 해당한다. 어떤 지역에는 마찬가지로 유라시아 대륙 식의 중석기와 신석기, 심지어 '유사有史 시기'를 드문드문 포함한다. 여기서 모호한 것은 아프리카의 '비교적 늦은 석기시대'를 이용해서 유라시아의 끊어지고 갈라진 단계를 아우른다는 점인데, 사실상 이것은 길고 긴 구석기 시대를 점차 정밀하고 세밀하게 구체화하는 것뿐이다. 그리고 이 때문에 가려지는 하나의 사실은, 아프리카에서 '고대 근동'에 참여했던 나일강과 북부 아프리카를 제외하고는 기타 지방의 '비교적 늦은 석기시대'는 기본적으로 비어 고든 차일드의 '신석기 혁명'이 아니어서 신석기 혁명의 현상, 이를테면 토기 돌림판이나 간석기 등이 없었다. 노크 문화 초기에 철기를 만들기 시작한 뒤 '갈아 만든 돌도끼는 전혀 볼 수

없었다.'[31]

철기가 사하라 이남에 전파되면서 농경과 목축이 수렵을 대체한 것은 확실하나 아프리카 대륙은 두 개의 큰 사막 사이에 껴 있는 지대는 체체파리Tsetse fly가 번식하는 장소여서(약 북위 14도에서 남위 14도) 그것들은 사람과 가축을 공격하는 아프리카 편모충African trypanosomiasis을 전파하고 수면병을 일으켜 아프리카의 목축 발전을 가로막았다. 목축이 방해받자 농경, 심지어 운송업의 발전도 자연히 가로막혔다. 열대 아프리카도 마찬가지로 말라리아 모기와 메뚜기의 천국이다. 말라리아와 관련된 겸형 적혈구 빈혈증Sickle-cell disease 대부분이 사하라 이남 아프리카에 집중되어, 세계 질병 사례의 4분의 3을 이룬다. 미국에서도 흑인들에게만 집중하여 나타나는 경향이 있는데 이는 이미 유전적 구조에도 그 영향력이 확대된 결과로 보인다.

블랙 아프리카의 강줄기는 장구벌레가 자생하는 곳이어서 농경과 목축을 도입했더라도 방대한 인구를 먹여 살릴 만한 큰 강 유역 문명을 발전시킬 수 없었다.[32] 근대로 접어든 뒤 아프리카는 결국 서방 식민제국주의에 함락된 대륙 중 하나가 되었다. 미국이 유럽인에 의해 식민지화되고 심지어 중국이라는 이 천조天朝 대국도 강제로 문호가 개방된 뒤의 일이었는데, 이는 퀴닌Quinine(말라리아 치료제)이 대량으로 적용되기 전에는 백인은 아프리카에서 생존할 수 없었기 때문이다. 이는 마치 증기선이 발명되기 전에는 그들이 아프리카의 밀림에 침투할 수 없었던 것과 같은 이치다. 오늘날에도 열대 아프리카는 여전히 에볼라Ebola 바이러스와 에이즈 바이러스가 창궐하는 지역이다. 사하라 이남 아프리카가 문명의 진행 방향에서 밀려난 것이 어찌 우연이겠는가? 오늘날 연구자들 앞에 놓인 미스터리는 이렇다. 아프리카라는 원시 생명력이 충만한 대륙이 선사 시대 인류 진화 역사의 에덴동산이 될 수 있었던 반면, 지금은 사람에게 해로운 온갖 생물이 자생하는 온상이 된 이유는 무엇일까?
생명력이 왕성한 대륙이기 때문일까? 이 수수께끼의 답은 지구 과학, 고
대 기후학, 고대 생물학, 고대 인류학, 고고 유전학을 통한 종합적 고찰
이 이루어져야만 얻을 수 있다. 누군가는 그에 대한 해답을 찾을 수 있기
를 바란다.

주

1. Colin McEvedy, The Penguin Atlas of African History (Hammondsworth, Middlesex, England: Penguin Books, 1980), p. 14.

2. Colin Renfrew, Prehistory: The Making of the Human Mind (New York: Modern Library, 2007), p. 80.

3. 사하라 사막은 북위 30도 정도의 아열대 고압 마루subtropical ridge에 위치하여 남반구나 북반구를 막론하고 아열대 고압 마루는 적도와 북극 방향으로 흐르는 경향이 있다. 이 는 극지방 방향은 편서풍westerlies을 형성하고 적도 방향은 무역풍trade winds을 만들어 양 지역에 비를 뿌린 뒤 건조한 기류로 변해 해수면 가까이 남북 위도 30도 근방을 환류한 다. 이 때문에 세계적인 사막(내륙 아시아의 별도의 발생원인을 제외하고)이 하나같이 남반구와 북반구의 아열대 고압 마루에 집중되어 나타난 것이다. 북아프리카의 사하라 는 해당 마루에서 가장 길게 펼쳐진 육지 지대로 이 건조대는 나일강과 홍해에 의해 변 형되지 않고 줄곧 아라비아반도와 이란 고원 남부(페르시아만 남북 양안에 연해 있 는 아라비아 사막과 마카란 사막 포함), 인도의 타르 사막으로 뻗어 나간다. 동 지대의 동남아시아와 화남지역도 계절풍의 조절작용으로 사막화의 운명은 피할 수 있었다. 남 반구에서는 남위 30도 지대를 둘러싸고 오스트레일리아 서부 대사막과 남아프리카, 즉 칼라하리 사막을 포함한 대 사막지대가 등장했다. 서반구에서는 북위 30도의 아열대 고압 마루가 북미주의 서남 건조 지대를 형성하였고 남위 30도 부근에서는 세계에서 가장 건조한 아타카마 사막Atacama Desert이 등장하였다. 북아프리카는 불행히도 머리와 발에 해당하는 부분이 아열대 고압 마루에 해당하여 남반구와 북반구의 교차지점에는 콩고 열대 우림이 등장하였다.

4. S. Diarra, "Historical geography: physical aspects," in UNESCO International Scientific Committee for the Drafting of a General History of Africa, General History of Africa, Volume I: Methodology and African Prehistory (Heinemann, CA: UNESCO, 1981), p. 319.

5. J. H. Greenberg, "African linguistic classification," in UNESCO International Scientific Committee for the Drafting of a General History of Africa, General History of Africa, Volume I: Methodology and African Prehistory, pp. 92~308.

6. D. Dalby, "The language map of Africa," in UNESCO International Scientific Committee for the Drafting of a General History of Africa, General History of Africa, Volume I: Methodology and African Prehistory, pp. 309~315.

7. Colin McEvedy, The Penguin Atlas of African History, pp. 22~23.

8. B. Wai Andah, "West Africa before the seventh century," in UNESCO International Scientific Committee for the Drafting of a General History of Africa, General History of Africa, Volume II: Ancient Civilizations of Africa (Heinemann, CA: UNESCO, 1981), p. 596.

9. S. Adam and J. Vercoutter, "The importance of Nubia: a link between Central Africa and the Mediterranean," in UNESCO International Scientific Committee for the Drafting of a General History of Africa, General History of Africa, Volume II: Ancient Civilizations of

Africa, p. 226.

10. N. M. Sherif, "Nubia before Napata (-3100 to -750)," in UNESCO International Scientific Committee for the Drafting of a General History of Africa, General History of Africa, Volume II: Ancient Civilizations of Africa, pp. 245~248.

11. Ibid., pp. 270, 274.

12. Basil Davidson, Africa in History, Revised and Expanded Edition (New York: Touchstone, 1995), p. 37.

13. J. Leclant, "The empire of Kush: Napata and Meroe," in UNESCO International Scientific Committee for the Drafting of a General History of Africa, General History of Africa, Volume II: Ancient Civilizations of Africa, p. 282.

14. A. A. Hakem, "The civilization of Napata and Meroe," in UNESCO International Scientific Committee for the Drafting of a General History of Africa, General History of Africa, Volume II: Ancient Civilizations of Africa, p. 309.

15. J. Leclant, "The empire of Kush: Napata and Meroe," in UNESCO International Scientific Committee for the Drafting of a General History of Africa, General History of Africa, Volume II: Ancient Civilizations of Africa, p. 285.

16. A. A. Hakem, "The civilization of Napata and Meroe," in UNESCO International Scientific Committee for the Drafting of a General History of Africa, General History of Africa, Volume II: Ancient Civilizations of Africa, p. 312.

17. Christopher Ehret, The Civilizations of Africa: A History to 1800(Charlottesville, VA: University of Virginia Press, 2002), p. 306.

18. K. Michalowski, "The spreading of Christianity in Nubia," in UNESCO International Scientific Committee for the Drafting of a General History of Africa, General History of Africa, Volume II: Ancient Civilizations of Africa, p. 334.

19. H. de Contenson, "Pre-Aksumite culture," in UNESCO International Scientific Committee for the Drafting of a General History of Africa, General History of Africa, Volume II: Ancient Civilizations of Africa, p. 341.

20. F. Anfray, "The civilization of Aksum from the first to the seventh century," in UNESCO International Scientific Committee for the Drafting of a General History of Africa, General History of Africa, Volume II: Ancient Civilizations of Africa, p. 375.

21. M. Kobishanov, "Aksum, political system, economics and culture, first to fourth century," in UNESCO International Scientific Committee for the Drafting of a General History of Africa, General History of Africa, Volume II: Ancient Civilizations of Africa, pp. 384, 398.

22. Ibid., pp. 395~397.

23. "Christian Axum," in UNESCO International Scientific Committee for the Drafting of a General History of Africa, General History of Africa, Volume II: Ancient Civilizations of Africa, pp. 414~415.

24. Basil Davidson, Africa in History, Revised and Expanded Edition, p. 20.

25. F. van Noten, D. Cajen, P. D. Maret, "Central Africa," in UNESCO International Scientific

Committee for the Drafting of a General History of Africa, General History of Africa, Volume II: Ancient Civilizations of Africa, pp. 628, 638.

26. B. Wai Andah, "West Africa before the seventh century," in UNESCO International Scientific Committee for the Drafting of a General History of Africa, General History of Africa, Volume II: Ancient Civilizations of Africa, p. 618.

27. A. L. Mabogunje, "Historical geography: economic aspects," in UNESCO International Scientific Committee for the Drafting of a General History of Africa, General History of Africa, Volume I: Methodology and African Prehistory, p. 333.

28. Roland Oliver, The African Experience (New York: HarperCollins, 1991), pp. 65~66.

29. B. Wai Andah, "West Africa before the seventh century," in UNESCO International Scientific Committee for the Drafting of a General History of Africa, General History of Africa, Volume II: Ancient Civilizations of Africa, p. 610.

30. F. van Noten, D. Cajen, P. D. Maret, "Central Africa," in UNESCO International Scientific Committee for the Drafting of a General History of Africa, General History of Africa, Volume II: Ancient Civilizations of Africa, pp. 633~637.

31. B. Wai Andah, "West Africa before the seventh century," in UNESCO International Scientific Committee for the Drafting of a General History of Africa, General History of Africa, Volume II: Ancient Civilizations of Africa, p. 611.

32. A. L. Mabogunje, "Historical geography: economic aspects," in UNESCO International Scientific Committee for the Drafting of a General History of Africa, General History of Africa, Volume I: Methodology and African Prehistory (Heinemann, CA: UNESCO, 1981), pp. 342~344.

제21장

고대 세계에서
벗어나지 못한 고트족

서로마 제국이 무너진 뒤 새로운 정치체계와 새로운 문명을 이끌어 갈 중추로 주목받았던 유망주로는 동게르만족이 세운 여러 왕국을 들 수 있는데 여기에는 서고트족과 반달족, 게피드족, 동고트족이 포함된다. 그들 외에도 왕국을 세운 집단으로는 수에비족과 부르군트족, 랑고바르드족이 있었는데 어쩌면 이들 또한 해당 어족에 속했을 수도 있다. 그들은 가장 먼저 현장에 몰려들었지만 잠재력을 발휘하지 못했고 오히려 변방에 있으면서 제국의 중심부에 진입하지 않았던 프랑크족이 서로마 제국이 떠난 뒤의 패권 공백을 차지했으며 동게르만족은 역사의 거대한 물줄기 속에 소멸하고 말았다. 이는 '오호난화' 때 중원에 있었던 자들이 끝내는 역사의 파란에 휩쓸려 도태됐던 반면 중화 제국의 틀 밖에 거주했던 선비족이 그들 대신 새로운 국면을 이끌어갔던 것과 같은 양상이다.

'476년'이 갖는 역사적 의미

벨기에 역사학자 헨리 피렌Henri Pirenne(1862~1935)은 에드워드 기번Edward Gibbon(1737~1794) 이래 476년을 '상고上古' 시대에 종지부를 찍은 시점으로 보는 견해에 도전장을 내밀었다. 물론 476년에 서로마는 멸망한 것이나 다름없는 상태였지만 지중해의 완정성完整性은 여느 때와 다름없었고 이와 같은 상황은 이슬람교가 굴기한 뒤 옛 로마의 서부에 내수형 경제가 촉진될 때까지 이어졌다고 봤다. 비판자들은 지중해를 하나의 경제 단위로 보는 현상은 476년 전에는 이미 존재하지 않았고, 제국 서부의 옛 영토는 새로운 왕국이 등장한 뒤로도 어느 정도 경제적, 제도적 연속성을 유지하였으며 이슬람교의 굴기가 끼친 영향은 크지 않았다고 지적한다.[1]

피렌의 '지중해의 분열' 명제는 사실 본서 제19장의 내용과도 맞물린다. 즉, '3세기 위기' 때 제국이 세 개의 판도로 갈라진 것이 고대 지중해 해체의 전조 증상이었다고 보는 관점이며, 476년을 단순히 훗날 서유럽이라는 일부 지역에 대해서만 의미가 있는 분수령이 되었다고 본다. 그러나 본서가 강조하는 것은 세 개의 문화적 판도는 각자 나름의 내재적 동력과 전망을 함축하고 있었고 훗날 이들을 아우르는 무역이 다시금 구축되기는 했지만 과거에 이미 세 개로 나누어졌던 지역별 판도에서 더 줄어들지는 않았다는 점이다.

이러한 관점은 단순히 게르만족이 서로마를 '매장'한 것을 아라비아인이 제국 동부와 남부 연안을 정복한 것과 동등시하여 신흥 민족이 고대 세계의 틀을 깨트리고 지금의 서유럽과 이슬람 세계의 건설을 촉진했다고 보는 시각이다. 이러한 모호한 견해는 서로마 대신 일어난 동게르만 어족이 전자와 마찬가지로 고대사의 무대에 등장했다가 이내 역사의 또 다른 새로운 물결에 휩싸여 침몰했다는 점을 간과했다. 그들의 운명은 '동로마'가 콜럼버스의 신대륙 발견 직전까지 연장되었던 것에는 미치지 못했다. 동게르만족은 심지어 이탈리아까지 점령하였는데도 어째서 순리대로 새로운 유럽을 일으킬 배아가 되지 못했을까? 그들은 로마를 대체하지 못했을 뿐 아니라 도리어 역사의 뒷골목으로 사라지고 말았다. 그 원인은 무엇일까?

게르만족의 남쪽 이주설

오늘날 서유럽 국가는 서게르만족과 북게르만족, 그리고 라틴 민족으로 이루어져 있고 동유럽 국가는 주로 슬라브족과 핀우고르 어족 그리고 소수의 라틴 민족과 아시아에서 온 알타이족으로 구성되어 있다(여기에는 발칸의 그리스인은 포함되지 않음). 게르만 연구에는 동, 서, 북의 세 갈래의 동일 어원설이 있다. 언어학적으로는 일찍이 공동의 조어祖語가 있었는지 확인할 길은 없지만 고고학적으로는 게르만족이 북부 유럽에서 남하한 흔적을 추적하려는 시도가 있었다. 기원전 1500년 무렵, 북유럽 지대(덴마크, 스웨덴, 노르웨이의 발트해 인접 지역 그리고 노르웨이의 북해 남안)는 청동기 시대에 들어섰지만 그 시기 게르만 조어祖語, Proto-Germanic는 아직 탄생하지 않았다.[2]

중고中古 시대 이전의 게르만어 연구에 대해서는 많은 부분 추측에 의존하는데 대개 게르만 조어는 기원전 500년보다 앞서 등장하지는 않았을 것으로 본다. 만일 해당 시기 북유럽이 게르만 조어의 고향이었다면 고고학적으로도 그 흔적은 이미 남하하여 라인강과 베저강, 엘베강, 오데르강, 비슬라강이라는 거대한 남북향 물줄기의 하류에 이르러 바다로 흘러 들어갔을 것이다. 이 논리에 따르면 서기 원년, 즉 로마 제국의 유아기에 그들은 각각 큰 강 유역을 따라 오늘날 독일과 폴란드 내지로 유입되었다고 한다. 이는 대략 다섯 개의 판도로 나뉘는데 각각 (1)북유럽 본향에 남아 있던 북게르만 어족 집단North Germanic, (2)덴마크에서 오늘날 네덜란드-벨기에 일대로 이어지는 북해 게르만 어족North Sea Germanic, (3)베저-라인 게르만 어족Weser-Rhine Germanic(프랑크어의 선조를 포함하며 오늘날 조상과 후손 모두 멸절됨), (4)그 동부의 엘베 게르만 어족Elbe Germanic(오늘날 독일의 대부분을 포함함. '고지 독일어High German'의 선조를 포함하며 훗날 이는 표준 독일어가 됨), (5)그 동부에서 오데르강에서 비슬라강에 유역에 이르는 지역의 동게르만 어족East Germanic(훗날 고트족의 선조가 포함되나 지금은 전부 멸절됨)이다.[3]

고트족을 '게르만'에 편입시킨 것이 19세기 낭만주의 언어학의 걸작인가는 생각해볼 문제다. 고대 로마인은 이렇게 하지 않았다. 그들은 갈리아의 도시들 혹은 라인강 동부를 통칭해서 '게르마니아'라고 통칭했고 다뉴브강 이북을 '스키타이'라고 불렀다. 269년, 원로원은 이민족 정벌 전쟁에서 승리한 황제에게 '고티쿠스Gothicus'라는 존호를 붙임으로써 과거 그리스의 이민족 사관을 수정하기 시작했는데 이로써 '고트족the Goths'이라는 이름이 공식화公式化되었다.⁴ 320년대에 이르면 다뉴브강 하류는 이미 '리파 고티카ripa Gothica'라는 칭호를 얻었다.⁵ 바꿔 말하면 '고트족'은 로마의 다뉴브강 변경지대의 산물인 셈이다. 만일 현대의 표준 독일어가 중세기에 이르러서야 형성되었다면 고대 로마 시대에 '게르만 어의 대규모 어족'이 있었으리라는 점은 그리 상상하기 어렵지 않다. 문예 부흥 시대에 등장한 '고딕 양식'은 '이민족풍'이라는 말인데 고대 고트인이 '고전풍' 몰락을 초래했음을 연상케 하지만 그것을 '게르만풍'이라고는 칭하지는 않았다.

'고트'라는 이름이 등장하기 이전에 대해서는 거의 자료가 없지만 만일 '고트족'이 집단을 이루기 전에 선조도 없었다고 한다면 이 또한 이치에 맞지 않는 말이다. 따라서 주류 학파가 말한 것처럼 '조상 게르만'이 남하했다는 관점은 참고해야 할 필요가 있지만 포스트 현대주의 사유는 우리에게 동일한 집단이 이미 여러 번 '발명'되었을 수 있음을 경고한다. 만일 이 행동의 주체가 있다면 그들은 무인지경을 겪은 것이 아니라 주로 고대의 켈트족Celts을 대체, 스키타이인의 후예인 사르마티아족Sarmatians과 복잡한 형세를 이루었을 것이다. 후자는 넓은 의미의 이란족으로, 세력이 가장 강성했을 때(대략 기원전 100년) 차지했던 땅의 범위가 동으로는 볼가강에서 시작하여 서로는 비슬라강에 이르렀으며, 서로는 다뉴브강 입구, 남으로는 흑해와 카스피해 북안 및 북부 카프카스에 이르렀다. 3세기에 '고트인'은 이미 흑해 북안까지 세력을 확대했고 그 서부인 로마 판노니아에는(오늘날 헝가리, 오스트리아, 세르비아의 일부) 사르마티아족의 세력이 여전하여 로마에게 변방의 우환이 되었는데 이는 분명 사르마티아인의 옛땅은 이미 고트족에 의해 잘려나간 것이다.

에바리스트 비탈 뤼미네
Évariste-Vital Luminais의
그림 〈고트인의 도하〉

훗날 아시아의 흉노가 쳐들어오자 둘은 모두 서쪽으로 이주하여 제국의 경내로 진입하였다. 우크라이나 초원은 독일을 탄생시킨 또 다른 배아였다가 오늘날 슬라브족의 국토로 변모했으니 이것은 흉노로 말미암은 것이다. 그러나 남하한 '게르만족'과 훗날 슬라브족 사이의 관계는 어떠했을까? 후자는 비잔틴 사료에만 등장하고 고고학 유적지 또한 어족 집단과 연결하기 어렵기 때문에 당시 슬라브족이 이미 형성되었는지는 알 수 없다. 언어학적으로 고트어는 물론 게르만 어족 집단에 포함되지만 동쪽에 치우쳐 있어 스키타이(사르마티아) 문화의 영향을 피할 수 없었다. 만일 그 형성 지역, 즉 게르마니아 동부와 다뉴브 이북, 돈강 서쪽의 광대한 지대를 고트족의 원류로 본다면, 고트 시대가 지난 뒤 그 거대한 영토는 소리소문없이 슬라브족의 본향이 되었을 것이다. 세계 역사상 그 어떤 위대한 정복자들의 동작보다 빠르게, 그 어떤 곳보다도 광활한 토지를 차지하지만, 역사상 그 어떤 영토 확장 때보다도 풍랑 없이 잔잔한 모습 말이다. 슬라브족은 정치조직이 없고 대부분 지도자가 외지에서 왔다는 것은 가능한 일까? 그들은 고트족의 별종이자 사르마티아의 후예(알란족)이며 원래의 땅에 남아 있던 자들일까?[6] 그러나 셋은 언어학적으로 같은 분파가 아니다. 확실한 것은 셋 사이에는 지역의 선대를 계승하여 발전시켰다는 공통점이 있는데 이는 서유럽 '게르마니아'의 한 단위와는 다르다.

　이러한 미스터리를 해결하기보다는 한 가지 의문점에 주목하고자 한다. 설령 고트인과 게르만족이 공동의 조상을 두었다고 해도 로마에 들어간 뒤로는 각자의 내력과 정황을 가지므로 전임과 이웃, 후손도 제각각인 완전히 다른 두 운명체가 되었다. 게르만인은 미래의 서유럽 무대를 열었고 고트인은 로마를 매장시켰으니 좀 더 정확히 말하자면 그들은 로마 제국 말기의 역사를 채워 넣음으로써 제국의 생명을 연장시켜 끝까지 가도록 도운 셈이다.

로마의 고트 전선과 다뉴브 집단

'3세기 위기'를 논하자면, 224년 사산 제국이 로마 동부에서 굴기했던 사건이 위기의 도화선이 되고 황제 발레리아누스(r.253~260)가 패전하여 포로가 잡힌 뒤 제국이 셋으로 분열된 것이 위기를 본격화한 기폭제였다고 할 수 있다. 로마는 사면에서 공격을 받고 중앙 정권은 빈번하게 교체되어 국방에 대한 부담이 증가하는 등 총체적인 위기에 직면했다. 이를 해결하기 위한 방안은 중앙 집권화와 지방 자원의 집결 그리고 사상을 통일할만한 국교國敎를 물색하는 일이었다. 제국은 '3세기 위기'에서 벗어나자 또 다른 유형의 유기체로 바뀌었는데 시간상으로는 '고대 후기Late Antiquity'에 접어든 때였다.

　본서는 제19장에서 이미 수정된 관점을 제시하여 제국의 최종 해체를 초래한 원인은 '동게르만' 전선, 즉 동서 방향의 다뉴브강과 남북 방향의 라인강으로 이루어진 아크 모양의 북부 변방이었음을 알린 바 있다. 역사가들은 통찰력을 발휘하여 '동게르만인'이 제국 해체 과정에서 중심 역할을 했음을 알아냈으니 역사 평론은 다뉴브 변방 일선에 초점을 맞춰도 무방할 것이다. 발레리아누스의 화禍 있기 전, 또 다른 로마 황제인 트라야누스 데키우스Trajanus Decius(r.249~251)는 이미 다뉴브 방어선에서 고트족에게 사망하였다(제19장 참조). 이는 승전보가 울리는 와중에 생긴 재난으로 훗날 발생한 아드리아노플 전투와 같은 이정표적인 의의는 없어서 사람들에게는 덜 알려진 생소한 역사다.

표면상으로 관련성이 없어 보이는 또 다른 현상을 들자면 중앙의 제위 쟁탈전에서는 국방군의 다뉴브 집단이 대부분 승리를 거둔 반면, 브리튼-라인 변경 일대는 기껏해야 할거 정권만 탄생했다는 점이다(유일한 예외는 콘스탄티누스 대제이지만 그의 탄생지 역시 다뉴브 변경지역이다). 로마 중흥기의 주인공인 아울렐리아누스와 디오클레티아누스도 다뉴브 집단 출신이고 콘스탄티누스 황제의 부친 역시 다뉴브 집단 출신이다. 그래서 콘스탄티누스의 탄생지는 다뉴브강 북부 연안이 함락되어 남부 연안으로 천도한 뒤의 다키아 성이 되었다. 그 뒤로 발렌티니아누스 왕조의 창시자인 발렌티니아누스 1세Valentinian I(r.364~375)는 판노니아에서 태어났다. 서로마의 마지막 두 기둥은 콘스탄티우스Flavius Constantius, or Constantius III(?~421)와 아에티우스Flavius Aetius(396~454)인데 전자는 콘스탄티누스 대제와 탄생지가 같고 후자는 이웃한 모이시아Moesia에서 태어났다. 그 부친은 '스키타이' 배경을 가진 로마 장군으로 알려졌지만, 당시 고대 '스키타이족'은 더는 존재하지 않았기 때문에 '스키타이'는 지역을 가리키는 명사 겸 시대착오적인 이민족 칭호로 변모한 상태였다. 그래서 그 '스키타이'라는 말은 동게르만 종족 심지어 고트족을 가리킬 수도 있다. 콘스탄티누스는 다시금 제국을 통일한 뒤 디오클레티아누스의 4인 공동황제 제도를 폐기하였지만 제국은 여전히 '4대 프라에토리안 관할구Praetorian Prefecture'로 분할되었다. 발칸과 그리스 지역은

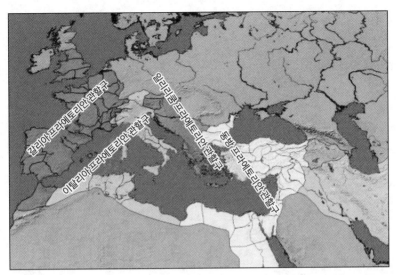

고전 문명의 중심인 그리스반도가 다뉴브 변방으로 경계가 확정된 '일리리쿰' 관할구로 편입됨

'일리리쿰Illyricum'으로 불렸는데 이는 옛 변방의 지명을 써서 고전 문명지대 전체를 명명한 경우다. 한나라 시대에 '삭방朔方'이라는 명칭을 통해 전체 삼포三輔 경기京畿 일대를 아우르는 지명으로 사용했던 것과 같은 맥락이다. 일리리쿰은 바로 다뉴브 전선이었다. 이를 바탕으로 본서는 제19장에서 '다뉴브 집단'이라는 개념을 처음으로 제시하여 이를 수나라와 당나라 역사에 등장하는 관롱집단에 빗대어 그들이 제국에서 감당했던 핵심적인 역할을 조명해 보았다. 로마가 중흥기를 거친 뒤 국력이 쇠락해졌을 때 마지막까지 붙든 것이 바로 다뉴브 방어선 이남의 발칸이었고 이를 발판 삼아 비잔틴 제국을 세웠으니 이 어찌 우연이겠는가?

2세기 후반, 로마 전성기를 이끈 오현제 중 한 명인 아우렐리아누스 황제는 마크로만니족Marcomanni과 콰디족Quadi의 침입을 막기 위해 일찍이 직접 다뉴브강변의 카르눈툼Carnuntum에서 3년 가까이 주둔한 적이 있었는데 이는 황금기가 저물기 전 쇠퇴의 서막을 알리는 예고에 해당했다.[7] '3세기 위기'가 들이닥치기 전 마지막 정권인 세베루스 왕조 Severus의 시조, 셉티미우스 세베루스Septimius Severus(145~r.193~211)는 판노니아 군단을 본전 삼아 카르눈툼에서 황제를 칭하여 중앙으로 입성했다.[8] 308년, '3세기 위기'를 해결한 은퇴 황제 디오클레티아누스는 동일 지역인 카르눈툼에서 4인 공동황제 회의를 개최하였다. 이는 그가 창시한 4인 공동황제 제도가 갖는 내재적 위기를 해결하고 이곳에서 기독교 박해령을 철회하고자 함이었다. 하나같이 다뉴브 집단 출신이었던 공동황제 4인은 옛 근거지로 모여들어 천하를 평화롭게 할 방도를 모색했다.

로마의 기록에는 고트족이 처음 변방에 침입한 것은 238년으로 되어 있다. 그렇다면 사산 제국이 굴기했던 연간에 발생한 셈이니 지붕 새는데 밤새 비까지 내리는 격이 아닐 수 없다. 251년, 황제 데키우스는 고트족이 국경을 넘어 약탈하는 것을 저지하기 위해 싸우던 중 전사했다. 255~257년, 고트족은 흑해를 건너 소아시아 북부 연안을 침략, 마르마라해 연안을 소란하게 했다. 10년 뒤 고트족은 근친 종족인 헤룰리족Herulians과 결탁하여 다시금 남하, 비잔티움 일대를 침략했다. 로마 해군이 퇴로를 막아서자 남쪽으로 에게해에 진입하여 그리스 반도의 아테네와 스파르타까지 교란시키다가 로마인에 의해 격퇴된다. 그러나 두 번째 파견된 대군은 에게해 여러 섬을 침략하였고 그 여파가 로드아일랜드와 크레타, 키프로스까지 미쳤으며 심지어 이탈리아까지 침입할 의도를 내보였다. 그러나 마찬가지로 로마에 의해 격퇴된다.[9]

아우렐리아누스 황제는 승리했지만 271년에는 부득불 다뉴브 북부 연안의 다키아(대략 오늘날 루마니아 일대) 수비를 포기하고 고트족에게

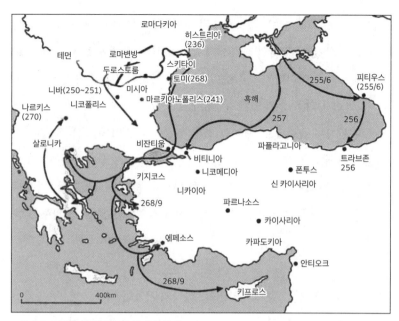

3세기 고트족과 헤룰리족의 에게해 침입

할양하고 만다(제19장 참조). 제국 경내에서 포로로 잡힌 고트족은 로마 토지에 일꾼으로 배치되었고 적잖은 수가 로마 부대에 편입되었다. 로마 국방군이 다뉴브 전선에서 벌인 전쟁은 로마 제국의 이민족화를 가속화 했고 변방의 '이민족 병사'는 빠르게 로마 시민이 되었다. 212년 황제 카라칼라Caracalla(r.198~217)는 안토니우스 헌법Antonine Constitution을 공표하여 로마 시민권을 제국 내의 모든 자유인에게 부여하였다. 그때까지 군 복무는 속주의 거주민이 시민권을 취득하기 위한 수단으로 여겨졌으나 이제 더는 별다른 매력을 갖지 못하게 되었다. 제국의 시민 가운데 군입대 지원자는 급감하기 시작했고 오히려 변방의 '이민족'이 로마 시민권을 취득하기 위한 방편으로 바뀌었다.[10] 로마의 저명한 역사학자 베리J. B. Bury는 제국의 북부 변방 거주민은 다수가 게르만인이었고 특히 정부는 사병에게 토지를 분배하여 이주민을 정착시키는 정책을 시행하였는데 이에 따라 게르만족으로부터 확충되는 사병 인력이 갈수록 늘어났다고 지적했다. 그러던 중 3세기에 이르러 그 정책으로 말미암은 효과가 현저하게 드러나기 시작했다. 군대는 여전히 일리리아인(로마 다뉴브 도시의 인사)의 수중에 있었지만 4세기 1사분기에 이르면 게르만 출신 장군의 위상이 높아지고 게르만 전사의 습속도 로마 군대에 깊숙이 뿌리를 내리게 되었다. 사병들은 율리아누스Julian와 발렌티니아누스 1세Valentinian I를 황제로 추대하였고 이러한 방식을 통해 게르만인들은 '흡사 게르만 왕국처럼' 제국의 중심부, 심지어 황실의 혈통 속으로 침투해 들어갔다.[11]

적인가? 동지인가? 재앙의 씨앗인가? 나라의 기둥인가?

4~5세기에는 게르만인이 확실히 로마 중앙 정권으로 들어가 조정을 좌지우지하며 제국을 수호하는 역할을 했다. 처음에는 친 프랑크파 위주였지만 뒤늦게 진입한 고트족이 그들을 대신하고자 했다. 그러나 둘 다 로마 제국의 중앙 정권에 진입하려는 목적이었을 뿐 제국 자체를 전복시키려는 의도는 아니었다. 콘스탄티누스 왕조가 시작되었을 때부터 계산해보면 해당 집단은 4인 공동황제 제도 아래의 서북집단 출신이었기 때문에 산하에 특히 프랑크족 배경을 가진 명장들이 많았다. 이를테면 콘스탄티누스 대제를 도와 천하를 통일한 보니투스Bonitus도 프랑크족으로서는 최초로 관직이 군 통수권자까지 이르렀다. 그 아들인 클라우디우스 살바누스Claudius Silvanus(?~355)는 관직이 갈리아 대장군까지 이르렀지만 대제의 아들 콘스탄티우스 2세Constantius II(r.350~361) 때 모반하여 주살된다.

친 프랑크파의 세력은 뒤이어 등극한 발렌티니아누스 왕조 때까지 이어진다. 발렌티니아누스 1세 수하의 군 통수권자는 친 프랑크파 배경의 플라비우스 메로바우데스Flavius Merobaudes(?~383/388)였다. 황제가 서거한 뒤 메로바우데스는 어린 아들을 추대하여 그라티아누스Gratian(r.375~383)와 발렌티니아누스(r.375~392)의 두 황제가 공동통치하는 국면을 열었다. 그들의 숙부이자 동제東帝인 발렌스Valens(r.364~378)가 고트족과의 전쟁 도중 아드리아노플에서 전사하자 동부 제국은 서부의 두 공동황제의 매부인 테오도시우스 1세Theodosius I(r.379~385)가 뒤를 이어 통치한다. 380년, 그라티아누스는 또 다른 프랑크족 대장인 아르보가스테스Flavius Arbogastes(?~394)를 발칸으로 파견하여 테오도시우스 1세의 프랑크족 배경을 가진 군 통수권자 바우토Flavius Bauto(?~385)와 힘을 합쳐 제국 경내에서 기승을 부렸던 고트족을 토벌하게 하는데, 그러고 나서야 382년에 이르러 고트족은 강화를 맺고 귀순하여 정착하기를 원했다. 겉보기에는 '투항'인 것처럼 보이는 해당 귀순은 제국 체제에 있어서 대대적인 혁명적 의미였다. 즉, '이민족' 전투집단이 여전히 자체 부락 지도자에 의해 통치되는 상태 그대로 제국의 경내로 이주함으로써 '제국 내 또 하나의 나라'라는 선례를 만든 것이다.[12] 물론 별도로 제국에 군사력을 제공해야 했지만 말이다.

383년, 그라티아누스는 찬탈자인 마그누스 막시무스Magnus Maximus(r.384~387)에 의해 시해당하지만 매부인 테오도시우스 1세가 난리를 평정하고 아르보가스테스를 서부의 '황제 직속 군 통수권자'로 파견하여 어린 발렌티니아누스 2세를 보좌하게 했는데 결국 이 프랑크인의 세력은 점차 커져서 훗날 황제를 무력화했다. 그러나 이것이 프랑크족의 서부 제국 강탈을 의미하는 건 아니다. 아르보가스테스는 자신의 동포인 프랑크족을 토벌하는 데 주저하지 않았고 이로써 로마 제국은 결국 라인강 동부 연안을 점거하게 되었기 때문이다.[13] 아르보가스테스 현상은 개인적인 야심에서 발로한 것일 뿐 프랑크족이 로마를 대체하여 굴기하려 했다고 해석되어서는 안 된다. 훗날 발렌티니아누스 2세가 비명에 죽자 스스로 황제 자리에 오를 수 없었던 아르보가스테스는 로마 수사학 교사였던 에우게니우스Flavius Eugenius(?~394)를 세워 황제로 삼았다. 동로마 황제 테오도시우스 1세는 처음에는 이를 반대하지 않았다. 그러나 훗날 서로마 제국이 고전 이교도 복벽운동을 추진하면서 테오도시우스 1세의 기독교 국교화 정책과 충돌하자 394년에는 프리기두스 전투Battle of the Frigidus가 발발하게 된다. 테오도시우스가 징집한 부대에는 새롭게 귀순한 고트족을 비롯해서 알란족과 흉노 용병이 포함되어 있었고 서로마 제국은 프랑크 이민족을 대거 징집하였을 뿐 아니라 고트족으로 구성된 보조적 성격의 부대도 있었으니, 여기 어디에 로마인 내전의 양상이 있었겠는가? 두 제국의 군대가 창칼을 맞댄 결과는 서부 집단의 패망을 초래했다.

프리기두스 전투는 아드리아노플 전쟁에 뒤이은 후유증이라고 할 수 있다. 앞선 전쟁에서 아리우스교를 신봉했던 발렌스 황제가 전사하자 그 뒤를 이어 정통파 기독교도인 테오도시우스가 황제가 되었는데 이때부터 정통파 기독교는 국교가 되었다. 테오도시우스의 이 조치는 로마인의 공동체적 정체성을 구축하기 위한 목적도 없지 않았다. 마침 발렌스를 죽인 고트족 역시 아리우스교였기 때문에 부득불 '이민족'을 제국 경내에 정주하게 하긴 했지만 문화적인 경계선을 그어야 할 필요가 생겼다. 서로마 황제의 고전 이교도 복벽운동은 본래 동로마 황제를 방해할 의도는 없었지만 이로써 뜻하지 않게 창칼을 맞대는 무모한 충돌이 생겼고 이는 도리어 정통파 기독교에 대한 국교화의 보폭을 가속화했다.[14]

종족의 관점에서 보면 로마에게 '이민족'은 변방의 우환이기도 했지만 그들 가운데는 로마의 중앙 정권에 진출하여 고위 관직을 맡거나 영토 수호의 임무를 맡은 이들도 있었다. 차이가 있다면 후자는 종족을 떠나서 이미 로마화 된 이들이라는 점이다. 이 때문에 그들이 제국의 체제 안에 있느냐, 밖에 있느냐로 구분할 뿐, 어떤 특정한 종족을 기준으로 구분하는 것은 의미가 없다. 그러나 고트족이 침입한 뒤 이 체제의 기준조차 모호해지기 시작하였는데 고트의 지도자인 알라리크Alaric(370~410)가 로마 정규 부대의 장군으로 임명된 최초의 게르만 국왕이 되었기 때문이다. 이러한 어수선함 속에서 사람들이 소홀해지기 쉬운 부분은 신앙 문제인데 해당 측면에서 보면 무엇이 '고트적'이고 무엇이 '로마적'이냐는 것은 하나같이 서로 '다름'을 설명하기 위해 후대에 발명된 개념일 뿐이다. 콘스탄티누스 대제는 말년에 아리우스 신앙으로 기울었고 그것은 로마의 주류적 신앙이 될 잠재력은 갖췄지만 고트족의 침입은 제국 내 다른 일파의 신학이 '로마인의 정체성'이 되었다.

프리기두스 전투 이후에는 승리한 테오도시우스는 두 명의 후계자를 두어 자신의 사후 동서 제국을 다스리게 했다. 장자인 아르카디우스Flavius Arcadius(377/378~r.395~408)는 동로마 황제로 임명되었고 차남인 호노리우스Flavius Honorius(384~r.395~423)는 서로마 제국을 다스렸다. 이때부터 제국의 양분화는 상시 제도로 운영되었다. 알려진 바로는 테오도시우스를 도와 고트족의 귀순과 정착을 이끈 바우토는 아르보가스테스의 부친이며 그는 일찍이 동부 제국의 군 통수권자이기도 했다. 이를 통해 '이민족'이 이미 로마의 중앙에 진출하여 나라의 기둥이 되었음을 알 수 있다. 바우토는 385년 무렵 세상을 떠났고 그의 딸 아일리아 에우독시아Aeilia Eudoxia(?~404)가 395년에 동로마 황제 아르카디우스와 혼인하여 국가 정책을 좌지우지할 권력을 잡게 된다. 그녀는 또한 오랜 기간 재위했던 테오도시우스 2세Theodosius II(401~r.408~450)의 모친이기도 해서 프랑크 혈통이 이미 로마의 황실 깊은 곳까지 주입되었음을 알 수 있다.

그러나 아르카디우스 왕조 때는 친 고트파 세력이 전면에 나서기 시작한다.

테오도시우스 1세의 수하에는 군 출신의 고트족 병사 가이나스 Gainas(?~400)가 있었는데 그는 399년 군 통수권자의 자리까지 올라갔다. 그의 출신이 미천했던 것을 보면 아마도 382년 강화 이후 귀순한 부족장은 아니고 일찌감치 조직을 갖췄던 부족의 일부였을 것으로 보인다. 왜냐하면 382년의 강화 조약에서는 376년 침략한 서고트족의 여러 부족장이 해산되지 않은 원래 전투단에 계속해서 몸담을 수 있도록 파격적으로 허락했기 때문이며, 그 왕 알라리크도 가이나스의 휘하에 들어갔다. 알라리크는 프리기두스 전투에 참여하였지만 로마인이 지나치게 고트인만을 희생시킨다는 의심을 품고 이듬해(395년) 고트족을 이끌고 거병하였다. 이로써 동로마와 서로마의 두 황제가 그를 에워싸고 있는 형세가 만들어졌다. 서로마 제국의 권력자는 이제 플라비우스 스틸리코 Flavius Stilicho(c.358~408)가 되었다. 테오도시우스 1세는 그를 파견하여 이탈리아에서 어린 황제 호노리우스를 도와 섭정하게 하였는데 그는 선대 황제의 조카사위이자 이제는 서부의 군 통수권자가 되었다. 스틸리코의 알라리크 섬멸 계획은 동로마의 권력자이자 갈리아 혈통을 가진 동방 프라에토리안 장관Praetorian Prefect of the East 루피누스Flavius Rufinus(?~395)에게 발목이 잡혔다. 이에 스틸리코는 가이나스와 결탁하여 루피누스를 제거한다.[15]

이제 가이나스는 열을 올리며 동로마의 스틸리코가 되길 원하여 동로마 제국 중앙의 다른 중신을 제거하였는데 그때부터 통제 불능이 되기 시작했다. 그는 수하의 고트 '이민족'을 이끌고 콘스탄티노플로 쳐들어가 6개월을 점령하였지만 어리석게도 고트족의 아리우스 신앙을 합법화하고자 하였고 이로써 수십만 명에 달하는 정통파 기독교 거주민의 저항에 부닥쳤다. 결국 시민 폭동으로 쫓겨난 그는 다뉴브강 북부 연안으로 도망갔다가 흉노 족장에 의해 효수되었고 그의 머리는 동로마 중앙으로 보내졌다. 당시 고트족이 동로마 수도를 점거한 사건은 후세에 잘 알려지긴 했지만 11년 뒤 알라리크가 일으킨 세계 역사의 이정표적인 서로마 약탈 사건만큼 유명하지는 않다. 이처럼 같은 사건이라도 인식의 정도가 다른 것을 통해 우리는 고트족의 재앙이 동로마에 먼저 충격을 준 건 사실이지만(유명한 것으로는 아드리아노플의 전투가 있음) 결국 최종적으로 불행을 맞이한 쪽은 오히려 서로마였음을 상기할 수 있다.

반란을 일으킬 지경에 이른 알라리크의 머릿속에는 아직은 그의 후손을 통한 로마 제국 내 서고트 왕국 건설의 청사진이 없었는지도 모른다. 다만 프리기두스 전투에서 선봉으로 출장했던 고트족에서 대거 사상자가 나오는 등 심각한 피해가 있었는데도 사후 이렇다 할 포상이 없어 고트인들이 봉기를 일으키고 알라리크를 수장으로 추대한 것이다. 그는 그리스 반도를 종횡무진하며 각 성을 약탈했는데 이는 공정한 대우를 요구하고 관직을 얻어내기 위한 목적이었고, 약탈은 동로마 정부가 그를 일리리쿰의 장군으로 봉하고 나서야 멈췄다. 그러나 알라리크의 야망은 여기에 그치지 않았고 과거의 상사였던 가이나스를 따라 제국의 중심부로 들어가길 원했다. 그러나 가이나스 사건으로 수도에 조성된 반 고트족, 반 아리우스교 분위기 때문에 이 방법은 원천적으로 불가능했다. 이에 알라리크는 401년, 서로마로 방향을 틀어 세력을 확장했지만, 번번이 스틸리코에게 패하였다. 후자는 원래 제국의 서부를 관할하던 일리리쿰의 일부를 동로마에게 요구하려 했는데 이는 해당 지역의 거주민이 용맹하고 민첩하여 로마의 군사인력 공급처였기 때문이다(일리리쿰 프라에토리안의 북부는 다뉴브 방어선을 정면으로 마주하였다). 알라리크의 방어지역은 바로 그 아래의 이피로스에 있어서 스틸리코는 그를 회유하여 공동으로 동로마에 대응하기로 했다. 그러나 405~406년, 로마 밖에 거주하던 고트족 지도자 라다가이수스Radagaisus(?~406)가 다뉴브강을 넘어 남하하여 바로 이탈리아를 침범하였다. 이 무리는 아리우스 기독교가 아닌 부락신을 믿었기 때문에 부족의 지도자는 로마의 귀족을 부락신에게 산 채로 제사하고자 했다. 이는 아마도 고트족 사이에 전파된 기독교에 대한 반감 때문이었을 것이다. 어쨌든 그는 결국 스틸리코에게 패배하였고 후자는 항복한 포로를 대부분 노예화한 뒤 고위층 정예부대는 로마 부대에 편입시켰다. 그러나 뒤이어 알란족, 반달족, 수에비족도 라인강을 넘어 갈리아를 침범하였다. 브리튼 장군은 군대를 대륙으로 이동시켜 방어에 나섬과 동시에 스스로 황제를 칭했기 때문에 브리튼은 수비를 포기하였고 저항에 부닥친 세 이민족은 이베리아로 들어가 정주하였다.

스틸리코의 정적은 나라를 망친 잘못을 그에게 물었고 결국 그는 사위인 호노리우스 황제에 의해 죽임을 당한다. 그때 스틸리코의 수하에는 라다가이수스의 이민족 항장들이 있어서 당장 거병하여 모반해도 이상할 것이 없었지만 스틸리코는 대세를 위해 스스로 장렬히 희생당하는 길을 택했다. 스틸리코의 부친은 반달족이고 모친은 로마 귀부인이었다. 이제 고개를 숙인 채 사형집행을 받아들이는 모습은 완전히 충심 있는 로마인이나 다름없었다. 그의 죽음으로 호노리우스는 스스로 방어벽을 무너뜨린 것이나 다름없어, 이내 알라리크를 방어할 힘을 잃었다. 이제 그는 스틸리코가 남긴 군 통수권 지위를 요구하였으나 제국 정부가 허락하지 않았다. 스틸리코의 죽음은 로마인의 봉기를 촉발하였고 당시 이탈리아에 있는 이민족 '동맹국'의 남녀노소 3만여 명이 도륙되었다. 라다가이수스의 잔존병들은 전부 알라리크에 투항하였다.

알라리크는 제3차 담판이 결렬된 뒤 로마를 약탈하였다(당시 서로마의 수도는 라벤나). 이는 410년의 일이었다. 제19장에서도 이미 서술하였듯이 로마 체제 안에서의 출세 영달을 원했던 이 외지인은 막다른 골목에 이르자 같은 해에 세상을 떠나고 마는데 대신 그의 동생 아타울프가 412년 이탈리아에서 쫓겨난 뒤 갈리아로 침입, 로마를 대체할 '대 고트' 제국 건설을 구상하기 시작한다. 그러나 그마저도 죽은 뒤 고트족은 로마 동맹국으로서의 신분을 감내하며 이베리아를 점거했던 알란족과 반달족, 수에비족에 대한 대응 목적의 용병으로 활용되었다.

테오도시우스 1세는 382년에 발칸으로 이주한 고트족과 조약을 체결, 전투 시에 병력을 제공받는 조건으로 그들을 트라키아에 정착시켜 토지를 배분하여 제국의 농가로 삼았다. 이로써 제국은 전체 지역과 속주의 방어 업무를 '군사 용병'에게 '외주'하는 선례를 만들었다. 반달족 등이 409년 피레네산을 넘어 이베리아 반도로 진입하여 히스파니아 각 도시를 점거하자 서로마 정부는 유일하게 그들에게 '동맹국'의 신분을 부여하였다. 그러나 한편, 415년에는 고트족을 북부 갈리아 프라에토리안 관할구에 있는 갈리아 아퀴타니아_{Gallia Aquitania}에 정착시킴으로써 그들을 통제하였는데 이는 점차 '서고트 왕국' 탄생을 위한 배아로 성장하였다. 서고트족은 426년 남하하여 알란족을 격파하고 그 왕을 죽였는데 알란의 잔당은 반달왕에게 투항하여 두 부족은 합병된다. 서고트족이 접근해오자 반달왕국은 429년에 이주하여 지브롤터 해협을 넘어 북아프리카로 들어갔으며 10년 뒤에는 카르타고의 옛땅을 점거하였다. 이로써 서로마는 제국의 곡창지대를 잃고 만다.

이렇게 되면 동게르만족이 로마의 적인지 벗인지, 제국의 일부인지 외지인인지 구분하기 어렵게 된다. 고대 로마 제국은 테오도시우스 이후 더는 강력한 군주가 나오지 않자(비잔틴의 역사는 제외함), 국정은 대부

성 어거스틴의 걸작 〈하나님의 도성〉에
영감을 준 서고트족의 로마 약탈 사건

분 군 통수권자에 의존하여 운영되었고 그 직급은 마치 동한東漢의 '대사마 대장군'과도 같았다. 이처럼 군사적 요충지에 거주하는 이들은 대다수 동게르만족의 배경을 가지고 있었다. 서로마 최후의 기둥인 아에티우스는 그 선조가 '스키타이인'의 혈통이지만 어쩌면 고트 계열이었을 수도 있다. 그는 서로마 대신 아틸라의 침입을 막는 데 성공했지만 오히려 발렌티니아누스 3세에 의해 죽임을 당한다. 이때부터 서로마는 쇠퇴의 길을 걷기 시작하는데 그를 죽임으로써 스스로 방어벽을 무너뜨린 행위는 스틸리코 때와 닮아 있었다.

동로마는 오랜 기간 '알란-고트족 후예'인 아르다부르Ardabur와 아스파르Flavius Ardabur Aspar(c.400~471) 부자의 지배 아래 놓여 있었다. 둘은 모두 군 통수권자에서 로마 집정관으로 승격된 경우였다. 450년 테오도시우스 2세의 오랜 통치가 막을 내리자 대권을 손에 넣은 아스파르는 스스로 황제를 칭할 만한 힘이 충분히 있었다. 그러나 그는 아리우스 신도는 로마 황제가 될 수 없다는 상례를 지켜 두 명의 부하를 왕좌에 오르게끔 연이어 추천하였다. 그러나 결국 그는 두 번째 황제인 레오 1세Leo I, the Great(r.457~474)에 의해 주살된다. 이들은 '로마인'으로 분류되든 '고트-알란인'으로 편입되든 모두 다뉴브 집단에서 유래한 것으로 보이는데 이 변경지대는 적군도 아군도 될 수 있어 인력 방면에서 모호한 지대였다.

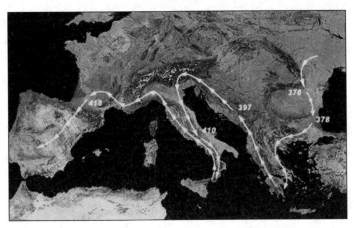

동에서 서로 이주한 서고트족의 경로

레오 1세는 황제가 된 뒤 반드시 서로마의 문제를 대면해야만 했다. 455년, 서부의 발렌티니아누스-테오도시우스 왕조가 종말을 고한 뒤 제위가 공석이 되자 대권은 군 통수권자인 리키메르Ricimer(c.405~472)의 수중에 떨어졌다. 이 서로마 최후의 강자는 수에비 국왕과 서고트 공주 사이에서 났고 외조부는 서고트 왕이었으며 누이는 부르군트 왕과 혼인하였다. 그러나 정작 리키메르 본인은 철저한 이탈리아 중심주의자로 서고트인이 옹립해서 황제가 된 갈리아 로마 지주 출신 정권을 무너뜨렸다. 제국 경내의 동게르만 왕족 혈통을 한몸에 이어받은 이 사람은 이탈리아 중앙 도시를 필사적으로 방어하였다. 어쩌면 본인이 자기 민족 내 권력 다툼에서 실패했던지라 오직 로마의 중심부로 진출해야만 앞길이 열릴 것이라고 여겼는지도 모른다. 그래도 나름 상례를 지켜서 허수아비 황제를 내세울 뿐 스스로 황제의 자리에 오르지는 않았다. 레오 대제는 그와 협력하여 서로마 부흥을 시도하지만 결국 실패하고 만다. 리키메르가 사망하자 외손자인 부르군트 왕자 군도바드Gundobad(c.452~516)가 군 통수권자의 지위를 이어받았다. 그러나 그는 중앙 도시만 남은 서로마가 가망이 없다고 느껴 왕위를 이어받고자 브루 군트로 돌아갔다(제19장 참조).

서로마의 상황을 보면 러시아의 '10월 혁명' 기간 볼셰비키가 멘셰 비카에 대해 "러시아 자산계급이 더는 존재하지 않는 상황에서 마르크 스주의자는 오히려 스스로 역사적 위치를 보완하려 한다"라고 풍자한 것이 현실화한 것처럼 느껴진다. 우리는 제19장에서 이미 서로마의 멸 망 직전 단계를 서술한 바 있다. 먼저는 전 흉노 제국 아틸라의 라틴 보 좌관이자 '게르만' 계통이었던 오레스테스Flavius Orestes(?~476)가 자신의 아들 로물루스 아우구스투스Romulus Augustus(r.475~476)를 황제로 세우고 는(서로마의 마지막 황제) 자신은 스스로 군 통수권자가 되었으나 그의 정 권은 아틸라의 중신 에데코Edeko의 아들 오도아케르Odoacer(435~493)에 의 해 전복되고 만다. 후자의 현직은 중앙 보위 부대 사령관이었고 그의 하 부 조직은 전 아틸라 제국에서 넘어온 '군사 용병'인 스키리족, 루기족, 헤룰리족이었다(이들은 모두 동게르만족). 오도아케르는 게르만인이 '로 마 중추' 역할을 맡은 드라마가 더는 진전될 수 없음을 직감하고 차라리 서로마 황제의 관을 동로마 황제 제노에게 씌우고 스스로 이탈리아 국 왕이라 칭했다.

한 역사학자는 이것이 중앙의 '로마적 성격'은 사라진 반면 지방의 '로마적 성격'은 여전히 유지된 결과일 뿐이라고 지적했다. 그 수명은 지 역에 따라 달랐는데 브리튼의 '지방 로마적 성격'이 가장 빨리 사라졌고 나머지 지방에서는 로마 대지주의 영지와 마을, 라틴어를 사용하여 저 작하는 문인, 특히 국교인 기독교가 여전히 유지되었다. 비록 상고 시대 의 장원제莊園制, Manorial System에서 중고시대의 봉건 제도로 전환되는 과 정에서 기독교는 옛 국교의 위치에서 신생 문명의 태반으로 전환되기는 했지만 말이다.[16] 476년의 의미는 반드시 재평가되어야만 한다.

'로마적' vs '고트적' 개념의 구축

제19장에서 흉노의 아틸라 제국(434~453)이 단순히 '3세기 위기'부터 고트족이 점차 로마인을 대체해 나가는 기나긴 과정에 추가된 하나의 삽입곡일지도 모른다고 서술한 바 있다. 설령 하나의 촉매제 역할을 했을지도 모르지만 말이다. 3세기 때 로마의 다뉴브-라인강 방어선은 전면적인 위기에 봉착해 있었다. 서쪽 변방의 우환이 서게르만족(이를테면 프랑크족)이었던 것 말고도 다뉴브강 일대에 연접했던 것이 대다수 '고트족'이어서 가끔은 모호하게 옛 명칭을 써서 '스키타이'라고 통칭하기도 했다. 그러나 해당 칭호에는 이란족의 사르마티아족도 포함하는데 후자는 4세기에 이르러 '알란족'이었음이 분명히 밝혀진다. 즉, 나머지는 모두 동게르만 종족이고 '고트족'은 그 총칭인 셈이다. 고대인의 기록은 종종 일치하지 않는 부분이 있어서 반달족과 게피트족을 고트의 별종으로 보는 이들도 있다. 그들 사이의 차이는 방언에 있을 수도 있지만 비교적 타당하고 인정받는 정의는 그들이 공통으로 신봉하는 아리우스 신앙일 것이다.

325년, 콘스탄티누스 대제는 니케아 대공의회를 주최, 하나님의 삼위일체론을 확정하여 예수를 단순히 하나님의 사자라고 주장한 아리우스파를 이단으로 규정했다. 그러나 그는 임종 전인 339년 5월 22일, 다시 입장을 바꾸고 아리우스파 경향인 콘스탄티노플 대주교 니코메디아의 에우세비오Eusebius of Nicomedia(?~341)에게 세례를 받는다. 대제가 붕어한 뒤에는 몇 차례의 우여곡절이 있었는데 여기에는 율리아누스 왕조 때 한 차례 실패한 고전 이교도 복벽 운동도 포함되었다. 그러다가 테오도시우스 1세에 이르면 다시금 니케아 신조가 회복되어 국교가 확정된다.

아리우스파는 한때 제국 정부의 비호를 받았는데 해당 기간에는 제

'고트족 사도' 우필라

국 외부의 고트족에게까지 전해져 그 들 신앙의 주요한 기조가 되기도 했 다. 고트족 혹은 고트족 혈통의 우필 라Ulfilas, or Gothic Wulfila(c.310~383)는 최초 로 콘스탄티노플 주교인 니코메디아 의 에우세비오에 의해 주교로 승급된 '이민족'이었다. 그는 동족 사이에 교 리를 전파하여 고트왕에게 박해를 받 기도 했는데 콘스탄티우스 2세 연간 에는 신도를 이끌고 제국 밖으로 피난 하여 『성경』을 그리스어에서 고트어

로 번역하였으며 특히 이를 위해 고트 알파벳을 개발하기도 했다. 호전 적인 성향의 고트족이 고무될까 염려하여 번역 과정에서는 「구약」 성경 중 「열왕기」를 생략하기도 했다.[17]

아리우스 교리를 신봉하는 고트족은 아드리아노플 전투에서 아리 우스파에 찬동했던 황제 발렌스를 죽였는데 그 바람에 니케아 신조 복 권을 도모했던 테오도시우스 1세가 등극하였고, 결국에는 그의 신앙 이 국교로 확정된 것은 아이러니하지 않을 수 없다. 이때부터 '고트적', '로마적'이라는 개념은 아리우스 교리와 니케아 신조 사이의 대응 관계 와 같게 되었다. 오늘날에도 일부 학자는 설령 중앙이 381년 니케아 신 조를 유일한 신념으로 확정하였다고 하더라도 아리우스 신앙은 다뉴브 강 여러 변방 도시에서 여전히 받아들여져 5세기까지 성행했다고 믿는 다.[18] 기독교 내부의 신학 논쟁은 로마 중앙에 대한 로마 변경 지대의 전 복 시도, 그리고 로마 '문명'과 로마 역사 속 '야만족' 간의 대립으로 드 러났다. 이처럼 '상이성相異性 계통'은 모종의 역사적 기회와 인연을 만

들어 냈다. 사산 제국과 대비를 이루는 '상이성 계통'에서 '로마적'인 것이란 이렇게 정의되지 않는다. 아리우스교리나 니케아 신조 중 어느 편이 승리하든 관계없이 서방은 다 조로아스터교와 상이한 기독교 문명이다. 그러나 가령 '고트적'인 것이 정말로 '로마적'인 것을 대체했다면 이후의 서방 기독교 문명은 아리우스의 계승자가 되었을 것이다.

고트족에게 좋은 일만 하다 끝난 흉노 제국

아시아의 흉노가 쇠퇴하면서 그렇게 될 가능성은 더욱 커졌다. 흉노가 북으로 카프카스와 우크라이나 초원 일대까지 도달하자 376년에는 '서고트족'과 '알란족'이 발칸으로 대거 이주하였다.[19] 405~408년에 눈사태처럼 서로마로 밀려 들어온 알란족과 반달족, 수에비족의 대이동이 흉노로 말미암은 것인지에 관해서는 역사 기록은 없다. 그러나 그들의 이주가 일단락되자 흉노는 이미 알란족의 기반이었던 카르파티아 분지를 점거한 상태였고 423년에는 동서 로마로부터 승인과 보조를 받기까지 했다.[20] 해당 지역은 유라시아 대초원의 서부 끝에 있었으며 훗날 아틸라가 근거지로 삼아 유럽을 통제한 곳이기도 했다.

제19장에서도 이미 지적했듯이 카르파티아 분지의 목초지는 오늘날 몽고인민공화국 목초지의 4%에 불과하기 때문에 한나라와 흉노가 다투었던 시절과 같은 거대한 흉노 대제국을 먹여 살릴만한 땅은 아니었다. 이에 유럽으로 진출한 흉노는 미처 로마 경내로 피신하지 못했던 고트족(농경 민족)과 알란족(유목민족)을 다스리면서 그들을 병력 삼아 로마 제국을 침략하였다. 바꿔 말하면 '3세기 위기' 시대 로마 북부 변방에서 우환이 되었던 종족들을 통일해서 중앙집권화를 이룬 셈인데 이 때문에 고트어는 심지어 아틸라 제국의 통용어가 되었고 실제로 '아틸라'라는 이름도 고트족에서 유래한 이름이었다.[21] 로마 쪽에서는 제국의 경

내로 도망쳐 온 동게르만 종족(서고트족), 알란족 그리고 서게르만족이 긴 하지만 아리우스교를 믿었던 부르군트족, 켈트족, 변방의 서게르만족(프랑크족)을 동원하여 연합 전선을 구축, 흉노를 저지했다. 이것이 바로 451년 샬롱 전투에서 대치했던 양군兩軍 조직구성이다. 그러나 정작 미래의 유럽 세계로 향하는 문을 열어젖힌 개척자는 양측 군대의 지도자 계층이 아닌 양측의 군대에서 나왔다.

한때 존재했다가 사라져버린 아틸라 제국은 서로마의 장송 행렬에서 어떤 역할을 맡았을까? 아틸라 제국이 건재했을 때는 로마 북부 변방의 고질적 우환이었던 종족들을 통일해서 그 흉맹함을 더한 뒤 로마 제국에 공전의 굴욕을 안겼다. 그러나 흉노는 인력과 병력 자원을 보존하기 위해 북방의 민족이 로마 제국 경내로 계속 이주하는 것을 엄금했고 다만 로마로부터 '보호비'를 착취하는 것에 만족했다. 아틸라 제국이 붕괴하자 서로마 또한 빠른 속도로 그의 뒤를 따랐다. 앞에서 서술했듯이 옛 아틸라 집단 지도자 계층의 핵심 그룹(게르만 부족장)은 근거지를 옮기는 것이 좋다고 여겨 이탈리아로 들어가 삶을 도모했는데 그때 유일하게 남았던 중앙 도시마저도 무너뜨렸다.

역사를 길게 놓고 보면 아틸라라는 삽입곡은 다만 서로마를 대체하여 '대고트'로 넘어가는 과도기적 길목에 해당하였지만, 불행히도 '대고트'는 미래 서유럽 문명을 탄생시킬 배아는 되지 못했다. 그렇지 않았다면 아틸라의 19년 패권은 세계 역사상 보기 드문 핵심 시기가 되었을 것이다. 아틸라가 453년 사망하자 동게르만의 게피드족이 가장 먼저 난리를 일으켰다. 그들은 동고트족의 아말Amal 왕조와 연합해서 454년부터 아틸라의 후예 정권을 무너뜨렸다. 이를 통해 게피드족은 흉노의 근거지였던 판노니아를 점거했고 동고트인은 다뉴브의 비교적 하류에 해당하는 모이시아에 이르렀는데 훗날 동고트 왕국의 영주領主가 되는 테오

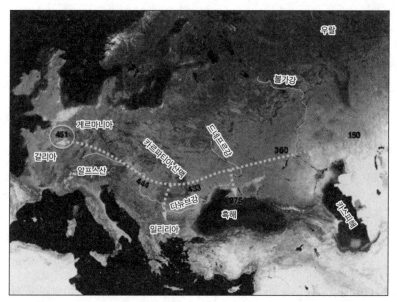

아틸라는 알프스산 북부의 유럽을 통일하고자 갈리아를 침공했지만 451년 로마와 고트 연합군에 패한다.

도리쿠스 대왕Theodoric the Great(454~r.471~526)이 바로 그 시기 태어났다. 그의 부왕은 동로마의 맹우(경내의 속국)였기 때문에 아들 테오도리쿠스를 레오 1세의 조정에 인질로 보냈고 그는 콘스탄티노플에서 제노 왕조(r.474~475/476~491) 때까지 머물렀다. 성년이 되어 귀국한 그는 다뉴브강 하류의 작은 근거지에 기대어 동로마 내부 투쟁의 주인공 가운데 하나가 되었다가 종국에는 동로마의 통치 핵심 그룹으로 뛰어들어 직책이 군 통수권자, 심지어 집정관에 이르렀다. 488년, 그는 31세의 나이로 귀국하여 왕위를 계승한다. 속담에 "신령을 맞이하기는 쉽지만 잘 전송해 보내기는 힘들다"는 말도 있듯이 시작하기는 쉽지만 끝을 맺기는 어렵다. 황제 제노는 테오도리쿠스와 강화 조약을 맺고 그로 하여금 군대를 이끌고 이탈리아로 가서 '역적' 오도아케르를 토벌할 것을 요청하고 그 대가로 이탈리아의 관할권을 허락한다. 이에 테오도리쿠스는 488년 이

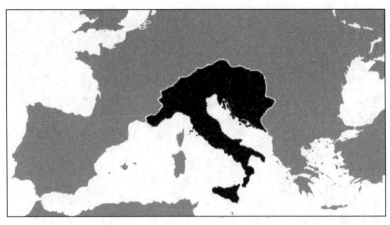

동고트 왕국

탈리아로 진격한 뒤 493년, 그의 적수를 유인하여 죽이고 이탈리아 왕
이 된다.

동게르만족과 고대 로마가 함께 멸망하다

동고트 왕국(493~553)은 제국 서부의 폐허에서 새로운 문명을 중건할
것으로 가장 기대되던 유망주였다. 테오도리쿠스 대왕은 기본적으로 동
로마 통치 계급의 중심권에서 나온 인물인 데다 광의의 '다뉴브 집단'에
속하기도 한다. 그는 서부에 로마의 정치 체제를 보존하면서 모든 일을
로마 원로원과 상의한 뒤 처리하였으며 민관 관계가 화목했다. 고트인
은 비록 아리우스 신도이긴 해도 로마교회에 대해서는 관용정책을 써서
로마 교황청과의 관계도 양호했으니 표면적으로는 전도유망한 기대주
였다고 하겠다.

　　테오도리쿠스 통치하에서 민정은 로마인에 의해 관리되었지만 군
관직은 전부 고트족이 장악하였다. 고트족은 대체로 이탈리아반도 북부
에 집중되어 있었는데 로마 거주민과는 신앙이 달라 피차 거주지를 분

리하였다. 고트족이 개종할 수 없었던 이유는 아리우스 교리가 이미 민족적 정체성으로 자리잡았기 때문이다. 그러나 불행히도 아리우스교는 그들이 새로운 유럽의 중추로 발돋움하는 데 장애 요인이 되었다. 로마(이제 동로마만 남음)는 모든 성을 경내의 게르만 '맹우'에게 '외주'하였고 그들은 로마법을 적용하여 로마 시민을 통치하는 한편 부락법을 통한 자치도 허용되었다. 일국양제 체제는 어쩔 수 없는 일이었지만 로마는 은근히 이를 통한 '맹우' 간의 다툼을 유도하기도 했다. 흔히 말하는 '이이제이以夷制夷', 즉 이민족을 통해 다른 이민족을 견제하는 정책이었던 셈이다. 일례로 로마는 일찍이 서고트라는 맹우를 통해 히스파니아의 여러 이민족을 침략한 바 있었다.

테오도리쿠스는 대내적으로는 친화 정책을 쓰는 한편, 대외적으로는 최대한 기타 아리우스교파 정권과 혼인을 통한 인척 관계를 맺음으로써 정통파 기독교의 본향인 콘스탄티노플 '중앙'에 맞섰다. 그의 사위인 서고트 왕이 507년에 사망하자 테오도리쿠스는 서고트 왕국을 섭정하였고 로마교회로 개종한 부르군트 왕이 그의 친아들(테오도리쿠스의 외손자)을 죽이자 이에 그 왕국의 남쪽 영토를 침공하여 함락했다. 이로써 아리우스 고트족이 제국을 통일하는 형세를 이루기는 했으나 과연 그것이 로마를 대체할만한 새로운 문명의 주인공이 될 수 있었을까?

부르군트족은 어쩌면 서게르만 종족이었을 수도 있는데 이는 그들이 아리우스 교파를 믿어서 '고트의 별종'으로 여겨지기 때문이다.[22] 국왕 지기스문트Sigismund(r.516~524) 시기에 로마교회로 개종하자 테오도리쿠스는 침공을 준비하였지만 그는 526년에 세상을 떠났고, 부르군트 국왕은 결국 534년 프랑크 왕국에 병탄된다. 이에 새롭게 로마 공교회에 귀의한 프랑크 왕국은 동고트족의 중심적 지위를 조금씩 대체해 나가기 시작한다.

동고트 왕국의 내부에 관해 말하자면 만일 입주한 이민족과 통치하는 로마인 사이에 신앙이 일치했다면 군신 관계에 수많은 의심 요인을 없앨 수 있었을 것이다. 테오도리쿠스 말년에 일어난 보이티우스 사태는 이들 사이의 불신이 그대로 드러냈다. 고대 철학의 마지막 대변자로 여겨지는 보이티우스Anicius Manlius Severinus Boëthius(c.480~524/525)의 마지막 작품 『철학의 위안The Consolation of Philosophy』은 고전 철학의 피날레다. 보이티우스 본인은 테오도리쿠스가 신임하는 측근 로마 관원으로 그 지위가 관청 총장magister officioru까지 이르렀지만 523년 죄를 얻어 이듬해 처형되었다. 그와 함께 일부 로마 대지주 귀족들이 처벌받았는데 콘스탄티노플과 내통하여 내부 반란을 도모했다는 죄명이었다. 인생 말년의 테오도리쿠스와 그의 기독교 정통파 신하 사이에 좋은 관계란 기대할 수 없었음은 분명하다.

동고트 왕국 시기에 고트 문화는 기본적으로 로마문화와 융합하기에 역부족이었다. 동고트 정권은 로마의 옛 유적을 수복하려 애썼고 고대 말기의 풍격을 건설에 지속적으로 활용하기도 했다. 고트 시기의 모든 문학 창작은 라틴 문학이었다. 비록 옛 문헌의 필사본에는 그리스어와 고트어를 사용한 것이 더러 있긴 하지만 말이다. 만일 천수를 다했다면 이탈리아를 중심으로 하는 '대고트' 문명, 즉 로마 공교회와는 다른 아리우스 기독교 문명은 어쩌면 실현되었을지도 모른다. 동고트는 종교적으로 이단을 신봉했던 탓에 로마 시민의 마음에 합법성이 부족하게 여겨졌고 최종적으로 동로마에 의해 멸망한다. 동고트 왕국은 아주 좋은 형세로 제국의 서막을 열었지만 결국에는 고대 말기의 패권적 거품이 되어 사라지고 말았으니, 가히 '오호난화' 시기 부견苻堅의 전진前秦에 빗댈 만하다.

테오도리쿠스는 또한 서기 500년에 그 누이를 반달족 국왕과 혼인

라벤나의 테오도리쿠스 묘

시켰는데 그녀의 '결혼 지참금'에는 5천 병마가 포함되어 있었다. 그 뒤
반달족은 '대고트' 세력권으로 편입된 것으로 보인다.[23] 그들은 로마 '동
맹국' 자격이 없는 상태에서 북아프리카를 비법非法적으로 점거했고 자
기 국왕이 반포한 역법曆法을 따랐을 뿐 로마 집정관의 기년 제도를 사
용하지 않았다. 로마의 정통파 기독교도를 극렬하게 박해했고 부락민
의 개종도 허락하지 않았다. 힐데리크Hilderic(523~530) 왕조 때는 정책을
바꾸어 로마교회에 다소 관대해지는 양상이었다. 선대 왕의 미망인이자
테오도리쿠스의 여동생이 먼저 고트 군사를 일으켜 모반하였으나 실패
한 뒤 감옥에 갇혔다. 그러나 힐데리크는 결국 가족 내 아리우스파에 의
해 시해당하고 후자는 또 다른 새로운 군주를 옹립한다. 유스티니아누
스 대제는 이를 빌미 삼아 거병하여 반달족 왕국을 섬멸하고(534) 북부
아프리카를 수복하여 로마 행정 도시로 편입하지만 1세기 뒤인 648년,
해당 지역은 아라비아인에 의해 다시금 정복된다. 게르만의 고토에서

멀리 떨어진 이 왕국은 북부 아프리카 역사에서 잊힌 삽입곡이 되었다.

중흥의 대업을 짊어졌던 유스티니아누스 대제는 반달족 왕국을 섬멸했던 여세를 몰아 동고트 왕국도 단숨에 함락할 수 있으리라 여겼다. 하지만 이탈리아인들이 고트인의 통치에 거부감이 없고 오히려 동로마의 그리스인을 침략자로 볼 줄은 꿈에도 몰랐다. 그래서 테오도리쿠스의 후손은 동로마의 광복군과 19년(535~554)간 악전고투한 끝에 마침내 승리를 거머쥐었다. 비록 동로마의 승리로 싸움은 종식되었지만 이탈리아는 참담하게 훼파되었다. 그리고 이를 통해 수복했던 '잃었던 땅' 역시 오래지 않아 랑고바르드족의 수중에 넘어가고 만다.

동게르만의 고트 지파인 게피드족은 아틸라 사후에 흉노를 무너뜨린 것으로 유명하다. 그들은 지금의 헝가리 땅을 얻었으며 아리우스 종파에 속한 기독교도이기도 하다. 6세기 중반 국력이 최고조에 이른 게피드족에게 위협을 느낀 비잔틴은 랑고바르드족과 연합하여 그들에 맞섰고 왕국은 결국 567년 랑고바르드족과 아시아에서 온 아바르족 연합군에 의해 멸망한다.

테오도리쿠스가 한때 겸하여 섭정했던 서고트 왕국에 대해서는 서기 500년에 좋은 형세를 이루어 오늘날 프랑스 남반부와 이베리아 반도의 대부분을 아울렀다. 반도 지역에서는 어쩌면 다만 켈트족의 원주민인 칸타브리아족Cantabrians과 아스투리아족Asturians 그리고 어쩌면 오늘날 바스크인의 조상인 바스코네인Vascones이 점거했던 피레네 산악지대만 독립을 유지하고 그 밖에 서북부에서 겨우 연명한 수에비족과 기타 부족은 서고트 왕국에 귀속되었을 것이다. 수에비인은 게르만족으로 어족은 알려지지 않았다. 그들은 본래 기독교의 일파이자 이단인 프리실리안 교파Priscillianism를 신봉했지만 훗날 466년에는 서고트족의 영향 아래 개종하여 아리우스 교리를 받아들였다.

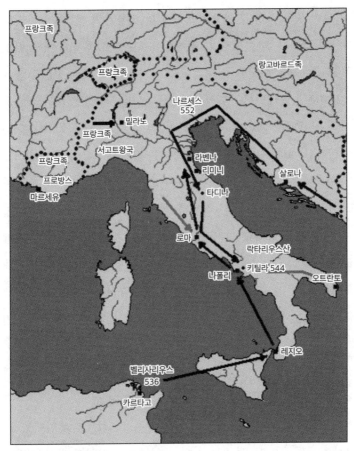

유스티니아누스 대제의 '고트전쟁'

507년 이후에는 오늘날 프랑스 남부 지역이 프랑크인에 의해 점거
되면서 서고트인은 툴루즈Toulouse에서 반도의 톨레도Toledo로 천도한다.
511~526년, 테오도리쿠스 대왕은 실질적으로 동고트와 서고트, 두 왕
국을 거느렸다. 이는 사실상 두 고트 왕국이 가장 합병을 원했던 시기였
지만 동고트가 먼저 멸망하고 만다. 554년 동로마는 동고트 왕국을 멸
망시킨 뒤 서고트 왕국 내홍에 휩싸인 틈을 타 이베리아반도에 상륙하
여 동남 해안과 열도를 '수복', 히스파니아 속주를 다시 설치하였다.

서고트 왕국은 종교 관용정책을 펼쳐 정통파의 삼위일체론자들을 박해하지 않았다. 사실상 로마 정통파는 히스파니아 속주에서 신도가 많은 프리실리안 이단을 박해하여 분위기가 무척 소란스럽고 흉흉했다. 이 때문에 이베리아반도의 기독교는 도리어 서고트 정권의 관용정책 아래 거하기를 선호했다. 그 밖에도 서고트인이 남부 갈리아를 통치하기 시작한 때로부터 유대인을 관용하는 정치적 전통이 생기기 시작했다. 이 모든 것은 589년 서고트족이 아리우스 국교를 포기하고 로마교회로 철저히 개종한 데 따른 결과다. 히스파니아 속주의 로마교회는 서기 400년부터 시작되었는데 702년까지 총 18차에 걸쳐 일련의 톨레도 종교회의synods of Toledo를 개최하기도 했다. 제1차는 고트족 이전 시대에 개최되었고 목적은 프리실리안 이단을 토벌하기 위함이었다. 589년의 제3차 회의는 시대의 획을 긋는 중요한 의미를 지니는데 국왕인 레카레도Recaredo(r.586~601)가 국교를 아리우스교에서 로마 교회로 바꾸겠다고 결정했기 때문이다. 633년 제4차 통일 왕국의 교리와 강령은 개종 이후 다시금 배교한 유대인에 대한 대응 방안을 골자로 했다.

유대인을 제외한 왕국 내부의 기독교는 기본적으로 통일되었다. 이 때문에 642년~643년 무렵부터 서고트 국왕은 일련의 법률을 발표하였고 훗날 『서고트 법전Lex Visigothorum』으로 집대성했다. 법전은 로마인과 서고트인에게 법률을 달리 적용하여 통치하던 전통을 폐지하고 로마인romani과 고트인gothi 사이의 차별을 히스파니아인hispani에게서도 없앴다.[24] 바꿔 말하면 그것은 로마인이 '외주'한 도시가 이제 하나의 응집력 있는 왕국으로 변모하였음을 의미한다. 그러나 711~718년, 대식국大食國(아라비아 제국)은 군대를 보내어 서고트 왕국을 공멸하고 정복지에는 알안달루스Al-Andalus가 세워진다. 기존의 서고트 국왕의 후예들은 북방 산악 지대로 퇴각하였는데 그들이 기독교의 '광복 운동'을 시작할 무렵에는

정통 로마 교회로 개종한 서고트 국왕 레카레도

이미 히스파니아인으로 변모해 있었다.

역사는 고트족에게 공정해야 한다

고트인은 서로마 제국 해체 이후 처음 그들의 빈자리로 들어갔던 종족이기 때문에 로마 제국의 훼손에 대한 책임을 져야 했고 더욱 심각한 것은 고전 문명 파괴라는 죄명까지 뒤집어써야 했다. 사실 박트리아가 무너질 때 제일 먼저 현장에 들어간 이들이 맞이했던 운명은 바로 압사당하는 것이었다. 고트족 대다수는 '동맹국'의 신분으로 로마인 대신 참담한 폐허 정국을 수습했다. 제국의 성급 기관이 이미 부패한 지방에서 행정 임무를 맡았고 무력을 상실한 제국에 '군사 용병'의 신분으로 병력을 제공했다. 제국 정부는 '이민족으로 이민족을 제어한다'라는 이이제이以夷制夷 정책을 써서 이들 '맹우'가 서로 공격하며 죽이기를 바랬다.

이는 변방의 측면에서 고트족이 담당했던 역할을 언급한 것이다. 제국 중심부로 시선을 옮기면 테오도시우스 1세 이후 고대 로마는 이미 강력한 군주가 없었고(동로마의 레오 대제와 유스티니아누스 대제는 고대와 비잔틴 사이의 회색 지대에 해당함) 처참한 정국을 이끌어 나가야 하는 부담은 '군 통수권자'의 어깨에 지워졌다. 그들은 대부분 로마화한 동게르만인이었고 대다수 로마인과 이민족이 뒤섞여 사는 다뉴브 변경 지대에서 왔다. 그래서 그들은 나라 수호의 역할을 감당할 수 있었는데 대부분 이민족을 통제할 수 있는 '군사 용병'이었기 때문이다. 이러한 측면에서 보면 고트족과 동게르만인은 로마 제국을 망친 죄인이 아니었을 뿐더러 오히려 로마의 명맥을 더 연장시킨 생명유지장치였던 셈이다. 그들이야말로 최후의 로마인이었기 때문이다!

서로마가 마지막에 외부로부터 공격을 받았는지 아니면 내부의 변란으로 무너졌는지는 오늘날 보는 사람의 관점에 달려 있다. 여러분은 보지 않았는가? 서로마가 이미 오랜 세월 다른 사람들 사이에 있어왔지만 이들 대체자들이 지금의 프랑스와 독일 등 땅에서 끊임없이 '로마 제국'을 회복시켰던 것을 말이다. 역사라는 긴 물줄기를 바라보면 고대 로마가 어느 순간 흐름을 멈추고, 쉼표를 찍은 것은 분명하나 역사가들은 여전히 답변을 듣고 싶어 한다. 어째서 유럽의 새로운 국면을 개척한 이가 고트족이 아닌가 하고 말이다. 이에 대한 답은 그들이 아리우스 신앙에 귀의했을 때 이미 정해졌다. 로마 정부가 아리우스교를 주시하고 있었던 데다 그들이 로마 제국으로 진입했을 때는 이미 아리우스 종파가 '이단'으로 규정되어 있었기 때문이다! 대부분 고트 정권은 아리우스 교리가 이미 고트 민족의 정체성으로 자리 잡아 개종할 여지가 없었고 이 때문에 고트인과 '외주' 도시의 대부분 주민 사이에는 간극이 발생하였다. 또한 고트족은 교회의 축복을 받을 수 없어서 로마의 '합법'적인 계승자가 될 수 없었다. 그러다 마지막에는 내외부적인 압박 속에서 전체

고트족은 역사의 거대한 물줄기에 합쳐졌는데 이는 동게르만 어족 집단이 역사적인 대명사가 되게 하였다. 고대 로마 패망사의 마지막 단락은 사실 '동게르만족의 패망사'라고 할 수 있다.

주

1. 1. Alfred F. Havighurst ed., The Pirenne Thesis: Analysis, Criticism and Revision (Boston: D. C. Heath and Company, 1958).

2. Ruth H. Sanders, German: Biography of a Language (New York: Oxford University Press, 2010), pp. 25~26.

3. Ibid., pp. 82~83.

4. Herwig Wolfram, translated by Thomas Dunlap, The Roman Empire and Its Germanic Peoples (Berkeley, CA: University of California Press, 1990), p. 39.

5. Michael Kulikowski, Rome's Gothic Wars, from the Third Century to Alaric (New York: Cambridge University Press, 2007), p. 76.

6. 15세기부터 폴란드 사학자들은 폴란드 선사시대 역사를 사르마티아족과 연관짓기 시작하였는데 이로써 폴란드 귀족들은 자신들이 슬라브 민중의 이란족 정복자로서 '사르마티즘Sarmatism'을 형성하였다고 생각했다. 이는 의복과 장화, 깃털 장식, 칼, 기마, 손님 접대, 부녀자 존중 등의 풍습에 반영되었고 특히 폴란드 귀족의 '황금 같은 자유Golden Freedoms'에 이론의 기초가 되었다. 그것은 19세기 문학과 회화 경향에 대거 반영되었다.

7. Richard Fletcher, The Barbarian Conversion: From Paganism to Christianity (New York: Henry Holt and Company, 1998), pp. 9~10.

8. "Septimius Severus, 193-211," in Michael Grant, The Roman Emperors, A Biographical Guide to the Rulers of Imperial Rome, 31 B.C.-A.D.476(New York: Barnes & Noble, 1985), p. 108.

9. Michael Kulikowski, Rome's Gothic Wars: From the Third Century to Alaric, pp. 18~20.

10. Ibid., p. 36.

11. J. B. Bury, History of the Later Roman Empire, published by Macmillan & Co., Ltd., 1923(http://penelope.uchicago.edu/Thayer/E/Roman/Texts/secondary/BURLAT/home.html), Part I, p. 100. 반드시 지적할 것은 베리의 '게르만인'은 여전히 구파舊派 사학의 두루뭉술한 개념이라는 점이다.

12. Herwig Wolfram, trans.by Thomas Dunlap, The Roman Empire and Its Germanic Peoples, p. 91.

13. 여기에는 로마 중심축의 힘을 빌려 적대적 부족을 공격하는 등 공적인 경로로 사욕을 채우는 방법도 있다. 자세한 내용은 다음 참조. Patrick J. Geary, "Barbarians and Ethnicity," in G. W. Bowersock, Peter Brown, Oleg Grabar, eds., Late Antiquity: A Guide to the Postclassical World (Cambridge, MA: The Belknap Press of Harvard Press, 1999), p. 113.

14. Herwig Wolfram, The Roman Empire and Its Germanic Peoples, p. 87.

15. J.B.Bury, History of the Later Roman Empire, published by Macmillan & Co., Ltd., 1923(http://penelope.uchicago.edu/Thayer/E/Roman/Texts/secondary/BURLAT/home.html), Part I, p. 113.

16. Peter Heather, The Fall of the Roman Empire, A New History of Rome and the Barbarians (Oxford, UK & New York, 2006), pp. 437~438.

17. Richard Fletcher, The Barbarian Conversion: From Paganism to Christianity, pp. 74~77.

18. Neil Christie, The Fall of the Western Roman Empire: An Archaeological and Historical Perspective (New York: Bloomsbury Academic, 2011), p. 186.

19. 잘 알려지지 않은 일이지만 이 이민집단에도 소수의 흉노가 포함되어 있었는데 그들은 흉노 당권파에 반대하는 유랑자였을 것이다. 상세한 내용은 Herwig Wolfram, The Roman Empire and Its Germanic Peoples, p.80 참조. 그러나 편의를 위하여 이 전체 집단은 역사에서 '서고트인'으로 불렸다.

20. Neil Christie, The Fall of the Western Roman Empire: An Archaeological and Historical Perspective, p. 46.

21. 한편 흉노 치하의 게르만인도 복합궁複合弓과 같은 흉노의 무기를 사용하였고 아기의 머리를 기형화하여 두상을 긴 형태로 성형한다든가 하는 등의 습속을 통해 그들이 특권 계급에 속하였음을 보여주었다. 상세한 내용은 Herwig Wolfram, The Roman Empire and Its Germanic Peoples, p. 141 참조.

22. Ibid., p. 259.

23. Peter Heather, The Goths (Oxford, UK & Cambridge, MA, USA: Blackwell Publishers, 1996), p. 231.

24. 고트족의 특수 신분을 취소하는 것은 이미 레오비길드Leovigild (r.568~586) 시대의 『고대법Antiqua』에서 시작되었다. 해당 법은 양 종족 간의 통혼 금지 제도를 없앴다. 자세한 내용은 다음 참조. Herwig Wolfram, trans. by Thomas Dunlap, The Roman Empire and Its Germanic Peoples, p. 269. 해당 시기 서고트 왕국은 여전히 피렌체 산의 북부 땅을 차지하고 있었다.

제22장

서로마의 유산은
누구에게로?

과거 교과서에서는 고대 로마 말기의 민족 대이동을 단일한 현상으로 봤고 게르만족을 하나의 부류로 일괄하여 고대 로마의 파괴자라고 단순화했다. 그리고 아시아에서 유럽으로 이주한 흉노를 또 다른 부류로 묶은 뒤 게르만을 부추겨 고대 로마의 멸망을 초래한 원흉으로 보기도 했다. 본서가 특별히 이 '민족 대이동' 현상을 두 개의 장에 걸쳐 설명한 것은 그중에서 '고대'라는 시대를 거치지 않은 집단을 분리해서 판단하기 위함이다. 두 개의 장 가운데 앞선 장에서는 고트족이 이전 시대의 유산을 이어받았지만 이를 발전시켜 후대에 전승하는 데는 실패했음을 설명했다. 즉, 고트족은 실질적인 내용만 보자면 로마와 한몸이나 다름 없었지만 외양은 달랐다. 갈리아와 히스파니아, 북아프리카와 이탈리아로 대표되는 서로마의 4대 중심지를 순서대로 차지하여 들어가서 환골換骨하는 데는 성공했지만 탈태脫胎 하지는 못했기 때문이다. 그들은 라틴 평원 기간, 이탈리아반도 기간, 서부 지중해 기간, 전체 지중해 기간, 다뉴브화 기간으로 이어지는 로마의 생명주기 가운데 마지막 주기의 주인공이 되었다.[1] 그리고 훗날 탄생하게 되는 신 유럽의 배아는 로마인의 통치를 받지 않았던 라인강 맞은편 기슭의 프랑크인 그리고 로마로부터 가장 멀리 떨어져 있어서 가장 먼저 독립을 거머쥐게 되었던 브리튼 땅에서 움텄다. 그들은 로마 제국이라는 오래된 거푸집이 깨지고 모습을 드러난 '정신적 로마 제국', 즉 로마교회와 손잡고 공동으로 신 유럽의 길을 개척했다.

프랑크인의 등장

프랑크족 가운데 리프아리족Ripuarian과 살리족Salian은 '3세기 위기' 때 갈리아를 침범했다가 로마에 의해 쫓겨난 적이 있다. 그러나 그들이 권토중래하여 4세기에 로마를 재침입했을 때 로마군에게는 이를 막아낼 힘이 없었다. 율리아누스 황제는 358년 살리족이 '동맹국' 신분으로 톡산드리아Toxandria에 정착하는 것을 허락하였고 그들은 로마에 병사를 제공했다. 살리족은 451년, 로마에 협조하여 흉노를 격퇴했다. 그들의 친족에 해당하는 리프라이라족은 여전히 라인강의 동부 연안에 거주했는데 463년, 이 프랑크인들은 로마의 도시였던 쾰른을 약탈하여 그들의 총본영으로 삼았다.

살리족은 다른 게르만종족과는 달리 '2만 5천 리 장정'을 거쳐 처음에는 단지 라인강을 넘어 서부 연안에 정주하였다가 점차 근거지를 확장하였다. 또한 그들은 서서히 갈리아화하여 독립된 왕국을 세우고 메로빙 왕조Merovingian를 열었는데 그 시조는 전설적인 인물인 메로비우스 Merovius(c.415~457)였다. 해당 왕국은 『렉스 살리카Lex Salica(살리카법전)』를 제정하였는데 이 법전은 최종적으로 라틴어로 탈고되었다. 아리우스 교파의 발원지인 동방으로부터 멀리 떨어져 있어서인지 프랑크인은 여전히 부락신을 섬겼다. 메로빙 왕조는 직접 로마교회로 개종하여 기독교화하였는데 여기서는 부르군트족이 중개 역할을 하였다.

부르군트족은 한때 동게르만 어족에 포함되었으나 최근에는 이에 대해 의문이 제기되며 어쩌면 그들이 프랑크족과 마찬가지로 서게르만 어족에 속했을지 모른다는 주장도 나온다.[2] 그들은 오랫동안 아리우스 교파를 신봉했기 때문에 신앙적으로 '고트화'되었다. 또한 부르군트족은 406년에 있었던 민족 대이동 물결의 일부였지만, 대다수는 알란족과 반달족, 수에비족처럼 여러 갈래로 나누어 진행되었던 것으로 보인다. 어쨌든 그들도 해당 연도에 라인강을 건너 '동맹국'의 신분으로 로마에 의해 라인강 중류에 정착하였다. 오데르-비슬라 분지에 체류하던 그들의 동족은 흉노 제국에 합류하였고 훗날 흉노 부대의 일원으로서 451년 샬롱 전투에 참가하였는데 아에티우스가 이끄는 적의 진영에도 부르군

톡산드리아

메로빙 왕조의 시조 메로비우스

클로틸다

트 왕국의 부대가 있었다. 436년, 라인강에 정주하던 그들이 일찍이 영
토 확장을 도모하자 서로마의 군 통수권자 아에티우스는 흉노에게서 병
력을 빌려 총공격을 퍼붓고 443년에는 그들을 남부 론강 유역으로 이주
시켰는데 마치 그들이 아키텐Aquitaine의 서고트 왕국과 마찰을 빚도록 유

도하는 듯했다. 서로마가 멸망한 뒤 부르군트족은 프랑크왕 클로비스 Clovis(466~r.481~511)와 결맹하여 동고트 왕 테오도리쿠스를 저지했다.

부르군트족은 아리우스교를 믿었고 로마교회의 주교인 비엔나의 성 아비투스St. Avitus of Vienne(c.470~523)는 그들을 얻기 위해 전력을 다했다. 아비투스의 노력은 마침내 결실하여 국왕의 마음을 얻게 되었으나 그는 아리우스파 귀족이 반란을 일으킬까 두려워 세례식을 뒤로 미루었다. 당시의 패주였던 동고트 왕국이 토벌을 감행할 것이 우려됐던 점도 고려되었다. 훗날 프랑크왕 클로비스가 로마교회의 세례를 받도록 영향을 끼친 왕후 클로틸다Clotilda(475~545), 즉 부르군트 공주 또한 어릴 적부터 로마교회의 영향을 받았다.

로마교황청으로 기운 프랑크족

유스티니아누스가 아리우스파의 여러 왕국을 수습하기 전, 서로마의 옛 땅에는 프랑크 왕국과 브리튼을 포함한 서북부 변방만 남아 있어서, 로마교황청은 전세를 바꾸고 새롭게 기댈만한 정신적 지주로서 영향력을 발휘할 수 있었다. 프랑크족은 여전히 부락신과 우상을 숭배하는 단계에 머물러 있었고 아리우스 이단에 물들지 않았기 때문에 발전 가능성이 잠재된 미개척지였다. 또한 서로마의 중앙 정부가 무너진 뒤 로마의 '갈리아 장군' 시아그리우스Syagrius(430~486/487)가 고립무원의 신세로 갈리아 북부에서 로마의 '지방 도시' 상태를 유지하고 있었다.

해당 '도시'가 프랑크 왕 클로비스에 의해 멸망한 뒤 클로비스는 그의 누이를 동고트 왕 테오도리쿠스와 혼인시켜 동맹하려 했으나 형세는 급격히 악화하여 프랑크 왕국은 테오도리쿠스가 조직한 아리우스 국가 대동맹에 치우치는 경향을 보였다. 다행히 로마에 있어서 클로비스는 496년에 '정통파' 로마교회에 귀의하여 대다수 백성과 일치한 신앙을 갖게 되었는데 이는 그의 왕후 클로틸다의 영향이 적지 않았다. 일부 프랑크 부족장이 이탈하기는 했지만 오히려 갈리아 로마 귀족의 지지를 얻게 되었으며 후자는 그가 로마를 이어받아 통치하기를 원했다. 507년 클로비스는 아리우스파의 서고트 왕국을 향해 공세를 퍼부었고 부이에 전투Battle of Vouillé에서 그 왕 알라리크 2세(r.484~507)를 죽인다. 서고트 왕국이 이베리아반도에서 퇴각하자 프랑크족은 아키텐의 땅을 약탈한다.

클로비스는 아들을 많이 두었는데 프랑크족의 관습법에 따르면 부친이 죽으면 영토는 여러 왕자에게 배분되어야 했다. 클로비스 시대에 (511) 프랑크족은 이미 부르군트 땅 대부분과 오늘날 독일의 동남부 일대를 점령하지만 제국의 핵심은 가장 일찍 기반을 공고히 한 동토東土 왕국인 '아우스트라시아Austrasia'와 신토新土 왕국인 '네우스트리아Neustria' 였다. 클로비스가 살아 있을 때 살리 프랑크족의 원래 근거지인 톡산드리아는 이미 병탄된 리푸아리 프랑크족 국토와 합병하여 '아우스트라시아'가 되었다. 클로비스에 의해 점거된 로마 갈리아성의 나머지 땅과 기타 신규 정복지는 '네우스트리아'를 형성하였다. 해당 지역에 있는 파리는 늘 수도의 지위를 유지하였다.

523년, 클로비스의 네 아들은 부르군트 왕국에 대한 최후의 정복 전쟁을 벌였고 그 결과 534년에 그 땅을 전부 병탄할 수 있었는데 아리우스파의 국가 하나가 결국 로마교회를 믿는 강력한 세력에 의해 합병된 것이다. 535년 유스티니아누스 대제는 '고트 전쟁'을 시작, 이탈리아의 아리우스파 동고트 왕국을 향해 진격했고 19년의 전쟁 끝에 멸망시킨다. 589년에는 이베리아로 물러나 거주하던 서고트 왕국이 로마교회로 귀의하였다. 로마교회는 서방 기독교 문명의 초석이 되는 역사적인 미래를 보장받는 듯했으나 반드시 그런 것만은 아니었다. 서기 4세기 말 흉노의 이주 때와 마찬가지로 6세기 후반에는 아바르족의 이주가 다시

살리 프랑크

리프아리 프랑크

누베두눔(수아송) ● ● 두로코토룸(랭스)

● 루테티아 파리시오룸
(파리)

아모리카
브리트니

오를레눔
(오를레앙)

아데카부스
(앙제)

부르군트

돌랭서스 ● ● 아바리쿰
(델론스)   (부르주)

● 루그두눔
(리옹)

서고트

시아그리우스의 판도
486년

툴루즈●   나르보
(나르보나)

시아그리우스의 마지막 로마 도시는 프랑크족의 '네우스트리아'가 되었다

금 게르만족의 대이동을 유발했기 때문이다. 그 가운데 랑고바르드인 Lombards이 있었다.

랑고바르드족의 발원지는 엘베강 유역으로 라인강 유역의 서게르만족(프랑크족, 앵글로색슨족)과 동게르만 어족의 고트인 사이에 끼어 있었기 때문에 어떤 이는 '중앙 게르만 어족'이 있었다는 가설을 내세우기도 한다. 568년 봄, 랑고바르드인은 바바리아인과 게피드인, 색슨인과 함께 총 40~50만여 명의 무리를 이루어 이탈리아를 향해 벌떼처럼 들어갔다. 랑고바르드족은 대부분 원시 신앙을 갖거나 아리우스파를 믿는 기독교도였다. 로마교황청은 지체 없이 동로마에 도움을 요청했지만 여의치 않자 유일하게 로마교회를 믿던 대국, 프랑크 왕국으로 시선을 돌렸다. 그러나 후자를 '서로마' 부활의 주인공으로 내세우기 위해서는 시간이 필요했다. 비록 메로빙 왕조 통치하의 프랑크 왕국 땅이 오늘날 서유럽의 기초가 되었을 뿐 아니라 로마 정통 기독교를 신봉하기는 했지만, 지도자 계급은 여전히 무능했고 말할 수 없이 부패했다. 이 때문에 새로 등장한 카롤링거 왕조가 메로빙 왕조를 대체하고 난 뒤에야 이러한 서로마 재건의 구상은 실현될 수 있었다.

반석처럼 단단하고 안정적이었던 동로마와 비교해봤을 때, 476년에 서로마 제정帝政이 종료되고 8세기 중반까지는 로마교황청과 카롤링거 왕조가 새로운 구심점이 되었는데 그 공백 기간 동안 로마교황청은 비바람에 요동하는 나뭇가지처럼 불안한 상태였다고 할 수 있다. 아리우스교도가 속속 서로마 옛 영토의 중심지(이탈리아, 갈리아, 히스파니아의 각 도시와 제국의 곡창지대인 북아프리카)를 점거했지만 로마교황청은 제국의 보호를 받지 못한 채(유스티니아누스 황제의 짧은 광복 기간은 제외) 늘 남에게 얹혀사는 신세였고 그나마 유일하게 서로마 옛 영토의 서북 변방만은 적대적인 기독교 교파에 의해 함락되지 않고 남았다. 이런 상황에서 프랑크족이 부락신을 버리고 로마 기독교로 직접 전향한 것은 그야말로 전세를 뒤집는 결정적인 묘수였다.

로마교황청 대신 서북부를 수호한 아일랜드 성공회

대세를 바꾼 또 다른 요인은 로마 제국의 영토에 편입되지 않았던 아일랜드로, 로마교황청에 있어서는 이 역시 생각지 못한 행운이었다. 서로마가 멸망한 뒤 제국 정부를 대신하여 '중앙'의 직무를 행사하던 로마교황청은 생각보다 브리튼과 아일랜드라는 변두리 나라의 충성에 의존했다. 제국은 410년에 이미 전자의 땅에서 철수하였고 후자는 제국에 속해본 적이 없던 '변두리' 땅이었으나 이제 로마교회에 속한 도시가 되었다.

성 패트릭

아일랜드의 기독교화는 어린 시절 일찍이 아일랜드로 납치되어 노예가 되었던 브리튼인, 성 패트릭St. Patrick(c.387~493)의 공이 큰데 그는 오늘날 '아일랜드의 수호성인'으로 인정받는다. 성년이 된 성 패트릭은 아일랜드로 돌아와 북부의 아마Armagh에 교리 전파를 위한 대본영을 세운다. 그러나 그가 세운 것은 교회였지 수도원이 아니어서, 훗날 로마교회와는 다르게 발전한 '켈트 형태의 기독교Celtic Christianity'와의 사이에 사실상 단층이 생긴다. 그래도 그가 아일랜드 기독교의 선구자로 받들어지는 데 이러한 것들은 걸림돌이 되지 않았다.[3]

600년 전후로 서로마 해체를 초래한 민족 대이동의 일환으로 앵글족Angles과 색슨족Saxons, 주트족Jutes은 이미 원래 비교적 문명적이었던 브리튼 동부에서 넓고도 영구적인 정착지를 점거하고 있었다. 전 로마의 브리튼 시민은 비교적 발전수준이 낮았던 섬의 서부로 퇴각하면서 현저하게 변두리화했다. 로마의 옛 '브리트니아'는 '잉글랜드'로 빠르게 변하는 추세가 있었다. 침입자가 모두 우상을 섬기는 원시 이교도였던 탓에 브리튼의 기독교화는 위협에 직면했다. 그때 성패트릭이 뿌린 씨앗이 그 힘을 발휘하기 시작, 아일랜드인이 로마의 힘이 미치지 않는 지방에 있어서 이교화를 막을 수 있는 역량이 되었다. 그러나 로마와 소식이 가로막힌 서쪽의 원방이 교황청의 원격 거점이 될 수 있었을까? 로마와 대등한 '켈트 기독교 문명'의 배태가 될 수 있었을까? 이는 예측할 수 없는 일이었다.

달 리아타 왕국

로마가 410년 브리튼에서 철수한 뒤 스코트족Scotti 역시 아일랜드에서 나와 오늘날 스코틀랜드의 서부와 웨일스를 침략하였는데 피차 이교도이기는 했지만 이 '아일랜드 공세'는 브리튼을 아일랜드화하는 데 선봉 역할을 했다. 아일랜드인은 지금의 스코틀랜드에 달 리아타Dál Riata 왕국을 세우고 580~600년에 최전성기를 누린다. 이 공격으로 도서 켈트어Insular Celtic의 게일어 지파Gaelic(또는 Goidelic, Q-Celtic)는 그레이트 브리튼의 브리토닉 어족Brittonic(또는 Brythonic, P-Celtic)을 압도하였다. 후자는 로마의 브리트니아와 시민과 북부 '변두리'의 픽트족Picts을 포함한다. 일설에는 원래 그레이트 브리튼을 아우르던 브리토닉 어족이 갈리아에서 왔고 아일랜드의 게일어족은 이베리아반도에서 왔다고도 한다.[4]

하드리아누스 성벽 이남의 브리튼족은 이미 400여 년간 라틴화하였지만 그 라틴화의 정도가 갈리아와 히스파니아만 못해 기반이 단단하지는 않았다. 이 때문에 대륙에서 온 앵글로색슨족이 아일랜드족과 서로 공격하는 상황 속에서 켈트의 근간은 쇠약해졌고 마찬가지로 라틴화의 뿌리가 빈약했던 브리튼족은 빠르게 위축되었다. 난리를 피해 간 브리튼 난민 또한 이베리아반도 서북부의 갈레시아Gallaecia(혹은 Galicia)와 오늘날 프랑스 경내의 아르모리카Armorica 반도 등의 유럽 대륙으로 이주하였고 후자는 오래지 않아 '리틀 브리튼' 혹은 브리타니Brittany가 되었다. 로마 시대에 주류를 이루었던 브리토닉 어족에서는 '리틀 브리튼'에

288

서 겨우 살아남은 브르타뉴어Breton를 제외하고는 오늘날 그레이트 브리튼 본도에는 웨일스어와 콘월어Cornish만 남게 되었다.

하드리아누스 성벽 이북의 픽트인과 로마 브리튼 시민은 문화적으로는 일찌감치 나뉘었지만 그 언어적인 차이는 지금은 알기 어려워졌다. 이들 '변두리' 종족은 무척 흥맹하여서 서로마 해체기 무렵 로마 브리튼은 사실상 빅트족, 아일랜드족, 앵글로 색슨족으로부터 번갈아 침입당하는 국면에 처했다.[5] 대륙에서 건너온 앵글로 색슨족은 브리튼

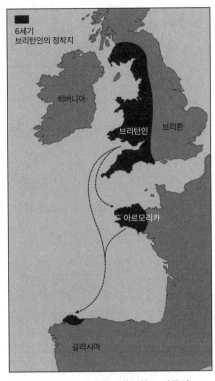

갈리시아와 아르모리카로 이주한 브리튼인

섬의 동남부를 식민통치하다가 점차 그 땅을 '잉글랜드'로 바꾸어 나갔고 아일랜드에서 온 스코틀랜드인도 브리튼 섬의 북반부를 통치하여 이를 '스코틀랜드'로 변모시켰지만, 픽트족은 역사의 뒤안길로 사라졌다. 성 패트릭의 공로로 아일랜드인은 이미 기독교화의 길을 걷게 되었는데 부락신을 섬기던 픽트족마저 흡수되면서 식민통치자 우위의 기독교 문명으로 융합되었다.

유럽 대륙의 서게르만어에서 유래한 앵글로 색슨족은 마찬가지로 부락신도 섬겼기 때문에 원서遠西 지역 기독교 명맥이 유지될지의 여부는 아일랜드의 전도운동에 달려있었다. 520년 전후, 콜로나드의 성 핀니안St Finnian of Clonard(470~549)은 오늘날 아일랜드 미스 카운티Meath County에 콜로나드 수도원을 세우고 '아일랜드의 12사도'를 훈련했는데 전성

기에 3,000명에 달했던 제자들은 전도의 역군으로 성장하였다. '콜라나드의 아일랜드 12사도' 중 한 명인 성 콜룸바Saint Columba(521~597)는 오늘날 스코틀랜드 일대의 픽트족 사이에 들어가 포교하였고 563년에는 달리아타 왕국 경내에 있는 이오나Iona섬에 거점을 세우고, 수도원을 전도사 훈련을 위한 학교로 변모시켰다. 이로써 이오나는 켈트 기독교의 중심지가 된다.

유산된 원서지역 기독교 문명?

이오나 수도원의 수사인 성 에이단St. Aidan(?~651)은 스코틀랜드와 잉글랜드 사이의 노섬브리아Northumbia 왕국에 이르렀는데 후자는 앵글로족이 세웠다. 성 에이단은 린디스판Lindisfarne에 수도원을 세우고 초대 주교를 역임했다. 해당 수도원은 진귀한 린드스판 복음서Lindisfarne Gospels의 친필 원고를 소장하고 있는 것으로 유명하여 오늘날에는 세계문화유산으로 지정되기도 했다. 노섬브리아 왕국은 오래지 않아 성 커스버트St. Cuthbert(c.634~687)와 성 윌프리드St. Wilfrid(c.633~c.709)와 같은 현지의 성인을 배출하였는데 후자는 '친 로마파'의 대표적 인물이다. 노섬브리아 왕국은 남하한 아일랜드 교회와 북상한 로마교회가 경쟁하는 땅이 된다.

이와 동시에 아일랜드의 전도사 성 콜롬바누스St. Columbanus(540~615)는 590년 무렵 유럽 대륙으로 건너가 포교하였고 프랑크 왕국과 이탈리아 여러 왕국에 수도원을 세우기도 했다. 아일랜드식 수도원 네트워크는 메로빙 귀족 계층 사이에서 크게 환영받았는데 그 초야적 성격 때문에 도시의 주교좌 성당 밖에 별도로 계통을 세웠다. 귀족들은 그 영지에 교회 재산을 둘 수 있었고 가문의 자제에게 성직을 맡겨 조상의 대업을 영원히 이어가게 함과 동시에 가문의 산업을 봉헌하여 가족을 위해 복을 빌게 하였다.[6] 성 콜롬바누스는 아일랜드의 교리와 부활절이 대류의 교회와 달라 한때 축출당하기도 했다. 훗날 이탈리아 보비오Bobbio가 세운 수도원은 교황청의 특별 허가를 받아 프랑크 주교의 감독에서 벗어날 수 있었다. 그는 아일랜드 수도원 규칙을 유럽 대륙으로 전파했지만 그것들은 로마의 성 베네딕트 수도원의 회칙Benedictine Rule에 가려졌다.

성 보니파스St. Boniface(627~754)는 원서遠西 지역 기독교 문명의 마지막 불빛이었다고 할 수 있다. 그의 포교 활동은 잉글랜드에서 프랑크 왕국까지 이르렀는데 이는 해당 왕국 동부의 게르만 이교도 지역에 집중되었다. 이 때문에 훗날 그는 '게르만의 수호성인'이 되었지만 영국해협 지대에서 프리지아인Frisians을 대상으로 전도하던 도중에 해를 당하고 만다. 성 보니파스를 통해 우리는 켈트 기독교의 우위가 로마교회의 패권에 넘어갔음을 알 수 있다. 그가 받았던 정결 훈련은 이미 아일랜드 수도원의 법규가 아닌 로마의 성 베네딕트 법칙이었고, 그는 켈트인이 아닌 웨섹스 왕국Kingdom of Wessex(즉, 서부 색슨 왕국) 사람이었다. 영국 제도의 인사가 '게르만의 사도'가 될 수 있었던 것을 보면 이 변두리 지역에는 여전히 기독교 문명의 힘이 건재했음을 알 수 있지만, 그 실질적인 내용은 점차 로마교회에 의해 변화하는데 그 원인은 다음과 같다.

7세기에 켈트 기독교는 유럽 대륙에 널리 수도원을 설립하여 그 영향력이 멀게는 키예프까지 이르렀다.[7] 로마교황청이 그러한 켈트 기독교에 맞설 수 있었을까? 다행히도 로마교회 또한 자체적으로 수도원 제도를 발전시켰고 성 베네딕트 수도원의 규칙과 금기사항은 유럽에서 점차 수도원의 통칙으로 받아들여졌다. 성 베네딕트의 수도원 운동은 교황청의 별동대 역할을 하였는데 이는 교황 그레고리 1세Gregory the Great(540~r.590~604) 때의 일이었다. 그레고리는 최초의 수도원 출신 교황이었기 때문에 일반 교황청 관료와는 달리 수도원 세계에 대한 이해

이오나 섬의 수도원

세계문화유산
린디스판 복음서의 친필 원고

도가 높았다. 그는 전도사의 교육 수준을 높이고 수도원을 전도사 훈련을 위한 거점으로 삼아 교육한 전도사들을 북방으로 파견했다. 이러한 베네딕트 수사의 별동대 역할은 교황청의 반反종교개혁 시대의 예수회 구성원들에 견줄 만했다.

595년, 그레고리 대제는 로마시의 한 베네딕트 수도원 원장이었던 성 어거스틴St. Augustine of Canterbury(?~604)을 파견하였는데 그는 전도단을 이끌고 영국 앵글로색슨 이교도 왕국에 이르러 그들을 로마교회로 귀의시키는 데 성공했다. 597년, 성 어거스틴은 템스강 입구에 상륙한 뒤 먼저 켄트Kent 왕국에 이르러 빠른 속도로 국왕과 백성들의 마음을 얻었다. 그 뒤로는 604년에 에섹스Essex(동부 색슨) 왕국이 로마교회로 개종했다. 새로운 주교 성당을 템스강 입구의 캔터베리에 지은 뒤 성 어거스틴은 초대 주교가 된다. 캔터베리는 오늘날까지 여전히 영국 성공회의 수석 위치를 점하고 있다.

664년, 브리튼 섬 중부의 노섬브리아 왕국은 휘트비 종교회의Synod of Whitby를 개최하여 분리되었던 로마교회와 켈트 교회를 통일했다. 여기서 중요한 것은 부활절 기간을 계산하는 방식에 있어서 후자가 전자에 양보했다는 점이다. 부활절 날짜 계산법computus은 중고시대 초기 로마교회 내부에서도 무척 큰 논쟁거리였다. 그들은 디오니시우스 엑시구스Dionysius Exiguus(c.470~c.544) 주기표와 아키텐의 빅토리우스Victorius of Aquitaine(5세기) 주기표 그리고 아일랜드의 켈트 84년 주기표Celtic-84 가운데 반드시 하나를 선택해야만 했다. 로마교황청은 먼저 빅토리우스 주기표Victorian table를 사용하다가 훗날 디오니시우스 주기표Dionysian table를 고정적으로 사용하였고 아일랜드 교회는 줄곧 켈트 84년 주기표를 따랐다. 교회는 부활절은 반드시 연간 달력을 기준으로 춘분春分 뒤 첫 번째 만월滿月 이후(보통 월력에서 14번째 날) 다가오는 첫 번째 주일로 삼는다는 점을 공동의 신념으로 채택했다. 부활절 날짜는 절기상 낮과 밤이 균형을 이루다가 낮(광명)이 점차 길어진다는 은유가 함축되어 있다. 혹시라도 월력의 14번째 날이 혹 주일과 겹친다면 곤란하므로 이런 경우에는 반드시 날짜를 미루어야 한다. 그러나 이는 율리우스력Julian calendar에서 '춘분'이 계속해서 앞으로 이동하는 오류와 뒤섞여 복잡하고 모호하게 되었다. 그 밖에도 기독교의 부활절은 이미 고대 유대 신앙의 유월절의 바탕에서 탈태하였다. 유월절은 월력만을 가지고 계산하였기 때문에 월력의 첫 번째 만월 당일에 지켜져야 했고 반드시 일요일로 정할 필요는 없었다. 그러나 만일 해당일이 우연히 일요일과 겹치는 경우 기독교도가 해당일에 예수 부활절을 경축한다면 '유대교화 한 이단Judaizer'이라는 의심을 사게 마련이었다. 이 때문에 디오니시우스 주기표에서는 부활절 날짜를 해당 월의 15번째 날로부터 21번째 날 사이로 규정했고 빅토리우스 주기표에서는 해당 월의 16번째 날부터 22일째 날 사이로 정하였으며 유일하게 켈트 84년 주기표에서만 14일에서 20일 사이의 날짜로 정했기 때문에 '유대화'했다는 의심을 사게 되었다. 이는 하루의 길이 차이를 다투고자 하는 것이 아니고 한 번의 잘못으로 전체 정국이 망칠 수 있다는 우려의 발로이다. 매년 부활절 날짜가 정해져야만 비로소 고난주간Holy Week과 재의 수요일Ash Wednesday 그리고 40일에 달하는 사순절Lent까지 정해질 수 있기 때문이다. 혹시라도 예수 부활절을 암흑의 세력이 우위를 점하는 날로 잘못 지정하기라도 하면 그 재앙은 더욱 심각해지고 만다.[8]

노섬브리아 왕국의 휘트비 회의에서는 양 교파 사이의 차이와 반목을 통일하였지만 실질적으로는 로마교회의 승리라고 할 수 있다. 처칠은 『영국 민족사』에서 캔터베리 어거스틴의 처사가 어수룩했다며 비판하였다. 브리튼 중심부로 깊이 들어가 섬의 기독교 신도들과 접촉하지

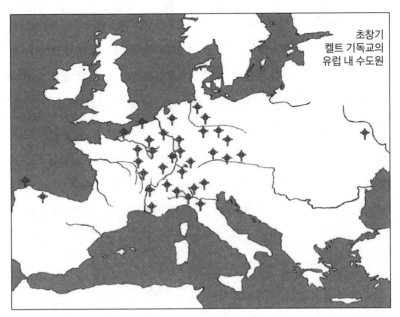

유럽대륙에 세워진 켈트 기독교 수도원

않고 템스강 입구에서 이교도 당권파만을 얻어내고자 한 것이 훗날 양
교파 사이의 갈등이 증폭된 사건의 복선이 되었다는 것이다.⁹ 그 말은 휘
트비의 승리는 교황청의 새로운 벗(앵글로 색슨족)이 기존에 원서遠西지
역 변두리에서 로마교회 대신 기독교 전통을 수호해 왔던 올곧은 인사
들을 상대로 이겼다는 의미인데 역사적으로 이렇게 공정하지 못했던 조
치는 그리 많지 않다. 확실히 캔터베리 성 어거스틴의 경솔함은 그로
하여금 브리튼 교회의 통일 과업을 완수하지 못하게 했다. 그러나 브리
튼 교회는 활기가 없었으며 진정한 적수는 켈트 교회였다. 그의 남하 시
기가 로마교황청의 북상과 거의 동시에 이루어져 노섬브리아 왕국은 남
북의 교차점이 되었다. 영국은 종교개혁 이래 휘트비를 본토 기독교 교
회를 몰락으로 이끈 시발점이라고 과장하는 경향이 있었고, 토인비는
『역사연구』에서 '원서지역 기독교 문명'을 불행하게 유산된 문명으로

분류하였다.[10]

편벽한 곳에 위치하여 라틴화하지 않고 낙후했던 탓에 원서 기독교회는 자연스럽게 로마교회와는 다른 형태로 발전하였다. 로마식 도시화가 전혀 이루어지지 않은 아일랜드 '변두리'는 대도시의 주교좌 성당을 지을 수 없었기 때문에 역시나 교황청 중앙관료 체제하의 주교구 및 관할 교구가 출현하기 어려웠다. 다행히도 원서지역 교회는 교리적으로는 로마교회와 갈등을 빚지 않았다. 만일 원서지역 기독교가 새로운 신학으로 발전하고 그것이 비교적 민중화한 조직이었다면 로마교회에 적대적인 교회가 형성되었을 것이다. 그리고 그 교회는 로마식의 중앙과 지방 관료층이 없는 형태로 주로 수도원의 네트워크를 통해 구성되어 장로와 비非 주교만이 지방 교회의 지도자가 되었을 것이다. 전자는 보통 족장이고 후자는 다만 그의 일을 처리하는 사람이다.[11]

최근에는 아일랜드 교회의 수도원 제도가 전반적으로 로마교황청의 주교구 제도를 압도했다는 관점을 수정하는 주장이 제기됐다. 그들은 아일랜드가 부활절 계산법과 관련해서 로마에 승복한 뒤 성 패트릭의 옛 교구인 알마그로와 나중에 생겨난 중남부의 킬데어Kildare 중 어느 곳이 전체 아일랜드 총주교좌의 경쟁이 되었는지 지적했다.[12] 그러나 반드시 알아야 할 것은 아일랜드 수도원의 위, 아래 분원分院 네트워크는 교구를 초월하고, 심지어 유럽 대륙을 넘어서 연결되기도 했는데 로마의 옛 행정단위 체제에 근거해서 구획된 주교구가 과연 그들을 관리할 수 있었을까 하는 문제이다. 또한 적잖은 수도원장이 지방 대형 가문 출신이었을 뿐 주교 산하의 성직자가 아니었다. 그래서 휘트비 회의 이후 알마그로와 킬데어가 캔터베리의 뒤를 이어 총주교구가 된 것도 어쩌면 형식적인 것일 수도 있다. 만일 로마가 아일랜드에서 기반이 공고했다면 어찌 교황인 아드리아누스 4세Adrian IV(c.1100~r.1154~1159)가

휘트비 수도원

1155년 영국의 새로운 주인인 노르만족에게 아일랜드를 정복하여 해당 지역에 대한 교황청의 통제권을 강화하라고 명했겠는가?

이 때문에 '원서지역 기독교 문명'의 배태설은 결코 황당한 관점은 아니다. 만일 로마교황청이 제국과 마찬가지로 부패했다면 원서지역 기독교 문명은 고대 로마 제국의 날개 아래 탄생한 새로운 문명이 되기에 충분하다. 또 다른 측면에서는 '아리우스 동게르만 문명'이 원서 로마의 중심부 지대에서 탄생하는 듯했지만 명백하게 유산되고 말았다. 로마교황청은 어떻게 해서 옛 땅에서 이단을 따르는 당권파를 격파하고, 또 어떻게 해서 중앙의 힘이 미치지 않는 외진 곳에서 활기가 넘쳤던 현지의 경쟁자를 이기고 그들을 대체할 수 있었을까?

지고지상 독보적 위치의 로마교황청

동게르만인이 통치했던 옛 로마 도시에는 아리우스파 신앙이 통치 계급에만 한정되어 있었고 피통치 계급은 대부분 삼위일체를 주장하는 로마교회를 신봉했다. 이 때문에 아리우스 정권은 신앙 관용정책을 채택하였지만 유일하게 북아프리카 반달족의 아리우스 정권만큼은 정통 기독교를 박해하였는데 역시나 가장 빨리 멸망하였다. 이러한 의미에서 로마의 제정帝政이 해체되고 고대 대장원 제도의 낙후한 요소가 사라졌어도 로마의 국교는 여전히 건재했고 이 때문에 로마교황청의 지위 또한 강철처럼 견고했다고 볼 수 있다. 아리우스파의 역사는 많은 부분 가려져 있지만 해당 교파는 '고트족의 신도'인 우르펠라를 제외하고는 재능 있는 지도자가 다시는 등장하지 않았던 것으로 보인다. 그래서 아리우스파 정권은 로마교황청과 같은 별도의 중심축 없이 개별적으로 운영되었다. 반면, 로마교황청은 로마라는 세계 제국의 거푸집에서 탄생한 보편 세계적 교회였기 때문에 로마교황청의 몸에는 고대 로마의 대통일 제국의 혼이 멸망하지 않고 겉모습만 바꾼 채 살아 숨 쉬고 있었다.

로마는 천년 제국의 수도이자 성 베드로와 성 바울이 순교한 곳이며 예수의 가장 중요한 두 사도가 기반을 다진 종주교좌apostolic see(사도교회)가 있어서 서방 기독교 세계에서 으뜸가는 성지가 되었다. 성지로는 예루살렘도 유명하지만 십자군 전쟁 이후에야 비로소 로마에 버금가는 성지로서 부상하였다. 451년 칼케돈 대공의회에서는 콘스탄티노플의 지위를 로마 다음의 두 번째로 끌어올렸다. 사실 그곳은 예루살렘이나 알렉산드리아, 안티오크의 종주교좌 등 예수의 열두 사도가 세운 곳만큼 종주교좌가 될 자격은 없었다.

'총대주교patriarch'라고도 불리는 5대 종주교좌 중 네 곳은 기독교 발원지인 동방에 있고 유일하게 로마의 한 곳만 서방에서 홀로 성장했다. 해당 지역은 예수의 두 사도가 세운 곳인 반면 나머지의 설립자는 한 명이고 그 지위도 그들 두 명에 비해 낮았다. 기독교의 총대주교가 동방에 모여 있었기 때문에 콘스탄티노플의 중앙은 오랫동안 알렉산드리아 종좌宗座의 견제를 받았다. 후자의 총대주교는 수도의 총대주교를 파문할 수 있었는데 이로써 동로마 황제가 로마 교황과 연합해서 그를 저지해야 하는 상황이 초래되었다.[13] 이는 동로마 황제가 어째서 교황의 그리스도 양성론兩性論에 찬동하면서도 한편으로는 알렉산드리아와 안티오크 두 종좌가 제창한 기독교 단성론까지 보듬었는지 그리고 결국에는 양쪽 모두에게 좋은 소리를 듣지 못하는 곤란함에 처했는지 설명해준다. 훗날에는 이슬람 정복으로 5대 종주교좌가 줄어 로마와 콘스탄티노플만 남은 채 양대 중심축이 대치하는 국면이 되었다.

예수의 사도 한 명도 없이 멀리 로마 서부에 종좌를 세워 이러한 말이 나오는 것도 어렵지만 서로마의 중요 도시에 총대주교가 출현했을 가능성도 배제할 수 없다. 일례로 갈리아의 수도 아를Arles의 주교였던 성 힐라리오Saint Hilary of Arles(c.403~r.429~449)가 로마에서 독립된 총대주교가 되려는 움직임이 보이자 로마의 교황 레오1세Leo I, the Great(c.391/400~r.440~461)는 그를 죽인다. 그는 황제에게 이 일을 해결해줄 것을 요청했다. 서로마 황제 발렌티니아누스 3세가 445년 6월 6일 내린 한 장의 조서는 훗날 위조된 '콘스탄티누스의 선물'보다 더 결정적인 역사적 의미를 갖는다. 이는 남부 갈리아 주교구는 주교를 임면할 수 없었고 종교회의를 개최할 권한이 없었는데 이를 선례로 삼아 서부의 모든 교구가 로마 주교를 수석으로 인정해야만 하며 이를 제국의 법으로 삼아 준수해야만 한다는 내용이었다.[14] 그 밖의 잠재적 도전자로는 북아프리카와 히스파니아가 있었는데 두 지역 모두 아리우스 정권 아래에 있었지만 로마교황청의 지지도 필요했기 때문에 명령에 복종했다. 원서 지역 기독교회의 성지 중심지와 '변두리' 스코틀랜드에 있던 이오나 섬도 이 같은 무게가 있었을까?

역설적이게도 제국 중앙의 영향력이 건재했던 동방에서 국교의 총대주교구는 모두 자치 독립 교회화autocephaly하는 경향, 즉 행정적으로 누구의 말도 듣지 않는 현상이 나타났다. 예루살렘과 안티오크, 알렉산드리아가 잇따라 이슬람에 함락된 뒤로는 그곳의 내부 일은 자연히 비잔틴이 관할하게 되었다. 그러나 훗날 새로 세워진 불가리아 교구 역시 독립 교회화 하였다. 콘스탄티노플의 총대주교는 비잔틴 황제 아래에 있던 종교부장이었기 때문에 나머지 국가는 속국이 아니고서는 스스로 비잔틴의 한 교구로 전락하는 것을 원하지 않았고 그래서 자체적으로 총대교구를 세웠다. 콘스탄티노플 자체가 오스만투르크에 함락된 이후 모스크바의 관구장 주교는 스스로 총대주교로 승격했다. 제국 서부에는 중앙의 영향력이 일찌감치 미치지 않았기 때문에 로마 종좌는 직속 상급기관이 없었고 오히려 이 때문에 정신적 로마 제국의 '영원한 도시'가 되었다.

　로마교회는 하나의 세속 제국이 거푸집이 제거된 뒤 드러난 정신적 로마 제국이었다. 로마교회 외에는 이 세상에 로마 제국의 조직법을 갖춘 다른 교회는 없다. 이 정신적 로마 제국의 수도는 여전히 로마에 있었고 교황이 이끌었으며 그 중추 기구는 '교황청curia'이고 내각 요원은 추기경cardinals, 지방 총독인 대주교archbishops, 그 다음으로 주교bishops와 부주교suffragan bishops, 말단 간부로 신부神父가 있다. 단위 교회the parish를 관리하는 신부는 사실 성직자 중 최고인 제7품에 이미 오른 것이며 고위 간부와 같다(교황도 7품에 불과하다). 7품 아래 훈련 간부로는 부제deacon, 차부제subdeacon, 복사acolyte, 구마품자exorcist, 봉독자reader가 있다.[15] 로마교회는 기본적으로 로마 제국의 관료체제와 지역 분할제도를 계승했다. 로마교회의 교구dioceses는 원래 로마 행정 도시를 나누는 큰 단위로 '주'의 개념과 유사하다. 로마교회가 각급 주교구 아래에 설립한 단위교회the parish는

정신적 로마 제국

로마제국이 서부에서 사라지는 과정에서 제국의 관료체제와 도시분할 제도를 계승한 로마 교회.

로마교회는 본래 로마의 대규모 행정구역이었던 '주교구' 아래에 단위교회의 신부교구를 설치함.

정신적 로마제국의 중추 기구는 교황청. 내각 요원은 추기경, 지방 총독은 대주교와 주교.

말단 간부에는 부주교와 신부 등이 있으며, 신부는 성직자 최고의 제7품, 그 아래에는 1~6품의 수사가 있음.

로마교회는 세속적 로마제국이 붕괴한 뒤 현신한 정신적 로마 제국이라고 할 수 있으며 전 세계 어느 교회에도 이와 같은 조직법은 없음.

중앙기구, 단계별 질서, 기층조직, 행정 단위, 통일된 의식 형태를 가진 엄밀한 조직의 로마교회.

최고 제사장

어쩌면 전통 로마 국교에조차 없던 기층조직으로 기독교가 지하교회 시절 세운 조직으로 보인다. 로마교회는 하나의 중앙 조직을 중심으로 단계별 질서와 기층조직, 행정단위를 가졌으며 통일된 의식 형태의 엄밀한 조직을 갖췄다.

이는 로마교회가 자기 자신을 로마 제국의 틀인 세속적secular인 간부 체제 속에 끼워 넣은 것이다. 교황 그레고리 7세의 개혁 이전에는 세속 전도사는 결혼할 수 있었는데 이 전도사들과 평행 선상에 있는 이들은 수도원의 출가 계율regular 전도사이다. 원서지역 기독교회의 특징은 후자만 해당하는데 조직상으로는 제국 스타일의 로마교황청과 맞설 수 없었다. 주로 수도원의 네트워크로 구성된 원서 기독교회는 토번吐蕃 제국 해체 이후 '티베트식' 사원 조직과도 같아서 마찬가지로 부패하였다(겔룩Geluk파가 달라이를 세우는 절대 권한을 가짐). 그들이 서방 기독교 문명의 기반을 다지는 불멸의 공헌을 한 뒤를 이어 영국의 섬들이 샤를마뉴의 '카롤링거 문예 부흥' 대신 지혜의 주머니를 열어젖혔다. 그러나 카롤링거 제국의 해체와 바이킹족의 침입으로 아일랜드의 대형 수도원은 갈수록 내부화하였고 그 결과 현지의 대형 가문과 결탁, 세속인이 세습하거나 할거하는 산업으로 변질되고 말았다.[16] 이는 마치 명나라 시절 오사장烏思藏(명나라 때 티베트를 일컫던 말)의 정국과도 같았다.

'카롤링거와 교황청의 중심축'이 싹트다

신 유럽의 정치적 주축은 프랑크-로마 공동체였지만 프랑크 왕국의 첫 역할은 단지 로마교회로 개종하여 옛 로마의 서북부 지역을 안정적으로 지켜내는 것이었다. 이를 위해서는 반드시 영국 제도의 원서지역 기독교회가 힘을 보태야만 했다. 정권의 안정성과 도덕적인 면에서 메로빙 왕조는 실망스러운 모습을 보였다. 클로비스의 아들 클로타르 1세Chlotar I (497~561)는 다른 형제들보다 오래 살면서 다른 여러 왕국을 합병하였지만 561년 세상을 떠날 때는 관습법에 따라 네 아들에게 국토를 분할 상속해야 했다. 이로써 나라는 다시 '아우스트라시아'와 '네우스트리아', 수아송Soissons과 부르군트로 나뉘게 된다. 메로빙 왕조는 자체적으로 통합을 이룰 수 없어서 신 유럽의 중추라기엔 무리가 있었다. 장자 계승제도가 없었던 것은 프랑크족의 보편적 폐단이라고 할 수 있는데 뒤이어 일어난 카롤링거 왕조 또한 마찬가지였다. 그러나 파멸의 그림자가 드리운 제국의 갈리아 대지주와 통혼한 메로빙 왕조는 뼛속까지 부패한 듯했다. 이에 대해 윌 듀런트will Durant(1885~1981)는 이렇게 결론지었다.

"이처럼 도덕을 경시하는 사회의 상위층은 그리 많지 않다. 기독교로의 개종도 그에 대해 아무런 영향도 끼치지 않았다. … 암살과 아버지 시해, 동족상잔과 잔혹한 형벌, 사지 절단, 음모, 간음, 근친상간은 통치의 심심풀이 수단이 될 뿐이었다. … 그의 통치 아래 서기 600년에는 글을 안다는 것은 전도사에게는 일종의 사치품으로 변질되었고 과학은 거의 멸절했다. 의약은 여전히 존재했지만 궁정 의사가 있었을 뿐, 일반 백성은 차라리 요술과 기도로 병을 치료하려 했다."[17]

메로빙 왕조의 피비린내 나는 암투와 친족간 상잔은 클로타르 2세Chlothar II (r.613~629)의 재통일이라는 결과를 초래했다. 그가 치른 대가는 귀족에게 양보하여 그들에게 더 큰 자주성과 더 많은 토지를 부여한 것이었다. 피핀 1세 혹은 노老 피핀Pepin I the Elder (580~640)을 궁재宮宰: Major Domus (서양 중세 최고의 궁정직)로 임명하였고 이때부터 카롤링거 가문the Carolingians 세력이 전면에 등장한다. 그 밖에 외손자 피핀 2세 혹은 소小 피핀Pepin II the Younger (635~714)이 군웅을 평정하고 자신의 관직을 '궁재'에서 '프랑크 백작이자 왕자dux et princeps Francorum'로 격상하여 아키텐 이외의 갈리아 전체 정국을 통치하게 되었다. 그가 낳은 사생아가 있었으니 바로 카를 마르텔Charles Martel (688~741)이었다.[18]

카를 마르텔이 오늘날 프랑스 중부지역인 투르에서 이슬람의 침입을 격퇴하고 서방 기독교 세계를 구제한 일은 유명하다. 그가 741년에 세상을 떠나자 아들인 단신왕 피핀Pépin the Short이 여러 형제를 누르고 궁재의 지위를 이어받았다. 그는 751년 제위를 찬탈, 메로빙 혈통의 군주가 수도원에 들어가도록 압박했다. 753~754년 겨울에는 랑고바르드인이 강제로 교황 스테파노 2세Stephen II (r.752~757)를 로마에서 쫓아내자 교황은 피핀을 찾아갔다. 이듬해 여름 교황은 피핀과 그의 두 아들에게 기름을 붓고 그 아들을 '로마인의 귀족patricians (즉, 원로계급)'에 봉하고 이후 프랑크인은 반드시 거룩히 구별된 피핀 계통에서 군주를 선택해야만 한다고 선포했다. 피핀은 이에 대한 보답으로 군대를 이끌고 이탈리아로 진격하여 랑고바르드인을 격퇴한 뒤 이탈리아 중부를 교황에게 넘겼으니 이를 '피핀의 기증(Donation of Pépin)'이라고 한다. 그 뒤 해당 지역은

19세기 이탈리아 통일 때까지 교황령이 되었다. 최초의 '유럽연맹'은 그 핵심이 바로 로마 교황과 카롤링거 중심축이었다.

피핀과 스테파노 2세 사이의 이 같은 거래는 비잔틴 '로마 황제'의 허가를 거치지 않은 것이었기 때문에 교황청은 '콘스탄티누스의 선물 Donation of Constantine'이라는 문건을 위조하였다. 즉, 콘스탄티누스가 이미 서유럽을 포함한 대부분 로마 제국을 당시의 교황인 실베스테르 1세 Sylvester I(?~335)에게 증여했다는 내용이었다. 이 문건은 문예 부흥시대에 고증을 거쳐 위조되었음이 드러나기 시작했다.

한편 단신왕 피핀이 사망한 뒤 프랑크인의 관습에 따라 왕국은 그의 두 아들 샤를마뉴Charlemagne와 카를로만Carloman(751~771)에게 분할되었다. 형제 사이에는 내전이 일어나는 듯했으나 위기는 카를로만이 세상을 떠나면서 종식되었다. 이 점은 로마 제국이 내전을 피하기 위해 황제 생전에 아들이나 동료를 부황제 혹은 공동황제로 삼았던 것과는 달랐다. 그러나 프랑크 부락법을 뿌리로 한 카롤링거 왕국은 어느새 분장을 마치고 무대 위로 올라 새로운 '로마 제국'의 주인공이 되었다.

샤를마뉴가 재건한 '서로마 제국'

773년, 샤를마뉴는 교황 아드리아누스 1세Adrian I(r.772~795)의 요청으로 군대를 이끌고 알프스산을 넘어 랑고바르드 왕국을 공격했다. 랑고바르드의 후주後主이자 한때 샤를마뉴의 장인이기도 했던 데시데리우스Desiderius(?~786)는 이듬해 투항했다. 샤를마뉴는 랑고바르드의 철관을 머리에 쓰고 스스로 '랑고바르드의 국왕'이라고 칭했고 36개에 달하는 랑고바르드 공국은 멸망시키지 않고 교황령으로 굳혔다. 이미 충분한 '로마적' 특성이 서부의 제국을 재편성하고 있었다. 800년 성탄절에 교황 레오 3세Leo III(r.795~816)는 로마에서 샤를마뉴를 '로마인의 황제Imperator Romanorum'로 임명하는 대관식을 거행했다. 어쩌면 당시 비잔틴이 추진하던 '성상 파괴 운동'이 교황의 별도 중앙 정권 수립의 계기가 되었을 수도 있다. 어쨌든 이로써 '로마 제국'의 중앙 정권은 반드시 로마에 세워져야 한다는 명분 문제도 동시에 해결되었다. 비잔틴은 강력하게 항의하였고 결국에는 그를 인정하였지만 어디까지나 '게르만인의 황제'로서 인정할 뿐이었다. 806~810년 샤를마뉴 제국은 베니스에 대한 통제권 문제를 두고 비잔틴과 전쟁을 벌이는데 그 결과 아드리아 해를 나누기로 합의하였고 베니스는 사실상 독립을 얻게 되었다(제23장 참조).

로마 제국의 옛 영토는 이탈리아반도 외에도 이베리아반도가 있었다. 서기 751년, 대식제국大食帝國(아라비아 제국)의 우마이야 왕조는 이미 아바스 왕조에 의해 교체된 상태였다. 전자의 후예는 제국의 극서 지역인 이베리아반도로 도망한 뒤 코르도바Cordoba에 별도의 정권을 세웠다(제24장 참조). 이에 프랑크 왕국은 바그다드의 아바스 왕조와 연합하여 공격을 퍼부었다. 777년, 반도의 친 아바스 지방 세력은 샤를마뉴에게 코르도바 정권을 토벌해 줄 것을 청하였다. 778년 샤를마뉴는 직접 프랑크 대군을 이끌고 부르군트와 랑고바르드 부대 병사를 두 길로 나누어 피레네 산을 넘어 반도 지역으로 진입하였다. 지방 세력의 비협조로 바그다드의 부대는 또 한 번 바르셀로나의 저항에 직면했고 샤를마뉴는 성과 없이 회군해야 했다. 돌아오는 길에서 후미 부대가 피레네 산악지대에서 바스크인의 습격을 받아 장군 롤랑이 전사했는데 이 이야기는 서유럽 중고시대의 소설『롤랑의 노래La Chanson de Roland』의 소재가 되었다. 샤를마뉴는 피레네 산악지대에 일련의 방어장벽인 히스파니아 변경주Marca Hispanica를 세워 변방의 울타리로 삼았다.

773~804년, 샤를마뉴는 동부 영토의 색슨족을 상대로 해마다 전쟁

랑고바르드 왕의 철제 왕관

을 벌였다. 789년에는 프랑크 군은 색슨 부대와 연합하여 서부 슬라브
인의 지역을 침략, 항복을 받아낸다. 이때 슬라브인들은 기독교 전도사
를 받아들이기로 동의하였고 795년 색슨족의 모반 때는 중앙 정권에 호
응하기도 했다.[19] 슬라브 지역은 프랑크족과 단순한 속국 및 동맹국 관
계였지만 색슨족은 프랑크에 병탄되었고 샤를마뉴 제국은 여전히 색슨
족과 슬라브 지역을 구분한 '색슨 변방The Limes Saxoniae'을 유지하였다. 샤
를마뉴가 '게르마니아'를 향해 벌인 정벌 전쟁은 마치 옛 로마 제국과도
같았지만 순수한 국방의 목적에서만은 아니었고 기독교 전파라는 기능
이 추가되었다. 샤를마뉴는 우상 숭배를 하던 색슨족에게 기독교로 개
종할 것을 강요하였고 무력을 써서 '게르만의 사도'인 성 보니파키우스
가 이루지 못했던 대업을 완성하였다. 그러나 그는 서기 1천 년 무렵, 서
방 기독교 세계에서 그의 자손을 대신하여 '신성로마 제국의 황제' 자리
에 앉게 될 주인공이 바로 색슨 왕조의 후예가 될 줄은 꿈에도 몰랐다.

샤를마뉴에 의해 멸망의 길로 들어선 또 다른 나라는 아바르칸국이
다. 아바르인은 6세기 중엽 기독교 세계에 침입하였는데 이는 4세기 말
흉노의 침입 사건에 빗댈 수 있어서, 그 진영도 오늘날의 헝가리에 있었
다. 한편 그들은 유럽에 250여 년이나 존속했지만, 아틸라가 19년에 불
과한 통치 기간에 만들어냈던 충격과 울림은 없었다.

투항하는 색슨 지도자들과 샤를마뉴

훙노 통치하에서 로마의 북부 변경을 두 세기 동안 성가시게 했던 고트족이라는 변방의 우환은 아틸라에 의해 조직을 갖춘 뒤로는 양대 로마를 두렵게 하는 북방의 슈퍼 강권强權으로 등극했다. 아바르인도 마찬가지로 한때는 광범위하게 슬라브족을 부렸으나 후자는 이제 막 세계사의 무대에 등장하여 방만하고 어수선한 상태였으며 그들의 분분한 건국은 반反 아바르인 정서에서 시작되었다. 혹자는 훙노의 유럽 이주가 로마의 쇠락을 초래했다고 말하지만 아바르인의 유럽 침입을 둘러싸고 앞에는 유스티니아누스 대제가 있었고 뒤에는 샤를마뉴 대제가 있었다. 그 중간에 메로빙 왕조의 오랜 쇠락기가 있었으나 역시나 아바르 대칸이라는 혁혁한 이름은 알려지지 않았다. 890년대, 샤를마뉴는 아바르인에 대한 크로아티아 슬라브 연맹의 반란을 지지하여 공멸 당시 아바르 투항자들은 전부 기독교화하였다. 아바르인의 땅은 게르마니아의 동부 영토와 피레네의 남부를 대하던 정책과 마찬가지로 변경주를 널리 설치했고 일부는 슬라브인의 속국으로 채웠다. 아바르 칸국의 동남부는 불가르족의 칸국(제25장 참조)에 병합되었다.

제국의 수도는 비록 아헨Aachen에 있었지만 샤를마뉴의 거주지는 정

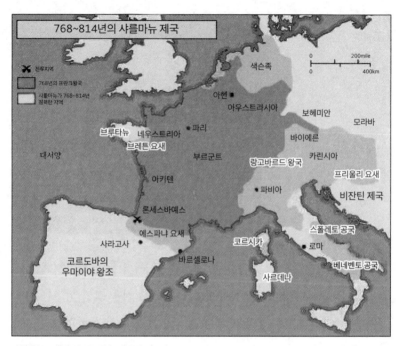

샤를마뉴 제국의 본부와 정복지

해진 곳이 없었고 오랜 기간 외지로 정복 전쟁에 나서다 보니 그의 군대가 주둔한 곳이 곧 제국의 중심축이 되었다. 그는 만년(792~814)에 대부분 아헨에서 겨울을 보냈으며 사후에도 그 땅에 묻혔다. 샤를마뉴 시대에는 봉건적 속국 제도가 아직 완비되지 않아 중앙 정부는 대부분 학식 있는 전도사와 가까운 신하가 순찰사missi dominici 직책을 맡았다. 보통 2인 1조가 되어 성직자와 세속인으로 구성되었는데 4년에 한 번씩 순찰하였고 그들이 출생한 고향은 순찰에서 제외되었다. 중앙에서도 특수 임무를 집행하는 임시적 흠차 대신을 파견하였다. 명령은 중앙에서 공표한 법령capituaries을 근거로 삼았다.

소위 말하는 '카롤링거 문예 부흥'

샤를마뉴 시대 문예 진흥은 역사적 성어를 그대로 사용하는 데 익숙한 이들에 의해 '카롤링거 문예 부흥'이라는 타이틀이 붙었다. 이러한 상투적인 틀을 깨트리려면 기존에 이미 형성된 범주에만 근거해서 역사를 단순화하려는 관성을 탈피하여 상이성相異性을 근거로 상호 해석하려는 태도가 필요하다. '문예부흥'의 전형인 이탈리아 문예부흥은 중세기 신앙 시대에 대한 인문주의의 전복 시도라고 할 수 있다. 샤를마뉴라는 '신新 콘스탄티누스'의 의도는 4세기의 로마를 모범으로 삼아 제국의 기독교화를 공고히 하려는 것이었다. 이를 위해서는 전도사들의 문맹률을 낮추는 것이 가장 시급한 일이었다. 카롤링거의 문치文治, 그리고 무력을 기반으로 기독교를 색슨족에 전파하거나 아바르 출신 투항자들에게 기독교 개종을 강요한 조치는 모두 서방의 중고中古 '신앙 시대'를 열어젖혔다. 이는 이탈리아 문예 부흥과 마찬가지로 이정표적인 의미를 지니지만 이 두 '문예 부흥'은 사실상 방향이 완전히 달랐다.

샤를마뉴 왕조 시기에는 프랑크족의 문예 활동이 규모를 갖추기 시작했고 영토 또한 광활하여 '범유럽'에 해당했기 때문에 문화의 진흥이라고 불릴 만했다. 샤를마뉴 왕조 3대는 전도사를 위해 널리 학교를 설립하였는데 기록에 남은 곳만 해도 9세기 무렵에는 70여 곳에 달했다고 한다. 이들은 각각 루아르 강Loire 이북(즉, 프랑크 왕국 중심지, 아우스트라시아와 네우스트리아의 땅)과 이탈리아반도 랑고바르드 왕국의 옛땅, 게르만 변경주 지대와 프랑스 남부 변경주 지대에 이르는 네 지역에 집중되어 있었다. 뒤의 두 곳은 해당 지역이 전도사 훈련의 임무를 띠고 있었음을 설명한다.[20]

'카롤링거 문예 부흥'에 대한 로마 교황청의 공헌은 영국제도만 못하다는 점에서 우리는 원서지역 기독교 문명이 당시 더 큰 정신적 에너지를 만들어낸 발전기 역할을 했음을 알 수 있다. 샤를마뉴는 노섬브리아 왕국에서 온 요크의 앨퀸Alcuin of York (735~804)을 782~796년 샤를마뉴 궁정 학교의 교장으로 초빙했다. 그의 계승자에는 아일랜드 신학자이자 신플라톤주의자인 에리우게나Johannes Scotus Eriugena (815~877)가 있는데 샤를마뉴 사후 그의 손자가 다스리던 조정에서도 관직을 맡았다.

그밖에도 샤를마뉴는 제국 각지에서 인재들을 초빙하였는데 궁정 건축사인 아인하르트Einhard (775~840)는 프랑크제국의 게르만 어족 지대에서 와서 샤를마뉴의 생애Vita Karoli Magni라는 글을 후대에 남기기도 했다. 라인강 지대에서 온 라바누스 마우르스 마그넨티우스Rabanus Maurus Magnentius (780~856)는 일찍이 앨퀸을 스승으로 모셨던 신학자이자 문법학자, 백과사전 편찬자로 '게르만인의 스승Praeceptor Germaniae'으로 평가받았다. 그밖에도 부제副祭인 바울Paul the Deacon (720~799)은 베네딕트 수도회의 수사이자 랑고바르드 왕국의 가정 교사로 랑고바르드 왕국이 샤를마뉴에 의해 병탄된 뒤 카롤링거 문예 부흥의 중요한 사학자가 되었다. 그리고 이베리아반도에서 무어인을 피해 도망 온 서고트인 데오돌프Theodulf, the Visigoth도 있었다. 그는 샤를마뉴 대신 비잔틴의 성상 파괴 운동을 힐난하는 문헌인 『샤를마뉴의 책Libri Carolini』의 초안을 작성했을 가능성이 크다.

여기에는 의미심장한 논제 하나가 등장한다. 즉, 로마가 라틴 기독교 세계의 중심에 서기는 했지만 서방 기독교 세계의 '라틴 공동체 의식'을 구축하는 데 있어서 알프스산 이북 지역의 공헌도가 더 크지 않느냐는 내용이다. 당시 로마는 중심부의 절반이 비잔틴에 속해 있었다. 로마는 여전히 동방 각 교회의 수장임을 자랑했지만 만일 비잔틴과의 사이가 틀어진다면 그 권한이 서방으로만 제한될 날이 앞당겨질 수도 있는 일이었다(결국에는 그렇게 되고 말았지만 말이다). 로마는 이미 프랑크족에게 의탁하기는 했지만 무어인의 북침을 막기 위해서는 여전히 비잔틴의 해군을 의지해야만 했다. 그밖에도 비잔틴 문화의 영향이 막대해서 관작과 이름, 의복 분야에서도 비교적 '야만적'인 프랑크족을 따르기보다는 오히려 비잔틴에게서 취하려 했다.[21]

서방 기독교 세계를 구축한 '라틴 공동체'

라틴 교리를 보급하고 초대교회의 서적을 더 많이 전사(傳寫)하기 위해서 '카롤링거 문예 부흥' 운동에서는 라틴어 전용 '샤를마뉴의 소문자 Caroline minuscule'를 만들어내어 메로빙체와 게르만체를 대체했고 이로써 중고 라틴어가 더욱 폭넓게 쓰이게 되었다. 샤를마뉴 소문자는 활용도가 높아 고대 아일랜드체와 고대 색슨체를 대체하였고 10~11세기에는 히스파니아와 영국, 헝가리, 아이슬란드까지 확대 사용되었다.[22]

후대인들은 종종 이런 착각을 한다. 즉, 게르만 이민족의 침략으로 로마의 통일 천하가 무너진 뒤 각자의 언어를 가진 나라들이 난립했지만 라틴어만큼은 다행히도 기독교회라는 정신적 로마 제국에 의해 보존되었고, 그 결과 서방 라틴 공동체라는 공동의 덮개가 만들어졌다고 말이다. 비록 교황 그레고리 대제는 그리스어를 깨치지 못해도 덕망이 높아 문제가 되지 않았지만, 범유럽의 '라틴 공동체'를 구축할 만한 자원이나 영향력이 없었다. 오직 '신 콘스탄티누스'인 샤를마뉴에게만 이러한 능력이 있었는데 이는 정치적 패권이 문화적 패권으로 연결되었기 때문이다.

'카롤링거 문예 부흥'은 실질적으로 중고시대 라틴체를 발명해 내어 신앙 시대의 문화적 기초를 이루었다. 유럽 근대 초기의 문예 부흥기에 이르면 인문주의자들이 샤를마뉴의 소문자를 고대 로마의 서체로 오인하여 그것을 기초로 '인문주의 소문자humanist minuscule'를 발전시키는

샤를마뉴의 소문자

데 이는 오늘날 유럽어의 이탈리아식 초서의 뿌리가 되었다. "샤를마뉴의 소문자가 없었다면 라틴 자모와 라틴 문헌의 연속성이 우리가 여기서 확인한 수준까지 도달하지 못했을 것이다."[23] 라틴어는 고대 로마 때도 끊임없이 변하는 형태였지만, 오직 『성경』의 대중적 라틴 번역본the Vulgate과 수많은 초대 교부들의 저서, 이교도 서적은 그것을 모종의 역사적 형태로 고정하려 했다. 쓰기 편한 샤를마뉴의 소문자를 통해 경전 속 라틴어는 교회 간부의 통용어로 바뀌어 보급되었고 유럽의 지식 계층은 이를 기초로 중고시대의 라틴어를 계속 발전시켰는데 이는 마치 중국의 문헌문文言文의 전승 과정을 보는 듯하다.

샤를마뉴의 문화 패권은 하나의 범유럽 '라틴 공동체'를 형성했고 중고시대 서유럽을 '라틴 기독교 세계Latin Christendom'로 이끌었다. 이는 동방의 '그리스 기독교 세계GreekChristendom'와는 사뭇 달라, 둘은 양쪽 문화를 대표하는 각각의 깃발이 되었다. 그리스 기독교 세계라는 깃발 아래에는 러시아와 같은 여러 슬라브 민족이 있었고 마찬가지로 라틴 기독교 세계는 라틴어계 말고도 튜턴터, 켈트어, 핀우고르 어족을 아울렀으며 그들은 로마 교회를 믿기만 하면 라틴 자모를 사용하여 글을 썼다. 그 밖에도 샤를마뉴는 교회에서 예배할 때 부르는 성가를 통일하였고 로마 교황청의 성가를 기본으로 삼았는데 사실 그것은 갈리아 지역의 노래를 혼합하여 만든 것이다. 이는 9~10세기 서방 라틴 교회에 통용되었던 '그레고리 성가Gregorian Chants'로 발전하였고 이 공적은 그레고리 대제의 이름 아래에 수록되었다.

속도를 더해간 두 기독교 세계의 해산

'공동체'는 현대적인 개념이다. 샤를마뉴 시대의 전도사는 사실상 제국 운영에 필요한 행정 요원에 해당했으므로 그들의 문맹률을 낮추는 것이 통치에서 시급한 일이었다. 이는 비잔틴 황제 헤라클리우스가 동로마의 그리스화를 정식으로 승인한 것과 어찌 보면 행정상의 필요가 비슷했다. 그 결과로 형성된 '그리스 공동체'는 처음부터 고려됐던 것은 아니었는데, 비잔틴은 여전히 로마 제국임을 자처했기 때문이다(제23장 참고). 그러나 샤를마뉴가 감행한 의식적 형태의 공격은 비잔틴과의 균열을 확대하려는 의도가 있었다.

샤를마뉴는 신학의 문제에 발을 들여놓음으로써 로마 교황청을 조마조마하게 했는데 이는 서방 기독교 세계의 주재자가 로마 교황이 아닌 바로 그였음을 잘 설명해준다. 샤를마뉴는 790년 무렵 신하에게 『국왕 샤를마뉴가 종교회의에 논박하는 대작Opus Caroli regis contra synodum』을 저술할 것을 명령했다. 『샤를마뉴의 책』으로 약칭되는 이 책은 비잔틴이 성상에 엎드려 절하는 행태를 복원하게 한 제2차 니케아 공의회(787년)를 비판하였다.[24] 그러나 해당 문건은 당시에는 발표되지 않다가 1549년에 이르러서야 세상에 드러났는데 아마도 로마 교황청에 보내진 사본이 보관되었던 것으로 보인다.

샤를마뉴는 809년 아헨에서 1차 종교회의를 개최하고 니케아 신경信經, Nicene Creed에 성령은 성부, '그리고 성자로부터' 공동으로 탄생했다는 명제the filioque claus를 삽입하고 성부가 '성자'를 통해 성령을 탄생시켰다고 한 원문을 수정하였다. 교황 레오 3세는 이를 묵인했으나 비잔틴과 지나치게 갈등을 빚는 것을 피하고자 드러내놓고 수정하지는 않았다.[25] 이것은 끝내 화근이 되어 1054년 로마 교회와 그리스 정교회 사이의 공공연한 분열을 초래했다. 로마 교황청은 그제야 '필리오케Filioque(그리고 성자로부터)'라는 단어 조합을 니케아 신경에 삽입하였다.[26] 물론 로마 교황청은 비잔틴의 성상 훼파 정책(다음 장 참조)을 반대했었다. 다만, 비잔틴이 랑고바르드인의 침략을 막아줄 수 없음을 알고 난 뒤, 프랑크인에 의탁하여 서로마 제국을 재건하였을 뿐 동로마의 일을 극단으로 몰고 갈 생각은 없었다. 그 와중에 명실상부 새로운 라틴 공동체를 구축하여 동방 그리스 정교회의 세계와 대등한 관계로 올라선 것은 샤를마뉴가 재건한 '서로마 제국'이었다.

그러나 카롤링거 왕조의 전성기(샤를마뉴 조손 3대) 때도 여러 지방의 로마어Romance dialects가 라틴어의 요람에서 파생되었다. 동기간 성장했던 언어 가운데 고대 고지 독일어Old High German와 고대 영어Old English[27] 또한 라틴어의 영향을 피할 수 없었는데 다만 튜턴 어법만 보존되었을 뿐이다. 이는 세속인의 방언이었지 교회의 언어는 아니었다. 알려진 바로는 샤를마뉴 본인도 라틴어를 하지 못했다고 한다.[28] 방언이 훗날 각 나라의 국어로 승격되게 된 계기는 문학 창작물에 활용된 이후부터이며, 이는 전도사 외에 세속 귀족이 문자의 영향을 받았음을 보여주는 징후이다. 그러나 방언은 방언일 뿐이고 카롤링거 시기는 유럽이 점차 라틴 자모를 통용하는 하나의 공동 문화 지대로 변모하게 했다. 이렇게 공유된 문화 공동체 의식은 흡사 하나의 부화기와도 같아서 그 안에서 폴란드와 체코 등 슬라브 국가를 포함한 서방 나라를 부화하였고, 이들은 모두 라틴화한 서방 기독교 세계Western Christendom의 일원이 되었다.

주

1. '다뉴브화 기간'은 최후에 로마를 대신하여 정국을 수습했던 것이 대다수 다뉴브 집단이었음을 의미한다. 서부 제국에서 로마를 대체한 동게르만족 또한 원래는 다뉴브 변방 출신이었다. 로마 최후의 핵심 지역이 발칸 일대로 축소되자 북부 변방의 다뉴브 방어선을 강화하기도 했다.

2. Herwig Wolfram, translated by Thomas Dunlap, The Roman Empire and Its Germanic Peoples (Berkeley, CA: University of California Press, 1997), p.259.

3. Thomas Cahill, How the Irish Saved Civilization (New York: Anchor Books, 1996), p. 109.

4. Ibid., pp. 79~80.

5. Paul Wagner, Pictish Warrior, 297~841 (Oxford, UK: Osprey Publishing LTD, 2002), "Chronology".

6. Caitlin Corning, The Celtic and Roman Traditions, Conflict and Consensus in the Early Medieval Church (New York: Palgrave Macmillan, 2006), pp. 47~48.

7. Gennadiy Kazakevich, "The Irish Monks in the Medieval Kiev," (Oct., 2008), Academia. edu (http://www.academia.edu/1715556/The_Irish_monks_in_the_Mediaeval_Kiev), 검색 일자 2014/5/31.

8. 상세한 내용은 Caitlin Corning, The Celtic and Roman Traditions, Conflict and Consensus in the Early Medieval Churc, pp. 4~12 참조. 그러나 로마 교황청은 1582년 율리우스력을 그레고리력으로 대체하였다. 한편 동방 정교회는 지금까지도 율리우스력을 사용하여 부활절 계산 일자는 여전히 통일되지 않고 있다.

9. Winston Churchill, A History of the English-speaking Peoples, Volume One, The Birth of Britain (New York: Dodd, Mead & Company, 1956), pp. 73~74.

10. '원서지역 기독교 문명'은 토인비가 처음 제시한 개념으로 다음을 참조한다. Arnold J. Toynbee, A Study of History, Volume 2, The Genesis of Civilizations, Part Two (New York: Oxford University Press, 1962), pp. 322~340.

11. Paul Johnson, A History of Christianity (New York: Atheneum, 1979), p. 143.

12. Caitlin Corning, The Celtic and Roman Traditions, Conflict and Consensus in the Early Medieval Churc, p. 108.

13. Adolph Harnack, trans. from the third German edition by Speirs and James Millar, History of Dogma, Volume 4 (Eugene, OR.: Wipf and Stock Publishers, 1997), pp. 193~199.

14. Stuart George Hall, "The Organization of the Church," in The Cambridge Ancient History, Volume XIV, Late Antiquity: Empire and Successors, A.D.425~600 (Cambridge & New York: Cambridge University Press, 2000), p. 732.

15. J. B. Bury, History of the Later Roman Empire, published by Macmillan & Co., Ltd. 1923 (http://penelope.uchicago.edu/Thayer/E/Roman/Texts/secondary/BURLAT/home.html), p. 65.

16. Richard Fletcher, The Barbarian Conversion: From Paganism to Christianity, p. 91.

17. Will Durant, The Age of Faith, A History of Medieval Civilization —Christian, Islamic, and Judaic—from Constantine to Dante: A.D.325-1300 (New York: Simon and Schuster, 1950), p. 94.

18. Ibid., pp. 460~461.

19. Paul Fouracre, "Frankish Gaul to 814," in The New Cambridge Medieval History, Vol. II, c.700~c.900(New York & Cambridge: Cambridge University Press, 1995), pp. 103~104.

20. John J. Contreni, "The Carolingian Renaissance: Education and Literary Culture," in The New Cambridge Medieval History, Vol. II, c.700~c.900, p. 721.

21. Thomas S. Brown, "Byzantine Italy(680-876)," in Jonathan Shepard, ed., The Cambridge History of the Byzantine Empire, c.500~1492(UK: Cambridge: Cambridge University Press, 2008), pp. 433~464.

22. David Ganz, "Book Production in the Carolingian Empire and the Spread of Caroline Minuscule," in The New Cambridge Medieval History, Vol. II, c.700~c.900(New York & Cambridge: Cambridge University Press, 1995), p. 790.

23. Ibid., p. 808.

24. 해당 문건은 비잔틴이 성상 예배를 회복한 것을 '부복하여 절하는 것'으로 곡해함과 동시에 비잔틴이 오랫동안 진행해온 성상 파괴 운동을 반대했다.

25. Adolph Harnack, trans. By James Millar, History of Dogma, vol. 5, pp. 304~305.

26. Thomas F. X. Noble, "The Papacy in the eighth and ninth centuries," in The New Cambridge Medieval History, Vol. II, c.700~c.900, p. 579.

27. Michel Banniard, "Language and Communication in Carolingian Europe," in The New Cambridge Medieval History, Vol. II, c.700~c.900, p. 695.

28. Ibid., p. 701.

제23장

끊임없이 변모했던 나라, 비잔틴

비잔틴 제국은 한때 하나의 그릇 안에 온 세상을 담아냈던 '천하'였지만, 이내 사면의 적으로부터 공격받는 위기의 '구석진 나라' 신세로 내몰렸다. 그리고 대 통일제국이라는 옛 망령을 등에 짊어진 채 사면초가의 국제 환경에서 살아남아야 했다. 비잔틴은 여전히 '로마'를 자청했지만 부득불 라틴화의 흔적을 지워야만 했고, 이를 발판 삼아 구축한 것은 새로운 '그리스' 공동체였지만 구성원들은 오히려 대거 슬라브화하고 말았다. 비잔틴은 고대 세계의 연속선상에 있었으므로 사분오열하는 지중해 세계에서도 중심적인 기둥이 되었다. 바로 이런 점 때문에 비잔틴은 고대라는 과도한 짐을 내려놓지 못했고, 그래서인지 비교적 철저하게 붕괴되어 새로운 형태로 전환했던 서방세계처럼 민첩하지 못했다. 비잔틴은 여전히 자국을 중심으로 하는 거대 문화권을 형성하여 동방 정교회 문명의 원류가 되었고 당시 형성 중이던 슬라브 세계에 '천조天朝(천제의 나라)'로서 모범적 역할을 감당하였다.

난공불락의 성, 콘스탄티노플

후기 로마 제국에 비교적 심각한 우환거리였던 세력으로는 동방의 사산 제국과 다뉴브강 북부의 고트족을 들 수 있다. 제국의 중흥을 이끌었던 왕 콘스탄티누스는 두 곳의 위협에 효과적으로 대응하기 위하여 324년, 수도를 유라시아의 교차점인 그리스 도시 비잔틴으로 옮겼다. 더불어 제국의 이름도 '신 로마Nova Roma'로 바꿔 불렀지만 크게 빛을 발하지는 못했다. 이번 천도는 '수도 이전'이라기보다는 '수도 건설'이라고 해야 옳을 것이다. 디오클레티아누스가 네 황제의 공치公治를 통해 '3세기 위기'를 종식하고 각지에 수도를 세웠기 때문이다. 중앙 도시인 이탈리아 또한 수도를 로마에서 밀라노로 옮겼는데 이는 알프스산 이북의 위기와 긴급 상황에 빠르게 대응하기 위함이었다. 그러나 라인강에 있던 우환거리의 경우는 중앙 도시가 밀라노에 있어도 그 반응 속도는 갈리아나 브리튼의 군단만큼 즉각적이지 못했다. 그래서 제국의 서북부에는 자체의 황제를 옹립하는 추세를 보이기도 했다. 콘스탄티누스가 4인 공치제를 끝내고 제국 중흥을 위한 새로운 수도를 비잔틴에 세운 것은 헬라화 세계의 심장에 수도를 둠으로써 비교적 개발이 늦어진 라틴화 서방세계를 포기한다는 뜻이 복선으로 깔려 있다.

비잔틴은 마르마라해와 흑해의 요충지인 보스포루스 해협을 관할하고 있었는데 해협 남쪽 입구의 갈고리 모양의 반도는 유럽 쪽에 위치하여 마치 해협 맞은편 연안의 아시아로 뻗어 나가 입맞춤을 하는 형상이다. 이 갈고리 모양 반도에서 동북부를 향하고 있는 해협 입구는 그 정북향이 강의 출구여서 금각만Golden Horn이라고 불리며 해협 입구와 사슴뿔을 잡아당기는 형세를 이룬다. 갈고리 끝 뾰족한 부분에 강을 막고 철쇄 다리를 연결하면 강북지역까지 이를 수 있었고 마찬가지로 또 다른 철쇄 다리를 건너편 연안의 아시아까지 연결할 수 있었지만 이 두 수로는 모두 봉쇄했다. 한편 반도의 이 갈고리 지형은 황성皇城 소재지여서 바다를 끼고 선 대황궁과 성소피아 성당, 전차 경주장은 하나같이 해안 장벽의 보호를 받았다. 그 지역은 원래 비잔틴시의 핵심이었던 까닭에 그 서쪽 면에는 여전히 남북으로 종횡하는 비잔틴 성벽Wall of Byzantium이 있다. 이 지역에서 중심지로 향하다 보면 남북 방향의 세베루스 성벽Severan Wall이 있어서 내성을 보호하기 때문에 적이 육지에서 이곳에 도달하려고 해도 반드시 그 전에 반도의 허리를 가르는 콘스탄틴성벽Constantinian Wall을 통과해야만 했다. 그러나 콘스탄틴성벽에 도달하려면 반드시 그 전에 반도 전체를 보호하고 근교를 포함하는 테오도시우스 성벽Theodosian Wall을 돌파해야만 했다. 해안 장벽은 물론 궁궐 지대만을 보호하는 데 그치지 않고 성의 외벽과 하나로 연결하는 역할을 했다.

콘스탄티노플과 주변 형세도

콘스탄티누스 대제는 이 지역에 신 로마를 세웠고 이 때문에 로마의 '일곱 언덕'을 옮겨왔다. 궁성 소재지의 작은 언덕을 '첫 번째 언덕'으로 부르고 세베루스 성벽 안팎을 '두 번째 언덕'이라고 하는 등 순서대로 내륙으로 밀고 들어갔다. '다섯 번째 언덕'은 콘스탄티노플 성벽 밖에 있었고 '여섯 번째 언덕'과 '일곱 번째 언덕'은 테오도시우스 성벽 안쪽에 있었다. 신 로마는 마치 옛 로마를 열네 개의 구역으로 나눈 것 같았다.[1]

콘스탄티노플은 324년에 세워진 이래 1453년까지 꿋꿋이 버텨 로마 제국의 역사적 수명을 넘어섰을 뿐 아니라 서방의 중고시대 말기까지 이어져 콜럼버스가 신대륙을 발견하기 39년 전에 비로소 함락되었는데 이는 세계 역사상 유례없는 기적이라고 할 만하다. 이러한 사정 때문에 비잔틴의 역사는 고대의 역사에만 해당하는 것이 아니라 중고시대의 역사라고도 할 수 있다. 그러나 혹자는 이 같은 기간적 분류보다는 "동로마 제국은 어떻게 비잔틴 제국으로 변모하였을까?"라는 질문이 더욱 의미 있다고 한다.

동쪽이 받쳐주니 서쪽이 무너지다

제19장에서 이미 지적하였듯이 '3세기 위기'를 극복했던 디오클레티아누스-콘스탄티누스 시기의 중흥은 공전의 성공을 거두었고 이를 통해 중앙집권과 국교를 통한 사상 통일을 동시에 일궈낸 신 로마 제국이 탄생하였다. 이로써 동부 제국의 수명은 1천여 년간 더 연장되었고 지금까지도 살아 숨 쉬는 정신적 로마 제국, 로마 천주교회는 그 조직 면에서 세계 역사상 유례없는 엄밀함을 자랑하게 되었다. 서로마는 정치제도나 법률, 국교 면에서 동로마와 매일반이었기에 그의 멸망이 중흥의 실패가 반영된 결과라고 보기에는 부족한 면이 있으며 서로마는 결국 흉노로 이루어진 '난민 물결'에 의해 여지없이 무너졌다.

단기적으로 보면 콘스탄티누스 황제도 '3세기 위기'를 극복했을 때 1인 황제 시스템을 통해 디오클레티아누스 4인 황제 공치제의 불안정함을 대체했는데 해당 왕조는 324년부터 361년까지 존속되었다. 그 뒤로는 평화로운 시기를 지내다가 364년 발렌티아누스-테오도시우스 왕조Valentinian-Theodosian dynasty가 파생되면서 동로마로 전해진 명맥은 450년까지 유지되었고 서로마 쪽은 455년까지 이르렀다. 테오도시우스 1세(r.379~395)는 한때 동로마 황제였으나 훗날 전역을 장악하였고 세상을 떠난 뒤에는 두 아들이 제국을 나눠 통치한다. 이때부터 제국은 동과 서의 양 제국으로 나뉘게 되었으나 분할통치는 화평함 가운데 이루어졌고 여전히 하나의 제국으로 같은 제도와 같은 로마법을 시행하였다. 제19장에서 이미 언급하였듯이 흉노가 흑해 북부 연안에 이르렀을 때 유라시아 대초원에서 비교적 가까운 곳에 있었던 동로마가 가장 먼저 충격을 경험하리라는 건 누구나 예측할 만한 일이었다. 일단 흉노가 초래한 고트족 난민의 물결이 주는 충격은 어느 정도 감당할 만한 수준이었다. 하지만 흉노가 대본영大本營을 서쪽의 판노니아(대략 오늘날의 헝가리)로 옮기자 유럽의 동게르만과 알란Alan의 난민 물결은 죄다 서로마 땅으로 몰려 들어갔다. 이에 서로마는 붕괴에 이르지만 동로마 입장에서는 서로마 덕에 위기를 한고비 넘길 수 있었던 셈이다.

일신론 국교는 천하를 통일했나, 분열했나?

국운이 한 가닥 실에 매달린 위기 상황에서도 로마의 국교는 마찬가지로 기독교였고 삼위일체 교리는 점차 심화하다 못해 한층 더 엄밀해졌다. 이는 백성의 도덕성에 대한 통제를 강화하는 한편 정부와 백성 사이의 마찰을 유발하기도, 동서 교회 간에 긴장감을 형성하기도 했다. 그리스도가 '삼위일체 하나님 중 한 분이자 유일하게 성육신한 분'이라는 설이 교리가 되었을 때, 그의 몸에서 '신성'과 '인성'이 어떻게 공존하느냐는 문제는 이후의 신학 논제이자 풀기 난해한 매듭이 되었다. 만일 예수의 '인성'이 허구라면 그가 받았던 고난은 단지 눈속임에 불과한 것이 되고 모든 구속의 역사도 거짓 환상이 되고 만다. 반대로 그의 '인성'이 실제라면 어찌 이를 '신성'과 같은 저울대 위에 올려놓을 수 있겠는가?

동로마 황제 테오도시우스 2세Theodosius II (r.408~450) 시대에 기독교 교회사는 두 차례의 큰 분수령을 거쳤다. 즉, 성모마리아가 신을 낳을 수 있는 존재인가의 문제를 두고 분열한 것이다. 콘스탄티노플의 총대주교 네스토리우스Nestorius (c.386~450)는 이를 중재하고자 '그리스도의 어머니Christotokos'라는 명제를 제시했다. 하지만 '신의 어머니Theotokos'를 지지하는 알렉산드리아의 총대주교 키릴로스Cyril of Alexandria 일파에 의해 에페

소스 공의회Ecumenical Council of Ephesus에
서 부결, 이단으로 간주되었으니 때
는 431년의 일이었다. 이후 네스토리
우스파는 아시아로 확장, 발전할 수
밖에 없어 당나라 때 중국까지 전파
되었으니 이것이 바로 '경교景敎'이
다. 한편 승리한 알렉산드리아 학설
은 콘스탄티노플의 수도원 총감독 유
티케스Eutyches (c.380~456)에 의해 극

로마 교황 레오 1세

단으로 파생되어 그리스도가 성육신한 과정에 대해 "그는 결합되기 전
에 신성과 인성을 모두 가지고 있었으나 양성이 결합한 뒤로는 오직 단
성만 존재하게 되었다"라고 주장했다.[2] 뜻밖에 이 학설은 제2차 에페소
스 공의회(449년)에서 정통파로 규정되면서 로마 교황 레오 1세가 엄중
히 항의하기도 했다.

　　제국 서부 내 로마 주교의 패권은 교황 레오 1세Leo I (r.440~461) 때 굳
건해졌고 그는 서로마 황제 발렌티니아누스 3세를 등에 업고 갈리아 교
회를 통제했다. 북아프리카교회가 반달족의 침입으로 고립무원의 신세
가 된 상황을 핑계 삼아 로마 교황청은 북아프리카까지 영향력을 확대
함과 동시에 히스파니아 교회에까지 개입하였다(제22장 참조). 그는 위
의 위세를 바탕으로 451년 칼케돈 대공의회Ecumenical Council of Chalcedon에서
'토메Tome (교리서)'를 제시해 서방 교회의 기독론을 설명했다. 즉, 예수의
신성과 인성은 판연히 구별되는 것으로 신성 면에서는 우주의 전능한
주인이지만 인성 면에서는 어찌할 바 없이 십자가상에서 형벌 받고 스
스로 구원하지 않은 이라는 내용이었다.

　　교황 레오는 이를 통해 예수가 고난을 받음으로써 세상을 구원했다

는 것의 진실성과 역사성을 수호했다. 그러나 그리스도의 양성이 물과 기름처럼 분리된다고 주장한 부분은 많은 동방 전도사의 눈에 '네스토리우스 없는 네스토리우스주의'로 받아들여질 뿐이었다. 단성론자들은 설령 양성론을 전제로 출발하여도 '그리스도의 인성은 한 방울의 식초와도 같아서 신성이라는 넓은 바다에 들어가면 이내 사라지고 만다.'라고 비유하여 설명하기도 했다.[3] 제1차 에페소스 대공의회가 피조물인 마리아가 조물주의 어머니가 될 수 있다는 황당한 논리를 강행해서 통과시킨 것은 예수가 전능한 신이며 '인성'이 없는 그의 반쪽이 인간 세상에 태어났다는 주장을 견지했기 때문이다.

테오도시우스 2세가 세상을 떠나면서(450년) 동로마의 발렌티니아누스-테오도시우스 왕조도 끝이 났고 476년에는 제국 서부가 멸망하게 되지만 이 신학 논쟁은 끊없이 이어졌다. 451년 칼케돈 대공의회가 통과시킨 교리는 동방 교회에 대한 로마 교황청의 승리를 의미했지만 반대자들로부터 '네스토리우스화'했다는 의혹을 사기도 했다. 482년, 동로마 황제 제노Zeno(r.474~491)는 〈헤노티콘Henotikon(일치령)〉을 공표하고 예수가 단일한 본성을 가졌는지, 두 개의 본성을 가졌는지에 관한 논란을 중단하고 양쪽이 화해할 것을 요청했지만, 결과적으로 양쪽 모두에게서 별다른 효과를 거두지 못했다. 단성론자들은 그가 칼케돈 대공의회를 부정하지 않았다며 질책했고 로마 교황은 〈헤노티콘〉 배후의 수뇌인 콘스탄티노플의 총대주교, 아카치우스Acacius를 교적에서 지워버렸다. 이렇게 동서 분열은 35년간 계속되다가 519년에 이르러서야 종식되었다.[4]

동서 교회의 불화는 이미 수면에 드러나기 시작했고 유스티니아누스(483~r.527~565) 왕조 때에 다시금 다툼이 일었다. 신학자임을 자처하던 황제는 로마 교황청과 동방 교회를 반드시 중재해야만 하는 상황에 직면하였지만 후자는 '단성론'의 경향이 지나쳐 칼케돈 신조를 받아들이지 않았던 데다 사산 제국의 위협을 받는 동부 도시에 집중되어 있었다. 이 때문에 황제는 533년에 한 차례 다뉴브강 하류의 도시에서 온, 한 무리의 '스키타이 수사Scythian monks' 집단이 제시한 '삼위일체 하나님 중 한 분만이 육체적인 고난을 받았다는 설Theopaschite formula'을 지지했다. 유스티니아누스는 540~544년에 조서를 보내어 이미 죽은 교부 세 명을 교적에서 지우고 그들의 저서를 금서로 지정했다. 그리고 그들을 네스토리우스파의 창시자로 단정하였는데 역사에서는 이를 '삼장서三章書 논쟁Three Chapters Controversy'이라고 칭한다. 이 사건은 큰 소요를 일으켰다. 교회 전체가 이미 네스토리우스화한 동방의 단성론파는 해당 조서를 연막 목적으로 여겨 받아들이지 않았다. 로마 교황은 압박 속에서 해당 조서의 내용에 억지로 동의하였지만 속으로는 황제의 해당 조치가 단성론에 영합한 것이라며 욕했다.[5]

한편 단성론을 지지했던 유스티니아누스의 황후 테오도라Theodora (c.500~r.527~548)는 궁중에서도 늘 해당 파의 신도들을 옹호하였다. 황후는 기예단 출신이어서 일찍감치 민간 생활을 깊이 경험했던 탓에 사람들 마음속 깊숙이 단성론이 자리 잡았음을 이내 알아차렸다. 과연 훗날 제국의 동부 도시 전체는 가장 엄격한 일신교라고 할 수 있는 이슬람교에 의해 함락되고 만다.

유스티니아누스 대제의 중흥

유스티니아누스는 즉위 초인 529~534년, 조정의 신하들에게 로마법을 수정하여 편찬할 것을 명령하여 〈로마 민법 대전Corpus Juris Civilis〉을 공표한다. 법전이 반포된 뒤 황제의 법령은 그리스어로 발표되는데 이는 '신법령新法令, novels'으로 불렸다. 절반은 라틴어, 절반은 그리스어로 된

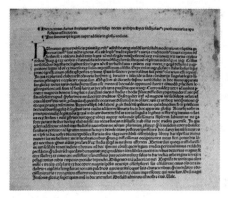

유스티니아누스 법전

그의 법령 모음집이 바로 그 유명한 〈유스티니아누스 법전Codex Justinianus〉이다.

공무원 출신이었던 유스티니아누스는 초창기 황위가 그리 안정적이지 않았던 탓에 532년 수도의 경기당競技黨(경기 단체)이 '니카 반란Nika Riots(승리 반란)'을 일으켰을 때는 하마터면 제위를 거의 잃을 뻔하였다. 콘스탄티노플의 마차경주장 히포드롬Hippodrome은 10만 명을 수용할 수 있어서 폭동 촉발의 온상이었다. 수도首都의 경기당竟技堂은 고대 도시국가 시민대회의 성격을 지닌 단체로 원래는 각 지역이 구성한 경주용 전차부대가 대표적이었다. 훗날 이는 도시 자치 성격의 민중 단체demes로 변모하는데 내부적으로는 민사民事와 군사軍事의 두 영역으로 나뉘어 민사는 치안 유지를 도모하고 군사 영역은 도시 방어에 협조했다. 경기당은 초창기에는 남색, 홍색, 녹색, 백색으로 구분하였다가 훗날 남색과 녹색의 두 당으로 축소, 편입되어 수도 폭민 정치를 보여주는 모델이 되었으며 배후에 있는 반 정권 야심가에 의해 조종되었다. 황제들은 통상 즉위 후 경기장에서 군사들과 백성들에게서 환호를 받지만, 정부와 백성 사이에 충돌이 발생할 때 황제가 경기장에 나타나 군중의 반대의견을 청취하여 관리의 임명과 면직을 결정하기도 했다. 황제가 민심을 잃으면 심할 경우 경기당과 기타 세력 연합에 의해 정권이 전복되기도 했다. 여기서 알 수 있듯이 로마 제정은 공화정이라는 무거운 짐을 여전히 지고 있었는데 이러한 현상은 놀랍게도 동로마 시대까지 이어졌다가 비잔틴 중후반에 이르러 수도의 폭민은 점차 역사 무대에서 사라졌다.

유스티니아누스는 '니카 반란'을 피해 도주하고자 했으나 황후 테오도라가 의연하게 "폐하가 입은 황제의 옷은 가장 고귀한 수의가 될 것입니다!"라고 하면서 위기에 맞설 것을 권하였다.[6] 유스티니아누스 왕조는 그와 테오도라의 공동 통치 정권이었다고 볼 수 있다. 조정은 폭동 이후 훼파된 성 소피아 성당Hagia Sophia basilica을 재건하였고 해당 건축물은 지금까지도 남아 있다.

유스티니아누스 왕조 때 로마는 다시금 중흥기를 맞기는 했지만 이미 지는 해가 된 이상, 석양 볕이 짧음은 어쩔 도리가 없는 일이었다. 사산 제국과 서부의 여러 아리우스파 정권(동고트 왕국, 서고트 왕국, 부르군트 왕국, 반달 왕국) 사이에 둘러싸인 비잔틴은 우선 후자의 문제를 해결하기로 결정, 서로마의 옛 영토를 수복하기로 했는데 이는 필연적인 선택이었다. 533년, 유스티니아누스는 명장 벨리사리우스FlaviusBelisarius(500~565)를 파견하여 우선 반달 왕국을 공격하게 했다. 벨리사리우스는 동로마군과 훈노 용병을 이끌고 카르타고 남쪽의 데키뭄 전투Battle of Ad Decimum(533/9/13)에서 반달군을 격파했고 반달 왕국은 이듬해 3, 4월의 교전으로 끝내 멸망했다.[7] 아리우스파의 반달족은 일찍이 삼위일체파였던 로마 시민을 박해하여 민심을 잃었기 때문에 유스티니아누스는 반달족 문제를 쉽게 해결할 수 있었다.

"폐하가 입은 옷은 가장 고귀한 수의가 될 것입니다!"

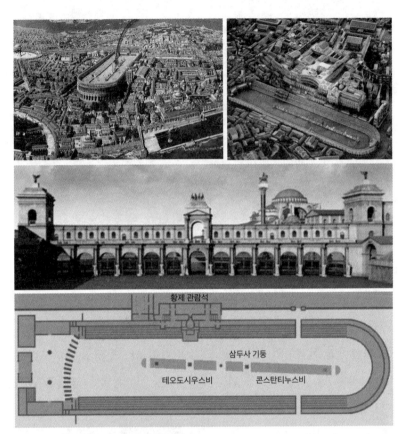

황제 관람석

삼두사 기둥

테오도시우스비 콘스탄티누스비

10만 명까지 수용했던 콘스탄티노플 전차 경기장

유스티니아누스는 뒤이어 동고트 왕국과 '고트 전쟁Gothic War (535~554)'
을 벌이지만 전투 기간이 길어지면서 백성을 혹사하고 물자를 낭비하였
다. 이탈리아인은 고트인에 대한 불만이 없었기 때문에 증오의 화살은 오
히려 그리스인을 향하게 되었고 심지어 동로마를 외국 침략자로 여기기까
지 했다. 벨리사리우스가 전쟁을 앞두고 교체된 뒤 오랜 전란 끝 중앙 정권
이 거둔 수확은 고작 훼파되고 인구까지 격감한 이탈리아였고, 또 다른 게
르만 '야만인' 랑고바르드라는 복병도 도사리고 있었다. 동로마는 또한 이

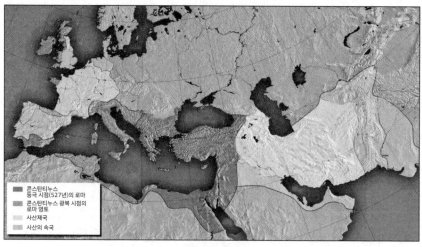

사산 제국과 서부 아리우스파 정권 사이에 둘러싸인 비잔틴

베리아의 서고트 왕국을 상대로 전쟁을 벌였지만 반도 동남부 연해 일대
만을 거둬들였을 뿐이다. 동로마가 유일하게 수습할 수 없었던 곳은 로마
옛 영토의 서북부, 즉 프랑크 왕국과 앵글로 색슨족이 점거했던 브리튼이
었는데 해당 지역은 신학적으로 용인할 수 없는 아리우스 이단의 통치 범
주도 아니었다.

　유스티니아누스는 재위 기간, 서부에서 제국의 영토를 확대한 결과
전체 영토의 45%를 차지하게 되었지만 필연적으로 무거운 대가를 치러
야만 했다. 그는 532년 사산 제국과 '영구적 평화'를 약조하는 조건으로
그들에게 1만 1천 파운드의 황금을 해마다 공물로 바쳐야 했다. 평화 협
정은 고작 8년간 유지된 뒤 양국은 라지카Lazica 속국 문제로 다시금 전쟁
을 일으켰고 교전은 562년까지 이어졌다. 라지카는 기독교 왕국으로 흑
해 극동 지역, 오늘날의 그루지아 서부에 있었다. 라지카 전쟁은 20년간
(541~562) 양국 간 승패가 엇갈리며 지속되다가 결국에는 화평 조약을
통해 동로마가 라지카를 보유하는 조건으로 사산 제국에 황금을 공납하

기로 했다. 동부 전장은 유스티니아누스의 중흥 대업이 성공하려는 찰나 실패로 돌아서게 한 요인 중 하나가 되었다. 그러나 더 중대한 원인은 '유스티니아누스 역병Plague of Justinian(541~542)' 때문이었다. 전염병이 가장 유행할 때 수도에서는 매일 5천여 명이 죽어 나갔고 시 전체 인구의 40%가 감소했으며 동부 지중해 인구는 4분의 1이나 줄었다. 어쩌면 이는 유럽의 중고시대에 유행했던 흑사병이 한발 앞서 재연된 역사인지도 모른다. 이처럼 유스티니아누스가 중흥에 성공했다고는 하지만 정작 그에게 남은 것은 로마의 폐허뿐이었다.

그래도 대제의 중흥을 통해 얻은 눈앞의 유익도 많았다. 유스티니아누스는 이탈리아를 다시금 정복하면서 로마 교황청 역사에서 '비잔틴이 교황을 임명하는 시대(537~752)'를 열었다. 중앙은 로마 교황청의 콘스탄티노플 주재 교황 사절apocrisiarius 혹은 비잔틴의 점거지인 그리스, 시리아, 시칠리아인 가운데서 교황을 선출하였다. 그리스어를 말하는 이가 로마의 내로라하는 명문세가의 자제 대신 총대주교가 되었다. 그러나 유스티니아누스의 양보는 로마 교황이 주교들의 수석이 됨을 인정하는 것이었고 로마 교황의 지위는 그들이 교리 문제에서 종종 콘스탄티노플과 반목하게 했다. 유스티니아누스 왕조는 또한 기독교 권력이 한층 강화되자 이교도에 대한 반대의 명목으로 529년에는 수 세기 동안 명성을 떨쳐오던 아테네의 플라톤 아카데미를 폐쇄하였다. 고전학의 학자들은 고귀한 경전들을 가지고 사산 제국으로 피신하였고 아라비아 제국이 굴기한 뒤 해당 유산은 이슬람의 과학 및 철학 발전에 크게 공헌하였다. 다수의 역사가는 이 사건을 '고전 시대'의 종식으로 본다.

아바르인과 랑고바르드인의 침입

557년, 아바르인은 카프카스 지역에 도달한 뒤 콘스탄티노플에 사절을 보내 동로마 대신 북방 이민족을 굴복시키는 대가로 황금을 보수로 받고자 하였다. 그들은 이를 통해 우크라이나 초원에서 다뉴브강 유역에 이르는 대제국을 건설하려 했다. 유스티니아누스가 뇌물을 써서 그들의 발칸 남하를 저지하자 아바르인은 방향을 바꿔 북상, 중부 유럽까지 이르러 정벌 전쟁을 벌였다. 게르만족을 향한 추가 침략은 프랑크인의 저지에 가로막혔다.

아바르인은 유연柔然의 칸국이 멸망한 뒤 그 산하의 알타이 종족과 백흉노(에프탈인) 잔당이 결합한 신규 부락 동맹이었을 것으로 보인다. 6세기 동로마의 모 역사학자는 '바코나이츠Vakonites'라고 불렀는데 이는 중국의『양서梁書』「제이전諸夷傳」 기록에 나오는 '활국滑國'에 부합한다. 돌궐(투르크) 칸은 일찍이 동로마 정부에 서신을 보내어 그들이 다스리는 '스키타이 망명자'들이 서쪽으로 이주하여 명망 높은 '아바르인'인 체 한다고 폭로하면서 '가짜 아바르인pseudo-Avars'의 의심사례를 후대에 남겼다. 확실한 것은 '진짜 아바르인'이라는 개념도 역사상 실체가 드러난 적이 없는데 '가짜'라 함은 어디서부터 규정해야 하는 것일까? 이는 대부분 당시 유통되던 명칭일 뿐이어서 오늘날 사람들은 다음과 같이 추측할 뿐이다.『양서』에 언급된 '활국'은 백흉노를 가리키며 한때 강력한 에프탈 제국을 세워 서방에서 알아주던 곳이었다. 신흥 돌궐은 먼저 유연을 멸한 뒤 사산과 연합하여 에프탈을 쳤다. 초원 역사를 보면 내륙 아시아에서 어려움에 봉착한 종족은 반드시 서쪽으로 이주하는 패턴을 보이는데 이 두 대형 동맹의 잔당이 대부분 서쪽으로 이주하여 유럽에 진입하였고 돌궐 칸국은 각 나라에 이 같은 '가짜 정권'을 환대하지말 것을 요청하였다. 그러나 그들을 '스키타이 망명자'로 부른 것을 보면어쩌면 백흉노 집단에 최후의 인도 유럽계 초원 유목민이 포함되어 있었을지도 모른다.

아바르인의 이주를 보면 4세기 말 흉노의 이주가 재연되는 듯하다. 그들은 최종적으로 오늘날 헝가리에 대 본영을 세우고 사방으로 약탈을 감행하였으며 초창기 흉노가 했던 것처럼 대가를 받고 용병을 제공하는 일을 했다. 그러나 아바르인은 훗날 아틸라와 같은 지도자를 배출하지 못했고 그 사이 역사의 환경과 무대는 이미 변하고 있었다. 제19장에서도 이미 지적했듯이 아틸라가 유럽에 세운 것은 묵돌선우가 세운 것과 같은 흉노 대제국이 아니고 로마 '3세기 위기' 때 북방에 굴기한 동게르만 종족을 주물러 알프스산 북부의 대제국이 된 것이다. 흉노는 단순히 하나의 삽입곡이었을 뿐이며 그 뒤 서로마를 접수한 진짜 주인은 바로 동게르만인(고트인)이었지만 이러한 요소가 아바르족 시대에는 더는 존재하지 않았다. 아바르인이 진입했을 때 그 남부는 유스티니아누스의 로마 강국이 있었고 서쪽에는 새롭게 굴기한 프랑크 왕국이 있었다. 후자에는 아틸라가 알프스산 북부 유럽을 통일하기 위해 공격했던 서고트 왕국이 있었지만 아틸라가 당시 주력했던 원대한 계략은 벽에 부딪혀 실패하고 말았다. 이 때문에 고대 말기와 중고 초기 아바르인은 유럽에서 일종의 '공해公害'처럼 등장했고 그 뒤의 마자르인Magyars(헝가리인) 역시 이러한 신분으로 유럽 무대에 출현했다.

그러나 이 '공해'가 고대 로마의 붕괴 방면에 결정적인 역할을 했다고 저평가되는 것은 적절치 않다. 아틸라 사망 후 그 수하의 게르만인 가운데는 가장 먼저 게피드인이 반란을 일으켜 흉노의 통치 체제를 전복했고 이로써 오늘날 헝가리의 땅을 점거하였다. 한편 아바르인도 그 땅에 눈독을 들여 567년에는 랑고바르드인과 연합하여 게피드인을 공격하였다. 그 뒤 아바르인은 다시금 랑고바르드인을 설득하여 이탈리아로 침략해 들어감으로써 카르파티아 초원을 칸국의 근거지로 독점하였다.[8] 동로마는 또한 그들이 흑해 서부 연안의 슬라브 종족을 공격하도록 부추겼다. 후자는 아바르인에 의해 통치되었지만 이를 계기로 결국 그들이 동유럽의 계승자가 되었는데 이는 마치 동고트인이 훈노 제국의 계승자가 되었던 것과도 비슷한 상황이다. 다른 점이 있다면 고트인은 훈노가 이주해 오기 전부터 200여 년간 로마 북방의 큰 우환거리였지만, 슬라브족은 아바르인의 진입 직전에야 비잔틴 변방의 소소한 근심거리가 됐다는 점이다. 명성과 위세 또한 아바르인의 파란이 훑고 지나간 뒤에야 비로소 수면으로 떠올랐고 그 사회 조직도 낙후한 편이었다. 비록 그들의 문화와 체제가 나중에는 성공적으로 비잔틴 경내에 이식되어 그리스 반도 전체를 뒤덮게 되지만, 결국 하나의 나라를 이루지는 못한 채 최후에는 비잔틴에 의해 헬라화하였다.

랑고바르드인은 그 발원지가 엘베강 유역으로 라인강 유역의 서부 게르만인(프랑크인, 앵글로색슨인)과 동게르만 종족 사이에 끼어 있었으니 '중부 게르만 어족'의 존재가 있었다고 볼 수 있을까? 그것은 오늘날 이미 동게르만어처럼 사라지고 없기 때문에 문제는 다만 역사에 남겨질 뿐이다. 아바르인의 '설득'으로 랑고바르드인은 568년 봄, 바바리아인, 게피드인, 색슨인과 연합하여 총 40~50만 명이 벌떼처럼 이탈리아로 진격했다. 동로마는 19년간의 전투로 고전하다가 554년에야 동고트인 수중의 이탈리아를 탈환할 수 있었다. 이제 일부 섬을 제외하고는 라벤나와 로마의 두 도시와 그 사이에 페루자Perugia를 통과하는 좁고 긴 주랑朱廊만 남았다.

이 6세기의 위기는 로마의 감추어진 고질병이 막판에 이르러 발작한 것으로 볼 수 있다. 3세기 위기는 4세기 디오클레티아누스-콘스탄티누스 중흥기를 통해 극복되었다. 5세기의 위기로 로마 서부의 절반은 반신불수가 되었지만 6세기 때 다시금 아나스타시우스-콘스탄티누스 중흥기를 통해 일부가 재건되었다.[9] 그러나 6세기 하반기의 발작은 말기

불치병으로 악화하여 결국 제국은 서반부를 영원히 잃고 말았다. 476년 대통의 단절 위기를 돌이켜보면 반드시 이미 정해진 국면이었다고 볼 수는 없다.

발칸의 슬라브화

유스티니아누스의 계승자인 유스티누스 2세Justin II (r.565~578)는 세 방면에서 밀어닥친 위기를 처리하기에는 역부족이었다. 즉, 568년 랑고바르드인이 이탈리아에 들어와 거주하자 그는 아바르인에 대한 공물 납부를 중단하였는데 아바르인은 573~574년 다뉴브강을 넘어 변경을 침범해 왔다. 그는 돌궐의 부추김 속에서 사산 제국에 대한 공물 납부도 멈췄다. 사산 제국이 공격을 개시하였고 동로마는 연전연패였다. 유스티누스 2세가 정신병을 이유로 물러난 뒤 그의 계승자가 공물 납부를 재개하고 나서야 아바르인의 위협은 멈추었다.

유스티누스 2세는 정신병이 심해지기 전, 대장군 티베리우스 2세 콘스탄티누스Tiberius II Constantine (r.574~582)를 부제副帝로 임명하고 섭정을 맡겼다. 그는 제위에 오른 뒤 거액의 금화를 아바르인에게 다시 바침으로써 평화를 되찾았고 이로써 동서 양쪽의 적에 대응할 수 있었다. 그는 서부 전선에서 서고트 왕국과 화친한 뒤 북아프리카로 손을 뻗어 베르베르인의 반란을 평정했다. 메로빙 프랑크인과 동맹하여 랑고바르드인에 대응했지만 그들의 이탈리아 병탄은 끝내 막아내지 못했다. 동부 전선에서 그는 사산인을 격파했지만 슬라브족의 발칸 반도 침략을 저지할 여력이 없어 580년 무렵에는 슬라브족이 대거 정착하기 시작했다.

유스티니아누스 이래 제국은 줄곧 동서 양쪽 전선에서 적극적으로 공세를 펼쳤지만 북부에 대해서만큼은 '이민족으로써 이민족을 제어하는' 소극적인 '이이제이' 정책을 썼다. 황금으로 아바르인을 매수하여

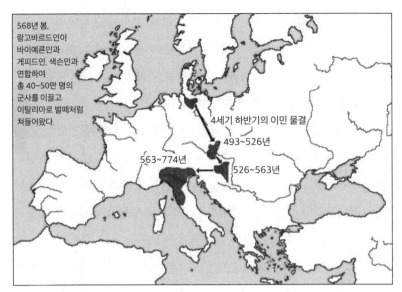

랑고바르드인의 이동

슬라브인을 제어하게 한 것이다. 그러나 티베리우스 2세 때, 이 정책은 더는 통하지 않게 되었고 그의 계승자인 마우리스Maurice (r.582~602)가 제위에 오른 뒤로는 전면 실패하고 만다. 아바르인은 스스로 다뉴브강을 넘어 남침하였고 슬라브족이 대거 발칸을 침입하는 것 또한 막을 수 없었다. 마우리스는 사산 제국의 문제를 해결한 뒤 전력을 다해 발칸의 위기에 대응했다. 591~595년의 슬라브족 토벌 전쟁에서는 근교의 트로이카 주Diocese of Thrace가 주요 전장이 되었고 거기서 그는 연달아 슬라브족을 격파하였으며 화친을 핑계 삼은 연막작전으로 아바르인의 본토를 기습, 다뉴브강 방어선을 지켜냈다. 아바르인 관련 사료는 흉노에 관한 사료에 비해 부족하기 때문에 우리는 다만 슬라브족에 대한 그들의 통치가 흉노의 고트족 사이의 관계와 비슷했으리라 추측할 뿐이다. 흉노라는 조직폭력배 두목은 로마로부터 보호비 명목의 공물을 거두어들인 뒤에야 비로소 휘하의 '동생'이 남하하여 소란을 피우는 것을 단속했다. 아틸라가 세상을 떠나고 흉노 제국이 붕괴하자 서로마도 뒤따라 역사의 무대에서 퇴장하였다. 그러나 이번은 아바르인이 스스로 남하하여 침략한 것인지 아니면 그들이 수하의 집단을 관리하지 못해서인지 혹은 그들의 남하를 종용했던 것인지 정확히 알 수 없다.

마우리스는 더 나아가 발칸을 평정하겠다는 계획이 있었는데 이를테면 아르메니아의 백성과 병사를 그곳의 농토로 이주시켜 개간하게 하거나 이미 이주하여 정착한 슬라브인을 로마화하는 정책이 있었다. 그러나 그는 602년 시해당하고 만다. 공적 세우기가 급했던 마우리스는 다뉴브강 이북의 군단이 귀향하여 월동하는 것을 허락하지 않았다. 전해지는 바로는 아바르족에게 포로로 잡힌 사병의 귀환도 거부했다고 한다. 이 때문에 병사들의 반란이 일어났고 반군은 백부장 포카스 Phocas (r.602~610)를 지도자로 추대, 수도로 몰려가 마우리스 가문을 멸족한다. 이는 콘스탄티누스 대제 이래 최초로 폭력을 써서 황위를 찬탈한 사건이었고[10] 이로써 마우리스는 콘스탄티누스 왕조의 마지막 황제가 된다. 그의 사위인 사산왕 호스로 2세Khosrau II (r.590~628)는 장인에 대한 복수를 핑계로 전쟁을 일으켰고 포카스는 발칸 중건 계획을 관철할 수 없었다. 그럼에도 포카스는 다뉴브 방어선을 610년까지 지켜냈지만 같은 해에 처형당한다. 그의 계승자는 사산인에 의해 함락된 제국 동부 영토를 수복하기 위해 애쓰느라 발칸 본부를 돌아볼 겨를이 없었다.[11] 다뉴브강의 방어선은 슬라브인을 막아내는 데 있어서 이미 의미를 잃었고 발칸의 슬라브화는 끝내 되돌릴 수 없는 일이 되었다. 종족적인 의미에서 보면 그것은 고대 세계의 종식을 의미했다.

헤라클리우스의 중흥

마우리스 황제는 재위 중 행정 혁신을 시도하였다. 이탈리아의 위기 정국에 대처하고자 그는 584년 해당 지역의 군정과 민정을 한 명의 수장 관할로 합병하고 라벤나 총관부the Exarchate of Ravenna를 설립하였다. 같은 해 말에는 아프리카 혹은 카르타고 총관부the Exarchate of Africa or Carthage를 설립하여 제국 서부의 남은 지역을 구해냈다. 이러한 '디오클레티아누스 모델'은 다시금 제국의 동서 양측에 다툼의 씨앗이 되었다.

608년, 카르타고 총관부의 총독인 노老 헤라클리우스Heraclius the Elder는 군사를 일으켜 제위 찬탈자인 포카스 세력을 토벌했다. 그의 아들 헤라클리우스Heraclius(575~r.610~641)는 해상로를 통해 콘스탄티노플로 진격했고 성 내부의 내응으로 수도를 점거한 뒤 포카스를 죽였다. 610년 새로운 황제가 된 그가 바로 헤라클리우스 왕조의 창립자다. 헤라클리우스가 제위에 올랐을 때 나라의 동부 국방선은 전체적으로 붕괴 지경이었다. 사산인은 611년 시리아를 함락했고 소아시아로 진군, 수도 맞은편의 칼케돈을 점령했으며 614년에는 예루살렘을 침략, 예수의 '성십자가'를 앗아갔고 616년에는 이집트를 점거했다. 아바르인과 슬라브인은 제국 경내에서 막힘 없이 오고 갔다. 헤라클리우스는 한때 수도를 카르타고로 이전하고자 했지만 콘스탄티노플 총대주교의 반대에 가로막혔다.[12]

동로마는 623년 남은 영토를 이렇게 묘사했다. "산산이 흩어지고 남은 것마저도 손상되어 온전하지 않으며 한 가닥 남은 실처럼 위태위태했다. 제국의 동부 도시는 모두 함락되었고 사산 제국은 고대 페르시아의 영토를 수복하려는 듯했다. 동로마의 핵심은 에게해 일대만 남았으며 그리스 반도 내륙은 전부 슬라브인에 의해 점거되었다. 수도 근교와 트라키아 이외의 다뉴브강 남부 연안은 모두 아바르인에게 편입되었다. 소아시아의 영토는 에게해 연안을 제외하고 서남부 구석과 키프로스섬만 남았고, 흑해의 영토는 본도의 한쪽 구석과 맞은편 연안의 케르손Cherson만 남았다." 동로마 정권은 아드리아 해역을 순시할 수 있었는데 이탈리아반도에서는 중북부의 페루자 주랑과 남단의 아프릴리아, 칼라빌리아 등 반도와 시칠리아섬을 지배하였으므로 아드리아해와 티레니아해의 두 해역을 겸하여 다스릴 수 있었다. 티레니아해에서 동로마는 여전히 코르시카, 시르데냐, 그리고 더욱 서쪽에 있는 이베리아 근해의 섬과 지브롤터 해협을 다스렸다. 가장 긴요한 것은 북아프리카 서부 연안의 영토였지만 프랑크족이 해군이 없었던 상황에서 서부 지중해는 기본적으로 동로마의 해역이었다. 당시의 '로마'는 동이었을까, 아니면 서였을까? 아니면 지중해라는 바둑판에서 전략요충지가 되는 흩어진 바둑돌들을 점거했던 것일까? 만일 헤라클리우스가 동부의 수비를 포기하고 카르타고로 천도하려 했던 구상이 실현되었다면 이후 어떤 형태의 '로마 제국'이 탄생하게 되었을까?

자신감을 회복한 헤라클리우스는 대세를 뒤바꿨다. 사산의 군사는 콘스탄티노플의 저항을 뚫지 못했고 헤라클리우스는 사산인에게 거액의 공물을 보내어 적을 격퇴했다. 그 뒤 일체의 비군사적 비용을 삭감하고 화폐를 평가절하했으며 총대주교 세르기우스 1세Sergius I(r.610~638)는 교회의 재산을 기부해 전쟁비용을 마련했다. 622년, 황제는 수도를 떠나 소아시아로 향했고 직접 부대를 이끄는 등 전면적인 반격 상태에 들어갔다. 헤라클리우스는 성전聖戰을 선포하고 '인간의 손으로 만들지 않은 예수상Acheiropoieta¹³'을 군대의 깃발로 내걸어 카프카스 지역까지 돌진, 아제르바이젠과 아르메니아에서 사산 군대를 연속 타격하였다. 한편, 수도 콘스탄티노플에서는 참혹한 공방전이 벌어지고 있었다. 황제가 전쟁터에 출정하여 없었으므로 총대주교가 수성의 중임을 맡고 있던 터였다. 626년, 사산인이 아바르인과 슬라브인을 부추겨 콘스탄티노플을 포위하였지만 성공하지 못했다. 8만 명의 아바르인과 슬라브인은 가

포카스를 죽이는 헤라클리우스

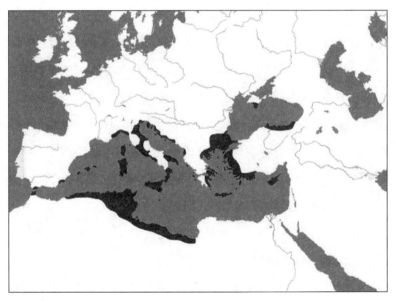

623년까지 남아 있던 로마 영토는 동일까? 서일까?

장 강력한 공성攻城 기구를 써서 테오도시우스 성벽을 공격하였지만 성벽은 끄떡도 하지 않았다. 이에 사산군은 배를 이용하여 보스푸루스 해협을 건넜지만 비잔틴 해군에 포위당하여 격파됐다. 아바르인은 산하의 슬라브족에게 금각만에서 비잔틴의 해안 방어벽을 공격할 것을 명했지만 그 전함 또한 격침됐다. 페르시아 대원수 샤흐르바라즈Shahrbaraz의 대군이 여전히 건너편 연안의 칼케돈에 주둔하고 있었지만 어찌할 도리가 없었다.[14]

한편, 동로마는 서돌궐 제국을 교사하여 사산 밖의 카프카스 지역을 공격하고 사산 제국 수령들 사이를 이간질했다. 627년, 그는 메소포타미아 유역 상류에 동절기 공세를 퍼부었고 니네베 전쟁에서 큰 승리를 거둔다. 동로마군은 사산 제국의 수도 크테시폰에 바짝 접근하였는데 크테시폰은 비잔틴의 수도와는 달리 방어 수단이 될만한 험준한 지형이 없었고 호스로 2세는 자신의 아들 카바드 2세Kavadh II(r.628)에 의해 시해당하고 만다. 카바드 2세는 평화회담을 시작하였지만 침범한 영토는 돌려주지 않았다. 이에 비잔틴은 이란의 대원수인 샤흐르바라즈를 매수하여 카바드의 아들을 죽인 뒤 스스로 황위에 올랐고 자신의 왕세자가 세례를 받고 기독교도가 되는 것을 허용하였으며 마침내 629년 예루살렘의 '성십자가'는 반환된다.[15] 비잔틴의 보호국 신세로 전락한 사산 제국은 이때 주저앉은 뒤 다시는 일어서지 못했고 632년부터는 신흥 아라비아 세력의 공격으로 멸망하고 만다.

비잔틴의 '탈 로마화'의 향방

헤라클리우스는 사산 제국과의 전쟁에서 승리를 거둔 뒤 페르시아에서 통용되던 '왕 중의 왕'이라는 칭호를 사용하였다. 629년 그는 군주의 호칭을 라틴어 '아우구스투스Augustus'에서 그리스어인 '바실레우스'로 바

627년, 니네베 전투에서 대승을 거둔 동로마   헤라클리우스

꾸었다. 호메로스 서사시 시대의 왕호를 회복한 분위기가 다소 풍기기
는 하지만 여기에서는 황제의 호칭이다. 헤라클리우스는 정식으로 라틴
어를 폐기하고 그리스어를 정부의 공식 언어로 삼았다.[16] 라틴어는 서방
에서도 이미 사어死語가 되었으나 로마 교회에서는 교리문 겸 교회 내부
의 초국적 통용어로 자리 잡았다. 훗날 샤를마뉴의 '카롤링거 문예 부흥'
이라는 보급기를 통해 서유럽 문화의 언어로 성장, 서방 라틴 기독교 세
계Latin Christendom의 문화적 공동체를 구축하였다. 헤라클리우스의 그리스
화는 사실 중고 그리스어를 채택하였고 제국의 속주는 슬라브화하던 중
이었지만 제국은 여전히 '로마'라고 칭했다.

　　사산인에 대한 전쟁 기간에 헤라클리우스는 불안정했던 제국 동방
의 도시들과 화해를 시도하였다. 이에 '단활설Monoenergism(그리스도에게 신
적 활동만 있다는 설)'을 제창하였다가 나중에는 '단의설Monothelitism(그리스
도에게 신적 의지만 있다는 설)'로 수정하였다. 제국 동부 도시는 반 칼케돈
정서로 가득 차 있던 탓에 이슬람의 정복에 크게 유리했다. 아랍 군대가

이집트를 침공하기 직전, 헤라클리우스는 여전히 해당 지역 내 이단에 근접한 합성론Miaphysitism(그리스도 신인 양성 합일론) 신도를 이기고 돌아오고자 했으나 이미 때는 늦었다. 이러한 화해 시도는 소득 없이 내분만 초래했다. 647년, 카르타고 총관부의 총독 그레고리Gregory the Patrician(?~647)는 '단활설'과 '단의설'간 논쟁으로 중앙과 갈등한 끝에 결국 독립을 선언하였고 스스로 '아프리카 황제'를 칭하였으나 이듬해 아라비아인의 침입으로 사망한다.

'비잔틴이 교황을 임명하는 시대(537~752)' 때 유일하게 중앙의 동의를 거치지 않은 로마 교황이 있었으니 바로 마르티노 1세Martin I(r.649~653)였다. 그는 라테란 공의회Council of Lateran를 개최하고 비잔틴 중앙의 '단의설'을 '이단'으로 규정하였다. 이는 최초로 로마 교황이 비잔틴 황제로부터 독립하여 자체적으로 개최한 종교회의였는데 서부에서 온 105명의 주교만이 참가했기 때문에 대공의회의 자격을 갖추지 못했다. 헤라클리우스의 손자인 콘스탄티누스 2세Constans II(630~r.641~668)는 라벤나 총관부에 마르티노 1세를 체포할 것을 명령하였다. 체포 명령은 한동안 집행되지 않다가 653년에 그를 붙잡아 콘스탄티노플로 압송하였고, 그 뒤로는 크림반도의 케르손으로 유배, 655년 그곳에서 객사한다.[17]

동로마의 역사가 이 단계까지 이르자 사실상 제국의 대로는 막바지에 접어든 것이나 마찬가지였고, 이제 그들 앞에 펼쳐진 것은 동서 방향으로 갈라지는 교차로뿐이었다. 제국은 동방 백성의 기독교 단성론과 로마 교황청의 그리스도 신인神人 양성론 사이에서 절충지대를 모색하려 했으나 결국 둘 다 길을 잃고 말았다. 아라비아에서는 더욱 단순하고 순수한 일신교가 헤라클리우스 왕조 때 등장했는데 그것은 바로 무함마드의 이슬람교였다. 세계 종교의 큰 계통에서 이슬람과 인도의 계통은 양극단을 차지한다. 후자는 신이 언제든 육신을 입고 인간 세상에 현신

現身할 수 있다고 본 반면, 전자는 신은 신이고 인간은 인간이어서 영원히 혼동될 수 없다고 봤다. 따라서 인간의 형상을 본떠 신상을 세우는 것은 신을 모독하는 행위이며 심지어 인간뿐 아니라 동물의 상을 만드는 것도 조물주의 특권을 찬탈하는 것이라고 여겼다. 이슬람교와 기독교는 사실 둘 다 고대 유대 신앙에서 잉태된 것으로, 유대인도 신상을 세우지 않았다. 이런 의미에서 이슬람교는 「구약」 성서 속 하나님으로 회귀한다. 기독교는 사실 플라톤교여서 고대 유대 신앙을 찾아볼 수 없게 전혀 새로운 모습으로 변모하였다. 유대-이슬람의 눈에는 기독교의 삼위일체론과 그리스도 양성론, 신의 어머니 숭배 등은 눈 가리고 아옹 식의 다신교로밖에 보이지 않았으며 심지어 이는 사람을 숭배하는 행위이지 신을 숭배하는 것이 아니라고 여겼다.

680~681년 제3차 콘스탄티노플 대공의회는 이전처럼 한때 제국 중앙이 제창했던 '단의설'을 '이단'으로 규정했다. 이처럼 사이비似而非(비슷한 것 같지만 다른) 단성론은 비단 제국의 동방 도시를 구제하지 못했을 뿐 아니라 도리어 로마 교황과의 사이에 불화를 발생시켰다. 그리스 정교회는 비록 칼케돈 신조로 회귀하여 이 방면에서 로마 공교회와 지금까지도 일치한 의견을 유지하고 있지만 8세기에는 비잔틴 중앙이 성상 파괴 운동Iconoclasm을 일으키면서 한 세기 넘게 반복적인 문제를 일으켰다. 이 사건으로 로마 교황청은 결국 비잔틴과 결별하고 프랑크 왕의 보호를 요청하였으며 교황청은 프랑크 왕을 서부 '로마인의 황제'로 세우기까지 한다.

랑고바르드인의 이탈리아 침략 후, 비잔틴은 584년(마우리스 황제 재위 기간), 군사 및 정치 통합 형태의 총관부를 설치하여 남은 영토를 구하려 했다. 본부는 라벤나 외곽지역을 다스리고 그 아래로는 일부 연해 지역, 로마와 베니스, 칼라브리아 등지를 포함한 국공國公, dux 영지, 그리고 일부 장군magistri militum을 원격 통제하였다. 시칠리아에는 별도로 지방 정부를 세웠다. 사르데냐와 코르시카는 아프리카 총관부 관할로 편입되었다. 752년 마지막으로 라벤나 원격 총관부를 맡은 총독은 랑고바르드인에 의해 죽임을 당했다.

헤라클리우스의 손자 콘스탄스 2세는 아라비아인과의 전쟁에서 번번이 실익 없이 패하고 수도에서 명망을 얻지 못하자 결국 시칠리아의 시라쿠사Syracusa로 이주함으로써 이탈리아에서의 영토 확대를 도모했다. 661년에는 랑고바르드인의 베네벤토 공작령Duchy of Benevento을 공격하였으나 패하였다. 그는 두 세기 동안(663년) 최초로 로마를 방문한 황제가 되었지만 시라쿠스로 천도한다는 소문 때문에 668년 시해당한다.[18] 만일 역사가 그렇게 흘러가지 않았다면 '로마 제국'은 다시금 이탈리아로 천도하고 동로마가 떨어져 나갔을지도 모를 일이다.

제국에서 일방으로 축소되어도 여전히 짊어졌던 '제국' 방어 임무

콘스탄스 2세의 서부 중심 정책은 대식국大食國(아라비아인이 세운 제국)의 접근을 초래했다. 그들은 674~678년, 콘스탄티노플에 대한 첫 번째 포위 공격을 감행했지만 콘스탄스 2세의 아들 콘스탄티누스 4세Constantine IV(652~r.668~685)에 의해 격퇴된다. 적군은 테오도시우스 성벽을 뚫을 수 없었고 비잔틴 해군은 비밀 무기인 '그리스의 불'을 최초로 시범 사용해보았는데 막강하기 이를 데 없었다. 콘스탄티누스 4세는 재위 기간 내 제3차 콘스탄티노플 대공의회(680~681)를 개최하고 제6차 대공의회까지 열어 선조가 제창한 '단의설'을 '이단'으로 규정, 칼케돈 신조를 다시금 확정했다. 한때 보듬어야 했던 단성론자들도 이제는 어차피 대다수 이슬람의 통치를 받는 신세가 되었기 때문이다.

아라비아 정복으로 동로마는 기존 세금 수입과 자원의 4분의 3을 잃었고 이제 제국은 긴축 정책을 취해야만 하는 상황이었다.[19] 아라비아 정복의 위기에 직면하여 비잔틴은 군정과 민정을 통합한 '총관부' 모델을 보급하여 이를 상시 제도화 하고 아나톨리아에 몇몇 군관구themes를 설치하는 등, 콘스탄티누스 대제 이래 유지됐던 군민軍民 분리 통치 제도를 철저하게 개혁하였다. 역사가들은 '군관구' 설립 연도가 헤라클리우스 때인지 아니면 콘스탄스 연간인지 확신하지는 못하지만, 어쨌든 그 시작 시점은 군민 분리 통치의 과도기는 지났으리라고 본다.[20] 아나톨리아는 군관구가 가장 밀집된 지역이었는데 옛 동방의 군단과 전 아르메니아 군단이 방어지에서 함락된 후 모두 이곳으로 몰려들었기 때문이다. '군관구' 제도 아래 비잔틴은 이제 병농兵農 합일의 둔전제를 시행하였다. 아나톨리아에 향토 수호 기능을 하는 민병 주력 부대를 두었는데 이는 과거처럼 주로 이민족 용병에 의존하던 때와는 사뭇 다른 모습이었다.

발칸 내륙이 비록 슬라브인의 수중에 떨어지기는 했지만 그들은 서로마 말기의 동게르만인과는 달리 그들은 나라 속의 나라를 세우지 않아서 시일이 지나 그것을 그리스화 및 자국민화 할 수 있었다. 비잔틴은 여전히 발칸 반도를 골간으로 삼고 아나톨리아를 앞뜰로 여기며 에게해를 내해로 삼았는데 흑해는 남부 연안과 서부 연안, 크림반도 케르손 거점은 제외했다. 비잔틴은 또한 카프카스 지역의 여러 기독교 나라와 화목할 수 있었다.[21] 서부에서 비잔틴은 지속적으로 시칠리아와 이탈리아 남단(고대의 대 그리스)을 통치했기 때문에 이오니아해를 여전히 통제할수 있었다. 이상이 대략 고전 그리스의 세력 범위이다. 아드리아해에 대해서는 비잔틴은 발칸 연안뿐 아니라 건너편 연안 이탈리아 동북부 구석에서 중남부 로마의 라벤나-페루자 주랑까지 이르는 곳을 보유했다. 만일 랑고바르드 여러 공국이 해군을 보유하지 않았더라면 그곳 또한

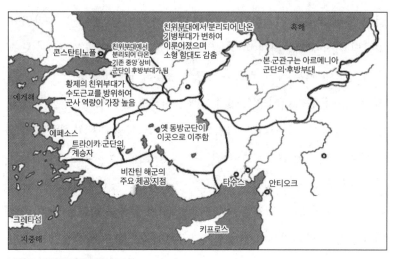

친위부대에서 분리되어 나온
기병부대가 변하여
이루어졌으며
소형 함대도 감춤

흑해

콘스탄티노플

친위부대에서
분리되어 나온
기존 중앙 상비
군단이 후방부대가 됨

본 군관구는 아르메니아
군단의 후방부대

에게해

황제의 친위부대가
수도근교를 방위하여
군사 역량이 가장 높음

에페소스

트라이카 군단의
계승자

옛 동방군단이
이곳으로 이주함

비잔틴 해군의
주요 제공 지점

타수스

안티오크

크레타섬

지중해

키프로스

비잔틴 군관구의 발전(650년)

비잔틴 해군의 순시 범위에 포함되었을 것이다. 비잔틴은 로마와 나폴리, 시칠리아, 사르데냐, 코르시카 여러 섬을 아울러 통제하였고 이 때문에 티레이나해 역시 순시 범위에 편입되었다.

서부 지중해는 명확하게 설명하기 어렵다. 대식국이 이미 북아프리카를 정복하였고 707년 이후에는 히스파니아 근해의 발리아레스 제도 Balearic Islands가 비잔틴과 대식국의 이중 주권에 예속되었으며 711년 아라비아인들은 북아프리카에서 이베리아반도로 진입했고 비잔틴은 지브롤터조차 잃고 말았다. 그러나 종합하여 볼 때 비잔틴은 지중해 북반구를 방어하는 임무를 짊어졌는데 만일 비잔틴이 없었다면 해군이 없었던 프랑크나 랑고바르드 여러 나라와 교황령이 과연 대식국의 북침을 막아낼 수 있었을지 의문이다. 비잔틴은 기본적으로 말기 서로마가 북아프리카 반달족으로부터의 침략을 방어하는 역할로 돌아왔다. 다른 점이 있다면 이제 동방 도시는 모두 잃었고 가용 자원도 한계치에 이르렀다는 것이다. 훗날 우리는 비잔틴에 대해 은혜를 원수로 갚는 서방의 태도를 발견하게 된다.

비잔틴의 '중고화中古化'?

'군관구'가 고대 로마 제국의 도시를 대체하고 병농 합일이 제국 말기의 이민족 용병제도를 대신하게 된 것보다 더 극적인 변화는 고대 도시 문명이 사라졌다는 점이다. 유스티니아누스 제국 시기에는 도시가 1,500여 개에 달했고 비잔틴 초기에 들어서도 여전히 축성되었다. 비록 고대처럼 유명 도시는 없었지만 정치 체제는 도시국가 연합체였다고 할 수 있다.[22] 그러나 6세기 하반기에 이르면, 많은 고대 유명 도시가 전염병이나 천재지변, 전란으로 무너졌고 680년대 이후에는 아테네와 코린토스는 더는 그 중요성이 부각되지 않았다. 940년대 한 아라비아 여행가의 기록에 따르면 소아시아에는 고작 다섯 곳의 도시만 남았다고도 한다. 서유럽이든 비잔틴이든 관계없이 시의회는 모두 사라지는 중이었는데 이러한 추세는 레오 6세Leo VI(886~912) 때까지 지속되다가 비잔틴 중앙이 정식으로 시의회를 취소하기에 이른다.[23] 비잔틴은 고대 말기의 도시 연합체를 '중고시대' 스타일의 성루 연결체로 바꾸어 나갔다. 이 점에서는 흡사 중고시대로 진입한 서방과 보조를 맞추는 듯했다. 소수 지역에서 여전히 고전 도시가 존재했으나 그 정신적인 면모는 크게 변하여, 원래 도시의 중심은 로마식 광장이었지만 이제 도시의 중심은 교회로 바뀌었다.

서방과 마찬가지로 7세기에는 동전이 거의 자취를 감추었고 지방의 화폐 공장은 대다수 문을 닫는 등 화폐 경제는 거의 사라지고 있었다.[24] 동기간 서유럽의 봉건 제도와는 달리 비잔틴은 여전히 중앙이 통제하였고 군관구 제도는 중앙이 조절하는 농민군 제도를 유지했다. 11세기에 군관구 제도가 부패와 타락으로 군관구의 집권층이 민병의 농지를 약탈

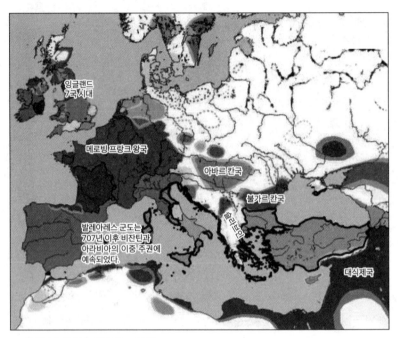

발레아레스 군도는
707년 이후 비잔틴과
아라비아의 이중 주권에
예속되었다.

잉글랜드
7국시대

메로빙프랑크왕국

아바르 칸국

불가르 칸국

마케도니아

대식제국

700년 전후의 신흥 이슬람교 세력

하기 시작하자 비잔틴은 뒤늦게 이를 봉건화 하기 시작했다. 비잔틴과
같은 시기 서유럽 사이의 가장 큰 차이점은 유일하게 콘스탄티노플만이
홀로 독보적인 존재감을 드러냈던 점이다. 콘스탄티노플은 이민족화 추
세 속에서도 여전히 고대의 불씨를 꺼트리지 않은 채 이어나갔다. 비잔
틴은 고대화 하였을 뿐아니라 발칸 반도는 '이민족'의 강력한 세력권이
되었다. 698년에는 콘스탄티노플에서 제2의 큰 도시이자 에게해 항구
인 테살로니키Thessaloniki로 연락하려면 반드시 군사를 동원해서 겹겹의
포위망을 뚫고 들어가는 방식을 써야 했다.[25] 이 막강한 이민족 세력 범
주는 바로 슬라브족의 세력권이었다.

지중해의 동부와 서부는 물론 모두 '중고화中古化' 하였지만 동시에
갈수록 서로 다른 모습으로 변하였다. 슬라브족의 발칸 반도 진입은 그

리스의 동방과 라틴의 서방을 나누는 결과를 초래했고 이로써 비잔틴은 토지세든 병력자원이든 더욱 동쪽에 자리 잡은 지역, 특히 아시아의 아르메니아에 의존해야 했다. 발칸 서부의 라틴 인구는 점차 줄어들었고 이로써 기존 로마 제국의 양대 기둥은 더욱 빠른 속도로 결별하게 되었다. 동서 양쪽을 연결했던 기독교 역시 이교도인 슬라브족에 의해 억지로 중간에 끼인 상태가 되었다.[26]

신규 이주민, 불가리아

7세기 하반기, 고대 흉노의 후예, 불가르족Bulgars은 우크라이나 초원에 모여 살던 서부 돌궐제국의 잔당 하자르 칸국Khazar Qakhanate의 압박으로 이주하게 되는데 그 일파가 아스파르흐 칸Asparukh Khan(r.681~701)의 지휘로 다뉴브강 남부로 진입하였다. 이 신규 이주민이 680년에 비잔틴을 격파하자 이듬해 비잔틴은 그의 국가적 지위를 인정하는 조약을 체결하는데 이로써 불가리아라는 나라가 세워지게 된다. 해당 일파는 우크라이나 초원에서 온 흉노의 후예로 결국 비잔틴의 다뉴브강 방어선을 뚫어 아바르인이 이루지 못했던 일을 성취하였던 것이다. 강의 남부에 세운 나라는 비잔틴의 근교 트라키아에 인접했다.

　불가르인이 이주하기 전, 다뉴브강 하류 남북 양안은 이미 '슬라브 일곱 종족'에 의해 점거되었고 이제 그들은 칸의 통치를 받는 백성이 되었다. 불가르인은 그들에게 꽤 관대해서 한편으로는 그들이 아바르인의 괴롭힘에서 벗어나게 했고 다른 한편으로는 그들이 슬라브 공동체를 유지하게 했다. 이로써 과거에 그리스 반도로 진입했던 종족들이 훗날 비잔틴에 의해 전부 그리스화하였던 것과는 달리, 10세기가 되면, 고대 흉노가 세운 불가리아조차 슬라브어를 사용하는 국가로 변모하였다.[27] 이런 의미에서 불가르인의 이주는 의심할 여지 없이 비잔틴을 슬라브라는

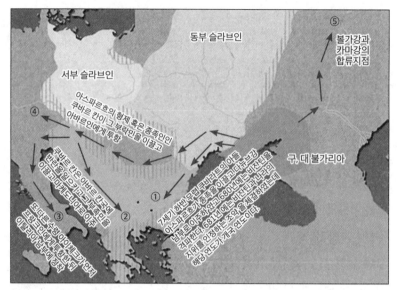

불가르인이 하자르족에게 쫓겨나 이주한 경로

망망대해 속 홀로 떨어진 낙도 신세가 되게 했다. 마치 로마 제국 말기에 흉노의 이주가 로마 북부 변방을 2세기가량 괴롭힌 고트인이라는 변방의 우환을 초래했던 것처럼 말이다.

그러나 에프탈인이라는 사산 제국의 변방 우환과 마찬가지로 이 새로운 변방의 우환, 불가르인은 가끔 유용할 때가 있었다. '코를 베는 형벌'을 받았던 황제 유스티니아누스 2세Justinian II Rhinotmetus (669~711)는 헤라클리우스 왕조의 마지막 황제였는데 695년 반란으로 코가 잘린 채 크림반도 케르손으로 추방당했다. 그 뒤 도망하여 한때 하자르 칸에게 투항하였다가 704년에는 불가르의 테르벨 칸Khan Tervel (r.701~721)이 그의 복권을 도왔다. 유스티니아누스 2세는 테르벨을 자신의 사위로 삼고 트라키아 북부의 땅과 '카이사르'라는 봉호도 하사했다. 테르벨은 외국인으로서는 부제副帝라는 특수한 영예를 얻은 유일한 인물이었다. 그러다가 708년, 유스티니아누스 2세는 증여한 영토를 다시 회수하려 군대를

352

불가리아에 보냈으나 테르벨에게 안키아루스Anchialus에서 대패한다. 테오도시우스 3세Theodosios III(715~717) 때는 716년 맹약에서 테르벨 칸에 대한 은혜를 표시하였고 이에 불가르인은 717~718년, 비잔틴이 콘스탄티노플에 대한 대식국의 제2차 포위에서 벗어나도록 돕는다.

전투 기간에 비잔틴 황제는 이미 레오 3세Leo III(r.717~741)로 교체되어 있었다. 새로운 황제가 등극한 뒤 8~12만 명에 달하는 대식국 군대가 수도를 포위했는데 그는 강력한 무기였던 '그리스의 불'과 불가르 군대의 원조로 포위망을 뚫었다. 아라비아인은 콘스탄티노플에 대한 두 번째 포위가 실패하자 이슬람의 남부 유럽의 확장을 700여 년 가까이 미루었다. 우마이야 대식국은 콘스탄티노플에 대한 두 번째 포위가 성공하지 못하자 빠르게 쇠퇴하였고 레오 3세의 이사우리아 왕조는 반격에 나섰다.

레오 3세는 이사우리아 왕조Dynasty(717~802)를 세우고 중흥을 일궈낸 황제다. 739년 혹은 740년, 레오 3세와 그의 아들, 즉 미래의 콘스탄티누스 5세는 프리기아의 아크리논Akroïnon에서 대식국 군대에 심한 타격을 주고 대식국 세력을 소아시아에서 쫓아내는 데 성공한다. 레오 3세는 외교적으로 하자르 칸국, 그루지아인Georgians과 동맹했고 아들인 콘스탄티누스는 하자르의 공주와 혼인하였다.[28] 이때부터 대식국과의 전투 전선은 동남부로부터 소아시아와 시리아가 교차하는 지점인 타우르스 산맥으로 이동하였다. 훗날 대식국의 우아미야 왕조가 무너지자 콘스탄티누스 5세Constantine V(r.741~775)는 이전 전초기지에서 대식국의 불안정한 정세를 충분히 이용할 수 있었다.

대식국의 위협이 잠시 해소되자 콘스탄티누스 5세는 20년간(756~775) 아홉 차례에 걸쳐 불가리아 정벌 전쟁을 벌여 머리맡의 화근을 철저하게 없앴다. 그러나 그가 죽자 영주 크룸Krum(?~814)은 반격에 나섰고, 809년 전쟁을 다시 일으켜 비잔틴의 불가르 방어선을 무너뜨렸다. 이때 비잔틴 황제 니케포르스 1세Nikephoros I (r.802~811)가 전사하였고 이는 아드리아노플 전투(378년)에서 로마 황제가 전사했을 때와 동급의 재앙이었다. 알려진 바로 크룸은 니케포르스의 두개골로 술잔을 만들어 마셨다고 한다. 813년, 크룸은 콘스탄티노플 성 아래에 이르렀지만 이듬해 세상을 떠나는 바람에 비잔틴은 비로소 재난에서 벗어날 수 있었다.[29]

이사우리아 왕조의 '문화 대혁명'

레오 3세는 시리아 출신으로, 알려진 바로는 아랍어를 할 줄 알아 동방 민중이 성상 숭배를 반대하고 기독교의 순박한 초심을 회복하자는 주장에 꽤 동조하였고 이 때문에 당시 사람들은 심지어 그를 '아랍 사상을 가진 사람'으로 여기기도 했다. 그는 726~729년에 종교활동 시 성상 숭배를 금지하는 조서를 발표하였고 730년에 개최한 공의회에서는 이를 정식으로 통과시켰다. 성상 파괴 운동iconoclasm은 그의 아들 콘스탄티누스 5세 때 최고조에 이른다.[30] 황제는 754년의 '제7차 대공의회'를 좌지우지하여 성상 숭배 금지 강령을 교리로 삼았다. 대공의회 이후 상황은 걷잡을 수 없게 되어 정부는 교회 내 성상을 제거하고 궁정과 관리 가운데 성상 옹호파를 제거하기 시작하였다. 수도원은 대다수 후자의 거점이었으므로 정부는 수도원의 교회 자산을 대거 몰수하고 수사들과 수녀들을 강제로 환속시킨 뒤 수도의 전차 경주장에서 집단 결혼식을 올리기도 했다. 수도원 박해 운동은 군대에 의해 집행되었고 잔혹한 형벌과 유배를 통해 위협하는 행위는 766년에 최고조에 이르렀다. 정부는 폭도들이 성상 옹호파 전도사를 사적인 형벌로 죽이는 것조차 방임했다. 콘스탄티누스 5세 말년에는 성인의 유물뿐 아니라 성인에게 기도하는 행위까지 이단으로 규정되었다.

한편에서는 성상 파괴 운동을 이슬람화라고 보기도 하지만 이는 오도된 면이 있으며, 그것은 다만 그리스도 양성론에 대한 모종의 독특한 해석일 뿐이다. 즉, 예수의 신성은 표현할 수 있는 성질이 아니고 오직 그 인성에만 인간의 형상이 있을 뿐이지만 한편 인성적인 면만 표현하는 것은 예수의 통합적이고도 완정한 면을 파괴한다는 것이다. 이러한 논리는 훗날 어떠한 정신적인 대상을 향한 것으로 확대되는데, 이슬람교와 다른 점이 있다면 비록 성상 파괴 운동 기간이어도 예술적인 영역에서 인간상을 표현할 수 있었고 황제의 상이 화폐에 주조되었으며 궁전의 벽화 역시 세속 활동에 대한 묘사가 적지 않았다는 점이다.[31]

비잔틴 중앙의 이러한 '문화 대혁명'은 이탈리아에서 배척되었기 때문에 수많은 수사가 남부 이탈리아와 시칠리아로 피신했다. 황제 레오 3세 때 이미 항의한 바 있는 교황 그레고리 2세Gregory II (r.715~737)는 두 차례(730, 732년)에 걸쳐 종교회의를 개최하고 성상 파괴파의 교적敎籍을 없애기도 했다. 레오 3세의 반격은 남부 이탈리아와 일리리아를 로마 교구에서 콘스탄티노플 총대주교의 관할지로 이적했다.[32] 727년, 라벤나 총관부가 배반하면서 레오의 또 다른 일파가 임명되었는데 이 마지막 총독은 752년에 랑고바르드에 의해 죽는다. 이미 비잔틴에서 마음이 떠난 로마 교황은 비잔틴이 이탈리아에서 기반을 잃은 점을 고려하여 740년에 프랑크인 카를 마르텔Charles Martel (688~741)에게 보호를 요청했다. 간단히 말해 로마 교황이 서부에서 또 다른 '로마 제국'을 찾아낸 것이다.

756년, 프랑크의 단신왕 피핀Pepin the Short (r.752~768)이 랑고바르드를 격파하고 이탈리아 중부의 널찍한 영토를 점거하자 콘스탄티누스 5세는 그것을 반환해줄 것을 요구했지만 피핀은 그것을 교황에게 바

니케포르스의 두개골을 술잔 삼아 마시는 크룸

비잔틴의 성상 파괴령에 동조하지 않은
이탈리아

치고 교황령Patrimonium Petri으로 삼는다. 772년부터 교황의 조서papal bulls
는 더는 황제의 이름을 언급하지 않았다. 774년, 프랑크왕 샤를마뉴
Charlemagne(r.768~814)는 랑고바르드 왕국을 멸절한 뒤 스스로 랑고바르
드 왕을 겸임하였으며 교황령은 그의 보호국이 되었다. 교황은 800년
에 샤를마뉴를 '로마인의 황제'로 삼아 대관식을 거행하였다. 비잔틴
은 812년, 현재 상황을 인정할 것을 강요받았지만 샤를마뉴에 대해서는
'프랑크족의 황제'로서만 인정할 뿐이었다.

비잔틴은 서부에서의 입지가 좁아질수록 전체적인 정국이 동쪽으
로 기울었다. 그때 마침 이슬람 세계에 비상사태가 발생하여 우마이야
할리파 왕조가 아바스 왕조에 의해 전복된 사건이 있었다. 이 두 왕조의
교체기를 틈타 콘스탄티누스 5세는 시리아를 공격, 일부 기독교 인구를
이주시켰고 발칸을 대신해서 병력자원을 보충하였지만 더는 영토 확장
은 없었다. 755~763년, 콘스탄티누스 5세는 불가리아를 여러 차례 원정
하여 불가리아에는 극도의 불안감이 조성되었지만 그의 후계자는 불가

르인에게 연거푸 패하였다.

훗날 그의 며느리인 이레네 사란타페카이나Irene Sarantapechaina (r.797~802)가 모후 자격으로 섭정하다가 한발 더 나아가 스스로 황제 자리에 올라 비잔틴 제국 역사상 유일한 여성 황제가 되었으니 흡사 무측천武則天과도 같았다. 이레네는 시아버지보다는 현실적이어서 더는 불가르인의 심기를 건드리지 않았지만 그리스 반도에서 슬라브인에게 잃었던 영토를 수복하고 수도에서 제2의 도시인 테살로니키로 가는 길을 개통했다.[33] 비교적 현실적인 편이었던 그녀는 섭정 기간에 친親서방 정책을 펼쳐 자신의 아들과 샤를마뉴의 딸을 정혼시키기도 했다. 혼약은 훗날 그녀에 의해 다시 취소되지만 그녀의 친 프랑크 정책은 변하지 않았다. 그녀와 샤를마뉴가 잇따라 황제를 칭한 뒤 심지어 샤를마뉴와의 혼인도 고려했지만 궁정 대신들의 반대에 가로막혔다.[34] 이레네는 또한 로마 교황청과의 관계 회복을 위해서도 노력했다. 그녀의 섭정 기간에 제2차 니케아 대공의회(787년)를 거행하여 성상 숭배를 회복하고 그것을 정통 '제7차 대공의회'로 선포했으며 754년의 '가짜 제7차 대공의회'를 부정했다. 그러나 이 조치가 동서 양대 교회 간 불화의 씨앗이 되리라고는 전혀 예상치 못했다. 787년, 대공의회는 동방 정교회의 마지막 차수가 되어 대공의회 시대는 막을 내렸으며 이후 서방이 개최한 것은 전부 인정받지 못했다.

이레네가 신하의 반란으로 물러나면서 그녀는 이사우리아 왕조의 마지막 황제가 된다. 신 황제는 베니스 문제로 프랑크인과 전쟁을 벌인다. 라벤나가 함락된 뒤 베니스는 비잔틴의 북이탈리아 내 마지막 거점이 되었으나 그 내부의 친 프랑크파가 804년에 정권을 잡으면서 결국 전쟁이 일어난 것이다(806~810년). 최후의 강화 조약은 베니스와 이스트리아Istria, 달마티아 해안Dalmatian coast, 남부 이탈리아는 비잔틴 세력 범주로 편입되고 로마와 라벤나 및 다섯 도시 동맹Pentapolis은 카롤링거(샤를마뉴의 왕조) 세력 범주로 귀속됨을 내용으로 한다. 사실 베니스는 이때부터 독립했으며 실질적인 자주권은 동서 양 제국이 공동으로 보장했다. 이 기간에는 마침 대식 제국의 아바스 칼리프 왕조의 전성기인 하룬 알라시드Harun alRashid(r.786~809) 시기로 연전연패한 비잔틴은 거액의 공물을 바쳐야만 했다. 805년, 불가르의 크룸 칸은 아바르 칸국이 샤를마뉴에게 심각한 타격을 입은 기회를 틈타 그 잔당을 규합, 카롤링거 제국과 경계를 마주하게 되었으며 영토는 배로 늘어났다. 서방쪽에서는 비잔틴은 프랑크인이 중건한 '서로마 제국'과 마주하게 되었다. 샤를마뉴는 814년에 세상을 떠나기는 했지만 확장적 의미의 서유럽이 이미 초기형태를 갖추었다. 또한 샤를마뉴는 신학적인 면에서 성령과 성자가 '공생'한다는 교리를 지지하였는데 이는 훗날 동서 양 교회의 돌이킬 수 없는 결별 사건인 1053년 대분열의 복선이 되었다(제22장).

한편 비잔틴도 한층 더 확실한 방법으로 세력 수호에 나섰다. 782년부터는 이레네가 이미 중앙의 대원을 파견하여 그리스 반도의 슬라브족을 항복시켰고 그녀의 후임은 발칸에 새로운 군관구를 세운 뒤 아나톨리아로부터 사람들을 대거 이주시킨 뒤 해당 지역을 다시 그리스화하였다. 이로써 비잔틴의 그리스 중심지는 다시금 회복되었다. 비잔틴의 영향력이 이탈리아반도에서 점차 사라진 것은 비잔틴이 전력을 다해 그리스 반도를 경영함에 따른 대가이다.

그러자 한때 꺼졌던 성상 파괴 운동의 불씨가 다시금 타올랐다. 때는 프리기아 왕조Phrygian Dynasty(820~867) 시기였지만 결국 그 열기는 해당 왕조 기간 내에 다시 사그라들었다. 또 다른 섭정 모후였던 테오도라Theodora(r. 842~855)는 843년 콘스탄티노플 총대주교에게 종교회의를 개최할 것을 명하고 성상을 향하여 '절하는 것'이 아닌 '경의를 표하는 것'

은 회복하도록 결의했다. 이로써 장장 117년이나 이어왔던 성상 파괴 운동 논쟁은 이로써 종식되었지만, 이 '문화 대혁명'은 비잔틴에 큰 손실을 초래했다. 교황청을 카롤링거의 품에 빼앗겼을 뿐 아니라 예술사에도 큰 재앙을 초래했기 때문이다.

지중해 북부를 잃고 발칸을 광복시킨 비잔틴

920년대는 비잔틴에 나쁜 운이 한꺼번에 몰아닥친 시기이다. 하룬 알 라시드가 809년에 사망하였지만 아바스 대식국은 여전히 전성기를 누리고 있었고 823년에 크레타섬을 공격하는 바람에 에게해는 비잔틴의 안주머니를 벗어나게 되었다. 대식국 사람들은 826년에 다시금 키프로스를 함락했고 이로써 비잔틴의 앞뜰이었던 아나톨리아는 남부의 보호막을 상실하였으며 그 동부 지중해의 해상 통제권은 잠시 위축되었다. 827년, 북아프리카의 이슬람 토후국은 다시금 비잔틴의 시칠리아를 침략, 장장 80년에 달하는 정벌 전쟁을 시작하였고 902년에 해당 섬은 전부 함락된다. 뒤이어 사르데냐섬도 지켜내지 못하자 비잔틴은 티레니아해에서의 통제권을 완전히 상실하고 만다.

다행인 것은 샤를마뉴 사망 이후 카롤링거 제국이 빠르게 붕괴하면서 서방으로부터의 압력이 다소 완화되자 비잔틴은 이탈리아반도 남부의 거대한 영토를 수복할 수 있었고 해군은 여전히 무어인(북아프리카의 이슬람 세력)의 해적 세력도 막아내었다는 점이다. 그러나 시칠리아의 양 날개 기능이 마비된 상황은 마치 에게해 방어선에서 크레타를 잃은 것과도 같았다. 이오니아해에 대한 통제권이 견제를 받았던 반면 비교적 효과적인 순찰 해역은 북부의 아드리아해였다. 이를 위해서는 당시 굴기 중이던 베니스의 협력이 필요했다. 종합적으로 말하자면 비잔틴 세력권은 점차 고대 로마 지중해 제국의 원형에서 벗어나 3개 반도(아나톨리아, 그리스, 남부 이탈리아)로 이루어진 핵심구역으로 대폭 축소되었다.

비잔틴의 오뚝이 같은 강인함에 비해 카롤링거 제국은 한 번 주저앉은 뒤로는 다시 일어서지 못했다. '서로마 황제'라는 칭호도 기껏해야 이탈리아 왕국의 반절에 대한 것이었고 알프스산 북부도 여전히 샤를마뉴라는 간판을 내건 동서 양쪽의 빈 껍데기 프랑크 왕국일 뿐이어서, 그 역사도 이제 해체 과정의 내리막길로 가고 있었다. 반면 비잔틴은 두 세기 가까이 상실했던 그리스 반도에서 '슬라브 색채를 제거'하고 다시금 그리스화하는 데 성공하였다. 뜻밖에 슬라브족은 고트족과는 달리 200여 년간 제국 경내에 나라를 세우지 않았는데 훗날 슬라브 국가로 변모한 불가리아조차 불가르인이 대신해서 세운 것이다. 그들은 여전히 부락 생활을 하고 있었고 농경을 하는 그리스인과는 달리 방목 생활을 하였다. 그들에게서 '슬라브 색채를 제거하는 것'은 그들을 기독교도로 바꾸어 발칸에 정착시키는 일이었으며 이로써 관부官府의 세력은 더욱 강력해질 수 있었다. 또한 9세기 초부터 중앙은 아나톨리아의 군관구 제도를 발칸에 이식하였고 10세기 초에는 반도 남단의 슬라브인은 대체로 모두 현대 '그리스인'의 조상이 되었다. 비잔틴의 세력이 미치지 않았던 반도 북부에는 점차 불가리아와 세르비아, 크로아티아의 세 슬라브 국가가 자리잡았다.[35] 다양한 역사적 흔적이 보여주듯 그 나라들의 건립자는 하나같이 슬라브족은 아니었고 슬라브족 백성이 점차 주인을 동화시킨 경우였다.

비잔틴의 포교 공세

같은 기간, 콘스탄티노플의 총대교구인 포티오스 1세Photios I (r.858~867, 877~886)가 포교 공세를 펼친 대상은 불가리아와 모라바, 루스였다. 세계 역사상 그의 업적은 전도사를 파견하여 브리튼을 개종시켰던 로마 교황 그레고리 대제에 결코 뒤지지 않았다. 그러나 영어권 중심의 세계 역사는 후대인들의 시야를 크게 좌우했다. 그때 당시 비잔틴 역사는 이미 프리기아 왕조Phrygian Dynasty(813~866) 시기에 접어들었다.

우선, 포티오스는 키릴로스Cyril(시릴로)와 메토디우스Methodius(메토디오) 두 형제가 하자르 칸국에 포교하는 것을 도와 하자르가 유대교로 개종하는 것을 막으려 했다. 그러나 결실이 없자 훗날 또 한 번 그들을 최초의 슬라브 대국인 대 모라비아Great Moravia에 파견, 포교하게 함으로써 마침내 863년, 해당 국가가 기독교로 개종하게 했다. 그러나 로마 전도사가 프랑크의 무력 지원을 받아 대 모라비아에 진입하여 로마 교회로 전향시키자 비잔틴 전도사는 쫓겨나고 만다. 키릴로스와 메토디우스 선교단은 실패를 발판삼아 성공을 일궈내었다. 그들의 시조가 슬라브인에게 포교하기 위해 이미 키릴 자모Cyrillic Alphabet의 전신이 되는 문자를 만들어 낸 바 있는데 이제 그것을 마침 불가리아 포교 사업에 활용하게 되었다. 로마 교회도 불가리아를 기웃거렸지만 이번에는 비잔틴에 지고 말았다.

불가리아의 보리스 1세Boris I(r.852~889)가 프랑크족의 압박으로 로마 교회로 개종할까 염려했던 비잔틴 정부는 끊임없이 불가리아에 전쟁을 걸었고, 보리스를 비잔틴 교리에 귀의시키는 것을 864년 강화 조약의 조건 중 하나로 내걸었다. 비잔틴의 압박은 다만 일부 요인이었을 뿐이다. 보리스 1세 왕조는 내륙으로 뻗어 나가 심지어 동부 프랑크인의 땅까지 쳐들어갔고 이 때문에 반드시 남부와 평화 국면을 유지해야 했다. 또한 기독교를 국교로 확정하는 것은 그의 전국 통일 노선에 유리했고 심지어 불가리아 이외 지역까지 세력을 확대할 수 있는 기회였다. 이제 세례를 받고 군주로 봉해지는 것은 그 신분이 부족장 단계를 벗어나 격상됨을 의미하는 것이기도 했다.

로마 교황청과 비잔틴의 충돌로 인해 불가리아 문제, 그리고 〈니

케아 신경the Nicene creed〉에 '필리오케 Filioque('그리고 성자로부터')' 문구를 삽입하는 두 가지 문제가 대두되었다.[36] 포티오스는 '필리오케' 문제에서 전혀 양보하지 않았고 불가리아 문제에서도 로마에 어정쩡하게 대했다. 로마가 세력을 불가리아로 확대할 수 있으리라고 여길 무렵, 불가리아는 이미 비잔틴 교리에 익숙해졌고 슬라브어를 사용한 자체 독립 교구 autocephalous bishopric를 세우는 등, 이제 라틴 교리를 다시 받아들이기란 불가능한 일이

키릴로스와 메토디우스

되었다.[37] 불가리아 서쪽의 세르비아 역시 건국 단계에 있었는데 비잔틴과의 동맹을 이유로 불가리아의 병탄을 저지했고 일찌감치 그리스 정교회로 치우친 경향을 보이다가 869년에는 비잔틴의 교구 중 하나가 되었다.

동서 양쪽 교회의 갈등은 갈수록 첨예화했다. 이는 교리뿐 아니라 슬라브 세계라는 선교적 처녀지 내 주도권 문제로 말미암은 것이기도 했다. 그러다가 863~867년, 두 교회 사이에는 결국 '포티우스 분열 사건 Photian Schism'이 발생한다. 로마 교황청은 이 쟁탈전에서 모리바와 크로아티아를 차지했고 비잔틴은 불가리아와 세르비아를 얻었다. 867년, 포티우스는 심지어 그가 루스를 확보했음을 공개적으로 선포하기도 했지만 실제로는 루스의 정식 귀의 때까지는 10세기(988년)까지 기다려야만 했다. 폴란드의 로마 교회 귀의도 대략 같은 시기에 이루어졌다(966년).

새옹이 얻은 말이 화근이 될지 누가 알았겠는가?

비잔틴은 불가리아를 편입한 뒤 국력이 한데 집중되어 날로 강성해졌고 마케도니아 왕조(867~1056)의 깃발 아래 강력한 방국의 시대로 접어들었다. 왕조를 세운 바실리우스 1세Basil I (r.867~886)는 소아시아 전장에서 최종적으로 파울리키우파Paulicians (바울파)의 반란을 평정하였다.[38] 비잔틴은 카롤링거 왕조의 신성로마 제국 루이 2세Louis II (r.844~855)와 동맹하고 139척의 전함으로 이루어진 거대한 함대를 보내어 아드리아해의 무어인 해적을 소탕했다. 871년 루이는 이탈리아의 바리Bari를 수복했지만 오래지 않아 876년에는 다시금 비잔틴의 수중에 떨어졌고 양측의 관계는 비틀리기 시작했다. 878년, 비잔틴은 시칠리아섬 전체가 무어인에게 함락되는 것은 막을 수 없었지만 880년에는 타란토Taranto에서 승리를 거둠으로써 칼라브리아Calabria 반도를 지켜낼 수 있었고[39] 이로 말미암아 아드리아해의 남단에 대한 통제권을 가질 수 있었다.

896년에는 핀우고르 어족의 마자르인Magyars (헝가리인)이 페체네그족 Pechenegs에게 쫓겨나 우크라이나 초원에서 카르파티아 분지로 진입, 기존에 대 모라비아 왕국에 속해 있던 오늘날 헝가리의 땅에 정착하였다. 이에 불가리아는 시메온 1세Simeon I the Great 치하의 전성기로 접어들었다. 비잔틴은 과거에도 여러 차례 효과가 증명됐던 '이이제이以夷制夷(이민족으로 다른 이민족을 제어하다)' 정책을 추진하여 새로 들어온 마자르인과 동맹, 그를 저지하고자 했다. 그러나 공세의 효과는 한계가 있어서 불가리아에 공물은 여전히 바쳐야만 했다. 앞서 비잔틴은 불가리아가 로마의 교구로 편입되는 것을 극구 막았는데 이는 나라의 안정을 고려한 것으로, 그것이 프랑크 세력의 전초 기지가 되지 않게 하기 위함이었다. 그러나 이제 불가리아는 같은 종교가 되었지만 그 교구는 '스스로 머리가되는 독립적인 성격'일 뿐 비잔틴에 속한 하나의 교구는 아니었다. 그 군

시메온이 콘스탄티노플 성벽 아래에 병사를 배치하다.

주도 점차 '동로마 황제'가 담당해야 함을 알게 되었다.

시메온은 부친 보리스가 국교를 기독교로 개종하면서 콘스탄티노플로 보내져 교육을 받았고 그 시기에 깊이 있는 비잔틴 문화에 푹 빠져 '반半 그리스인'이라는 별명까지 생겨났다.[40] 비잔틴의 사유 세계는 민족주의가 아닌 천하주의여서 시메온은 이와 같은 사유의 영향을 피할 수 없었다. 이 때문에 그는 극구 황제나 국장國丈(황제의 장인)의 지위에 오르려 했지만 이는 곧 무장 충돌로 이어졌다. 896년, 시메온 대제는 불가로피곤Bulgarophygon에서 비잔틴군을 격파하고 12만 명을 포로로 삼았다.[41] 913년 시메온은 콘스탄티노플 아래에 병력을 배치하고 총대주교 니콜라스 미스티코스Nicholas Mystikos(r.901~907, 912~925)에게 콘스탄티노플 밖에서 자신을 '불가리아 황제'로 임명할 것을 강요했다.

그러나 그 뒤로 비잔틴이 약속을 이행하지 않자 917년, 불가르군은 다시금 안키아루스 부근에서 비잔틴군을 상대로 싸워 이긴다. 924년,

시메온은 카이로의 파티마Fatimid 왕조로 사절을 파견, 해군을 빌려 콘스탄티노플을 일거에 함락하고자 했다.[42] 925년 전후, 시메온은 로마 교황청에 대한 외교에 성공하여 순조롭게 불가리아 주교구를 총대주교구 patriarchate로 승격했다. 이로써 유스티나아누스 이래 고정됐던 펜타르키 Pentarchy(5대 총대주교좌) 이외에 여섯 번째 주교좌가 추가되었다.[43] 이듬해 (926년) 시메온은 로마 교황청으로 하여금 자신을 '로마인의 황제'로 선포하게 함으로써 동방의 샤를마뉴를 자처하였는데 비잔틴의 항의는 아무런 효과가 없었다. 시메온 대제 시대의 불가리아는 슬라브 문화의 중심이 되었다.

최고조에 이른 '이이제이' 정책

927년, 시메온 대제가 세상을 떠나자 비잔틴 황제는 시메온 대제의 아들 피터 1세Peter I(r.927~969)와 강화에 협의, 그의 손녀를 처로 맞아들였고 양국은 40여 년간 평온하게 지낼 수 있었다. 해당 강화로 비잔틴이 불가리아에 대한 세르비아인의 반란을 암묵적으로 동조하고 불가리아인도 마자르인이 국경을 넘어 비잔틴을 소란스럽게 하는 것을 허용했음을 배제할 수 없다. 그러나 북방의 이와 같은 일시적인 휴전은 비잔틴에 무척 중요한 시기였다. 이미 부패한 대식 제국의 땅을 비잔틴이 도모할 수 있게 했기 때문이다. 934년부터 비잔틴은 동부 전쟁터에서 과거에 잃었던 땅을 수복하기 시작했고 943년에는 메소포타미아 유역 북부의 에데사Edessa까지 이르기도 했다.

불가리아인은 휴전 이후로도 북방에 새롭게 등장한 세력과 맞서야 했지만 위협을 하늘이 내린 기회로 바꾸는 것은 마음에 달려 있었다. 907년, 북방 이민족 루스인이 노브고로드의 올레그Oleg of Novgorod의 지휘 아래 일찍이 콘스탄티노플 아래까지 쳐들어왔다. 비잔틴은 퇴각의 조건으로 황금을 건넸지만, 오히려 이는 훗날 양국의 통상의 길을 열게 한 초석이 되었다. 최초의 러시아인이라 할 수 있는 루스인은 필요시에는 비잔틴의 경호원 역할도 했다. 941년, 이미 키예프로 천도한 루스인이 다시금 침범해 오자 비잔틴은 이를 격퇴했고 944년에는 이고르 대공_{Igor} _{of Kiev}과 강화를 체결하였다. 당시 비잔틴은 유대교 배척 문제로 하자르 칸과 분쟁 중이었기 때문에 키예프 대공국을 이용해서 그를 제어하려고 했다. 이와 동시에 비잔틴은 계속해서 대식국을 상대로 전쟁을 일으켜 961년에는 크레타섬을 수복함으로써 에게해의 완정성을 회복하였고 이듬해에는 시리아의 알레포_{Aleppo}로 진군하였으며 968년에는 알레포와 안티오크(동로마의 시리아가 7세기에 이슬람에 의해 정복된 뒤 처음으로 수복함)를 함락했다.

965~969년, 하자르 칸국은 키예프 대공국에 의해 멸망하지만 또 다른 돌궐 민족 페체네그족이 그를 대체하여 일어났다. 후자는 한때 마자르인을 쫓아내고 오늘날 헝가리에 진입하기도 하였지만 이제는 비잔틴이 루스인을 견제하기 위한 수단이 되었다. 한편 루스인은 비잔틴에 의해 불가리아를 저지하기 위한 수단으로 활용되기도 했다. 황제 니케포루스 2세 포카스_{Nikephoros II Phokas}(r.963~969)는 불가리아에 대한 공물 헌납을 중단하고 전쟁을 일으켰다. 거액의 황금을 공물을 헌납하느니 차라리 그것으로 키예프 대공국을 매수하여 불가리아를 치게 한 것이다. 그러나 이는 결국 늑대를 내몰려고 호랑이를 불러들인 꼴이 되고 말았다. 루스의 스비아토슬라프_{Sviatoslav}(942~972) 대공은 정복한 불가리아 영토를 비잔틴에 넘기기 거절하고 심지어 다뉴브강 입구로 천도하고자 했으며 군대를 몰아 트라이카로 남하, 수도를 위협했지만 황제 요한 치키스케스_{John I Tzimiskes}(r.969~976)에게 패하였다.

스비아토슬라프는 발칸과 크림반도를 어쩔 수 없이 포기했고 키예

시메온 1세(893~927) 통치 시기의 불가리아

발칸 대부분을 통일한 시메온 대제

프로 돌아오는 길에 그의 적수(비잔틴 혹은 불가르인)가 퇴로를 페체네그인에게 알리는 바람에 매복에 걸려 살해당한다. 스비아토슬라프가 죽자 그의 아들 블라드미르 대공Vladimir the Great (r.980~1015)은 비잔틴의 흑해 거점 케르손에서 세례를 받은 뒤 나라 전체를 이끌고 동방 정교회로 개종하는데 훗날 관방官方에서는 해당 연도를 988년으로 정하였다. 이는 의심할 여지 없이 비잔틴 문명의 일대 승리라고 할 수 있다. 쇠약해진 불가리아는 971년에 황제의 칭호를 빼앗기고 비잔틴의 보호국 신세로 전락한다. 비잔틴의 '이이제이' 수완은 거의 최고봉의 수준에 이르렀다.

유라시아 최강국이 된 비잔틴

동남부 전선에서는 요한 치키스케스의 군대가 972년 다시금 메소포타미아 상류로 이동하였다가 975년에는 방향을 틀어 남하한 뒤 에메쉬Emesh와 다마스쿠스, 나사렛(예수의 고향), 시돈, 베이루트를 함락하고 곧장 예루살렘 성까지 도달하지만 중도에 요한 치키스케스가 세상을 떠나는 바람에 회군한다. 비잔틴이 당시 대식국에 대한 공격을 썩은 나무 베듯 한 것을 보면 '동로마의 옛 영토를 수복했을 가능성이 있지 않았을까?' 혹은 '근동지역이 이미 다르 알 이슬람(이슬람의 땅)이었기 때문에 설령 점령했더라도 통치하기 어렵지는 않았을까?' 하는 의문이 들기도 한다. 역사는 이런 식으로 진행되지 않았으므로 억측은 무익하다. 다만 여기서 주목해야 할 것은 뒤늦게 굴기한 대식 제국과 프랑크 제국은 하나같이 한 번 넘어진 뒤로는 재기하지 못했는데 어째서 유일하게 비잔틴만 끊임없이 '중흥'을 이어갔을까 하는 점이다. 비잔틴의 중흥을 이끈 지도자가 수없이 많았던 것을 보면 고대 말기 재정비를 거친 로마의 제도가 확실히 우월했던 것은 아닐까 하는 생각도 든다.

제1차 불가리아 제국의 마지막 강자인 사무일Samuil(r.997~1014)은 나라의 회복을 시도했다. 10세기 말 그의 노력은 서부에서 꽤 성과를 거두어 세르비아인의 공국을 정복하였고 크로아티아와 헝가리 왕국을 공격하는 등 중흥의 시대가 눈앞에 펼쳐지는 듯했다. 그러나 그의 앞에 다가선 비잔틴 적수는 '불가르인의 학살자Boulgaroktonos'라고 불리던 바실리우스 2세Basil II(r.958~1025)였다. 1014년 7월 29일, 바실리우스 2세는 불가리아 군대를 클레이디온 전투Battle of Kleidion에서 격파했다. 1만여 명에 달하는 전쟁 포로를 1백 명씩 나누어 편성한 뒤 99명은 양쪽 눈을 모두 도려내고 나머지 1명은 한쪽만 도려낸 뒤, 외눈 포로 1명이 나머지 99명을 인솔해서 본국으로 돌아가게 했다. 비잔틴 사료에는 사무일이 회군하는

장수들의 참상을 목격한 뒤 심장병이
도져 사망했다고 기록되어 있다.⁴⁴ 4
년 뒤(1018년) 불가리아는 비잔틴에
멸망하는데 그 뒤 150년이 지난 뒤에
야 수복의 기회가 찾아온다. 1018년,
바실리우스는 불가리아를 병합한 뒤
세르비아도 굴복시켰다. 바실리우스

눈을 뽑힌 불가리아군 포로

는 그전에 이미(1016년) 크림반도를
점거하고 있던 하자르 칸국의 잔당을 섬멸하고 해당 땅을 수복하였다.
1021년에는 한발 더 나아가 서부 아르메니아의 바스푸라칸 왕국Kingdom of
Vaspourakan을 병탄하고 메디아를 세운다.

바실리우스 2세가 세상을 떠날 무렵 비잔틴 제국은 흡사 '이상적인
국경선'을 실현한 듯했지만, 여전히 제국은 끊임없는 영토 확장을 시도
하였다. 1032년, 비잔틴은 에데사를 수복하였고 1038~1043년에는 일
시적으로 시칠리아 동부를 수복하였는데 여기에는 유명 도시 시라쿠
스도 포함되어 있었다. 1045년, 비잔틴은 아르메니아의 바그라투니 왕
국Bagratuni Kingdom of Armenia을 병탄하였지만 이는 지혜로운 선택은 아니었
다. 통치하기 쉽지 않은 이질 문화의 종족을 하나 합병할 때마다 셀주크
투르크의 침공 시 완충 역할을 해줄 지역 하나가 줄어드는 셈이기 때문
이다.

지는 해가 한없이 아름다울까?

당시 비잔틴은 세금 수입이 풍족하고 동원 가능한 병력이 25만 명에 달
했으며 강력한 해군이 버티고 있어 11세기 초반의 최강국이 될 수 있었
다. 성상 파괴 운동이라는 광풍이 휩쓸고 지나간 뒤에는 고전 열풍이 불

어닥쳤다. 이를 '마케도니아 르네상스Macedonian Renaissance'라고 부르며 훗날 이탈리아의 문예 부흥에 나아갈 방향을 제시했다. 그러나 그것은 역사의 공백기에 걸쳐 있었다. 서방의 게르만 신성로마 제국은 강력한 중앙 정권이 없었고 대식 제국은 이미 밑바닥까지 부패했으며 그 뒤 셀주크 투르크의 바그다드 입성은 아직 도래하지 않았다(1055년). 노르만족이 이미 서유럽 역사에 등장하였지만 비잔틴 남부 이탈리아 속주 및 시칠리아를 침범한 이슬람 토후국은 여전히 훗날의 일이다(1059~1071년, 1061~1091년).

비잔틴의 석양은 한없이 아름다웠지만 멋진 풍광은 오래 가지 않았다. 11세기 하반부터 세계사는 전혀 새로운 국면을 맞이하는데 고대문명의 자원에 의존하던 비잔틴이 대응할 수 있는 환경은 아니었다. 동방에서는 투르크족이 대식국을 대체하여 일어나 1071년 8월 비잔틴을 격파하였는데 이는 고대의 아나톨리아가 지금의 또 다른 '투르키스탄'으로 바뀌게 된 기원이 되었다. 서방에서는 노르만족이 이미 같은 해 4월, 이탈리아 내 비잔틴의 마지막 거점인 바리를 점령했고 1081년에는 바다를 건너 발칸에 상륙하여 콘스탄티노플을 함락하려는 뜻을 세웠다. 가장 치명적인 것은 베니스의 굴기였다. 베니스는 새로운 형태의 상업 제국의 모습으로 비잔틴의 중앙관료가 통제하던 해상 패권을 대체하여 그들의 상업 기회를 빼앗았다. 비잔틴과 로마 교황청은 1054년 정식 결별했고 이로써 기독교 세계 속 비잔틴의 고립무원 신세는 더욱 심화하였다. 찬탄을 금치 못하게 하는 것은 비잔틴이라는 골동품이 400여 년 가까이 버텼다는 점이다. 이 석양 볕이 길어지면서 수정된 관점이 등장하는데 11세기 말 정세의 급변은 비잔틴에 치명적이지 않았으리라는 관점이다. 이에 관해서는 다른 장에서 설명하고자 한다.

1. J. B. Bury, History of the Later Roman Empire, published by Macmillan & Co.,Ltd. 1923 (http://penelope.uchicago.edu/Thayer/E/Roman/Texts/secondary/BURLAT/home.html), Part I, pp. 69~70.

2. "Eutyches," Catholic Encyclopedia (New York: Robert Appleton Company, 1909), Volume 5. Retrieved June 4, 2014 from New Advent: http://www.newadvent.org/cathen/05631a. htm

3. Stephen H.Webb, Jesus Christ, Eternal God: Heavenly Flesh and the Metaphysics of Matter (Oxford & New York: Oxford University Press, Inc., 2012), p. 113.

4. Pauline Allen, "The Definition and Enforcement of Orthodoxy," in The Cambridge Ancient History, Volume XIV, Late Antiquity: Empire and Successors, A.D.425~600(Cambridge & New York: Cambridge University Press, 2000), pp. 817~818.

5. Ibid., pp. 827~828.

6. J. B. Bury, History of the Later Roman Empire, published by Macmillan & Co., Ltd., 1923 (http://penelope.uchicago.edu/Thayer/E/Roman/Texts/secondary/BURLAT/home.html), Part II, p. 45.

7. Herwig Wolfram, translated by Thomas Dunlap, The Roman Empire and Its Germanic Peoples (Berkeley, CA: University of California Press, 1990), pp. 178~179.

8. John Moorhead, "The Byzantines in the West in the Sixth Century," in The New Cambridge Medieval History, Volume I, c.500~c.700 (Cambridge, UK and New York: Cambridge University Press, 2005), p. 134.

9. 아나스타시우스(Flavius Anastasios, 430~r.491~518)는 유스티니아누스 왕조가 세워지기 전의 동로마 황제로 경제 분야에 통달하여 화폐 제도를 개혁함으로써 국고에 32만 파운드의 황금을 비축하였다. 이는 훗날 유스티니아누스 대제의 '중흥'을 위한 전쟁의 자본금으로 활용되었다.

10. John Julius Norwich, Byzantium: The Early Centuries, (New York: Alfred A. Knopf, 1992), pp. 275~278.

11. Mark Whittow, The Making of Orthodox Byzantium, 600-1025(Hampshire & London: MacMillan Press, LTD, 1996), pp. 72~74.

12. Edward Gibbon, History of the Decline and Fall of the Roman Empire, Volume II, The History of the Empire from 395 A.D to 1185 A.D.(New York: The Modern Library, 1977), p. 789.

13. 화가의 손을 거치지 않고 기적적인 현상을 통해 화폭에 나타난 예수상 혹은 성모상.

14. Dimitri Obolensky, The Byzantine Commonwealth: East Europe, 500~1453 (Crestwood, New York: St. Vladimir Press, 1974), pp. 77~78; Andrew Louth, "The Byzantine Empire in the Seventh Century," in The New Cambridge Medieval History, Volume I, c.500~c.700, p. 295.

15. Mark Whittow, The Making of Orthodox Byzantium, 600-1025, p. 80.

16. George Ostrogorsky, translated from the German by Joan Hussey, History of the Byzantine State, revised edition (New Brunswick, NJ: Rutgers University Press, 1969), p. 106.

17. John Julius Norwich, Byzantium: The Early Centuries, pp. 318~319.

18. George Ostrogorsky, History of the Byzantine State, revised edition, pp. 122~123.

19. Michael McCormick, "Byzantine and the West, 700-900," The New Cambridge Medieval History, Volume II, c.700-c.900(Cambridge & New York: Cambridge University Press, 1995), p. 351.

20. Mark Whittow, The Making of Orthodox Byzantium, 600-1025, p. 165.

21. Dimitri Obolensky, The Byzantine Commonwealth: East Europe, 500-1453, p. 53.

22. Cyril Mango, Byzantium: The Empire of the New Rome (London: Phoenix Press Paperback, 2005), p. 60.

23. J. H. W. G. Liebeschuetz, "Administration and Politics in the Cities of the fifth to the mid seventh century: 425-640," in The Cambridge Ancient History, Volume XIV, Late Antiquity: Empire and Successors, A.D.425-600(Cambridge & New York: Cambridge University Press, 2008), p. 237.

24. Cyril Mango, Byzantium: The Empire of the New Rome, p. 73.

25. Ibid., p. 71.

26. Ibid., pp. 83~84.

27. Dimitri Obolensky, The Byzantine Commonwealth, Eastern Europe, 500-1453 p. 92.

28. George Ostrogorsky, History of the Byzantine State, revised edition, p. 157.

29. Dimitri Obolensky, The Byzantine Commonwealth, Eastern Europe, 500-1453, pp. 94~96.

30. Steven Runciman, Byzantine Style and Civilization (London, UK: Penguin Books, 1975), pp. 82~83.

31. Ibid., pp. 88~89.

32. T. S. Brown, "Byzantine Italy, c.680-c.876," in The New Cambridge Medieval History, Volume II, c.700-c.900, pp. 325~326.

33. Warren Treadgold, The Byzantine Revival, 780-842(Stanford, CA: Stanford University Press, 1988), pp. 71~73.

34. Ibid., pp. 118~119.

35. Dimitri Obolensky, The Byzantine Commonwealth, Eastern Europe, 500-1453, pp. 104~110.

36. '필리오케(그리고 성자로부터)' 논쟁은 앞에서 서술한 샤를마뉴가 두 교회 공동의 〈니케아 신경〉 속에서 '성령은 성부가 성자를 통해 나게 하신다'라는 구절을 '성령은 성부 그리고 성자로부터 나신다'로 수정한 데서 생긴 문제다.

37. 독립 교회는 더 높은 권위의 아래에 속하지 않는다는 의미가 있어서 불가리아의 상황에서는 콘스탄티노플의 총대교구에 예속되지 않음을 가리킨다. 그리스 교리를 따르지도 않아서 슬라브어를 그리스어나 라틴어와 동등한 지위의 교회 언어로 사용하였다.

38. 해당 교파는 650~872년 흥성하며 아르메니아와 비잔틴 동부 군관구에서 활동하다가 유럽으로 이주한 뒤에는 보고밀파Bogomils 이단으로 바뀌었다. 그 교리는 '그리스도 양자론Adoptionism', 즉 그리스도가 원래 보통 인간이었으나 하나님의 아들이 되었다는 것과 '단일신론Monarchianism'을 주요 내용으로 한다. 비난자들은 그것은 마니교이며 그 화근이 서쪽으로 흘러들어 서유럽에 만연한 끝에 결국 13세기 프랑스 남부의 순결파Cathars의 분리 운동으로 확대되었다고 지적했다.

39. George Ostrogorsky, History of the Byzantine State, revised edition, pp. 237~238.

40. Dimitri Obolensky, The Byzantine Commonwealth, Eastern Europe, 500-1453, p. 142.

41. Jonathan Shepard, "Bulgaria:the other Balkan 'empire'", in The New Cambridge Medieval History, Volume III, c.900-c.1024(Cambridge, UK & New York: Cambridge University Press, 1999), p. 370.

42. Ibid., p. 377.

43. 5대 총대주교좌는 순서대로 로마, 콘스탄티노플, 알렉산드리아, 안티오크, 예루살렘.

44. Jonathan Shepard, "Byzantium Expanding, 944-1025," in The New Cambridge Medieval History, Volume III, c.900-c.1024, p. 600.

제24장

아라비아인의
'다르 알 이슬람'

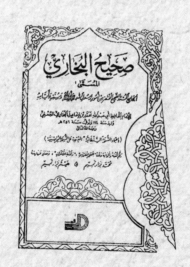

7세기 이슬람 세력이 일어난 뒤 나타난 지중해의 분열 국면은 '3세기 위기' 때 세 개의 판도로 갈라졌던 로마 제국과 놀랄 정도로 닮아 있었다. 해당 시기의 갈리아 제국은 이제 서방 기독교 문명지대가 되었다. 다른 점이 있다면 이 '서방'은 점차 이탈리아반도를 잠식했던 반면 비잔틴은 이 지역에서 떠났다는 점이다. '3세기 위기' 때 중간 제국은 점차 줄어들어 그리스화한 동부만 남게 되지만 여전히 중간에 끼어 있었다. 3세기의 팔미라 제국에는 7세기 아라비아 제국의 전조가 보이는 듯했으나 팔미라 자체가 아라비아 세력의 기점이었던 것은 아니고 팔미라 자체적으로 적잖은 선구자와 유구한 역사적 배경을 가지고 있었다.

7세기에 재편된 새로운 국면을 살펴보면 기존부터 로마와 사산의 양 제국과 경계를 맞대고 있었던 아라비아반도가 돌연 새로운 권력의 중심에 등장하였다. 아라비아반도는 고대 기독교와 유대교, 조로아스터교를 융합한 '이슬람교'라는 종합적이고도 새로운 종교의 발원지가 되었다. 이슬람교의 신도인 '무슬림'은 사산 제국 전역과 옛 로마 제국의 동부와 남부, 그리고 극서부(북아프리카와 이베리아반도)를 접수한 뒤 중국 역사서에서 '대식大食'이라고 언급한 제국을 세웠다. 당시의 아라비아 정복자는 자칭 '다르 알 이슬람dar al-Islam(이슬람의 땅, 평화의 세계)'이라고 했지만 그것은 이슬람 신앙 공동체인 움마ummah와는 구역이 달랐다. 대부분 정복지의 주민은 이슬람 신도가 아니었던 데다 신도 단체 또한 다른 땅에 존재했기 때문이다.[1] '다르 알 이슬람'과 대립하는 세계는 곧 '다르 알 하르브dar al-harb(서방의 땅, 전쟁의 세계)'이다.

중문으로 된 교과서에는 이슬람 제국을 '아라비아 제국'으로 칭하지만 초창기를 제외하고는 수도는 아라비아에 있었던 적은 없고 후대로 갈수록 통치자 또한 다른 종족에서 배출되었기 때문에 해당 명칭은 적절치 않다. 영문으로 된 역사 저서에는 극소수만 해당 명칭을 사용할 뿐 대다수는 '칼리페이트the Caliphate(칼리프가 다스리는 세계)'로 표현한다. 그러나 이 명칭은 '칼리프의 나라'로 직역되어서는 안 된다. 그것은 '나라'가 아닌 하나의 '세계'이기 때문이다. '다르 알 이슬람' 또한 널리 사용된 용어는 아니므로 본서에서는 이번 장의 제목에서만 잠시 언급할 뿐 이후에는 중국 사서에 언급된 '대식 제국'이라는 용어를 사용하고자 한다.

이슬람 굴기 이전의 아라비아인

아라비아반도의 남과 북은 서로 완전히 다른 지역으로 그 중간은 고대 이집트와 소위 쿠시족Kushites(오늘날 수단)이 거주하던 땅이며, 훗날 남북 양쪽에 있던 셈 어족 아라비아인에 의해 합병된다.[2] 기원전에는 예멘과 홍해 남단에 몇몇 왕국이 출현하기도 했는데 이들은 오늘날 서남부 셈어족에 속한다. 예멘과 홍해 남단의 나라는 모두 고대 세계의 '향신료의 길Spice Route'에 위치했기 때문에 기원전 3세기~서기 2세기 전성기를 누렸다. 고대 예멘에 있던 시바Sheba 왕국은 알려진 바로는 기원전 2천 년 초에 세워졌다고 하며 시바인Sabaeans은 남부 아라비아어족에 속한다. 기원전 1천 년 무렵, 예멘에 있었던 마인 왕국Minaean Kingdom은 유향과 몰약 무역으로 부를 쌓았다.[3]

헬레니즘과 로마의 두 시대에 걸쳐 번영한 '아라비아' 국가가 있었으니 그것은 북부의 나바테아Nabatea이다. 기원전 312년, 알렉산더의 계승자 중 한 명인 안티고노스가 나바테아인의 거점인 페트라Petra를 점거하면서 나바테아라는 이름은 처음 문헌상에 등장한다. 나바테아인은 사막에서 유목하거나 약탈을 일삼다가 훗날 국제적인 상인으로 발전한 경우로 인접국과 친밀한 관계를 유지하면서 사방의 인사들을 불러모아 외지인과 상품의 집산지가 되었고 이를 통해 막대한 부를 쌓았다. 나바테아 왕국은 아라비아반도 서북부를 아울렀고 오늘날의 이스라엘, 요르

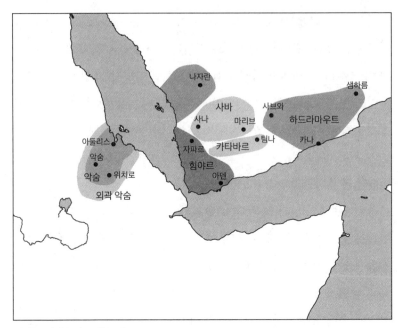

서남부 셈어족의 고대 국가

단, 시리아 경내까지 확장, 발전하였으며 수도였던 페트라 유적지가 오늘날 요르단의 경내에 남아 있다.[4]

트라야누스Trajan (r.98~117) 황제는 106년에 나바테아 왕국을 멸하고 로마의 행정 속주로 삼는다. 로마의 '페트라 아라비아Arabia Petraea'의 국경 외곽에는 별도로 '나바테아 아라비아인Arabes Nabataei'이 있었다. 로마의 페트라 아라비아의 수도는 바로 오늘날 시리아 경내의 보스라Bosra에 있었다.

나바테아 글자는 아람어와 아랍어 사이를 연결하는 중간 단계이자 히브리어(서북 셈어족)와 아랍어(중남부 셈어족) 글자 사이의 중간 단계이기도 하다. 기원전 330년, 페르시아 제국이 멸망한 뒤 통용어이자 공식어公式語로 사용되었던 아람어가 그리스어로 대체되면서 아람어는 각지

페트라 유적지

의 사정에 맞게 지역화하였는데 나바테아어가 그 결과물 중 하나이다. 나바테아 왕국이 속한 지역은 오늘날 북부 아랍 방언을 쓰는 지역이었기 때문에 소위 '나바테아어'는 공식 문자였을 수도 있다. 서기 4세기에 이르면 철저하게 아랍화한 끝에 나바테아어는 자연스럽게 아랍어로 발전하였다. 실제로 아랍 글자는 서기 4세기 무렵 나바테아 글자가 변형되어 만들어진 것으로 마침내 '아랍'이라는 이름이 실제와 부합하게 되었다. 고대 예멘 지역 내 여러 나라는 서남부 셈어족에 속했을 뿐 오늘날 북방의 '고란' 아랍어가 아니었기 때문에, 이런 의미에서 나바테아는 오늘날 여러 '아랍' 국가의 등장을 알리는 전주곡이었다고 할 수 있다. 나바테아인의 여신 중 하나인 알 우짜Al-Uzzá의 상징은 카보Ka'bo로 불리는 정육면체로, 메카 동남부의 타이프Ta'if에 있는데 이는 메카 성지에서

로마 페트라 아라비아성의 수도 보스라

무슬림이 카바 신전Kaʾaba(입방체 모양의 신전)에 모시는 흑석黑石과도 비슷하다.

　로마는 '3세기 위기' 직전과 위기 중간에 아랍의 후예를 황제로 세웠던 바 있다. 로마 제국 최초의 동방 출신 황제는 시리아 에메쉬Emesh 출신의 엘라가발루스Elagabalus(r.218~222)이다. 이 15세의 소년은 세베루스 왕조the Severan dynasty의 혈통이 끊기자 해당 왕조와의 혈연관계에 따라 대통을 이어받았다. 그는 훗날 로마인이 받아들일 수 없는 종교를 끌어들였을 뿐 아니라 기괴한 성적 취향 때문에 민심을 잃었고 결국 시해당한다. 그는 어릴 적부터 에메쉬 태양신 사당에 보내져 제사를 담당하였다. 대통을 잇기 위해 로마에 입성할 때, 그는 얼굴에 백분과 연지를 발랐으며 그의 뒤를 따르는 여섯 필의 흰색 준마가 끄는 화려한 마차에는 원추형의 검은 돌, 즉 태양신의 상징석이 실려 있었다. 하지만 그중에서도 로마인으로부터 가장 큰 반감을 불러일으킨 것은 새로운 신 '무적의

태양신deus sol invictus'을 들여와 로마의 주
신인 주피터Jupiter를 대체하려 했던 것
이었다.[5]

'3세기 위기' 때 로마는 필리푸스
Philip the Arab(r.244~249)라는 또 한 명의
아랍 출신 황제를 세웠다. 다마스쿠스
남부의 샤흐바Shahba에서 태어난 그는
부친 세대에 이르러서야 비로소 로마
시민권을 얻을 수 있었지만 관직이 금
군 사령관에 이르러 권모술수에 능하
였고 기회를 잘 잡은 덕에 결국 대통을

엘라가발루스

이어받을 수 있었다. 요행히 그는 로마 건국 1천 주년 경축 행사까지 주
최할 수는 있었지만 훗날 중앙을 침범한 다뉴브 군단의 반란으로 죽음
을 맞이한다.[6]

나바테아 왕국이 멸망하자 팔미라Palmyra가 그 뒤를 이어 아라비아
무역을 주도하게 되면서 130년 전후부터 흥성하기 시작했다. 또한 로마
가 '3세기 위기'로 제국이 삼분된(제19장 참조) 틈을 타 제국 동부에 아라
비아 왕실이 통치하는 팔미라 제국(260~273)을 세웠고, 제국은 모자母子
에 의해 공동 통치되었다. 여제 제노비아Zenobia(r.267~275)의 아라비아식
이름은 알 자바 빈트 아므르 이븐 타랍 이븐 하산 이븐 아드히나 이븐 알
사미다al-Zabba 'bint Amr ibn Tharab ibn Hasan ibn' Adhina ibn al-Samida였다. 그녀의 부친
은 부락의 수령이었고 조상은 일찍이 시리아 에메쉬의 아라비아 왕실을
세우기도 하였다. 그녀의 가문에는 또한 에메쉬의 대제사장도 있었는데
해당 제사장의 딸인 율리아 돔나Julia Domna(170~217)는 로마 세베루스 왕
실의 황후가 되어 두 명의 황제를 낳았다. 그녀의 언니인 율리아 매사Julia

Maesa(165~226)가 자신의 외손자인 엘라가발루스를 황제로 옹립한다.

바꿔 말하면 팔미라는 세베루스 왕조의 아라비아 친척이 세웠던 제국인 셈이다. 시리아를 핵심 거점으로 삼은 팔미라 제국은 세력 판도가 이집트와 아나톨리아 동남부까지 이르렀으니 훗날 이슬람이 동로마를 정복하면서 할거했던 동방 도시와 대체로 일치한다. 그러나 당시 이 분리 정권의 공헌은 사산 제국이 빼앗았던 땅을 로마 대신 수복했다는 점이다. 로마는 '3세기 위기' 때 세 나라로 분열되었는데 모종의 의미에서는 국방의 역할을 분담했다고 볼 수도 있다. 팔미라 제국은 훗날 중흥의 왕 아우렐리아누스에 의해 평정되지만 뜻밖에 에메쉬의 '무적의 태양신'은 아울렐리아누스에 의해 국교로 받들어지고, 그 신의 기념일은 동방의 새로운 신, 예수 그리스도의 기독교에 의해 절기로 받아들여진다 (제19장 참조).

아라비아반도의 바둑판

팔미라 제국이 존속했을 당시에는 아라비아반도를 직접 통치하지 않았다. 트라야누스가 나바테아 왕국을 병탄한 이후 제국 정부는 반드시 그 '페트라 아라비아'에 1,500킬로미터 길이의 '아라비아 국경 방어선Limes Arabicus'을 구축하여 국경 밖의 이민족을 방어해야만 했는데 결국 '이이제이以夷制夷' 정책을 써서 가산족Ghassanid phylarchs과 동맹, 그곳을 완충지대로 삼았다. 가산족Banū Ghassān은 3세기 예멘 지대에서 북부로 이주하여 남부 시리아에 도달한 기독교 아라비아종족이다.[7]

가산의 대적인 라큼족Banū Lakhm은 2세기 예멘으로부터 북부로 이동하여 오늘날 남부 이라크로 이주한 아라비아인으로, 3세기에 왕국을 이룬 뒤 나라 전체가 기독교로 개종, 사산 제국 변방의 심각한 위협이 되었다. 제국은 4세기 초 그곳에 심각한 타격을 입힌 뒤 속국으로 삼았는데

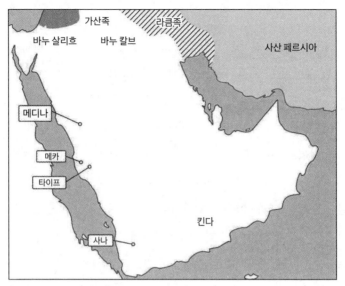

가산족과 라큼족의 대치

대대로 사산의 아라비아 변방에서 방어막이 되었고 로마 속국 가산족과
는 오랜 기간 적이 되었다. 사산 제국은 로마의 국교인 정통 기독교로부
터 탄압을 받은 이단 경교(네스토리우스파)를 지지하였고 라큼 왕국은 경
교의 중심지가 되었다.

라큼 왕국Lakhmid Kingdom은 한때 사산 변방의 우환거리였다가 266년
에는 히라Al Hīra에 도읍을 정하였다. 2대 군주인 이므루 알 카이즈Imru 'al-
Qais는 통일 아라비아 제국 수립을 향한 웅대한 포부를 품고 '모든 아라
비아인 왕King of all the Arabs'임을 자처했다. 그의 군대는 아라비아반도 남단
에 도달, 페르시아만에 강력한 해군을 육성한 뒤 사산 왕조가 흥했던 땅
파르스Pars로 쳐들어갔다. 결국 325년에 사산 황제 샤푸르 2세Shapur II는
직접 6만 대군을 이끌고 참전, 국경을 압박한 끝에 라큼을 속국으로 삼
았다. 통일 아라비아 제국의 꿈은 훗날 이슬람교가 현실화하였고 수도
히라는 대식 제국의 제4대 칼리프, 알리의 권력 기지인 쿠파Kufa로 옮겨

졌다.

아라비아반도 전체를 바둑판으로 보면 남부에서는 나머지 지역과는 전혀 다른 판세가 펼쳐지고 있었다. 기원전 1세기경, 시바 왕국은 힘야르 왕국Himyarite Kingdom에 의해 멸망하고 후자는 기원전 110년 전후 세워진 뒤 점차 남부 아라비아반도의 세력을 통일한다. 그러다가 2세기에 이르면 힘야르 왕국이 한 차례 해체되는데 그 틈을 타 시바가 나라를 재건, 소위 '중中 왕국'으로 진입하지만 3세기에 또 한 번 힘야르에 의해 멸망한다. 340년부터는 아프리카의 건너편 연안에 있던 악숨Axum, 곧, 고대 에티오피아가 끊임없이 침입하여 378년에는 쫓겨나고 만다. 5세기에 이르면 이미 수많은 힘야르 군주가 유대교로 개종하고 기독교를 박해하기 시작한다. 525년에는 힘야르는 기독교 국가 악숨에 의해 멸망하고 570년 무렵에는 나라 중건을 위해 사산 제국에 도움을 청한다. 결국 악숨을 쫓아내기는 했지만 이는 도리어 사산의 속주 되기를 자청하는 일이었다.[8]

기원전 7세기 시바 시대부터 예멘의 왕국들은 지속적으로 마리브 대제방Ma'rib Dam을 운영해 왔는데 이는 고대 세계의 불가사의 가운데 하나로 반도의 '광활한 지역'인 룹알할리 사막Rub'al Khali에 물을 대는 관개 시설이자 반도 남부 고대문명의 생존 기지 역할을 했다. 기록에는 비교적 후기에(449, 450, 542, 548년) 제방이 무너졌다고 전해진다. 여러 차례 수리되기는 했지만 제방 붕괴 때문에 부락민들은 속속 외부로 이주했다.[9] 가산족과 라큼족이 북부 아라비아의 건조한 목초지로 이주한 것도 아마 이 사건과 관계됐을 수 있다.

아라비아반도의 중심지는 베두인족Bedouins의 거점이었다. 그들은 사막의 비밀 수로를 알고 있었고 생활방식이 도시 거주자와 다른 사막 유목민족이었다. 가끔은 상인들을 약탈하거나 상인들이 이동할 때 경호를

마리브의 대제방

맡기도 하였으며 종종 용병으로 활동하기도 했다. 마리브 대제방의 붕괴는 여전히 불안요인으로 남았고 사막 거주민의 북부 약탈은 예멘과 시리아의 무역로를 위협했다. 이에 5세기에 힘야르 왕국은 반도 중심지인 네지드Nejd 지구에 킨다Kindah를 세워 속국으로 삼고 무역로를 통제하기 시작했다. 힘야르는 점차 아라비아반도 세력을 흡수해 나갔는데 이러한 추세는 7세기에 악숨으로부터 타격을 입지 않았더라면 그 뒤로도 이어졌을 것이다.

이슬람이 굴기하기 직전, 동로마는 홍해를 장악하였지만 해적이 창궐하는 바람에 해당 무역로는 안전이 보장되지 않았다. 또 다른 무역로는 페르시아만에서 메소포타미아 유역을 경유하는 방법이 있었지만 사산 제국과 라큼족, 가산족으로부터 겹겹이 착취를 당했을 뿐 아니라 치명적이게도 '로마-사산 전쟁'이 멈추지 않았던 탓에 해당 무역로는 결국 끊기고 말았다. 이 때문에 해상 실크로드와 향신로의 길이 아라비아반도 중부를 거치게끔 경로가 바뀌었고 이로써 반도 서북부의 헤자즈Hejaz 지구의 지위는 갈수록 중요해졌다.

헤자즈 지구의 굴기

이슬람이 굴기하기 직전, 북부 아라비아에는 세 개의 중요한 부락이 있었는데 모두 헤자즈 지구의 오아시스 일대에 모여 있었다. 헤자즈의 중앙은 훗날 선지자 무함마드에 의해 메디나Medina로 지명이 바뀌게 되는 야스리브Yathrib로, 중요도 면에서 '실크로드' 못지 않았던 '향신료의 길' 위에 있었다.[10] 그 남부에는 400여 킬로미터에 달하는 타이프Ta'if 산성이 있었는데 타이프의 서북부는 메카Mecca였다. 후자는 거칠고 메마른 땅이었지만 오히려 세 곳 가운데 가장 거대한 부를 축적하였다. 7세기의 역사적 조건은 메카를 무역의 중심지로 만들었다. 메카는 상인단의 노선이 교차하는 입구에 있었고 카바 신전은 성지 순례자의 집산지였으며 신비한 잠잠의 샘물Zamzam Well이 있었다. 메카는 페트라와 팔미라 대신 아라비아의 새로운 권력 중심지가 되었다.

헤자즈 지구의 굴기를 온전히 이슬람의 굴기라고 해석할 수는 없는 중요한 이유는 당시 근동 일대를 휩쓸던 종교적 광풍 때문이었다. 서기 4세기 말, 고대 말기의 근동은 '국교 시대'로 진입하였다. 로마는 390년에 기독교를 국교로 정하였고 사산 제국은 경내 기독교도들의 충정에 의문이 생겨, 조로아스터교의 국교화 정책을 강화하였다. 오늘날 에티오피아에 해당하는 악숨 왕국은 이미 330년에 기독교를 국교로 정하고 건너편 연안의 아라비아반도를 끊임없이 공격하였다. 무력을 동원하여 기독교를 전파하였고 5세기에는 힘야르의 통치자가 유대교로 전향한다. 힘야르가 멸망하자, 조로아스터교를 섬기는 사산 제국은 남부 아라비아를 공격하여 악숨 세력을 쫓아낸다. 4세기 이후에는 아라비아 주변 지역의 국교화 운동(이들 국교는 모두 일신교)[11]이 가속화되었는데 이는 이슬람의 굴기를 위한 시대적 배경이 되었다.

동로마와 사산 제국이 오랜 전쟁으로 여력을 소진하자 그 틈을 노리

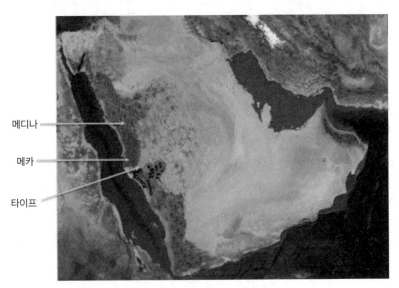

메디나 ——

메카 ——

타이프 ——

헤자즈의 중앙은 메디나, 남부는 타이프 산성, 서북부는 메카

고 아라비아가 등장했다. 626~627년의 일전에서는 동로마가 사산 제국을 이겼다고 하지만 수복한 영토는 머지않아 다시금 아라비아인에게 빼앗긴다. 이미 동로마의 속국 신세로 전락했던 사산 제국도 이내 무함마드의 신도에 의해 멸망한다. 이슬람 세력은 사산의 전역과 동로마의 동방 도시를 대식 제국으로 편입하는데 그 지도자 계층은 처음부터 끝까지 메카 성을 중심으로 살아왔던 고대 쿠라이시족Quraysh이었다. 쿠라이시족은 메카의 통치 계급이었고 선지자 무함마드 또한 해당 부락에 속했지만 무함마드의 가장 큰 적 또한 해당 부락에서 나왔다. 대식 제국이 세워진 뒤 무함마드의 가족은 배척당했고 그의 적은 이슬람의 이름으로 지도권을 찬탈, 신도 내 시아파와 수니파 사이의 대분열을 초래했다.

지금은 이슬람 굴기 직전 메카성의 쿠라이시에 집중하고자 한다. 쿠라이시는 공동 시조의 이름이지만 이스라엘과 아라비아종족이 자기 자신을 칭하는 관습에 근거해서 해당 종족은 '쿠라이시의 자손Banu Quraysh' 이라 불렸으며 여기서 훗날 여러 지파의 자손이 파생한다. 선지자 무함마드 본인은 하심족Banu Hashim 출신이고 그의 첫 번째 계승자인 아부 바크르는 타임족Banu Taim, 두 번째 계승자인 우마르는 아디족Banu Adi, 세 번째 계승자인 오스만은 우마이야족Banu Umayya, 네 번째 계승자인 알리는 선지자와 같은 종족인 하심족 출신이었다. 아라비아인의 전통에 따르면 쿠라이시의 시조 이스마엘Isma'il은 아브라함의 서자로 가장에 의해 쫓겨났다가 훗날 아라비아인의 시조가 된다. 아브라함의 적통을 이어받은 이삭은 야곱의 아버지이다. 야곱은 이스라엘이라고도 불렸는데 그가 곧 '이스라엘 자손'의 시조인 셈이다.

무함마드와 그의 포교

의고파 학자들은 무함마드의 생애는 다만 『코란Qur'ān』이라는 문헌을 통해서만 알 수 있을 뿐이고 나머지 역사적 기록은 간접적인 증거일 뿐이라고 여긴다. 『코란』은 그의 사후 편찬된 것이며 젊은 시절에 대해서는 지식 범주에 포함시킬 만한 사건이 없었고 심지어 '무함마드(찬양받는 자)'라는 칭호도 모두 뒤늦게 얻게 된 것이다.[12] 한편 예수의 사적 또한 기독교 범주 밖의 간접 증거는 없다. 기존의 증거도 예수 생전의 기록이 아니라 예수의 생애와 전도 활동을 후대에 남긴 기록물일 뿐이다. 『코란』은 구구절절 모든 내용이 알라의 입에서 나온 말이고 무함마드는 다만 그의 음성을 전달하는 도구 역할을 했으니 자연히 무함마드의 행동거지와는 관계가 없다. 『코란』은 주로 선지자가 메카에서 받은 하늘의 계시와 메디나에서 받은 하늘의 계시의 두 부분으로 나뉜다. 선지자 본인의 사적에 관해서는 그의 동료가 기록한 '하디스hadith(성훈집, 언행록)'가 있고 후대인은 이 '하디스'를 통해 '시라sira/maghazi(전기)'를 편찬했다.[13] 바꿔 말하면 기독교의 복음서는 다만 이슬람 전통에서 '시라'의 지위에 해당할 뿐이니 기독교에는 알라의 음성을 적은 『코란』과 동일 선상에서 논할 만한 경서가 없는 셈이다.

'시라'에 따르면 서기 570~571년 메카에서 탄생한 아부 까심 무함마드 이븐 압둘라 이븐 압드 무딸립 이븐 하심Abū al-Qāsim Muhammad ibn Abd Allāh ibn Abd al-Muttalib ibn Hāshim은 메카를 이끌던 쿠라이시 부락의 하층민에 속했는데 태어나기 전에 이미 부친을 잃고 여섯 살 때는 모친을 잃어 숙부의 손에서 자랐다. 어린 시절 무함마드는 숙부의 무역 상인단을 따라 시리아로 건너가 장사를 하였는데 갈등을 중재하는 데 탁월했던 덕에 일찌감치 '충성스럽고 믿을만한 사람Al-Amin'이라는 명성을 얻었다. 한 번은 홍수로 카바 신전이 훼파되어 중건해야 할 필요가 생기자 메카의 씨족 수령들은 신전에 모시던 흑석을 옮기는 문제를 두고 서로 운반하겠다고 다투었다. 무함마드는 이 다툼을 해결할 중재자가 되었다. 그는 우선 땅 위에 기다란 옷을 깔아놓고 흑석을 옷 중앙에 내려놓은 다음, 다른 씨족 수령들과 함께 옷의 각 귀퉁이를 잡고 카바 신전의 중앙으로 가지고 갔다. 그러고는 거기서 직접 흑석을 들어 올려 원래 자리에 올려두었다.

그는 메카 부근 히라Hira에서 자라면서 동굴에서 밤새 수련, 묵상하는 습관이 있었다. 알려진 바로는 610년 무렵 묵상할 때 천사 가브리엘Gabriel이 나타나 그에게 '그대는 신의 사자이다'라고 하는 소리를 들었다고 한다. 613년 무렵에는 공개적으로 포교 활동을 시작, 빠른 속도로 많은 지지자를 모을 수 있었다. 그의 종교는 '신의 뜻에 순복한다'라는 의미에서 '이슬람'으로 불렸다.

무함마드의 첫 번째 신도는 그의 부인 카디자Khadija였다. 수니파(주류파)의 전통에 따르면 무함마드가 신의 사자임을 받아들인 두 번째 신도는 그의 이웃이자 친한 벗이었던 아부 바크르_{Abū Bakr}(573~634)로 최초의 성년 남자 신도이기도 했다. 한편 시아파는 두 번째 신도가 알리 이븐 아비 탈리브_{Alī ibn Abī Tālib}(?~661)라고 주장하지만 후자는 당시 아직 미성년이었던지라 무슬림의 어떤 종교적 의무도 면제되었다. 아부 바크르는 하심족 사람이 아니었으므로 무함마드의 영향력이 가문의 경계를 넘어섰다는 점에서 이정표적인 사건이라고 할 수 있다. 619년, 무함마드의 부인 카디자와 숙부가 연이어 세상을 떠나자 무함마드보다 두 살 어린 아부 바크르가 자신의 딸 아이샤_{Aisha bint Abū Bakr}(613/614~678)를 무함마드에게 출가시켰다. 당시 아이샤는 고작 6~7세였으므로 이는 부락민 사이의 연합을 위한 일종의 결혼 동맹으로 볼 수 있다.

무함마드의 새로운 교리는 우상숭배에 반대하였다. 카바 신전 내 수백여 개의 신상을 지키는 일은 쿠라이시 부락의 책임이었기 때문에 쿠라이시 부족은 무함마드를 탄압하기 시작했다. 이에 무함마드는 우선 타이프로 이주하고자 하였지만 여의치 않자 신도의 일부는 에티오피아의 악숨 왕국으로 이주하였다. 그때 마침 내분이 끊이지 않던 이웃 국가 메디나가 무함마드에게 중재자 역할을 요청하였다. 이에 622년, 메카의 이슬람 신도 단체는 모두 야스리브(메디나)로 이주하였고 해당 연도는 이슬람력의 원년_{Hijra}이 되었다. 그 뒤 메디나와 메카는 오랜 세월 전쟁을 치렀고 630년 마침내 승리를 거머쥔 '무장 선지자' 무함마드는 신도를 이끌고 메카로 입성하였다.

신흥종교에 남은 옛 종교의 흔적

메카의 대다수 사람이 이슬람으로 개종했다. 무함마드의 신도들은 카바에 있던 360여 개의 신상을 파괴했고, 일체의 우상을 금지했던 무함마드는 오직 흑석 한 개만을 남겨두었다. 지면으로부터 1.5미터 높이에 있는 직경 30센티미터의 이 흑석은 이제 메카 성지를 순례하는 모든 무슬림이 찾는 숭배의 중심이 되었다. 메카 성지 순례의 교리에는 신전을 일곱 차례 돌고 흑석에 일곱 번 입을 맞추라는 내용도 포함되어 있다. 성지 순례자가 지나치게 많아진 지금은 이 교리를 이행할 수 없는 상황이 되어 다만 신전을 일곱 차례 돌고 손으로 흑석이 있는 방향을 일곱 차례 가리키는 것으로 간소화하였다.

무함마드에 의해 폐기된 우상에는 고대 아라비아 여신인 알 라트Al-Lāt도 있다. 그녀의 여동생인 알 우짜Al-Uzzá가 일찍이 입방체를 상징으로 삼았던 것을 감안할 때, 카바 신전의 흑석으로 보존된 것은 아닌지 모르겠다. 이슬람은 달을 숭상하기 때문에 일각에서는 옛 이슬람 시기의 아라비아 달신, 후발Hubal이 알라의 전신이며 이는 메소포타미아의 달신인 신Sin으로 거슬러 올라간다고 본다. 그러나 『코란』에서는 무함마드의 신도와 메카의 후발 신도 사이에 있었던 전쟁을 명문으로 기록하면서 후자를 악신으로 간주했다. 이 때문에 오늘날 아라비아의 '성스러운 전사(테러리스트)' 빈 라덴은 미국을 '현대의 후발'이라고 부르기도 했다.[14] 달의 신 '신Sin'에 대해서 말하자면 바빌론을 포함한 고대 근동지역의 여러 나라가 초승달이 여러 별을 둘러싸는 모습을 상징으로 사용하였다.

'알라' 신의 이름도 이슬람보다 앞서 존재했다. 기존의 알라에게는 원래 딸 셋이 있었는데 각각 장녀 마나트Manat, 차녀 라트, 막내딸 우짜였다.[15] 마나트는 명운을 주관했고 라트는 북아라비아에서 일찍이 달의 신으로 숭배되었으니 어쩌면 메소포타미아의 달신 신Sin의 여상女相이었을 수도 있다. 시나이Sinai라는 이름도 달의 신에서 유래했다. 시나이반도는 달의 신을 숭배하던 중심지이자 우짜의 발원지이기 때문이다. 우짜는 금성, 즉, 샛별이자 황혼별이며 알라의 초승달이 둘러싸고 있는 별이다. 세 여신 모두 메카의 주신主神으로 훗날 이슬람에 의해 파괴된다. 그러나 오늘날 많은 이슬람 국가가 초승달이 별을 감싼 형상을 국기에 사용하는 것에 그 흔적이 남아 있다. 이와 비교할 때 기독교의 십자가, 그리고 인도의 여러 종교에서 사용하는 卐 도안은 태양 숭배의 흔적이다. 이슬람의 관점은 달과 해는 서로 융합되지 않으므로 무함마드는 음력에 윤달을 끼워넣어 양력과 일치시키는 것을 엄금했다. 여기서 우리는 고대 환 아라비아의 유목, 방목 복합지대와 농경 문명 사이에 벌어졌을 수 있는 충돌의 단서를 감지할 수 있다.

이슬람의 지도권 다툼

무함마드는 632년 6월 8일 월요일에 메디나에서 세상을 떠나 부인 아이샤의 집에서 장사되었다. 그 뒤 해당 부지에 '알 마스지드 알 나바위Al-Masjid al-Nabawi(선지자의 사원)'가 세워졌는데 이는 이슬람 세계에서 두 번째로 큰 이슬람 사원이 되었다. 선지자가 세상을 떠나던 날 밤, 집안사람들이 미처 장례도 준비하지 못하고 있을 때, 훗날 제2대 칼리프가 되는 우마르는 이슬람 교우 단체의 모임에서 아부 바르크를 초대 칼리프, 즉, '선지자의 계승자'로 추대하느라 분주했다. 해당 모임에 알리 등의 하심족은 참석하지 않았다. 후대에 전해지는 사료에 따르면 그날 밤 메디나 신도 집단Ansari은 사키파Saqifah에서 사적으로 회의를 개최하고 자신들만의 지도자 한 명을 추대하고 메카 신도 집단muhajirun에는 별도로 지도자를 선출하라고 건의했다.[16] 아부 바크르와 우마르, 그리고 다른 한 명은 소문을 듣고 분열을 막기 위해 급히 현장에 도착했다. 그 결과 선거에는 무함마드 생전, 세 명의 메카 동료만이 현장에 도착하였고, 우호적이지 않은 분위기 속에서 승리하였는데 이는 긴급조치로 해당 시기에만 예외가 허용되었다.[17]

아부 바크르의 무리는 지도권을 쿠라이시 부락이 장악하게 함으로

알 마스지드 알 나바위(선지자의 사원)

써 메카의 우위를 굳건히 하는 데 성공했다. 비록 이슬람 정권의 수도는
여전히 메디나에 있었지만 말이다. 후유증이 있다면 선지자의 출신 종
족인 하심족이 배제되었다는 점인데 이후의 반대당 시아파(알리의 지지
자)에게는 생각해야 할 일이 많았다. 전해지는 사료에는 알리가 당시 어
디에 있었는지 언급되어 있지 않은데 아마도 당시 그의 항렬이 낮았던
탓으로 보인다. 그가 선지자의 장례를 준비하느라 분주한 나머지 아부
바크르에게 기선을 제압당했다는 설에는 의문이 생긴다. 선지자는 아
이샤의 집에서 세상을 떠났는데 알리는 아이샤와 앙숙지간인 데다 나
중에는 심지어 서로 창칼을 맞대는 사이가 되기 때문이다. 아이샤는 아
부 바크르의 딸이었고 외척이었으므로 장례 역시 그녀가 처리해야 할
일이었다. 알리는 무함마드 생전에 그의 모든 사역에 참여했지만 아부
바크르 세력이 등극한 뒤로는 20여 년 가까이 중용되지 못했다. 그래서
기본적으로 아라비아 제국의 정벌 전쟁에 참여하지 못했던 것만큼은

확실하다. 그러다가 훗날 그는 마침내 제4대 칼리프 자리에 오르게 되는데 그의 주변에는 배척당한 사람들이 마치 자석처럼 모여들었다. 여기서 우리는 그가 배척당한 사람으로 간주되었음을 유추해볼 수 있다.

초대 칼리프 선출 사건은 메디나와 메카, 두 교단 사이의 갈등 요인이 복잡하게 뒤엉켜 있다. 군사적으로는 물론 메디나가 메카를 정복했지만 무슬림의 고위 지도층은 모두 메카인으로 쿠라이시의 영웅 계층 출신이었다. 또 다른 갈등 요인은 선지자 무함마드의 대리인이 선지자의 혈통에 한정되어야만 하느냐, 아니면 가족주의의 틀이 주는 한계성을 넘어서야만 세계적 종교로 나아갈 수 있느냐의 문제이다. 무함마드가 메카에서 탄압을 받을 때 모든 쿠라이시 부락 가운데 오직 그의 숙부가 족장을 맡았던 하심족만이 그를 보호할 의무가 있었고 한편 이 때문에 하심족은 화를 입기도 했다. 하심족에서 무함마드를 지지했던 가장 유력한 인사가 있었으니 그가 바로 사촌 동생 알리였다. 그러나 무함마드가 죽자 뒤를 이은 '선지자의 대리인'은 아부 바크르의 차지가 되었다. 알려진 바로는 선지자는 613년, 자신의 신앙을 선포할 때 아부 바크르를 보내어 메카의 시장에서 공개 연설을 하도록 했다. 아부 바크르는 폭도들에게 맞아서 거의 죽을 뻔하였고 아내와도 이혼하였다. 그의 아들 중 하나는 그와 반목하여 원수가 되기도 했다. 더는 메카에서 지낼 수 없게 된 이슬람 신도들은 오늘날 에티오피아 지역으로 꾸준히 이주하였다. 그러던 622년, 선지자는 메디나로 집단 이주하기로 결정한다. 이주 도중, 한 산속 동굴에 거하면서 삼일 밤낮 선지자와 수난을 당했던 이가 바로 아부 바크르였다. 메디나로 이주한 뒤, 선지자는 사원을 세우기로 하는데 토지 구매 시 돈을 댄 이도 다름 아닌 아부 바크르였다.

알리파의 눈에는 이런 것들은 다 별 볼 일 없는 하찮은 일이었다. 선지자가 비밀리에 도주할 때 대신 침상에 누워 자객의 공격을 기다리던 이는 다름 아닌 사촌 동생 알리였기 때문이다. 알리는 메카에 머물면서 선지자를 대신해서 뒷일을 처리했다.[18] 알리는 유년 시절 가운이 쇠퇴했던 탓에 선지자에 손에 양육되어 가족을 의미하는 아흘 알 베이트Ahl al-Bayt가 되었다. 아들 없이 딸만 두었던 선지자는(두 아들은 어릴 적 요절함) 623년에 딸 파티마Fatimah를 그와 짝지어주었으니 이로써 알리는 자식이나 다름없는 사위가 되었다. 그러나 무함마드는 그를 '형제'로 불렀고 이에 알리의 아들들 또한 선지자의 남자 후손이 되었다. 알리는 선지자의 비서이자 대리인 역할을 하고 전쟁터에서는 선지자의 깃발을 장악하였다. 한 차례를 제외하고 알리는 모든 전쟁에 참가하여 상임 사령관이 되었는데 선지자 사후의 동시대 계승자들 가운데는 그와 같은 기록을 세운 이가 없을 정도였다. 알리파의 주장에 따르면 선지자 무함마드는 마지막으로 성지에서 고별한 뒤 메디나로 돌아오는 길에 가디르 쿰Ghadir Khumm 오아시스를 지나면서 무슬림 대중 앞에서 알리를 계승자로 공개 임명하였다고 한다. 이 주장에 반대하는 이들은 선지자가 어째서 이에 관한 명확한 증거를 남김으로써 세상에 천명하지 않았는지 지적한다.

최후의 계시

지금은 이러한 갈등은 '배교자 정벌 전쟁the Ridda Wars'과 아라비아 지역 이외의 정벌 전쟁에 의해 잠시 가려졌다. 선지자는 살아생전 이미 아라비아반도를 통일하였으나 세상을 떠나던 해에는(632년) 각지에서 속속 독립을 선포하거나 '가짜 선지자'가 일어났다. 이제 막 칼리프로 임명되었던 아부 바크르는 그들을 정벌하고자 군대를 보내야만 했다. 주요한 전장은 반도 심장부의 황폐한 땅, 알 야마마Al-Yamama였다. 이와 동시에 새로운 지도자 계층은 반드시 무함마드가 여러 선지자 세대를 마감하는 봉인封印, Khātim an-Nabiyīn에 해당함을 선포해야 했다. 이는 노아와 아브라함, 모세, 예수, 무함마드에 이르는 5대 선지자 중 무함마드가 가장 완전한 형태의 계시를 받은 마지막 선지자이며, 그 뒤로는 더는 선지자가 출현하지 않는다는 내용이다. 이슬람은 또한 알라가 총 12만 4,000명의 선지자를 세계 각 민족에 파견하였지만 그중 무함마드만이 보편적 세계 범주에 속하는 선지자라는 전통도 만들어 내었다.[19]

610년부터 무함마드는 끊임없이 천사 가브리엘로부터 '하늘의 계시'를 받아 23년에 걸쳐 그의 동료들Companions을 위해 이를 기록해 나갔다. 선지자가 세상을 떠난 뒤 아부 바크르는 이 계시들을 엮어 책으로 편찬하였고 우마르 시대에 완성되었으니 그것이 바로 『코란』이다. 『코란』은 일종의 북아라비아 방언을 신흥민족의 정신적 역량으로 응집한 결정체이자 보편 세계 종교의 경전 언어가 되었다.

비잔틴 제국의 4분의 3을 집어삼킨 아라비아

선지자 말년에 이르면 이미 아라비아인이 국경을 넘어 비잔틴과 사산 제국의 영토를 침범하는 사건이 발생한다. 아부 바크르 때 '배교자의 난'을 평정한 뒤로는 이들 국경을 넘은 침략전쟁은 대대적인 '성전聖戰'으로 변모하였다. '배교자 정벌 전쟁'에서 여러 차례 혁혁한 공을 세워 '신께서 뽑아 든 검Sayfu l-Lāhi l-Maslūl or Sayfullah'으로 불린 할리드 이븐 알 왈리드Khālid ibn al-Walīd(592~642)는 이라크 정벌 군단의 총사령관으로 임명되었다. 그는 633년 유프라테스강을 따라 서북부로 적을 소탕해 가면서 옛 라큼의 수도 히라를 빼앗았다.[20] 이 진군 방향은 아부 바크르가 634년 개척했던 제2차 전쟁터인 비잔틴의 시리아와도 맞물린다. 왈리드는 명령을 받들고 비잔틴 시리아 전장으로 방향을 전환, 허를 찌르는 작전으로 시리아 사막을 통과하였다. 이틀간 물도 마시지 않은 채 팔미라를 통

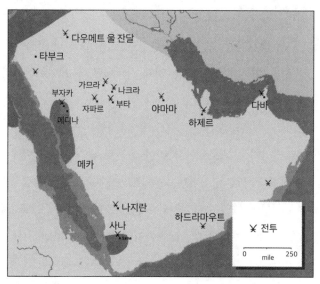

632년의 '배교자 정벌 전쟁'

과하여 비잔틴 속국 가산족의 수도 보스라 성 아래까지 도달하였고 별
도의 아라비아 군단 네 곳과 연합하여 성을 함락시킨다.[21] 그때까지 무
슬림이 차지한 것은 사산과 비잔틴 사이에서 완충지대 역할을 했던 두
개의 아라비아 왕국이었다. 이 역시 제1대 칼리프였던 아부 바크르가 생
전에 대략 완성했던 업적이지만 그는 아라비아군이 비잔틴 시리아의 요
충지인 다마스쿠스를 포위 공격할 때 세상을 떠났다.

　다마스쿠스는 9월에 함락되지만 왈리드 역시 그와 사이가 좋지 않
은 신임 칼리프 우마르에 의해 총사령관직에서 쫓겨나게 되고 이 때문
에 시리아 중부 공격 이후로는 아라비아 정복 행보는 주춤해졌다. 정복
군은 북부 시리아와 팔레스타인 사이의 연결을 끊어놓기는 했지만 이
제 앞뒤로 적의 공격을 받는 처지가 되고 말았다. 이러한 교착상태는 왈
리드가 그의 상사 대신 기획했던 야르무크 전투Battle of Yarmouk를 통해 해
소되었다. 비잔틴 황제 헤라클리우스는 대군을 집결한 뒤 아라비아인을

각지의 점령군에 분산시켜 각각 멸망시킨다는 전략을 꾀했다. 그러나 아라비아군은 점거지를 포기한 채 한 곳으로 철수한 뒤 군사력을 집중시키고 황제의 20만 대군을 요격, 엿새 간(636년 8월 15일~20일)의 치열한 전투 끝에 대승을 거두었다.

그 뒤 아라비아 정복군은 두 갈래로 군사를 나누어 남으로는 팔레스타인으로 내려가고 북으로는 시리아 북부로 진격하였다. 예루살렘은 637년 4월에 함락되었다. 비잔틴 북부 시리아의 견고한 성, 칼키스Chalcis는 같은 해 6월 투항하였고 아나톨리아와 아르메니아의 문호도 그때 개방되었다. 10월에는 비잔틴이 아시아 여러 성을 통제하던 군사 중심지인 안티오크가 투항하였고 이에 아라비아군은 아르메니아도 정복하였다. 뒤이어 아나톨리아 전투가 막 시작되자 할리드 이븐 알 왈리드는 높은 공을 쌓았지만 그의 인기는 지도자를 불안하게 한 나머지 결국 칼리프인 우마르에 의해 면직된다.[22] 이듬해 기근과 온역으로 전쟁은 잠시 중단된다. 기독교의 아나톨리아 공략은 1071년 이후 돌궐(투르크)인에 의해 마무리된다.

팔레스타인과 시리아, 아르메니아가 함락된 뒤 우마르 재임 기간 내, 아라비아인은 큰 저항 없이 이집트를 점령하였다. 비잔틴인은 654년 마지막으로 한 차례 해군을 파견하여 수복을 시도했지만 성공하지 못했고 서기 650년, 북부 아프리카의 카르타고 총관부Exarchate of Carthage를 제외한 모든 남부 성을 잃고 만다. 674년, 아라비아인은 콘스탄티노플을 포위하였지만 끝내 테오도시우스의 성벽을 뚫지는 못했다. 677년, 비잔틴인은 강력한 무기인 '그리스의 불'을 이용하여 마르마라해에서 아라비아 해군을 격퇴, 콘스탄티노플의 포위망을 무너뜨린다. 비잔틴은 지켜냈지만 물자가 가장 풍부했던 동방의 도시와 북아프리카의 곡창지대를 잃고 말았으니 이는 제국 전체 세금 수입의 4분의 3에 해당하는 규모였다.

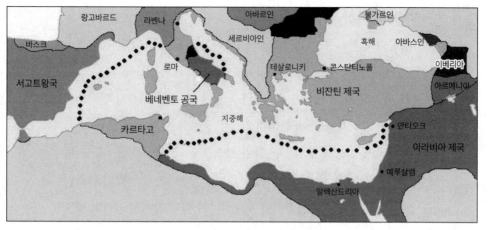

서기 650년, 카르타고 총관부만 남게 된 비잔틴 남부도시

비잔틴의 시리아와 이집트 여러 도시에 대한 아라비아의 정복 노선이 순항할 수 있었던 것은 이슬람이 민심을 얻었던 것과 관계있다. 로마 제국 말기의 국교는 고대 유대 신앙의 일신론을 유지하려는 교파를 끊임없이 공격하였고 후자는 두루뭉술하게 '단성론Monophysitism'에 편입되어 '이단'으로 규정되었다. 사산인에 대한 전쟁 기간, 비잔틴 황제 헤라클리우스는 제국의 불안정한 동방 도시들과의 화친을 시도하였고 이에 '단활설Monoenergism(그리스도에게 신적 활동만 있다는 설)'을 제창하였으나 나중에는 이를 '단의설Monothelitism(그리스도에게 신적 의지만 있다는 설)'로 수정하였다. 이슬람이 이집트를 정복하기 직전 헤라클리우스는 해당 지역에서 이단에 근접한 합성론Miaphysitism(그리스도 신인 양성 합일론) 신도 세력을 얻고자 했으나 이미 때는 늦었다. 조금의 모호함도 없이 명확한 이슬람의 일신론은 헬라화의 짙은 안개를 걷어내고 고대 이교도의 대모신 숭배를 없앰으로써 비잔틴 시리아와 이집트의 여러 성에서 폭넓게 단성론 신도를 얻어내는 데 성공했다.

아라비아인이 사산 제국을 전멸하다

사산 제국의 정복에는 비교적 오랜 기간이 걸렸으나 그만큼 더욱 철저할 수 있었다. 635년, 사산 말기 황제 야즈드 기르드Yazdgird III (r.632~651)는 급히 비잔틴 황제 헤라클리우스와 동맹을 맺고 힘을 합쳐 아라비아 정복군에 맞서고자 했고 헤라클리우스는 공주를 그와 혼인시켰다. 두 강력한 제국이 맞서자 우마르는 담판 방식으로 사산을 붙들어 두고 남은 역량은 비잔틴 공격에 집중하기로 했다. 역시 만만치 않았던 헤라클리우스는 사산의 대군이 결집하길 기다렸다가 힘을 합쳐 출격하려 했지만, 그의 대장군이 참지 못하고 서둘렀던 탓에 636년 8월 야르무크에서 참패하고 만다.

연합 공격의 계획이 물거품이 되자 코끼리 부대를 포함한 사산의 대군 또한 636년 11월 16~19일, 유프라테스강의 카디시야Battle of Qadisiyyah 전투에서 패하고 만다. 대부분 황급하게 강을 건너 퇴각하기는 했지만 사산의 삼군 총사령관은 전사하고 만다.[23] 사산의 수도 크테시폰은 637년 3월에 함락되고 아라비아인은 군대를 여러 갈래로 나누어 진격, 티크리스강 상류까지 소탕하였다. 사산 정벌 전쟁은 우마르가 메디나 중앙에서 정교하게 계획한 것으로 아라비아인은 메소포타미아 유역을 얻은 뒤 원래는 자그로스 산을 경계로 사산 정권을 이란 고원지대로 가둬두려 했었다. 그러나 이란인이 메소포타미아를 끊임없이 습격하자 아라비아인은 641년 수사를 비롯하여 메소포타미아 유역과 이란 고원 사이의 후제스탄을 쳐서 함락시켰다. 그 뒤 우마르는 전쟁을 재개하고 싶지 않아 이곳을 경계로 삼고자 했다.

야즈드 기르드 3세는 서부 이란의 나하반드Nahāvand에 15만 대군을 모아 최후의 일전을 준비하지만 642년 말 전투에서 10만 명을 잃고 만다. 사산의 대세로서의 우위는 사라졌고 우마르는 계획에 따라 사산 제국에 대한 소탕에 나섰다. 중도에서 돌진하는 방식을 통해 우선 이스파한Isfahan을 빼앗아 제국의 남북 양단 사이를 갈라놓았다. 사산인은 항전에 나섰지만 정벌 전쟁의 시간만 헛되이 흘러간 것이다. 이는 신속하게 항복했던 시리아인과는 확실히 다른 모습이었다. 그러던 중 644년 우마르가 한 페르시아의 노예에 의해 살해당하고, 651년 사산 제국의 마지막 황제 또한 시해되고 나서야 전역은 대체로 평정된다. 나하반드 전투 이후 야즈드 기르드 3세는 이미 수도를 동이란의 메르브Merv에 세우지만 그곳에서 부하에 의해 살해당하고 왕세자가 당나라 장안長安으로 도망하여 지원을 요청하지만 실패한다. 아라비아인은 페르시아에 대한 정벌 전쟁을 위해 쿠파와 바스라Basra에 두 개의 대 본영을 세우는데 이후 사산 제국의 옛 영토에 널리 세워지는 아라비아인의 식민지 대다수가 양대 본영의 아라비아 부락민 출신에 의해 세워지게 된다.

아라비아인이 이란과 비잔틴의 동방 도시를 정복했고, 이는 종교적으로 아주 다른 효과를 초래한다. 옛 로마의 동방 도시에서 이슬람의 정복은 헬레니즘의 짙은 안개를 걷어내고 고대 유대 신앙의 순수한 일신교를 회복한 결과를 가져 왔다. 그러나 이란과 같은 구세주형 종교의 온실(상세한 내용은 '미륵과 메시아' 장 참조)에서는 '구세주'의 역할을, 이슬람이 엄격히 구분한 신과 인간 사이의 경계에 끼워 넣었는데 그것이 바로 시아파이다. 그들은 무함마드 후예의 지도권이 세속화한 칼리프에 의해 찬탈되는 것에 항의하여 이슬람 내부의 영원한 반대파가 되었고, 줄곧 이란 세력의 복벽과 연계하여 마흐디Mahdi, 즉, 구세주의 임재를 기다린다.

'정통 칼리프' 시대의 폐막

634년, 아부 바크르는 임종 직전 우마르 이븐 알 하탑Umar ibn alKhattāb

(r.634~644)을 계승자로 지목했다. 우마르는 처음에는 아부 바크르를 추대했던 사람이지만, 한때 우마르는 쿠라이시 부락민 가운데 가장 먼저 무함마드 암살을 계획했던 사람이기도 했다. 하지만 616년 이슬람으로 개종한 뒤 우마르는 기존에 무함마드를 죽일 용도로 소지하던 검을 선지자에게 봉헌하고 선지자의 '동료' 가운데 한 명이 된다. 당시까지만 해도 무슬림은 감히 공개적으로 예배하지 못했던 상황이지만 유독 우마르만은 공공연히 쿠라이시 수령들에게 자신의 개종 사실을 알리고 그들을 데리고 카바 신전에서 기도드리곤 했다. 그가 용감하고 사나웠던 탓에 그들은 속으로만 분개할 뿐 감히 이렇다저렇다 말하지 못했다. 그때부터 다른 무슬림들도 그를 따라 행동하기 시작했고 결국 신도들은 단체로 메디나로 이주하였다. 625년, 우마르는 자신의 딸 하프사Hafsa bint 'Umar를 무함마드에 출가시킴으로써 선지자의 장인이 된다. 그래도 결국 우마르 일가는 외척이었을 뿐이다. 반면 알리는 선지자 출신 부족인 하심족에 속해 있었을 뿐 아니라 선지자의 정실부인이 낳은 딸, 파티마와 혼인한 사위였다. 알리가 세력을 잃은 이유는 많지만 그중 메카의 쿠라이시 집단이 새로운 신앙 운동에서 유리한 고지를 점했던 점이 주요하게 작용했다.

앞에서 서술하였듯이 우마르는 임기 내, 이란에 대한 정복 전쟁을 시작하였고 비잔틴의 팔레스타인, 시리아, 아르메니아 등 여러 성을 쟁취하는 데 성공한다. 우마르 시대에는 선지자의 동료 중 하나였던 아므르 이븐 알아즈Amr ibn al-Ās (c.583/589~664)가 640년에 이집트를 정복하고 나일강 삼각주 아래에 새로운 도읍인 푸스타트Fustat를 세워 오랜 기간 대식 제국의 지방 수도로 자리매김한다. 알리는 아부 바크르 재임 기간에 중용되지 못했지만 우마르 등극 후에는 고급 고문으로 등용되었다. 사법을 중시했던 우마르는 특별히 알리를 메디나의 법관으로 임용하였다. 알리의 건의로 중앙 정부는 선지자의 이주(헤지라)가 있었던 622년을 이슬람력의 원년으로 삼았다.

644년, 우마르는 이란 노예에 의해 암살 공격을 받았고 임종 무렵 여섯 명으로 구성된 위원회를 파견하여 계승자를 신중히 선출하게끔 하였다. 알리도 그중 한 명이었지만 위원회의 의중은 확연히 오스만 이븐 아판Usman ibn 'Affān or 'Uthmān ibn 'Affān (r.644~656)에게 기울고 있었다. 그는 아부 바크르가 입교시킨 사람이자 632년의 사키파 회의에서 우마르의 뒤를 이어 두 번째로 아부 바크르에게 충성을 선언했던 사람이기도 하다. 아부 바크르로부터 이어지는 계열의 세 번째 순번까지 모두 지도자로 배치된 셈이다. 오스만은 물론 아부 바크르의 도당이었지만, 선지자와의 관계 또한 두터웠다. 오스만이 이슬람으로 개종하고 처첩에게 이혼을 당하자 선지자는 자신의 딸을 그와 혼인시켰고 훗날 그 딸이 세상을 떠나자 선지자는 또 다른 딸을 그에게 주었다. 이로써 오스만은 선지자의 '겹 사위'가 되었으니 알리에게는 한 번 더 승리한 듯했다. 그러나 알리는 반은 자식이나 다름없는 사위, 즉, '가족'이었고 그의 처 파티마는 선지자의 정실부인이 낳은 딸이었다. 선지자가 첩의 소생을 오스만과 혼인시켰던 것은 정치적 필요에 의한 것이었다. 그는 선지자의 숙적이었던 우마이야족the Umayyads 출신이었기 때문이다.

메카의 쿠라이시는 우마이야족이 이끌었는데 그들은 메디나와 오랜 전쟁 끝에 정벌 당한 뒤에야 이슬람으로 개종하였기 때문에 오스만의 진정성이 의심받은 것이다. 선지자는 반대파의 허물을 모두 눈감아 주었지만 우마이야족 가운데 일부는 예외였다. 오스만은 칼리프가 된 뒤 돌연 그들을 소환하여 중임을 맡겼다. 그리고 당시 칼리프 정권의 영토는 광활하여 오스만은 제국의 심장부를 굳건히 지키기 위해 외곽의 이집트와 시리아, 바스라, 쿠파의 네 도시를 방어막으로 삼고 우마이야족의 인물을 총독으로 삼아 적지 않은 불만을 불러일으켰다.

오스만은 능력이 물론 탁월했지만 당시 이슬람 정권은 이미 우마르 시대의 순박한 분위기를 벗어나 있었고 각 분야 고위 지도층의 생활은 갈수록 부패하였다. 옛 부족 사이에 마찰이 생겨도 이를 표출할 만한 적절한 루트가 없었다. 오스만은 불만을 호소하는 아라비아 부족 전사들을 메디나로 불러들여 진정을 올리게 했지만 배후의 선동 세력 탓에 수도에 군집한 폭도들은 오스만의 관저를 공격하기 시작했다. 오스만은 신도들 간의 내전이 생기는 것을 막기 위해 가장 믿을만했던 시리아 군대의 지원조차 거부하였다. 아무런 호위도 받지 못하는 상황에서 오스만은 끝내 해를 당했으니 때는 656년이었다.

오스만을 살해한 반역자들은 메카, 메디나, 이집트, 쿠파, 바스라 등의 파벌로 나뉘어 의견 일치를 보지 못했다. 그들은 과거 선발위원회의 3인 가운데 한 명을 칼리프로 옹립하고자 하였는데 알리도 그 안에 포함되었지만 하나같이 의심을 피하고자 거절하였다. 그 뒤 반역자들은 메디나 시민에게 하루 안에 칼리프를 선출하도록 하였는데 그들은 알리를 선출하였다. 메디나 신도집단은 선지자가 세상을 떠날 때 이미 한 번 경험하였다. 자기들 가운데서 지도자를 선출함으로써 뒤늦게 입교한 쿠라이시 부락의 지도권 독점을 저지했던 것을 말이다. 그들은 이슬람 정벌 전쟁 시기에 나고 죽었지만 시종 지도권 밖으로 밀려나 있다가 이제야 드디어 알리라는 대변자를 찾게 된 셈이다.[24]

제1차 이슬람 분쟁the First Fitna

칼리프의 보좌는 이제 선혈이 뒤덮인 다툼의 근원지가 되었다. 알리가 선출된 뒤로는 '반란을 일으킨 자'를 처벌할 수도 없게 되었다. 옛 선발위원회 가운데 낙선한 두 명은 아이샤(아부 바크르의 딸이자 선지자의 미망인)와 결탁하여 메카에서 반란을 일으키고 나중에는 바스라로 군대를 이동했다. 알리는 속칭 '낙타 전투(656년)'라고 불리는 바스라 전쟁에서 그들을 이기고 선지자의 나머지 두 '동료'는 목숨을 잃었으며 선지자의 미망인은 메디나로 압송된다. 승리한 알리는 제국의 수도를 메디나에서 쿠파로 이전하는데 이제 동서 영토의 광활한 땅을 얻게 된 칼리프 정권은 비교적 쉽게 지역을 관리할 수 있게 되었고 더욱 효율적으로 다마스쿠스발 도발에 대응할 수 있게 되었다.

메카와 메디나는 그 정치적 중요성을 잃기 시작하였고 종교 중심지로 변모하였다. 오스만이 살해된 무렵, 같은 종족인 무아위야Muʿāwiyah ibn ʿAbī Sufyān(602~680)는 시리아의 총독을 맡고 있었다. 그는 알리가 암살범을 처벌하지 않았다는 이유로 그를 새로운 칼리프로 인정하지 않았으며 오스만 세력의 복권에 뜻을 두고 다마스쿠스에 별도의 중앙 세력을 세웠다.

그렇다면 무아위야는 어떤 사람이었을까? 그의 부친 수피안Abu Sufyan ibn Harb(560~652)은 메카 쿠라이시의 수령으로 일찍이 무함마드에 대한 격살格殺(때려죽임)을 명령하고 나중에는 여러 차례 군대를 이끌고 선지자의 메디나 신도와 전쟁을 벌여 전멸을 시도했다. 수피안은 결국 대세가 변하는 것을 깨닫고 가장 먼저 아들 무아위야와 함께 비밀리에 이슬람으로 개종함으로써 기회주의적 면모의 절정을 보였다.[25] 선지자는 승리하여 메카에 입성한 후 정치적인 필요로 수피안의 딸을 처로 맞이하였으니 이로써 무아위야도 선지자의 처남이 되었다.

657년 5~7월, 알리와 무아위야의 군대는 불시에 유프라테스강 시핀Siffin에서 전투를 벌이게 된다. 무슬림간의 상잔을 원치 않았던 양군은 117일간 대치 끝에 담판을 벌였으나 결국 결렬되고 만다. 시아파의 주장에 따르면 알리가 총공격을 시작하였지만 무아위야는 패배의 기미가

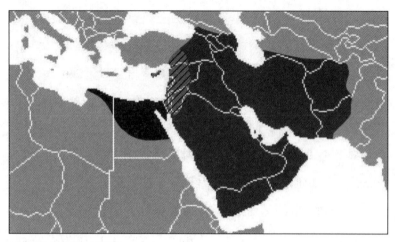

시리아쪽으로 기운 이집트

보이자 이집트 총독 아므르 이븐 알 아스Amr ibn al-As의 계책을 받아들여 알리에게 휴전을 제안한다. 의심할 여지 없이 초창기 대식 제국은 이제 시리아와 이집트 대對 이라크가 되었고 세력은 옛 비잔틴 도시의 아라비아 점령군에 기울었다. 무아위야의 평화회담 전략은 알리의 진영을 분열하는 데 성공했다. 담판 결과는 알리에게 무척 불리했다. 다마스쿠스 정권은 독립을 유지하게 되었고 알리는 칼리프로 인정받지 못했으며 양측은 대등한 지위를 갖게 되었다. 결국 알리의 전사 중 일부가 배반하여 진영을 이탈하기도 했다. 남부 이라크 지방 세력은 알리가 그들의 이익을 대변해주지 못할 뿐 아니라 심지어 자기들이 오스만을 죽인 죄를 심판하도록 허용할 것이라고 생각했다. 이들은 카와리지파Kharijites 분리분자가 되었다.[26]

카와리지파는 신도의 지도자가 누가 될지는 알라가 정하는 것이지 소수에 의해 지도자 직분이 수수되어서는 안 된다고 보았다. 알리가 어쩔 수 없이 병사를 보내어 그들을 평정하자 카와리지파 또한 반격에 나섰다. 자객을 보내어 알리와 무아위야, 아스에 대한 암살을 시도하지만 결과적으로 알리만 암살하는 데 성공한다. 알리는 661년, 쿠파의 사원에서 기도할 때 자객에게 공격 당한다. 카와리지파는 수니파와 시아파 이외의 제3의 분파로 발전하였고 그들은 칼리프가 반드시 하심 가족의 선지자의 후예를 포함한 쿠라이시 부락에서 임명될 필요는 없다고 봤다. 칼리프는 이슬람 신도 전체에 속한 직분이기 때문이다. 이 분파는 오늘날 여전히 아만과 잔지바르Zanzibar에서 주도적인 지위를 가지고 있으며 이바디파Ibadi로 불린다.[27]

제2차 이슬람 분쟁the Second Fitna

알리 사후 쿠파의 교단은 그의 아들 하산Al-Hasan ibn ʿAlī ibn Abī Tālib을 칼리프 자리에 앉히지만 무아위야의 대군을 막아내기에는 역부족이어서 그에게 지위를 양보하고 퇴위한 뒤 메디나에 머물렀다. 시아파의 주장에 따르면 무아위야는 약속을 어기고 자신의 지위를 아들에게 물려주고자 했고 이를 위해 독약을 써서 하산을 669년에 죽였다고 한다. 하산이 죽자 알리 가문은 하산의 남동생인 후세인Husayn ibn ʿAlī ibn Abī Tālib이 이끌었다. 680년, 무아위야는 세상을 떠나기 전, 그의 아들 야지드 1세Yazid I (r.680~683)에게 칼리프의 지위를 물려줌으로써 이슬람교에서 대대로 내려온 규칙을 완전히 위배하였다. 후세인은 충성 선언을 거절하고 쿠파로 건너가 그의 신도를 동원하지만 카르발라Karbala에서 야지드의 대군을 만나, 수적인 열세 속에서 전사하고 만다. 오늘날 시아파 신도는 이슬람력 정월Muharram의 제10일을 후세인이 희생당한 날로 삼아 기리는데 그 열기가 기독교의 예수 수난절의 수준을 넘어선다.[28]

시아파의 전통에 따르면 후세인은 일찍이 어린 아들, 즉, 무함마드의 외증손자를 안고 야지드 대군을 향해 연설하였지만 아무런 효과를 거두지 못하고 부자가 모두 죽고 말았다고 한다. 이 때문에 우마이야 왕조는 선지자의 후예를 살해한 사건의 기초 위에서 세워진 셈이다. 쉽게 비유를 들자면 이렇다. 예수가 만일 십자가상에서 죽은 비무장 선지자가 아니고 무함마드처럼 '무장한 선지자'가 되어 부대를 이끌고 예루살렘에 쳐들어가 그의 적인 바리새인들을 박해하고 자신을 믿게 했다면 어떻게 되었을까? 훗날 바리새인들은 예수가 세운 교회에서 지도권을 찬탈하고 교주의 가문 전체를 죽이는 등, 대략 이슬람의 분쟁 상황과 비슷한 양상으로 진행되었을 것이다.

이는 이슬람을 수니Sunni파와 시아파의 양대 분파로 분열시킨 시작점이 되었다. 어느 분파이든 초창기 네 명의 칼리프는 모두 인정하였다. 그들은 정당한 경로로 권위를 부여받은 정통 칼리프를 뜻하는 '알 쿨라파 라시둔al-Khulafā'u r-Rāshidūn, The Rightly Guided Caliphs or The Righteous Caliphs'이었기 때문이다. 수니파는 대세를 따라 후계 칼리프들을 보통 인정하였지만 시아파는 그 인정 범위를 알리까지로 한정하였고 그 뒤로는 이맘Imams의 전승으로 대체하였다. 그러나 이맘 운동은 비법적이고 음성화한 운동으로 일종의 음모 사관을 만들어냈으며 알리의 많은 후손이 가짜 칼리프 정권으로부터 해를 당했다고 밝혔다.

무아위야의 수피안 지파는 3대를 이어간 끝에 종식되었고 뒤를 이어 일어난 마르완 지파는 11대를 이어갔다. 무아위야의 아들 야지드 1세의 즉위와 선지자 후예 살해는 제2차 이슬람 '분쟁'을 일으켰다. 무함마드의 '동료' 중 한 명인 아부 바크르의 외손주 압드 알라 알 주바이르Abd Allah alZubayr(624~692)는 메카에 별도의 중앙 정부를 세워 칼리프에 적대적인 정권을 수립한 뒤 그 세력을 남부 아라비아와 쿠파, 심지어 이집트 일부 지역까지 확대하였다. 야즈드 1세는 683년 세상을 떠나 어찌할 수 없었고, 그의 아들 무아위야 2세Muʿāwiyah II(r.683~684) 또한 4개월 정도 재위하다가 대응할 수 없자 마르완 1세Marwan I(r.684~685)에게 지위를 넘겼다. 마르완 1세는 주바이르의 무장 투쟁을 평정하기 시작했다.

제2차 이슬람 '분쟁'은 마찬가지로 아라비아 남북의 양대 계보를 이은 종족이 혼전하는 양상이었다. 원래 아라비아 북부에서 온 쿠다Quda'a 부락 동맹은 이제는 시리아 중남부까지 점거하여 '남부파'가 되었다. 원래 예멘에서 시작된 것으로 보이는 카이즈Qays는 이제 북부 시리아와 메소포타미아 상류까지 점거하여 '북부파'가 되었다.

우마이야 정권이 불안한 상황에서 '북부파'는 공공연히 주바이르를 지지하였고 '남부파'에 격파당하지만 다행히 우마이야 정권은 유지될 수 있었다. 남북 파별 싸움은 남부 이라크에서 평행적으로 발전하다가 바스라를 아우르게 되었는데 호라산(동부 이란)에 주둔한 군단은 많은 경우 바스라에서 출발하였기 때문에 이 인공적인 남북집단의 대립은 동부 이란까지 수출되었다.[29]

해당 역사를 통해 우리는 우마이야 대식 제국과 그를 대체하여 일어난 아바스 대식 제국과의 차이를 알 수 있다. 전자는 기본적으로 아라비아 점령지에서 외부 종족이 개종하고자 할 때 반드시 '객민客民'의 신분이 되어 아라비아 부락에 의탁해야만 했다. 이슬람은 아라비아 종족만의 특권이라서 외부 종족이 개종할 때는 반드시 호적을 고쳐야만 했는데 이 때문에 피정복자는 자기 종족의 정체성을 바꾸어야만 했다. 해당 시기의 내란은 많은 경우 아라비아 정복자 간의 상호 다툼인 경우가 많았고 그 무대 또한 서쪽에 치중되어 있어서 비잔틴의 옛 땅인 시리아를 축으로 남부 이라크와 아라비아반도 서부의 성지를 잇는 삼각 형태를 이루었다. 아바스 대식 제국은 훗날 우마이야 대식 제국을 대체하며 일어났는데, 이는 곧, 동부 이란 호라산의 세력이 중앙 정권에 입주한 경우였다. 아라비아인과 '객민'의 분류는 마찬가지로 사라지는 추세였고 제2의 대식 제국 안에서 기존의 사산 제국 영토 비중은 옛 비잔틴의 동부

도시를 압도하였다.

우마이야 대식 제국의 영토 확장

오스만 시대에 이슬람 정권은 이미 비잔틴에서 분열되어 나간 카르타고 정권을 멸망시켰다. 우마이야 왕조에 이르면 군사를 파견하여 대 서방, 마그레브Maghreb에 대한 원정을 시작하였고 670년에는 오늘날 튀니지에 해당하는 곳에 카이루앙Kairouan을 세워 대식 제국의 북부 아프리카 요충지로 삼았다. 711년에는 우마이야의 대장군인 타리크 이븐 지야드Tariq ibn Ziyad(670~720)가 지브롤터 해협을 넘어 이베리아반도로 진군하였고 718년에는 서고트 왕국을 무너뜨리고 기독교 세력을 반도 서북부 산지대로 제한하였으며 나머지 지역은 안달루스al-'Andalus로 명명했다. 732년에는 이슬람의 공세가 이미 프랑크 왕국의 심장부에 접근하였지만 투르 전투Battle of Tours에서 카롤링거의 칼 마르텔Charles Martel의 저지로 가로막혔다.

　제국의 또 다른 쪽에서는 일찍이 664년에 대식 제국의 대장군 알 무할랍 이븐 아비 수프라Al Muhallab ibn Abi Suffrah가 동부 이란에서 인도의 펀자브 남부로 진출하였는데 이는 주로 사산 제국의 잔당을 소탕하기 위해서였다. 711년, 대식 제국의 대장군 무함마드 빈 카심Muhammed bin-Qasim은 수륙 양면 노선을 통해 인도의 신드까지 진군하여 승리를 거머쥐기는 했지만, 인도에서 라지푸트의 저항에 가로막혀 장족의 발전을 이루지는 못했다.

　대식 제국의 정면에서는 무아위야가 친히 우마이야 대군을 이끌고 674년 처음으로 콘스탄티노플을 포위했지만 끝내 테오도시우스의 성벽은 돌파하지 못했다. 677년, 비잔틴인은 '그리스의 불'을 무기로 써서 마르마라해에서 아라비아 해군을 격퇴하였고 콘스탄티노플 방위망을 지킬 수 있었다. 717~718년, 우마이야는 두 차례에 걸쳐 콘스탄티노플을 공격하였지만 부대에 기독교도가 꽤 많아 군심이 불안정했다. 비잔틴 이사우리아 왕조의 레오 3세는 '그리스의 불'을 쓰고 불가르인의 도움을 받아 적을 물리쳤고 이로 말미암아 동방의 투르 전투라는 영예도 얻었다(제23장 참조).

우마이야 시대에는 이슬람의 영토가 대서양에서 페르시아만까지 확장되었는데 인도의 저지로 그 세력은 인도양까지만 도달했다. 사산 제국을 무너뜨린 뒤 우마이야의 군대는 일찍이 683년에 이란족의 아프가니스탄에서 패배하는데 해당 지역의 정복은 후계자인 아바스 칼리프 왕조의 과제로 남겨둘 수밖에 없었다. 710~712년, 대식 제국의 호라산 총독인 쿠타이바 이븐 무슬림Qutaibah ibn Muslim(?~715)은 한때 토하리스탄(대략 옛 박트리아 땅에 해당함)과 화레즘, 그리고 트랜스옥시아나의 부하라, 사마르칸드를 정복하였고 시르다리야강을 넘어 페르가나 분지(옛 서역 페르가나의 땅)까지 엿봤지만, 그의 모반은 실패로 돌아가 죽임당하였다. 그 뒤 새로운 정복지는 대부분 후돌궐後突厥 투르기스 칸국의 수중에 떨어졌다.[30] 투르기스의 술룩 칸은 심지어 소그드인과도 동맹을 맺어 아무르강 남부 땅을 습격하기도 했다. 트랜스옥시아나 남북부의 패권은 아바스 왕조에 이르러 굳건해졌으며 특히 751년의 탈라스 전투에서 당唐나라 군대를 격파한 뒤 오늘날 신장 자치구 지역까지 돌진하였지만, 당시의 세계적인 강권 세력, 토번 제국에 의해 가로막혔다.

우마이야는 트랜스옥시아나에서 저지당해 내륙 아시아의 초원지대로 들어갈 수 없게 되었다. 대식 제국은 카프카스 내 세력 확장에서 패한 뒤 유라시아 대초원의 서부 지대와의 연결점을 잃게 되었다. 알리가 칼리프였을 때, 이슬람의 세력은 이미 아르메니아로부터 북으로 카프카스까지 진군하였고 우크라이나 초원까지 침입하였지만 또 다른 후돌궐 제

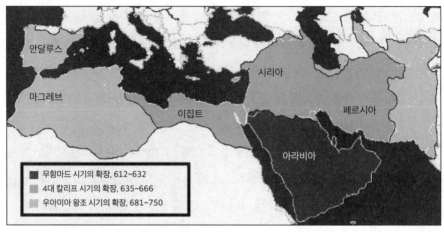

안달루스

시리아

마그레브

이집트

페르시아

아라비아

■ 무함마드 시기의 확장, 612~632
■ 4대 칼리프 시기의 확장, 635~666
■ 우아미아 왕조 시기의 확장, 681~750

선지자 시대로부터 우아미야 왕조에 이르는 이슬람 영토의 확장세

국인 하자르족Khazars에 가로막힌다. 하자르족은 심지어 730년에 이란의 서북부를 남침하여 해당 지역의 대식국 총독을 죽이기도 했다. 반격에 나선 대식인들은 한때 하자르 칸국의 본부를 곧장 쳐들어갔으나 끝까지 지키지 못하였고 결국 두 나라의 경계선은 카스피해 서쪽 연안의 데르벤트Derbent로 정해졌다. 하자르인의 유대교 개종 또한 이슬람이 우크라이나 초원으로 진출하지 못하게 된 주요한 요인이 되었다.[31] 이 때문에 우마이야 시대가 끝날 때까지 이슬람은 북부 아라비아의 건조한 목초지부터 유라시아의 대초원을 아우르려는 웅대한 계획을 끝내 실현하지 못했다.

훗날 유라시아 대초원은 이슬람교와 라마교가 양분하였고 몽고 초원을 제외한 돌궐인의 근거지는 대다수 이슬람화하였다. 751년 당나라가 탈라스 전투에서 패배한 뒤 이슬람 세력은 시르다리야강 이북까지 진입하였다. 대식 제국이 쇠망하자 중앙아시아의 카라한 제국은 950년 무렵 돌연 이슬람으로 개종하고 그 이웃인 셀주크도 오래지 않아 카라한의 행보를 따라 중앙아시아로부터 대식 제국으로 진입하게 된다. 카라한인을 필두로 대식 제국과 '다르 알 이슬람(이슬람의 땅)'이 일치했던 국면은 처음으로 깨지는 듯했다. 사실, 그전에는 볼가 불가르인the Volga Bulgars이 이미 922/923년 무렵 이슬람으로 개종했었다. 불가르인은 한때 우크라이나 초원에 거주하였지만 하자르인에게 쫓겨나 대부분 다뉴브강 하류로 이주하여 불가리아를 형성하였고 나중에는 슬라브화한 동방정교의 나라가 되었으며 그중 소수가 북으로 불가르강과 카르마강의 교차점으로 이주하여 북부 러시아 삼림지대로 물러났다. 기왕 볼가 불가르인과 하자르인 사이가 벌어졌고 하자르인이 유대교로 개종한 이상, 볼가 불가르인이 유대교에 적대적인 이슬람 쪽에 기우는 것은 어찌 보면 자연스러운 일처럼 보인다. 볼가 불가르인은 대식 제국 밖에서 최초의 이슬람 국가였다고 할 수 있다.

시아파의 계보와 갈래

시아파Shi'ites는 알리의 당원Shi' at Ali을 약칭한 말이다.[32] 카르발라 전투 이후 알리와 파티마(선지자의 정실부인이 낳은 딸)의 자손은 거의 사망하여 남지 않았고 병이 들어 참전하지 않았던 후세인의 아들 또한 감금되었다. 알리 가문의 족장 자리는 알리와 여자 노예 사이에서 태어난 무함마드 이븐 후나피야Muhammad ibn al-Hanafiyyah에게 돌아갔다. 686년, 알 무흐타르 빈 아부 우바이드Al-Mukhtar bin Abu Ubaid(c.622~687)라는 지사志士(혹은 모험가)가 그의 이름을 내걸고 쿠파에서 군대를 일으켰는데 결국 거사는 실패했지만 카이산파Kaysanite 운동을 촉진하였다. 이는 카르발라 참사를 제외하고 가장 먼저 시아파가 일으킨 봉기라고 할 수 있다.[33] 이 거사에서는 비非 아라비아인 '객민'이 최초로 주요한 역할을 하였다. 무흐타르의 시위대는 그들로 구성되었고 시위 대장은 카이산Kaysan으로 불렸는데

카이산파의 이름도 여기서 유래했다.[34]

'객민'이 대거 참여하면서 '제2차 이슬람 분쟁'은 그 성격이 바뀌기 시작했다. 물론 상위 계층 지도자의 구성을 보면 여전히 개국공신이나 고위 간부의 자제의 다툼, 심지어 부락의 친족 원수 간 싸움이었지만 말이다. 메카에서 거사한 주바이르 역시 '선지자의 동료'였다. 무흐타르의 부친은 이란과의 전쟁에서 전사하였고 그의 여자 형제 중 한 명은 두 번째 칼리프였던 우마르의 아들과 혼인하였다. 또 다른 여자 형제는 아미르 이븐 사아드Amr ibn Sa'ad(620~680), 즉, 우마이야 대군을 이끌어 카르발라에서 후세인을 살해한 원흉에게 출가했지만 훗날 무흐타르가 반란을 일으켰을 때 처형당한다. 무흐타르의 딸 중 한 명은 후세인의 아들 중 병으로 참전하지 않아 살아남았던 아들과 혼인하였고 이 때문에 그 역시 알리 가문의 사돈이 된다. 그러나 무흐타르는 알리와 정실부인 파티마 사이에서 태어난 적자 계통을 옹립하지 않았고 서자였던 후나피야를 마흐디(신이 임명한 지도자)로 선포한다. 시아파 운동에서 이 이름은 초창기에는 '구세주'의 의미가 있었기 때문에 객민에게서 폭넓게 환영받았다. 상황이 여기까지 이르자 시아파는 선지자의 후예를 칼리프로 옹립하는 편협한 정치 목표를 넘어서서 점차 구세주 재림 천년왕국 모델을 향해 탈바꿈하기 시작했다.[35] '객민'의 대거 유입으로 비非 이슬람 교리도 아라비아인의 기존 신앙에 유입되었다.

무흐타르는 봉기를 일으킬 장소로 알리의 생전 거점이었던 쿠파로 정하였다. 메디나의 주바이르와 우마이야가 칼리프 쟁탈전을 벌이던 '제2차 이슬람 분쟁' 시기, 메디나는 마르완 대군에게 함락되고 투쟁은 삼각 구도로 발전한다. 무흐타르 진영은 점차 '객민' 봉기로 변한다. 이 때문에 그의 깃발 아래 있던 쿠파의 아라비아 부락 지도자ashraf는 배반하여 순수 아라비아 부대의 주바이르군과 결탁한다. 쿠파를 쳐서 점령한 뒤에는 무흐타르를 죽이고 주바이르는 쿠파를 병탄한다. 오래지 않아 주바이르의 거사 또한 실패하고 무흐타르는 시아파의 열사가 되지만 어느 쪽 적에게 희생당한 열사인지 도무지 모호하다.

후세인이 희생당한 카르발라 전투에서, 그의 아들 알리 이븐 후세인'Alī ibn Husayn(659~712)은 병으로 참전하지 않아 목숨을 보존하였기 때문에 알리와 파티마의 혈통은 유지될 수 있었다. 이 혈통은 비록 정권을 잃기는 했지만 시아파 이맘의 계보를 잇게 된다. 이맘은 원래 단순히 무슬림 기도단을 이끌고 기도하는 사람을 뜻하였지만 시아파를 거치면서 칼리프와 대립하는 지하 왕조의 계승자라는 뜻으로 변하였다. 신도들은 알리를 포함한 해당 계보의 모든 세대가 실제로 죽지 않았고 세상에 은거하다가 말세 때 마흐디Mahdi, 즉, 신이 임명한 지도자의 신분으로 재림하여 세상의 모든 불의를 바로잡고 모든 불평등함을 없앨 것이라고 믿는다.

각 지파 사이에서 가장 유력한 세력은 열두 이맘파Twelvers로 오늘날에는 전체의 85%를 차지한다. 그들은 알리를 제1대 이맘으로 삼고 12대에 걸친 적자 계통 자손을 12대 이맘으로 삼았으며, 최후의 제12대 이맘은 874년에 은거하였다가 말세 때 인간 세상에 재림한다고 믿는다.

시아파가 핍박을 받아 지하 조직화하면서 세상을 떠나 은거할 필요가 생겼는데 이는 일종의 음모 사관을 충족시켜 모든 이맘은 우마이야이든 아바스 정권이든 칼리프 정권에 의해 독살당했다고 주장했다. 이맘에게 대대로 가해졌다고 주장하는 수법이(독살) 어쩌면 이리도 천편일률적이고 상상력이 결여되어 있는가! 그러나 음모설의 진위와 관계없이 신앙의 대상이 되는 자리는 비워두어서는 안 되고 조직은 흩어져서는 안 되기 때문에 교주가 모처에서 은거하며 불로장생한다고 여지를 두었다. 죽은 것에 신비롭고 기이함을 부여하여 눈앞의 막막한 처지를 아름다운 미래로 바꿔 포장한 것이다.[36] 가해자든 피해자든 이 같은 음모 사관은 이미 오늘날 이란인의 보편 정치적 사유 세계에 그대로 스며들었다.

모든 시아파가 제12대 이맘을 마흐디로 신봉하는 것은 아니다. 알리의 적자 계통인 후세인 혈통의 시아파는 제5대 이맘인 무함마드 이븐 알리 바키르Muhammad ibn ʿAlī al-Baqir(676~743) 때 한 차례 분열을 겪었다. 그들의 주장이 당권파에게 묵살되자 즉시 봉기를 일으키고 그의 배다른 동생이었던 자이드Zayd ibn ʿAlī(695~740)를 진정한 제5대 이맘으로 바꿔 추대하였다. 자이드는 740년, 쿠파에서 반란을 도모하지만 주살된다.[37] 그 뒤 자이드파는 다섯 이맘파Fivers로 불리며 자이드 이후의 '혁명을 거치지 않은' 이맘들을 인정하지 않았다. 그 밖의 시아파는 제6대 이맘인 자파르Jaʿfar ibn Muhammad al-Sādiq(702~765) 이후에 또 한 번 분열한다. 주류파는 그 장자가 일찍 죽어 그의 어린 아들 무사Mūsá ibn Jaʿfar al-Kāžim(745~799)를 제7대 이맘으로 세웠는데 그의 후대는 세상을 떠나 은거하게 된 제12대 이맘까지 이어져 상술한 12대 이맘파를 형성하였으니 이들이 시아파의 주류에 속한다.

알리의 후대는 무사의 혈통을 통해 계승되다가 제12대에 이르러 정말로 단절된다. 그러나 조직은 그가 안전을 이유로 은거하였다고 선포하고는 사적 대리인(wakil 혹은 safir)을 통해 그의 유지를 전달했다. 사적 대리인이라는 직책 또한 4대를 계승하였는데 마지막 제4대는 계승자 지명을 거절하였기 때문에 940년에 이르러 완전히 단절된 뒤 기나긴 기다림의 시간만 남았다. 12대 이맘파가 실종된 교주 대신 여전히 대리인을 통해 교리를 전파하던 시기를 '소 가이바the lesser Ghaybah'라고 하고 대리인마저 단절된 시기를 일컬어 '대 가이바the greater Ghaybah'라고 한다.[38]

일부 시아파는 자파르의 장자 이스마일 이븐 자파르Ismaʿil ibn Jaʿfar

시아파의 주류인 열두 이맘파

(721~755)가 비록 그 부친보다 먼저 죽었지만 그의 이맘 신분은 알라가 정하는 것이지 그 부친이 바꿀 수 없다고 봤다. 그래서 무사의 해당 지파가 이스마일파Isma'ilism가 되는 것을 인정하지 않았다. 그중 한 지파는 한 술 더 떠서 그가 죽지 않았고 단지 '세상을 떠나 은거'하다가 미래에 세상을 구원하기 위해 재림할 것이라고 여겼다. 알리 혈통의 이맘이 그들의 마음속 제7대 이맘에서 끝났다고 여겼으므로 그들은 속칭 '일곱 이맘파Severners'로 불렸다. 해당 지파는 훗날 899년에 아라비아 동부에서 유토피아 정권을 세우고 '카르마트파Qarmatians'라고 불렸으나 지금은 전해지지 않는다.[39]

　　오늘날까지도 여전히 명맥을 이어온 이스마일파는 이스마일 이븐 자파르가 이미 죽었다는 사실은 인정하지만 제7대 이맘은 그의 아들 무함마드 이븐 이스마일Muhammad ibn Isma'il(746~809)로부터 계산되어야 한다고 여겼다. 이 혈통은 훗날 카이로의 파티마 정권을 세우고 그 분파가 암살집단으로 변모하는데 원사元史에서는 이들을 '목랍이木拉夷'라고 칭했다. 그들은 훌라구 칸旭烈兀의 몽고군에게 평정되었고 그 후예가 지금까지 이어져 제49대 이맘인 아가 칸 4세Aga Khan IV(1936~)까지 이르렀으며 이들이 '이스마일파'의 주류가 되었다.

시아파를 움직인 최초의 동기는 하심족 선지자 후예를 대신한 복수와 복벽이었는데 이는 아라비아 부락민의 친족 원수 보복이라는 기존의 패턴에서 탈피하지 못했다. 그러나 역사가 전개되면서 이는 점차 현행 정권에 대한 전복을 시도하는 영구 반대파로 변모하였고, 조로아스터교의 구세주 사상이 스며들기도 했다. 제1차 및 제2차 이슬람 분쟁의 성격을 비교하면 제2차 분쟁에는 비非 아라비아인이 대거 참여하였다는 점이 다르다. 비록 지도자 계급이 헤자즈 지구의 '개국공신'과 '고위 간부 자제'라는 테두리를 벗어나지 못했고 그 전장 또한 아라비아와 이라크, 옛 비잔틴 도시라는 삼각 구도에 한정되었으며, 비교적 실력과 조직을 갖춘 나중 세력이 승리하여 우마이야의 세계를 종식하였고 수도도 줄곧 다마스쿠스에 있었지만 말이다. 그러나 우마이야 정권이 무너졌을 때는 이슬람 내전이 이미 동이란 지역과 시아파의 통일 전선이 아라비아인의 중앙에 대치하는 양상으로 변하였고 새로운 정권도 수도를 옛 사산 제국의 수도였던 크테시폰과 인접한 지역인 신규도시 바그다드로 옮겼다.

우마이야 정권의 몰락

이슬람의 교리에 따르면 유대교와 기독교는 '하나의 경전'을 가진 종족이며 비교적 불완전한 판본의 천계天啓(하늘의 계시)를 받았기 때문에 보호를 받아야 한다고 한다(그 뒤 조로아스터교도 추가됨).[40] 그들은 '딤미dhimmi(피보호자)'로 불리지만 반드시 인두세jizya를 납부해야만 했다. 피정복지에서 이슬람교로 개종한 비 아라비아 종족을 '객민(마왈리)'이라고 했다. 그들은 반드시 아라비아 부락 단위에 의탁하여 보호를 받아야 했는데 속국이 되면 이론적으로는 인두세를 납부할 필요가 없었기 때문에 경제적인 이유로 개종한 이들이 적지 않았다. 우마이야 시대에 그들은 늘 차별대우를 받았고 의무만 있을 뿐 권리는 없었다. 예를 들자면 그들은 반드시 전쟁에 나가야 했지만 전리품을 나눌 수는 없었고 지도자 계급이 될 수 없었음은 물론이다. 더 심한 경우, 이란에서 멀리 떨어진 변방 지역에서는 아라비아 정권이 부득불 현지의 교리 밖 호족과 결탁하여야만 토지세와 인두세를 징수할 수 있었다. 이들 교리 밖 권세자들은 조로아스터교를 배반한 자들에 대한 보복 심리가 있어서 이전대로 인두세를 징수하였다. 중앙의 재정적인 이유 때문에 '객민'은 개종한 뒤, 비교적 부담스러운 카타이qatā'i(토지세)를 신도들이 내는 십일조ushr로 전환할 수는 없었다.

정권의 관점에서 보면 우마이야의 통치는 모든 비 아라비아종족 후손에 대한 아라비아 부락민의 독재 정치라고 할 수 있고 그들은 각지에서 현지민들과 단절된 방어구역에 주둔하였다. 종교적인 측면에서 보면 우마이야 왕권의 세습은 이슬람의 원래 교리에 위배되는 것이었고 알리 후예 지도자의 운동은 기성 반대당 모형을 제시하였다. '객민'의 반항은 자연히 시아파의 입장을 취하였다. 뒤이어 일어난 아바스 정권은 스스로 '선지자의 후예'라고 칭하면서 차등 신분에 있는 새로운 개종자들의 불만을 이용하여 반란을 일으켰다. 지역적 관점에서 보면 아바사의 반란은 아라비아종족의 수가 비교적 적고 지역화한 동이란 지역이 아라비아화한 시리아 지역을 공격한 사건이라고 할 수 있다.

오늘날에는 이란의 동북부 도시를 '호라산Khurasan'이라고 부르지만 대식 제국의 '대 호라산 지구Greater Khurasan'는 오늘날 이란 경계를 넘어서서 아프가니스탄, 투르크메니스탄, 우즈베키스탄, 키르키스스탄의 대부분, 그리고 타지키스탄 전부를 아울렀다. 간단히 말해 당시 동이란 종족

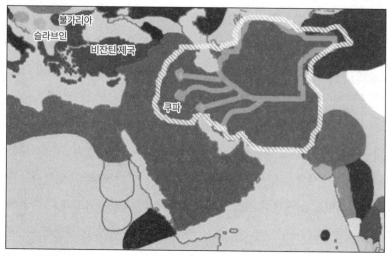

호라산 기지에서 이라크와 시리아를 공격한 우마미야 정권 정복 운동

의 거주지였던 셈이다.[41] 우마이야 정권 전복 운동은 대 호라산을 기지로 삼아 서쪽으로 이라크와 시리아를 공격한 것이다. 이는 '제3차 이슬람 분쟁'으로 불리지만 그 역사적 판도는 오히려 옛 페르시아 제국이 외세(그리스인, 로마인, 비잔틴인, 아라비아인)로부터 수복하고자 했던 옛 영토에 가깝다.

선지자의 숙부인 아바스의 후손 무함마드 이븐 알리 아바스Muhammad ibn'Ali Abbasi는 이제 스스로 카이산파 가운데 한 분파의 전승자라고 칭하며 시아파의 '마흐디' 강림에 대한 기대 심리를 이용, 아바스의 정권 쟁탈에 활용하였다. 그는 716년부터 선교사를 파견하여 훗날 호라산 지구에서 이란 객민인 아부 무슬림 압드 라흐만 이븐 무슬림 호라사니Abu Muslim Abd al-Rahman ibn Muslim al-Khorasani(700~755)의 지지를 받았다. 아바스 왕조의 땅은 주로 그에게 기대어 개척했던 것이라고 할 수 있다. 최종적으로는 무함마드 이븐 알리 아바스의 아들인 아부 아바스 압둘라 아스 사파 이븐 무함마드Abu al-'Abbās 'Abdu'llāh as-Saffāh ibn Muhammad(721~754)가 추대되어 보좌에 올랐다. 그는 749년 등극하여 아바스 칼리프 왕조the Abbasid Caliphate, 즉, 중국 역사에서 '검은 옷을 입은 대식국'이라는 의미의 '흑의대식黑衣大食'으로 불렸던 왕조의 시대를 열었다.

아부 아바스는 즉위할 때 쿠파 사원에서 개국 선언을 하면서 최대한 시아파에 영합하려 했지만 정권이 공고해지자 도리어 주류인 수니파에게 기울어 과감히 군사를 일으켰던 하산 계열의 알리파를 진압하였다.[42] 763년에는 아바스 정권은 별도로 새로운 도읍 바그다드를 세워 알리파의 요충지 쿠파를 떠났고 자체의 계보학을 구축하였다. 아바스 정권은 계속해서 하심 씨족이 주인임을 선포하였지만 하심은 선지자의 사위인 알리와 선지자의 숙부 아바스를 동시에 아우르고 있었다. 후자는 남자 후손이므로 응당 선지자의 딸인 파티마보다 중요하다. 알리의 부친도 선지자의 또 다른 숙부이긴 했지만 해당인은 이슬람으로의 개종을 공개적으로 선언한 바가 없었다. 이러한 해석을 통해 '선지자의 후예'는 아바스의 계보로 바뀌었다. 이러한 과정이 반복되면서 시아파는 반대파의 지위로 돌아오게 된다. 그러나 아바스는 혁명 시기에 일찍이 알리의 서자인 후나피야를 옹호하는 카이산파를 이끈 바 있어서 해당 분파는 그때부터 그들에 의해 무너졌고 역사에서 사라지고 말았다. 왕조를 세운 아바스 계열 역시 시아파에서 제명되었고 알리의 적자 하산 계열은 이미 제거되어 시아파는 알리의 적자인 후세인 계열로 정리되었다. 앞에서 이미 설명하였듯이 이 뒤의 역사도 마찬가지로 분열이 계속된다.

몇 가지 관점

엄격한 의미에서 이슬람교에는 왕권 사상이 없고 '칼리프'는 단순히 선지자의 대리인이자 그를 대신하여 신도단체를 이끄는 사람이므로 이론적으로는 신도 가운데서 선출되어야 맞다. 그러나 훗날 선지자의 숙적인 우마이야 가문이 이 자리를 차지한 뒤 세습화하면서 찬탈의 성격을 갖게 되었다. 또한 그 정치제도도 많은 부분 비잔틴을 답습했던 탓에 우마이야 왕조는 이슬람 역사상 가장 나쁜 평판을 얻게 된다. 유독 카와리 지파만이 원시 이슬람의 민주적 이상을 보존하기는 했지만 유사 이래 모든 혁명 운동과 마찬가지로 원시적 이상을 보존하려는 그들의 시도는 결국 역사의 변방으로 밀려나고 말았다. 시아파에 관해서는 경서적 근거는 더더욱 없다. 우마이야 초창기에 해당 정권에 불만을 가진 이들이 '하늘이 내린 진짜 지도자'를 꾸며내기를 원해 선지자의 하심 가문 혈통을 유일한 교주로 임명한다는 준칙을 만들었지만 실상 그 길은 더욱 반민주적인 방향으로 흘러갔다. 이 반대파는 '칼리프'가 혈연을 통해 결정되어야만 완전하고 정확한 것이라고 여겼기 때문이다. 기존 정권에 순복했던 수니파는 오히려 칼리프의 완전성을 기대하지 않았다. 선지자의 후예를 죽이고 정권을 탈취한 집단이 어떻게 완전할 수 있겠는가? 그래서 지도계급을 전복하려는 생각도 없었지만 설령 도발로 얻어낸 '칼리프' 자리도 신으로부터 받은 것이 아니라고 여겼다.

선지자의 숙부 아바스 가문의 후손은 하심 혈통에 의지해서 우마이야 정권을 대체하였지만 혁명적 이상은 전혀 없어서 이내 사산 스타일의 왕권을 세웠고 그들 대신 혁명 군중을 동원했던 사도를 주살하였다. 훗날 카이로에 파티마 왕조를 세운 이스마일파 또한 왕조를 세우는 과정에서 그를 대신하여 천하를 도모했던 혁명 사도를 숙청하였다(다음 장 참조). 아바스의 배반으로 시아파는 하심 대가족에서 알리 가문으로 축소되지만 후자는 지파가 지나치게 많아 카이로에서 정권이 막을 내린 뒤에도 여전히 기존의 그림자 정부를 제공했다. 16세기에 열두 이맘파는 이란에서 사파비 왕조Safavid dynasty를 세우고 1970년대 말 오늘날의 이란 지역에 이슬람 공화국을 세운다.

이슬람교는 이론상으로는 모든 사람에게 개방된 종교이다. 비록 이슬람 정복 초기에 아라비아인은 타 종족의 입교자를 차등 시민으로 여겼지만 고대의 국신國神 시대는 일찌감치 저물고 인류사는 이미 보편적 세계형 종교 시대로 접어들고 있었다. 이 때문에 아라비아인은 유대교처럼 종교를 창시한 종족을 '선민選民'으로 만들지는 못했고 다만 종교적 도리를 먼저先 전해 들은 종족에 불과했다. 한편 그들은 아라비아인들이 이슬람교의 성스러운 율법을 실행하듯 나머지 외부 종교도 그들만의 성스러운 법률이 있을 것이므로 통치자의 입장에 있어도 자신의 율법을 남에게 강요하지 않았다. 이슬람의 교리는 무척 간단한데 그 정수는 일상생활을 절제하는 성스러운 율법이다. 비록 교리는 남에게 강요할 수는 있어도 생활 습속은 타인에게 강요할 수 없다.

기독교 세계가 이슬람에 대해 갖는 부정적 이미지는 이슬람 신도들이 한 손에는 검을 들고 다른 한 손에는『코란』을 든 채 개종하지 않는 피정복민에게 칼을 휘두르는 모습이다. 사실 아라비아 정복 초기에는 여전히 배제된 '선민'의 무리가 남아서 이어지고 있었고 비 교인에게는 널리 종교세를 부과하였으니 이것은 국가의 굉장한 수입이었다. 이 때문에 외부인의 입교를 그다지 권장하지 않았다. 그 밖에도 선지자는 '하나의 경서를 가진 종족People with a Book', 즉, 아브라함 계열에서 갈라져 나온 유대인과 기독교를 지정하여 보호하였고 나중에는 조로아스터교도 이 범주에 포함되었다. 이처럼 비교적 원시적인 부락민의 신흥 신앙과 강렬한 대조를 이루는 예가 있다. '보편적 세계 제국'에서 탈태한 로마의 국교는 이 같은 관용이 없어서 해당 세계적 제국이 쇠락하는 과정에서 오히려 신앙을 통일함으로써 머지않아 닥칠 붕괴의 정세를 늦춰보려고 하였다. 그 전제 정권의 대상은 비 부락화한 제국 시민으로 콘스탄티누스도 스스로 세례를 받기 전 이미 이 길을 걸었다. 테오도시우스는 기독교를 국교로 확정한 뒤 입교하지 않는 것을 나라를 배반하는 행위라고 봤다. 그 뒤 그들을 모범으로 삼은 '세계적 기독교 군주' 샤를마뉴와 오토 대제 등은 모두 무력을 써서 종교를 전파하였다.

주

1. G. R. Hawting, The First Dynasty of Islam: The Umayyad Caliphate AD 661-750, Second Edition (London and New York: Routledge, 2000), p. 7.
2. "Origin and Identity of the Arabs," Myth, Hypothesis and Facts Concerning the Origin of Peoples (http://www.imninalu.net/myths-Arabs.htm), 검색일자 2014/8/19.
3. Abdul Rahman Al-Ansary, "The Arabian Peninsula," in UNESCO, History of Humanity, Scientific and Cultural Development, Vol.II, From the Third Millennium to the Seventh Century BC (New York: Routledge, 1996), p. 243.
4. Martha Sharp Joukowsky, "Nabateans," in Michael Berenbaum and Fred Skolnik,eds., Encyclopaedia Judaica, 2nd Edition, Vol.14 (Macmillan Reference USA, 2007), pp. 716~717.
5. Michael Grant, "Elagabalus, 218-22," The Roman Emperors, A Biographical Guide to the Rulers of Imperial Rome, 31 B.C.-A.C.476 (USA: Barnes & Noble Books. 1985), pp. 126~129.
6. Michael Grant, "Philip I,244-9," The Roman Emperors, A Biographical Guide to the Rulers of Imperial Rome, 31 B.C.-A.C.476, pp. 152~155.
7. Mark Whittow, "The late Roman/early Byzantine Near East," in Chase F. Robinson, ed., The New Cambridge History of Islam, Vol. I, The Formation of the Islamic World Sixth to Eleventh Centuries (New York: Cambridge University Press, 2010), pp. 91~92.
8. Abdul Rahman Al-Ansary, "Arabia before Islam," in UNESCO, History of Humanity, Scientific and Cultural Developmen, Vol. III, From the Seventh Century BC to the Seventh Century AD (New York: Routledge, 1996), pp. 139~140.
9. Robert Burrowes, "Ma'rib," in Philip Matter, ed., Encyclopedia of the Modern Middle East and North Africa (New York: Macmillan Reference USA, 2004), p. 1488.
10. John Haldon, "The Resources of Late Antiquity," in Chase Robinson, ed., The New Cambridge History of Islam, Vol. I, The Formation of the Islamic World Sixth to Eleventh Centuries, p. 20.
11. 조로아스터교에서 얼핏 느껴지는 고정된 이미지는 선악 이원론이나 원래 자라투스트라가 조로아스터교를 창시했을 당시에는 일신교였다. 사산 시대의 조로아스터교도 광명의 주인과 암흑의 주인을 쌍둥이로 보는 형태로 변천하였다.
12. Chase Robinson, "The Rise of Islam, 600-705," in Chase Robinson, ed., The New Cambridge History of Islam, Vol. I, The Formation of the Islamic World Sixth to Eleventh Centuries, pp. 183~184.
13. Abdul Azia Duri, "The rise of Islam in Arabia," in UNESCO, History of Humanity, Scientific and Cultural Developmen, Vol. IV, From the Seventh to the Sixteenth Century (New York: Routledge, 2000), p. 265.
14. Osama Bin Laden, edited and introduced by Bruce Lawrence, Messages to the World, The

Statements of Osama Bin Laden (London & New York: Verso, 2005), p. 105.

15. Uri Rubin, "Asnam," in Richard C. Martin, ed., Encyclopedia of Islam and the Muslim World, Vol. I (Macmillan Reference USA,2006), pp. 84~85.

16. "Saqīfah," in Cyril Glassé, The Concise Encyclopedia of Islam (HarperSanFranciso, 1991), p. 352.

17. M. A. Zaki Badawi, "Abū Bakr," in Lindsay Jones, ed., Encyclopedia of Religion, 2nd Edition, Vol.1 (Macmillan Reference USA, 2004), p.20; Sir William Muir, The Caliphate: Its Rise, Decline, and Fall (first published in 189), Volume III of Orientalism: Early Sources (London & New York: Routledge, reprint 2000), pp. 2~4.

18. Yann Richard, translated by Antonia Nevill, Shi'ite Islam (Oxford, UK & Cambridge, USA: Blackwell, 1995), p. 16.

19. Chase F. Robinson, "The rise of Islam, 600-705," in Chase Robinson, ed., The New Cambridge History of Islam, Vol. I, The Formation of the Islamic World Sixth to Eleventh Centuries, p. 185.

20. Sir William Muir, The Caliphate: Its Rise, Decline, and Fall (first published in 189), Volume III of Orientalism: Early Sources, p. 57.

21. Ismai 'il R.al Fārūqīand Lois Lamyā' al Fārūqī, The Cultural Atlas of Islam (New York and London: Macmillan Publishing Company, 1986), pp.204, 214; Saleh Ahmed Al-Ali, "Poles of Expansion from Arabia," in UNESCO, History of Humanity, Scientific and Cultural Developmen, Vol. IV, p. 275.

22. "Expansion of Islam (600~1200)," in Gale Encyclopedia of World History: War, Vol. I (Detroit, M: Gale, 2008), Gale Document Number CX3048700012.

23. B. A. Litvinsky, A. H. Jalilov, and A.I.Kolesnikov, "The Arab Conquest," in B. A. Litvinsky, et. al., eds., History of Civilizations of Central Asia, Vol.4, A.D.750 to the end of the fifteenth centuy(Paris: UNESCO, 1996), pp. 451~452.

24. J. A. Williams, "Alī ibn Abī Tālib," in Susan L. Douglass, ed., Rise and Spread of Islam, 622-1500, Vol. 2(Detroit, MI: 4 Gale, 2002), pp. 234~235.

25. G. R. Hawting, The First Dynasty of Islam: The Umayyad Caliphate AD 661-750, Second Edition, p. 23.

26. Sandra S. Campbell, "Fitna," in Richard C. Martin, ed., Encyclopedia of Islam and the Muslim World, Vol. I, p. 261.

27. Annie C. Higgins, "Kharijites, Khwarij," in Richard C. Martin, ed., Encyclopedia of Islam and the Muslim World, Vol. I, p. 390.

28. Peter Chelkowsky, "Muharram," in Philip Matter, ed., Encyclopedia of Modern Middle East and North Africa, 2nd edition, Vol.3 (New York: Macmillan Reference USA, 2004), pp. 1605~1607.

29. G. R. Hawting, The First Dynasty of Islam: The Umayyad Caliphate AD 661-750, Second Edition, p 54.

30. Paul M. Cobb, "The empire in Syria, 705-763," in Chase F. Robinson, ed., The New

Cambridge History of Islam, Vol. I, The Formation of the Islamic World Sixth to Eleventh Centuries, pp. 238~239.

31. Kevin Alan Brook, "Appendix A: Timeline of Khazar History," The Jews of Khazaria, Second Edition (Lanham, MD: Rowan & Littlefield Publishers, Inc., 200), pp. 247~250.

32. David Pinault, The Shiites: Ritual and Popular Piety in a Muslim Community (New York: St. Martin's Press, 1992), p. 4.

33. Maria Massi Dakake, The Charismatic Community: Shi'ite Identity in Early Islam (Albany, NY: State University of New York Press, 2007), pp. 95~99.

34. G. R. Hawting, The First Dynasty of Islam: The Umayyad Caliphate, AD 661-750, p. 51.

35. Farhad Daftary, The Ismā'īlīs, Their History and Doctrines(Cambridge & New York: Cambridge University Press, 1990), p. 52.

36. Yann Richard, translated by Antonia Nevill, Shi'ite Islam, p. 40.

37. Farhad Daftary, The Ismā'īlīs, Their History and Doctrines, pp. 69, 71, 74~75.

38. Marshall G. S. Hodgson, The Venture of Islam: Conscience and History in a World Civilization, Vol. I, The Classical Age of Islam(Chicago and London: The University of Chicago Press, 1977), p. 377.

39. 작은 글씨로 베껴 쓴 것은 마니교 경전의 특징이다. "Qarmatians," in Cyril Glassé, The Concise Encyclopedia of Islam(HarperSanFranciso, 1991), p. 322

40. 조로아스터교는 아브라함계열의 종교가 아니라서 유대교나 기독교가 이슬람교와 같은 뿌리를 갖는 것과는 다르지만 믿는 사람이 많아 세력이 커진 것으로 보인다.

41. 오늘날의 상황은 이미 바뀌었다. 오직 이란의 동북부 성, 타지키스탄, 그리고 아프가니스탄의 대부분은 여전히 이란족에 속하고 나머지는 모두 '투르키스탄', 즉 돌궐인의 땅에 속한다.

42. Farhad Daftary, The Ismā'īlīs, Their History and Doctrines, p. 83.

제25장

이슬람 문명의
황금시대

크게 변화한 이슬람 제국의 형태

아바스 왕조의 등장은 이슬람 제국이 '아라비아 군사 점령지'에서 '이슬람 문명지대'로 변화, 발전하였음을 보여준다. 순수 아라비아인이었던 우마이야 정권을 무너뜨리기 위해 아부 무슬림이 반란을 일으켰을 때 그는 출신 부락을 따지지 않고 호적을 기준으로 군사를 모집하였다. 9세기에 이르면 '객민'은 마침내 역사적 용어가 되었다. 우마이야 정권의 권력 기초는 아라비아 부락민이었던 반면, 아바스 정권은 일시적으로 정국을 안정시킨 종족 및 지역의 세력 연합에 기댔다. 아바스 정권은 특히 호라산 부대에 의지하였는데 호라산 부대는 지역 공동체 의식을 형성하고 있었고 그것이 자손 세대에게까지 미쳤다. 그들은 중앙 정권의 소재지인 이라크에 주둔하면서 수도를 호위함과 동시에 제국의 동부에 웅거하였으니 흡사 독립 왕국과도 같은 상황이었다.

아부 무슬림이 파견한 대장군이 751년 탈라스 전투에서 당나라 군대를 물리쳤다. 754년, 중앙은 아부 무슬림을 시리아로 보내어 난리를 평정하게 하고 일이 마무리된 뒤 그를 시리아와 이집트의 총독으로 봉한다. 그러나 아부 무슬림은 호라산이 그의 것이라며 큰소리를 쳤고 이에 아바스의 두 번째 군주, 알 만수르Al-Mansur(r.754~755)는 그를 유인하여 죽인다(755년).[1] 그러나 아부 무슬림의 부하가 호라산을 장악하자 중앙과의 관계는 다시금 틀어졌다. 여기서는 아바스 왕조에 흡사 고대 파르티아와 사산 제국의 역사가 재연되는 듯했다. 즉, 동이란은 나라 안의 나라가 되어서 심지어 '인도 파르티아' '인도 사산' 그리고 '서부 스트라프' 등의 정권으로 변화 발전했다. 후자는 인도의 서부를 가리키지만 실제로는 이란화한 극동 지역이었다.

제국 서부의 균열

우마이야 정권의 수도는 다마스쿠스에 있었지만 아바스는 바그다드에 도읍을 세웠는데, 이는 아라비아 지역과 이란 지역을 아울러 다스리기 위함이었다. 이렇게 이슬람 제국의 무게 중심이 동부로 이동하면서 원 서지역을 아우르기가 어려워졌다. 우마이야 왕조가 무너지면서 가문의 몰살 위기에서 유일하게 살아남은 이가 있었으니 바로 제10대 칼리프의 손자인 아브드 알 라흐만 1세Abd al Rahman I(731~r.756~788)이다. 그는 원서지역의 이베리아반도로 도망하였다가 756년에 코르도바에서 별도의 정권을 세우고는 '통치자Emir(아미르)'로 칭하기 시작했다. 그 후손이 909년에 별도의 중앙 정권을 세웠으니 그것이 코르도바 칼리프 정권 Caliphate of Córdoba이었고 중국 역사에서는 이를 '흰옷을 입은 대식국'이라는 의미에서 '백의 대식白衣大食'이라고 불렀다.

오늘날의 모로코에서는 베르베르인이 세운 바르가와타 부락연방 Bargawata Confederacy이 우마이야 말기에 이미 형성되었다. 건국자는 심지어 자신의 조상이 무함마드와 동등한 선지자이며 신으로부터 베르베르어로 된 『코란』을 받았다고 여겼다. 그 계율은 이슬람에 엄격했기 때문에 스스로 무함마드보다 우월하다고 여겼다.[2] 훗날 그들은 이슬람의 평등주의자인 카와리지파와 공모하여 봉기를 일으키고 튀니지 전투에서 패한 뒤 모로코 연안 지대로 퇴각, 별도의 나라를 세웠는데 이는 744~1058년의 일이다. 767년에는 아바스 신 중앙 정권의 박해를 피해 달아난 또 다른 카와리지파가 오늘날 모로코 내륙에 시질마사 정권Sijilmasa을 세웠다. 이 역시 베르베르인의 나라로 771년 정식으로 아바스 왕조에서 독립한다.[3] 14세기에 이르면 이는 서부 사하라 무역로의 최서단에 자리 잡은 덕에 큰 부를 쌓아 마그레브(대서부) 소속 베르베르인의 황금시대를 구가했다.

아바스 중앙이 이프리키아Ifriqiya에 파견한 세습 총독은 무할랍

히스파니아 모처에 있는 '쿠라이시의 매' 아브드 알 라흐만의 동상

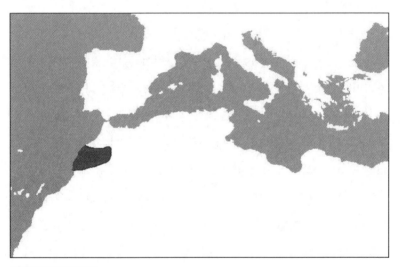

바르가와타 부락동맹

Muhallabids(771~793) 왕조가 되어 중앙 정권에 충성하기는 했지만 북부 아프리카에 만연한 반란 세력을 저지하지는 못했다. 714~719년 전후, 카

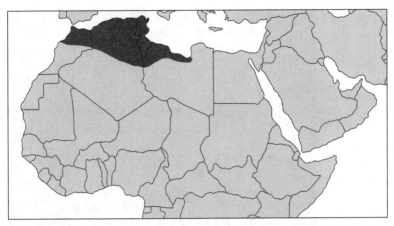

짙은 색으로 표시된 부분이 오늘날 리비아와 튀니지 일대의 루스탐 이맘 정권

와리지파의 이바디아Ibāddiya 분파는 오늘날 리비아와 튀니지 일대에 전도사를 파견하여 현지 베르베르인의 마음을 얻어낸다. 757년, 그들은 이맘 정권Imamate 수립을 선포하지만 아바스 중앙 정권에 진압되고 오늘날의 알제리 지역으로 이주한 뒤 그곳에 새로운 수도 타헤르트Tahert를 세우고는 루스탐Rustamids 가문을 세습 이맘으로 추대한다. 루스탐조의 창시자인 압드 라흐만 이븐 루스탐Abd El-Rahman Rustam (r.777~784)은 튀니지에서 태어났지만 페르시아의 먼 후예로 일찍이 이라크의 바스라에서 신학 훈련을 받기도 했다.[4]

아바스 왕조는 무함마드 하심 씨족의 깃발을 들고 권력을 쟁탈, 지도자로 등극한 뒤 주류로 편입되었다. 알리의 아들이자 하산의 증손자인 이드리스 이븐 압둘라Idris ibn Abdullah (r.788~791)는 787년 시리아에서 군대를 일으켜 아바스 중앙 정권에 반기를 들었다. 그러나 거사가 실패하자 모로코로 도망하여 베르베르족에 의탁, 이드리스 왕조를 세운다. 원래 친 카와리지파였던 베르베르인은 이제 처음으로 알리파에 기울게 되었지만 이드리스 왕조는 시아파의 색채가 그리 짙지 않았다. 그들은

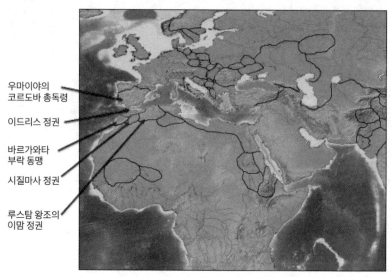

우마이야의
코르도바 총독령

이드리스 정권

바르가와타
부락 동맹

시질마사 정권

루스탐 왕조의
이맘 정권

아바스 왕조 건립 당시 대식 제국의 서부 영토는 이미 와해하고 있었다.

페즈Fez에 도읍을 정하고 무역로와 은광을 통제, 모로코의 경제 발전에
결정적인 역할을 하였다. 확실히 아바스 왕조 건립 무렵 이슬람 제국의
서부 영토는 이탈해 나가고 있었다.[5]

과거 아라비아군을 통한 점령이 피상적인 것이었다면 카와리지파
와 알리파가 와서 지방 전통 세력과 결합한 것은 사실상 이슬람 세력의
확장과 심화로 연결되었다. 마그레브(대서방)에서 베르베르와 아라비아
문화가 혼합하여 발생하는 과정은 흡사 호라산(동이란)에서 이란과 아라
비아의 문화가 혼합하여 숙성되는 과정과 같았다.

아바스 칼리프조의 전성기

아바스 제국 혹은 '흑의대식黑衣大食'이 749년에 세워진 뒤, 당나라 세력
을 서역으로 몰아낸 탈라스 전투는 751년에 발발했는데 이는 이쪽이 뜨
고 저쪽이 지는 시기적 교차점이었다고 할 수 있다. 제5대 칼리프인 하

룬 알 라시드Hārūn al-Rashīd(763~r.786~809)는 문화, 군사적 치적이 최고조에 이르렀다. 그의 통치 아래 바그다드는 세계 유명 도시가 되어 동시대의 장안長安에 뒤지지 않는 전성기를 구가했다. 하룬은 왕자 시절에 이미 비잔틴을 향해 한 차례 강력한 공세를 퍼부어(782년) 콘스탄티누스 5세가 이슬람 제국의 왕조 교체기를 틈타 구축했던 강력한 패권을 되찾아왔다. 이를테면 기회를 엿봐 아르메니아 전체와 키프로스 섬을 수복한 일을 들 수 있다. 그는 비잔틴의 섭정 모후였던 이레네를 압박하여 선제의 동진 정책을 포기하고 슬라브화한 발칸을 다시 그리스화하도록 했다(제23장 참조).

하룬 시대에 토번 제국은 마침 치둑송첸(r.798~815) 왕조의 전성기를 누리고 있었는데 둘은 트랜스옥시아나에서 충돌하였다.『구당서舊唐書』「대식전大食傳」에는 하룬이 당나라 덕종 시기(r.779~805)의 외교 기록에 '하론訶論'이라는 이름으로 등장한다. 하룬과 동시대에 또 다른 전성기를 구가했던 지도자는 샤를마뉴(r.768~814)였다. 원교근공遠交近攻(멀리 떨어진 적과는 화친하여 가까운 적을 공격한다) 정책을 고려하여 바그다드는 프랑크 제국과는 교류하여 기독교 성지 순례 문제와 이베리아를 점거한 코르도바 정권('백의대식')에 대응 문제를 협의했고 비잔틴에 대해서는 적대감을 공유하였다. 이 때문에 하룬과 샤를마뉴의 조정 사이에는 늘 사절이 왕래하였다. 하룬이 802년 샤를마뉴에게 보낸 예물에는 백색증을 가진 코끼리 한 마리가 포함되어 있었는데 그 이름은 아불 압바스Abul-Abbas였다고 한다.

800년, 하룬은 이브라힘 이븐 알 아글라브Ibrahim ibn al-Aghlab(756~812)를 이프리키아Ifriqiya의 세습 총독으로 임명하여 이미 무너진 무할랍 왕조를 대체하였고, 이로써 무려 1백여 년에 달하는 아글라브 세습 총독 시대를 연다. 행정 중심지는 튀니지의 케르앙Kairouan에 두었는데 이는 이슬

백색증을 가진 코끼리

람 제국의 서부 요충지가 되었다. 827년, 아글라브 토후국은 바다를 넘어 비잔틴의 시칠리아까지 정복, 반세기 가량 통치하다가 902~909년에는 북아프리카의 파티마 왕조에 의해 멸망한다. 시칠리아섬의 함락과 비잔틴 동진 정책에 가로막혀 시선을 안으로 돌려 '발칸화'에 주력할 수밖에 없게 되었다.

하룬 시대에 가장 널리 회자된 문학 작품은 『아라비안나이트』이다. 하룬 본인과 그의 와지르Wizir(재상)였던 자파르 빈 야햐 바르마키Ja'far bin Yahya Barmaki(767~803), 그리고 시인인 아부 누아스 알 하산 벤 하니 알 하카미Abu-Nuwas al-Hasan ben Hani Al-Hakami(747/762?~814)가 모두 해당 아라비아 문학 전집 속에 등장한다. 와지르였던 바르마키는 페르시아인이고 시인인 아부 누아스는 아라비아인과 페르시아인 사이에서 태어난 혼혈인이었다. 바르마키 가문은 아부 누아스의 지지자였는데 그들이 죄명을 얻어 멸족당하자 아부 누아스는 한동안 잠잠히 지내다가 훗날 하룬의 계승자인 아민의 지기知己가 된다. 그는 아라비아 시가詩歌 분야에서 대가의 지위에 있었고 이슬람에서 가장 위대한 시인이라는 영예도 얻어 그 위상이 중국으로 치면 이백에 해당했다. 그의 작품은 종교에 대해서는 다소 불경스러운 면도 있지만 도시 생활과 맛좋은 술, 미인, 남색에 관한 묘사에 탁월했다. 특히 풍자와 비판을 잘하여 수동적인 남자와 단정하지 않은 여인, 그리고 자위

自慰와 같은 이슬람 사회를 경악하게 할 만한 소재로 글쓰기를 좋아했다. 그의 이성간 애정시mu'annathāt와 동성간 애정시mudhakkarāt는 소재에 따라 두 개의 문학 갈래가 되었고 후자는 전자에 비해 배로 뛰어났다.[6]

과학연구의 불꽃이 된 '지혜의 집'

하룬은 바그다드에 '지혜의 집Bait al-Hikma(알 히크마)'을 세우고 도서관 겸 번역의 거점으로 삼았고 813년에는 하룬의 아들 마문이 천문대를 증설했다. 여기에는 전 세계의 지식을 한데 모아 번역하고 체계화하려는 웅대한 뜻이 반영되었다. 하룬의 대신 바르마키는 이 과학원을 통해 '번역운동'을 추진하였는데 초창기에는 인도 서적 번역에 치중하다가 9세기가 되면 헬레니즘 시대의 문화유산에 대한 번역이 압도적으로 많아졌다.[7] 바르마키 가문은 조상이 박트리아의 불교 사원 스님이었는데 이슬람 정복 직전, 조로아스터교가 마지막 빛을 내뿜던 때 조로아스터교의 신도가 되기도 했지만, 얼마 뒤 이슬람교로 개종하였다.[8] 여기서 우리는 이슬람 제국의 문화에는 헬레니즘 시대의 바탕색이 깔려 있음을 알 수 있다.

바르마키의 번역서는 세계 역사상 오직 중국의 불경 번역서만이 그와 필적할 수 있을 정도로 대단한 규모였다. 바르마키는 또한 하룬에게 건의하여 바그다드에 제지공장을 세웠고 이는 고전의 전파에 일대 혁신을 몰고왔다. 뜻이 있는 곳에 길이 열리는 것인지 751년 탈라스 전투를 통해 중국의 제지 기술이 이슬람 세계에 유입된다. 760년 전후로 인도의 방문단이(특별 초빙 단체) 바그다드에 이르러 인도의 숫자 체계를 전수하였다.[9] 그 뒤 인도의 숫자가 대식 제국을 통해 서방으로 전파된 탓에 인도의 숫자는 '아라비아 숫자'로 오인되었다. 오늘날 서방을 통해 세계에서 통용되는 숫자부호도 아바스 시대에 북아프리카에 유행했던 서부

지혜의 집

아라비아 계통의 부호가 그 뿌리이다.

만일 중국의 종이나 인도의 숫자 체계가 없었다면 이슬람 문명의 번영은 상상하기 힘들 것이다. 종이는 양가죽보다 저렴하고 파피루스처럼 쉽게 부서지지 않으며 먹물을 쉽게 흡수하여 지워지지도 않고 보존 시에도 넓은 공간이 필요없다. 그래서 필사 작업이 활기를 띠어 서적 기반 지식이 광범위하게 보급될 수 있었다. 서적 보급이 절정에 이른 계기는 중국 인쇄기술의 서양 전파다. 종이가 발명되지 않았다면 후대에 유럽 문예 부흥과 종교개혁이 그처럼 광범위하고 대대적으로 이루어질 수 없었을 것이다.

인도의 숫자 시스템, 특히 '0'의 개념이 없었다면 현대 수학의 발전 또한 상상할 수 없었을 것이다. 인도의 숫자 체계가 이슬람 제국으로 전해진 뒤 수학 역사가 새로운 절정기에 도달한 것은 결코 우연이 아니다. 인도 본토가 하지 못했던 일을 이슬람이 할 수 있었던 것은 그들이 다른 지역의 문학 유산을 한데 모아 종합하였기 때문이다. 어쩌면 바빌론 말기 수학에는 이미 대수代數의 개념이 싹텄을 수도 있다.

'지혜의 집'은 각지의 현명하고 유능한 인재를 모아 분야별 연구를 담당하게 하는 등 명실상부 집현전의 역할을 하였다. 하룬과 바르마키는 게베르Geber(721~815)를 지지하였다.[10] 그는 아라비아인이자 페르시아인, 쿠르드인이기도 했다. 호라산과 메소포타미아 북부 출신이었던 그는 조상이 예멘에서 건너왔을 수도 있지만 명확한 것은 아니다.[11] 그의 최대 공헌은 화학 분야이다. 체계적인 실험을 강조하여 20여 종의 실험실 기구를 발명하였고 황산과 염산, 질산, 구연산, 초산, 그리고 주석산을 발견하였으며 비소, 안티몬, 비스무트 등의 원소를 분리해내는 데 성공했다. 그는 화학지식을 산업 용도로 활용하여 부식되지 않는 철이나 방수포를 만들었고 이산화망간을 유리 제조에 쓰기도 했다.[12] 알려진 바로 그는 방수 종이와 형광 잉크를 발명하였다고도 한다. 게베르는 하룬 조정의 연금술사가 되었는데 그의 최종 목표는 실험실에서 생명을 만들어내는 것이었으니 오늘날로 치면 클론(복제) 프로젝트의 원조격이라고 하겠다. 그의 의학, 천문학, 성상학星象學 방면의 공헌은 일일이 열거하기도 어려울 정도이다. 그의 공적을 기려 오늘날 달에 있는 화산 중 하나가 그의 이름인 게베르 화산으로 명명되기도 했다.

일생의 대부분을 바그다드의 '지혜의 집'에서 보냈던 학자가 또 있었으니 그는 무함마드 이븐 무사 알콰리즈미Muhammad ibn Mūsā al-Khwārizmī(780~850)이다. 페르시아의 수학자이자 천문학자, 성상학자, 지리학자인데 이름에서 짐작할 수 있듯이 그는 화레즘에서 태어났던 것으로 보인다.

그의 저서(820년)에는 최초로 인도의 십진十進 산술법이 반영되어 있으며 12세기 때는 그의 책이 라틴어로 번역되어 십진법 산수가 서방세계로 전파되기도 하였다. 그의 알 자브르 왈 무카발라Kitab al-Jabr wal-Muqabala는 어쩌면 최초로 일차 방정식과 일원이차방정식을 풀어낸 계통의 저서이고, 이 때문에 그는 '대수의 아버지'라고 불린다. 사실 그것은 고대 바빌론 수학의 대수代數 인자를 계승하였는데 그것이 기하학적 색채가 짙은 것을 보면 유클리드 기하학의 대수 성분을 발전시킨 것으로 보인다. '대수algebra(알게브라)'라는 용어도 아라비아어 '알자브르al-jabr'를 라틴어를 옮겨 쓴 것이며 알자브르는 일원이차방정식을 해결하는 두 가지 방법 중 하나로 사용되었다. '알고리즘Algorism, Algorithm(계산법)'도 알콰라즈미라는 이름을 라틴어로 부른 '알고리티미Algoritmi'에서 유래했다.[13]

알자히즈Al-Jāhiz(781~868/869)는 동부 아프리카 혈통을 가진 아라비아 학자로 가정환경이 가난해서 어릴 때 바스라에서 생선을 팔아 생계를 유지했지만, 늘 현지의 현사와 철학자의 강연에 참석하였고 나중에는 글을 쓰는 것을 업으로 삼다가 816년에는 바그다드 '지혜의 집'으로 들어갔다. 그의 저서는 산문, 문예 비평, 동물학, 역사학, 심리학, 이슬람 철학, 이슬람 신학, 정론 등을 폭넓게 다루었다. 그는 최초로 지식은 진보한다고 주장한 이슬람 사상가로, 지식은 경험을 누적하여 이성으로 종합하므로 경험이 이성보다 먼저라고 했다.[14] 그의 생물학 이론은 최초로 진화와 적자생존의 개념을 다루었고 최초로 '먹이사슬food chain'설을 제시하였으며 환경결정론을 통해 인종의 차이를 설명하였다. 그는 일부 저서에서 흑인이 백인보다 우월하다고 주장하기도 했다.

아부 유스프 야쿱 이븐 이샤크 알킨디Abū Yūsuf Ya'qūb ibn Ishāq al-Kindī (801~873)는 명실상부한 백과사전식 거장이었다. 그의 저서 목록은 표제 기준으로 3백여 개에 달하였지만 대부분 소실되었다.[15] 그는 아라비아 킨다 부락민Banu Kinda의 후예로 쿠파에서 태어났는데 훗날 바그다드로 건너가 연구에 매진한 끝에 '지혜의 집' 구성원이 될 수 있었다. 조정은 그에게 그리스의 과학과 철학 서적을 아라비아로 번역하는 일을 감독하게 했고 이는 그의 연구의 근본이 되었다. 천문학 연구와 우주론 방

무함마드 이븐 무사 알콰라즈미   게베르

면에서 그는 프톨레마이오스와 아리스토텔레스의 지구중심설을 고수
했고 그의 수학 저서는 인도의 숫자 시스템을 널리 보급하였다. 그는 빈
도 분석 분야의 선구자였고 이로써 암호 해독학의 시조로 여겨지기도
한다. 그는 수학을 약물학에 응용, 정량화 과정을 통해 약물의 강약을 조
절하여 수치의 범위를 정하였다.[16] 화학 방면에서 그는 게베르가 닦아놓
은 학문의 기초 위에서 에틸알코올(주정)을 추출하였고 증류법에 대해
최초로 명확하게 서술하였으며 다양한 향수도 추출하였다. 그의 저서
는 최초의 환경학 연구 서적 중 하나로 공기와 수원, 토양 오염, 폐기물
처리, 환경영향평가의 개념을 다루었다. 그는 열다섯 편의 음악 이론 전
문 저서를 쓰기도 했는데 그중 한 편은 최초로 뮤지키아_{musiqia}라는 용어
를 사용하여 오늘날 아라비아어와 페르시아어, 터키어, 그리고 여러 서
방어에서 사용하는 '뮤직_{music}(음악)'이라는 단어의 어원이 되었다.[17] 심
리학 방면에서는 오늘날의 인지 요법에 거의 근접한 수준으로 발전하였
고 우울증은 인지 전제가 실제와 맞지 않아 생긴 것이라고 봤으며 음악
치료법도 실험하였다. 그는 최초로 아라비아어 저서를 통해 원천적이고
독창적인 논리를 펴낸 논리학자이기도 하다. 그는 데이터가 부족한 상

무사 가문의 3형제

황에서 어떤 일을 함부로 결정하는 고대 지도자들을 비판했고 관찰과
정량화가 무엇보다 중요함을 강조하는 등 800여 년 뒤에 태어난 영국
학자 베이컨보다 앞섰으며 정량화를 주장하는 측면은 베이컨의 경험론
보다 더욱 엄격하고 정밀했다. 그의 형이상학은 플라톤과 아리스토텔레
스, 그리고 이슬람 신앙을 결합하였다. 형이상학은 곧 신에 대한 인식으
로 오직 신만이 공상共相(보편)과 수상殊相(개별)의 결합이므로 절대적인
완전성을 가지며 세계는 신의 '유출'로 형성된 것이 아니고 신이 모든 창
조물을 통해 능동적인 역할을 발휘한 것이다. 신의 세계 창조는 그의 '제
일 지성' 안에 있고 인간이 감각기관의 세계를 초월하여 공상共相을 파악
하는 것은 '제일의 지성'과 접촉하는 것에 있다. 선지자와 철학가는 모두
이러한 특색을 가지고 있는데 후자는 학습을 통해, 전자는 하늘의 계시
로 얻는다.

'지혜의 집'의 현자에는 이란인 무사 가문Banū Mūsā의 삼형제도 포함
되어 있었다. 그들은 자동화 기계를 설계하는 데 탁월했고 이 방면에 관
한 저서도 있었으며 그 기하학에 관한 저술은 해당 학과의 기초 참고서
가 되었다. 큰형인 아부 자파르 무함마드 이븐 무사 이븐 샤키르Abu Ja'far
Muhammad ibn Mūsā ibn Shākir(803?~873)는 천체물리학과 천체역학의 선도자였

다. 그는 우선 천체 운동과 지면 운동이 동일한 규칙에 의해 제어되며 천체와 천체 사이의 인력이 상호 작용함을 주장하였으니 뉴턴의 선구자였던 셈이다. 아라비아어는 해당 세계사 단계에서 과학계의 국제 언어로 자리매김하였다.[18]

종교학 체계가 완비된 시기

이슬람과 중국의 당나라는 중고시대에 세계 문화의 쌍벽을 이루며 문예 창작 방면에서 우열을 다퉜다. 그러나 과학연구 분야에서만큼은 당나라가 이슬람을 따라잡지 못했다. 전성기 시절 이슬람은 세계에서 가장 오래된 문명지대에 걸쳐 있었고 헬레니즘의 유산을 계승하였다. 기독교의 동로마가 고대 이교도를 진압하자 고전 학자들이 속속 사산조 페르시아로 피난해 왔고 그 계승자인 이슬람을 위하여 그들이 보유한 문화유산을 풍성하게 발전시켰으니 동시대 서방은 자체적으로 후퇴한 것이나 마찬가지였다. 이슬람은 중국과 인도 등 이웃 나라로부터 문화적 양분을 흡수하였고 그 결과 당나라가 더불어 경쟁할 수 없는 수준에 이르렀다. 아바스 왕조의 황금시대로부터 훗날 '이란 문예 부흥' 시기에 이르기까지 이슬람 문명은 대대적인 '과학 혁명'을 거쳤다. 그러나 세계 역사에서 맡았던 가장 두드러진 역할은 서양 근대 과학 혁명을 위한 길을 닦았다는 점이다. 오늘날 그 누가 '지혜의 집'을 기억하겠는가? 그러나 보일과 뉴튼의 왕립 학술원을 모르는 이가 없다.

많은 이가 이슬람 과학이 훗날 신앙적 핍박 때문에 요절했다고 하지만 사실 이슬람은 로마 교회와 같은 전제적 조직이 없어 화형으로 과학자를 태워죽이는 사건은 발생하지 않았다. 종교적 폐쇄성이 과학의 정체를 초래했다고 해석한다면, 지극히 세속화되다 못해 창세신화조차 없는 중국이야말로 과학 발전의 온실이 되었어야만 했지만 일은 그렇게 단순하지만은 않다. 인류사의 초기에는 '신성계神聖界'와 관계되지 않은 순수 과학 사유란 거의 없었다. 여기서는 '종교'라는 용어를 사용하지 않으려고 한다. 왜냐하면 '종교'는 현대인 생활의 한 부분일 뿐, 현대 이전의 삶 전체가 그 안의 부호 대기층에 스며든 것은 아니기 때문이다. 인도인은 우주적 시간인 '대겁大劫'의 관점에 대해 무수한 숫자적 상상을 파생시켰는데 이는 '0' 없이는 계산할 수 없는 것들이다. 4대 원소는 모두 '공空'의 본체론에서 나와 마찬가지로 '0'을 '만물의 어머니'가 되게 했다(숫자 계열의 어머니). 바빌론과 고대 인디언의 천문과 역법도 모두 천인상응天人相應(하늘과 사람이 상응함)의 사유를 바탕에 두고 있다. 세계 역사를 보면 종교는 과학을 생육하기도 하고 말살하기도 했는데 이는 계기의 문제로 비교적 근본적인 적은 교조화한 마음과 개방적 마음 사이에서 생겨났다. 20세기 역사는 우리에게 개방된 마음의 적이 반드시 종교인 것만은 아니며 유물론 교조일 수도 있음을 알려준다.

이슬람 전성기에는 과학연구 분야와 더불어 종교학 계통이 완비되었다. 이슬람 신앙에서 '하디스Hadith(언행록)'는 『코란』 다음의 권위적 문헌이었던 까닭에 책으로 엮어 『성훈집聖訓集』이 되었는데 이는 선지자나 그 동료들 사이에 주고받은 말을 엮은 어록을 그 내용으로 한다. 최초의 성훈집을 편찬한 이는 메디나에서 태어난 마리크 이븐 아나스 이븐 마리크 이븐 아비 아미르 알아스바히Mālik ibn Anas ibn Mālik ibn Abī Āmir al-Asbahī(711~795)이다. 해당 성훈집은 총 1,720개의 성훈을 수집하였고 '무와타Al-Muwatta'로 일컬어지며 이슬람 주류 수니파의 중요 경전이 되었다. 그 뒤 부하라 사람 무함마드 이븐 이스마일 알 부하리Muhammad ibn Ismail al-Bukhari(810~870)가 이집트에서 투르키스탄에 이르는 이슬람 경계를 두루 다니며 선지자와 그의 동료에 관해 구전되는 '성훈'을 총 60여만 개 수집하고 그중 7,397개(혹은 또 다른 계산법에 따르면 7,295개)를 선별, 870년에 『부하리 성훈집Saḥīḥ al-Bukhārī』
에 수록하였는데 이는 수니파의 6대 성훈
집 가운데 하나가 되었다.[19]

부하리 성훈집

　『성훈집』과 『코란』은 이슬람의 성률聖
律, Sharia을 이루는 공동 기반이 되었다. 『코
란』은 지나치게 간략해서 이를 무슬림의
생활과 행동거지를 절제하는 구체적인 규
율로 삼기는 어렵다. 그래서 '성훈'을 수
집하게 되는데 가장 열심인 자는 종종 성
률 학자가 되고 그들은 반드시 인간 행위
에 대한 판결 시 반드시 '성훈'에서 선례
를 찾아야만 했다. 만일 선례가 없다면 법
률학자가 의견 일치ijma(이즈마)를 보아 판결하였는데 이를 신도단체 전
체의 의견과 동등하다고 봤다. 이슬람 성률을 해석하는 학문은 법학fiq이
되었는데 이는 오늘날 말하는 좁은 의미의 법률학이 아니고 생활과 행
동거지, 심지어 거주와 음식을 절제하는 것을 포함한 계율이다. 수니파
이슬람교의 성률 해석은 4대 분파로 구분되어 오늘날까지 발전, 이슬람
의 지역별 판본이 되었다(그 공통점은 보수성).

　4대 분파 가운데 가장 일찍 출현한 것은 하나피파Hanafi로 그 창시자
는 아부 하니파Abū Hanīfah(699~765)다. 대략 우마이야 시대에 형성되었
다가 신도 비율에 따라 오늘날 이슬람 성률 해석의 최대 분파로 성장했
고 현대의 세계정세에 비교적 잘 적응하는 편이다. 시간 순서로 보면 그
다음은 마리크파Mālikī로 첫 번째 성훈집을 편찬한 마리크 이븐 아나스
가 창시했다. 그는 우마이야와 아바스 양 시대에 걸쳐 활동하면서 평
생 메디나를 떠나지 못했고 이 성지의 경험을 가장 순결한 성률의 원천

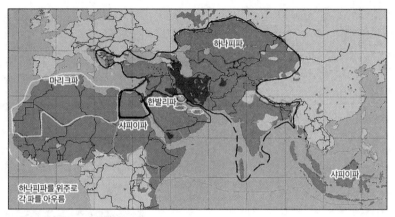

4대 이슬람 성률 해석 분파의 지리적 범위

으로 여겼다.[20] 마리크파는 오늘날 대략 15%의 무슬림이 따르고 있으며 주로 북부 아프리카를 거점으로 한다. 샤피이파Shāfiʿ의 창시자인 아부 압둘라 무함마드 이븐 아드리스 알 샤피이Abū ʿAbdullāh Muhammad ibn Idrīs al-Shafiʿī(766/767~820)는 마리크의 제자로 훗날 바그다드에 정주한다. 해당 성률파는 오늘날 추종자의 29%를 차지한다. 마지막은 한발리파Hanbali이다. 창시자는 아흐마드 빈 무함마드 빈 한발 아부 압드 알라 알 샤이바니 Ahmad bin Muhammad bin Hanbal Abu Abd Allah al-Shaybani(780~855)로 호라산에서 태어나 바그다드에서 세상을 떠났다. 해당 분파는 오늘날 현대 세계정세 속에서 가장 보수적이며 그 영향권은 주로 아라비아반도에 걸쳐 있다.

한쪽만 살아남아야 했던 양대 황금시대

훗날 이슬람의 역사는 '혁신적' 과학연구와 철학이 '보수적' 성률에 패하는 양상으로 가는 듯 보이지만 이는 편협한 관점이다! 양자 모두 황금시대 혁신의 산물로 자기만의 역사적 전승이 있다. 이슬람 황금시대의 과학과 철학은 헬레니즘과 인도의 과학 및 사변이라는 양분을 흡수하여 아바스 시대에 숙성과정을 거쳤다. 성훈학은 줄곧 '전통'으로 오역되었기 때문에 '혁신'의 반의어로 잘못 여겨졌다. 이슬람 연구의 권위자는 이에 대해 불만을 표시하며 '성훈'을 '알림reports'으로 해석해야 한다고 했다. 또한 '성훈'은 '습속'에 대한 창시자의 개혁을 기재한 것이므로 해당 '습속'이야말로 '전통sunnah(순나)'이라고 봤다.[21] 성훈이 된 하디스hadith는 원래 혁신의 의미를 가진 자동사, 하다사hadatha에서 파생된 명사이며 히브리어에서 이에 대응하는 말로는 '새롭게 하다' '초승달'의 뜻을 가진 '하다쉬'가 있다. 순나sunnah는 곧 '늘 가는 길'이라는 의미도 있다.[22] 그러나 20세기 혁명의 역사와 비교하는 과정에서 일깨움을 얻을 수 있다. 곧, 혁명 1세대의 언행, 그리고 그들이 아라비아 부락법을 비판적으로 계승한 것이 일단 모든 신도가 반드시 학습하고 따라야 하는 규율로 바뀌면 새로운 순나Sunnah로 응집된다. 이 때문에 이슬람의 주류파 또한 수니파 Sunni라고 불리며 시아파와는 다른 '전통파'로 변모한 것이다.

성률과 성훈의 완비로 이슬람 제국의 도시에서는 일련의 '학자Ulama' 들이 배출되었다. 그들은 경서 해석가이자 교사, 법학자였고 법관qadi으로서 『코란』과 『성훈』, 그리고 『성률』 사이의 일관성을 이루어냈고 제사장祭司長이 없는 이슬람에서 사제 계층에 가장 근접한 역할을 했다. 이슬람 제국에서 종교학 체계의 완비는 과학연구 발전과 평행하여 진행되었고 후자는 대자연에서 신의 계시를 관찰하고 신이 창조한 우주의 신비로움을 찬미하였다.[23] 그렇다고 해서 그 평행발전은 두 영역이 서로 어그러짐 없이 병행하여 발전했다는 것이 아니며 종교 '학자'는 점차 과학연구를 매장지로 보내는 장의사 역할을 하였다. 어떤 이들은 헬레니즘과 인도의 학문이 '외래aw'il'의 것으로 여겨져서 이슬람 문화에서 그 지위가 상당히 주변화, 변방화되었다고 여긴다.[24] 그러나 중앙 정권이 거액을 투자해서 과학연구 거점을 세우고 각 지방이 이를 따랐다는 점을 보면 변방화 가설은 재론의 여지가 있다. 기원후 두 번의 천년을 보낸 오늘날의 시점에서 이슬람 과학 연구가 깃발을 내린 채 정체된 상황도 해석되어야만 한다. 이 같은 상황을 초래한 원인으로 지목하기 쉬운 대상에는 십자군과 몽고인이 있다. 그러나 이것이 뿌리가 없는 꽃이 아닌 이상, 가을바람 낙엽 쓸어가듯 정체되어버린 이 현상은 어떻게 설명할 것인가?

하나피파, 마리크파, 샤피이파, 한발리파에 이르는 4대 성률파의 창시자는 철학의 영향을 받은 이슬람 신학ilm-al-Kalam조차 반대하면서 가벼우면 무익하다고 보고 지나치면 이단으로 여겼으니, 경서에 근거가 없는 헬레니즘 철학이나 과학을 배척했음은 두말할 것도 없다. 이슬람 이성주의의 몰락이 성률학자에 의해 주도된 것을 어찌 이상하다고 여기겠는가? 해당 입장에서 이론 수준이 가장 높은 이는 무함마드 가잘리Abū Hāmid Muhammad ibn Muhammad al-Ghazālī(1058~1111)이다. 그는 동이란 출신의 신학가이자 종교법학가, 신비주의자로 11세기에 『철학자의 모순Tahāfut al-falāsifa』을 발표하여 당시 플라톤과 아리스토텔레스의 철학 주류를 종합한 아비켄나Avicenna의 체계에 맞섰다. 즉, 철학가의 최대 죄악은 신의 존재를 증명하지 못한다는 것이고 그들은 인과 법칙은 뒤집을 수 없는 명제이자 이를 바꾼다면 대역무도에 해당한다고 봤다. 단순히 만능의 신이 언제든지 인과관계를 배치할 수 있다고 여기는 명제는 언제든 카펫을 힘껏 잡아당겨 그 위를 밟고 선 과학적 사유를 넘어뜨릴 수 있다고 여기는 것과 같다![25] 이 목숨을 건 거작의 자매 편은 『종교학의 부흥Ihya' Ulum alDin or Ihya'u Ulumiddin』이라는 책으로 종교법학과 신학, 수피파 신비주의의 대전大全이다.

가잘리의 비공식적 발언은 로마 교황이 성좌聖座, Sancta Sedes에서 보낸 조서보다 더욱 효과적임을 증명했고 종교학자 집단의 마음속 소리를 대변하였다. 이때부터 이슬람 신학은 점차 헬레니즘 철학에서 벗어나 수피파 신비주의에 근접하기 시작했다. 이슬람교 내에서 가잘리는 '말세의 부흥자mujaddid'라는 존호를 얻게 되는데 그의 중요성이 무함마드에 버금간다고 보는 이들도 있지만 이는 다 나중 일이다. 해당 시기는 이미 셀주크 시대로 접어들었고 반反 과학 경향이 돌아서는 시점도 미루어지면서 이슬람의 황금시대에 이르면 과학유산 대부분이 산실되었다. 그것이 영향을 끼친 지역은 도리어 중고시대 서방이었고 문예 부흥시대에 도달한 서방은 직접 원전을 확보하여 파악할 수도 있었다. 중고 이슬람이라는 매개는 못쓰고 버린 유년 시절의 폐물이 되었고 그 이슬람의 원류는 흔적도 없이 사라졌다.

이슬람의 특색은 교회나 사제 계층이 없으며 사람과 신 사이에 매개가 없다는 점이다. 전도사 계층이 없다는 것은 브라만이나 마구스magus(조로아스터교의 사제)와 같은 특수한 지위를 별도로 보장하지 않는다는 것이고 바티칸 중앙처럼 심오하고도 정식적인 교리를 하달하지도 않는다는 의미이다. 이슬람의 교리는 기본적으로 '알라는 유일한 신이고 무함마드는 그가 보낸 사자이다'라는 말로 축약된다. 이슬람의 종교의식은 주로 기도이며 앞에서 신도들을 이끌고 기도하는 이를 '이맘'이라고 한다. 이맘은 신도 가운데서 한 명을 뽑아 임명하는데 흡사 훗날 기독 신교의 청교도가 신도 가운데 장로를 선출하는 것과 같다. 신과 인간 사이에 매개자나 사제 계급이 없는 이슬람 신앙은 사회 평등을 지향하지만 종잡을 수 없는 불교식 중생 평등과는 다르다. 이슬람은 불교식 승려와 기독교의 수도사에 반대하여 기본적으로 수도원 자체가 없고 지극히 인간화하였다.[26] 사제도 없고 속세를 피하여 은거하는 수도사도 없어 종교 생활이 인간화된 상황에서 성률 학자의 권위는 자연히 모든 것을 압도하는 수준에 이르게 된다. 서방의 계몽운동에서는 기존에 이미 제도화한 교회가 있어서 타도해야 할 대상을 제공하였는데 이슬람은 새로운 사

무함마드 가잘리

조가 넘쳐나는 시대를 거친 뒤, 그 보수주의가 모든 대기층에 충만해졌다.

이슬람 황금시대의 과학연구는 주로 궁정에만 의지하던 상황이었으므로 일반 신도들의 눈에는 과학가가 이단과 달라 보이지 않았다. 이슬람이 존중하는 지혜자란 성률, 전통('전통'이 된 성훈),『코란』의 학자이다. 이들 지혜자에 대한 민간의 '보편적이고 무조건적인 숭배는 과학자에게는 일어나지 않는 일이었고 과학자란 기껏 잘 해봐야 '용인'되는 수준이었다.[27] 여기서 비교 역사학은 우리의 시선을 중국으로 옮긴다. 가장 인간화하여 종교적 무관용이 존재하지 않는 문명 속에서 과학자는 기본적으로 궁정과 인연이 없었다. 태학의 국자감國子監에도 이렇다 할 자리가 없었고 민간 서원에도 보이지 않았으며 심지어 과학자 스스로 어떤 집단을 이루지도 못했다. 인류 역사를 돌아보면 과학자가 규모화, 집단화하여 왕권과 종교권 이외의 또 다른 권위자가 되는 것은 근대 서방의 과학 혁명 시대에 이르러서야 가능해졌다.

이슬람 황금시대의 과학과 철학은 그리스 로마 문명의 것과 비교되는데 훗날 이들은 하나같이 종교의 득세로 패하였을 뿐 정치적 난리나 빈번한 전란 때문에 패한 것이 아님을 알 수 있다. 종교 세력이 득세하기 전에는 이슬람의 학술 사상은 바그다드 중앙 세력의 쇠퇴와 더불어 이슬람 제국 각지에 널리 퍼지는 추세였다.

바그다드 중앙 정권의 흔들림에서 항복까지

하룬은 809년 세상을 떠나기 직전 왕자들의 계승 순위를 정하였다. 왕위와 중앙, 그리고 서방 도시는 아라비아 출신 모후의 소생인 차남 아민 Al-Amin(r.809~813)에게 물려주고 동부 도시는 페르시아 모후가 낳은 장자 마문Al-Ma'mun(r.813~833)에게 계승하였으며 막내 무타민Al Mu'tamin은 메소포타미아 유역 북부Al-Jazira 총독으로 임명하여 비잔틴 변방 수비를 겸하게 하였다. 그리고 향후 칼리프 대통은 형제간 계승하게 했다. 810년, 아민은 무타민이 맡았던 직책을 해제한 뒤 이듬해에는 대통을 친자식에게 물려주겠다고 선포하였으며 군대를 보내어 그 맏형을 공격하기까지 하였다. 마문은 호라산 부대에 기대어 다시금 이라크의 중앙 정권을 격파한다. 814년 중앙에 진입한 호라산 부대는 그 이란적 색채가 앞선 아부 무슬림 집단을 넘어섰다. 마문은 장기간 동부에 머무르면서 대리인을 중앙에 파견하여 통치하게 하였다. 그러다가 나중에는 결국 정치 중심지를 바그다드로 옮기고 그를 대신해서 서방을 평정한 호라산 대장 타이르 이븐 후세인Tahir ibn Husayn(?~822)에게 동부 이란을 장기적으로 관할하게 하는데 이는 훗날 타히르 왕조Tahirids와 바그다드 중앙이 천하를 양분하는 상황을 초래한다.

마문은 자신의 가문과 호라산 밖에도 권력의 기반을 다지고자 한 가지 의외의 결정을 내리는데, 훗날 열두 이맘 시아파의 제8대 이맘이 되는 알리 이븐 무사 알 리다Alī ibn Mūsā al-Ridā(765~818)를 계승자로 지목하여 반정부 분자를 보듬고 아바스 정권을 공고히 하고자 한 것이다. 그러나 리다가 818년 마문보다 먼저 세상을 떠나자 마문은 827년에 무타질리mu'tazili 철학을 이슬람 관학으로 선포함으로써 사상을 통일하고자 한다. 무타질리 철학은 8세기 중반 바스라에서 기원하여 헬레니즘의 영향을 받은 이성주의 사상으로 인류의 이성을 전통의 위에 두었기 때문에 경전 해석이 흔한 관점에서 벗어나 수니파 학자들을 놀라게 했다. 그들은 『코란』이 알라처럼 영원한지에 관한 논쟁에서 코란은 피조물이라는 입장을 고수했다. 이는 기독교가 성서의 말을 반대하는 단성론파를 이단으로 규정하는 것과 비슷한 맥락이다. 마문이 해당 분파에 기울게 된이유는 어쩌면 그들의 '중용'적 입장, 즉, 수니와 시아는 흑과 백이 아니므로 어느 일방이 전적으로 옳다거나 전적으로 잘못됐다고 볼 수 없다는 생각 때문일 수도 있다.[28] 만일 마문이 이런 식으로 백성의 신앙 분열국면을 통일했다면 그는 대단히 큰 잘못을 저지른 것으로 공연히 두 분파 모두와 불화하는 제3의 노선을 만들었을 뿐이다. 더욱 황당한 것은그가 종교 법정을 설립하여 불복종하는 이들을 박해함으로써 '이성주의'의 평판을 나쁘게 했다는 것이다.

　마문이 미처 계산하지 못했던 부분은 백성들 가운데 애초부터 무슬림에 속하지 않은 이들이 있었다는 점이다. 그의 재위 기간에는 사산 시대 조로아스터교의 이단이었던 마즈다크Mazdakite의 불씨가 되살아났다. 그들은 사회 평등주의를 제창하면서 무장봉기하였다. 아바스 시대의 마즈다크 교파는 이미 명칭을 후르라미파Khurramites로 바꾸고 바바크 호람딘Bābak Khorram-Din(?~838)이 이끌다가 833년에는 아제르바이잔 대부분을 차지한다. 칼리프는 트랜스옥시아나에서 새롭게 개종한 이란의 우쉬루사나Ushrūsana의 부대에 기대어 난을 평정한다. 우쉬루사나의 지도자는 아프쉰Afshin으로 불렸는데 반란이 평정된 뒤 아프쉰 또한 역모를 도모했다는 죄명을 뒤집어쓰고 사형당한다.[29]

　여기서 얻을 수 있는 단서는 아바스 중앙 정권이 호라산 무장세력에 더는 의지할 수 없게 되자 강구해 낸 다른 방법이 바로 '역모'였다는 점이다. 우쉬르사나는 시르다리야강 유역에서 새롭게 개종한 변경주로 이미 호라산 대신 국경 수비의 지위를 차지하게 되었지만 중앙에서 다소 멀리 떨어져 있었던 관계로 이슬람 후기에는 중대한 위치에 있던 사만 토후국의 관할지가 된다. 이들은 호라산과 마찬가지로 넓은 의미에

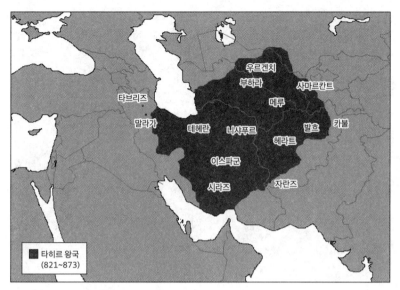

동이란을 통치한 타히르 왕조

서 '동이란'에 속하였다. 칼리프 마문은 페르시아 출신 모친의 소생으로 부왕 생전에 동이란에 봉해졌기 때문에 호라산 부대에 의지해 통치권을 빼앗고 우쉬르사나 부대를 이용하여 난을 평정하였다. 그가 833년에 사망하자 이복동생 무타심Abu Ishaq Abbas al-Mu'tasim ibn Harun(794~r.833~842)이 그의 뒤를 이어 보위에 올랐다. 무타심은 돌궐인이었던 모친의 영향으로 돌궐 노예를 중앙군으로 대거 유입했다. 돌궐 노예들은 고대에 대완大宛이라고 불리던 페르가나Ferghana와 우쉬르사나 출신이었고 동이란의 타히르 총독統領 역시 매년 2,000여 명의 노예를 보냈다. 돌궐 노예군Ghilman은 빠르게 중앙군과 정부를 좌지우지할 만한 세력으로 성장하였다. 836년 중앙의 돌궐 노예군이 바그다드 시민과 충돌하면서 폭동이 발발하자 무타심은 사마라로 천도하였고 892년까지 그곳은 아바스 중앙 정권의 수도가 된다. 861~870년, 네 명의 칼리프가 노예군에 의해 살해되었고 한 명은 사마라로 도망하여 폐위되었으나 목숨은 부지하였다.

사마라 사원의 첨탑   바바크 호람딘

한편 인도에 있던 이슬람 제국 도시 신드를 통치하는 것은 하바리 Habbari 가문이었다. 아라비아반도의 네지드 출신이었던 하바리는 우마이야 시대에 이미 인도에 진출하여 훗날 총독이 되었고 841년, 아바스 등극 전까지는 반독립상태를 유지하다가 1024년까지 존속했다. 해당 도시의 중심지는 만수라 Mansura로 오늘날 인도 명칭은 '신드의 브라만나바드 Brahmanabad in Sindh'이다. 그 도시는 이슬람 세계에서 최초로 도시 계획에 따라 건축된 도시로, 해당 도시를 건축한 기술자는 17년 후 아바스 신도시 바그다드의 설계에 참여하기도 한다.

동이란에서는 타히르 왕조가 지방 무장세력 출신인 사파르 가문 Saffarid dynasty(861~1003)에 의해 대체되는데 전자와는 왕조의 배경이 달랐다. 후자는 중앙 정권과의 연관성이 거의 없어서 할거 세력의 성격이 전보다 훨씬 강했고 아라비아 문화의 색채는 옅어졌다. 사파르를 대체하여 굴기한 것은 사만 가문 Samanid dynasty(819~999)이다. 사만은 고대 박트

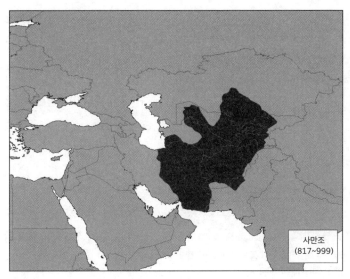

사만조의 세습 총독은 대 호라산의 패주였다. 짙은 색 표시가 기존의 경계선

리아 옛 땅의 조로아스터교 귀족의 후예로[30] 마문 칼리프 시기에 등용된
다. 후자는 해당 가문을 통해 난을 평정하였으므로 그 구성원들을 트랜
스옥시아나와 아프가니스탄 각지에 분봉한다. 그러나 진정한 굴기는 서
기 900년 전후에 이루어졌다고 할 수 있는데 그들은 사파르 가문을 대
체하여 대 호라산의 패주가 되었다. 사만 가문은 스스로 사산 왕의 후예
라고 주장하였지만 확고한 수니파 신도이기도 해서 이슬람 정통파를 떠
받치는 기둥이 된다.

당나라와 꽤 비슷한 붕괴

9세기 말의 대식 제국과 중고시대 문명의 또 다른 최고봉이었던 당나라
제국의 발전은 놀랄 정도로 많이 닮아 있다. 해당 시기, 당나라는 중앙
군을 장악하고 있던 환관에 의한 황제의 옹립과 폐위가 반복되었고, 이
로 말미암아 많은 사람이 해를 당했다. 중앙은 이미 지방에 대한 통제권

아라비아 노예 중개상이 동부 아프리카 해안의 흑인 노예를 매매하는 모습

을 잃었고 당나라의 장안長安 밖에서는 독립 세력을 형성한 절도사가 곳곳에 자리 잡고 있었다. 대식 제국의 중앙 정권은 노예군에게 시달리며 폐위와 옹립이 좌지우지되었고 바그다드 외부에는 세습 토후국emirates이 난립했다. 874~884년에는 왕선지王仙芝가 당나라 제국의 근본을 뒤흔든 황소의 난을 일으킨다. 비슷한 시기 869~883년 이슬람 제국에는 공전의 규모인 잔즈 대봉기Zanj Uprising가 일어났다. 잔즈Zanj는 동부 아프리카 해안 출신의 흑인 노예이다. 송宋나라의 『영외대답嶺外代答』에는 '서남부 해상에는 곤륜昆侖 층기국層期國(잔즈국)이 있는데 큰 섬과 연접하여 있다. … 상아와 무소뿔이 토산물이다. 또한 섬에는 야인野人(미개인)이 많아 몸은 칠흑 같고 머리카락은 말려 있다. 먹을 것으로 유인하여 사로잡고 많은 수를 움직여 번노蕃奴로 팔았다'라고 되어 있다.[31]

메소포타미아 유역 삼각주의 소택 지대를 개발하기 위해 제국 정부는 막대한 토지를 대형 영주에게 증여하였다. 영주들은 동부 아프리카 해안에서 흑인 노예를 동원하여 소택지를 메웠는데 염전 노동의 고통은 이루 말할 수가 없었다. 알리의 후손임을 자청한 알리 이븐 무함마드'Alī Ibn Muhammad가 선동한 봉기가 869년 바스라에서 발발했다. 알리 이븐 무함마드가 선양한 것은 카와리지파의 평등주의였기 때문에 의군의 행렬은 흑인 노예에 한정되지 않았고 농노, 기술자, 배두인, 탈주병 등 바스

라 지역 내 현 시국에 불만을 품은 이들이 대거 포함되어 한창일 때는 그 수가 50만 명에 달하기도 했다. 의군은 바스라 남부에 새로운 도읍 '알 무크흐타라al-Mukhtâra(선민도시)'를 건설하였다. 바그다드 중앙은 대 호라산 사파르 총독의 반란에 대처하느라 분주하였기 때문에 해당 반란이 평정된 후에야 군사를 돌려 잔즈 의군 토벌에 나섰다. 그리고 883년에는 알리 이븐 무함마드를 주살하는 데 성공하지만 그 잔당을 소탕하는 데는 꽤 오랜 시간이 소요되었다.

이집트에 주둔하고 있던 돌궐 노예 장군 아흐마드 이븐 투룬Ahmad ibn Tūlūn(835~884)은 중앙이 잔즈 봉기에 대응하느라 분주한 틈을 타 874년에 바그다드로부터의 독립을 선포하고 이집트와 시리아의 투룬 정권을 세웠지만 904~905년에 중앙에 의해 평정된다. 한편 함단 가문Hamdanid dynasty의 시조는 중앙의 명을 받고 비잔틴과의 경계에 있는 도시 마르딘 Mardin을 통치하였는데 그 자손이 모술Mosul과 알레포Aleppo 양 지역에 흩어져 세습 총독이 되었다. 그러나 해당 가문은 시아파 신앙을 신봉했다. 모술 분파는 990년 무렵 멸망하고 알레포 분파는 해당 지역에서 아라비아 문화의 중심지로 발전하였지만 성이 비잔틴에 함락된 뒤 그 중요성을 상실하고 잔당 일부가 1003년 파티마에 의해 병탄된다.

909년, 시아파 중에서도 이스마일 분파의 이맘이었던 압둘 알라 알 마흐디 빌라Abdul'Allah al-Mahdi Billah(r.909~934)는 시리아에서 북아프리카로 잠입해 들어가, 앞서 파견했던 사자가 구축한 토대 위에서 중앙파인 아글라브 총독 세력을 전복하고 분리 정권을 세운다. 해당 정권은 북부 아프리카에서 4대를 이어가다가 마침내 이집트를 정복하고 969년에 새로운 도읍 카이로를 세우는데 자신이 유일하고도 합법적인 칼리프라고 주장하며 영토를 시리아와 헤자즈, 예멘, 시칠리아까지 확장한다. 역사는 해당 카이로 정권을 파티마 칼리프 정권Fatimid Caliphate, 즉 녹의대식綠衣大

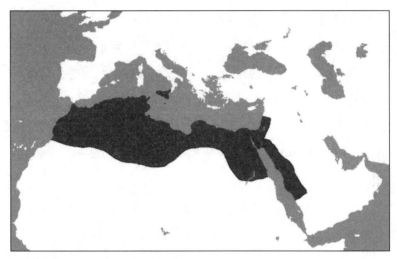

녹의대식 제국: 카이로의 파티마 정권

食으로 칭한다. 앞서 우마이야의 후예도 이미 안달루스(이베리아반도 남부)에 코르도바 토후국을 세워 일찌감치 바그다드의 통치에서 벗어났지만 그때까지는 감히 별도의 중앙 정권은 세우지 못했다. 카이로 정권이 974년 모로코를 점거하자 파티마 칼리는 이슬람 서부 신도에 대한 호소력을 발휘하였고 코르도바는 위협을 느꼈다. 이에 총독 아브드 알 라흐만 3세Abd-ar-Rahman III(891~r.912~929)는 929년에 '칼리프'를 칭하였으니 이것이 바로 백의대식白衣大食 제국이다.

당나라의 붕괴로 중국은 5대 10국 시대에 접어들었고 중원의 5대(다섯 왕조) 중 3대(세 왕조)는 서부 돌궐인 샤타족沙陀族이 세운 것이다. 기원 후 두 개의 천년이 교차하는 시점에서 보면 중국은 돌궐인의 천하가 될 것처럼 보였다. 이슬람 바그다드 중앙 정권의 계승자 또한 옛 서돌궐 집단 출신, 즉 셀주크인이었으니, '대식' 더 나아가 이슬람의 미래는 확실히 그들에게 속한 것이었다.

정권-종족-문화의 대대적인 교체 전야

864~929년, 오늘날 이란 카스피해 남부 연안의 도시 마잔다란_{Mazandaran}에 해당하는 중고시대 타바리스탄_{Tabaristan}, 그리고 인접 도시 길란_{Gilan}에는 시아파의 제5대 이맘인 알라비_{Alavid} 정권이 등장했다. 정권의 창시자는 제2대 이맘이었던 하산의 후예로 해당 나라는 훗날 사만 토후국에 의해 멸망한다. 훗날 별도로 지야르_{Ziyarid} 왕조를 세우는 마르다비즈_{Mardāvīj}와 부이_{Buyid} 제국을 세우는 삼형제는 모두 해당 정권 출신이다. 지야르 왕조는 한때 칼리프를 무너뜨리고 고대 페르시아 왕권을 회복하려고 했지만 이 꿈은 거의 부이 왕조에 이르러서야 완성된다. 바그다드 중앙이 노예군의 통제에서 벗어날 수 있었던 것도 이 신흥 이란인 군벌의 수중에 떨어졌기 때문이다. 945년, 카스피해 남부 연안에서 온 이란 민족 다일라만족_{Dailamanites}이 수도 근교를 장악하고 부이 정권을 세우는데 해당 정권은 시아파의 제5대 이맘을 섬겼다. 통치의 편의를 위하여 이 이란인 이단 정권은 정통파인 아라비아 칼리프를 끼고 천하를 호령했다. 부이의 권력 기반은 수도 밖에 있었는데 이는 중앙 정권과 무장세력이 분리 통치하던 일본의 막부 체제와도 비슷했다. 제2대 정권에 이르면 고대 이란 왕권을 회복하려는 구상이 생겨 칼리프를 종교적 지도자로 변모시키려 한다. 그러나 시간이 짧았던 탓에 이 실험은 서방 기독교 세계와 같은 정교政教 분리 국면을 유도하지 못했다.[32]

아바스 정권은 이제 마지막 무대를 향해 나아가는 듯했다. 시아파는 이슬람 경내 도처에서 정권을 쟁탈하고 카이로에서는 별도의 중앙 정권을 세웠으며 바그다드 중앙은 점차 시아파의 수중에 넘어갔다. 지방에서는 모술 지역에서 함단 왕조의 우카이르_{Uqaylid}(990~1096)가 베두인 아라비아인을 대체하였지만 그들은 오히려 시아파를 추종하였으며 그 지계支系가 북부 시리아와 이라크 등지로 파생되었다. 할거 세력 이외에 반란파도 있었다. 시아파의 일곱 이맘파인 카르마트_Qarmati_는 899년 아라비아반도 동부에 유토피아 국가를 세운다. 그들은 메카 성지 순례를 미신으로 치부하여 906년에는 성지순례단을 공격, 2만 명을 학살하기도 했다.

930년에는 메카와 메디나를 공격하여 무수한 사람을 죽이고 시체를 잠잠의 샘물_Zamzam Well_에 던진 뒤 카바의 흑석을 챙겨 도망가는데 바그다드에서 대가를 받고 반환하였을 때 흑석은 이미 일곱 덩어리로 깨져버린 상태였다.[33] 그들은 976년 부이 정권의 공격을 받은 뒤로는 재기하지 못하다가 11세기 중엽부터 점차 쇠퇴한다. 시아파는 각지에서 끊임없이 권력을 쟁탈하였고 이란인 세력 또한 복벽을 시도했지만 둘은 중첩되지 않았다. 이란 지역 밖의 이슬람 제국 서반부는 확실히 시아파의 카이로 칼리파 중앙 정권이 등장했지만 파티마는 아라비아인이었고 모술 토후국과 아라비아반도의 카르마트파 정권 역시 아라비아인이었다. 그러나 바그다드 중앙은 시아파이면서 이란인인 부이의 수중에 들어갔다. 바그다드 칼리프의 유일한 구원의 손길은 수니 정통파를 따르는 사만 총독령 국가로 이는 대 호라산과 트랜스옥시아나 지구에 웅거하면서 중앙 정권을 끼고 있는 부이와 동서로 대치하는 형세를 이루었다. 그러나 고대 박트리아 옛 땅에 등장한 사만 토후국은 역시나 이란족이었다.

이 때문에 서기 10~11세기의 교차점, 즉 1천 년 전의 밀레니엄 당시 이슬람의 명운은 한 가닥 실에 매달린 듯 위태한 처지였다. 다르 알 이슬람의 서반부에는 유럽에 위치한 코르도바를 제외하고는 시아파의 집권 형세는 이미 정해진 듯 보였다. 다르 알 이슬람의 동반부에서는 시아파이든 수니파이든 어느 쪽이 승리해도 이란인이 아라비아인을 대체하는 국면이 이미 이루어졌고 최종 시기가 도래하기만을 기다리고 있었다. 훗날 과연 대대적인 교체기가 다가왔지만 교체의 주인공은 돌궐인이었

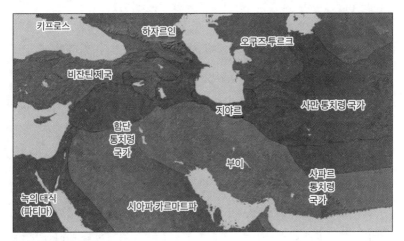

970년, 중동의 판세

다. 그들은 옛 정국을 뒤엎고 게임의 판세를 다시 짰다. 돌궐인은 아라비아인과 이란인의 새로운 주인이 되었지만 그들은 중앙아시아로부터 사만의 땅을 거쳐 진입하였으며 개종한 이슬람은 수니파였기 때문에 수니파의 주류적 지위가 유지되었다. 다르 알 이슬람의 서반부에는 또 다른 신흥 민족인 베르베르인이 굴기하여 파티마 정권에 반기를 들었다. 파티마정권은 시아파였으니 반란파도 자연히 수니파에 기울었다. 이 과정은 추후 상세히 다루고자 한다.

999년, 이슬람의 사만 토후국이 돌궐인의 카라한 칸국Karakhanid Khanate (840~1212)에 의해 멸망하자 이때부터 트랜스옥시아나는 돌궐화의 시대로 접어들었고 점차 오늘날의 '서부 투르키스탄'으로 변해갔다. 카라한 칸국은 이미 10세기 중반 이슬람으로 개종하였지만 한때 사만 변경주 총독의 정벌 대상이었고 '다르 알 하르브(전쟁의 땅)'에 해당하는 특성 또한 크게 변화하여 이제는 '다르 알 이슬람'에 편입되었다. 사만 변경주의 '성전聖戰'은 명분이 없었다. 999년, 이 경외境外의 카라한 칸국은 사만을 멸망시키고 그를 대체하였으니 '다르 알 이슬람'과 '대식'이 이미 동일한 경계를 공유하지 않음을 보여준 셈이다. 후자는 이제 역사 무대에서 사라지고 지금의 이슬람 세계에 자리를 내어주었다. 카라한 칸국의 이웃인 셀주크 투르크인 역시 얼마 뒤 이슬람으로 개종하고 남하하여 대식의 심장부인 바그다드로 쳐들어가 부이 정권을 무너뜨린다. 그러고는 그들을 대신해서 천자를 끼고 제후들을 호령하며 기독교 세계에 새로운 공세를 퍼부어 십자군 전쟁을 촉발한다. '다르 알 이슬람'은 이때부터 돌궐인이라는 신예 군사를 수혈받는다.

북아프리카는 8세기 초에 이슬람 제국의 도시가 되는데 현지의 베르베르인이 대거 이슬람으로 개종하여 이베리아 진격의 주력이 되지만 줄곧 아라비아인에 의해 차등 시민으로 여겨졌고 이 때문에 카와리지 민주파의 온상이 되었다. 후자는 종족과 출신에 한정하지 않고 누구나 칼리프로 선정될 수 있다고 주장한다. 이스마일파는 베르베르인 사이에 포교하여 후발주자이지만 분발하였고 이를 토대로 파티마 왕조는 카이로에 통치기반을 세울 수 있었으며 해당 시기까지 유일하게 북아프리카를 통일한 이슬람 정권이 되었다. 그러나 통일은 표면적인 것이었고 파티마 집단은 아라비아인이었으며 그들이 내건 시아파 간판은 기만적인 부분이 있었다. 그래서 등극한 뒤 혁명파를 실망시켰고 오래지 않아 베르베르인과 반목하였으며 마그레브(대서부)도 속속 카이로에서 독립을 선언했다. 카이로 정권은 그들을 징벌하기 위한 목적으로 나일강 상류의 두 유목 집단인 히랄 부족Banu Hilal과 술람 부족Banu Sulaym이 서진하여 북아프리카를 소탕하고 유일하게 모로코에만 이르지 않은 상황을 방임하였으며, 이로써 오늘날 북아프리카의 형세가 대체로 이루어졌다.

북아프리카는 원래 베르베르인의 거점이었다. 제1차 이슬람 정복 당시 해당 지역에 한 무리의 아라비아 부락민을 보냈지만 많은 수가 베르베르인에 동화하였기 때문에 이번 침입에서는 오히려 아라비아인의

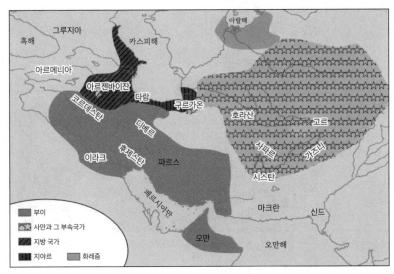

시아파 부이가 끼고 있던 중앙 정권과 수니파 정통파를 믿는 사만 토후국이 이루었던 동서 대치 형세

요소가 부각되었다. 오늘날 모로코의 베르베르인이 절반 이상을 차지하는 것을 제외하고는 그 동부는 모두 아라비아의 근거지이다. 이들 조상의 아라비아반도 헤자즈와 네지드의 부락민 유래 이슬람 신앙은 피상적인 것이라서 무슨 분파라고 구분할 수는 없다. 파티마 또한 그들을 이용해서 잃었던 땅을 수복하려 한 것이 아니라 근심거리를 보내어 적에게 해를 끼치고자 했던 것이다. 시아파는 심지어 권력을 장악했던 이집트에서조차 소수파였고 파티마 현상이 지나간 뒤로는 아예 북부 아프리카에서 사라졌다. 여기서는 해당 정권의 반 중앙 태도가 카와리지파의 반역파 역할을 대체했고 후자를 역사 무대에서 사라지게 했다는 데 역사적 풍자가 있다. 새로 온 아라비아인은 도리어 북아프리카 수니파의 마리크 성률학파로 편입되었는데 해당 분파는 또한 안달루스, 시칠리아 일대에 널리 퍼졌고 유일하게 두 지역만 훗날 기독교에 의해 수복된다. 이런 까닭에 오늘날 마리크파는 북아프리카 아라비아인의 정체성으로

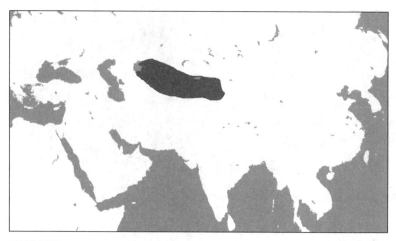

카하라 칸국

자리 잡았다.[34] 북아프리카의 문화적 정형 또한 두 개의 천년이 만나는 대 교체 시점에 형성되었다.

원서遠西 지역에서는 제2차 아라비아 민족 대이동의 물결이 아직 모로코까지 이르지 않은 상태였다. 해당 지역의 산하자 베르베르인Sanhaja Berbers 역시 확장에 열을 올렸다. 그들은 마리크파 중에서도 가장 편협하면서도 열정적인 수도사Almoravid 운동을 발전시켰고 이를 통해 부족 대단결을 시도하여 남으로는 서아프리카까지 확장하고 북으로는 안달루스를 정복하여 두 대륙에 걸친 제국을 건설하였다.[35] 간단히 말해 11세기 이슬람의 동서 양단에는 모두 문명화가 비교적 덜 된 '야만족'이 입주하였고 돌궐인은 동부에, 베르베르인은 서부에 자리 잡았다. 이로써 그들은 이슬람교가 시아파에 의해 장악되었던 정세를 역전하여 시의적절하게 이슬람의 주류인 수니파가 되어갔다.

이슬람 문명의 중앙집권화

바그다드가 탈 중심지화 한 것은 아바스 왕조에 있어서는 불행이었지만 이슬람 문명에 있어서는 도처에서 꽃을 피우는 계기가 되었다. 10세기, 파티마 칼리프 정권은 카이로에 '학문의 집Dar al-ʿilm'을 세웠고 보유했던 장서만 200만 권에 달하였으며 그중 과학 저서는 1만 8,000여 권이나 되었다.[36] 파티마 왕조는 970~972년 카이로에 알 아즈하르Al-Azhar 대학을 세웠다. 사원 겸 대학이었던 이곳의 이름은 무함마드의 딸인 파티마를 기념하기 위해 명명되었는데 선지자가 일찍이 그녀를 '탁월하다Az-Zahra(아즈 자흐라)'고 칭찬한 바 있었기 때문이다. 이 학교는 외부에 개방되었고 개방 대상에는 여자도 포함되었다.[37]

코르도바 정권은 칼리프 종좌宗座로 승격된 후 3대에 걸쳐 전성기를 누렸다. 초대 백의대식白衣大食 칼리프는 아브 다르 라흐만 3세Ab-dar-Rahman III(r.929~961)로 그의 통치 아래 코르도바라는 중소형 국가는 학자

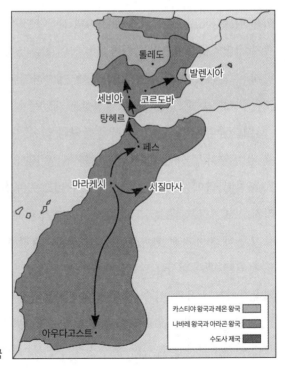

두 대륙에 걸쳐 있는 제국

의 나라로 발전, 경내 보유한 장서만 총 1백만 권에 달하기도 했으니 이는 당시 문맹이었던 유럽 전체가 보유했던 서적보다 많은 수량이었다. 그의 아들 하캄Al-Hakam II(961~976)은 세계 최대의 도서관 건립을 목표로 40여만 권의 장서를 수집하였다. 그러나 여전히 만족하지 못한 그는 수하의 환관관장을 통해 중개상을 외국에 파견하여 카이로와 다마스쿠스, 바그다드 사이를 왕복하며 진귀하고 훌륭한 서적을 수집, 본국으로 운송하게끔 하였다.[38]

이는 두말할 필요도 없이 종이가 유행하면서 생겨난 새로운 풍조였다. 당시 유럽은 가장 어두운 시대(다음 장 참조)에 접어들었던 터라 천하의 지식을 모으려는 지적 갈망은 상상하기 어려운 일이었지만 이슬람권유럽은 백과사전식 거장을 탄생시킨 온실이 되었다. 비록 토후국 시대이긴 했지만 코르도바 조정은 이미 안달루스 출신의 베르베르인 압바스이븐 피르나스Abbas Ibn Firnas(810~887)와 같은 거장을 길러냈다. 그는 물리학자이자 기술자였으며 음악가이자 시인으로 조정을 위해 투명 유리와 확대경, 천체기구, 수정 절단기술 등을 개발하였다. 그러나 가장 유명한것은 뭐니 뭐니해도 활강기와 낙하산을 개발한 일이었다.[39]

이슬람의 황금시대는 도처에 문명의 꽃이 만발하여 '이란 문예 부흥'의 본향이 된 사만 토후국은 문화 사업 면에서 누구에게도 뒤지려 하지 않았다. 북이란 라이Rayy 지구의 아부 바크르 무함마드 이븐 자카리야라지Abū Bakr Muhammad ibn Zakariyā Rāzī(865~925)가 바로 사만 왕조 치하의 페르시아 배경을 가진 백과사전식 거장이다. 의학 분야에서 그는 천연두와 홍역에 관한 저서를 발표하였고[40] 최초로 홍역과 천연두를 구분했던의학자이자 소아과, 안과, 신경외과의 선구자였다. 화학 방면에서는 황산을 연구하고 에틸알코올과 주정, 석유를 발견하였다. 철학 방면에서그는 이성주의자였다. 사만 총독이 라이를 통치하던 시기에 라지는 해

라지의 『의서』 표지

타바리 저서 『예언자와 제왕의 역
사』의 14세기 페르시아 판본

당 도시의 의원에서 원장직을 맡았다가 훗날 바그다드로 건너가 수도
의원의 원장이 되지만 결국 다시 고향으로 돌아가 후학 양성에 매진하
였다.⁴¹

　아부 자파르 무함마드 이븐 자리르 알 타바리Abu Ja'far Muhammad ibn Jarir
al-Tabari(838~923)는 페르시아의 가장 유명한 역사학자이자 『코란』 주석
가였는데 모든 책은 뜻밖에 아라비아어로 저술하였다. 타바리는 그가
태어난 카스피해 남부 타바리스탄의 지명을 따라 지어진 이름이다. 그
는 평생 이슬람 각지를 주유하며 멀리는 이집트와 헤자즈까지 이르렀고
바그다드에 머물 때는 한발리 성률파의 창시자에게 배운 뒤 와지르(재
상) 가문에서 교사를 하는 등 평생 교학에 매진, 관직에는 나서지는 않았
다. 그의 불멸의 저서는 창세創世부터 서기 915년에 이르는 통사를 다룬
『예언자와 제왕의 역사』로 잔즈 대 봉기에 관하여 귀중한 사료를 제공
해 준다. 그의 또 다른 중요한 저서는 『코란』 주해서이다. 그가 세운 성률
파를 '자리르파Jariri'라고 하는데 그는 여성이 법관이 되거나 기도를 이

끄는 것을 허락하기도 했지만 훗날 4대 성률파를 당해내지 못하여 지금은 전해지지 않는다.[42]

아부 압달라 무함마드 이븐 자비르 이븐 시난 아르 라키 알 하라니 아즈 사비 알 바타니Abu Abdallah Muhammad ibn Jabir ibn Sinan ar-Raqqi al-Harrani as-Sabi al-Battāni(858/868~929)는 오늘날 터키 경내에서 태어나 북시리아와 이라크 북부에서 활동했던 이슬람 배경의 세계적 천문학자이다. 바타니가 공헌한 것 중 가장 유명한 것은 태양년의 길이를 365일 5시간 46분 24초로 산출해 낸 점이다. 또한 가장 중요한 공헌은 해와 달, 천체 방위에 관한 주기표인 지즈Zij를 만든 것으로 이는 프톨레마이오스 천문학을 기초로 하였으나 인도 천문학의 영향도 받았다.[43] 서양 과학 혁명 시대의 코페르니쿠스도 바타니가 자신에게 끼친 영향을 인정하였다. 그의 천문학은 수학에서 삼각함수의 발전을 유도하기도 하였는데 그의 사인법칙sines은 그리스 기하학의 현chords보다 더 뛰어났다.[44]

아부 나스르 파라비Abū Nasr al-Fārābi(872~950/951)는 출생지는 명확히 전해지지는 않지만, 오늘날 이란과 투르크 민족이 서로 자기 민족 출신이라고 주장하고 있으며, 그의 출신이 이슬람 동부라는 데는 다소 논쟁의 여지가 있다. 파라비는 사만 토후국의 수도인 부하라에서 초급 교육을 받았고, 901년 이후 바그다드로 이주해 깊은 연구를 하였다. 그는 최초로 아리스토텔레스 논리가 아닌 이슬람 논리를 발전시킨 논리학자이기도 하다. 그의 음악론은 음악의 철학적 원리를 선명하게 풀어내고 음악이 심리 치료 효과도 가짐을 밝혀냈다. 그의 철학은 플라톤이나 아리스토텔레스를 초월하여 형이상학에서 방법론 방면으로 확장하여 발전하는 등 현대적인 색채가 꽤 농후하다. 그러나 그가 훗날 가장 큰 영향을 끼친 것은 오히려 아리스토텔레스 학문에 대한 정리와 주석이다.[45] 물리학 방면에서는 앞장서서 진공의 성질을 연구하였다. 사회학 방면에서

아부 나스르 파라비의 두상이 인쇄된 지폐

인간은 사회 속에서 비로소 완전해질 수 있다는 설정은 사회 심리학의 선구적 사상이 깃들어 있다. 그는 플라톤의 유토피아와 아리스토텔레스의 정치체제 순환론을 결합하여 선지자 통치하의 메디나가 유토피아라고 보았고 선지자 사후 4명의 칼리프 시대는 민주 정치지만 그 불완전함이 세습 왕권을 초래했다고 여겼다.

아부 하산 알리 이븐 후세인 이븐 알리 마수디Abu al-Hasan Ali ibn al-Husayn ibn Ali al-Mas'udi는 896년 바그다드에서 태어나 956년에 카이로에서 사망하였다. 그가 남긴 30권의 『시간사』는 세계 문화의 온갖 형태를 망라한 방대한 대작으로 훗날 속편인 『중기서』도 출간되지만 오늘날에는 모두 전해지지 않는다. 책의 초록인 『황금과 보석광산의 초원Meadows of Gold and Mines of Gems』은 947년에 완성되었다. 창세 이래 아바스 말기까지의 세계 통사를 다룬 문화 지리, 인류학에 관한 책으로 인류사 최초로 풍차를 언급하기도 하였다.[66] 한편 그는 여행가로서 지중해와 카스피해, 홍해, 페르시아만, 인도양, 동아프리카 해안을 아우르는 이슬람 제국의 대부분 도시를 두루 다녔다. 마수디 역사서의 고대 부분은 메소포타미아 고대 문명과 관련되는데 아라비아 역사가 중 유일하게 기원전 고대 국가인 '우라르투'를 언급하기도 했다. 그는 알렉산더 이전의 그리스에 관해 잘 알지 못했지만 그리스의 가장 큰 공헌을 철학이라고 여겨 소크라테스학파로부터 이어져 온 철학 연혁을 꿰뚫고 있었다. 또한 그는 카이사르 이전의 로마에 관해 잘 알지 못했지만 최초로 로마의 두 형제 건국 신화를 언급한 아라비아 작가였다. 그는 옛 이슬람 아라비아반도 각 부족의 민속 전설과 신화를 수집하고 그것들을 『아라비안나이트』에 나오는 중고 페르시아 및 인도 유래 고사와 비슷한 면을 비교하기도 했다. 이집트에서 그는 클로비스로부터 루이 4세에 이르는 프랑크 왕국의 계보를 수집하였다. 마수디는 비잔틴의 궁정 정변을 손금 보듯 잘 알아 이슬람 제국의 비잔틴통으로 통했고 불가르인과 서유럽인이 비잔틴에 가한 충격을 서술하기도 했으며 비잔틴과 이슬람의 관계를 집중적으로 설명하기도 했다. 그는 돌궐통이기도 해서 이미 멸망한 돌궐제국의 역사를 서술하였으며 당대의 유목민과 정착 돌궐인의 각 분파를 잘 알고 있었고 특히 하자르 칸국에 주목하였다. 마수디는 당나라 말기 황소의 난으로 피난민이 대거 동남아시아 쪽으로 피난한 정황을 기록하였는데 이는 동남아시아 화교의 역사적 기원을 연구하는 데 귀중한 사료가 되기도 한다.[47]

파티마 왕조가 970년~972년 카이로에 아즈하르 대학을 설립하였음은 앞에서 이미 설명하였다. 카이로와 관련이 있는 백과사전식 거장은 아부 알리 알 하산 이븐 알 하산 이븐 알 하이삼Abū ʿAlī al-Hasan ibn al-Hasan ibn al Haytham(965~1039)이다. 그가 아라비아인인지 이란인인지는 알 수 없지만 바스라 출신이었던 탓에 바스리al-Basri라고도 불렸으며, 서방의 라틴식 이름은 알하첸Alhacen 혹은 알하젠Alhazen이다. 그는 마지막에 파티마의 카이로에 정착하여 녹의대식綠衣大食(파티마 제국)을 위해 일하였다. 하이삼은 '광학光學의 아버지'라는 영예도 얻었다. 그는 최초로 현대적 정량화 기법으로 물리학을 연구하였고 갈릴레이에 앞서 '관성'설을 제시하였으며 '운동량'의 개념도 발전시켰다. 수학 방면에서는 비非 유클리드 기하학의 기초 원리를 일부 언급하기도 했다. 수학에는 '알하젠 문제Alhazen Problem'

가 있는데 그는 초기 미적분과 수학 귀납법을
이용해서 기하학의 답을 제시하였다.[48] 천문학
에서 그는 최초로 창공이 실체가 아니며 공기
보다 희박하다고 주장했고 천체의 운동은 물
리학 법칙에 따른 것이라고 봤다. 또한 현대 과
학에서 방법론의 조상이었던 그는 과학 연구
절차는 관찰에서 시작하여 문제를 제기하고
가설을 세우며 실험과 분석을 통해 실험 성과
를 얻어내고 데이터를 분석하여 결론을 맺는
것이라고 했다. 하이삼은 카이로에서 '암실 카
메라' 광학실험을 하기도 했다.

아부 하산 알리 이븐 후세인 이븐 알
리 마수디

　아부 알 카심 할라프 이븐 알 압바스 알 자
흐라위Abu al-Qasim Khalaf ibn al-Abbas Al-Zahrawi(936~
1013)는 서방에서 아불카시스Abulcasis라고 칭
해지며 '현대 외과 의학의 아버지'라는 영예
를 얻었다. 그는 코르도바시 근교의 자흐라에
서 태어나 이름도 지명을 따랐다. 자흐라위는
외과 수술에서 소작법燒灼法(불로 달군 도구로
상처 부위를 지지는 방법)을 고안했다. 200여 종

하이삼

의 외과 수술 및 치과 도구도 소개했는데 본인이 직접 발명한 것으로는
바늘과 동물 근육(힘줄, 내장 등)을 활용한 상처 봉합술도 포함된다. 그는
또한 현대적 산부인과의 선구자로서 최초로 자궁외임신 현상을 서술하
였고 사산한 태아를 꺼내는 데 쓰는 집게도 발명하였다.[49] 또한 최초로
혈우병이 유전임을 밝혔고 승화법과 증류법을 이용해 약물을 제조하였
으며 의사와 병자의 관계를 구축할 것을 강조했다. 아부 라이한 무함마

드 이븐 아흐마드 비루니Abū Rayhān Muhammad ibn Ahmad Bīrūnī(973~1048)는 백과사전식 거장으로 사만 시대에 화레즘에서 나고 자라 가즈니 시대에 세상을 떠났다. 비루니는 생전에 무수한 '최초' 타이틀을 거머쥐었다. 최초로 브라만교를 연구한 이슬람학자이자 최초의 인류학자였으며 최초의 대지 측량 학자이기도 했다. 그는 은하계가 무수한 성운이고 지구와 태양의 거리가 프톨레마이오스가 계산했던 것보다 훨씬 멀리 떨어져 있음도 알아냈다. 또한 한층 정밀한 천문 관찰법을 개발하였고 회전형 별자리표와 투사형 천체관측기구, 천구의 등 천문기구를 발명, 개량하였다. 인도 천문학에서 영감을 받고 지구가 자체의 축을 기준으로 자전한다는 학설을 받아들여 태양중심설을 연구하였다. 그는 또한 아리스토텔레스가 주장한 행성의 원형 궤도설을 비판하고 이를 타원형으로 수정하였다(이 때문에 그는 서방의 케플러보다 앞섰다고 볼 수 있다). 그는 구형 지도를 평면에 펼친 형태의 비례법을 발전시켰고 태양의 고도를 통해 위도를 측정하는 법을 발전시켰으며 대지 측량학을 통해 지구의 원주를 계산하였다. 인도의 지질을 연구하여 한때 인도가 바다였음을 알게 되었고[50] 육지 상에 해양생물 석화가 발견되면서 지구가 진화 중이라는 사실도 알게 되었다. 물리학 사유를 통해 그는 만물이 구심력을 가진다고 봤고 이를 근거로 모든 천체가 자체의 인력引力을 가진다는 사실도 추론하였다. 만일 인력이 없다면 만물은 하나같이 중심을 향해 추락할 것이기 때문이다. 그와 하이삼은 최초로 광속이 유한함을 발견한 과학자이고 광속이 음속보다 빠르다는 사실을 최초로 밝히기도 했다. 비루니의『예로부터 이어진 유산The Remaining Signs of Past Centuries』은 그가 30세 되기 전에 편찬한 책으로 각 문명이 제정한 역법을 비교하여 문화적 차이를 논하였으며 그 안에는 수학과 천문, 역사, 민속, 종교에 관한 정보가 망라되어 있다. 그는 사람들이 자연과학에 대한 무지를 신이 가진 지혜의 영역

이라고 치부하는 경향이 있음을 지적했다.[51]

아부 알리 이븐 시나Abū Alī ibn-Sīnā의 라틴 이름은 아비켄나Avicenna(980~1037)로 사만의 수도인 부하라 부근에서 태어났다. 당시는 바로 '이란 문예 부흥(상세한 내용은 아래 참조)' 시기라 아비켄나는 각지의 저명한 도서관을 두루 방문하였다. 아비켄나가 가장 크게 공헌한 분야는 의학이다. 그는 고대 메소포타미아 유역과 고대 페르시아, 헬레니즘 및 인도의 의학을 종합하여 자기만의 체계를 발전시켰는데

아부 라이한 무함마드 이븐 아흐마드 비루니

여기에는 의학연구와 근거 중심 의학, 임상 시험, 무작위 대조 시험 및 증후군 개념이 포함된다. 또한 바이러스성 전염병(특히 성병)을 발견, 방역의 개념을 도입하였고 실험과 정량화 방법으로 생리학을 연구하였다. 그는 현대 의학, 임상약리학, 뇌심리 의학 분야의 선구자이기도 하다. 그의 14편의 책을 묶은 거작 『의학전서』는 18세기까지 이슬람과 서방의 표준 참고서가 되었다. 천문학 방면에서 그는 성상학星象學을 배척하고 별이 내뿜는 빛은 태양으로부터 온다는 아리스토텔레스의 관점을 비판, 별은 자체적으로 빛을 발하는 광체라고 했다. 화학 방면에서는 물질 변질설은 터무니없다고 여겨 연금술을 배척하였다. 또한 수증기 증류법을 고안하고 제습기를 설계하기도 했다. 그는 현대 지질학과 유사한 균일설uniformitarianism(지질은 균일하게 작용하는 힘에 의해 변한다는 설)과 지층 누적 법칙을 발전시켰다. 아베켄나는 최초로 과학 실험 과정에서 온도계를 활용하였다. 역학 방면에서는 뉴튼의 '관성inertia'과 비슷한 가설을 내세웠으며 '운동량momentum'의 개념을 발전시켰다. 광학 방면에서는 만일 빛이 하나의 광원에서 나온 입자라면 그 속도는 반드시 유한하다고 봤다.[52] 그

아비켄나

의 철학은 아리스토텔레스 철학과 신플라톤주의를 조화시켰고 12세기에는 이러한 헬라화의 영향을 초월해서 이슬람의 철학의 주류를 이루었다. 이 때문에 종교학자의 이익을 대변하던 가잘리의 철천지원수가 되기도 했다.[53] 아비켄나는 서방에도 막대한 영향을 끼쳤는데 특히 파리 대학에서는 훗날 비록 금지당하기는 하지만 그의 형이상학은 여전히 토마스 아퀴나스에게까지 영향을 끼쳤다.

이란 문예 부흥

고대 근동 문화유산의 계승자이자 자체적인 제국 문화를 구축했던 페르시아는 낙후한 아라비아 부족민에게 정복당한 뒤 300여 년간 통치당한다. 종교 언어가 『코란』의 경전 언어인 아라비아어가 되었고 제국의 행정, 시 창작, 일상문서도 다 아라비아어를 사용해야만 했다. 고대 페르시아 제국 시대에 페르시아어는 관방의 공적 용도로만 사용되었고 제국의 통용어는 셈어족의 아람어였던 것으로 보인다. 사산 시대의 페르시아어는 중고 페르시아어로 변하였고 오늘날 아직 남아 있는 가장 유명한 판본은 조로아스터교 고대 경전의 주석집ZendAvesta이고 나머지는 그다지 중요치 않으며 현재 알려진 사료만 보면 이렇다 할 장점이 없다. 이 때문에 이란 민족은 아라비아인에 의해 이슬람화한 뒤 자기만의 공동체적 구심점을 회복하고자 했고 이것은 새로운 구심점을 세우는 일이나 다름없다고 여겼다. 현대 페르시아어를 구축하는 것은 새로운 문화적 재산을 축적하는 일이기 때문이다.

8세기부터 아라비아 자모를 이용한 신(현대) 페르시아어가 점차 형성되기 시작하였다. 9세기 바그다드가 쇠락한 뒤 신 페르시아어는 대식 제국 동부에서 타히르와 사파르를 거쳐 사만 왕조에 이르러 완비되면서 이란 문예 부흥의 매개체가 된다. 현대 페르시아어의 아버지는 아부 압둘라 자파르 이븐 무함마드 루다키Abu Abdollah Jafar ibn Mohammad Rudaki (858~941)이다. 그는 오늘날 타지키스탄에서 태어나 훗날 사만의 통치자인 나스르 2세Nasr II(?~943)의 궁정 시인이 된다. 알려진 바로는 그가 130만 행의 시를 썼다고 하지만 지금은 그중 52편만 전해진다.

이란의 국민 시인 페르도우시Hakīm Abu'l-Qāsim Ferdowsī Tūsī(940~1020)는 30년의 시간을 들여 이란 국민의 역사시 『제왕서Shāhnāmeh』를 저술하였고 사만 조정의 위탁을 받아 이란 초창기의 역사 고사를 편찬하였다. 그보다 앞선 선구자로는 사만의 궁정 시인이었던 다키키Abu Mansur Muhammad Ibn Ahmad Daqiqi Tusi(935/942~976/980)가 있는데 그는 사만 왕조의 사산 문화 부흥의 의지를 꽤 대변하였지만 그 공을 마무리하기도 전에 죽고 만다. 어쩌면 페르도우시는 중고 페르시아어로 된 사산 열왕기를 이미 탐독하였을 수도 있지만 어쨌든 그는 해당 역사 기록을 전부 시로 전환하였다. 이처럼 세계에서 가장 긴 길이를 자랑하는 1인 창작 서사시는 호메로스의 『일리아드』의 세 배에 달하며 내용 또한 이슬람 정복 이전의 이란 역사 전체를 다룬다. 창세 때부터 시작되는 초창기 역사 부분은 전부 신화이고, 시간관은 조로아스터교를 따랐다. 그래서 세계는 완벽한 것으로부터 시작되어 원래는 외부에만 있던 사악함이 서서히 세상 속으로 침투했다고 봤다. 이로써 세계는 신의 시대에서 영웅의 시대로, 그리고 최후에는 범속한 사람들의 시대로 접어들었다. 영웅시대의 묘사는 역사시의 3분의 2를 차지하는데 그 중심인물은 이란인이라면 누구나 다 아는 루스탐Rustam(혹은 Rostam)이며 그가 활약한 지역은 고대 스키타이인의 땅이었던 세이스탄이다. 이 때문에 그가 원래 스키타이인이었다는 설도 있다.

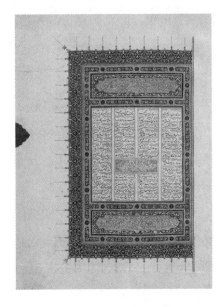

▲ 루다키

◀ 페르도우시의 『제왕서』

역사시는 '이란'과 '투란Turan'의 투쟁을 그 뒤 이란 역사의 주제로 삼았는데 이는 이란의 문명지대와 중앙아시아 초원 돌궐족의 영원한 대결을 뜻한다.[56] 사실 역사시에 나오는 초원 민족 '투란'도 마찬가지로 이란인이다. 페르도우시의 창작 시대에 이르러 초원 민족은 알타이족으로 변천하였기 때문에 '투란'과 동일시되었다. 또한 돌궐인은 19세기에 이르러 심지어 범게르만주의, 범슬라브주의, 범아시아주의와 평행선상에서 범투란주의Pan-Turanism를 발전시켰는데 이는 다 페르도우시 역사시의 덕이다. 그 거작은 누구나 암송했기 때문에 현대 페르시아어는 10세기부터 지금까지 안정적으로 사용될 수 있었고 문예 창작 종사자 또한 이를 기준으로 삼았다.

사만 왕조는 999년에 멸망하였는데 이는 분열되어 나간 돌궐 노예가 가즈니Ghazni(원나라 역사서에 언급된 '가질령哥疾寧')에 군을 세워 독립, 북상하던 중, 남하한 카라한 칸국과 함께 그것을 분할하는 과정에서 생긴

일이다. 원래 아프가니스탄을 기지로 삼
았던 가즈니는 이를 통해 전체 동부 지
역을 아우르게 되었고 이슬람 경내에서
최초로 돌궐인이 세운 술탄 정권sultanate
이 되었다.[55] '술탄'은 중앙이 파견한 '총
독'이 아니고 자립한 정치 권력이었는
데 이는 '다르 알 이슬람' 내 돌궐 군사
지도자 시대가 도래하였음을 보여준다.
가즈니가 사만을 멸망시킨 뒤 후자의 이
란화한 궁정 문화는 그 영주인 마흐무드

우마르 하이얌

Mahmud of Ghazni (971~1030)에게만 받아들
여졌다. 페르도우시가 책을 엮을 당시
에는 사만이 이미 멸망하고 가즈니가 새롭게 등장했던 때라서 그는 방
향을 전환하여 마흐무드에게 자신의 역사시 『제왕서』를 제출하고 지지
를 받았다. 이 책은 현대 페르시아어를 널리 통용시켜 이란인과 이란화
한 돌궐인 공통의 문화유산이 되게 했다. 가즈니의 패권은 아침 이슬처
럼 생명력이 짧아서 1040년 남하한 셀주크 투르크인에 의해 단다나칸
Dandanaqan 전투에서 여지없이 무너진 뒤 인도로 강제 이주한다. 셀주크인
은 1055년에 바그다드로 입성, 이슬람 제국의 새로운 주인이 된다.

우마르 하이얌Umar Khayyám(1048~1131)은 『루바이야트The Rubáiyát』를
통해 후세에 이름을 알린다. 사실 '루바이'는 일종의 문체를 의미하는데
『루바이야트』 가운데 순수하게 하이얌이 창작한 것은 1백여 수에 불과
하고 후대인이 타인의 저작물을 추가한 것이 1천여 수에 달한다. 동시대
를 살았던 이들 가운데 그를 문학가로 봤던 이는 많지 않다. 그는 대수학
을 한층 높은 수준으로 끌어올렸고 비非유클리드 기하의 방향으로 사고

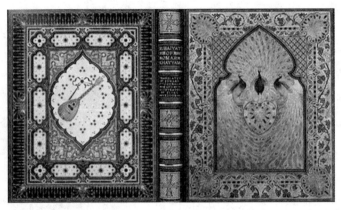

루바이야트

하였으며[56] 삼차방정식과 이항정리 방면에서 공헌하였다. 1073년, 우마르 하이얌은 셀주크 술탄인 마리크 샤흐Malik Shah의 초청으로 이스파한에 천문대를 세웠다. 그가 제정한 역법은 500년 후의 그레고리력보다 정확하여 지금까지도 이란은 그것을 사용한다.[57]

사아디 시라지Saadi Shirazi(1184~1283/1291?)는 페르시아 도시 시라즈Shiraz에서 나고 자라 몽고인의 바그다드 공격을 직접 겪었고 30여 년에 달하는 여행가로서의 삶을 시작, 일찍이 오늘날 중국의 신장에 해당하는 지역에까지 도달하기도 했다. 그는 시집『과수원Bustān』과『장미화원Golestān』을 남겨 페르시아 문학의 모범적 전형이 되었으며 그의 사상에는 수피의 경향이 드러나 있다. 그는 또한 아라비아어로 작품을 썼다. 루미Rumi(1207~1273)는 동이란의 호라산 출신으로 몽고인의 서부 정벌로 온 집안이 이슬람 경내를 전전하다가 결국에는 소아시아 셀주크 정권의 룸 술탄주에 이르게 되었다. 루미의『마스나비Masnavi』는 이슬람 신비주의 수피파 이론을 서술한 서사적 시집으로 총 6권으로 되어 있으며 5만 행이 넘는다.

'범 이란문화권'의 마지막 형태가 된 돌궐 페르시아 공생체

이란 문예 부흥의 중심은 사만 토후국 트랜스옥시아나 소재의 사마르칸드와 부하라라는 두 곳의 유명 도시였다. 이 문예 부흥 운동의 열기는 사만이 멸망한 뒤로도 지속적으로 확산하였다. 사만의 옛 땅이 돌궐인에 의해 점거된 뒤 이란 문예 부흥과 돌궐인의 입주는 평행하여 진행하였다. 돌궐인의 무력 공세가 기승을 부리던 시기라 사방에서 전쟁이 벌어졌고 이에 돌궐-페르시아 문화계Turko-Persianate Sphere가 형성되었다. 오늘날 이란 경내에는 돌궐 종족의 색채가 짙은 구성원이 전체 인구의 4분의 1을 차지한다. 아프가니스탄은 이란족의 나라이지만 또 하나의 '투르키스탄'이라고도 볼 수 있다. 방목업도 발달한 편이지만 무엇보다 우리를 흥미롭게 하는 것은 새로운 형태의 문화적 융합이다.

돌궐인은 계속해서 초원에 남아 있다가 중국으로도 진입하였다. 이슬람 제국 쪽으로 진입한 무리는 대다수 이슬람교로 개종, 사만을 거쳤기 때문에 그들이 믿은 이슬람교는 수니파 주류였고 그들이 들어가 안착한 문명의 단계는 곧 이란 버전이었다. 따라서 돌궐인이 이란 문예 부흥의 기지인 사만을 멸망시켰다고 하기보다는 오히려 그들이 우연히 기회가 닿아 이 운동에 릴레이 경주자 및 전파자로 참여하게 되었다고 말하는 편이 낫다. 이와 동시에 그들은 자체의 문화적 요소를 투입하여 이슬람 세계에서 아라비아 문명과 비등한 수준의 '돌궐-페르시아 문화계'를 이루었다. 해당 문화계의 돌궐어에는 페르시아 어휘가 대거 포함되어 있고 그 문학 창작과 건축 양식, 정부 형태도 다 이슬람 시대의 이란을 본떴다. 마치 일본의 『겐지 모노가타리源氏物語』가 백거이白居易 시풍의 영향을 받아 만들어지고, 일본, 한국, 베트남 등 국가가 다 한자漢字를 사용하며 중국의 황제 제도와 과거제도, 서체, 회화, 품차品茶의 원리가 크든 작든 이들 지역에 영향을 끼쳤던 것처럼 말이다.

가즈니가 인도에 입성하면서 페르시아 궁정 문화도 이 아대륙에 유입되었다. 그의 후계자는 대다수 아프가니스탄으로부터 유입된 이란 혹은 돌궐 정권이었으며 그들은 북인도를 이란화하였다. 영국인이 들어오기 전까지 마지막으로 이 땅에 입주한 무굴 제국은 페르시아아어를 제2의 관방어로 삼아 문학과 과학 분야의 용어로 활용하였다. 인도가 영국에서 독립하고 인도와 파키스탄이 분리되면서 파키스탄의 국어가 된 우르두어Urdu는 페르시아와 돌궐 혼합어로 페르시아아화한 아라비아 자모를 사용하였다.[58] 이란 본부가 몽고인에게 정복당한 뒤에도 일 칸국의 궁정 문화가 돌궐-페르시아 문화계에 유입되었고 그 파급은 킵차크 칸국, 차카타이 칸국, 테무르 제국까지 미쳤다. 오스만 제국에 이르면 마치 무굴 제국과 페르시아 문화 정통을 경쟁하는 듯했다.

이 돌궐-페르시아 공생체는 범이란 문화권의 최종적 변화 형태라고 할 수 있다. 범이란 문화권은 고대 페르시아 제국으로부터 시작하여 중도에 헬레니즘 시대의 억압을 거쳐 파르티아와 사산의 부흥 시기에 이르러 지중해 문명에 필적할 만한 '범이란 문화권'을 형성하였다. 그 영향력은 페르시아 밖까지 미쳤으며 카프카스 지역과 인도, 오늘날 중국 신장까지 이르렀다. 이슬람화한 돌궐-페르시아 문화계는 가장 최근의 혼성체 조합이다. 기존의 대식 제국이라는 모태에서 파생된 것으로는 이들 조합 말고도 서부의 '아라비아-베르베르 문화권'이 있다. 이 문화권은 한 단계 더 나아가 이슬람을 블랙 아프리카에 전파하여 이슬람으로 하여금 하나의 환경을 추가하게 했다. 이슬람이 훗날 동남아에서 개척한 새로운 거점이 어떻게 일종의 문화 혼성체가 되었는지에 관해서는 이번 장에서는 서술하지 않는다.

주

1. Chase F. Robinson, The New Cambridge History of Islam, Vol. I, The Formation of the Islamic World, Sixth to Eleventh Centuries(Cambridge & New York: Cambridge University Press, 2010) p. 472.

2. M. Talbi, "The independence of the Maghrib," in UNESCO, General History of Africa, Vol. III, Africa from the Seventh to the Eleventh Century (Paris: UNESCO, 2000), p. 251.

3. Chase F. Robinson, The New Cambridge History of Islam, Vol. I, The Formation of the Islamic World, Sixth to Eleventh Centuries, pp. 595~596.

4. M. Talbi, "The independence of the Maghrib," in UNESCO, General History of Africa, Vol. III, Africa from the Seventh to the Eleventh Century, p. 253.

5. Chase F. Robinson, The New Cambridge History of Islam, Vol. I, The Formation of the Islamic World, Sixth to Eleventh Centuries, pp. 598, 603.

6. G. Schoeler, "Bashshār b. Burd, Abū'l-Atājouaj amd Abū Nuwās," in Julia Ashtiany, et. al., Abbasid Belles-lettres(Cambridge, UK & New York: Cambridge University Press, 1990), pp. 290~299.

7. George Saliba, Islamic Science and the Making of the European Renaissance (Cambridge, MA and London, England: The MIT Press, 2007), p. 74.

8. Delacy O'Leary, How Greek Science Passed to the Arabs(London & New York: Kegan Paul, 2001), p. 150.

9. James E. McClellan III and Harold Dorn, Science and Technology in World History, Second Edition(Baltimore, MD: The Johns Hopkins University Press, 2006), p. 106.

10. 아부 무사 자비르 이븐 하이얀 알 아즈디(Abu Musa Jābir ibn Hayyān al-Azdi)의 라틴식 이름.

11. S. H. Nasr, "Life Sciences, Alchemy and Medicine," in R. N. Frye, ed., The Cambridge History of Iran, Volume 4, The Period from the Arab Invasion to the Saljuqs(Cambridge, UK and New York: Cambridge University Press, 2004), p. 412.

12. George Sarton, Introduction to the History of Science, Volume 1, From Homer to Omar Khayyam (Carnegie Institution of Washington 1953), p. 532.

13. Alexander Hellemans and Bryan Bunch, The Timetables of Science: A Chronology of the Most Important People and Events in the History of Science (New York and London: Simon and Schuster, 1988), p. 67.

14. Tarif Khalidi, Classical Arab Islam: The Culture and Heritage of the Golden Age (Princeton, NJ: The Darwin Press, Inc., 1985), pp. 98~99.

15. Peter Adamson, al-Kindī (published to Oxford Scholarship Online, 2007), p. 7.

16. Ibid., p. 163.

17. George Sarton, Introduction to the History of Science, Volume 1, From Homer to Omar Khayyam, p. 559.

18. James E. McClellan III and Harold Dorn, Science and Technology in World History, second edition, p. 106.

19. Alfred Guillaume, The Traditions of Islam: An Introduction to the Study of the Hadith Literature(Oxford: At the Clarendon Press, 1924), pp. 28~29.

20. Ibid., pp. 20~21.

21. Marshall G. S. Hodgson, The Venture of Islam, Conscience and History in a World Civilization, Vol. I, The Classical Age of Islam(Chicago and London: The University of Chicago Press, 1977), pp. 63~64.

22. Alfred Guillaume, The Traditions of Islam: An Introduction to the study of the Hadith Literature, p. 10.

23. S. H. Nasr, "Life Sciences, Alchemy and Medicine," in R. N. Frye, ed., The Cambridge History of Iran, Volume 4, The Period from the Arab Invasion to the Saljuqs, pp. 401~402.

24. James E. McClellan III and Harold Dorn, Science and Technology in World History, second edition, p. 105.

25. Frank Griffel, Al-Ghazali's Philosophical Theology(Published to Oxford Scholar Online, 2009), p. 149.

26. Marshall G. S. Hodgson, The Venture of Islam, Conscience and History in a World Civilization, Vol. I, The Classical Age of Islam, pp. 319~321.

27. De Lacy O'Leary, How Greek Science Passed to the Arabs, p.5.

28. "mu'tazilites," in Cyril Classé, The Concise Encyclopedia of Islam(HarperSanFrancisco, 1991), pp. 291~293.

29. B. S. Amoretti, "Sects and Heresies," in R. N. Frye, ed., The Cambridge History of Iran, Volume 4, The Period from the Arab Invasion to the Saljuqs, pp. 503~507.

30. Philip K. Hitti, History of the Arabs, 10th edition, 16th reprint(Hampshire and London: The MacMillan Press, LTD, 1994), p. 462.

31. 서방 식민 시대에 영국인은 동부 아프리카 해안 섬 잔지바르Zanzibar를 식민지로 삼았는데 훗날 영국에 병탄되는 옛 독일 식민지 탕가니카Tanganyika가 독립하면서 둘이 합병하여 오늘날 탄자니아가 탄생하였다.

32. Heribert Busse, "Iran under the Buyids," in R. N. Frye, ed., The Cambridge History of Iran, Volume 4, The Period from the Arab Invasion to the Saljuqs, pp. 250~304.

33. Chase F. Robinson, The New Cambridge History of Islam, Vol. I, The Formation of the Islamic World, Sixth to Eleventh Centuries, pp. 351, 410.

34. I. Hrbek, "The emergence of the Fatimids," in UNESCO, General History of Africa, Vol. III, Africa from the Seventh to the Eleventh Century, pp. 314~335.

35. Colin McEvedy, The Penguin Atlas of African History (London: Penguin Books, 1988), pp. 50~53.

36. McClellan III and Dorn, Science and Technology in World History, Second Edition, p. 109.

37. "al-Azhar," in Julie Scott Meisami and Paul Starkey, ed., The Routledge Encyclopedia of Arabic Literature(New York: Routledge, 2010), pp. 118~119.

38. Richard Erdoes, A.D.1000, Living on the Brink of Apocalypse(New York: Barnes & Noble, 1995), p. 49.

39. E. Lévi-Provençal, " 'Abbās b. Firnās b. Wardūs, Abu'l-Kāsim," The Encyclopaedia of Islam, New Edition(Leiden: E. J. Brill, 1979), Vol. I, p. 11.

40. George Sarton, Introduction to the History of Science, Volume 1, From Homer to Omar Khayyam, p. 609.

41. S. H. Nasr, "Philosophy and Cosmology," in R. N. Frye, ed., The Cambridge History of Iran, Volume 4, The Period from the Arab Invasion to the Saljuqs, pp. 423~425.

42. George Sarton, Introduction to the History of Science, Volume 1, From Homer to Omar Khayyam, p. 642.

43. E. S. Kennedy, "The Exact Sciences," in R. N. Frye, ed., The Cambridge History of Iran, Volume 4, The Period from the Arab Invasion to the Saljuqs, p. 379.

44. George Sarton, Introduction to the History of Science, Volume 1, From Homer to Omar Khayyam, p. 603.

45. Ibid., pp. 621, 628.

46. Ibid., p. 638.

47. 리언한李恩涵『동남아 화교사』(타이베이: 우난도서출판공사, 2003년), p. 60.

48. George Sarton, Introduction to the History of Science, Volume 1, From Homer to Omar Khayyam, p. 721.

49. Ibid., p. 681.

50. Ibid., p. 708.

51. E. S. Kennedy, "The Exact Sciences," in R. N. Frye, ed., The Cambridge History of Iran, Volume 4, The Period from the Arab Invasion to the Saljuqs, pp. 394~395.

52. George Sarton, Introduction to the History of Science, Volume 1, From Homer to Omar Khayyam, p. 711.

53. Jon McGinnis, Avicenna(Published to Oxford Scholarship Online, 2010), p. 246.

54. G. Lazard, "The Rise of the New Persian Language," in R. N. Frye, ed., The Cambridge History of Iran, Volume 4, The Period from the Arab Invasion to the Saljuqs, pp. 624~628.

55. 여기에는 9세기 당시 바그다드 중앙에 의해 이집트 관리자로 임명되었다가 훗날 독립한 돌궐 장군 투룬은 포함되지 않는다. 그는 중앙이 파견한 대원이었을 뿐, 종족 전체가 이집트에 입주한 것이 아니기 때문이다.

56. Seyyed Hossein Nasr, Islamic Science, An Illustrated Study(World of Islam Festival Publishing Company Ltd, 1976), pp. 82~83.

57. J. A. Boyle, " 'Umar Khayyám: Astronomer, Mathematician and Poet," R. N. Frye, ed., The Cambridge History of Iran, Volume 4, The Period from the Arab Invasion to the Saljuqs, pp. 658~664.

58. Francis Robinson, "Perso-Islamic culture in India from the seventeenth to the early twentieth ceutnry," in Robert L. Canfield, ed., Turko-Persia in Historical Perspective(Cambridge, UK and New York, USA, 1991), pp. 113, 118.

제26장

서유럽 열국의
탄생

밀레니엄을 겪으며 필자는 시기에 부합하는 일련의 글을 썼었는데 이들 글의 중요한 주제 중 하나가 바로 '유럽 열국의 탄생'이다.[1] 서로마가 5세기에 일찌감치 역사의 막을 내린 뒤 오늘날 유럽과 같은 국가의 단위가 탄생하기까지는 기원후 두 번의 밀레니엄이 교차할 때까지 기다려야만 했다. 역사라는 메모리 용량이 지극히 유한하다는 전제하에서만 비로소 이 전체 '서양사'를, 유럽사와 로마사가 바로 연결되는 압축파일로 만들 수 있을 것이다. 고대 로마 시대가 지나간 이후, 대식 제국의 탄생과 멸망, 그리고 비잔틴의 멸망 및 회복이라는 역사의 수레바퀴가 수없이 굴러간 뒤에야 비로소 유럽 열국의 탄생을 맞이할 수 있었기 때문이다. 이러한 시각 차이를 바로잡으려면 반드시 고대 로마와 유럽사 사이에 '포스트 로마'에 해당하는 '고트 왕국' 파일을 비롯하여 '포스트 고트' 시대를 이끈 프랑크 왕국과 원서 기독교 문명 전성기 파일, 그리고 뒤이어 일어난 '카롤링거와 교황청을 축으로 한 유럽연맹' 파일을 추가해야 한다. 이 파일들은 제21장, 제22장 등에서 이미 공유된 바 있지만, 오늘날 우리가 아는 유럽 열국이 모두 소개되지는 않았다. 이번 장에서는 그들이 탄생했던 포스트 카롤링거 시대를 집중적으로 서술하고자 한다.

지금 기정사실이 된 역사적 측면에서 돌아보면 카롤링거 유럽이 곧 신유럽의 첫 페이지라는 결정론에서 벗어나기 어렵다. 사실 기원후 첫 번째 천년과 두 번째 천년이 교차하는 시점에는 하나의 단층이 등장하는데 '카롤링거 유럽'이라는 서로마 제국의 복제품이 폐기된 뒤 비로소 오늘날의 유럽 열국이 탄생하게 된다. '카롤링거 유럽' 붕괴의 외부적 요인을 보면 로마 세계가 해체된 원인이 재연되는 듯, 게르만 민족과 아시아 민족의 침입, 그리고 북 게르만인과 마자르인이라는 마지막 파도에 직면했다. 역사에는 필연적 결정은 없다. 이 로마 복제품의 붕괴는 새로운 시대의 시작일 뿐 옛 시대의 종말이 아니다.

그러나 훗날 역사는 이렇게 진행된다. 신유럽의 배아가 되었던 카롤 링거 제국은 오랜 기간 안정된 정국을 유지하지 못하고 내부적으로 사분오열하지만 국방에서는 비교적 빈틈없는 방위 국가를 지향했다. 그러나 붕괴 중이던 카롤링거 제국은 북방의 바이킹족과 동방의 마자르인, 남방의 이슬람 무어인 같은 외부의 침략에 맞서기란 역부족이었다. 특히 충격이 컸던 것은, 로마제국을 무너뜨렸던 게르만족의 대이동 기간보다 더 길었던 '북부 야만족' 바이킹의 남침인데 침략은 8세기 말에서 11세기까지 이어졌다. 이런 상황에서 프랑크족과 로마 교황청 공동체는 거듭나기 위해서 반드시 새로운 열국 체계로 탈바꿈해야 했고 그래야만 일련의 새로운 도전에 대응할 수 있었다. 그들의 조직은 더욱 엄밀해졌고 그 과정에서 강력한 항체로 무장한 국가가 등장했다. 오늘날 독일의 초기형태도 마자르인과의 전투 과정에서 형성되었으며 프랑스와 영국의 탄생도 모두 '북부 야만인'의 남침과 연관되어 있다. 지중해에서는 기독교 세계가 이슬람 세력의 북침을 막아섰다. 이베리아반도에서는 완강한 기독교 세력이 이슬람으로부터 옛 땅을 수복하고자 하는 운동이 800여 년을 이어갔는데 이것이 스페인과 포르투갈 등의 건국 과정이 되기도 했다.

샤를마뉴 제국의 붕괴

샤를마뉴에게 유일하게 남은 계승자는 경건왕 루이Louis the Pious (778~ r.814~840)뿐이었고, 다행인지는 모르겠지만, 이로써 모든 자식에게 균등 상속해야만 하는 프랑크족 부락법의 부작용은 한 세대를 건너뛰게 되었다. 그러나 정작 경건왕 루이, 본인의 후손에 대한 승계 문제에서는 운이 따르지 않았다. 그는 재위 초기(817년) 이미 제국의 계승 문제를 마무리 지어 장자 로타르Lothair (795~855)는 부친과 함께 공동황제co-

샤를마뉴의 유일한 계승자 경건왕 루이

emperor 신분으로 통치하다가 부친 사후 제호를 물려받았다. 차남인 아
키텐의 피핀Pepin of Aquitaine (797~838)과 막내아들인 게르만의 루이Louis the
German (806~876)는 각자 물려받은 영지에서 국왕이 되었다. 그런데 루이
는 823년, 후처를 통해 낳은 대머리왕 샤를Charles the Bald (823~877)에게도
영지를 분할하기로 하여 기존의 상속 결정을 번복했고 이로써 왕자들과
세 차례에 걸친 내전을 치러야 했다. 생전에 대체로 상황은 진정되는 듯
보였다.

그러나 경건왕 루이가 840년 붕어하자 장자 로타르는 즉시 형제들
과 전쟁을 벌였고 퐁트네이 전투Battle of Fontenay-en-Puisaye (841/6/25)에서 패
하고 만다. 843년, 삼형제는 〈베르됭 조약Treaty of Verdun〉을 체결하고 제국
을 분할한다. 838년에 세상을 떠난 피핀 대신 둘째가 된 게르만인의 루
이는 제국의 동부를 나눠 가졌고 셋째인 대머리 샤를은 제국의 서부를
받았다. 로타르는 중간 지대를 차지하여 제국의 수도인 아헨을 거머쥐
고 제호까지 유지했지만, 형제들에 대해서는 종주권이 없었다.[2]

로타르의 중간 왕국은 지리적, 종족적으로 합리적인 경계가 아니었
다. 영토는 협소하고 길어 좌우에서 침입하는 적을 막아낼 험난한 천연
요새가 없었다. 중간 지대는 알프스산으로 단절되어 산의 북부는 게르

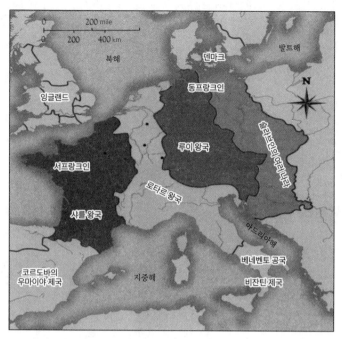

843년 샤를마뉴 제국의 분열

만인의 거점이었고 산의 남부는 이탈리아인의 지역이었다. 알프스산 북부는 훗날 독일과 프랑스가 끊임없이 쟁탈전을 벌이는 땅(이를테면 알자스로렌)이 되어 20세기까지 분쟁이 이어졌으며 이탈리아 또한 분열하는 등 지역의 통일은 19세기 건국시대까지 미루어졌다.

　로타르가 855년 제위에서 물러나면서 그의 중간 왕국은 프랑크인의 관습에 따라 왕자들에게 분배되었다. 장자인 루이 2세는 844년 이탈리아 왕으로 봉해지고 제호를 이어받았고 차남인 로타르 2세는 알프스산 북부의 소위 '로타링기아Lotharingia'를 얻었으며 막내 샤를은 프로방스Provence를 물려받았다. 서프랑크의 땅에서는 대머리 샤를이 846년에 어쩔 수 없이 브르타뉴의 독립을 승인해야만 했다. 863년에는 프로방스의 샤를이 후계자 없이 죽자 왕국은 형제들이 나눠 가졌고 샤를마뉴 가업은 패망의 길로 들어서게 된다. 이러한 상태를 타개할 기회가 없었던 것은 아닌데 그것은 후계자 없이 대통이 끊어진 이웃 나라를 합병하는 방법이다. 869년, 로타르 2세가 후계자 없이 죽자 서프랑크의 대머리 샤를은 그의 왕국을 집어삼키려 했고 이에 동프랑크왕국의 게르만인 루이는 전쟁을 선포했다. 그러나 결국 둘은 870년 메르센 조약Treaty of Meersen을 체결하고 '로타링기아'를 나눠 가진다.

동서 양국의 군주들이 882년과 884년에 연이어 사망하자 게르만인 루이의 아들, 비만왕 샤를Charles the Fat(839~888)이 동서 양 프랑크 왕국의 보좌를 이어받았다. 프로방스 왕국은 이미 882년에 굴복하였기 때문에 프랑크 왕국은 통일을 이룬 듯했다. 그러나 비만왕 샤를은 당시 북부 야만족 바이킹의 침략을 막아낼 힘이 없었고 887년에는 동프랑크의 게르만 공작들에게 파면당하고 만다. 만일 그가 이듬해에 사망하지만 않았다면 서프랑크도 같은 운명을 맞이하였을 것이다.

887년~888년 이후, 프랑크 제국은 더는 존재하지 않게 되는데 앞서 계승 문제로 분열했던 것과는 달리 이번에는 각지의 선출 문제로 촉발되었다. 프랑크 국가가 계속 존재하는 듯한 가상이 유지된 것은 프랑크의 동서 양국이 여전히 카롤링거라는 왕조의 이름 아래에 있었기 때문이다. 그러나 소년왕 루이Louis the Child(893~r.900~911)가 세상을 떠나자 동부의 왕맥은 끊어졌고 그 뒤 동서 각지로 흩어졌다. 동프랑크의 로타링기아는 프랑크의 전승을 유지하기로 결정, 서프랑크 왕국으로 편입되었고 게르만 지대의 남은 네 공국은 각자 자기만의 국왕을 선출, 과도기적 '도이치(독일)'를 향해 나아갔다. 서부의 프랑크 왕국은 911년 이후 부득불 '프랑스'로 탈변하였다.

샤를마뉴가 재건한 프랑크 '로마제국'은 복제품의 원판으로, 동서 양국으로 분열된 것 외에도 그 패망 과정 또한 고대 로마와 판에 박은 듯했다. 북부에서는 북게르만인의 남침이, 동부에서는 아시아 초원 민족의 습격이, 그리고 고대 로마 동부의 강력한 인접국 사산 제국이 이제는 이슬람으로 대체되어 북아프리카와 이베리아를 석권하는 등, 오히려 고대 로마보다 한층 위태롭게 동서남북 사면에서 적을 맞는 형세가 되었으니 말이다. 내홍이 끊이지 않은 카롤링거 제국은 서유럽을 향해 불어닥친 이 같은 비바람을 막아낼 재간이 없었다.

마자르의 근심과 '도이치'의 탄생

마자르인Magyars은 또 다른 역사 생태를 가진 집단으로 895년 무렵, 오늘날 헝가리에 정착하여 헝가리인이 되었다. 그들의 선조는 흉노나 아바르인, 불가르인과는 다른 우랄 종족으로 오늘날 핀우고르 어족에 속하여 초원의 세례를 받은 집단 중 하나이다. 그들의 유럽 진입은 앞선 주자들과 마찬가지로, 초원 내 정치적 각축전의 승패에 따른 연쇄 반응이다. 흉노의 전례는 이미 제19장에서 상세히 서술하였다. 아바르인은 어쩌면 돌궐에 의해 멸망한 유연柔然과 에프탈 유랑민의 혼성체일 수도 있다. 초원의 세력이 박동하는 법칙에 관해서는 제3권 '유라시아 대초원의 역사 개척학' 편에서 집중하여 서술하고 이번 장에서는 우크라이나 초원의 동태를 분석하고자 한다.

불가르인은 우크라이나 초원에서 서돌궐 칸국의 잔당인 하자르인Khazars에게 쫓겨났고 그중 일파가 서쪽으로 이주하였으나 유라시아 대초원의 서부 종점(카르파티아 분지)이 이미 아바르인의 수중에 들어갔던 탓에 이 불가르인들은 남하하여 비잔틴의 다뉴브강 남부를 침략, 불가리아를 세운다. 샤를마뉴가 아바르 칸국을 멸망시키자 불가리아는 기회를 엿봐 옛 아바르 땅의 동남부 절반을 차지한다. 북부 야만족(바이킹)이 발트해에서 남하하여 루스를 세웠지만 비잔틴은 그들이 성장하는 것을 보고도 방임하였는데 이는 우크라이나 초원의 하자르 칸국과 다뉴브강 하류의 불가리아를 견제하기 위함이었다. 그러나 루스인이 불가리아를 공격한 뒤 돌아갈 생각은 않고 오히려 그곳을 도읍으로 삼아 눌러앉을 줄은 생각지도 못했다. 이에 비잔틴은 여러 이민족을 규합하여 그를 몰아냄과 동시에 페체네그인Pechenegs과 결탁하여 퇴로에서 매복한 뒤 그들을 섬멸하였다.

원래 비잔틴은 이미 루스 대공이 하자르 칸국을 멸망시키는 것을 눈감아 주었다. 하자르 칸국은 본래 비잔틴과 연합하여 대식 제국에 대항하던 동맹국이었지만 유대교로 개종하면서 비잔틴의 유대교 배척 정책과 충돌하게 되었고 결국 둘은 앙숙이 되었다. 그래서 비잔틴은 차라리 초창기 이교도 단계에 있는 루스인을 견제 수단으로 키우기로 한 것이다. 우크라이나 초원을 300여 년간 안정 국면으로 이끌었던 하자르 칸국이 루스에 의해 멸망한 뒤 초원 패권의 진공 국면은 얼마 안 가 페체네그족에 의해 채워졌다. 그들이 넓은 의미에서 돌궐족에 속하는지 여부는 알 수 없다. 다만 눈앞의 효과만 보자면 그들은 마자르인을 압박, 서쪽으로 몰아내어 오늘날 헝가리로 진입하게 함으로써 서유럽의 정국을 뒤흔들었다.

마자르인이 대본영을 둔 곳은 흉노와 아바르인이 일찌감치 점거했던 옛 로마 도시 판노니아였는데 이곳은 카르파티아 분지를 포함하며 발칸 반도와 동유럽의 교차점에 있다. 이곳에 장막을 세운 초원 민족은 동과 서를 가리지 않고 약탈을 감행했다. 원래는 동부가 재난 상황이 심각한 편이지만 이번은 달랐다. 비잔틴과 헝가리 사이에는 불가리아가 양국을 가르고 있어서 둘이 휴전일 때 불가리아가 손 쓰기 쉽지 않아 마자르인이 국경을 넘어 비잔틴을 침략하기 수월했고 결국 콘스탄티노플까지 진격하였다. 그러나 전체적으로 봤을 때 유럽 밖에서 온 이 비非 기독교 '도적 떼'가 약탈한 대상은 게르만과 이탈리아로 반도 남단까지 진격하였다. 훈노나 아바르인과 비교했을 때 마자르인은 제국의 잠재력이 가장 부족한 상태에서 유럽에 진출한 초원 종족인 듯하다. 그들은 수하에 유럽 현지인을 부리지도 못한 상태에서 유럽 내 권력 게임의 참여자가 되었고 프랑크인은 일찍이 그들과 연합하여 초창기 슬라브족 국가인 대 모라비아를 무너뜨리기도 했다.

동프랑크령(현재의 독일)에서 소년왕 루이는 마자르인을 막아내지 못했고 게르만군은 907년과 910년 연속하여 참패한다. 소년왕 루이가 911년 세상을 떠나자 카롤링거 왕조는 외척인 프랑켄 공국의 콘라딘 왕조Conradine dynasty로 대체된다. 918년, 콘라드 1세Konrad I(890~918)는 붕어 직전 색슨 공작인 '매사냥꾼 하인리히Henry the Fowler(876~936)'를 왕위 계승자로 지목하는데 이것이 바로 색슨 왕조의 시작이었다.

그러나 역사가들은 보통 '독일'이 그의 아들이자 계승자인 오토 대제Otto the Great(912~973)에게서 시작되었다고 본다. 콘라드 1세는 어떠한 왕호도 갖지 않았고 다만 잠시 소년왕 루이의 공백을 대체했던 것뿐이기 때문이다. 매사냥꾼 하인리히에게는 왕호가 있었으나 게르만을 부락 공국 동맹으로 여겨 중앙 기구를 세우지 않았다. 어쩌다 마자르인을 격파하기는 했지만 여전히 그들에게 공물을 보내야만 했다. 마자르인 문제를 실제로 철저하게 해결하고 중앙 기구를 세운 뒤 '신성로마제국 황제'의 면류관을 받은 이는 다름 아닌 오토 1세였다.

오토 1세는 레히펠트 전투Battle of Lechfeld(955/8/10)에서 마자르인을 대파하는데 이로써 장장 100여 년에 달한 마자르 관련 수난 역사를 종식하였으니 가히 유럽사의 이정표적인 사건이라고 할 만하다. 게르만인은 포로로 잡힌 세 명의 마자르 수령들을 죽이고 마자르 본토에서는 건국 왕조 아르파드the Arpad Dynasty가 막을 내렸으며 서진 공세도 중단되었

매사냥꾼 하인리히

다. 이에 마자르인은 전략을 바꾸어 동쪽의 비잔틴을 공격하는 추세를 보이는 듯하다가 970년대에 이르러 이마저도 사라진다.

레히펠트 전투는 오토 왕조의 지위를 굳건히 세웠다. 962년 2월 2일, 교황 요한 12세John XII (r.955~964)는 오토에게 관을 씌우고 '신성로마제국 황제'로 임명한다. 150여 년 전 샤를마뉴에 의해 무력으로 기독교 개종을 강요받았던 색슨족이 이제 샤를마뉴의 자손을 대신하여 서유럽의 황제로 등극한 것이다. 이 때문에 역사가들은 색슨 왕조를 일컬어 오토 왕조Ottonians라고 부르기도 한다.

오토는 끊임없이 반란하는 게르만 귀족들을 제어하기 위해 전도사 육성에 공을 들여 그들을 제국의 관리로 삼았다. 이로써 교회라는, 유일하게 통일조직을 갖추고 지식을 독점한 기구는 제국의 주요 행정 기구가 되었다. 그리고 그는 로마 교황청이 갖고 있던 성직자 임면권을 '침탈'하는데 이는 추후 정교 충돌의 불씨가 된다. 오토는 자신의 친척과 비서를 성직자 항렬에 올리고 이들을 황제 직속으로 책봉하는 의식을 거행하였으며 그들에게 토지를 하사하였다. 그리고 그들의 장원에 있던 농노화한 부역 무사ministerialis를 자신을 위한 무력 세력 및 기층 관리로 삼았다. 사실 당시 로마 교황청이 기강을 잃게 된 내막을 자세히 들여다보면 게르만 제국이 행정적 필요에 의해서 로마 교회 대신 일군의 간부를 훈련했던 일을 들 수 있다.

교황청이 외면한 '신성' 로마제국

오토는 콘스탄티누스와 샤를마뉴를 표상으로 삼아 기독교 제국을 중건하기 위한 웅대한 꿈을 품었고, 샤를마뉴가 무력을 앞세워 오토의 선조인 색슨족을 기독교로 개종시켰던 것처럼 오토도 슬라브인 및 덴마크인과 전쟁을 벌인 끝에 덴마크 국왕을 기독교로 강제 개종시켰다. 세계적 기독교 제국을 향한 꿈을 실현하기 위해서는 반드시 하나의 정신적 구심점이 필요하므로 그는 교황청과의 협력을 희망했다. 당시 서방의 정치도 다시금 핵심축이 되어줄 존재를 찾기 시작했지만, 교황청은 오히려 쇠미해가는 카롤링거 정권의 끄트머리를 붙잡고 끝까지 부패해가고 있었다.

서기 10세기는 교황청에게는 '암흑의 시대Saeculum Obsculum'였다. 카롤링거 유럽연맹이 뿔뿔이 흩어져 유럽 전체의 정신적 중심축은 지방 호족이 차지하였고, 곳곳에서 내분이 발발하였다. 9세기에서 10세기로 전환되는 시점에 모 교황은 죽은 뒤 시체가 파헤쳐져 죄를 추궁당하는 처지가 되었고 또 어떤 교황은 고작 3주간 자리를 보전했으며 또 다른 교황은 4개월을 채우지 못하였고 어떤 교황은 단 20일간 교황직을 수행하기도 했다. 또 다른 세 명의 교황(그중 한 명은 '가짜 교황'이라 정식으로 등록되지 않음)은 정적에 의해 잔인하게 살해당하기도 했다. 두 명의 대립 교황을 숙청했던 사람은 교황청의 재무를 관리하던 투스쿨룸 백작Count of Tusculum 테오필락트 1세Theophilact I (?864~924/925)였다. 그가 친척인 세르기우스 3세Sergius III(r.904~911)를 교황으로 세운 뒤 로마 정

오토 대제

국은 점차 안정을 찾아가는 듯했으나 유럽의 정신적 지도자 역할을 했는지는 분명치 않다.

투스쿨룸 백작 사후 여러 해가 지났지만 교황청은 여전히 투스쿨룸의 부인이자 여성 의원이었던 테오도라Senatrix Theodora (870~916)와 그녀의 두 딸 테오도라the younger Theodora 및 마로지아Marozia (890~937)의 영향권 아래에 있었다. 세 모녀는 자신들의 입맛에 따라 교황을 세우거나 폐위했고 심지어 그들과 통간하거나 살해를 일삼았으니 역사는 이 시기 교황청 역사를 가리켜 '포르노크라시pornocracy(창부 정치)'라고 일컫기도 한다. 교황 요한 11세John XI (r.931~935)도 마로지아가 세르기우스 3세와의 사이에서 낳은 사생아라는 설도 있다. 932년, 그 모친 마로지아와 그녀의 세 번째 남편의 통치는 그녀의 첫 번째 남편이 낳은 아들에 의해 전복되고 그들은 옥에 갇혀 죽는다. 그 아들이 바로 스폴레토 공작 알베릭 2세 Alberic II, Count of Spoleto (912~954)로 932년부터 시작된 교황청 장악이 954년까지 이어졌다. 그는 동복동생(어머니가 같고 아버지가 다름)인 요한 11세를 손아귀에 넣은 것 말고도 네 명의 교황을 계속해서 조종하였는데 이는 임종 직전 16세의 아들을 교황 요한 12세로 봉하기 직전까지도 계속되었다.[3]

바로 이 잔혹하고 횡포한 불량소년이 오토 대제에게 '신성로마제국 황제'의 관을 씌운 것이다! 오토는 그의 세계 기독교 제국의 꿈을 이루기 위해 요한 12세에게 누누이 언행을 조심할 것을 당부하였지만 효과는 없었다. 요한 12세는 방탕한 생활을 하였고 제멋대로 가혹한 형별을 내리기도 했다. 오토 대제에게 신성로마제국 황제의 관을 씌웠던 것은 정적인 '이탈리아 국왕' 베렌가리오 2세Berengar II (900~r.950~966)가 겸임했던 '신성로마제국 황제'의 타이틀을 빼앗기 위함이었다. 이로써 그는 북방의 강력한 세력에 영합하여 정적에 맞섰다. 그러나 요한 12세는 오토 대제에게 관을 씌운 뒤로도 그 권력이 이탈리아까지 확대되는 것이 두려운 나머지 과거의 정적인 베렌가리오 2세를 비롯하여 비잔틴, 마자르인과 결탁하였지만 결국 오토 대제에 의해 파면되고 만다. 오토 대제는 새로운 교황을 별도로 세운다. 오토는 또한 자신의 부하이자 사생아였던 마인츠 대주교 빌헬름William (r.954~968)에게 기도와 의식을 표준화한『로마 교전Pontificale Romanu』을 편찬하도록 했다. 마인츠 대주교구Archbishopric of Mainz는 한때 서방 교회의 수뇌부가 되었고 기독교사에 근거한 이렇다 할 배경이 없어 베드로와 바울, 두 사도가 기반이 된 로마 성좌를 대체할 수 없었지만 서방에서 로마 이외의 서방에서 유일하게 '성좌Holy See'로 존중받게 되었다. 오토 대제는 교황청을 라인강 지역으로 옮기지만 않았을 뿐이었다!

교황청을 장악한 투스쿨룸 가문

훗날 발전 양상이 증명하듯 부패한 교황청은 반드시 새로운 제국 정부에 의해 개혁되었지만, 오토의 정권은 그럴만한 도덕적 권위가 부족하였다. 오토 대제는 친족만

마인츠 대주교구의 문장

을 고용하였는데 이는 당시의 통례여서 이상할 것이 없었다. 당시 게르만 정권은 세계적 시야를 가지고 있었던 반면 로마 교황청은 지방적 성격의 부패의 고리에 얽혀 있었다. 그래서 이탈리아의 역사가들조차 오

토가 임명한 교황 요한 13세John XIII (r.965~972)가 교황청의 '암흑시대'를 종식시켰다고 인정할 수밖에 없었다.⁴ 확실히 황제와 총대주교가 비잔틴이라는 한 장소에 머무르며 피차 견제가 이루어졌으니 어느 일방이 지나치게 부패할 가능성은 크게 낮아졌다.

산산이 조각 난 밀레니엄의 꿈, 로마의 혼이 끊기다

서유럽 열국의 탄생 과정에서 유독 게르만과 이탈리아의 진정한 통일만큼은 19세기까지 기다려야 했는데 그제야 통일의 씨앗이 뿌려졌기 때문이다. 19세기 유럽의 현대 국가 건설 운동은 사실, 과거의 국족國族(문화가 비슷한 민족을 하나의 나라로 응집한 종족 집단)을 회복하여 구축하려 했던 움직임이다. 10세기에 색슨 왕조가 조각했던 것은 비스마르크의 도이치 건국의 꿈이 아니라 새천년 밀레니엄에 다가올 세계 기독교 제국의 꿈이었다. 이 때문에 중심축을 게르만에서 로마로 옮기는 추세가 있었고 그 결과 두 개의 '세계적' 운층, 즉 세계적 로마제국과 세계적 교회라는 거대한 구름층 아래서, 독일과 이탈리아라는 두 지역적 민족 국가는 순조롭게 탄생하기 어려웠다.

오토 대제의 아들 오토 2세Otto II (955~r.967~983)와 비잔틴 공주 테오파누Theophanu (955~991)가 결혼하면서 게르만을 '로마제국'화하려는 복고주의 경향이 강해졌다. 근대 민족주의의 역사학자들은 색슨 왕조가 남진하여 이탈리아로 확장한 것만을 탓할 뿐 국내의 요인, 즉 '국족國族 회복 사관'이라는 요인을 소홀히 여겼다. 오토 1세와 2세의 남진은 사실 샤를마뉴가 이루지 못했던 대업을 완성한 것이고 후자는 프랑크 국왕 겸 '랑고바르드인의 국왕'이 된 뒤에야 비로소 '로마인의 황제'가 될 수 있었다. 이후 '이탈리아 국왕'의 왕관은 줄곧 샤를마뉴의 자손에게로 돌아갔는데, 왕조의 마지막 대에 지방 세력이 고개를 들 때까지 이어졌다. 이제 비잔틴과 혼인 관계를 맺은 오토 2세는 이탈리아 전역을 병탄하고자 했는데 흡사 고대 로마제국의 수도 근교를 광복하려는 웅대한 포부를 가진 것처럼 보였다.

어찌 됐든 알프스산 북부의 세력이 지중해로 진입하자 도리어 외가인 비잔틴과 카이로의 파티마 정권이 동맹하는 결과를 초래했다. 오토의 게르만 부재로 슬라브인과 덴마크인의 반격, 게르만 귀족들의 불안정이 야기됐는데 특히 그의 사촌 형이자 바바리아 공작인 '말썽꾸러기' 하인리히 2세Henry II, the Quarrelsome, Duke of Bavaria(951~995)가 호시탐탐 제위를 노

그리스도에게 복을 받는 오토 2세와 테오파누: 비잔틴 상아 조각

렸다. 제국의 군대는 982년 이탈리아반도 끝에서 파티마 제국에 패하고 만다. 같은 해 오토 2세는 28세의 나이로 세상을 떠나 로마의 성 베드로 성전에 묻혔으니 유일하게 로마에 묻힌 게르만 황제가 되었다.

오토 2세가 세상을 떠나자 그의 아들인 오토 3세Otto III(980~1002)가 고작 세 살의 나이로 왕위를 이었지만 이내 당숙인 '말썽꾸러기' 하인리히 2세에 의해 찬탈된다. 어린 아들이 하인리히 2세의 손아귀에 들어가자 모후와 태후는 즉시 제르베르 오리악Gerbert d'Aurillac(946~1003)에게 도움을 청한다. 제르베르는 서프랑크 왕국(오늘날 프랑스)에서 태어난 평민이었지만 수도원에 들어가 전도사가 된 뒤, 기회가 닿아 코르도바로 건너가 연수하여 이슬람의 과학과 철학을 흡수하였다. 이베리아에서 돌아온 뒤 오토 대제의 눈에 든 그는 훗날 오토 2세까지 보좌하고 중점 수도

원의 원장을 역임하는 등 왕과 제후들 사이에 높은 덕망을 쌓았다. 그러던 중 서프랑크의 총 주교와 손을 잡고 드디어 반년 만에 오토 3세를 넘겨주도록 '말썽꾸러기' 하인리히 2세를 압박한 끝에 송환하는 데 성공, 그로 하여금 대통을 잇게 했다. 제르베르 오리악은 한 명도 아닌 두 명의 국왕을 탄생시켰다. '말썽꾸러기' 하인리히 2세는 충성을 맹세한 뒤로도 서프랑크의 카롤링거 군주 로타르 4세Lothair IV(941~986)와 결탁하여 제위 찬탈을 도모했다. 이에 제르베르 오리악은 다시금 서프랑크 총주교와 손을 잡았다. 그리고 그 자손 마지막 대의 군주인 루이 5세Louis V(967~r.986~987)가 재위 1년 만에 세상을 떠나자 파리의 위그 카페Hugh Capet(940~r.987~996)를 왕으로 추대하였다. 카페 왕조는 이때부터 카롤링거 왕조를 대체하였고 '프랑스' 건국의 시조가 되었다.[5]

오토 3세는 14세 때 직접 정치 전면에 나서면서 태후에게 은퇴를 권하였지만, 한편 그의 은인인 제르베르 오리악과는 오히려 말이 잘 통하여 그에게 청하여 이슬람에서 배운 과학을 전수받기도 하였다. 이 소년은 전에 들어보지 못한 사물에 무한한 호기심을 보였는데 이런 면에서 훗날 등장하는 러시아 표트르 대제와도 닮았다. 그는 999년 제르베르 오리악을 교황으로 임명한 뒤 그를 실베스테르 2세Silvester II로 불렀는데 그 이름만큼 황제와 스승 간 협력을 통한 제국 건설의 꿈을 잘 대변하는 이름은 없을 것이다. 과거 콘스탄티누스 황제가 힘을 합쳐 기독교 제국을 건설했던 스승의 이름이 바로 교황 실베스테르 1세였기 때문이다. 부패한 지 이미 오래인 교황청은 제르베르 오리악에 이르러서야 비로소 덕성과 명망, 재능을 겸비하고 장래성을 갖춘 지도자를 세우게 되었다. 그와 오토 3세 사이에 있었던 세대를 초월한 사귐은 보기 드문 일이었고 우연일지언정 일부러 찾는다고 찾을 수 있는 관계가 아니었다. 마침 시기적으로도 새천년을 맞이했던 때라 그리스도가 재림하여 세계 기독교 제국을 세울 것이라는 기대가 바로 눈 앞에서 현실화할 것처럼 보였다.

그러나 안타깝게도 이 새천년에 대한 희망과 기대는 거대한 부담이 되어 소년 황제를 압박했다. 그는 수도를 로마로 옮기고 비잔틴식 의복을 걸치는 등 자못 새천년 왕국의 군주처럼 꾸몄으니 흡사 19세기 바바리아의 '미친 왕' 루트비히처럼 자신을 종교극 속 주인공쯤으로 여겼다. 그러나 외부인 색슨족에 대한 로마인의 태도는 오락가락했다. '창부 정치'의 후예이자 지방 세력인 크레센티 가문the Crescenti이 그를 향해 비잔틴과 결탁했다며 충동질하였다. 소년 황제는 자신의 정체성인 백성을 향해 군대를 동원하도록 강요받다가 결국 로마를 떠나 조용히 라벤나로 천도한다. 이탈리아의 정국은 아직 발전 가능성이 있었지만 소년 황제는 이미 정신 분열 상태를 보이기 시작했다. 그는 극도의 자만과 열등감 사이에서 괴로워하다가 스스로 '카이사르' '아우구스투스' 등을 초월한 '평화왕The Peaceable', 그리고 이슬람의 존호와 비슷한 '하나님의 종' '예수 그리스도의 열두 사도의 종Iesu Christi Servus Servorum'이라는 호칭을 내세웠다.[6] 그러는 한편, 남보다 못하다는 자괴감에 빠져 스스로 퇴위한 뒤 출가하여 고행하기도 했다. 라벤나를 떠나 로마 근교를 배회하면서 먹지도 마시지도, 자지도, 쉬지도 않은 채 몸을 상하게 하다가 날로 쇠약해졌고, 결국 22세를 채우지도 못한 채 로마 근교의 한 성에서 세상을 등졌다. '세계적 천년 제국'을 꿈꿨던 군주가 돌아갈 집조차 없는 신세로 전락하였던 것이다. 북방에서는 게르만 정국이 통제 불능의 상태로 접어들었고 '말썽꾸러기' 바바리아 대공 하인리히 2세의 아들이 황제 자리를 물려받아 하인리히 2세Henry II(972~1024)가 되었는데 그는 혼란한 정국을 수습, 색슨 오토 왕조의 마지막 일원이 된다.

이제 막 약관의 나이에 접어든 오토 3세의 여린 마음은 '새천년 제국'의 꿈을 감당하기에는 역부족이었다. 독일의 민족주의 역사가들은

열국의 사신이 알현하는 오토 3세

그가 지나치게 공상적이었던 탓에 게르만에 대한 통치를 소홀히 하였다고 탓했다. 만일 우리가 19세기의 민족주의 사관을 수정하고 오늘날 유럽연맹의 역사관을 고쳐 쓴다면 천 년에 한 번 만나볼까 말까 한 기회를 이로 말미암아 놓쳤다고 할 것이다. 오토 대제의 시대는 황제는 있으나 교황이 협력하지 않은 시기였지만, 서기 1천 년의 교차점에 들어서면서 황제와 스승의 절묘한 조합이 등장했고 두 사람은 세대를 초월하는 사귐을 이뤘다. 그러나 황제는 1002년 한 걸음 앞서 떠났고 제르베르 오리악은 그 뒤를 따라 이듬해 세상을 떠났다. 제르베르 오리악은 울리지 않은 한쪽 손바닥에 불과한 인물이 아니다. 일찍이 코르도바에서 유학하여 당시 유럽에서 유일하게 이슬람의 학문에 정통한 지식인이었기 때문이다. 아라비아 숫자를 유럽에 들여왔고 주판과 계산법, 천구의를 소개하였으며 증기로 구동하는 대 풍금을 설계하는 등, 당시 우매했던 유럽인들이 보기에 그는 마귀의 제자나 다름없어 보였다. 거기다 밀레니엄의 광풍은 '적그리스도Anti-Christ'가 말세에 세상에 군림한다는 황당한 소문까지 만들어냈다. 이 때문에 새천년의 교차점을 살았던 이 교황

은 '적 그리스도'로 여겨졌고 이미 영혼을 마귀에게 팔아넘겼다는 수많은 소문에 시달렸다.[7]

바이킹의 시대

오늘날 튜턴어는 주로 영국, 독일, 네덜란드 등을 아우르고 게르만 어족에 속하며 고대 고트인은 '동게르만 어족'에 속한다. 비록 고대 로마인은 그들이 게르만인과 판연히 다르다고 보긴 했지만 말이다(제21장 참조). 유럽 문명지대를 침투한 최후의 물결은 바로 북게르만인으로 오늘날에는 오직 덴마크와 스웨덴, 노르웨이, 아이슬란드와 페로이즈Icelandic and Faroese 일대에만 존재한다. 그들의 조상은 바이킹 시대의 고대 노르드 어족Old Norse인데 고대 노르드어에서 '바이킹'이라는 말은 해적을 의미한다.[8] 그들은 역사에서 노르만족Normans이나 '북부 야만족'으로 칭해졌다.

'북부 야만족'은 샤를마뉴 시대에 이미 서유럽의 시야에 들어갔다. 덴마크인은 남방의 색슨족을 막아내기 위해서 일찍이 예탈랜드 반도의 허리를 막아 국경 방어벽인 다네비르케Danevirke를 세웠는데 샤를마뉴가 색슨족을 병탄한 뒤에는 이를 더욱 강화하였다. 이 때문에 '북부 야만족' 역시 강력한 남방 민족으로부터 위협을 느꼈다고 할 수 있으니 단순히 한 방향의 가해자, 피해자 관계로 도식화해서는 안 된다. 샤를마뉴 치세 기간(793년), 노르웨이의 바이킹족은 원서 기독교 문명의 유명 사원인 린디스판 수도원Lindesfarne Priory을 약탈하였는데 보통 역사서에서는 이를 '바이킹 시대'의 시작으로 본다. 이듬해 '북부 야만족'이 샤를마뉴의 제국을 침략하자 샤를마뉴 제국은 북부 연안에 해안 방어벽을 설치한다.

이러한 것들은 예고에 불과했다. 9세기의 대참사 시대가 되면 잉글랜드의 적은 덴마크인으로 바뀌었다. 노르웨이인의 목표는 아일랜드와 포뢰섬, 아이슬란드, 그린란드, 심지어 멀리 아메리카 대륙까지로 바뀌었다. 카롤링거 제국의 쇠퇴기에 덴마크인을 중심으로 한 해적이 북해와 영국해협의 연안을 약탈하고 남쪽으로는 프랑스 대서양 해안을 따라 멀리 이베리아까지 이르렀는데 심지어 지중해까지 침투하여 그 재앙이 서부 지중해 남북부 양쪽 지대까지 미쳤다. 스웨덴인은 남하하여 오늘날의 러시아 경계로 들어가 물길을 따라 흑해와 카스피해까지 침투하여 비잔틴과 대식 제국을 위협했다. 각양각색의 '북부 야만족'이 영국의 '데인로Danelaw'와 프랑스의 노르망디Normandy에서 훗날 영국을 통일하는 주역의 배아로 성장하였다. 노르망디에서 온 용병이 훗날 이탈리아 남부와 시칠리아에 왕국을 건립했고 동부 루트의 '북부 야만족'(주로 스웨덴 출신)은 러시아의 모태인 '루스'를 세웠다.

바이킹족의 옛 기독교 문명과 그 종식

북부 유럽인의 옛 기독교 문명은 그들이 다 야만족이었던 것이 아님을 보여준다. 그들의 조선 기술과 항해 기술은 감히 필적할 상대가 없었을 뿐 아니라 프랑크족과 잉글랜드 여러 나라가 해군을 보유하지 않던 상황에서 어디든 거침없이 쳐들어갈 수 있었다. 북유럽인들은 자체의 룬 문자runic alphabets를 보유하고 있었다. 그리고 북유럽 신화는 로마 신화보다 풍성하여 그 복잡다단함의 정도가 고대 근동과 인도, 그리스에 견줄 만하다. 그들의 창세신화는 모두 하급 신이 혼돈을 상징하는 시조 신을 이기거나 죽임으로써 세계를 창조하는 것을 골자로 한다. 북유럽 신화에서 이 시조 신은 이미르Ymir라고 하고 하급 신인 창세신은 그의 시신을 이용해 우주 만물로 변화시킨다. 이 과정에서 오딘Odin은 마치 바빌로니아의 마르두크나 그리스의 제우스처럼 여러 신의 왕이 된다. 오딘의 무리를 가리켜 아사Aesir 신족이라고 하는데 이는 수메르의 아눈나키와 그리스의 올림푸스 신족과 같은 권력과 질서를 상징했다. 물론 우주는 오

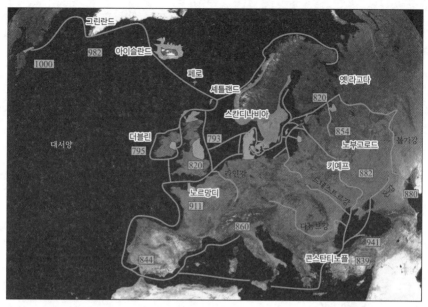

바이킹족의 침략과 발전 노선도(연대표 포함)

딘 무리가 창조한 것이었지만 그들은 만물의 조물주가 아니었고 이미르의 또 다른 자손인 거인족Jotunn(요툰)은 한 무리의 적대 세력을 형성하였다. 또 다른 신족인 바나Vanr는 풍작을 이끌고 지혜와 예지력을 주관했는데 아마도 아사 신화권 밖에 별도의 기원이 있는 것으로 보인다. 두 신족은 오랜 기간 전쟁을 치른 끝에 끝내 화해하는데 이는 스칸디나비아 땅의 두 고대 신앙이 최종적으로 화해에 이르게 된 사건을 상징한다.

북유럽 신화 속 세계는 유그드라실이라는 세계수世界樹(세계 나무)에 매달려 있다. 세계수는 아홉 개의 세계를 매달고 있지만 각 세계가 가리키는 방위에 대해서는 통일된 관점은 없다. 일반적으로 맨 위쪽 상층은 신족이 사는 궁전인 아스가르드Asgard, 반 신족이 사는 영토인 바나헤임Vanaheim, 요정이 사는 땅인 알브헤임Alfheim, 난쟁이가 사는 곳인 니다벨리르Nidavellir이고 중간층은 인간이 사는 세계인 미드가르드Midgard와 거인

900년 전후의 북유럽 이교도: 짙은 색은 바나 Vanr 신 숭배지, 두 번째 짙은 색은 아스 신 숭배지, 가장 옅은 부분은 두 신족 모두의 숭배지

국인 요툰헤임Jotunheim, 가장 아래인 나무뿌리 쪽은 암흑의 정령이 사는 스바르트알파헤임Svartalfheim과 죽음의 땅 헬Hel, 안개의 나라 니플헤임Nifleheim이다. 불꽃이 타오르는 세계인 무스펠하임Muspelheim이 세계수의 뿌리에 해당하는지는 분명치 않다. 불은 남방에 속하지만 남방이라고 해서 반드시 아랫부분인 것은 아니기 때문이다. 타지역 신화 계통과는 달리(고대 인디언은 제외) 북유럽 신화 속 세계 질서는 최후에 파괴되고 만다. 신들의 종말Ragnarök은 정해진 운명이고 이는 오딘조차 바꾸지 못했다. 아사 신족 가운데는 마음에 악의와 불만을 품고 있던 '로키Loki'라는 자가 있었는데 신과 거인족 요툰Jötunn 사이의 혼혈로 태어난 그는 신족에게 재앙을 불러왔다. 그것은 로키의 자손인 거대한 뱀과 거대한 늑대가 최후에 뭇 요괴와 천상의 세계를 향해 총공격을 퍼부음으로써 신들이 모두 죽게 되는 재앙이다. 그러나 로키는 사탄의 역할을 한 것이 아니라 우언을 실현한 위치에 있었을 뿐이다.

기독교식 사유의 틀에서 벗어나면 천지의 파괴는 선악 간의 승부와 무관하게 된다. 오딘파는 전사를 소집하여 최후의 일전을 벌이고자 전쟁의 처녀인 발키리valkyries를 파견하고 이를 통해 전사한 망령들을 모아 아스가르드에 있는 발할라Valhalla(전사자들의 큰 집)로 이끈다. 여기서 바이킹족의 사회가 무력을 숭상하고 전쟁터를 입신의 현장으로 여김을 알 수 있다. 또한 그들에게 전사자의 집은 인간 전투단의 수령이 뭇 사나이들과 연회를 즐기는 천상의 궁전이었다.

북유럽 신화와 영웅전을 모아놓은 시집이 바로『시편 에다The Poetic Edda』라고도 불리는『고 에다The Elder Edda』인데 이는 9세기에 노르웨이에서 이주해 온 사람들이 가져온 일종의 독특한 구전 문학이다. 13세기에는 음유시인Skald이 그것을 엮어 시로 완성하였으며 거기에는 신화시와 영웅시가 포함된다.

신화시에 기록된 첫 번째 시는『무녀의 예언Völuspá』으로 세계와 인류, 여러 신의 창조, 파괴, 재생을 다루었다.『산문 엣다』혹은『스노라 엣다Edda Snorra』라고도 불리는『신 엣다The Younger Edda』는 아이슬란드 국회 의장이었던 스노리 스툴루손Snorri Sturluson(1179~1241)이 라임이 없는 무운체無韻體 산문으로 쓴 신화 이야기와 영웅 전기이며 편찬 시기는 대략 1220년이다. 그는 기독교인이었기 때문에 북유럽 신화 속의 신을 하나같이 영웅으로 해석하였지만 훗날 이는 신격화되었다. 스툴루손은 또한 노르웨이의 열왕기인『헤임스크링글라Heimskringla』의 저자이기도 하다. 영웅전이기도 한 해당 열왕기의 첫 편은 대이동 시기, 반 전설이기도 한 스웨덴 잉링 왕실House of Ynglings 관련 이야기다.[9] 해당 왕실은 고대 영어로 쓰인『베어울프Beowulf』에서 다른 발음으로 표기되어 등장하기도 하는데『베어울프』는 7세기에 엮어진 역사시이자 가장 오래된 영국 문학이지만 작품의 배경은 스칸디나비아이다.[10] 여기서는 북유럽의 민족 대이동은 사실 그보다 앞서 덴마크 남부에 인접한 앵글로족과 색슨족, 주트족의 잉글랜드 이주가 하나의 전주곡의 역할을 하였으며, 해당 이주의 물결이 일어났던 연대는 로마제국의 붕괴 시기에 해당한다고 되어 있다.

북유럽 신화와 영웅전이 호메로스의 서사시처럼 문명의 기초 문헌

로키 집안은 신과 거인 사이에서 태어난 혼혈로 신족에게 재앙을 초래하였지만 '사탄'의 역할은 아니다.

이 되지 못했던 것은 그 뒤 기독교 문명에 가려졌기 때문이며 이 때문에 스노리 스툴루손도 호메로스와 같은 거장이 되지는 못했다. 그러나 북유럽 신화는 요일을 가리키는 영어 단어에 그 흔적이 남아 있다. 이를테면 화요일을 뜻하는 튜즈데이Tuesday는 아스 신족 가운데 티르Týr에서 유래했다. 티르Týr는 그리스의 제우스Zeus, 라틴어 데우스Deus와 동일한 어원을 가지므로 한때 신들의 왕이었을 것으로 보이나 민족 대이동 시기에는 그 중요성이 오딘Odin이나 토르Thor에 미치지 못했다. 영어에서 수요일을 뜻하는 웬즈데이Wednesday는 아스 신의 왕인 오딘Odin(영국인들은 Wōden이라고 부름)에서, 그리고 목요일을 뜻하는 써스데이Thursday는 아스 신 중토르Thor에서 기원했다. 금요일인 프라이데이Friday는 오딘의 부인인 프리그Frigg에서 유래했는데 그녀는 바나신의 이름인 듯하다. 영국은 일찍이 바이킹의 문명권에 더 깊이 들어가 있었다(상세한 내용은 아래 참조).

북유럽 이교도 문명은 무척 강인하고 긴 생명력을 가졌다. 그래서인지 일찍이 930년대 스웨덴의 한 국왕이 기독교 전도사였던 성 안스가르St. Ansgar(801~865)를 청하여 국내 포교를 부탁하였지만 성공하지 못했고[11] 덴마크와 노르웨이를 겸하여 다스렸던 국왕이자 '푸른 치아(블루투스)'라는 별칭을 가졌던 헤럴드 곰슨Harald "Bluetooth" Gormsson(935~985/986)도 나서서 세례를 받기는 했지만, 일설에는 오토 대제의 강요로 마지못해 개종한 것이라고도 한다.[12] 국왕의 개종은 덴마크와 노르웨이 민중에게 큰 영향을 미치지는 못했다. 북유럽의 기독교화에서 이정표적인 인물은 트뤼그베의 아들 올라프Olaf Tryggvason(r.995~1000)로 그는 젊은 시절 외국을 유랑하며 바다를 건너 약탈하는 일을 주업으로 삼았다. 그러던 그가 귀국하여 왕위에 오른 뒤로는 우상을 깨뜨리고 무력으로 전 지역에 기독교를 보급하였으며 서기 1000년에는 아이슬란드 전체를 기독교로 개종시켰다.[13] 그는 서기 995년에 노르웨이 최초의 동전을 발행하였고 비슷한 시기에 토착 무당들을 해변의 말뚝에 묶은 뒤 만조를 이용, 집단 사형을 집행하기도 했다.

그에 대한 반향으로 서기 999년 혹은 1000년에 바이킹과 최후의 해전이 벌어졌는데 이는 스웨덴 국왕과 덴마크 국왕, 그리고 올라프에 의해 물러난 옛 국왕의 아들이 올라프 진영의 간첩과 내통하여 올라프를 공격한 것인데, 결국 올라프는 스볼데르 해전Battle of Svolder에서 격파당한다.[14] 승리자들은 노르웨이를 나눠 가졌다. 새로운 통치자는 훗날 기독교로 개종하기는 했지만 백성에게는 신앙의 자유를 허락했다. 기독교인들이 보복을 당하자 기독교화의 기세는 잠시 주춤해지는 듯하더니 결국 북유럽의 기독교화는 12세기에 이르러야 완성된다. 덴마크, 노르웨이, 스웨덴은 각각 1104년과 1154, 1164년에 로마 교황청 직속의 대주교구를 설립하게 되지만, 반도 북부의 원주민은 18세기에 들어서야 개종하기 시작했다.

'프랑스'의 조산助産을 초래한 '북부 야만족'의 재앙

845년, 덴마크의 북부 야만족은 전기적 인물인 라그나르 로드브로크 Ragnar Lodbrok를 지도자로 삼아 센에마른강seine-et-Marne을 따라 진격, 파리를 함락했다.[15] 적은 서프랑크의 국왕 대머리왕 샤를이 5670파운드의 금과 은을 배상금으로 지불하고 나서야 퇴각했다. '북부 야만족'은 885~885년에 다시금 기존의 루트를 따라 파리를 포위하였다. 당시 무능했던 군주 비만왕 샤를이 888년 세상을 떠나자 서프랑크는 적에 맞설 때 공을 세운 파리의 백작 오도Odo or Eudes(860~898)를 왕으로 추대하였다. 이로써 카롤링거 왕조는 역사의 마지막 무대에 점점 다가갔다.[16] 오도는 로베르 가문Robertians 출신이었는데 이는 뒤에 등장하는 카페 왕조 Capetians의 전신이다. 북부 야만족의 파리 포위로 해당 지역의 전략적 중요성이 부각되었고 이로써 오도Odo or Eudes I(860~r.888~898)는 파리를 수도로 삼기 시작했다.[17]

오도의 동생인 로베르 1세(866~r.922~923)는 곧장 왕위에 오르지 않은 채 비만왕 샤를의 친척인 단순왕 샤를Charles the Simple(879~929)을 맹주로 섬겼다. 단순왕 샤를의 시대부터 과거 파리 포위에 참여했던 '북부 야만족' 롤로Rollo(846~932)도 파리로 진격했다. 프랑크 귀족들이 적을 물리친 뒤 단순왕 샤를은 시범적으로 봉토 방식을 도입해서 향후 '북부 야만족' 침입에 대응할 방어막으로 삼았다. 911년에는 조약을 통해 그것을 부속국으로 편입하고 루앙에 봉했으니 이는 센강의 요로여서 파리의 방어용 병풍이 되기에 충분했다. 또한 그로 하여금 세례를 받고 기독교인이 되게 했다. 단순왕 샤를이 922년 물러난 뒤, 롤로는 노르망디로 확장, 단계적으로 점령하여 제1대 노르망디 공작이 되었고 그의 후손은 영국

스볼데르 해전

에서 정복 왕조를 세우게 된다.

단순왕 샤를은 귀족들의 반란으로 쫓겨나게 되자 노르망디 군사를 빌려 복벽을 시도하였으나 성공하지 못했고 오도의 동생인 로베르가 왕으로 추대되었다. 그러나 로베르 1세의 아들인 파리 백작 대大 위그Hugh the Great(898~956)는 여전히 카롤링거 역법을 따랐고 단순왕 샤를의 아들 '해외왕' 루이 4세Louis IV, or Louis d'Outremer(920~954)를 추대하여 복벽을 시도했다가 나중에는 그 아들 로타르 4세의 후견인을 맡았다. 후자가 세상을 떠난 뒤 그의 아들 루이 5세도 고작 1년밖에 살지 못하고 죽는데 이로써 카롤링거의 왕맥은 끊기고 말았다. 대大 위그의 아들인 위그 카페는 987년 '프랑크인의 국왕rex Francorum'이 되었는데 당시 프랑크 제국의 동반부는 이미 카롤링거 제국으로부터 독립하여 스스로 단일 국가를 이루었다. 서프랑크의 카롤링거 흔적 지우기는 동서 양 지역이 각각 독일과 프랑스로 변모하는 데 촉진제 역할을 하였다. 후자에 첫 번째로 등장한 포스트 카롤링거 왕실은 카페 왕조Capetian Dynasty이다. 위그 카페의 모친은 게르만 왕국 '매사냥꾼 하인리히'의 딸이었기 때문에 그는 신성로마제

적을 물리치는 파리의 백작 오도

국 황제였던 오토 대제의 외조카에 해당했다. 숙부의 중앙집권 조치와 비교했을 때 카페 왕조의 정치적 영향력은 왕령王領인 '일드 프랑스Ile de France (프랑스의 섬)'를 넘어서지 못했다. 이 같은 역사적 시점에서 그 누가 예측했겠는가? 얼마 뒤 독일이 작은 유럽연맹으로 산산이 흩어지고 프랑스는 서유럽 역사상 절대 왕권의 전형적인 국가로 변모하게 될지 말이다.

사방에서 재난이 들이닥친 영국제도

로마의 브리트니아가 앵글로 색슨 영국으로 전환되는 과정이 곧 7왕국 시대Heptarchy이다. 색슨족의 나라는 대부분 그레이트 브리튼 남부에 가로로 배열되어 있었고 앵글로족의 나라는 그 북부에 수직으로 위치하여 스코틀랜드 변경까지 이어졌다. 그들과 함께 침입한 주트족은 템스강 입구에 켄트 왕국Kingdom of Kent을 세웠는데 이 역시 가장 중추적인 곳이 되었다. 앞서 언급한 것처럼 켄트 지역은 로마 교황청의 그레이트 브리튼 상륙을 위한 교두보 역할을 하면서 원서 기독교 문명과 교전하였고 끝내 이 변방의 구석진 지역은 교황청의 손에 들어가게 된다.

이 7왕국은 섬 전체를 아우르지는 못했다. 스코틀랜드는 스코트족Scots과 픽트족Picts의 세력 아래에 있었고 웨일스족은 여전히 웨일스를 점거하고 있었다. 그들은 대륙 출신으로 7왕국을 세운 튜턴 어족과는 달랐다. 픽트인과 웨일스인은 모두 켈트 어족의 브리토닉 어계였는데 다른 점이 있다면 웨일스인은 로마의 통치를 받았지만 픽트인은 하드리아누스 성벽 이북의 외지인이었다는 점이다. 스코트인은 아일랜드에서 왔으므로 아일랜드를 위주로 하는 도서 켈트어 계열에 속한다(제22장 참조). 7왕국 치하에서는 브리튼 원주민을 완전히 동화시키지 못해서 웨섹스 왕국Kingdom of Wessex의 극서부는 여전히 콘월어Cornish를 사용했다. 이는 웨일스 어족처럼 모두 로마 시민이었으나 튜튼족의 공세에 서부의 변방 구석지로 밀려나게 되었다. 아서왕의 전설도 그들의 항전에 관한 이야기일 수도 있다.

이처럼 이미 뜨겁게 달궈진 종족적 배경 위에 이제는 북부 야만족이라는 기름이 덧뿌려지자 지글지글 기름이 끓어오르기 시작했다. 영국제도에서 바이킹으로부터 가장 먼저 피해를 입은 대상은 원서 기독교 문명이다. 731년 1월 6일, 바이킹족은 노섬브리아 왕국의 린디스판 수도원과 유명 도서관을 불태운 뒤 재산을 약탈하고 수사들을 죽이거나 노예로 삼았다. 794년, 샤를마뉴 시대의 존경받았던 유명 학자 비드Venerable Bede가 한때 속해 있던 자로 수도원Jarrow Priory도 약탈을 당했다가 860년 무렵에는 덴마크인에 의해 전부 파괴되었다. 브리튼 섬의 또 다른 해안에서는 원서 기독교 문명의 이오나 섬의 수도원이 795년과 802년, 806년에 연속으로 약탈당해 이제는 폐허만 남았다. 795~851년에는 노르웨이인이 처음 아일랜드를 연달아 습격하면서, 동부 연안 일대의

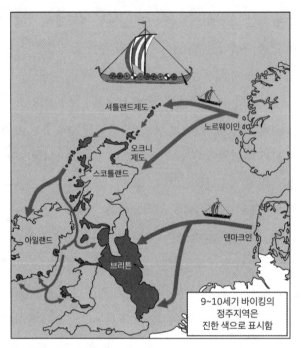

바이킹족 793~1066 A.D.

수도원 다수가 약탈당했는데 그들의 주둔지는 섬을 둘러싼 권역이었다. 853년, 노르웨이의 한 부족장의 아들인 올라프Olaf와 이바르Ivar가 더블린에서 '북부 야만족' 왕국을 세워 200여 년간 존속한다. 오늘날의 아일랜드 수도 더블린도 바이킹이 세웠는데 839년에는 바이킹이 더블린에 항만 보루를 세우고 853년에는 왕국을 건립하여 1171년까지 존속하였다. 시작은 이교도였다가 훗날 점차 아일랜드인과 동화하였다.

상술한 바와 같이 바이킹 시대의 약탈은 잉글랜드 북부의 노섬브리아 왕국으로부터 시작하여 끊임없이 자행되었고 심지어 그들은 아일랜드를 기지로 삼아 약탈의 비수기인 겨울을 나기도 했다. 그러나 9세기 상반기 대다수 큰 전쟁은 해협의 맞은편 연안인 유럽대륙에서 벌어졌다. 그곳에는 부유한 도시가 많아 도시 한 곳을 협박하여 얻어 낸 재물이 수도원을 약탈하여 얻은 금은 기구나 신도의 봉헌금보다도 훨씬 많았기 때문이다. 그러나 서프랑크 지역은 강줄기를 따라 보루를 쌓아 올리기 시작하였고 점차 더욱 효율적인 중앙집권 지도자를 배출해내기 시작했다. 이에 바이킹인은 대규모 행동 계획의 대상을 정치적 중심축이 없는 영국제도로 전환하기 시작했다.

잉글랜드의 열국 시대를 끝낸 북부 야만족

바이킹인의 대규모 행동이 있기 전, 잉글랜드의 7왕국은 이미 네 개의 왕국으로 합병, 축소되었다. 에섹스Essex와 켄트, 동부 잉글리아East Anglia 는 대부분 이미 머시아Mercia 왕국에 합병되었고 나머지는 서부 색슨 왕국에 편입되었다. 865년에는 '위대한 바이킹 군대The Great Viking Army' 혹은 '위대한 이교도 군대The Great Heathen Army' 침입 사건이 발생하였는데 이는 앞서 등장했던 약탈 부대가 아니고 남은 네 왕국을 멸망시키기 위한 목적으로 브리튼 섬에 정주하며 14년간 존속했다. 이 대군 속에는 스웨덴과 노르웨이, 덴마크인이 있었지만 덴마크인이 주가 되었기 때문에 '위대한 덴마크 군대the Great Danish Army'라고 불렸으며 지도자는 라그나르 로드브로크의 자녀들이었다고 전해진다.

2007년 영국 요크 북부에서 발견된 바이킹인의 보물

브리튼에서 유일하게 남은 서부 색슨 왕국의 군주 알프레드 대왕 Alfred the Great (849~r.871~899)은 앵글로 색슨족을 이끌고 덴마크인에 저항하면서 처음으로 '앵글로 색슨족의 국왕'이라는 호칭을 사용하였다. 덴마크에 대한 항전으로 앵글로 색슨인은 민족 정체성을 형성하고 일차적인 통일국가의 개념을 세워나갔다.[18] 알프레드는 수직 방어 전략을 채택, 해안에서부터 서부 색슨 왕국에 이르는 길에 일련의 보루burhs를 세웠는데[19] 이러한 방어 시스템으로 전국의 병력은 3만 명 이상으로 확대되었다. 보루 제도로 국왕은 지방에 대한 세금 징수와 민간 동원력을 강화할 수 있었다. 알프레드는 농민 징병fyrd 제도를 개혁하여 상비군을 개설하고 전보다 더욱 강력한 해군을 육성했다.[20] 980년대에서 990년대 초, 알프레드는 열두 개의 장章으로 구성된 법전을 반포하였다. 알프레드는 샤를마뉴가 궁정 학교를 세운 것을 본받아 왕궁에 학자와 전도사를 불러들여 초창기 앵글로 색슨의 여러 왕이 남긴 영웅적이고 용맹한 사적에 관한 찬가를 만들었다.

알프레드는 최종 승리하면서 878년에 '북부 야만족'의 수령 구스럼 Guthrum (?~390)에게 강제로 〈웨드모어 평화조약Peace of Wedmore〉을 체결하게 했다. 그들은 더이상 서부 색슨 왕국으로 진격하지 않았고 알프레드는 왕국 북부의 광대한 지역을 '데인로Danelaw'로 지정, 그들의 정착지로 승인한다. 프랑스의 노르망디에 비할 바는 안되지만 그들은 브리튼의 3분의 1에 해당하는 판도를 차지하고 정식으로 앵글로 색슨 법에서 벗어나 덴마크법으로 통치되었다. 그 북부의 노섬브리아 왕국은 여전히 나머지 '북부 야만족' 수령의 수중에 있었음은 두 말할 필요도 없다. 이 평화조약에서 영국 측의 가장 큰 수확은 구스럼을 기독교로 개종시킨 일이었다. 그러나 기독교 문명의 일시적인 승리에는 앵글로 색슨인이 로마 브리튼인을 답습하지 않고 침입자에 의해 대체, 동화되었음은 포

데인로   알프레드 대제

함하지 않는다.

앵글로색슨의 땅 '잉글랜드'를 지켜내는 일은 알프레드 대제의 후대
에 가서야 완성된다. 머시아로 출가한 알프레드 대제의 딸 에썰플래드
Æthelflæd, Lady of the Mercians(?~918), 그리고 알프레드 대제의 양자이자 서부
색슨 국왕인 대大 에드워드Edward the Elder(870~924)는 정착한 덴마크인을
지속적으로 공격하며 런던까지 확장해 나갔다. 대大 에드워드는 그의 누
이 사후에 머시아를 병탄하는데 통치 말기에 가면 '북부 야만족', 스코틀
랜드인, 웨일스인이 모두 그를 공동의 군주로 모시게 된다. 그의 아들 에
썰스탄Æthelstan(893/895~939)은 최후의 '북부 야만족' 왕국인 요크를 함
락하고 마침내 잉글랜드를 통일한다.

'노르만인 정복'으로 가는 길

잉글랜드의 내부 결속과는 무관하게 바이킹 시대는 여전히 끝나지 않고 있었다. 노르웨이 왕 트뤼그베의 아들 올라프의 생애에서 알 수 있듯이 기원후 첫 번째와 두 번째 천 년이 교차하는 시점에서 영국제도는 사실상 북유럽인이 이룬 북유럽, 서유럽, 동유럽 간의 네트워크에 편입되었다. 해당 왕에 관한 이야기는 오늘날 한국 드라마의 극본처럼 드라마틱하다. 올라프는 어린 시절에 부왕이 피살당했는데, 일설에는 모친이 그를 데리고 부친을 살해한 원수를 피하여 영국 북부의 오크니제도로 도망하는 길에 에스토니아 해적에 사로잡혀 노예로 팔려가지만 루스 대공 블라디미르(다음 장 참조) 대신 파견왔던 외숙을 만나 다행히 귀환하게 되었다는 이야기가 전해진다. 외숙은 그를 노브고로드로 데려가고 그는 블라디미르의 근위대장이 되지만 훗날 시기를 받아 함대를 이끌고 떠나 해적질을 한다. 벤드족Wends의 땅(오늘날 폴란드)에서 현지의 여왕을 부인으로 맞이하지만 그녀가 죽은 뒤 함대를 이끌고 브리튼 등지를 약탈한다. 올라프는 서부 색슨 땅에서 무공을 겨뤄 아일랜드의 왕녀와 결혼하는데 그때 이미 그는 세례를 받고 기독교인이 된 뒤였다. 부친을 죽인 원수가 민심을 잃었다는 소문을 들은 그는 장인의 지원을 받아 함대를 이끌고 바다 건너 노르웨이로 돌아가 왕위를 탈환한다.[21] 그 뒤 그는 무력으로 기독교를 포교하였고 그의 명령은 아이슬란드에까지 철저하게 시행되었다.

트뤼그베의 아들 올라프는 일찍이 민가를 약탈하던 시절, 극소수의 고대 영어 문학 속에 자신의 이름을 남길만한 사건을 벌인다. 그것은 바로 미래의 대적, 덴마크 왕 스벤 포크발드Sweyn Forkbeard (c.960~1014)와 결탁하여 템스강 입구 상류 기슭을 약탈하다가 991년 8월 10일, 말돈 지역 부대의 저항에 부딪힌 일이다. 이로써 지방 장관인 버트노스Byrhtnoth가 장

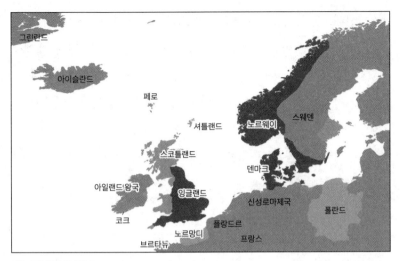

크누트 대왕의 영토

렬히 순국하였는데 이는 시가 〈말돈 전투Battle of Maldon〉의 소재가 되었다.[22]
당시 잉글랜드 국왕은 대★ 에드워드의 증손인 '무능왕' 에셀레드 2세
Ethelred II, the Unready (r.978~1013, 1014~1016)였다. 그는 '북부 야만족'이 도처
에서 벌이는 약탈을 저지하기 위해 1만 파운드의 백은을 지불하고 해적
들에게 떠날 것을 요청했는데 이것이 바로 공납 제도의 시초인 '데인겔
트Danegeld'이다.

1002년, 더는 참지 못한 에셀레드 2세는 경내에 정착한 덴마크인을
모두 죽일 것을 명령하는데 이는 스벤 포크발드의 침입을 초래했고 결
국 에셀레드 2세는 1013년 외국으로 도망한다.[23] 스벤 포크발드의 부친
은 오토 대제의 위협 아래 기독교로 개종했던 '푸른 치아의 헤럴드'이다.
아들 스벤에게 전복당하고 덴마크는 과거의 신앙으로 돌아간다. 상술한
바와 같이 그는 스볼데르 해전에서 무력으로 기독교를 포교하던 노르웨
이 국왕 트뤼그베의 아들 올라프(그가 말돈에서 일전을 벌였던 옛 전우)를 힘
을 합쳐 무너뜨리고 이를 통해 노르웨이의 종주가 된다. 이제 그는 '무능

왕' 에셀레드를 쫓아내고 최초의 덴마크인 영국 국왕이 되지만 5주 만에 죽어 그의 지위는 아들 크누트Canute (r.1016~1035)에게 계승된다. 에셀레드 2세는 다시 귀국하여 그와 제위를 다투는데 2년이 안 되어 죽는다. 영국 국왕 자리에 올라간 크누트는 이미 세례를 받고 기독교인이 되었다. 그가 통치한 것은 잉글랜드와 덴마크, 노르웨이, 스웨덴 일부를 아우르는 북해 제국이었을 뿐, 북유럽인이 대거 영국으로 이민해 왔던 것은 아니다. 이 때문에 영국은 북유럽 정치권에 편입되어 단층을 형성하지는 못했다.

에셀레드 2세 사후, 크누트 대왕은 그의 천하뿐 아니라 미망인 노르망디의 엠마Emma of Normandy (985~1052)도 차지했다. 이 노르망디의 사돈 집안은 훗날 노르망디 공작 윌리엄이 영국을 정복할 때 근거를 제공한다. 크누트 사후 그 아들의 계승 기간은 무척 짧았고, 그 뒤에는 엠마와 '무능왕' 에셀레드 사이의 아들인 '참회시키는 자' 에드워드Edward the Confessor (1003/1005~r.1042~1066)가 보위에 오른다.[24] 아들이 없던 '참회시키는 자' 에드워드가 죽자 영국의 귀족은 그의 외숙인 헤롤드 고드윈슨Harold Godwinson (1022~1066)을 왕으로 추대했다. 그러나 해협 맞은편 연안의 노르망디 공작 윌리엄William I, Duke of Normandy (1028~1087)이 영국 태후 노르망디의 엠마가 자신의 조부의 누이라는 혈연을 내세워 1066년에 군대를 이끌고 영국에 상륙하였다. 결국 그는 헤이스팅스 전투Battle of Hastings (1066/10/14)에서 헤롤드 고드윈슨을 죽이고 왕위를 찬탈하는데 역사에서는 이를 가리켜 '노르만 정복Norman Conquest'이라고 부른다.

이제 바이킹의 후예는 영국에서 왕조가 아닌 한 나라를 건설하게 되었다. 헤롤드 고드윈슨은 비록 마지막 대의 앵글로 색슨 군주로 불렸지만 그의 부친은 일찍이 크누트 조정에서 서부 색슨 지방 세력을 대표했고 그 모친은 덴마크 귀족이었으니 황친의 범주에 속하였다. 정복자 윌리엄 역시 1세대 북부 야만족이 아니고 그가 영국으로 이끌고 간 노르만 문화는 프랑스화한 노르만 문화였다. 영국과 프랑스 양국의 탄생 과정에서 노르만인('북부 야만족')은 단순히 외부에서 온 조산사 역할만 한 것이 아니고 사실은 이미 내부의 숙성과정에 깊이 참여하고 있었던 셈이다.

현대 민족 국가의 관점에서 노르만 정복이 과연 '건국'이냐, 아니면 '망국'이냐는 여전히 연구가 필요하다. 이를 통해 기존의 통치 계급은 거의 파괴되었고 적잖은 사람이 멀리 비잔틴까지 도망가 용병이 되었으며 노르만식 프랑스어는 공식 언어가 되었고 오늘날 영어의 모태가 형성되었다. 윌리엄은 영국을 점령지로 대우하고 본인은 노르망디로 돌아갔다. 왕국은 또 다른 분파의 구성원에 의해 통치되었고 윌리엄은 중대한 일에만 직접 관여하였다. 그의 사후에는 장자가 노르망디 공작의 지위를 계승하였고 차남은 영국 국왕이 되었다. 훗날 두 지역은 분치分治의 길로 가지는 않았지만 영국은 오히려 독립된 단위로 유지되는데 이는 노르만 정복이 미묘한 상황을 만들어냈기 때문이다. 즉, 노르망디 공작이 영국 왕의 신분일 때만 비로소 프랑스 왕령이 아닐 수 있었던 것이다. 또한 영국은 이 때문에 덴마크인의 범주에서 프랑스의 범주로 편입되었고 그 뒤 영국의 운명은 프랑스와 긴밀하게 연결되었다. 신성로마제국이 게르만과 이탈리아로 이루어진 머리 두 개 달린 괴생명체를 만들어냈다면 노르만 정복은 영국과 프랑스라는 두 나라에 비슷한 효과를 불러일으켰다. 이는 중고시대 말기에 이르러 혼인 관계로 이어진 영국 왕이 자신이 합법적인 프랑스 왕이라고 주장함으로써 영국과 프랑스의 백년 전쟁을 촉발하였고 결국 양국은 서로를 독립 주체로 떼어내는 수술을 집도하게 된다.

영국 본토의 중앙집권에 관해 말하자면 윌리엄은 영국에 중세기 서

유럽에서 가장 중앙집권적인 국가를 세웠다. 그는 피정복지를 부하에게 포상하였지만 모든 토지가 왕의 소유임을 선포함으로써 가장 순전한 봉건제를 만들었다. 그는 앵글로 색슨 귀족을 거의 전멸하고 피정복민의 반란을 진압하기 위하여 경내에 널리 성루를 쌓아 올렸는데 이로써 유럽 중고시대에 가장 엄격하고 촘촘한 통제가 이루어졌다. 영국의 정치제도는 원래 노르망디보다 완벽해져서 전국을 샤이어_{shires}(군)라는 지방 단위로 나누어 그 기능은 강화했지만, 중앙의 통제는 확대하였다. 중앙은 영장_{writs}으로 통치했다. 1086년, 윌리엄은 샤이어를 단위로 잉글랜드의 전역을 전면조사하여 기록으로 남겼다. 조사의 주요 목적은 개인의 재산을 찾아내어 납세를 확보하기 위함이었는데 얼마나 철저했는지 그 토지대장은 「심판 날의 책_{Domesday Book}」이라고 불릴 정도였다. '노르만 정복'은 영국에 노르만 문화를 가져왔고 노르만화한 프랑스어가 상위층의 언어로 자리 잡아 300여 년을 이어간다.

이탈리아 남단: 또 다른 '노르만 정복'

당시 사면초가에 처한 서유럽은 이슬람의 공격에도 맞서야 했다. 아라비아인은 652년부터 시리아에서 비잔틴의 시칠리아를 습격하기 시작했고 이집트를 점령한 뒤에는 다시금 668년에 그 땅에서 출발하여 시칠리아로 상륙, 한바탕 약탈을 감행하였다. 우마이야 왕조가 북아프리카를 정복한 뒤로는 북부 침략은 일상이 되었고 이제 북아프리카 출신 무슬림은 아라비아인과 베르베르인_{Berbers}이 혼합되었으니 유럽인은 그들을 '무어인_{Moors}'이라고 칭했다. 더욱 자주 쓰는 명칭은 '사라센인_{Saracens}'인데 이는 당시 서방세계가 이슬람 적국을 통칭하던 말이었다. 흡사 대식 제국이 서방인을 가리켜 '프랑크인'이라고 불렀던 것과 같다. 그러나 십자군 전쟁 전에는 서방인은 직접 아시아의 '사라센인'을 접촉하지 않왔기 때문에 그들이 마주한 것은 사실 '무어인'이었다. 이슬람과 무슬림이라는 말은 중고시대에는 통용되지 않았다.

740년부터 대식 제국에 대하여 반독립 상태를 유지했던 북아프리카 무어인은 시칠리아를 정복하면서 근방 해역을 지배하려 했고 827~1061년에는 해당 섬을 통치하였다. 847년, 무어인은 이탈리아 남부의 바리Bari에 토후국Emirate을 세우고 871년부터는 프랑크, 랑고바르드, 비잔틴 연합군이 수복하였다. 849년, 로마의 항구 오스티아Ostia 전투에서 교황청과 이탈리아 도시 연합군은 무어인의 침입을 격파했는데, 바꿔 말하면 서방 기독교 세계의 정신적 중심이 이미 전선前線을 다스리는 것으로 옮겨졌다는 뜻이다. 10세기, 안달루스, 즉 스페인의 백의대식白衣大食(코르도바 칼리프 정권)에서 온 무어인은 오늘날 프랑스 남부 프로방스에 근거지를 세우고 더 나아가 해안에 인접한 알프스산 지역을 점령함으로써 프랑크에서 이탈리아로 가는 알프스 통로를 차단하였다. 그들은 프로방스의 프락시네툼Fraxinetum에 해적 소굴을 세운 뒤 973년에는 클뤼니 수도원의 원장을 인질로 잡아 거금을 강요하였는데, 프랑스 남부와 이탈리아 북부의 일부 귀족들이 연합군을 조직하고 나서야 섬멸되었다.

999년에는 노르만의 무사武士가 남부 이탈리아에 도착하여 현지의 랑고바르드 귀족의 용병이 되어 무어인의 습격을 방어했다는 기록이 보인다. 노르망디의 가난한 남작 오트빌 가문HautevilleFamily의 12명 자제 가운데 8명이 이탈리아 남부를 떠돌았는데 그중 한 명인 로베르 기스카르Robert Guiscard(1015~1085)가 약 1047년 전후에 도착하여 민가를 습격, 약탈하기 시작했고 현지의 랑고바르드 귀족과 비잔틴 대표의 갈등에 개입하다가 결국에는 자신만의 왕국을 세우게 된다. 1053년, 교황 레오 9세Pope St. Leo IX(1002~r.1049~1054)는 직접 이탈리아인과 랑고바르드인,

그리고 게르만 용병으로 이루어진 연합군을 이끌고 노르만인을 쫓아내고자 했지만 치비타테_{Civitate}에서 패하고 포로 신세가 된다.[25] 6년 뒤 교황청은 그들과 〈멜피 조약_{Treaty of Melfi}(1059)〉을 맺고 그들의 정권과 패권을 인정하게 된다.[26]

로베르와 그의 동생 로제_{Roger I of Sicily}(1031~1101)는 1061년 시칠리아에 상륙, 무어인의 수중에 있던 섬을 탈환하기 시작했는데 그 작업은 대략 1072년에 마무리된다. 잉글랜드의 '노르만 정복' 또한 1070년에 마무리되는데 이는 정복자 윌리엄이 '북부의 약탈_{Harrying of the North}'을 완성한 해이기도 하다. 이를 통해 그와 왕위를 다투었던 서부 색슨 왕국과 덴마크 왕국의 계승자를 최종적으로 정리할 수 있었다. 잉글랜드의 '노르만 정복'은 비록 비교적 일찍 마무리되었지만 정복자 윌리엄은 오히려 그의 노르만 선배인 로베르 등을 모범으로 삼았다. 〈멜피 조약〉 이후 교황청은 갈수록 노르만인에 의존하였고 그들은 시칠리아에 상륙할 때 교황의 깃발을 내세웠다. 정복자 윌리엄 또한 헤이스팅스에 상륙할 때 공격 대상이 이교도가 아니었는데도 교황의 깃발을 요청했다.[27] 여기서 우리는 비록 미미하긴 해도 하나의 구심점이 형성되고 있음을 느낄 수 있다.

앞서 서방 기독교 문명의 북방에서 기승을 부리던 북부 야만족이 후대로 갈수록 이슬람에 대한 서방 남부의 태도를 수비에서 공격으로 전환하는 데 선봉이 되었다는 점은 매우 의미심장한 일이다. 이 같은 공세로 그들은 무어인을 쫓아냈을 뿐 아니라 비잔틴에 대해서도 맹위를 떨쳤다. 돌궐인이 소아시아의 문호를 열었던 만지케르트 전투_{Battle of Manzikert}(1071)가 발발하기 4개월 전, 노르만인은 이탈리아에 있는 비잔틴의 마지막 거점인 바리를 이미 멸망시켰다. 로베르는 또한 1081년, 바다를 건너 발칸으로 상륙한 뒤 에게해 일대까지 밀고 들어갔다. 그때는 이미 십자군 전쟁이 발발하기 직전이었고 이슬람과 비잔틴은 모두 서방의 침략과 유린에 맞닥뜨린다.

이베리아: 기독교의 반격

이베리아는 서방 기독교 세계의 또 다른 전선이었다. 718년에는 이슬람의 우마이야 대식 제국이 서고트 왕국을 이미 멸망시켰다. 기독교 관점에서 쓴 이베리아 역사는 보통 서북부 대서양 연안의 산 지대로 퇴거한 '서고트 후예' 펠라기우스Pelagius(또는 Pelayo, 681~737)가 코바돈가 Covadonga에서 대식을 격퇴한 토벌군을 '레콩키스타Reconquista(광복운동)'의 시작(722?)으로 본다.

　그러나 이슬람 세력은 반도의 기독교 왕과 귀족을 제거하지 않았고 그들에게 공물 납부만을 요구했다. 그래서 후자는 서북부의 편벽한 산 지대로 피난할 필요가 없었고 이 때문에 페르기우스가 외진 산 지대에 세운 아스투리아스 왕국Kingdom of Asturias이 서고트인의 계승국임을 증명할 만한 강력한 증거가 없다. 이 계보학은 오히려 훗날 이 새로운 기점을 옛 영토(고트 왕국이 일찍이 다스렸던 이베리아 전역)를 회복한 시점으로 간주하는 데 유리하게 작용한다. 그래서 당시 소소했던 지방 동란이 중대한 상징적 의의를 갖게 되어 서고트인이 스페인인과 프로투칼인으로 변천하는 전환점이 되었다. 사실상 아스투리아스의 최초의 확장은 다 인근 지역, 즉 서쪽의 갈리시아Galicia와 동쪽의 바스크인Basques의 기독교 정권을 병탄한 것이었다. 그 확장 형태는 새로운 정복지

로베르 기스카르와 그의 동생 로제

페르기우스

를 변경주로 바꾸는 것이었지만 변경주의 총독들은 빠른 속도로 핵심 지역에 있던 왕실 근처 총독들에 맞설 만큼 성장하였고 심지어 주객이 전도되어 왕위를 다투는 자리에 서기도 했다. 아스투리아스는 지속적으로 남진하여 세력을 확장함으로써 이 법칙을 반복하였다.[28] 이것은 최초의 '건국'이며 더 남쪽에 있는 이슬람 정권을 대체하게 되는 것은 나중 일이다.

　프랑크 왕국은 동쪽의 피레네 산 일대에 변경주를 세웠지만 현지의 원주민들은 프랑크인을 침략자로 여겼다. 피레네산 서쪽의 팜플로나Pamplona는 바스크인이 건설한 곳으로 코르도바와 프랑크인 사이에서 갈팡질팡하다가 824년에는 프랑크인에게서 벗어나 나라를 세운다. 팜플로나는 서쪽으로는 아스투리아스, 남쪽으로는 코르도바, 북쪽으로는 프랑크인 사이에서 살 길을 도모하고자 남부의 이슬람 정권 '바누 카시Banu Qasi'와 동맹을 맺었는데 이는 무어인과 바스크인의 혼혈이 건설한 지방 정권이었지만 그 왕실은 서고트인의 후예였다. 팜플로나의 왕위는 훗날 또 다른 반쪽인 나바라Navarra의 산초 1세Sancho I Garcés(860~r.905~925)에게로 이어진다. 그 후대는 코르도바에게 신복할 것을 강요당하고 산초 3세Sancho III Garcés(992~r.1004~1035) 때에 이르러서야 다시 진작하여 레콩키스타의 또 다른 요원이 되었다.

　지중해 연안의 바르셀로나Barcelona는 또 다른 프랑크 변경주이자 유일하게 변경 수비 외에도 남쪽으로 확장이 가능한 프랑크 영지였는데

만조르

그 점거지는 모두 무어인의 땅이었다. 카롤링거 왕조가 붕괴하여 뿔뿔이 흩어졌을 때 바르셀로나 변경주 총독 또한 9세기 말에 독립의 형세를 갖추었으나 카롤링거 왕조가 10세기 말 서프랑크에서 종식되었음을 선포할 때 정식으로 독립한다. 바르셀로나는 12세기에 일찍이 팜플로나에 합병된 옛 프랑크 변경주 아라곤Aragon에 병탄되어 아라곤 왕국의 일부가 되었다. 기독교의 북방은 레온León과 갈리시아, 아스투리아스의 국왕 알폰소 3세Alfonso III (848~r.886~910) 재임 기간에, 쇠락 중이던 코르도바 정권을 맹렬히 공격했다. 869년 전후, 알폰소 3세는 또 한 번 팜플로나 왕국과 혼인 동맹을 맺고 기독교의 북방은 세력을 통일한다. 그러나 그가 죽기 1년 전, 세 명의 아들이 반란을 일으켜 왕국을 나눠 갖는다. 남방의 코르도바 칼리프 정권에는 최후의 권력자, 만조르Al-Manzor (938~1002)가 등장하는데 그는 줄곧 북방 기독교에 대해 미적지근한 태도를 보였던 것과는 달리 열정적으로 '성전聖戰'을 시작하였고 기독교의 북방 지역에 빈번히 출격했다. 그 결과 997년에는 반도의 기독교인 성지 '산티아고 데 콤포스텔라Santiago de Compostela'를 파괴하기에 이른다.

　　그러나 이는 코르도바 정권의 마지막이 임하기 전 잠시간 번뜩였던

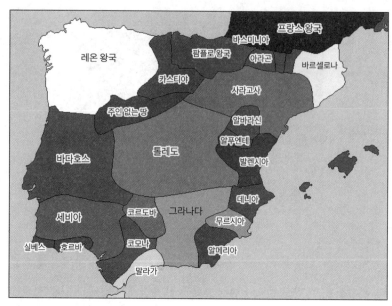

1031년 이베리아의 정치 지형

서광일 뿐이다. 만조르가 1002년 세상을 떠난 뒤 그의 자녀는 합법적 정통성이 부족하여 사람들이 따르지 않았고 그 생전에 정권 쟁탈을 위해 제2의 무장 세력을 키우긴 했지만 대다수 외국 용병이었던 터라 사태를 수습할 수가 없었다. 이에 코르도바 정권은 붕괴하여 산산이 흩어졌다. 북방의 기독교 국가는 내부적으로 알력 다툼은 있었지만 남방만큼 심각하지 않았기에 주도권을 빼앗을 수 있었다. 팜플로나 계통에서 온 나바라의 산초 3세는 1002년 칼라타냐소르 전투The Battle of Calatañazor에 참여한 세 명의 기독교 국왕 중 한 명이었다. 해당 전투에서 만조르는 중상을 입고 사망한다. 이로써 산초 3세는 맹주의 지위를 굳혔고 '산티아고 데 콤포스텔라'의 성 야고보(제임스) 숭배를 추진하는 데 열심을 보여 마침내 이베리아 기독교도의 수호성인 반열에 올랐다.[29] 그 뒤 '산티아고 데 콤포스텔라'는 서유럽에서 유일하게 로마 다음의 중요한 성지순례지가 되었고 '산티아고 데 콤포스텔라' 성지 순례길은 유네스코의 세계문화유산에 등재되었다.

'산티아고 데 콤포스텔라'는 레온 경내에 있는데, 레온은 910년 아스투리아스에서 분리되어 설립된 왕국으로 훗날 이를 모태로 하여 포르투갈이 탄생한다. 1035년, 산초 3세는 아들을 카스틸라Castilla에 봉하는데 이는 독립 왕국으로 승격한다. 1043년에는 산초 3세의 사생자가 아라곤 왕국의 기반을 다졌다. 서프랑크 왕국의 왕조가 교체되던 987년에는 바르셀로나 백작이 프랑스의 카페 왕조를 승인하지 않아 독립한 것이나 다름없었다. 코르도바 정권은 1031년 이후 여러 '타이파taifas'로 분열되었다. 이들 '타이파' 중 일부는 아라비아인과 베르베르인, 이베리아의 개종자muladi(물라디), 심지어 슬라브 노예군Saqaliba이 세웠는데 이들 사이의 공통점이 있다면 하나같이 이슬람 국가였지만 결국 산산이 흩어진 채 북방 기독교 왕국에 귀속되어 각각 역사의 무대에서 사라졌다는 점이다. 두 개의 천 년이 교차했던 시점인 1002년은 이베리아 중고 역사의 전환점이라고 할 수 있는데 그 이전까지 역사의 중심이 안달루스에 있었다면, 그 이후 역사의 축은 북부 기독교 국가들로 옮겨갔다.

주

1. 그 가운데 비교적 스스로 만족할 만한 글은《21세기》제88호에 실린(2005년 4월)〈서기 1000년 무렵〉이다. 102~112쪽.

2. Janet L. Nelson, "The Frankish Kingdoms, 814-898: the West," in The New Cambridge Medieval History, Volume II, 700~900(Cambridge, UK & New York, USA: Cambridge University Press, 1995), pp. 120~121.

3. Geoffrey Barraclough, The Medieval Papacy (USA: Harcourt, Brace & World, Inc., 1968), p. 63; RichardErdoes, A.D.1000: Living on the Brink of Apocalypse (New York: Barnes & Noble, 1988), pp. 56~58.

4. Richard Erdoes, A.D.1000: Living on the Brink of Apocalypse, p. 60.

5. Ibid., pp. 127~129.

6. Ibid., p. 195. 아라비아어에서 '압드 알라Abd Allah' 혹은 '압둘라Adullah' 등의 이름은 '알라의 노예'라는 뜻이다.

7. Ibid., pp. 191~193.

8. "Viking(n.)," Online Etymology Dictionary(http://www.etymonline.com/index.php?term=viking) 검색일자 2014/7/22.

9. Peter Orton, "Pagan Myth and Religion," in Rory McTurk, ed., A Companion to Norse-Icelandic Literature and Culture(Blackwell Publishing Online, 2008), p. 308.

10. Robert E. Bjork, "Scandinavian Relations," in Phillip Pulsiano and Elaine Treharne, eds., A Companion to Anglo-Saxon Literature(Blackwell Publishing, Inc., 2001).

11. Niels Lund, "Scandinavia, 700~1066," in The New Cambridge Medieval History, Volume II, 700~900, pp. 209~210.

12. Ibid., p. 217.

13. Helgi Poláksson, "Historical Background, Iceland 870-1400," in Rory McTurk, ed., A Companion to Norse-Icelandic Literature and Culture, p. 145.

14. James Reston, Jr., The Last Apocalypse, pp. 102~107.

15. 그는 북미 텔레비전 역사 채널이 2013년부터 방영하기 시작한〈바이킹The Vikings〉의 중심인물이다.

16. Simon Coupland, "The Vikings in Francia and Anglo-Saxon England to 911," in The New Cambridge Medieval History, Volume II, 700~900, p. 201.

17. 프랑스를 르와르강을 경계로 핵심 지역과 변방으로 나눈다면 강의 북부는 원래 프랑크 왕국의 핵심인 '아우스트라시아'와 '네우스트리아'의 두 왕국이 되고 강의 남부는 후방의 아키텐과 툴루즈, 가스코뉴이다. 횡류하는 센강의 동부는 수직으로 흐르는 론강으로 향하고, 론강을 끼고 있는 것은 부르고뉴와 프로방스이니, 핵심구역 내 파리의 위치보다 더 좋은 입지는 없었다. 파리는 센강과 마른강, 와즈강 등 강이 갈라지는 지점에 자리 잡았다. 마른강 상류는 거의 북방의 뫼즈강Meuse과 평행하여 흐르고 와즈강은 솜므강 상류에 연접하였다. 센강은 외부로 영국해협으로 흘러가고 상류는 평행하여 흐

르는 르와르강 중류 및 수직하여 흐르는 론강 상류에 꽤 접근하였다. 종합적으로 말해 르와르강의 위치는 가장 중심에 위치하지만 역사적으로는 기존의 핵심 지역과 외곽지역의 분계선에 해당하고 영국과 네덜란드, 벨기에 등으로부터도 비교적 멀었다.

18. Simon Keynes, "England, 700-900," in The New Cambridge Medieval History, Volume II, 700~900, pp. 41~42.

19. Douglas Woodruff, The Life and Times of Alfred the Great (London: Weidenfeld and Nicolson, 1974), pp. 95~96.

20. Ibid., pp. 121, 73.

21. James Reston, Jr., The Last Apocalypse, pp. 13~14, 18~21, 25.

22. Ibid., pp. 2~4.

23. Ibid., pp. 92~95.

24. '참회시키는 자' 에드워드는 보통 '참회자 에드워드'로 오역되지만 '참회시키는 자'는 사도의 직책인 반면, '참회자'는 '뉘우친다Repentant'는 의미로 속죄의 행위나 신분을 뜻한다. 만일 그 직책이 신부라면 회개하는 이의 고백을 들어주는 자라는 뜻이다. 따라서 '참회시키는 자'를 '참회자'로 번역하는 것은 주객이 전도되는 오역인 셈이다. 이 번역명에서 글자만 보고 대강 뜻을 짐작하는 것의 폐해와 기독교 제도에 대한 중국어 문화권의 무지를 엿볼 수 있다. 교회에 의해 성별된 '참회시키는 자'는 반드시 다른 사람의 참회를 들어주는 신부만 해당한 것은 아니며 순교자보다 낮은 등급이지만 여전히 성품聖品이 봉해지는 성인이다.

25. G. A. Loud, "Southern Italy in the Eleventh Century," in The New Cambridge Medieval History, Volume IV, 1024~1198, Part II (Cambridge, UK & New York: 2004), p. 106.

26. G. A. Loud, The Latin Church in Norman Italy (Cambridge University online publishing, 2010), p. 63.

27. David C. Douglas, William the Conqueror: The Norman Impact Upon England (Berkeley and Los Angeles, CA: University of California Press, 1964), pp. 188, 260.

28. Roger Collins, "Spain: The Northern Kingdoms and the Basques," in The New Cambridge Medieval History, Volume II, 700~900 (Cambridge, UK & New York: 1995), pp. 278~279.

29. Ibid., pp. 283~284; James Reston, Jr., The Last Apocalypse, pp. 156~158.

제27장

슬라브 세계의 형성

이번 장에서 다루게 될 슬라브 역사의 지역과 시대는 이미 로마 제국과는 무관한 것이 되었다. 슬라브는 로마인에게 정복되지 않았던 땅일 뿐 아니라 슬라브인이 역사의 무대에 등장한 것도 다 '포스트 로마' 시대의 일이기 때문이다. 슬라브 어족의 발원지는 명확하지 않으나 우크라이나 일대로 보는 것이 가장 유력하다. 반드시 먼저 알아야 할 것은 그들이 예로부터 지금까지 변함없이 존재했던 민족이 아니라 역사의 시공간 속에서 끊임없이 '발명'된 결과물이라는 점이다.

슬라브인의 역사적 배경

'그들'의 서부 이주는 고트인이 떠난 뒤의 빈 자리를 채우는 식이었기 때문에 이들이 세계사의 무대에 등장한 것도 서기 6세기의 일이고, 그 무렵 주로 비잔틴의 시야에 들어갔다. '그들'의 발칸 남하는 아바르인과 동시에 이루어졌지만 아바르인보다 더 성공적이었다. 발칸에서 '그들'은 일리리아인과 다키아인, 트라키아인, 그리스인과 혼동되었고 훗날 불가르인과도 혼동되지만 이는 동화된 것이며 이로 말미암아 '탄생'된 면도 있다. 종합적으로 말해 이 부분은 비잔틴 문화 특히 그리스 교회에서 깊은 영향을 받았다(단, 아드리아해에 위치한 달마티아 해안Dalmatian Coast이 라틴화한 부분은 제외함).[1]

최서단에 흩어져 분포했던 '그들'은 게르만인과 상호 작용한 결과물로, 일부는 소멸하였지만 일부는 자체의 공동체적 정체성을 구축하였는데 하나같이 라틴화의 색채가 짙다. 소위 '본향(발원지)'에 근접한 곳에 남은 이들은 대다수 러시아라는 그릇에 담겨 '동슬라브족'을 형성하였는데 이들은 사실 슬라브어 위주의 북부 야만족과 핀족, 초원의 우랄, 알타이 등 어족(돌궐인, 몽고인)으로 이루어진 혼성체이다.

오늘날 슬라브 국가의 영토를 살펴보면 러시아 서부의 슬라브 국가는 오스트리아와 헝가리, 루마니아 등 비 슬라브 국가에 의해 남북의 양 단으로 분할되어 있음을 알 수 있다. 오스트리아는 원래 신성로마제국의 한 변경주였으나 슬라브인의 지역에 있어서는 게르만족 하나가 쐐기처럼 알박기 된 형세를 이루었다. 루마니아인은 10세기 이후에야 등장하였는데 내력이 분명치는 않지만 라틴어족의 갈래에 속하였다. 원래의 영토는 오늘날의 절반밖에 되지 않아 잘해야 우크라이나 초원과 다뉴브 강 하류의 슬라브인(불가리아인) 사이의 연결을 단절시킬 정도였다. 슬라브 세계의 진정한 홍일점으로 발칸 슬라브인과 동유럽 슬라브인 사이를 단절시켜 전자를 '남슬라브인'이 되게 하고 후자를 '서슬라브인'이 되게한 것은, 다름 아닌 헝가리인이었다. 우랄어계(핀우고르 어계)에 속한 그들은 우랄산맥에서 유럽으로 진입, 카르파티아 분지를 점거하였는데 이는 발칸과 동유럽의 분계점이자 유라시아 대초원의 최서단이었다. 역대 초원 민족 가운데 유럽으로 진입하여 대본영을 세운 민족이 흉노와 아바르인이 있었고 나중에는 마자르인이 헝가리를 세운 일을 들 수 있다. 이들은 모두 유라시아 초원 종족이라는 배경 덕에 해당 지역에서 우위를 가졌던 듯하다. 그러나 최종적으로 '헝가리'라는 나라로 응집되기 이전에 해당 지역에 일찍이 슬라브인의 나라가 등장했었는지, 그리고 그것이 최초의 나라였는지에 대해서는 좀 더 연구가 필요하다.

슬라브인의 원류에 얽힌 불가사의

종족과 고고학적 유적을 관련지어 설명하는 실증주의 학자들은 인도 유럽 어족의 기원이 북카프카스와 오늘날 우크라이나 일대이며 유적지군을 통해 청동기 시대가 약간 서북부로 이동한 '발트-슬라브어계Balto-Slavic' 지역에 존재했음이 증명된다고 주장한다. 해당 지역은 내륙에 있었고 그 남부의 흑해 연안은 이란족(스키타이인과 사르마티아인)에 의해 점거되었으며 그 북부는 우랄 어계의 서부 말단이었고, 그 서북부는 발트해 남부 연안, 즉 게르만 조어祖語의 땅이었다. 후자는 북유럽에서 발트해로 남하하였고 그 서부의 광대한 유럽 지역은 켈트인의 천하였다.

바꿔 말하면 슬라브 조어는 발트 조어의 원류가 되는 지역과 분화되지 않은 상태였다. 오늘날의 발트어는 리투아니아어와 라트비아어를 남겼다(발트해에 위치한 세 곳의 소국 중 에스토니아는 핀족이다). 슬라브어는 동유럽을 석권한 뒤 동, 서, 남의 거대한 세 지류로 뻗어 나갔다. '발트 슬라브어'의 원류설이 성립한다면 해당 집단은 인도 유럽의 발원지를 떠나 서북부로 이주하고 발트어의 갈래는 훗날 북으로 발트해까지 도달하였을 것이다. 슬라브어의 지파가 만일 우크라이나 내륙 일대에 머물러 있었다면 그들은 기본적으로 발원지를 떠나지 않고 고향을 지켰던 셈이다. 그러나 2천여 년에 달하는 기간 동안 미동도 없이 가만히 제 자리만 지킨 종족이 어디 있겠는가? 이 때문에 포스트 구조주의 학자들은 차라리 "슬라브인은 비잔틴 변방의 '산물産物'이었다"라고 말하기도 한다.[2]

'슬라브'는 자기 자신을 일컬어 부른 이름이 아니고 비잔틴이 변방을 위협하는 이민족을 일컫던 것이 변하여 지금의 뜻으로 발전한 것이다. 그러나 슬라브어가 사르마티아어(이란어)와 고트어(게르만계)와 다르다는 사실도 반드시 알아야 한다. 이는 실증주의 학자에게 물질문화에 고정시킨 과제를 건네어 슬라브 조어祖語를 고고학 유적지와 끼워 맞추는 학술 게임이 되었다. 이를테면 일부 학자는 기원전 3400~기원전 2800년 무렵 엘베강과 드네프르강 중류 사이의 광대한 지역에 확산한 '구상형球狀形 양손잡이병 문화Gobular Amphora Culture'를 '게르만-발트-슬라브'라는 미未분화한 공동체의 유물이라고 본다.[3] 그 서남부는 해당 문화권과 대략 비슷한 시대를 지낸 구덩이 형태의 묘혈 문화Yamna Culture로써, 이는 흑해 초원에서 북부 카프카스에 이르는 지역을 아우

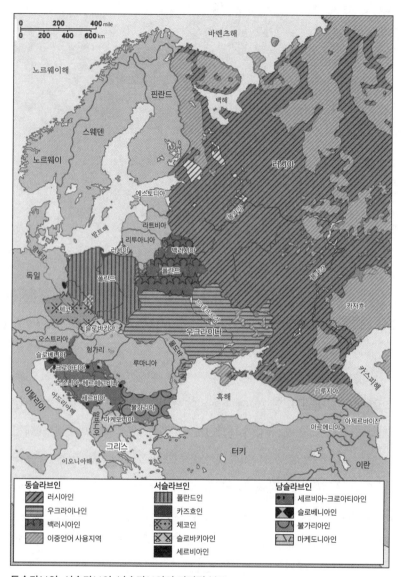

동슬라브인

- 러시아인
- 우크라이나인
- 백러시아인
- 이중언어 사용지역

서슬라브인

- 폴란드인
- 카즈흐인
- 체코인
- 슬로바키아인
- 세르비아인

남슬라브인

- 세르비아-크로아티아인
- 슬로베니아인
- 불가리아인
- 마케도니아인

동슬라브인, 서슬라브인, 남슬라브인의 지리적 분포

르며 말기 청동기copper에서 초창기 청동기brongze에 이르는 시대를 영위
했다.

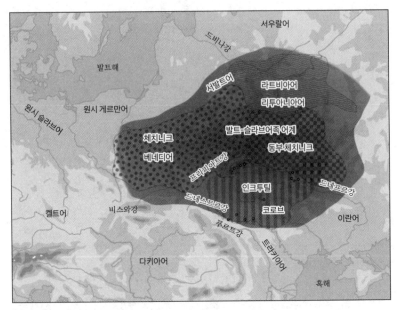

발트-슬라브어 계열의 지역

인도 유럽 기원론의 주류파인 '쿠르간 가설Kurgan hypothesis'은 인도 유
럽어계의 발원지를 우크라이나 초원에서 북부 카프카스에 이르는 지대
로 보았는데 이로써 구덩이 형태 묘혈 문화는 발원지의 말기 단계에서
보이는 변이 중 하나가 되었다. '쿠르간 가설'을 반대하는 입장, 이를테
면 인도 유럽의 발원지를 소아시아, 심지어 인도로 보는 입장은 구덩이
형태 묘혈 문화를 인도 이란인의 초창기로 편입시킨다.⁴ '쿠르간 가설'이
비교적 사실에 가깝다면 구덩이 형태 묘혈 문화는 지중해 이북 유럽어의
조상 중에서도 태조太祖격이 되고 '게르만-발트-슬라브' 미분화 공동체
의 '구상형 양손잡이병 문화'는 태종太宗에 해당할 것이다. 훗날 게르만
어가 서쪽으로 분포하고 발트어는 북부로 분포하게 되는 것을 감안하면
슬라브인은 발원지인 본향을 지킨 셈이다. 반면, '쿠르간 가설'을 부정할
경우 구상형 양손잡이병 문화와 구덩이 형태의 묘혈 문화는 날줄과 씨

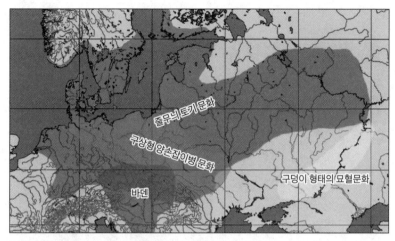

구상형 양손잡이병 문화와 구덩이 형태의 묘혈 문화

줄의 관계가 되는데 그렇게 되면 이들 유럽 언어는 곧 고향을 등지고 떠난 꼴이 된다. 지금 우리가 그것보다 더욱 주목해야 하는 것은 슬라브 조어祖語가 모체로부터 분화하여 나온 과정이다. 그 발원지가 도대체 오늘날의 백러시아나 우크라이나, 폴란드에 있었는가 하는 것은 오히려 현대 민족주의 논란이 잦은 선사 고고학 문화 분야의 식별요인이 되었다.

갑작스럽게 등장한 기이한 현상

슬라브의 발원지는 기원전에는 스키타이인(인도 이란 종족)의 세력 범주였지만 기원전 3세기가 되면 유럽 내 스키타이인 세력은 사르마티아인에 의해 대체되는데 후자도 마찬가지로 스키타이인의 서부 별종이다. 마치 옛 몽고 시대에 러시아 역사에 나오는 킵차크인이 카자흐 초원을 점거하고 있던 치미크 동맹의 서부 지파(상세한 내용은 제3권 참조)에 해당했던 것과 같은 맥락이다. 따라서 이러한 유형의 명사들은 특정 대상만을 고정하여 지칭하는 것이 아니라 탄력적으로 활용된다. 1~3세기에는 게르만어를 쓰던 고트인이 북유럽에서 남하하여 우크라이나 초원과 다

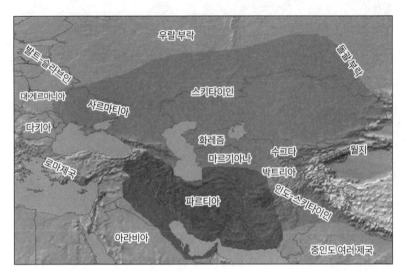

스키타이인의 지역

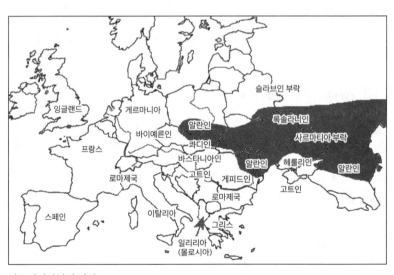

사르마티아인의 지역

뉴브강 유역으로 진입, 사르마티아인을 흑해의 서북부 구석에 고립시킨다. 5세기 상반기가 되면 흉노는 로마의 북부에 대제국을 세우고 고트인과 사르마티아인을 모두 자신의 지배 아래에 둔다. 패주가 교체되는 기간에 슬라브인은 이미 존재했을까, 아니면 형성되는 중이었을까? 종적을 알 수 없는 슬라브인은 아예 처음부터 줄곧 변함없이 스키타이인과 사르마티아인, 고트인과 흉노의 백성으로만 살아왔을까?

교화권 밖 벽촌에 사는 종족에 대한 문명지대의 서술은 대부분 패주의 이름으로 그 산하의 백성을 통칭하는 경향이 있어서, 후자는 종종 베일에 싸인다. 이에 슬라브인의 조상이 산중 백성이었을 가능성은 더욱 커지며 초원 생활이나 농경을 했던 강력한 종족들은(상술한 내용 중 고트인이 농경을 했던 것을 제외하고는 나머지는 모두 유목 종족임) 그들에 대해 종주권을 가질 뿐 실제 통치권은 없었다. 그들은 심지어 '벽촌 중에서도 벽촌'이었던 셈이다. 비교적 확실한 사실은 이들 패주가 모두 역사의 무대에서 사라지자, 슬라브인은 흉노 다음에 유럽에 들어간 아바르인을 따라 천하를 도모하다가 끝내는 그들을 대체하였다는 점이다. 그러나 이러한 일이 어떻게 가능했을까? 어쩌면 고트족이 모두 로마 경내로 이주한 뒤 발생한 공간을 슬라브인이 채우느라 빠른 속도로 산중에서 평원으로 진입하였기 때문인지 모른다.

산중 생활 모델은 어업과 수렵에 한정되기 때문에 비교적 낙후하였고 비교적 북극해 거주민의 생활에 가까웠고 심지어 신석기 시대에 정체되어 있었다고도 할 수 있어 인구 성장에 극단적으로 불리했다. 그러함에도 광활한 땅에 퍼져 있던 거대한 슬라브인이 신속하게 이주할 수 있었던 것은 남방 문명지대의 금속 쟁기sokha와 같은 농경 기술과 겨울철 호밀winter rye과 같은 품종이 북방으로 전파된 결과일 것이다. 그러나 산림 초원지대로 전환하는 과정에는 생태 환경적인 제약에 부딪힐 수밖

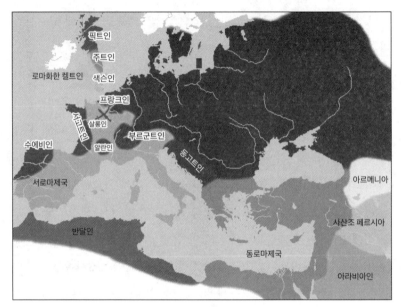

453년 전성기 때의 흉노제국

680년의 발칸

아바르 칸국

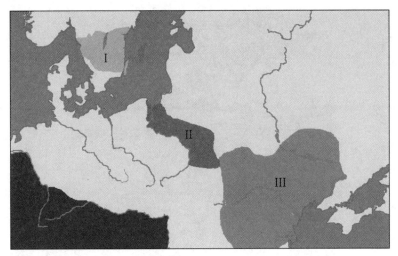

고트인의 북유럽으로부터의 3단계 남하

에 없었다. 임목 초원에서는 소와 말 등 농작에 필요한 동물을 사육할 수 없었는데 월동 시에 유목민족의 양 떼처럼 밖에서 방목할 수 없었고 실내에서 사육하더라도 사료용 건초를 얻을만한 농지가 충분하지 않았기 때문이다. 결국 동물을 사육하지 못하게 되면 거름으로 사용할 배설물도 얻을 수 없어 땅을 바꾸기 위해 계속해서 이동하는 식으로 경작 방식이 전환되었다. 비록 화전을 일구는 것만큼 원시적이진 않았지만 임목 초원 경작으로는 한 지역에 오래 정착할 수 없었기 때문에 반드시 새로운 경지를 찾아 이동하여야 했고[5] 모 학자는 이를 가리켜 '순회식 농업 itinerant agriculture'이라고 칭했다.[6] 이처럼 땅에 정착하지 않고 이주를 반복하는 것은 오히려 유목민의 삶과 흡사하다.

어떤 이들은 슬라브 대이동 시대the Great Slavic Migration를 450~550년으로 보기도 한다.[7] 사실 '대이동'이라는 용어는 '게르만족 대이동'을 따라 부른 말이다. 후자는 게르만인의 영웅시대로, 국가의 건설을 마무리하였고 『베어울프Beowulf』와 『니벨룽의 노래Das Nibelungenlied』 등의 서사시를

금속 쟁기

탄생시켰다. '슬라브 대이동 시대'는 게르만족과 그 궤적이 다르다. 5세기의 슬라브인은 여전히 짙은 안개에 가려져 있다. 그들의 기원을 찾자면 일러야 5세기 말로 거슬러 올라갈 뿐이며 6세기 중반이 되어야 나라를 세운다. 어찌 됐든 슬라브인은 반세기 만에 역사상 보기 드문 대제국만이 보유했던 판도를 확보할 수 있었는데 그 속도는 수많은 대제국의 건립 과정보다 빨랐고 소리 소문, 풍파 없이 잔잔하게 이루어졌다. 이러한 현상을 가능케 한 원인을 유목식 농경의 덕으로 보는 것 말고는 더 그럴듯한 해석은 없다.

'슬라브인' 좋을 일만 한 아바르인

유독 슬라브인의 이동은 대제국 건설이 목적이 아니었다. 그래서인지 그들은 늘 다른 민족에게 통치를 받는 입장이 되었지만 최종적으로는 오히려 대다수 통치자를 슬라브화하는 결과를 얻는다. 역사라는 거대한 물줄기 속에서 바라보면 사실 아바르인은 슬라브인에게 좋을 일만 대신 해주느라 고생한 꼴이 되었으니 이는 흉노가 고트인 대신 헛수고했던 것과 같은 맥락이다. 아시아에서 온 이들 종족은 인구가 본래 많지 않아 정복지의 백성을 국민으로 삼고 심지어 그들의 언어를 통용어로 사용하기도 했다. 일례로 흉노제국이 고트어를 통용어로 사용했던 일을 들 수 있다. 어떤 이들은 아바르인이 통치의 편의를 위하여 슬라브어를 표준화Church Slavonic하고 이를 통해 지역을 초월한 슬라브 '보통어'가 9세기의 동유럽에 보편화하였다고 본다. 그러나 고대 교회 슬라브어Church Slavonic가 생겨나면서 이 통용어의 사용은 종식된다. 아바르 칸국의 멸망 또한 슬라브 통용어가 종식된 계기가 되었다. 칸국이 멸망한 지 1백여 년 안에 다뉴브강 유역의 슬라브어는 비로소 오늘날의 형태로 분화되었다.[8]

제21장에서 서술한 바와 같이 흉노의 이주로 일부 고트족과 사르마티아인(알란인)이 로마 제국으로 몰려들었고 그 나머지는 대부분 그들의 백성이 되었다. 아틸라는 굴기했던 19년간 로마 북부 변방에서 두 세기 동안 변방의 골칫거리였던 고트족을 통일하여 알프스산 북부의 대제국을 형성했을 뿐 아니라 한발 더 나아가 갈리아의 서고트 왕국을 함락하려는 웅대한 계획을 세웠지만, 그 계획이 좌절되자 지중해 북방의 대통일 유럽은 유산되고 말았다. 아틸라라는 회오리가 한바탕 휩쓸고 지나간 뒤 옛 흉노제국의 중추였던 고트인은 이제 서로마 중앙으로 방향을 틀어 그들 대신 무너진 제국을 떠받쳤고 결국 서로마는 종식을 선언하게 된다. 제21장에서도 지적하였듯이 이러한 상황은 '게르만 야만족이 로마를 멸망시켰다'라는 케케묵은 관점과는 큰 차이가 있다.

한편 아바르인은 고트족과 같은 명망과 기세가 없었고 아틸라와 같은 인물도 탄생시키지 못한 상황에서 그들이 맞닥뜨린 것은 신흥 프랑크국과 재정비를 거친 비잔틴 제국이었다. 아바르 치하의 슬라브인 역시 고트인만 못했다. 전자는 일찍이 나라를 구성해본 적도 없는 야만 전투단이었다. 이런 까닭에 아바르인이라는 조류가 빠져나간 뒤 동유럽에는 슬라브라는 개간되지 않은 개펄이 그 모습을 드러냈다.

아바르인의 퇴장과 슬라브인의 등장

일부에서는 슬라브인이 동유럽과 남유럽에서 확산했다고 보기도 하지만 그들의 등을 떠민 것은 바로 아바르인이었다.[9] 아바르인은 6세기 중반 비잔틴의 시야에 들어왔는데 흉노가 앞서 흑해 초원에서 소요를 일으키자 이에 자극받은 다른 종족이 로마 변경으로 몰려들었고 동쪽에 치우쳐 있었던 슬라브 세력이 뒤늦게 그들을 따라 제국 변경에 진입하였다는 관점도 일리가 있다. 슬라브인은 비잔틴 변방의 골칫거리가 되었으나 그 위세가 고트인만큼은 아니어서 어느 한 세계의 궤멸을 초래할 정도는 아니었으니 아바르인이 직접 압박하기 전에는 그야말로 소소한 가려움증에 불과한 우환거리였다. 비잔틴의 다뉴브강 변경 지대에 처음 이 새로운 우환이 출현한 것은 6세기 상반기다. 게피드인 등과 같은 여러 동게르만 이민족의 동북부, 그리고 흑해에 근접한 푸루트강과 드네스트르강이 바다로 유입되는 지점(오늘날 루마니아 북부와 몰도바 일대)에는 안트인Antes이 있었고 그곳으로부터 약간 남쪽에는 스클라베니인Sclavenes이 있었는데 이들은 다뉴브강 하류의 바로 북부 연안에 거주했다. 안트인은 어쩌면 넓은 의미에서 스클라베니인의 일부로 비잔틴과는 동맹 관계feodus에 있는 '동화한 이민족'이며 스클라베니인은 거대한 '순수 이민족'이었다.

6세기의 한 비잔틴 사학자는 그들을 로마 전성기 비슬라강 일대의 베네디인Venedi과 동일시했다.[10] 19세기에는 유럽에 민족주의 물결이 거세게 일어나고 낭만주의는 역사언어학의 열기를 동반하여 나라를 건설하고 종족의 정체성을 구축하려는 움직임이 곳곳에서 일어나 고대사가 속속 재건되었다. 남에게 뒤지지 않으려는 슬라브인 역시 자신의 역사를 소급하기를 로마 시대까지 거슬러 올라갔다. 당시 문명국 중에서도 수장 격이었던 비잔틴의 기록에 남았던 덕에 '스클라베니인'은 발칸 슬라브인의 시조이자 더 나아가 러시아인의 조상으로도 여겨질 수 있었

다. 영어의 '슬라브'라는 말도 스클라베니에서 파생되었다.[11]

아바르인이 도달하기 전에 어쩌면 이미 '국가 이전 단계'인 슬라브족 소규모 집단이 비잔틴 북부를 차지했을 수도 있으며 나머지 슬라브인이 아바르인을 따라 들어와 해당 땅을 점거했을 가능성도 배제할 수 없다. 유럽으로 진입한 아바르인 자체도 수수께끼여서 그들이 유연과 에프탈 등이 돌궐인에게 멸망한 뒤 서부로 이주한 잔당에 해당하는지는 알 수 없다. 그러나 돌궐제국은 그들이 서부로 이주하는 길을 따라 있었던 각 나라에 외교 통첩을 보내 이 '가짜 정권'(즉 '가짜 아바르인')을 상대하지 말라고 경고하였는데 실제로 그러했을 가능성도 무척 크다. 이들이 카프카스 지역에 도달했을 때는 마침 유스티니아누스 황제 치세 기간이었다. 그들은 더 나아가 다뉴브강 이남 지역까지 노렸으나 바라는 대로 되지 않자 서쪽으로 방향을 바꿔 진격했지만 프랑크인에 가로막혔다. 카르파티아 분지가 유라시아 대초원의 서부 말단이라는 점을 고려하면 아바르인의 세력은 반드시 이곳에 진영을 세워야만 했다. 다시 말하면 그들은 게피드인과 랑고바르드인의 땅을 빼앗아 오늘날 헝가리와 알프스 동부 기슭에 '칸국'을 세워 흉노 스토리를 재연한 것인데, 이로써 고대 로마의 판노니아라는 허브 도시를 다시금 아시아 이교도에 빼앗기고 만다. 이는 나비효과를 불러일으켜 마치 흉노가 서고트인을 몰아내자 그들이 로마로 진입했던 것처럼 이제는 랑고바르드인을 이탈리아로 몰아냄으로써 유스티니아누스가 쌓아 올렸던 중흥 대업의 공을 물거품으로 만들었다. 오늘날 카르파티아 분지에서 발굴된 아바르인 말기 고분은 통치 계층이 몽고 계열의 골격을 가지고 있었음을 보여준다. 아바르인은 기독교로 개종하지 않았고 그들 치하의 슬라브인도 여전히 자신들의 우상을 섬겼다. 이 때문에 서방 기독교 세계와 비잔틴에 있어서는 광대한 동유럽은 여전히 암흑의 대지였고 그래서인지 그들의 역사에 대한 기록 또한 상당히 부족한 편이다.

아바르인은 오늘날 카르파티아 평원에 뿌리를 내린 뒤 비잔틴에 슬라브 변방의 위협을 제거할 수 있도록 용병을 보낼 수 있다는 의사를 표시하였다. 여기서 아바르족은 순수한 유목제국이 아닌 '용병 사업'을 하는 집단으로서, 처음 유럽에 도달했던 흉노와 매우 비슷한 전철을 밟았음을 알 수 있다. 비잔틴의 '이이제이以夷制夷(이민족을 통해 다른 이민족을 견제함)' 정책은 초기에만 주효했다. 오래지 않아 아바르인이 슬라브인에게 일종의 '조폭 두목'이 되었기 때문이다. 이 때문에 비잔틴은 '보호비' 명목의 비용을 계속 지불하려 들지 않았고 이에 아바르인은 슬라브인을 대거 이끌고 비잔틴을 침략했다. 690년대 비잔틴 황제 모리스는 반격에 성공하였고 직접 군대를 이끌어 다뉴브강 북부 아바르인의 대진영을 쳐들어갔다. 그러나 모리스는 군대를 지나치게 엄격하게 다스렸던 탓에 결국 시해당하였고 찬탈자는 군대의 태세를 공격에서 수비로 전환하였다. 이후 헤라클리우스가 군대를 일으켜 찬탈자를 주살하였고 사산제국은 이 틈을 타 비잔틴을 공격한다. 헤라클리우스는 다뉴브강 유역을 돌아볼 여력이 없었던 탓에 해당 전선은 붕괴하고 만다.[12] 슬라브인은 발칸으로 대거 몰려들어 그리스 반도 남단까지 이르렀다. 그러나 이는 이민 물결에 불과했을 뿐 침략의 목적은 아니었다. 그래서 이것이 아바르인의 부추김 때문인지 아니면 그들에 대한 아바르인 통제권이 느슨해진 탓인지 단언하기는 어렵다. 그들이 그리스 내륙에서 나라를 건설하지 않은 채 흩어져 지낸 상태는 200여 년 이상 이어졌다.

이에 대해 비잔틴은 속수무책이었다. 헤라클리우스의 카르타고 반란으로 촉발된 내전을 틈타 사산제국이 동부 도시 전체를 함락하여 수도 근방까지 압박해왔기 때문이다(제23장 참조). 626년에는 사산과 아바르인이 손잡고 콘스탄티노플을 포위하였으나 실패로 끝났다. 이번 포위

안트인과 스클라베니인, 베네디인

공격에서 아바르인은 슬라브인을 대거 동원하였지만 패배의 전적은 아바르인의 위세를 크게 떨어뜨렸다. 콘스탄티노플 전투 이전부터 슬라브인의 국가 형성은 이미 칸국의 서쪽에서 무르익고 있었는데 그것은 프랑크의 상인 사모Samo(r.623~628)가 세운 나라이다. 프랑크인은 이들 슬라브인을 가리켜 '벤드인Wends'이라고 불렀다. 그 발음이 '베네디인'과 비슷하긴 하지만 해당 종족이 스스로 칭한 이름은 아니다. 사모는 이 '벤드인'들을 도와 외적을 막아내는 데 공을 세워 왕으로 추대된다. 이는 최초의 슬라브인 국가로 핵심 소재지는 분명치 않다. 그러나 체코와 슬로바키아, 슬로베니아가 하나같이 해당 나라를 최초의 시조국으로 삼는

아바르인이 치하의 슬라브 수군에 명해 비잔틴의 해안 방어벽을 공격하는 모습

다. 또한 해당 나라는 그의 뒤를 이어 일어난 '대 모라비아'의 선조로 여겨지기도 한다.[13] 콘스탄티노플 포위 공격 이후 사모는 해당 지역의 슬라브인을 이끌고 아바르인에게서 독립하는데 631년에는 다시금 그들을 이끌고 프랑크인을 격파한다. 그러나 사모 왕국은 한 세대를 넘기지 못한 채 종식된다. 그가 죽자 영토는 다시 아바르인의 수중에 넘겨져 샤를마뉴가 아바르 칸국을 멸망시킬 때까지 유지된다.

626년 아바르인이 콘스탄티노플 포위전에서 패하자 오늘날 오스트리아와 슬로베니아에 위치한 카란타니아Carantania에서 아바르인을 무너뜨린 세력이 일어나는데 지도자 발루크Valuk는 한 때 사모와 손을 잡기도 했다. 사모가 프랑크인이었던 점을 감안하면 어쩌면 발루크가 최초로 정권을 세운 슬라브 지도자였는지도 모른다.

이들 알프스산 동부의 슬라브인은 북방에서 남하하였을 것으로 추정된다. 그러나 그들은 해당 지역에 진입할 수 있었는데 이 또한 아바르인의 덕이다. 아바르인이 랑고바르드인과 손잡고 게피드 왕국을 멸망시킨 뒤 전자에 대해 이주를 강요해서 그들이 해당 지역을 떠나 이탈리아로 이동하였기 때문이다. 이를 통해 슬라브인이 아바르인을 따라 천하를 도모했음이 증명되었다. 이들 작은 나라의 수명은 무척 짧아서 카란타니아 역시 오래지 않아 프랑크인에 의해 병탄된다.

'슬라브' 국가로 변모한 불가리아

수명이 길지 않았던 탓에 아바르인은 슬라브 국가로 변모할 수 없었는데 이는 마치 아틸라 사후 자손들의 역량이 미치지 못해 산 북부에 고트 대제국을 건설하지 못했던 것과도 같다. 아바르 칸국 동부의 슬라브인은 오래지 않아 또 다른 칸국인 불가리아에 흡수된다. 건국자는 아바르인과 마찬가지로 알타이 어족에 속하였으나 지금의 불가리아가 오히려 슬라브 국가가 된 것은 건국자가 그의 슬라브 백성에 의해 동화되었기 때문이다. 이들 백성이 바로 앞서 나왔던 '스클라베니인'이다. 아틸라가 죽자(453년) 흉노는 오늘날 카르파티아 분지에서 쫓겨나 지금의 우크라이나 초원으로 물러났으며 그 잔당이 우티구르족Utigurs이다. 6세기 중반, 그 서부 날개에 해당하는 지역이 아바르 칸국 바얀Bayan에 의해 정복되자 이름을 쿠트리구르Kutrigurs로 바꾸었다. 독립한 동부 지역은 여전히 원래의 이름을 유지하였다. 서돌궐 칸국은 569년에 지도자 센딜치Sandilch를 '칸'으로 승격하고 '가짜 아바르인'에 대응했다. 그는 또한 비잔틴과 협력하여 아바르인과 쿠트리구르인에 대응하였다.[14]

7세기 초, 우티구르 칸인 쿠브라트Kubrat는 아바르인을 격파하고 쿠트리구르를 합병했다. 630~635년에는 흑해 북부 연안에 새로운 국가를 세우는데 역사에서는 이를 가리켜 '전前 대 불가리아The Old Great Bulgaria'라고 칭한다. 당대에는 이를 오노구리아Onoguria로 부르던 이들도 있었다.[15] 그 서부 영토는 드네프르강에 이르렀는데 이 강에서부터 다뉴브강 일대는 여전히 아바르 칸국의 수중에 있었다. '전前 대 불가리아'의 건국은 아바르 칸국을 견제하기 위한 비잔틴의 조력으로 가능했을 수도 있다. 쿠브라트 칸 사후 남은 다섯 아들은 강력한 인접 세력인 하자르인Khazars 의 도전에 직면해야 했다. 두 세력의 충돌은 서돌궐 칸국이 붕괴한 후유 증일 수 있다. 서돌궐은 통야그부 칸 사후(630년) 해체되는데 그중 유럽 에 있던 잔당이 하자르 칸국으로 변모하였다. 『구당서』「서융전」과 『신 당서』「서역전」 하편에서는 그를 가리켜 '돌궐 하자르 부족'이라고 불렀 다. 그 왕실은 돌궐 왕실과 같은 성씨인 아사나阿史那를 썼으니 아마도 한 나무에서 파생된 갈래로 보인다. 그러나 불가르인의 왕실은 둘로Dulo 씨 氏를 사용하였다. 기존 서돌궐 칸국의 십전十箭 제도 아래서 '좌상左廂(동 부)의 다섯 돌륙咄陸'의 우두머리가 되어 '우상右廂(서부)의 다섯 노실필弩 失畢'과 대립하였던 것으로 보이는데 후자는 확실히 아사나 씨족을 지지 했다. 서돌궐이 해체된 뒤 이 대립은 곧 우크라이나 초원에 반영되어 하 자르 칸국은 최종 승리자가 되었으며 대 불가리아는 강제로 이주해야만 했다.[16]

7세기 하반기, 쿠브라트 칸의 아들인 아스파루크Asparukh 칸이 부족인 을 이끌고 다뉴브강 남부에 정착하였는데 이는 아바르인은 하지 못했던 일이다. 불가르인이 680년 비잔틴을 격파하자 비잔틴은 681년, 불가르와 국가로서의 지위를 인정하는 조약을 체결하였다. 해당 연도는 '후後 대 불 가리아'의 개국 원년이 되었는데 이는 비잔틴이 이민족을 통해 다른 이 민족을 견제하려다가 도리어 호랑이를 키운 셈이 된 경우다. 8, 9세기가 교차하는 시점에는 샤를마뉴가 아바르 칸국을 멸하였고, 불가르인은 아 바르의 위기를 틈타 남은 아바르인 땅을 집어삼켰는데 때는 약 804년의 일이다. 다뉴브강 지역의 불가르인은 우크라이나 초원에 비교적 노출된 편이었는데, 전쟁에 대비하는 면에서는, 선조 또한 초원 민족이었던 아바

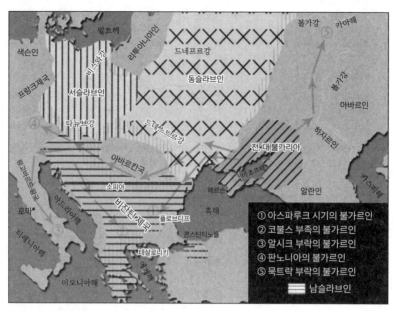

① 아스파루크 시기의 불가르인
② 코불스 부족의 불가르인
③ 알시크 부락의 불가르인
④ 판노니아의 불가르인
⑤ 묵트락 부락의 불가르인
▤ 남슬라브인

쿠브라트 칸의 아들들이 분가해 나간 노선

르인에 비해 더욱 강한 유목 종족의 전투성을 가지고 있었다.[17]

쿠브라트 칸의 차남 코트라그Kotrag는 별도의 세력을 일으킨 뒤 쿠트리구르인을 이끌고 북상하여 볼가강과 카마강의 교차지점에 정착하였는데 이 역시 초원에서 삼림으로 물러난 경우이다. 그들은 오늘날 볼가 불가르인Volga Bulgars의 시조가 되었고 922년에는 이슬람을 국교로 정하였다. 이 또한 하자르인에 정면으로 맞서 벌인 일인데 후자가 유대교를 국교로 정하였기 때문이다. 그들은 이슬람의 초원 진입을 저지할 유력한 세력이 되었다. 오늘날의 볼가 불가르어는 돌궐제국 때보다 더 고대 형태의 돌궐어 단계를 유지하고 있다. 이 때문에 불가르인은 고대 흉노의 후예일 가능성이 꽤 크다. 이는 겉만 보고 우랄 어계의 헝가리인을 '흉노의 후예'라고 대충 짐작하는 것보다는 한층 근거가 있다.

한편에서는 아스파루크 칸의 남부 지파가 다뉴브강 하류의 남부 연

쿠브라트 칸과 그 아들들

안에 나라를 세운 뒤 '슬라브 일곱 종족'을 통치하였는데 이들은 각자의
이름을 가지고 있어서 더는 유스티니아누스 시절 두루뭉술하게 불리던
'스클라베니인'이 아니었다. 이 지역에 거주가 중단되었다는 기록이 없
으니 그들이 동일한 무리라는 사실은 받아들여질 수 있을 것으로 보인
다. 수 세대가 흘러 불가르인 통치자는 백성에 동화되어 '슬라브인'으로
변모했다. 그 과정에 이정표적인 전환점이 된 사건은 아마도 불가리아가
865년 그리스 정교로 개종한 일일 것이다. 불가리아는 이를 위해 몇 차
례 어려움을 겪었는데 그리스 정교로의 개종은 비잔틴의 종주권을 인정
하는 일이고 심지어 문화적으로도 흡수될 위험이 있었기 때문이다. 이
때문에 최종 결정을 내기 전, 불가리아는 로마 쪽도 타진하여 보았다. 로
마 교황청은 상대적으로 독립되어 있어서 프랑크 제국 정부의 일부가 아
니었고 로마 소속의 교구가 된다고 해도 프랑크 제국에 신복해야 할 염
려는 없었다. 비잔틴이 훗날 이 쟁탈전에서 이긴 것은 불가리아인이 교
회 슬라브어를 이용할 수 있게 허락한 데 있지 로마로 하여금 라틴화 패
권을 펼치게 한 것 때문은 아니었다. 그러나 이러한 현지화는 슬라브어
를 '국어화' 한 것이나 다름없었다.[18] 그러니 비잔틴 변방 정권이 하나의
슬라브 국가를 '만들었다'고 보는 관점을 적절치 않다고 할 이는 없을 것
이다.

아바르인이 일찍이 슬라브어를 표준화하였다면 불가리아 교회의 창립은 비잔틴 전도사가 슬라브인을 위해 만든 글자를 최초로 성공적으로 활용한 계기가 되는 셈이다. 이를 통해 고대 교회 슬라브어the Old Church Slavonic는 뿌리를 내리고 성장하다가 러시아를 포함한 슬라브 동방 정교 세계에 널리 전파되고 최종적으로는 러시아와 백러시아, 우크라이나, 불가리아, 세르비아의 여러 언어의 표기 문자가 될 수 있었다. 결국 '슬라브'의 형성 과정에서 아바르와 불가리아라는 두 알타이어계의 칸국이 이정표적인 역할을 한 셈이다. 전자는 슬라브의 탄생을 촉진하는 조산사 역할을 하였고 후자는 슬라브에 새로운 생명을 불어 넣었다. 교회 슬라브어는 본래는 '대 모라비아'를 위해 만들어진 것이었다. 그러나 비잔틴은 슬라브라는 대국을 향한 쟁탈전에서 로마 교회에 패하고 말았다.

'대 모라비아'의 불가사의

현대 체코와 슬로바키아는 모두 '대 모라비아'를 역사적 원류로 삼고 있다. 1963년, 체코슬로바키아는 성대한 포교 공세를 벌이며 치릴로('키릴'로 번역되기도 함)와 메토디오('메토디우스') 전도단이 해당 지역에 도착한 지 1100주년 되는 해를 기념했다.[19] 1992년 이후 해당 선조는 분리되어 나간 슬로바키아에 의해 거의 독점되었다. 이들에게 민족의 기원이란 이미 고도로 응집된 정서적 연대감이 되었으므로 만일 이 가설을 부정한다면 이는 마치 중국인들에게 너희의 조상이 황제黃帝(중국의 건국 신화에 나오는 삼황오제三皇五帝 중 한 명)가 아니고 중화 문명의 요람이 황토고원이 아니라고 말하는 것과 같으니 그들에게 그렇게 말한다면 호되게 두들겨 맞을 수도 있다.

그러나 최근 학술계는 이에 대해 의구심을 제기하며 '대 모라비아'의 중심축이 다뉴브강 남부의 세르비아의 땅에 있었을 가능성도 배제할 수 없다는 분위기다. 다뉴브강은 발칸과 동유럽이 중첩하는 지대여서 동유럽에도, 동남 유럽에도 속하는 까닭에 이 같은 지리적인 이중성은 역사적인 모호함도 불러왔다. 이처럼 모호한 상황에서는 비잔틴의 변방 정권을 하나의 좌표로 삼는 것이 좋다. 그것은 9세기 중반 이후 '대 모라비아'와의 연관성이 생기기 시작했는데 비잔틴의 변방 정권이 멀리 지금의 체코나 슬로바키아 지역까지 이르러야 할 필요가 있었을까?

다뉴브 방어선의 안위에 따라 비잔틴의 외교는 우크라이나 초원에서 보통 '이이제이'의 게임을 통해 초원 정권을 매수하여 다른 이민족을 견제하곤 했다. 전前 대 불가리아를 키워 서쪽으로 아바르 칸국을 견제하고 동으로는 하자르 칸국을 압박한 것이 그 예다. 그러나 그들이 키운 것이 오히려 호랑이라는 더 큰 위협으로 발전하자 하자르인에게 쫓겨난 불가르인은 동북쪽에서 남쪽으로 이주하여 최초로 다뉴브 방어선을 깨트리고 강 남부에 칸 국을 세웠다. 이에 비잔틴은 계속해서 마자르인과 북방의 신흥 루스(최초의 러시아)를 매수하여 후後 대 불가리아에 맞섰다. 그러다가 루스의 세력이 커지자 비잔틴은 이번에는 아시아에서 온 페체네그인을 끌어들였고, 페체네그인이 또 다른 위협으로 성장하자 그다음에는 아시아에서 이주해 온 이민족 킵차크인과 손잡고 무너뜨렸다. 하자르인은 루스인에게 멸망하기 전에는 중심축이 동쪽에 있어서 비잔틴에게는 초원 쪽으로 뻗어오는 이슬람 세력을 막아줄 방패 역할을 하였다. 이에 비잔틴은 하자르와 오랜 기간 동맹을 맺음으로써 흑해 동부 연안 카프카스 부속국들의 안전을 확보할 수 있었다.[20] 비잔틴의 외교 수완이 어디까지 미치느냐는 해당 지역에 강력한 세력이 있는지 여부에 따라 달라졌다. 불가리아 서쪽에서는 만일 카르파티아 분지에 견제할만한 세력이 없고 오늘날 체코의 땅에 '대 모라비아'가 있었다면 그것이 원교근공의 전략적 바둑판에 편입되었음을 배제할 수 없다. 그러나 이러한 가설은 카르파티아 지역이 세력 진공 상태에 빠졌을 때를 전제로 한다.

비잔틴 제국은 당연히 서부 영토도 있었지만 프랑크인과의 충돌은 대부분 이탈리아로 한정되었다. 그러나 비잔틴이 해당 충돌을 지금의 체코와 슬로바키아 등 먼 변방지대까지 확대하였으리라는 것은 상상하기란 어렵지 않다. 불가리아 칸국이 그사이에 버티고 있어서 비잔틴이 육로로 발칸을 통해 달마티아 해안에 도달하는 것에 문제가 생겼고 아드리아해에 대한 통제도 많은 경우 해군이 연해 몇몇 도시를 통제하는 것에만 의존했기 때문이다. 비잔틴이 프랑크인과 이탈리아에서 벌인 쟁탈전 또한 이들 기지의 세력에만 의존했다. 비잔틴과 대모라비아의 동맹은 960년대 초 동프랑크왕국(즉 게르만)과 불가리아의 동맹을 견제하기 위해서 이루어졌다.[21] 그러나 이는 불가리아를 견제했던 것처럼 비잔틴이 프랑크인을 견제해야 할 필요가 있었음을 설명해줄 뿐 '대 모라비아'가 어느 지역에 자리 잡았는지는 말해주지 않는다. 비잔틴은 확실히 862년에 치릴로와 메토디오를 대모라비아로 보내어 포교하게 함으로써 이 슬라브 대국을 맹우로 삼아 서쪽에서 불가리아를 견제할 수 있었다. 두 형제의 원래 임무는 하자르 칸국에서 포교하는 것이었지만 하자르가 유대교로 개종하는 바람에 허사가 되었고, 이에 활동의 범주를 서방으로 바꿔 포교 공세를 펼쳤다. 이 포교 활동이 비잔틴의 외교와 긴밀하게 연결되어 진행되었으리라는 것은 누구나 짐작할 수 있는 부분이다(상세한 내용은 제23장 참조).

비잔틴의 포교단은 우선 로마로 가서 교황청의 축복을 받은 뒤에야 비로소 '대 모라비아'에 총주교구를 설치했다. 동서의 양 교회는 이때 이미 의견 차이를 보였으나 '대 모라비아'에 교구를 세우는 일에 있어서만큼은 꽤 의견이 일치했다. 동프랑크왕국(즉, 게르만)의 바바리아 교구가 이 새로운 교구의 관할권을 빼앗고 게르만 무력을 이용하여 치릴로와 메토디오 전도단을 쫓아내자, 로마는 게르만을 향하여 원래 주인에게 돌려줄 것을 명하였다.[22] 치릴로 사후 그의 동생인 메토디오는 교황청에 의해 판노니아 총주교로 임명되었다. 이 '대 모라비아'는 옛 로마 도시인 판노니아를 주력으로 삼아 동서 양 교회의 옛 관할지에 속한 것이고, 뒤에 일어나는 게르만 바바리아 교구가 오히려 중간에 끼어든 것이다. 만일 '대 모라비아'가 판노니아에 있었다면 오늘날 헝가리와 세르비아의 땅에 해당할 것이다. 물론 교황청의 '판노니아 총주교'가 로마 시대가 남긴 명칭의 흔적일 뿐이라는 사실도 배제할 수 없으므로, 이미 구시대의 직책을 받은 이도 반드시 해당 지역에 주둔했다고는 볼 수 없다.[23]

다뉴브강에는 이름이 같은 두 개의 지류가 있는데 하나는 중상류 가까이에 있는 '모라바Morava'이다. 북으로는 오늘날 체코 공화국 동반부인 모라비아까지 흘러 들어가는데 이 때문에 갖게 된 이름일 수도 있다. 또 다른 지류는 중하류에 근접하여 '그레이트 모라바Great Morava'로 불리는데 남쪽으로 오늘날 세르비아까지 흘러 들어간다. 그러나 이 이름들은 모두 후대인이 명명한 것이다. '대 모라비아'라는 말은 처음으로 비잔틴의 '자주색 방의 황제(별칭)' 콘스탄티누스 7세Constantine VII Porphyrogenitus (r.913~959)가 자손을 위해 쓴, 중국의 『자치통감資治通鑑』에 해당하는 비슷한 저서에 처음 등장한다. 거기에는 과거에 이미 지금의 모라비아보다 더 오래되고 더 큰 '모라비아'가 있었다고 언급되어 있다.[24] 동명의 강에 '대' '소'라는 칭호를 붙인 것도 여기서 유래했을 수 있다.

조심해야 할 것은 이들 강의 소재지가 설령 대 모라비아와 관련이 있다고 하더라도 그 영토는 다뉴브강 남북 양쪽 연안 중 어느 한 곳에 한정되는 것이 아니라서, 반드시 세르비아나 체코여야 한다는 식으로 생각할 필요는 없으며 오히려 다뉴브강의 동서 양쪽 연안을 주목해야 한다는 점이다. 해당 강줄기는 전체적으로 봤을 때 동서 방향으로 흐르지만 카르파티아 분지 내의 구간에는 남북 방향의 흐름이 나타나기 때문이다. '대 모라비아'의 중심축은 어쩌면 다뉴브 중류 강줄기가 남북 수직 방향으로 바뀐 구간일 수도 있다. 그것은 카르파티아 분지를 동서 양단으로 가르는데 서부는 강의 남쪽에 있고 동부는 강의 북쪽에 있다. 다뉴브강 상류의 북부에 있는 모라바 지류 역시 남북 방향이다. 다뉴브강 중류는 남북 방향에서 동서 방향으로 꺾이며 강 북부의 최대 지류는 티사강Tisza이고 남부 최대의 지류는 대 모라바강으로 둘 다 남북 방향이다. '대 모라비아'의 근거지는 어쩌면 이 범주 내에 있었을 것으로 추정된다. 오늘날 체코 동부의 모라바강을 제외하고 이 남북으로 나뉘는 유역 계통은 대략 카르파티아 분지 안에 있다.

오늘날의 슬로바키아 역시 카르파티아 산의 북부 기슭에 있는데 유독 체코(동반부의 소 모라비아 포함)만이 카르파티아 분지의 밖, 다뉴브강 상류의 북부에 위치한다. 이 때문에 '대 모라비아' 본부를 카르파티아 분지로 보는 편이 그 중심축을 남부로 이동하여 다뉴브강 남부(세르비아를 가리킴)나 분지 이외 지역(체코를 가리킴)에 두는 것보다 타당하다. 이 위치는 또한 동프랑크왕국(즉, 게르만)의 부락 공국인 바바리아의 '동부 변경주'의 위치에 따라 정해진다. 바바리아 공국은 알프스산 동부 기슭을 포함하며 대부분 다뉴브강 상류의 남부 연안에 있었고 그 '동부 변경주 Osmark는 훗날 독립하여 오스트리아Österreich가 되는데 이는 다 카르파티아 분지의 '이민족'에 대응하기 위해 설치된 것이다.[25] 한편, '대 모라비아'의 외연 확장은 반드시 지리적 제한을 받았다고 할 수는 없는데 특히 그것은 게르만인과 보헤미아(오늘날 체코 서부)를 두고 쟁탈전을 벌였다. 심지어 어떤 이는 그 세력이 오늘날 폴란드 남부까지 이르렀다고 보기도 한다.

훗날 발전 추세를 보면 대 모라비아 교구가 결국 게르만 교회에 빼앗기자 라틴어가 교회 언어가 되어 교회 슬라브어를 밀어냈다. 서방 세력 범주에 편입된 대 모라비아는 동프랑크왕국과 자주 전쟁을 벌여 후자에게 변방의 위협이 되었지만 불가리아와는 다툼이 적었으니 확실히 '대 모라비아'는 체코에 있지 불가리아의 이웃이 아니라는 인상을 만들어냈다. 비잔틴이 외교로 이 구석진 지역에서 거둬들인 수확은 시대의 획을 긋는 사건이었다. 우리는 두 가지 날짜만 참고하면 된다. 즉, 862년에 치릴로와 메토디오 포교단이 '대 모라비아'에 교구를 세워 나라 전체의 개종을 유도한 사건이 그중 하나이고, 그리고 865년에 불가리아가 비잔틴과 로마 사이에서 몇 차례 동요한 뒤 끝내 그리스 정교로 개종하고 국왕 보리스 1세Boris I (r.852~889)가 세례를 받을 때 비잔틴 황제 미카엘 3세Michael III (r.842~867)를 교부로 삼은 사건도 있다. 886년, 프랑크족은 치릴로와 메토디오의 제자를 노예로 전락시키거나 외국으로 추방하였고 이에 그는 불가리아로 이주하였다. 그 사부는 '대 모라이바'를 위해 만든 슬라브 철자Glagolitic alphabet를 불가리아 교회를 창립할 때 활용한 덕에 교회 슬라브어가 뿌리를 내릴 수 있었으니 가히 '다른 곳에서 잃은 것을 이곳에서 보상받았다'라고 할 만하다. 역사의 풍자는 슬라브인의 대 모라비아 정신생활이 이제 라틴화(서방화)하고 처음에 돌궐인이 세웠던 불가리아가 이제는 전면적인 슬라브화 길을 걷게 되었다는 데 있다.

훗날 동프랑크왕국은 대 모라비아라는 '변방의 위협'을 해결하기 위해 동방 초원에서 침입한 이교도 '도적 떼', 마자르인과 손잡고 대 모라비아를 공격하지만, 오히려 이 때문에 902~906년, 마자르인에 의해 멸망 당하는 운명을 맞고 만다. 이치대로라면 대 모라비아가 오늘날 체코에 있었을 경우, 마자르인이 세운 '헝가리'가 오늘날 체코에 있어야 한다. 그러나 그들이 점령한 지대는 이미 헝가리였으니 즉, '대 모라비아'의 극히 작은 부분이 오늘날 헝가리, 즉 카르파티아 평원의 서부에 있었던 것이다. 오늘날 헝가리의 영토는 다뉴브강과 그 지류인 티사강이 남

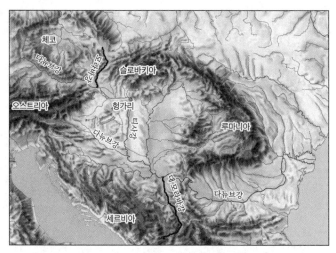

모라바강과 대 모라바강, 티사강과 평행한 다뉴브강 남북 방향 지대

북 방향으로 평행하여 흐르는 강줄기에 의해 세 부분으로 나뉜다. 가장 서쪽 3분의 1은 비교적 상류로 강의 남부에 위치하고, 나머지 3분의 2는 비교적 하류인데 강의 북부에 위치한다. 이를 모형 삼아 그에 의해 대체된 '대 모라비아'가 다뉴브강의 '남'에 위치하였는지 아니면 그 '북부'에 위치하였는지를 연구하는 것은 의미가 없으며 그것을 카르파티아 정권으로 보는 것이 비교적 타당하다. 해당 정권은 대다수 분지 북부 기슭에 있는 슬로바키아를 포함하는데 최전성기 때는 보헤미아를 다스리기도 했다. 그러나 그 남부 영토가 지금의 세르비아 땅을 얼마나 아울렀는지는 그리 중요하지 않은 듯하다. 그것은 그 역사 무대의 중앙이 아니었기 때문이다. 오직 이 슬라브 대국이 핀우고르 어계의 종족에게 멸망한 경우에만 비로소 오늘날 동유럽과 발칸 슬라브인이 양단으로 갈라진 연원을 설명할 수 있을 뿐이다.

역사가들은 '대 모라비아'가 서슬라브에 속했는지 남슬라브에 속했는지 명확하게 설명하지 못하는데 헝가리인이 도달하지 않은 이상 이러

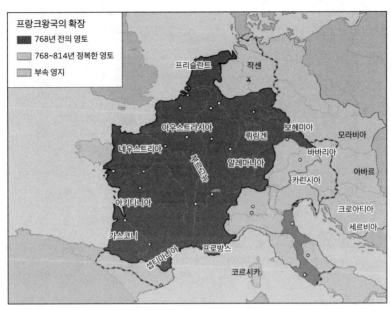

프랑크왕국의 확장
■ 768년 전의 영토
■ 768~814년 정복한 영토
□ 부속 영지

그림에서는 프랑크왕국의 바바리아 동부 변경주가 마주하고 있는 것이 카르파티아 분지임을 보여준다.

한 구분은 큰 의미가 없다. 일단 보헤미아사에 진입하면 종족 배경은 명확해져서 서슬라브 남부 지류에 속하게 되는데 여기에는 체코인과 슬로바키아인이 포함된다. 서슬라브의 북부 지류는 레치틱Lechitic이라고 통칭하며 지금의 폴란드인, 그 북부의 포메라니아인Pomeranians, 그리고 최서단의 폴라비언Polabians이 포함된다. 후자는 게르만인에 의해 '엘베인Elbe으로 불렸는데 엘베강을 본떠 명명된 것이다.[26]

게르만 집단에 편입된 보헤미아, 이를 피한 폴란드

10세기 초, 대 모라비아가 마자르인의 공격으로 무너지자 게르만인은 그 땅에 일련의 변경주를 세우고 그중 하나를 마찬가지로 '모라비아'(오늘날 체코 동부)라고 불렀다. 이는 대 모라비아 본부가 이미 마자르인에게 점령된 뒤 '헝가리'로 변하였고 기존의 모라비아라는 이름은 아직 점령되지 않은 모라비아의 옛 땅에 여전히 보존된 것으로 파악된다. 이에 따라 그 전신은 '자주색 방(별칭)' 콘스탄티누스 7세에 의해 『자치통감』에 나오듯 '대大'라는 칭호를 얻어 '대 모라비아'로 불렸다. 오늘날 '소' 모라비아 일대에서 발견된 '대 모라비아' 유적 중 규모가 가장 큰 것은 '포한스코Pohansko'로 체코 남부와 슬로바키아 및 오스트리아 삼국 변경이 교차하는 지점에 있다. 이 지역은 9세기에 인구 폭증을 겪었기 때문에 '대 모라비아가 오늘날 소 모라비아'라고 주장하는 자들은 이것이 바로 '대 모라비아' 굴기의 징후라고 여겼다. 9세기 말부터 시작된 쇠락은 대모라비아의 폐막, 이를 대체한 보헤미아의 굴기로 이어졌다.[27] 오늘날 체코 경내에서 출토된 장례품을 보면 8세기 보헤미아와 모라비아의 상위계층 다수가 '아바르풍'을 따르고 9세기에는 보헤미아의 엘리트 다수가 '바바리아와 모라비아풍'을 선호했으며[28] 9세기 이후 보헤미아는 슬라브와 게르만의 영향력이 교차하는 장소가 되었음을 알 수 있다. 포한스코라는 중심지의 멸망이 시간상 마자르인의 우환과 맞아떨어지지만 게르만인의 침략과 전혀 관계가 없지는 않을 것이다.

10세기 하반기에는 모라비아 서북부의 보헤미아인이 굴기하였다. 그 대공인 프레미실드 왕조Přemyslids의 볼레슬라프 1세Boleslav I (r.937~967?/972?)는 오토 대제가 레히펠트 전투에서 마자르인을 격퇴하고 모라비아의 변경주를 보수로 얻었다. 그 뒤 소 모라비아는 보헤미아에 예속되는데 이는 체코 건국 역사에서 하나의 이정표적인 사건이 된다. 그러나 전체적인 국면에서 바라보면 보헤미아의 배반은 대 모라비아의 패망을 알리는 전조가 되었다. 그것은 친 게르만 경향을 보이며 오토 대제의 신성로마제국 초창기에 해당 집단의 용장이 되었고 훗날 심지어 제국 내에서 왕국으로 승격되기도 했다. 신성로마제국이 이탈리아 왕국 및 부르고뉴 왕국과 분리된 뒤 슬라브의 보헤미아는 이 게르만 제국 내의 유일한 '왕국'으로 남았으며 심지어 여러 차례 신성로마 황제의 지위를 놓고 각축전을 벌이기도 했다. 바꾸어 말하면 보헤미아는 게르만 세계의 일부분이 된 것이다.

'폴란드'의 탄생은 정반대의 전략을 취하였다. 오늘날의 폴란드는 그 시조를 미에슈코 1세Mieszko I(935~r.~960~992)로 보는데, 그는 오데르강과 비스와강 사이의 폴라니인Polanes의 부족장으로 그가 속했던 피아스트Piast 가문은 훗날 왕조로 발전한다. 당시에는 '폴란드'라는 국가가 없었고 다만 폴라니인이 이끄는 일부 종족 연합이 있었다. 폴라니인의 중심축은 그니에즈노에 있었기 때문에 편의를 위해 이를 '그니에즈노 왕국the realm of Gniezno'이라고 한다.[29] 그 영토는 정해진 경계가 없었는데 당시의 나라는 점령지의 크기와 경계로 구획되기보다는 통치하는 인구를 기준으로 했기 때문이다. 특히 동유럽 지역은 영토는 광대하지만 인구가 희박했다. 이 나라는 관방官方의 공식 언어가 없었기 때문에 가장 일찌감치 등장한 폴란드어 양식은 1136년의 『그니에즈노 조서Bull of Gniezno』에서 엿볼 수 있다.[30]

폴란드는 중고 말기와 근대 초에 리투아니아와 합병하여 한때 발트해에서 흑해에 이르는 유럽 제일의 대국이 되었다가 18세기에 이르러 세 차례의 분할과정을 겪으며 지도상에서 소멸했다. 이처럼 '신축성'을 가진 국가여서 그 실체를 규정하기가 꽤 어렵지만 그래도 없어지지 않는 핵심은 '대 폴란드the Great Poland'와 '소 폴란드the Lesser Poland'에 둘 수 있다. '그니에즈노'는 대 폴란드의 전신이며 990년에 그것에 합병된 비슬라니에Vistulans가 훗날 '소 폴란드'로 바뀐다. 중심지인 크라쿠프Kraków는 비스와강 상류와 그니에즈노의 동남부에 위치한다. 대 폴란드와 소 폴란드의 외부는 그니에즈노 동부인 마조비아 로우랜드Mazovian Lowlands로마조비아인Mazovians의 땅이다. 그 땅에 대한 미에슈코 1세의 통제가 두루 이루어지지 않아 해당 지역은 12~13세기 독자적인 나라를 이루었고 14세기에는 폴란드에 진입하였으며, 비스와강 중류 도시인 바르샤바는 근대 폴란드의 수도가 된다.

10세기 말, 동프랑크왕국은 오토 대제의 지도 아래 게르만 제국으로 전환된다. 950년, 보헤미아가 이미 그 속국이 되었고 955년에는 마자르인에게 레히펠트 전투에서 심각한 타격을 입힌다. 962년, 그는 교황이 주는 '신성로마 황제'의 관을 쓴다. 그는 부친인 매사냥꾼 하인리히의 동진 정책을 적극적으로 추진하여 브란덴부르크와 루사티아Lusatia 등의 변경주에서 광범위하게 식민지를 건설하였다. 둘 다 피정복지의 슬라브인으로 전자는 그니에즈노 왕국에까지 이르고 후자는 오데르강 서쪽 영토에 있었다. 오토는 마그데부르크 주교좌the Archbishopric of Magdeburg를 모든 슬라브인에게 포교 활동을 펼칠 주교구로 승격했다. 후자의 성격은 앞서 비잔틴과 함께 대 모라비아를 약탈하여 승리를 거둔 바바리아 파사우 주교구bishopric of Passau와 비슷하고 헝가리에 포교 공세를 펼친 바바리아의 레겐스부르크 주교구bishopric of Regensburg와도 유사했으니 게르만 교회의 '변경주'라고 할 수 있다.

미에슈코 1세의 앞에는 오직 두 갈래 노선만이 있었다. 하나는 엘베강과 오데르강의 슬라브인과 운명을 같이 하여 게르만의 강력한 세력에 흡수되는 길이고, 다른 하나는 선수를 쳐서 자신의 인척인 보헤미아로부터 기독교를 받아들이는 길이었다. 미에슈코는 보헤미아의 볼레슬라프 1세의 딸을 아내로 맞아들이는 길을 택하기로 했다. 그러나 보헤미아도 게르만의 속국이었던 만큼 이는 단지 게르만인의 포교 공세를 조금 늦출 뿐이었다. 991년, 미에슈코는 세례를 받기 전에 로마와 연락하여 게르만의 전방 교구에 종속된 주교구가 아닌 교황청의 직속 관할구

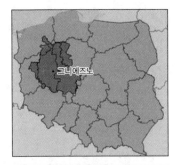

오늘날 폴란드 내, 대 폴란드와 소 폴란드, 마조비아의 위치

가 되기를 희망하였다. 5년 뒤 미에슈코의 장자이자 계승자인 '용감한자' 볼레스와프 1세Bolesław I Chrobry(967~r.992~1025)는 교황청이 파견한 교단을 영접하고 이 일에 착수한다. 게르만인 역시 손 놓고 있지만은 않았다. 968년부터 '폴란드 주교구'가 이미 그니에즈노 서부의 포즈난Poznań에 등장했고 서기 1000년에는 비로소 본토의 폴란드 주교구가 수도인 그니에즈노에 세워졌다. 그 뒤 폴란드 수도가 어디로 옮겨가든 폴란드의 수석총주교Primate of Poland는 줄곧 그니에즈노에 있었으니 흡사 영국의 캔터베리나 프랑스의 랭스와도 같았다.

오늘날 그니에즈노는 단지 도심지 포츠난 아래에 있는 하나의 지방 도시에 불과하지만 당시 그니에즈노는 수석주교좌가 된 뒤 포츠난 주교가 독립을 시도하였고 게르만의 마그데부르크 주교좌로부터 원격 통제를 받았다. 교황청과 게르만 교회 사이에는 여전히 갈등이 있었는데 이는 대 모라비아 사건에서 이미 부각되었다. 당시 교황청은 비잔틴이 파견한 치릴로와 메토디오 전도단의 대 모라비아 포교를 지원하였지만, 게르만 바바리아 부락 공국인 파사우 주교구에 의해 쫓겨난다. 전자는 구 로마 체제로 판노니아 교구를 회복하고자 했고 후자는 졸부가 땅을 차지하는 식이었다. 포츠난은 오데르강에서 멀지 않아 여전히 게르만 제국의 세력 범주 안에 있었다. 이제 폴란드 교회는 수석을 세울 수 있게 되었지만 여전히 대공의 지위는 상대적으로 낮은 편이었다. 이 때문에 '용감한 자' 볼레스와프 1세는 기독교 밀레니엄을 맞이하는 해에 교황청으로부터 왕관을 받기를 원했다. 이 문제가 매끄럽게 해결되지 않는다면 교황청과 신성로마 황제 사이에 갈등이 야기될 수도 있었다.

밀레니엄을 맞은 로마 교황청에는 돌연 방문객이 늘어났다. 폴란드의 '용감한 자' 볼레스와프는 교황청에 사신을 파견하여 게르만으로부터 독립된 교회 조직을 세울 것과 자신을 국왕으로 승격해줄 것을 요구했다. 교황청은 이미 그를 위해 왕관 하나를 준비해 두고 있었다. 그러나 때마침 헝가리 제후 바이크Vajk도 교황청에 사절을 보내어 국왕 임명을 요청했다. 그 부친은 이미 세례를 받았으나 일시적인 변통 차원이었기 때문에 열의가 없었고 그로 말미암아 기독교가 보급되지도 않았다. 반면 바이크는 나라 전체가 천주교로 개종하도록 적극적으로 노력하였고 로마 교황청에 직접 예속되기를 원했다. 폴란드 대공과 게르만 황제 사이는 여전히 군신의 관계였고 마자르인은 유럽 체제 밖의 이민족이었기 때문에 그의 거국적 개종은 밀레니엄을 맞이한 시점에서 크나큰 사건이 아닐 수 없었다. 이에 교황청은 원래대로라면 폴란드에 돌아가야 할 왕관이었지만 이를 헝가리 국왕에게 보냈다. 후자는 세례명을 '이슈트반'으로 개명하고 이때부터 '나라를 지키는 수호 성왕' 이슈트반 1세 St.Stephen I (r.1000~1038)로 불린다.[31]

교황 실베스테르 2세는 '새천년 세계 제국의 꿈'에 심취한 오토 3세를 부추겨(제26장 참조) 친히 그니에즈노로 건너가게 했고 폴란드 대주교구의 성립을 경축했다. 경축 의식에서 지나치게 흥분한 오토 3세가 즉흥적으로(상당히 경솔하게) 대공을 국왕으로 승격한 뒤 자신의 머리에 있던 왕관을 벗어 '용감한 자' 블레스와프의 머리에 씌웠다.[32] 수석 주교구 역시 이때부터 그니에즈노로 옮겨갔다. 교황청은 신성로마제국과 직접 충돌을 피하고 갈등을 제국 내부의 것으로 바꾸었다. 그 결과 폴란드의 독립은 게르만 교구 내부에 극도의 분노와 원망을 야기하였다. '폴란드 국왕'의 존호에 관해서는 오토 3세의 계승자 하인리히 2세가 인정하지 않았다.[33] 이때 이후 폴란드와 바티칸 교황청의 관계는 특히 가까워졌다.

'슬라브인 자체의 건국 역량 유무'에 관한 논쟁

슬라브 역사연구에서 중요한 의제 가운데 하나는 그 종족이 국가 건설에 그다지 재주가 없었다는 점이다. 그래서 그들의 나라는 대부분 외부 종족이 그들 대신 세운 것이고, 좋게 말하자면 슬라브인들은 천성적인 무정부주의자였던 셈이다. 이 관점을 주장하는 이들은 주로 발칸의 자드루가zadruga를 예로 들어 설명한다. 자드루가는 정치, 경제 권력이 한 곳에 집중되는 것에 항거하는 메커니즘을 지향하는 듯한 일종의 슬라브인 향촌 자치 공동체이다.[34] 여기에는 그것을 낭만화하는 듯한 느낌이 없는 건 아니라서 부정적인 면을 들자면 슬라브인에게 조직화 능력이 결여됐다고 볼 수도 있다. 긍정적이든 부정적이든 이 같은 사유가 직면한 문제는 다 본질주의의 오류이다. 그러나 분명한 것은 슬라브인은 역사의 무대에 등장한 뒤 아바르인의 뒤를 따라다니며 천하를 도모했다는 점인데, 나중에는 아바르인이 칸국의 통치를 공고히 하고자 슬라브어를 공용어로 삼고 표준화하는 단계까지 이른다. 아바르가 패망하자 슬라브어는 분화하기 시작한다. 최초로 독립한 슬라브인 국가는 프랑크 상인 사모가 세운 나라와 불가리아와 돌궐인이 세운 나라로, 이들에 관해서는 앞에서 서술하였다. 그 근거지가 분명치 않은 '대 모라비아'를 누가 세웠는지는 중요하지 않다. 고고학 증거를 보면 '대 모라비아'의 발전 양상이 핵심 지역 혹은 수도권의 수준에 미치지 못했기 때문이다. 바꿔 말

하면 중심축이 없는 상태였던 셈이다.[35]

슬라브인들은 조직을 갖추지 않았다는 인식이 가장 깊이 뿌리박혀 있던 곳은 비잔틴인이다. 6세기 비잔틴의 기록을 보면 '스클라베니인'들에게는 제도화된 지도자급 인물이 배출되지 않아 그들은 기본적으로 게르만인과는 다른 야만 전투단이라는 표현이 나온다. 또한 로마인과 전쟁을 벌일 때 진지의 형세도 구축하지 못하였지만 매복전에 탁월함을 보였다는 서술도 있다. 슬라브인의 사회 조직은 사회학자 뒤르켐이 말한 '분절적 사회segmentary society'와 비슷하여 혈연 계보를 토대로 한 조합이고 그들의 행위는 하나의 목적을 달성하기 위해 연합한 결과였다. 그래서 일이 마무리되면 즉시 해산하고 누구도 다른 사람 위에 군림하는 것을 허용하지 않았다. 이러한 점은 '정치 지도자의 등장에 견제 역할'을 했다고 할 수 있다. 비잔틴의 슬라브인 관련 기록에서 만일 '왕'이라는 단어가 등장한다면 그것은 9~10세기에야 국왕의 의미를 부여할 수 있을 것이다.[36] 재미난 것은 안트인이 동로마의 변방을 수비하는 '동맹국'으로 고용되기를 희망했지만 종족 내에서 전체를 대표하는 지도자가 없어서 가짜 '장군'을 내세워 콘스탄티노플과의 협상에 보냈다는 것이다. 뜻밖에도 가짜 장군은 유스티니아누스 대제로부터 양식과 변방의 성을 얻어오는 데 성공했다. 곤혹스러운 점은 같은 종족인조차 왕으로 세우기를 주저했던 이들이 어떻게 외부인을 지도자로 청빙했는가 하는 문제이다. 슬라브인을 대신해서 최초의 국가를 세운 사모가 그 예다. 그는 먼 지역에서 무역하던 상인이어서 국제적 네트워크와 자원이 있었기 때문에 각자 다스렸던 벤드인과는 비교할 수 없었다. 이러한 네트워크와 자원은 재력과 부를 가져다주었고 이로써 응집력을 갖추어 벤드인Wends을 이끌고 아바르인에게서 벗어나 프랑크인을 무너뜨릴 수 있었다. 그러나 그는 12명의 벤드족 부인을 얻었기 때문에 12개 계통의 네트워크가 구축되었다. 한 사람의 몸에서 12개의 가지가 뻗어 나간 셈이니 자연히 하나의 왕조로 결집될 수 없었고, 사모 정권은 한 세대를 끝으로 종식되고 말았다.[37]

슬라브인이 나라 세우기를 좋아하지 않았음은 그들이 그리스 반도를 침입한 뒤 맞게 되는 운명에 특히 잘 드러난다. 앞서 서술했듯이 610년 이후 비잔틴은 사산제국의 도발에 대응하기 위해 다뉴브 방어선을 아울러 지켜내야 했지만 그럴 여력이 없었고 이는 전체 전선의 붕괴를 초래했다. 이로써 슬라브인이 대거 그리스 반도로 몰려 들어갔고 빈 껍데기인 비잔틴 그리스에는 연해 도시만 남게 되었다. 고트인과 프랑크인의 경우는 제국 내에 나라 안의 나라를 세운 뒤 마지막에는 반드시 그들을 감싸고 있던 원래의 숙주를 죽이고 새로운 국가가 껍질을 깨뜨리고 등장하게 했다. 그러나 슬라브 민족의 대이동으로 그리스 내륙은 연락이 단절된 어둠의 대륙이 되었고, 그들은 그 뒤로도 흩어진 상태를 유지하며 작은 나라조차 세우지 않았다. 비잔틴의 많은 기록에 등장하는 '스클라베니 소집단Sklaviniae'이라는 단위는 존속 기간이 200여 년이 넘는다.

9세기 상반기가 이르러서야 비잔틴 중앙은 손을 뻗어 옛 영토 수복에 나서는데 수복 과정은 자그마치 100여 년에 달하고 수 대의 왕조를 거쳐야 했다. 제국은 해군을 동원하여 먼저 에게해와 아드리아해, 이오니아해에 연해 있는 일련의 평원을 수복하였고, 슬라브의 조류에 휩쓸리지 않은 그들 도시는 그리스 문화의 전달을 위한 매개체로 삼았다. 그 뒤 제국은 발칸의 기독교도를 그리스 반도 외곽에 이주시켜 토지를 주고 군관구를 세웠다. 이를 통해 '스클라베니 소집단'을 토벌하는 한편 군관구 제도를 내륙으로 확대했다. 최후의 군관구가 설립된 건 11세기에 가까워진 시점이었다. '스클라베니 소집단'은 하나하나 정리되었고 슬라브인은 무리를 이루어 기독교화, 농노화함으로써 군관구 내에서 세습 군사 가문으로 변모하였다.[38] 이것도 다른 사람이 슬라브인을 대신해서 나라를 세운 경우이지만 그들이 세운 것은 현대 그리스의 전신이었다.

발칸이라는 만화경

이러한 상황에서 발칸 슬라브라는 만화경을 거쳐 변화된 이미지는 이러하다. 즉, 발칸 남부 그리스 반도의 슬라브인은 모두 '현대 그리스인'이 되었고 발칸 북부의 비 슬라브인은 대다수 슬라브화하였는데 돌궐 배경을 가진 불가리아는 그중에서도 특출난 경우다. 이탈리아 맞은편 연안의 달마티아 해안은 원래 라틴 세계의 일부이자 로마 제국 확장 초기에 라틴화한 뒤 로마 교황청의 관할 교구에 속했지만 이제는 슬라브 국가인 크로아티아의 소재지가 되었다. 교황청의 타협안은 크로아티아가 로마 교회를 따르더라도 여전히 슬라브 교리를 유지할 수 있도록 한 것이다.[39] 크로아티아와 비잔틴에 편향된 세르비아의 초기 역사는 모두 안개 속에 가려져 심지어 어떤 이는 그들의 건국 당시 통치자가 비슬라브인이었다고 보기도 한다.[40] 특히 크로아티아인은 어쩌면 슬라브화한 사르마티아인일 수도 있는데 이는 불가리아인이 슬라브화한 돌궐 민족인 것과 같은 맥락이다.[41]

발칸과 그리스 반도에서 유일하게 슬라브화하지도, 그리스화하지도 않은 곳은 바로 알바니아이다. 그들은 뒤늦게 10~11세기가 되어서야 비잔틴의 기록에 등장하는데 고대 일리리아인의 후예일 수도 있다. 고대에는 인근의 고대 그리스에도 동화되지 않았고 로마가 해당 지역에 세운 도시 또한 그곳을 라틴화할 수 없었으며 훗날 슬라브인으로 변하지도 않았으며 현대 그리스인이 되지도 않았다. 알바니아의 등장이 늦어진 것은 라틴어족인 루마니아의 경우와도 유사하다. 루마니아는 틈만 나면 로마인의 후예를 자처하지만 어째서 700여 년에 달하는 기간 동안

흰색 가로선은 '스클라베니아 소집단'을 의미하며 그리스 반도
를 거의 채운다.

종적이 묘연했는지는 알 길이 없다. 이는 다뉴브강 북부에 위치하여 불
가리아와 우크라이나 사이에 끼어 있으니 엄밀히 말하면 절반은 발칸
국가라고 할 수 있는데, 어째서 라틴 국가가 흑해 연안 지대에 등장하였
는지 명확히 밝혀지지 않고 있다. 루마니아의 이웃은 헝가리로 남슬라
브와 서슬라브의 마자르인 사이를 단절시켰다. 이들 지역에도 분명히
수많은 슬라브인이 있었을 테지만 그리스 반도의 동포처럼 다른 종족에
동화되었다. 슬라브어는 루마니아어의 각 형성 단계에 영향을 끼쳤으며
헝가리어에도 꽤 많은 슬라브어 성분이 녹아 있다.

북부 야만족과 '루스'의 건국

프랑크인의『생 베르탱 연대기The Annals of St-Bertin』에는 838년 '루스Rhos'가 콘스탄티노플에 파견한 사신이 사실 한 무리의 '북부 야만족'이며 그들은 자신의 군주를 '칸chacanus'으로 칭했다는 말이 나온다. 프랑크인의 황제, 경건왕 루이(샤를마뉴의 아들)는 그들이 누차 변방을 침범했던 바이킹과 동류임을 간파한 뒤 그들을 구금하였다.[42] 한대 삼림권에 살았던 '루스'가 돌궐이 세운 나라가 아닌데도 맹주를 '칸'으로 불렀던 것은 초원지대 하자르 칸국의 영향으로 보인다. '루스 칸국'이 통치하는 지역의 거민은 발트족, 슬라브족, 핀족 등 여러 종족으로 이루어져 있었으며 통치자는 스웨덴의 '북부 야만족' 출신으로, 흩어진 촌락을 연합하여 이룬 연맹으로 보인다. 학자들은 그 정치 제도가 하자르 칸국을 본떴을 것으로 추측한다. 칸은 단순히 이름뿐인 원수였고 군정의 대권은 돌궐 정권과 유사한 베그Beg(돌궐의 군사령관이나 토후, 제후들의 칭호)의 수중에 있었다.

만일 '루스 칸국'이 최초의 러시아였다면 그것은 아시아를 향해 있었고 9세기 상반기 주요 무역 대상은 대식 제국이었으며 주요 무역로는 볼가-카스피해 일대였을 것이다. 반드시 볼가 불가르인과 하자르인의 지역을 거쳐야만 카스피해 남부 연안에 도달할 수 있었고 가끔은 바그다드에 이르기도 했다. 지금까지 유럽 러시아와 발트해 지역에서는 대식 중앙 정권과 사만 토후국의 화폐인 디람dirhams이 발굴되었는데 이는 1천여 곳에 총 22만 8,000여 개가 묻혀 있었고 그중 90%는 볼가 무역로를 거쳤다. 바이킹이 유럽 러시아에 침투한 첫 번째 목적도 이슬람의 디람식 은화를 얻기 위해서였다.[43] 디람은 키예프 시대에 화폐의 기초가 되었다. 그러나 바이킹(북부 야만족)은 별개의 문제이다. 러시아의 '키예프' 관련 최초의 사료는『원초 연대기Primary Chronicle』에 실려 있는데 1113년 키예프 때 완성되어 850~1110년의 역사를 아우르지만 해당 기록에는 어쩐 일인지 '루스 칸국'에 관한 언급이 없다.

러시아에서 가장 오래된 역사서인 『원초 연대기』의 '루스' 관련 건국 기록은 다음과 같다.

창세 이래 6367년(서기 859년), 바다 너머에서 온 바랑기아인Varangians이 공물 납부의 의무를 주드인Chuds과 슬라브인, 메리아인Merians, 크리비치아인Krivichians에게 지웠다. 그리고 하자르인은 폴리야니아인Polyanians과 세베리아인Severians, 그리고 뱌티치아인Vyatichians에게 공물을 요구했고 각 제염업자에게 다람쥐 가죽과 비버 가죽을 징수했다. 창세 이래 6368년~6370년(860년~862년)에는 바랑기아인에게 공물을 강제로 납부해야 했던 각 부족이 그들을 바다의 맞은편 연안으로 쫓아내고 공물 납부를 거부하며 자치를 시작했다. 그러나 그들 사이에는 법률이 없어 종족이 서로 싸우며 배척하다가 끝내 전쟁이 발발한다. 그들은 스스로 '우리를 통치하고 법률로 우리 대신 판결해 줄 왕을 찾는다'고 했다. 그래서 그들은 바다를 건너 바랑기아인의 지역, 루스라고 불리는 지역으로 갔다. 이 바랑기아인은 '루스Rus'라고 부르는데 일부는 스웨덴인이라고 불리고 또 일부는 노르만인과 앵글로인으로 불리며 또 일부는 고트인이라고 불린다. 주드인과 슬라브인, 크리비치아인은 루스인에게 "우리의 땅은 크고 물산이 풍부하지만 질서와 안정이 없으니 오셔서 왕으로 통치해 주십시오"라고 했다. 그들은 삼형제와 그들의 친속을 선정하였는데 후자는 모든 루스인을 데려와 이민이 되었다. 큰형 루릭Rurik은 노브고로드Novgorod에 정착하고 둘째 시네우스Sineus는 벨로제로Beloozero에, 셋째는 트루보르Truvor는 이즈보르스크Izborsk에 정착하였다. 이들 바랑기아인의 거처에서부터 노브고로드 지역은 루스의 이름을 얻었다.[44]

『원초 연대기』에는 창세 이래 6371~6374년(서기 863~866년) 루릭의 부하이자 키예프에 웅거하던 지도자 아스콜드Askold와 디르Dir가 비잔틴과 대식 제국이 전쟁을 벌이느라 수도 근방이 비어 있는 틈을 타 대거 침입하였지만 비잔틴이 이들을 물리쳤다는 기록도 있다.[45] 『원초 연대기』의 연대가 명확하지 않아 비잔틴과 서방 사료를 통해 이 전쟁이 '루스 칸국'과 비잔틴 사이의 전쟁이며 확실한 날짜는 860년 6월 18일에서 8월까지임을 고증하였다.[46] 해당 전쟁은 루릭과 그의 형제가 '초청'을 받기 전에 발생했다. 『원초 연대기』를 편찬한 수도사가 루릭의 후예에게서 자금 지원을 받았던 것을 보면 루릭의 계통이 여기서부터 하나의 통일 국가를 세웠던 것으로 보인다.

핀란드만의 중심지인 라도가호Lake Ladoga 지역을 기지로 한 '루스'는 다만 루릭 종족인이 점거했던 하나의 근거지였을 뿐이다. 그 나라명에서 '루스 칸국'의 이름을 승계하였으나 청함을 받아 왔다는 점에서 보면 그 사이에는 전승된 것도 있고 단층도 있다. 각종 흔적에서 당시 키예프는 하자르 칸국에 공물을 바쳤을 수는 있지만 반드시 '루스 칸국'의 일부였던 것은 아님을 알 수 있다. 오늘날 러시아와 백러시아, 우크라이나 경내에 웅거하던 '북부 야만족' 역시 한 지파에 그치지 않는다. 이는 노브고로드 정권의 2대 지도자, 올레그Oleg (r.879~912)가 아스콜드와 디르를 유인하여 죽인 사건(c.882)에서 단서를 찾을 수 있다. 그는 먼길을 온 동향인을 사칭하여 '동족' 키예프 지도자 아스콜드와 디르에게 성에서 나와 모이기를 요구한 뒤 매복하였다가 그들을 죽이고 키예프를 차지하였고 이로써 '루스'를 노부고로드에서 해당 지역으로 옮겼다.[47] 뒤늦게 978년, 루릭 정권의 5대 왕인 블라디미르Vladimir (958~r.980~1015)는 여전히 폴라츠크Polotsk의 북부 야만 정권을 공멸해야 했는데 그것은 '바다 너머에서 온' 로그볼로드Rogvolod (920~978)가 세운 정권이었다.[48] 이 사람은 오늘날 백러시

로그볼로드(920~978)　　　　　　　　'해외 출신의' 로그볼로드

아 우표와 기념 배지에 새겨져 해당 국가의 시조로 떠받들어지고 있다.

키예프로 천도한 올레그 본인은 원수가 아니라 루릭의 종족인이었다. 루릭이 죽은 뒤 아들 이고르$_{Igor}$(r.913~945)는 나이가 어려 올레그가 보좌했는데 그 직무는 돌궐인 정권의 '베그'와 유사했지만 올레그야말로 '키예프'의 진정한 건립자였다. 키예프로 천도한 '루스'는 통상할 대상과 문화를 볼가-카스피해 일대에서 드네프르-흑해-비잔틴 일대로 옮겼다. 올레그는 911년 키예프에서 콘스탄티노플로 진격했고 비잔틴 정부로부터 평화조약서를 받은 뒤 부하에게 자신의 방패를 콘스탄티노플 성문 위에 못으로 박아놓으라고 지시했다. 평화조약의 내용은 이렇다. 즉, 비잔틴은 루스인의 2천 척에 달하는 전함 군사비를 보조하고 루스의 일부 성에 각각 배상금을 지급하며 훗날 루스 상인이 건너와 장사를 할 때는 환대하고 떠날 때는 공물을 보내야 하는데 와서 장사하지 않는 루스인에게는 보급할 필요가 없다. 50인을 한 조로 묶어 성문 한쪽으로만 들어올 수 있으며 성 안의 특정 거리에만 모여 거주한다. 양측의 국민은 상대방의 재산 손실과 상호 살상, 인질극으로 말미암은 배상법과 징벌을 모두 규정한다.[49] 올레그가 보좌하는 이고르가 친정을 시작한 뒤로는 941년과 944년 두 차례 콘스탄티노플을 공격하여 더 많은 상업적 특혜를 얻어 내기도 했다. 931년과 944년 그는 카스피해에서 대식인을 약탈하였다.

945년 친정을 시작한 이고르는 드레블리아인Drevlians에게서 공물을 거둬들여 이미 착취한 소득을 가득 싣고 돌아가려 했으나 욕심이 과했던 나머지, 부하들만 먼저 돌려보내고 자신만 다시 돌아와 더 많은 공물을 착취하려다가 종국에는 그들에게 살해당하고 만다.『원초 연대기』는 그의 미망인인 올가Olga (r.945~c.963)가 죽은 남편 대신 펼쳤던 세 가지 복수전을 생생하게 묘사했다.[50] 더욱 흥미로운 것은 키예프의 세금 징수 방식으로, 대공은 반드시 직접 부락민을 이끌고 각지를 돌아다니며 공물을 거둬들이는 방식을 고집했는데 이는 조폭의 두목이 수하를 보내어 점포와 노점상에게 보호비를 거둬들이는 것과는 사뭇 다른 모습이다. 이 때문에 '북부 야만족'이 그들에게 통치를 받았던 슬라브인보다 더욱 조직적인 역량을 갖췄기 때문에 나라를 건설할 수 있었다는 관점은

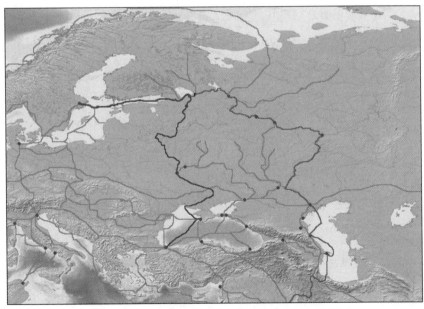

바랑기아인이 비잔틴으로 가는 드네프르 통로와 대식 제국에 이르는 카스피해 노선

어느 정도 수정되어야 한다. '북부 야만족'이 북유럽 고향 네 곳에서부터 약탈과 무역을 감행하자 그들은 반드시 발트해에서 흑해와 카스피해 연안에서 길을 따라 거점을 세우고 그것들을 연결시켜 지역의 대통일을 이루어야만 했지만, 해당 지역의 슬라브인, 핀족 혹은 나머지 산중 백성들은 그렇게 할 필요가 없었다.

루스가 기독교 세계의 일원이 되다

이고르의 아들 스비아토슬라브 1세Sviatoslav I (r.945~972)는 동쪽으로는 볼가 불가르인을 습격하여 볼가강 상류를 장악하고 965년에는 남쪽으로는 하자르의 사르켈Sarkel이라는 작은 성을 무너뜨렸으며 968~969년에는 하자르의 수도인 이틸Itil을 함락했다. 하자르가 멸망하자 루스는 돈강과 볼가강의 남북 상업로를 장악하게 되었다. 앞서 833년에는 비잔틴이 기술자를 보내어 하자르인을 도와 돈강 하류 좌측 연안에 사르켈 성을 구축하였고 이에 대한 대가로 하자르인은 케르손을 할양하였는데 이는 마자르인과 루스인이 일으켰던 초원의 소동과 관련이 있을 것이다. 893~898년 무렵과 10세기 초, 하자르인은 일찍이 두 차례 오구즈인과 손잡고 페체네그인Pechenegs을 격파하고 그들을 볼가와 우랄강 유역으로 쫓아내었다. 10세기, 페체네그인은 이미 볼가강과 우랄강 유역으로 쫓겨나 마자르인의 옛땅인 우크라이나 초원으로 진입하였고, 마자르인은 어쩔 수 없이 서쪽으로 카르파티아 분지까지 이주하여 오늘날의 헝가리인이 되었는데 이들의 치고 밀리는 당구 게임을 통해 초원은 하자르인, 페체네그인, 루스인이 각축전을 벌이는 경기장이 되었다.

하자르는 한때 비잔틴의 초원 동맹국이었으나 하자르가 유대교로 개종한 뒤로는 비잔틴의 유대교 배척 정책 때문에 두 나라의 우방 관계는 깨졌고 스비아토슬라브가 비잔틴의 새로운 동맹국이 되었다. 969년,

루스 대공은 다시금 남하하여 발칸에서 비잔틴 대신 불가리아 문제를 해결하였다. 키예프가 하자르 칸국을 멸망시키자 완충지대가 없어졌을 뿐 아니라 더욱 흉맹한 돌궐종족, 페체네그가 대신 굴기하여 키예프를 위협했다. 스비아토슬라브의 불가리아 원정 기간에 키예프는 처음 그들의 공격에 직면했다(968년). 스비아토슬라브는 불가리아 땅을 점령한 뒤 고향을 잊은 채 그곳에 도읍을 옮기려고까지 했고 이 때문에 그의 고용주와 충돌을 빚었다. 970년, 아르카디오폴리스 전투Battle of Arcadiopolis에서 비잔틴에 철저하게 패한 스비아토슬라브는 972년에 키예프로 회군하는데, 불가리아인이 그의 군사력이 약해졌다는 정보를 페체네그인에게 흘리는 바람에 그는 매복한 적에 의해 죽고 만다.[51]

스비아토슬라브 사후 그 장자 야로폴크 1세Yaropolk I (r.972~980)와 그의 형제들 사이에 내전이 발발하여 블라디미르는 노브고로드에 있는 봉지를 상실하고 북유럽으로 도망하였다. 이후 바랑기아인 용병에 의지해 형을 시해한 뒤 왕위를 찬탈한다. 그는 988년에 동방 정교를 국교로 정하고 사후에는 성인으로 추대된다. 『원초 연대기』는 사방에 시찰단을 파견하여 유대교와 이슬람교, 로마 교회, 그리고 비잔틴의 동방 정교를 관찰한 내용을 기록하였는데 그들에게 가장 깊은 인상을 남긴 것은 후자였다. 루스에는 이미 섭정모이자 스비아토슬라브의 모친인 올가가 콘스탄티노플에 가서 세례를 받은 선례가 있어서 블라디미르 또한 친 그리스 정교 경향이 있었다. 그러나 그는 먼저는 군사를 동원한 뒤 나중에 혼인하는 정책을 써서 군사를 이끌고 흑해 연안의 케르손을 함락하였다. 그는 비잔틴 황제의 누이와 혼인하는 것을 케르손 반환 조건으로 내걸었으나 비잔틴이 제시한 조건은 그가 반드시 그리스 정교로 개종해야만 한다는 것이었다. 세례와 혼례는 모두 케르손에서 이루어졌고 케르손은 블라디미르의 지참금이 되었다. 그는 키예프로 돌아간 뒤 우상을 깨뜨

매복에 걸려 전사한 스비아토슬라브 　 키예프인들에게 집단 세례를 명한 대 블라디미르

리고 백성들에게 강에서 집단 세례를 받을 것을 명령했으며 각지에 교회를 세웠다.[52] 이처럼 다채로운 역사적 고사가 만들어진 배경에는 이미 루스의 최대 무역 상대국이 된 비잔틴이 있었다.

초창기 키예프의 중요 문헌에는 힐라리오 관구장 주교Metropolitan Hilarion (r.?~1055)의 대 블라디미르와 그 계승자인 야로슬라프Yaroslav (978~1054)에 대한 찬가가 등장한다. 힐라리오는 줄곧 키예프 교회가 비잔틴 교회와 동등한 지위를 누려야 함을 주장했고 야로슬라프에 의해 키예프 최초의 슬라브인 출신 관구장 주교로 임명되었다. 찬가는 이런 내용이다.

로마는 베드로와 바울을 찬양한다. 그들이 로마인들에게 신의 아들이신 예수 그리스도의 신앙을 심어주었기 때문이다. 아시아와 예배소(에페소스), 밧모섬(파트모스)은 신학자 요한을 찬양한다. 인도가 도마(토마스)를 찬양하고 이집트는 마가(마크)를 찬양한다. 이에 천하의 만백성이 그들을 정통 신앙을 가져다준 지도자로 우러러 높인다. 우리가 창조신을 찬양하게 한 위대한 지도 교사인 본토의 위대한 칸 블라디미르…[53]

바꿔 말하면 이 키예프의 '위대한 칸'은 주 예수 그리스도의 사도와

대 블라디미르의 스레브레니크와 오늘날 우크라이나의 휘장

동등한 지위를 가진 것이나 마찬가지이니 이는 기본적으로 비잔틴의 '황제는 곧 사도의 동료Peer of the Apostles'라는 제왕관에 해당한다. 더욱 흥미로운 점은 키예프는 이미 서방 기독교의 일원이 되었지만 여전히 스스로 '칸국'임을 내세웠다는 점이다. 이슬람 세계의 디람도 여전히 키예프 초창기 화폐의 중량치 기준이 되었다. 키예프는 스레브레니크srebreniks라고 불리는 자체 은화 단위를 주조하기 시작했으며 가장 이른 것은 블라디미르 대공에 의해 10세기 말 주조되었다. 화폐의 한 면에는 초원 민족의 삼지창 휘장trident tamga이 남아 있는데 이는 오늘날 우크라이나의 국장國徽이 되었다.

슬라브 세계의 각 방면의 관찰
12세기 초에 최종 완성된『원초 연대기』는 그 첫 장에서 일종의 범 슬라브 의식을 드러냈다.

> 슬라브인은 오랜 기간 다뉴브강에 기대어 살아왔으나 이제 헝가리와 불가리아의 땅이 되었다. 이들 슬라브인 중 각처에 흩어져 사는 자들이 각자 이주한 곳의 지역명을 따라 이름을 얻었다. 이에 모라바강에 이주한 이들은 모라비아인이 되었고 기타는 체코인이라 불렀다. 동일한 무리의 슬라브인 가운데는 백색 크로아티아인, 세르비아인, 그리고 코루

타니인Khorutanians(필자는 동부 알프스의 카란타니아인Carantanians으로 추정함)을 포함한다. 블라크인Vlakhs(필자의 추정으로는 루마니아의 조상)이 다뉴브강의 슬라브인을 공격하여 그들 가운데 정착하여 살면서 사납게 굴자 후자는 비스와강으로 이주할 수밖에 없었고 부락 이름도 리야크인Lyakhs(필자의 추정으로는 서슬라브의 북부 갈래인 레치트인Lechitic으로 폴란드인을 포함함)로 바꿔 불렀다. 이들 리야크인은 일부는 폴라니인, 일부는 루티치인Lutichians, 일부는 마조비아인으로 불리고 또 일부는 포모리인Pomorians(필자의 추정으로는 포메라니아인)으로 불렀다. 어떤 슬라브인은 드네프르강에 정착하였는데 그들도 마찬가지로 폴라니인으로 불렀다. 또한 드레블리아인으로 불리는 이들도 있었는데 그들이 삼림 지역에 거주하였기 때문이다. … 이 때문에 슬라브 종족은 분열되었지만 그 언어는 슬라브어로 남았다.[54]

루스가 비잔틴에서 깊은 영향을 받았던 까닭에 『원초 연대기』는 슬라브의 원류를 따질 때 여전히 비잔틴의 변방 정권을 출발점으로 삼고 다뉴브강 유역을 슬라브의 본향으로 본다. 어찌 됐든 그것은 슬라브 공동체 의식을 구축하였고 슬라브의 디아스포라라는 역사 속에서 만들어진 것으로 본다. 남슬라브와 서슬라브, 동슬라브인이 형성된 것에서 서로 간의 거리를 제외하고 가장 중요한 요인은 문화적 전이다. 남슬라브인은 비잔틴의 영향을 많이 받았는데 그리스 반도에 속한 부분은 심지어 '현대 그리스인'으로 변모하였으며 발칸 서북부 구석에 있던 크로아티아만이 로마 공교회의 세력 범위에 들어갔다. 동슬라브인이 비잔틴화한 것은 선택적인 면이 있었고 그들은 또한 근동과 초원의 영향도 폭넓게 받았다. 서슬라브는 물론 로마 교회의 범주에 편입되기는 했지만 그들에 가장 가까이 접근했던 것은 게르만 제국의 막대한 흡인력이었다.

보헤미아(체코)는 게르만의 범주에 들어가기는 했지만 여전히 자체의 정체성을 유지하였다. 폴란드는 흡수되는 것을 피하였고 그와 동시에 게르만인의 서진을 성공적으로 막아냈다.

어떤 이는 샤를마뉴 동진 정책의 성공과 오토 제국 동진 정책의 실패를 비교하면서 전자는 게르만을 프랑크 제국의 판도로 편입시킨 반면, 후자는 엘베의 슬라브인을 무너뜨렸을 뿐 983년의 대 반란을 야기하여 두 곳의 전방 주교구를 무너뜨리는 등 앞선 노력을 허사로 만들었을 뿐이라고 말한다. 기존의 관점에서는 초창기 신성 로마 황제의 '로마드림' 때문에 그들이 이탈리아 남진에 역점을 두게 되었다며 이를 탓하였다. 그러나 '로마 제국'의 역할은 부득불 그래야만 했고 중앙이 그렇게 하지 않는다면, 이는 이탈리아 발전 청사진은 남방의 강력한 변방 세력인 바바리아에 넘겨주는 것이나 다름없는 셈이었다. 남진 정책이 동진 정책 실패의 주요 원인이 될 수는 없다. 샤를마뉴 제국은 그와 동시에 이탈리아와 이베리아, 중앙 유럽으로 진군하여 이베리아를 제외하고 모두 성공했기 때문이다. 문제는 오토 제국이 동쪽으로 진출하면서 색슨 왕조의 무력에만 온전히 의지할 뿐, 게르만 전체의 자원을 고르게 재배치하지 못했던 데 있다.[55] 이는 샤를마뉴의 프랑크 제국보다 한참이나 뒤진다. 후자의 핵심은 로마 갈리아 성의 옛 영토로 이미 하나의 통일된 틀을 갖추고 있었다. 게르만은 원래 로마 제국의 교화권 밖이었고 프랑크 제국은 그를 병탄할 시간이 지나치게 짧아 색슨 왕조의 오토 대제가 등장할 때까지도 여전히 부락 공국Stammesherzogtümer의 형태로 있었으며 신성로마제국 황제는 단순한 맹주였을 뿐이다. 한편 역사가들은 서슬라브인의 강인함을 소홀히 여겨서는 안 된다. 신성로마제국의 동진 정책 실패는 '슬라브인은 다른 이들이 나라를 세우기만을 기다리기만 했다'라고 보는 관점을 반박할 유력한 증거가 된다.[56]

주

1. 주로 크로아티아인을 가리킴.

2. Florin Curta, "The Slavs in early medieval sources (500-700)," in The Making of the Slavs: History and Archaeology of the Danube Region, 500-700(Cambridge University Press, Online Publication, 2009), pp. 118~119.

3. "Gobular Amphora Culture," in J. P. Mallory and D. Q. Adams, eds., Encyclopedia of Indo-European Culture(London & Chicago: Fitzroy Dearborn Publishers, 1997), pp. 226~227.

4. "Yamna Culture," in J. P. Mallory and D. Q. Adams, eds., Encyclopedia of Indo-European Culture, pp. 651~653.

5. Thomas S. Noonan, "European Russia, c.500-1050," in The New Cambridge Medieval History, Volume III, 900-1024(Cambridge, UK & New York: Cambridge University Press, 1999), pp. 494~495.

6. Florin Curta, "Conclusion: The making of the Slavs", in The Making of the Slavs: History and Archaeology of the Danube Region, 500-700, p. 337.

7. Ján Dekan, Moravia Magna: The Great Moravian Empire, Its Art and Times(Minneapolis, Minn.: Control Data Arts, 1981), p. 1.

8. Florin Curta, "Conclusion: The making of the Slavs", in The Making of the Slavs: History and Archaeology of the Danube Region, 500-700, p. 346. 역사적으로 정복자가 피정복자의 언어를 보급하고 행정의 편의를 위하여 그것을 표준화했던 사례는 또 있다. 아시리아 제국이 후기로 가면서 아람어를 제국의 통용어로 삼았는데 페르시아가 아시리아를 멸하면서 이 통용어를 받아들인 뒤 표준화한 것, 그리고 몽고제국이 북경의 말을 표준어로 삼은 뒤 지금까지 줄곧 이어진 것이 그 예다.

9. Thomas S. Noonan, "European Russia, 500-1050," in The New Cambridge Medieval History, Volume III, 900-1024, pp. 493~494.

10. Florin Curta, "Slavic ethnicity and the ethnie of the Slavs: Concepts and Approaches," in The Making of the Slavs: History and Archaeology of the Danube Region, 500-700(Cambridge University Press, Online Publication, 2009), p. 7.

11. "Slav: from medieval Latin Sclavus, late Greek Sklabos, later also from medieval Latin Slavus," Oxford Dictionaries, (http://www.oxforddictionaries.com/definition/english/Slav?q=slav) 검색일자 : 2014/8/25

12. Florin Curta, "The Balkans and the Danube limes during the sixth and the seventh centuries," in The Making of the Slavs: History and Archaeology of the Danube Region, 500-700, p. 189.

13. 여기서 일치된 결론을 내리지 못하고 큰 차이를 보이는 것은 체코와 슬로바이카가 다 뉴브강 북부에 있고 슬로베니아가 강의 남쪽에 있기 때문인데 그 차이는 하나는 동유럽이고 하나는 발칸이다. 훗날 정말로 슬라브인이 세운 '대 모라비아'가 오늘날 체코에 있었느냐에 대해서는 여전히 의문의 여지가 있다. 민족주의 사관의 초점은 최초의 역사

기록을 쟁탈하는 데 있다.

14. Hyun Jin Kim, The Huns, Rome, and the Birth of Europe(Cambridge, UK & New York: Cambridge University Press, 2013), p. 142.

15. Ibid., p. 138.

16. Florian Curta, "Barbarians on the sixth-century Danube frontier: an archaeological survey," in The Making of the Slavs: History and Archaeology of the Lower Danube Region, 500-700, pp. 208~209.

17. Jonathan Shepard, "Slavs and Bulgars," in The New Cambridge Medieval History, Volume II, 700-900(Cambridge, UK & New York, 1995), pp. 233, 229.

18. Dimitri Obolensky, The Byzantine Commonwealth: Eastern Europe, 500-1453 (Crestwood, New York: St. Vladimir's Seminary Press, 1974), p. 130.

19. Florin Curta, "The history and archaeology of Great Moravia: an introduction," Early Medieval Europe, Volume 17, Issue 3(August 2009), pp. 239~240.

20. Dimitri Obolensky, The Byzantine Commonwealth: Eastern Europe, 500-1453, p. 227.

21. Ibid., 500-1453, p. 184.

22. Charles R. Bowlus, "Nitra: when did it become a part of the Moravian realm? Evidence in the Frankish sources," Early Medieval Europe, Volume 17, Issue 5 (August 2009), p. 316.

23. Florin Curta, "The history and archaeology of Great Moravia: an introduction," Early Medieval Europe, Volume 17, Issue 3(August 2009), p. 246.

24. Jiří Macháček, "Disputes over Great Moravia: chiefdom or state? The Morava or the Tisza River?" Early Medieval Europe, Volume 17, Issue 5(August 2009), p. 249.

25. 대 모라비아와 동프랑크인 사이의 교류에 대해서는 연대기에 이런 내용을 포함한다. '855년, 게르만인 루이(샤를마뉴의 손자)를 격파하고 승세를 타 추격하다가 다뉴브강 남부의 동부 변경주East Mark, south of the Danube를 마구 파괴하였다.' 모라비아 대공 '라스티슬라프Rastislav(r.846~870)와 동부 변경주의 총독 카롤만Karolman이 동맹하였다.' Ján Dekan, "Chronological Survey," in Moravia Magna: The Great Moravian Empire, Its Art and Times, p. 153. 당시에는 오스트리아가 아직 없었기 때문에 '동부 변경주'는 오늘날 오스트리아를 포함한 바바리아를 가리킨다.

26. Jerzy Strzelczyk, "Bohemia and Poland: Two examples of successful Western Slavonic state-formation," in The New Cambridge Medieval History, Volume III, 900-1024(Cambridge, UK & New York: Cambridge University Press, 1999), pp. 514~515.

27. Jiří Macháček, "Disputes over Great Moravia: chiefdom or state? The Morava or the Tisza River?" Early Medieval Europe, Volume 17, Issue 5(August 2009), pp. 260, 262, 264.

28. Naďa Profantová, "Archeology and written sources on eighth-to tenth-century Bohemia," Early Medieval Europe, Volume 17, Issue 5(August 2009), p. 287.

29. 공식 명칭은 라틴어로 된 치티바스 스키네스게Civitas Schinesghe로 그니에즈노가 라틴화한 것으로 보인다.

30. Norman Davis, God's Playground: A History of Poland, Vol I, The Origins to 1795(New York: Columbia University Press, 1982), p. 67.

31. James Reston, Jr., The Last Apocalypse: Europe at the Year 1000 A.D.(New York: Doubleday Anchor Books, 1998), pp. 194~195.

32. Ibid., pp. 263~264.

33. Norman Davis, God's Playground: A History of Poland, Vol I, The Origins to 1795, pp. 63, 71.

34. Florin Curta, " 'Kings' and 'democracy': power in early Slavic society," in Florian Curta, ed., The Making of the Slavs: History and Archaeology of the Lower Danube Region, 500-700, p. 312.

35. Florin Curta, "The history and archaeology of Great Moravia: an introduction," Early Medieval Europe, Volume 17, Issue 3(August 2009), p. 246. 여기서 고고학 연구는 여전히 '대 모라비아'를 오늘날의 체코로 보는 전제하에서 얻은 결론이다. 다뉴브강 남부에는 그에 상당한 유적지가 아직 발견되지 않아 '대 모라비아'를 남부로 이주시키려 했다는 논거에서 큰 약점이 되었다.

36. Florin Curta, " 'Kings' and 'democracy': power in early Slavic society," in The Making of the Slavs: History and Archaeology of the Lower Danube Region, 500-700, pp. 319, 323~324, 326.

37. Ibid., pp. 331~332.

38. Dimitri Obolensky, The Byzantine Commonwealth: Eastern Europe, 500-1453, pp. 104~110.

39. Ibid., p. 198.

40. Ibid., pp. 85~86.

41. Norman Davis, God's Playground, A History of Poland, Volume I, The Origins to 1795(New York: Columbia University Press, 1982), p. 45.

42. Dimitri Obolensky, The Byzantine Commonwealth: Eastern Europe, 500-1453, p. 239.

43. Thomas S. Noonan, "European Russia, 500-1050," in The New Cambridge Medieval History, Volume III, 900-1024, p. 506.

44. The Russian Primary Chronicles from Basil Dmytryshyn, ed., Medieval Russia: A Source Book, 850-1700, Third Edition(New York: Harcourt Brace Jovanovich College Publishers, 1991), p. 7. 해당 문헌은 두 가지 명칭이 있는데 하나는 Povest Vremennykh Let이고 다른 하나는 Nachalnaia Letopis이다.

45. Ibid., pp. 9~10.

46. Dimitri Obolensky, The Byzantine Commonwealth: Eastern Europe, 500-1453, p. 241.

47. The Russian Primary Chronicles, from Basil Dmytryshyn, ed., Medieval Russia: A Source Book, 850-1700, Third Edition, p. 8.

48. Thomas S. Noonan, "European Russia, 500-1050," in The New Cambridge Medieval History, Volume III, 900-1024, p. 508.

49. The Russian Primary Chronicles, from Basil Dmytryshyn, ed., Medieval Russia: A Source Book, 850-1700, Third Edition, pp. 10~14.

50. Ibid., pp. 22~25.

51. Ibid., pp. 29~30 , 비잔틴이 그 귀로를 페네체크인에게 알렸을 가능성도 크다. Peter Golden, "The peoples of the south Russian steppes," in Denis Sinor, ed., The Cambridge History of Early Inner Asia(Cambridge and New York: Cambridge University Press, 1990), p. 273.

52. Ibid., pp. 30~35.

53. Ibid., p. 46.

54. Ibid., pp. 2~3.

55. Gerd Althoff, "Saxony and the Elbe Slavs in the tenth century," in The New Cambridge Medieval History, Volume III, 900-1024, p. 279.

56. '루스'가 슬라브 원주민이 '북부 야만족'을 청하여 설립한 것이라는 건국사는 소련-독일 전쟁 직전 스탈린에 의해 감추어졌는데 이는 해당 역사가 슬라브인이 자치가 불가하므로 반드시 게르만인에 의해 통치되어야 한다는 뉘앙스를 주었기 때문이다.

제28장

인도 역사에 내재된
발전 로직

인도는 '상고' 시대조차 확실히 밝혀지지 않았는데 어찌 '중고'시대를 논하겠는가! 인더스강 유역의 고대문명 무역 네트워크는 상당한 수준으로 발전하여 그 영향이 멀리 아라비아반도와 중앙아시아까지 미쳤다. 청동도 수입으로 조달할 수 있어서 굳이 자체적으로 생산할 필요가 없었고 자연히 철기는 더더욱 없었기 때문에 인도만의 독특한 풍격의 '청동 문명'이 형성되었다.[1] 그 밖에도 해당 지역의 유적지에서는 충분한 변별력을 가진 문자가 출토되지 않아 이 기준에 따르면 해당 시기는 '선사 시대'로 편입되어야 한다. 그러함에도 그것은 놀라운 규모의 국제무역 네트워크를 장악하고 있었을 뿐 아니라 가장 선진적인 도시 거주 시스템을 갖추고 있었다. 각 집에 수세식 변기가 있었고 메소포타미아와 이집트를 더한 총면적보다 더 큰 지대에 일괄적인 도시 설계를 적용하여 벽돌의 폭과 두께까지도 섬세하게 통일시켰다. 그러나 고대 인도가 '철기시대'에 들어선 뒤로는 그 판도가 갠지스강 방향의 동쪽으로 이동하면서 물질문명의 수준은 도리어 점점 하락하였고 도시 생활은 쇠퇴하였다. 이로써 북인도의 시대는 도기陶器의 형태를 기준으로 구분하여 명명하게 되었는데 이것은 신석기 시대의 분기법으로 퇴보한 것이나 다름없다! 남인도는 '청동기 시대'를 거치지 않았고, 심지어 세석기 시대에서 바로 '철기시대'로 진입했다는 주장이 있는 것을 보면(제1권 제3장 참조) 자체적으로 하나의 세계를 일군 것으로 보인다. 인도의 고대사를 청동기에서 철기시대의 순서로 정리하면 그런대로 모양은 갖출지는 몰라도 어느 것 하나 제대로 설명할 수 없으니 '초기 역사'라는 개념으로 그 기간을 통칭하는 것도 무방하다. 이 '초기 역사'의 마지막 무대는 응당 베다 시대일 것이다. 문제는 뒤이어 일어난 역사 시대가 과연 '고전시대古典時代'인지의 여부이며, 이 고전시대가 인도 인류사의 '축의 시대'와 같은 기간인지도 의문이다.

제1권 제14장에서는 인류사의 축의 시대가 인도에서 거둔 성과를 논하였다. 그 시대는 베다의 마지막과 불교, 자이나교, 그리고 미래의 부파 철학의 배아를 만들어내었으니 그 지위와 중요성은 중국 선진시대 제자백가와 그리스 현자들에 비견될 만하다. 그러나 축의 시대의 인도는 여전히 문자 이전 상태에 놓여 있었다. 현존하는 인도 최고最古의 글자 계통은 기원전 3세기 아소카왕의 마애 칙령에 등장하는데 이는 브라흐미계 문자의 시조이며 여러 고대문명 가운데서도 가장 늦게 시작된 편이다. 그것은 서아시아의 아람Aramaic 자모에서 발전하여 이미 사라진 페르시아 제국의 표준 아람 공용어를 흡수하였을 가능성이 크다. 이는 그리스 글자가 페니키아 자모를 모태로 발전한 것보다 한참이나 늦은 셈인데 어째서 메소포타미아의 쐐기문자와 이집트 상형문자, 심지어 은허殷墟의 갑골문과 비견되는 것일까? 만일 문자를 기준으로 한다면 인도의 축의 시대도 '선사시대'로 편입되어야 하지만 이는 인더스강 유역의 고대문명을 '선사시대'로 편입하는 것보다 더욱 터무니없는 일이다. 확실한 것은 수준이 높고 깊이 있는 불교 철학도 초기에는 구전과 암송으로 전파되었다는 사실이다. 기원전 4세기 혹은 그보다 이른 시기 문법학의 대가였던 파니니Panini는 산스크리트어를 3,959개의 규칙으로 귀납하였는데 이를 정리한 '저술'조차 문자에 의지하지 않았다. 그러함에도 그는 이미 베다 산스크리트어에서 고전 산스크리트어 사이 과도기를 대표하는 이정표적인 인물이 되었다. 바꿔 말하면 세계 최초의, 가장 정밀하고 가장 체계화한 문법학이 문자 이전 단계에 책으로 엮어졌다는 뜻이다!

인도사의 어느 단계가 '고전 시대'에 해당할까?

로마의 대통일이 그리스의 고전 문명 이후에 이루어졌고 중국 진한秦漢

제국의 대통일도 백가쟁명의 뒤를 이어 실현되었다는 '세계사의 정석'
을 고려하면, 인도에서 이 위대한 역사적 분기점을 탄생시킨 요람은 바
로 마우리아 왕조에 해당할 것이다. 마우리아 왕조는 기원전 322년에
시작되어 서기 185년에 막을 내렸는데 만일 이를 '고대 제국'의 유형으
로 분류한다면 가장 먼저 문을 닫은 왕조 중 하나가 될 것이다. 그러나
만일 본서 제19장에 언급한 계산 기준을 적용한다면 흉노 시대가 아직
전반적으로 다 펼쳐지지 않았고 훗날 '백흉노'에 의해 정말로 매장된 것
은 바로 굽타 제국이 된다. 굽타 제국은 서기 320년에 시작되었는데 당
시 중국은 위진남북조 전기였고 로마는 고대 말기Late Antiquity를 향해 가
고 있었다. 굽타가 서기 550년에 멸망할 때 중국에서는 수隋나라와 당唐
나라 제국이 중고시대의 오랜 분열기를 종식하기 직전이었고 동로마는
비잔틴으로 넘어가는 과도기에 있었다. 그래서 이란이라는 판도를 제
외하면 뜻밖에 인도가 '고대 제국'을 가장 늦게 파장한 제국이 된다. 여
기서는 타지역의 역사 모델을 들어 인도의 역사를 억지로 끼워 맞추지
않으려 한다. 당시 유라시아 대륙에는 이미 4대 제국을 관통하는 문명
사슬(제17장 참조)이 형성되어 있었고 내륙 아시아 역시 '흉노 시대' 아
래 통합되었다. 그렇다면 세계사는 이미 하나의 계산 기준을 가진 셈이
니, 각 역사의 시간적 구간에 존재하는 시차를 반복적으로 조정하다 보
면 동격의 시대를 도출해낼 수 있을 것이다.

　거의 예외 없이 보통, 인도 통사나 세계 통사는 굽타왕조를 '고대'에
포함시키고 후後 굽타는 '중고' 시대의 시작점으로 삼으며 굽타를 인도
사의 '황금시대'로 여긴다. 그렇다면 우리 앞에 놓인 명제는 인도의 축의
시대와 이 '황금시대' 사이의 관계를 어떻게 규정하느냐는 것이다. 황금
시대는 종종 고전古典 시대의 동의어로 여겨지기도 하는데 그렇다면 두
시대 중 어느 것이 더 '고전'적일까? 이를 해결할 방법 중 하나는 마우리

아 왕조와 굽타왕조 사이에 있었던 쿠샨 왕조 또한 계산에 포함시켜 길게는 1천여 년에 달하는 '고전 시대'의 경계를 확정하는 것이다. 쿠샨은 대월지의 정권으로 내륙 아시아 제국의 특성을 가지며 핵심축은 아프가니스탄과 카슈미르 일대였다. 만일 그 시대를 마우리아와 굽타왕조의 전성기 사이에 있었던 '이민족 이주'로 말미암은 함락기로 여긴다면 간다라와 마투라(마투라성)라는 두 세계 문화유산을 '야만'의 시대로 편입시켜야 하는데 이는 이치에 맞지 않는 일이다. 한편 그것들은 헬레니즘의 영향을 받은 불교 예술로, 잘하면 대승불교의 황금시대로 여겨질 수도 있지만, 불교의 훗날 운명은 '탈 인도화'를 통해 오히려 동아시아와 동남아시아의 종교로 바뀌고 만다. 이는 기독교가 본향을 떠나 유럽의 종교로 변모한 것과 같은 맥락이다.

힌두교를 정통으로 삼아 쿠샨 시대를 잠시 괄호 안에 집어넣는다면 고대 베다 사상은 최종적으로 인도철학의 6대 지파로 결집되는데 이는 대체로 굽타 시대에 그 윤곽이 드러나 각각 미맘사Mimamsa와 베단타Vedanta, 삼키아Samkhya, 바이셰시카파Vaisheshika, 니야야Nyāya, 요가Yoga 학파로 나뉜다. 종합적으로 말하면 인도의 축의 시대가 기초적인 토양을 제공했다면 굽타 시대에는 그것을 한 단계 더 계통화하였으니 즉, 파생적 성격을 지니는 셈이다. 훗날 힌두교 철학에서는 베단타 학파의 독주로 샹카라Adi Shankara(788~820)와 라마누자Ramanuja(1017~1137) 등과 같은 대철학가가 탄생하였는데 이들은 중국의 주희朱熹나 서방의 토마스 아퀴나스에 비견되는 등 흡사 '중고시대'적 현상을 보였다.

그러나 과학과 문학 방면에서 굽타 시대는 전무후무한 전성기를 누렸다. 굽타 시대의 천문天文과 역산歷算은 인류 과학 역사상 이정표적인 공헌을 한 분야다. 서로마 제국이 멸망한 476년에 태어난 성사聖使 아리얍하타Āryabhaṭa(476~550년)는 최초로 연年 주기를 정확하게 계산한 수학자이자 천문학자로, 그는 일식과 월식의 원인을 정확하게 풀어냈다. 비록 태양 중심설로 발전시키지는 못했지만 지구가 축을 중심으로 자전한다는 주장도 펼쳤다. 이는 지나치게 시대를 앞선 탓에 훗날 일어나게 되는 인도 천문학 전통의 인정을 받지 못했다.[2] 아리얍하타와 동시대 인물인 와라하미히라Varahamihira(505~587)는 인도 본토와 헬레니즘 천문학의 총람이라고 할 수 있는 『5대 역수 전서 총람Pancha-Siddhantika』을 저술, 삼각법을 발전시켰다. 그 뒤 등장한 브라마굽타Brahmagupta(598~668)는 이미 하르샤 시대에 속한 사람이었다.[3] 그는 628년에 『브라마 역산서Brāhmasphu asiddhānta』를 저술하여 최초로 0과 관련한 계산법 규칙을 제시한 수학자가 되었다. 책에는 정수와 양수, 음수의 계산법, 1차 방정식, 2차 방정식의 계산법이 포함되었다. 인도 과학이 이러한 수준으로 발전하지 않았다면 제25장에서 언급한 이슬람 황금시대 과학연구의 전성기는 도래하지 못했을 것이며 오늘날의 수학 또한 '아라비아 숫자'라는 시스템을 활용하지 못했을 것이다. 이슬람 과학에 헬레니즘의 유산이 더 많이 함축되어 있음은 의심할 여지 없는 사실이지만, 인도 과학에도 헬레니즘의 요소가 존재함을 배제할 수 없다.[4] 그러나 헬레니즘보다는 인도 본토의 전승이 주도적인 요소인 것으로 보인다. 이를테면 '아라비아 숫자' 계통이 최초로 아소카왕의 마애 칙령에 등장한 것을 예로 들 수 있다.[5] 하지만 '0'의 부호가 확실하게 역사 무대에 등장한 것은 876년의 일이다.[6]

한편 논쟁자들은 축의 시대에 가장 뛰어났던 분야는 본래 과학이 아니었다고 말한다. 히브리 선지자 운동은 말할 것도 없고 선진시대 제자백가에도 과학이 없었으며 고전 그리스만 보더라도 과학의 전성기는 그 뒤를 이은 헬레니즘 시대에 맞이했다는 이유에서다. 인도 '황금시대'의 과학은 거의 이슬람 '황금시대'와 기간이 겹치고 둘 다 헬레니즘 과학의 영향을 받았다. 이슬람 문명이 확실히 '중고시대'에 시작된 현상임을 감안하면 굽타 시대는 그것보다는 조금 이른 '상고上古'에서 중고中古로 넘어가는 과도기였다고 할 수 있을까? 그러나 그것은 자기만의 독특한 풍격을 일군 황금시대에 더 가까웠다.

고전 산스크리트어의 황금시대

막다른 곳에서도 길이 열리듯 산스크리트어를 기준으로 할 때 굽타 시대는 파니니가 고전 산스크리트어를 대체했던 시기보다 더욱 산스크리트화하였다. 그것은 굽타 궁정 문화의 적극적인 복고復古이자, 고대 때보다 더욱 '고전'이 보급된 문예 부흥 운동이었다. 이렇게 된 것은 고대 베다가 '천계天啓(하늘로부터 받음)' 산스크리트어를 남긴 뒤 그 뒤를 이은 고전 산스크리트어의 패권이 비교적 늦게 형성되었고 후대에 가서야 받들어졌기 때문이다. 아소카왕의 마애 칙령이 사용한 것은 민간어인 프라크리트어Prakrits로 마우리아 왕조의 발원지인 마가다 방언을 모태로 삼고 다시 각지의 방언으로 반포됨으로써 백성들의 일상에서 일찌감치 세속 통용어로 사용되었다. 아소카왕의 조치가 편의를 위한 것이었든 혹은 산스크리트어를 중시하지 않았든 간에 어쨌든 세속언어의 패권이 산스크리트어에 앞섰다고 말할 수 있다. 부처는 교리를 전파할 때 반드시 마가다 방언을 사용하였는데 간단히 말해 불교의 창시 때부터 브라만 집단의 언어와는 가깝지 않았다고 할 수 있다. 그러나 훗날 파니니의 고전 산스크리트어 문법이 패권을 형성하면서 석가모니 이후의 불도들이 고전 산스크리트어에 의지하였고 그 결과 불교 혼합 산스크리트어Buddhist Hybrid Sanskrit가 탄생하게 되었는데 그것은 불교 세속어화 한 전용 산스크리트어이다.[7]

불교학 연구에서는 중국어, 일본어, 한국어, 티베트어 등으로 된 대장경의 존재 때문에 인도 본토의 불교 혼합 산스크리트어 전적에 대한 연구는 가장 부족하여 상당히 희소한 것으로 변모하였다. 이에 반해 남방 불교의 팔리어 대장경은 국제 불교학 연구의 주류를 이루었다.

사실 팔리어 역시 세속어화 한 산스크리트어임에도 특별한 대우를 받는 것은 고전 산스크리트어와 불교 혼합 산스크리트어 이외에 독자적인 풍격을 이뤘기 때문이다. 사실 팔리어를 포함한 민간어는 모두 중기 인도 아리안어Middle Indo-Aryan Languages에 속하는데 자이나교에 의해 경전어가 된 반半 마가다 세속어Ardhamāgadhī 역시 해당 시기에 편입된다. 불교가 비록 아소카왕 시대에 주류로 성장하였지만 그 교리어는 결국 본토에서 한 작은 종파의 희소한 언어로 전락하고 만 것은 의미심장한 일이다. 이는 오늘날 인도에 유일하게 남은 불교도들이 대다수 '천민'으로 전락한 사실과 맥락을 같이 한다.

돌이켜보면 베다의 '천계 산스크리트어'와 파니니 고전 산스크리트어는 고대에서 한 계통으로 이어져 내려오다가 점차 전역에 보급되어 규범이 되었다. 굽타의 문화 복고 덕에 굽타 시기의 고전 산스크리트어 문학은 오히려 이전 것들을 압도하는 수준에 이르렀다. 베다의 '천계 산스크리트어'는 다시 첨가하는 것이 허용되지 않았고 그 뒤 고전 산스크리트어로 쓰인 종교 문헌은 적지 않은 반면 문예 창작은 전해지는 것이 많지 않았다. 연대가 알려지지 않은 슈드라카Sudraka와 서기 2~3세기의 아슈바고샤Asvaghosha, 바사Bhasa 등이 그 예인데 전성기는 굽타왕조에 이르러서야 시작되었다. '인도의 셰익스피어'라고 불리는 칼리다사Kālidāsa는 5세기에 활약하였는데 그의 거작 『아브히즈냐나 샤쿤탈람Abhijñānaśākuntalam』은 심지어 괴테의 『파우스트』에까지 영감을 주었다. 이 고전 산스크리트어의 희곡은 무대에서의 대화는 도리어 여러 언어로 되어 있다. 높은 계층의 사람들은 하나같이 고전 산스크리트어를 사용하였고 하위 계층의 사람들은 세속어를 사용하였으며 심지어 등급을 나눈 뒤 '불량한 자들' 이 사용하는 전용 언어도 있었다. 문예 수사학에서조차 이 같은 카스트가 존재했음을 보면 굽타 시대의 신 브라만교(힌두교)가 패권을 장악했음을 알 수 있다.

칼리다사도 서사시를 쓸 때는 말기의 고전 산스크리트어를 사용하였다. 굽타 시대 마지막에 만들어진 양대 산스크리트어 서사시인『라마야나Rāmāyaana』와『마하브하라타Mahābhārata』는 초창기의 고전 산스크리트어로 쓰였다. 두 서사시 속 이야기의 핵심은 축의 시대로 거슬러 올라가는데 그것들이 고전 산스크리트어 초기에 안정화되었던 것은 글자의 발명 때문이었다. 훗날 고전 산스크리트어가 변화하였음에도 큰 변동이 없었는데 어쩌면 그것들이 성서聖書로 변천된 것과 관련이 있을 것이다. 이 두 서사시는 인도의 가정에서 대대로 전해질 뿐 아니라 인도화한 동남아에서도 유행하였는데 이는 중화권에서『삼국연의』와『서유기』가 갖는 위상과 비슷한 수준의 영향력을 가진다. 다른 점이 있다면 두 서사시는 성전聖典으로서의 지위도 지녔다는 점이다.[8]

『라마야나』는『마하브하라타』에 앞서 기원전 6세기에서 서기 1세기 사이에 시작되었던 까닭에 '처음 시adikavya'로 추대되기도 한다.[9] 이야기의 주인공 라마Rama는 코살라 왕국Kosala 아요디아Ayodhya 출신으로 축의 시대 인도의 열여섯 웅방雄邦 중 하나였다. 이 영웅전은 왕자의 복국復國에 관한 기록이자 미인을 구하는 영웅전으로 역대 대중문화로서의 주제를 두루 갖추었다. 가가호호 전해졌던 탓에 브라만이 가져와 성서로 재탄생시켰고 라마를 비슈누 신의 열 개 화신avatars 중 하나로 변모시켰다.[10] '라마를 신으로 한 부분은 반드시『라마야나』의 원본에서 제거해야 하며 그 원래의 뜻은 단순히 아요디아의 한 정의로운 국왕의 생애에 불과하다.'[11]『마하브하라타』는 오늘날 인도 국족國族 의식의 경계를 정한 기초 문헌으로 인도 독립 후 나라 이름은 '바라트Bhārat'가 되었다. 그것은 왜곡된 부분이 더 많았는데 브라만이 각종 신화와 사회 습속, 문화 지식, 신학 논저를 집어넣었던 까닭에 이야기의 완전성과 통일성이 손상되었지만, 각종 고대 문헌과 민속자료가 이 국민 서사시 덕분에 다행히 보존될 수 있었다. 이러한 혼합성 때문에 원래 그리스 전설에 나오는 '테베를 공격한 일곱 장군Seven Against Thebes'처럼 두 친족간에 벌어지는 권력 쟁탈의 이야기 구조는 호메로스 서사시『일리아스』분량의 여덟 배로 팽창하여 완독하기 어려운 백과사전이 되었다.

『마하브하라타』역시 비슈누 숭배의 성서가 되었다. 쿠루크세트라 전투Kurukshetra War의 전사 아르주나Arjuna의 전차를 모는 마부이자 비슈누의 또 다른 분신인 크리슈나Krishna는 차마 친족과 교전할 수 없었던 아르주나에게『바가바드 기타Bhagavad Gita』전체를 낭송해 주었고 단독으로 하나의 성서가 되었다. 『마하브하라타』의 핵심은 한 마부(그들은 소리꾼 계급인 수타suta에 속함)가 전투와 전투 사이의 휴식기에 군영에서 널리 불러 알린 영웅들의 사적이다.[12] 이 마부는 이제 비슈누의 화신이 되었고 힌두교에서는 비슈누교의 일파인 크리슈나 숭배로 이어졌다. 바꿔 말하면 수타suta 카스트 출신의 비非 브라만, 원래는 신이 아닌 왕과 전사를 찬양했던 문학이 브라만화 하여 힌두교의 주요 문헌이 된 것이다.[13] 이 서사시는 마찬가지로 인도 세속 문화에 영감을 주는 원천이 되었고 칼리다사의 사쿤탈람이 바로『마하브하라타』에 뿌리를 둔다.[14]

신 브라만교의 안정기

이 때문에 브라만교가 굽타 시대로 확대, 발전하면서 이제는 고대의 베다교가 아닌『라마야나』와『마하브하라타』를 성서로 하는 신 브라만교가 형성되었다. 오늘날 '힌두교'라는 이름으로 그것을 통칭하는 것은 적절치 않지만 어찌할 도리가 없다. 이 신교는 구교의 주신인 인드라, 즉 제석천帝釋天(샤크로 데바남 인드라하)을 비롯해서 바루나Varuna, 미트라 등을, 이름만 있고 기능이 없는 맹장과 같은 신세로 전락시켰고 아그니(불의 신), 소마(술의 신) 등 제사와 직접 관계된 신만 남겼다. 그들은 예로부터 지금까지 제사를 주재하고 보좌했는데 도리어 제사 대상인 주신은 바뀌어서 이제는 대범천大梵天 브라마와 편입천偏入天 비슈누, 대자재천大自在天 시바가 삼주신trimurti이 되었다. 대범천은『베다경』에는 보이지 않기 때문에 고대 성전聖典에 나오는 '창조신Prajapati'에 억지로 갖다 붙였지만, 후자는 두루뭉술한 창조신의 의미를 갖는다. 비슈누는『베다경』에서 나라야나Narayana의 이름으로 조명되는데 나라야나는 '이르지 않는 곳이 없지만' 추상적인 원리라서 베다 신의 계보에서는 그리 중요하지 않다. 비슈누는 다양한 신, 사하스라나마sahasranama이라서 이러한 동등 법칙은 큰 의미가 없다. 시바는 곧 '베다의 주변인'으로『베다경』속의 폭풍우, 수렵, 사망의 신인 루드라Rudra와 동등하게 여겨지며 그 기능은 바람의 신 베이우Vayu와 혼동되기도 한다. 루드라는 베다 시대의 야인이어서 제사 밖으로 배제되었다.[15]

새로운 삼주신 가운데 오직 비슈누와 시바만이 신 힌두교의 양대 주신이 되었는데 그 신도 역시 힌두교를 양대 종파로 나누었으니 대범천종大梵天宗만 홀로 빠졌다. 대범천은 실권을 잃은 명예 이사장처럼 비슈누에게 우롱당했으며 심지어 시바에 의해 효수당하기까지 한다.[16] 힌두교의 제사에서는 반드시 대범천의 이름을 찬양해야 하지만(베다 시대가 남긴 이름뿐인 신도 찬양함) 그를 위한 전용 사원은 거의 없을 뿐 아니라 있더라도 규모가 작은데 가장 아름다운 곳은 오히려 캄보디아의 앙코르와트에 있다. 신 힌두교는 양대 종파를 형성하였는데 우선 굽타 시대에『푸라나Puranas』를 모아 길을 마련하였고, 후 굽타 시대에는 양대 주신의 경건 운동으로 표현되어 오늘날 힌두교의 주요 기조를 형성하였다.

우선 『푸라나』의 성격을 설명하자면 그것은 반드시 다섯 개 주제의 성전聖典을 포함한다. 이는 각각 우주의 창조, 우주의 파괴 및 재건, 천신과 선인의 계보, 인류의 탄생과 각 마누 기간에 대한 서술, 일종日種(태양의 족속)과 월종月種(달의 족속)에 속하는 왕조王朝의 계보이다.[17] 이론상으로는 『푸라나』는 주요 문헌인 「마하푸라나Mahapurana」와 보조 문헌인 「우파푸라나Upapurana」의 두 부분으로 나뉜다. 각 18부로 구성되지만 주요 목록에는 19부가 등장한다.[18] 그중 주로 비슈누를 경배하는 내용은 10부이고 대범천은 5부, 시바는 4부이지만 표면적인 숫자는 오차가 있을 수 있다. 『푸라나』가 높이는 것은 삼주신으로 신화끼리 서로 스며들어 관계가 형성되었지만, 그중에서도 비중이 가장 높은 것은 여전히 비슈누와 시바, 두 신이다.[19] 『푸라나』의 어떤 소재는 베다 시대까지 거슬러 올라갈 수도 있지만, 그것이 최초로 형성된 시기는 굽타 시대이다.[20] 모 학자는 가장 늦게 정형화한 것은 『시바 푸라나』로 1350년까지 지연되지만 집결되기 시작한 것은 굽타 시대부터라고 말한다.[21] 신 힌두교는 사실 '푸라나 브라만교Puranic Brahmanism'라고 불리기도 하는데 그것이 『푸라나』를 대장경으로 삼기 때문이다. 양대 서사시는 과거 일을 기술하는 유형에 따라 '슈퍼 푸라나'라고도 할 수 있다. 특히 없는 것이 없는 『마하바라다』에서 하나의 부록에 불과했던 것이 단독으로 나와 독립된 하나의 『푸라나』가 되었다.

힌두교의 바크티화와 샤크티화

푸라나 브라만교는 7세기 이후 일종의 운동으로 무르익는데 이를 일컬어 '경건'의 뜻을 가진 '바크티bhakti'라고 한다. 그것은 제사를 강조하는 고대 브라만교를 하나의 신, 즉 비슈누나 시바를 열렬히 추종하는 분위기로 바꾸었고 이 때문에 군중 운동으로 발전한 것이다. 그것은 제사장 계급인 브라만이 모든 종교를 통제했던 고대 베다 브라만교와 천양지차였다. 힌두교에 이처럼 큰 변화가 생길 수 있었던 것은 불교와 자이나교의 도전이 있었기 때문인데 그들에게는 하나같이 신도들이 열렬히 추종할만한 구주, 즉 불교는 부처, 자이나교는 대웅大雄이 있었다. 그들을 당해낼 수가 없었던 고대 브라만교는 따로 두 명의 새로운 교주를 만들어내지 않으면 안 되었다. 다행히 '푸라나식'의 서사 경향은 역사적 인물을 신화적 인물과 동질화시켰다. 그러나 인간으로서의 전기밖에 없었음에도 로마 말기 각종 신화로 포장된 신들이 당해내지 못했던 '예수'의 수준에는 이르지 못했다. 역사와 신화가 동질화되자 그들은 비슈누의 아홉 번째 화신을 부처로 정한 뒤 부처가 속세에 내려온 것도 중생(즉, 불교도)이 천신을 부인하고 다른 길로 빠지게끔 미혹하기 위해서라고 했다.

물론 극단파는 예수도 허구라고 주장하기는 하지만 이는 우리가 주목할 부분은 아니다. 여기서 지적하고자 하는 것은 예수의 이야기는 4대「복음서」를 통해 공고해졌고 정통 성서로 인정받지 못한 기타 복음서는 위경偽經 혹은 방경傍經으로 폄하되었으며 무함마드와 제1대 혁명 간부들의 이야기는 『성훈집』을 통해 바뀔 수 없는 교리로 자리 잡았다는 점이다. 반면, 『푸라나』 전통은 현대의 『반지의 제왕』이 3부작 시리즈 이외에도 번외편인 『호빗』을 발표한 것처럼 심지어 원작자가 이미 세상을 떠난 뒤로도 여전히 이 마법 우주를 조종하고 새롭게 생성하곤 한다. 오늘날 특히 만화계는 이미 이러한 마법 세계를 생성하는 거대한 산업으로 발전하였는데 일찍이 고대에 벌써 이 같은 스토리를 소비하는 삶을 살았던 것은 아닌가 생각해 본다. 두말할 것도 없이 『푸라나』는 고대 종교어인 산스크리트어로 쓰였지만 서툰 산스크리트어였으므로 그것들은 양대 서사시에 비할 바가 안 되며 '인도의 셰익스피어'라고 불리는 궁정 문학 또한 논할 것도 없이 오늘날의 저속 소설에 가깝다.[22] 중국인에게 비교적 익숙한 비유를 들자면, 푸라나 힌두교는 중국 중고시대에 일종의 『봉신방封神榜』 계통에 뿌리를 두고 발전한 새로운 종교에 빗댈 수 있다.

여기에 반영된 것은 브라만의 산스크리트화Sanskritization 패권의 추진, 그리고 동시에 이루어진 그것의 희소화다. 비非 아리아 지방의 수많은 전통이 들어와 재포장 끝에 신新 힌두교의 내용으로 변모했다. 민간에서는 대다수 여신을 숭배했으며 특히 드라비다어를 쓰는 남인도에는 여전히 모계 계승의 전통이 남아 있다. 여신은 베다 시대에는 중요하지 않았지만 『푸라나 계통』은 법력이 무한한 여신으로 광범위하게 숭배되는데 가장 중요한 세 명을 꼽자면 삼주신의 배우자를 들 수 있다. 이들은 트리데비Tridevi라고 통칭하며 구체적으로는 대범천의 배우자 사라스바티Saraswati, 비슈누의 배우자 락슈미Lakshmi, 시바의 배우자 파르바티Parvati이다. 이 여성신들의 신력을 일컬어 '샤크티Shakti'라고 한다. 그녀들이 주신의 배우자로 여겨진 것은 산스크리트화에 의한 것이며 사실 각자 자기만의 숭배가 있어서 사라스바티의 인기는 대범천을 넘어섰다. 시바의 '샤크티'인 파르바티가 죽음의 여신인 칼리Kālī로 변하였을 때 시바가 그녀의 발아래 짓밟히기도 했다. 그녀는 또한 대모신인 두르가Durga로서 인류가 심리적으로 기대야 하는 모친이지만 그녀에게는 무시무시한 파괴 본능이 있어서 '접근하기 어려운 모친'으로 불리기도 한다. 신 힌두교에서는 샤크티다르마Shaktidharma가 비누슈와 시바 숭배 이외의 제3의 종파가 되었다. 그것은 대모신만이 최고의 범梵이며 시바는 그녀에게 하나의 남성상이자 '샤크티다르마'가 수렴될 때 보이는 정적靜的인 형태에 불과하다. 표면적으로는 경건 운동이 비슈누와 시바의 양대 분파만 있는 것처럼 보이는데 이는 샤크티교가 한쪽 발은 경건 운동에 담근 채 다른 쪽

발로는 '탄트라Tantra', 곧 밀교密敎라는 새로운 방향을 향해 전진했기 때문이다. 데비Devi(여신) 숭배 경전기의 굽타 시대는 또한 밀교의 맹아기이기도 했다.[23]

카스트 네트워크의 정밀화

고대 베다의 제사형 종교를 교주형 종교로 전환한 것이, 브라만이 불교와 자이나교 등 외부 종교의 도전에 대응하며 보인 유일한 반응은 아니다. 불교의 비구중比丘衆은 기본적으로 세속법과 카스트법에서 벗어나 있었기 때문에 그들을 그대로 둔다는 것은 그들에게는 가당치 않은 일이었다. 이처럼 속세의 책임이나 사회적 의무로부터의 도피하려는 움직임은 중국 역사에서는 '삼무멸불三武滅佛(북위의 태무제와 북주 무제, 당나라 무종이 펼친 멸불 정책)'을 야기하였고 티베트 역사에서는 랑다르마Langdarma의 멸불 조치를 초래했다. 중국은 비구중이 국가의 부역 의무를 저버린 탓에 나라의 자원이 축소되고 가족 인륜과 혈통 전수의 대업이 어그러졌다고 봤다. 토번 제국에서는 그들이 특권을 행사하여 백성을 힘들게 했다. 고대 인도 브라만에게 있어서 이들은 브라만을 공양하지 않을 뿐 아니라 오히려 대접을 받으려고만 하는 존재로, 일단 불교에 입문하면 카스트 법의 족쇄를 벗어나게 되니 카스트 법을 우주법의 일환으로 여기는 그들에게 이는 무척 심각한 상황이 아닐 수 없었다.

브라만교는 신교나 구교를 막론하고 신화보다 더욱 중요한 것이 생활을 지배하는 신성한 법규라고 봤으므로 이 방면에서도 법경의 전통을 형성하였다. 가장 권위 있는 것은 『마누 법경Manusmrti』이다. 이는 기원전 2세기~서기 2세기, 마우리아 왕조의 패망과 굽타왕조의 굴기 사이의 중간 시점에 형성되었으며 불교 등 외부 종교의 우위에 대해 브라만이 보인 대응의 일환으로 볼 수 있다. 그것은 우선 4대 카스트제도caturvarnya

와 '다르마dharma(진리, 법)'를 따라 점진하는 인생의 4단계asramas를 계통화하고 상호 연결했다. 그것은 '출가出家'를 '다르마'가 정한 인생 4단계의 마지막 단계로 집어넣어, 학습기brahmacarya, 가정생활기grhastha, 은둔기vanaprastha, 출가유랑기sanyasa로 이어지게 했고 연령을 70세로 정하였다.[24] 해당 나이가 되면 지속적인 브라만 공양이 힘겨워지고 혈통과 대를 잇는 일도 적절한 시기를 놓쳤으니 이제 힘을 다 소진한 찌꺼기 같은 상태가 된다. 이제 그는 집집을 다니며 걸식하여 공양의 의무가 있는 가족의 수고를 덜어주게 되니, 어쨌든 그는 세속의 법 밖에 몸을 둔 셈이다. 이러한 최후의 '가석방'은 마치 평생 감금되었다가 임종을 맞아 병보석을 받아 풀려난 것과 같은 상황이라고 하겠다.

어쨌든 『마누 법경』을 통해 고대 불교 승려 제도에 의한 카스트제도의 붕괴는 막아낼 수 있었다. 고대의 마우리아 왕조는 불교를 주로 삼고 브라만교를 부수적으로 따랐기 때문에 불교 승려에게는 황금시대였지만 굽타왕조에 이르면 반대로 브라만교가 주류가 되고 불교는 보조적 수단이 되어 상황이 역전된다. 굽타 시대부터 불교 입문으로 카스트 법을 '집단 도피'하려는 시도는 사라지기 시작했다. 이는 불교 자체가 인도에서 점차 사라졌기 때문이다. 그러나 불교는 인도 밖으로 나가 세계적인 종교로 성장하게 된다.

인도 카스트 제도의 형성 요인은 복잡하지만 이론의 기초는 종교이며 그 논리는 무척 단순하다. 즉, '영적인' 것을 추구하면 높은 등급이 되고 '육적인' 것에 치우치면 '낮은 등급'이 되는 식으로, 베다의 가치 평가 준칙이다. 베다의 사유 세계를 보면 로마 제국 말기에 '물질세계는 감옥이자 장애물이어서 사람은 반드시 육체를 극복해야만 우주의 정신과 합치할 수 있다'라고 주장한 그노시스파Gnostics가 떠오른다. 베다에는 이미 인체의 액체는 모두 불결하다는 사상이 등장하여 『마이트리 우파니샤드Maitri Upanishad』에서는 이런 질문이 나온다. "선생님, 이렇게 악취가 나고 연약한 몸, 단지 뼈, 피부, 근육, 골수, 살, 정액, 피, 점액, 눈물, 침, 똥, 오줌, 방귀, 담즙, 가래의 혼합물 속에서 일어나는 욕망을 채우는 것이 무엇이 이롭겠습니까? 이 육체 속에서 욕망, 분노, 탐욕, 망상, 공포, 낙담, 질투, 사랑하는 이와의 이별, 원수와의 만남, 배고픔, 갈증, 늙음, 죽음, 질병, 슬픔 등으로 시달리는데 욕망을 채운다는 것이 무슨 소용이 있겠습니까?"[25]

물은 본래 오염의 근원이므로 물로 익힌 음식 또한 카스트가 정한 범주를 넘어서서 공유될 수 없었다.[26] 『마누 법경』은 창조주의 창세 과정을 서술하였는데 우선 그의 몸에서 청명한 에테르를 발산하면 그 에테르에서 '오염되지 않은 강인한 바람'이 나오고 바람에서 만물을 밝게 비추고 어둠을 물리치는 빛이 나왔으며 빛에서 '맛'을 가진 물이 나오고 물에서는 '냄새'를 가진 흙이 나왔는데 흙이 바로 '속세'다.[27] 여기서부터 무릇 모태의 양수에 잠겨 출생하는 모든 정결하지 않은 것들이 파생되므로 반드시 종교의식인 '재생'을 거쳐야 한다는 것이 기본적인 교리이다. 그러나 『마누 법경』이 구분한 4대 카스트에 따르면 오직 브라만과 크샤트리아, 바이샤의 세 계급만이 '재생' 의식을 통해 '드비자dvija(재생족)'가 될 수 있다. 네 번째 계급인 수드라는 '재생'의 자격이 없는데 여기에는 그들이 육체, 즉, 동물적인 생명만 있어 정신계와는 무관하다는 의미가 함축되어 있다. 수드라 인생은 또한 인생의 4단계를 따를 수 없어서 그저 '가정생활기grhastha'에만 머물러 있어야 하며 부녀자들도 마찬가지였다.[28] 힌두교에서 카스트법과 인생 주기법은 서로 연결되어 있다.

『마누 법경』에는 브라만 반격기의 가장 반동적인 사유 세계가 드러나 있다. 이론상으로는 상위 세 계급의 카스트만 '드비자(재생족)'로 못박았으므로 이치대로라면 바이샤(농상공인 등) 또한 『베다경』을 낭송하고 인생 4단계의 종교 권리를 따를 종교적 권리가 있었다. 그러나『마누법경』은 제1카스트와 제2카스트를 한 부류로 편입하고 바이샤와 수드라(하인, 노예 등)를 다른 부류로 묶었다.[29] 나중에는 비교적 부차적인『다르마수트라法經(법경)』가 점차 바이샤에게 양보하는 모습을 보임으로써 인도 사회의 발전하는 양상이 반영되었지만, 이는 단지 차별대우를 줄이는 방향으로 진행되었을 뿐이다.

그러나 여기에는 이미 '오염'이 처음 바이샤에서 시작한 뒤 아래로 '천민화' 순서에 따라 심화되다가 결국 '불가촉untouchable' 범위의 마지노선 계급까지 하락한다는 의미가 함축되어 있다. 그 범주는『마누 법경』에는 명시화되어 있지 않지만 분류를 보면 제1카스트, 제2카스트 아래의 사람은 모두 수드라화하여 '재생 불가ekajati'하다고 여긴다. 하인은 반드시 익힌 음식을 치워 쓰레기를 버림으로써 주인의 삶을 깨끗하게 하지만 그 때문에 자기 자신은 도리어 불결해진다. 주인은 계급이 낮은 '불가촉' 집단과는 어느 정도 거리를 두지만 여전히 서비스를 받기 위해서는 어느 정도 하인과 접촉해야 한다. 그러나 일부는 누구와도 접촉하고 싶지 않아 하는데(심지어 바라보는 것만으로도 눈을 오염시킨다고 생각함), 설령 그들이 하는 서비스업, 이를테면 시체를 처리하는 일 등이 사회생활에 필수적인 일이라고 해도 이들은 접근하면 안 되는 사람이 되었다.

농업, 공업, 상업 종사자는 일반적으로 바이샤지만 이미 불결함의 정도에 따라 계급의 높낮이를 나누었기 때문에 낮은 계급이 설령 바이샤의 위치에 있다고 하더라도 마찬가지로 수드라화될 수 있다. 수공업 장인이라고 하더라도 금은金銀 세공에 종사하면 지위는 가장 높고 피혁공과 제화공은 동물의 가죽 등 불결한 물질을 접촉하므로 천민화한다. 이발공은 오늘날 남인도에서 천민에 속하지만 북인도에서는 그렇지 않다. 방직공이 구자라트 지방에서 천민으로 여겨지게 된 원인은 불명확하다. 목축인에 관해서는 목축 대상에 따라 등급과 순서가 달라진다. 서인도에서는 낙타의 등급이 가장 높고 물소가 다음이며 양이 가장 낮은 등급이다.[30] 대개 정결한 사람이 키우는 돼지와 개가 이들 짐승보다 계급이 낮을 수는 없다.[31] 그것들은 동물계의 천민으로 하나같이 전생의 잘못으로 현생에서 저급한 생명의 형태로 환생한 경우다.

천민화는 천한 업종의 종사자에게만 한정되는 것이 아니라 사회적으로 주변화된 사람, 즉 도시화하지 않은 야인이나 외국인 등에도 적용되었다. 후자는 플레차Mleccha라고 일컫는데 '비非 베다'라는 뜻으로 한때 고대의 외국 침략자를 통칭하는 말로 사용되기도 했다. 외국인의 경우는 그들의 문화를 따질 필요도 없이, 음식 습관부터 판이해서 불결함을 피할 수가 없기 때문이다. 그들은 분명히 '재생 의식'이 무엇인지 알지도 못할 것이며 규범적 단계를 거치지 않은 인생은 짐승과도 같아서 『마누 법경』에서는 그들을 수드라로 편입시켰다.

『마누 법경』은 4대 카스트를 거듭 천명할 뿐 다섯 번째 명목을 창조해내지 못했다. 왜냐면 4대 카스트는 원시 인류인 푸루샤Purusha의 신체 네 부분에서 유래했고 이미 『리그베다』에서 그 범주를 고정했기 때문이다. 수드라보다 더 낮아 카스트에조차 포함되지 못하는 사람은 '아웃 카스트outcasts'라고 하여 은둔자가 되었다.[32] 마누의 카스트 제도는 '바르나varna', 즉 '색色'이라고 한다. 브라만은 백색이고 크샤트리아는 홍색이며 바이샤는 황색이다. '재생' 될 수 없는 바이샤도 여전히 색은 있지만 흑색에 해당한다. '불가촉 천민'은 무색이다. 굽타 시대 이후 집대성한 부차적 법경은 한편 바이샤의 지위를 높여 그들이 '재생족'의 일원임을 긍정하였으나 다른 한편으로는 심지어 수드라에게조차 멸시받는 칸델라Candela나 시바 파카스Shva-Pakas(개를 먹는 자) 등과 선을 그어 '불가촉 천민'의 범주를 법으로 규정했다. 그들은 규정에 따라 반드시 마을 밖에

서 살아야 했고 발에 방울을 달아 행인이 접근하지 못하도록 경고해야
했으니 흡사 유럽 중고시대의 나병 환자와 같은 처지였다. 시바 파카스
는 그 이름처럼 개를 먹는 자이고 칸델라는 무연고자나 사형수의 시체
를 운반하는 작업자이다. 그러한 이들조차 가까이 하지 않는 사람이 있
었으니 그들은 바로 화장터의 작업자로 시체를 처리하는 '안티아바사인
Antyavasayin'이었다. 수드라는 재산을 보유할 수 있었지만, 천민 중에서도
천민인 이들은 대단히 가난하여 오직 더러운 개나 노새의 무리와 동등
하게 여겨졌다.[33]

인도 문명은 베다의 카스트 사상을 근간 삼아 기반을 잡았고, 베다
는 곧 철학가를 '플라톤화'한 수정水晶 이념계를 사회 제도에 접목하였
지만 끝내는 악몽이 되어 산산이 부서지고 말았다. 그것은 육체를 악취
나는 가죽으로 보고 체액은 정결하지 않은 찌꺼기라고 봤으며 피부와
모발 역시 불결하다고 여겼다. 이처럼 인간 세상에 머물면서도 극단적
으로 인간 세상을 멸시하는 태도는 현세 도피와 고행, 금욕을 독려하였
다. 인도에서 흔히 볼 수 있는 요가술은 고행자가 마음을 수련하여 육체
를 이기는 비법으로 호흡을 느리게 하여 잠시 멈추는 상태까지 접근하
면 심장과 같은 불수의근조차 잠시 멈추는 경지에 이를 수 있다. 이것을
사회 조직의 원리에 적용한다면 속세의 익힌 음식을 먹지 않는 수행자
이외에 스스로 물질세계를 벗어날 수 없는 사람을 반드시 낮은 등급의
카스트로 끌어내려야 하지만 근근이 생계를 이어가는 노동자들이 어찌
'초탈'할 수 있겠는가?

카스트 제도 내용의 궤변

불교와 자이나교가 브라만을 향한 공세를 펼치기 전까지만 해도 고대
브라만은 육식을 금하지 않았다. 환環 베다 시대의 『백 가지 경로의 브

라흐마나ᵣSatapathabrahmana』에서도 '불의 신 아그니는 수풀의 나무를 먹고 살고 바람의 신 바유Vāyu는 모든 하천을 음식으로 삼으며 태양 아디트야 Aditya는 달을 먹고 사람은 소를 음식 삼는다.'라는 말이 나온다. 초기 베다 는 다윈 적자생존 법칙의 베다판이라고 할 수 있는 '물고기 세계의 정의 matsyanyaya', 즉 큰 물고기가 작은 물고기를 잡아먹는다는 이치를 신봉했 고 심지어 얼마 뒤『마누 법경』에는 여전히 태고의 유음遺音, 즉 움직이 지 않는 것은 동물에게 먹히고 날카로운 이가 없는 것은 날카로운 이 가 진 이에게 먹히며 손이 없는 것이 손이 있는 이에게 먹히고 겁쟁이는 용 감한 자에게 잡아 먹힌다는 내용이 남아 있다. 이를 통해 유추해 보면 통 치 계급 브라만과 크샤트리아는 노동계급이 먹여 살리고(맹자가 '마음을 수고롭게 하는 자는 남을 다스리고, 몸을 수고롭게 하는 자는 남의 다스림을 받는 다. 남의 다스림을 받는 자는 남을 먹여 살리고, 남을 다스리는 자는 남에게 얻어먹 는다'라고 한 말과 같은 맥락) 부부 사이에는 남편이 얻어먹는 자이고 부인 은 먹여 살리는 자가 됨을 알 수 있다.³⁴

인류를 생물계에 빗댄 '물고기 세계의 정의'는 차치하고 설령 불교 와 자이나교의 도전이 없었다고 하더라도 브라만 자체는 이미 안정적이 지 않았기 때문에 도전자가 나타나기 전에 이미『우파니샤드』에 채식에 관한 주장이 등장하였다. 불교, 자이나교의 양 종교의 브라만 비판은 브 라만 내부의 문젯거리가 객관적이고 외재적인 메가폰 같은 수단을 통해 그들의 귀에 전달된 것뿐이다. 불교와 자이나교의 '중생 제도' '비폭력' 이라는 관념 또한 같은 경로로 나왔다. 기독교는 박애가 없는가? 유교에 는 인애가 없는가? 그들에게 '살생 금지'라는 규율이 있었던 적이 있는 가? 이는 그들에게 인도와 같은 업보관이 부족했기 때문이다.『브라흐 마나』는 현세에서 내가 먹는 것이 다른 생에서 먹히는 대상이 되는 보응 법칙이 적용된다고 말한다. '현세에서 인류가 소를 먹으면 또 다른 생에서 소가 사람을 먹는 이치다.'[35] 윤회의 교리는 사람을 더욱 두렵게 하는데 당신에게 먹힌 동물이 당신의 조상이었을 가능성도 있기 때문이다.

브라만이 승려의 출가법을 없애고 불교와 자이나교가 '살생 금지'를 통해 희생 제사를 막은 상황에서, 브라만이 문제 원인 해결에 나서지 않을 이유는 없었다. 이 때문에 그들 또한 채식에 주력하였고 여기서 더 나아가 채식과 육식 여부로 카스트 계급의 높낮이를 정하였다. 바꿔 말하면 수정된 브라만교는 '살생 금지'를 기본 교리에 포함시켰고 이로써 카스트의 계급 기준이 한층 더 복잡해졌으며 채식이든 육식이든 사람의 '천민화'를 정당화시키는 이유는 더 늘었으면 늘었지 결코 줄지 않았다. 이와 같은 교리의 변용과 궤변을 통해 백정(도축업자)과 망나니(사형집행인)는 천민이 되었고 베다 시대에는 소고기를 먹을 수 있었지만 이제는 소를 먹는 자는 천민으로 규정되었다. 심지어 음식 습관을 통해 천민을 가르는 것이 익숙해질 지경에 이르렀다. 앞서 서술한 사바 파카스Shva-Pakas(개를 먹는 자)도 개가 시체부터 대소변까지 가리지 않고 먹기 때문에 개를 먹는 사람도 자연히 모든 더러운 것들을 먹는 사람이 된 경우다.[36] 힌두교의 소규모 종파에 속하긴 했지만 채식으로 전향한 종파는 분리되어 나간 뒤 더 높은 카스트로 올라갔다.[37] 문제는 마실 것과 먹을 것을 스스로 선택할 수 없는 경우 혹은 수렵이나 어렵 말고는 생계를 유지할 수 없는 부락민까지 천민으로 전락했다는 데 있다. 이 때문에 사냥꾼과 어부는 '니샤다Nishada'가 되었다.

모 브라만 종파의 가정 제사grhyasutras에는 베다 전통에는 근거가 없는 속죄의식prayascittas이 추가되어 집에서 부뚜막이나 맷돌, 비, 키를 사용하다가 혹시라도 죽였을지도 모를 작은 생물들에 대해서 속죄하기도 한다.[38] 이에 대해서는 '살생 금지'를 극단적으로 파생시킨 자이나교에서 단서를 찾을 수 있다. 자이나교의 교리를 엄격하게 집행한다면 사람은 의자에도 앉을 수도, 걸을 수도, 옷을 입을 수도 없게 되는데 만일 그렇게 하면 미생물을 무한대로 살생하는 것이기 때문이다. 이러한 교리가 계속 전파되어 완전히 없어지지 않는다면 신도들은 기껏해야 옷을 조심스럽게 입거나 아예 옷을 입지 않아야 하고(실제로 자이나교에는 나체로 지내는 천의파도 있음) 길을 걸을 때도 부드러운 비를 사용하여 앞을 살살 쓸면서 지나가야 했을 것이다. 채식은 두말할 필요도 없고 뿌리 식물, 이를테면 파와 마늘을 먹지 않으며 해가 진 뒤에는 음식을 섭취하지 않음으로써 벌레가 입속으로 들어가 살생하게 되는 불행한 상황을 피하는 방법도 터득해야 했다.[39]

이는 브라만교 중 자이나교에 해당하는 극단적 사례인데, 그 외의 또 다른 극단의 예는 '오직 관리들에게는 제멋대로 행동하는 것이 허용된다'라는 조항이다. 크샤트리아는 전사戰士로 반드시 육식을 해야 했는데 이는 브라만의 덕이 '정결함sattva'에 있는 것과는 달리 그들의 덕이 '힘rajas'에 있었기 때문이다. 사회 하층민의 기준이 '탁함tamas'이었지만, 그들이 먹는 음식이 무엇인지는 따질 필요가 없어졌다. 이리하여 채식과 육식을 기준으로 귀천을 가른다는 기준은 오직 통치자와 하층민 사이의 중간 계층에 활용되었는데(브라만은 의심할 여지 없이 그들이 장악했던 글자와 글에서 스스로를 '제1카스트'라고 정의했다) 사실상 국왕 아래에서 임관이 이루어지므로 중간 계층의 머리가 되는 셈이다.[40] '오직 관리들만 제멋대로 하는 것이 허용된다'라는 조항은 자연히 신도 포함되었다. 『마누 법경』에서는 '제사를 드리기 위한 살생은 살생이 아니다.'라고 했다.[41] 바꿔 말하면 브라만은 제사를 하지 않으면 실업자가 되므로 이전처럼 제사를 집행하였다는 뜻이다. 그러나 베다 시대에는 사람이 소를 먹어도 소가죽을 걸치고 제사를 지내면 다른 생에서 소에게 잡아먹히지 않을 수 있다고 여겼다.[42] 이제는 이처럼 스스로 마음을 편하게 하는 변통은 사라졌고 채식 습관을 기르는 것을 출구로 삼았다. 동물계에서는 오직 풀만 먹는 소가 가장 존귀하고 대소변까지 모두 먹는 개가 가장 천하다면 신계에서는 채식하는 신이 육식하는 신보다 더 정결하고 등급이 높다.[43] 그러나 이렇게 해오다 보니 '제사를 위한 살생은 살생이 아니다'와 같은 황당한 말도 생겨났다.

역설적이게도 불교와 자이나교의 '살생 금지'는 도리어 그들을 힌두교와 공범이 되게 했다. 문제는 한쪽에서는 '중생 평등'을 주장하면서 다른 한쪽으로는 옛 신앙의 육도윤회관六道輪回觀을 고수하니 스스로 모순이 된 셈이다. '육도六道'는 높고 낮음, 귀천, 선악의 구분이 있는 것이다 (또한 귀천을 선악과 동등하게 여김). 그야말로 카스트 제도를 우주 전체에 투영시켰기 때문에 사람이 그 그물망 안에 있는 이상 존비와 귀천을 벗어날 수 없으며(전생에 쌓은 업보 때문임) 이는 장자가 말한 '어떤 사물도 그렇지 않은 것이 없으며 어떤 사물도 불가한 것이 없다無物不然, 無物不可'라는 제물론은 아니다. 그것은 심지어 잘못된 먹이사슬의 관점 위에 세워졌다. 사람은 만물의 영장이지만 먹이사슬의 정상부는 아니다. '우리는 다른 생물을 먹고 다른 생물에게 먹히기도 한다. 우리의 신체는 사실 매 순간 병균이 침투하고 사후에는 시체 벌레들의 대형 만찬장이 된다.' 자연계의 법칙은 "하늘과 땅은 어질지 않아 만물을 짚 강아지처럼 여긴다天地不仁, 以萬物爲芻狗"라고 한 노자의 말과도 같다. 여기에서 살생 금지가 어디 쓸모가 있겠는가? 이룸과 훼멸의 구분도 없이 고르게 되어 장자가 말한 소위 '모든 사물은 성립과 파괴를 막론하고 도에 의해 다시 통해서 하나가 되는凡物無成與毁, 復通爲一' 상태이다. 우리의 시체는 분해되고 그 구성 성분인 원소도 대자연으로 돌아가니 이는 자원 회수의 과정일 뿐이고, 다른 생물 또한 나에게 먹히게 되니 이 또한 천연자원의 순환과정일 뿐이다.[44] 이런 까닭에 부단히 '살생'하는 것이 자연계이고 설령 당신의 '수명이 다하게' 되어도 최후에는 정해진 대로 사형이 집행된다. 만물이 영원히 그곳에 쌓이기만 할 뿐 자원이 회수되지 않는다면 그것이 어찌 자연계라고 할 수 있겠는가?

인도 법상계의 종교 역시 우주 법칙을 논하지만 생명을 해치는 것은 '업(죄)'을 만드는 것이라고 봤다. 그리고 이로써 또 다른 인과 법칙을 만들어내었는데 그것은 '업(죄)'의 윤회 법칙이 자연계의 회수 법칙을 대신하여 끊임없이 작용한다는 것이다. 그러나 자연법을 어떻게 수정하든 일단 '속세'에 적용하면 야만성이 드러나게 되는데 이는 '살생 금지'에서 출발한 사유가 채식을 '비폭력'으로, 고기 먹는 것을 '폭력'으로 동등시한 결과이다. 즉, 오늘날 힌두교도가 육식하는 비 힌두교인에게 빈번하게 종족 폭력을 가하는 상황에서 인도 경내의 무슬림(극악무도하게도 소고기를 먹는 자)은 맨 먼저 공격을 받는 대상이 되었고, 충분히 힌두교화 하지 않은 일부 부락민도 그 재앙에서 벗어날 수 없었다. 인도 정부도 최근 들어 천민과 부락민에 대한 폭행을 금지하는 법Scheduled Castes and Tribes(Prevention of Atrocities) Act(1989)을 통과시켜야만 했다. 만일 불교를 힌두교와 공범이라고 한다면 지나치게 가혹하긴 하지만[45] 어떤 의미에서는 불교가 인도에서 사라진 것이 아니라, 힌두교는 불교라는 옷을 뒤집어 입은 것에 불과할 수도 있다.

카스트화의 통제 불능

『마누 법경』속의 이상이 바로 인도(특히 오늘날 인도) 사회의 모습이라고 여기는 것은 완전히 틀린 관점이다. 우선 모든 사람이 카스트 제도를 따르는 것이 아니어서, 데칸고원 동부에 흩어져 있고 북부 인도 유럽과 남방의 드라비다 양대 어족 사이에 끼어 있는 남아시아 어족의 사회 조직은 카스트 제도를 채택하지 않았으며 남방불교Southern Buddhism를 믿는 스리랑카의 신할라족도 카스트 제도를 외면하였다. 그 밖에 불교와 자이나교, 그리고 고대 페르시아 조로아스터교의 인도 내 파르시Parsi는 다 힌두교와 어긋났다. 그러나 그들이 카스트 제도를 실행하지 않은 것과 인도 사회에 카스트가 받아들여졌는지 여부는 서로 별개의 일이다.

2006년의 통계에 따르면 정부에 의해 특별 보호를 받아야 하는 '지정 카스트Scheduled Castes' '지정 부족Scheduled Tribes' '기타 후진 계층Other Backward Classes'으로 분류된 사람 중, 불교도는 지정 카스트의 89%를 차지하였고 기독교는 지정 부족에서 3분의 1을 점하였으며 이슬람교는 기타 후진 계층에서 3분의 1을 차지하였다. 반드시 정부 보호를 받아야 하는 이들은 곧, 주류 사회에 의해 '천민화'한 이들이다. 그러나 힌두교 자체에서는 대부분 이 세 부류에 편입되었으며 '정결洁净'한 자에 속한 이들은 겨우 26%에 불과했다.[46] 2011년의 통계에 따르면 '지정 카스트'와 '지정 부족'을 합하면 인구 전체의 4분의 1을 넘어선다고 한다.[47] '지정 부족'은 대체로 인도 문화에 흡수되지 않은 원주민을 가리키는 말로 사용되고 '지정 카스트'는 대개 힌두교의 천민에 해당하며 '기타 후진 계층'은 기존의 수드라 계층에 해당하는데 만일 노동자 계급을 가리킨다면 인구의 대다수가 해당할 것이다.

1950년의 인도 헌법령은 1108개의 카스트를 열거하였는데 정도에 차이가 있는 천민이었다.[48] '천민'은 다른 역사 시대와 지방에도 존재했다. 유럽의 프랑스와 스페인이 교차하는 지점인 카고Cagots와 일본의 케가레Kegare, 그리고 예멘의 아크담Al-Akhdam이 그 예다. 그러나 그 명칭이 단순하고 수가 적어 오직 전문가만이 알 수 있다. 그렇다면 인도는 어떠할까? 인도 천민의 규모는 인구의 4분의 1에 이르기까지 팽창하였다. 만일 '기타 후진 계층'의 일반 노동자까지 포함하시키면 인구의 절대 대다수가 해당할 것이다. 오로지 천민 카스트만 따져도 부문별로 천 가지 이상에 달한다. 인도의 사례는 비교 사회학적 시도로도 일률화 할 수 없으므로 반드시 세계 역사 속에서 하나의 특별한 사안으로 다뤄져야 한다.

인도에서는 수천 종에 달하는 카스트를 '자티jati'라고 하며 이는 『마누 법경』에 나오는 4대 '바르나varna'가 아니다. 후자는 전통 중국의 사농공상土農工商(선비, 농부, 공장, 상인)과 같은 통칭으로 '지정'이라는 법률적 명목도 없고 사회학의 범주도 아니었으니 역사적 관점은 더더욱 제공하지 못한다. 『마누 법경』은 이미 경전의 4대 카스트 이외에 다양한 유형에 주목하여, 그것들 대신 허구의 계보와 역사를 만들어냈다. 카스트의 경계선을 넘어 이루어진 통혼이라는 한 가지 요인만 가지고 그들의 유래를 해석한다면 그들이 모두 '불가촉 천민'인 것은 아니다. 이를테면 브라만과 크샤트리아 사이에서 태어난 이는 곧 마부나 서사시 소리꾼 '수타'이다.[49] 그러나 천민 '니샤다'는 어렵을 생계로 하는 부락민으로, 그들이 브라만 남성과 수드라 여성 사이에서 태어난 잡종이라는 것은 다만 『마누 법경』에서 편의상 그들에게 순위를 매긴 것일 뿐, 목적은 카스트의 경계와 범주를 엄격히 하는 데 있지, 역사적 근원을 밝히려는 것이 아니다. 카스트 경계를 초월한 '비非 경전'적 혼인을 통해 난 자손은 모두 강등될 뿐 계급이 상향될 수는 없었다. 설령 강등된다고 하더라도 양친 가운데 더 천한 쪽으로 떨어지면 그만이지만 실상은 그렇지 않았고 몇 등급이 강등되는지조차 정확하게 말할 수 없었다. 이로 말미암아 새로운 '비 경전적' 기형이 파생되었고 이들 별종이 또 다른 '비 경전적' 별종과 혼인하기라도 하면 이 천민의 분류학은 기하급수, 심지어 무한대로 팽창된다.

경전의 미궁

이러한 무한하고 번잡한 사유 경향은 어디선가 본듯한데 불경의 무한함은 이미 사람들에게 비슷한 인상을 남겼다. 기독교와 이슬람은 하나의 성경만 있지만 불교의 경전은『대장경』이다. 물론 이슬람교는『코란』말고도『성훈집hadith』이 있고 기독교도『성경』이외에『초기 교부학 대전 Patrologiae Cursus Completus』이 있다. 그러나『성훈집hadith』에 수록된 내용은 대부분 선지자와 그 동료의 살아생전 언행에 관한 단편으로, 책으로 집대성한 뒤에는 이야기를 재창조하거나 편집할 수 없었으며 하늘이 내린『코란』과도 동일시할 수 없었기 때문에 성경으로 치지 않으며 오히려 법학에서의 판례집과 유사하게 여겨진다. 기독교의『초기 교부학 대전』은 불교의『논장論藏』과 유사하여 19세기부터 집대성되기 시작, 이미 성인들의 가르침을 연구하는 사료가 되었다. 원시 불교는 천신론天神論으로 계시 종교天啓宗教(신의 계시를 인정하고 그것에 기반을 두는 종교)가 아닌 까닭에 신의 계시가 부족하고 전체적으로 교리가 끝없이 반복하여 서술되는 듯하다. 한편『대장경』은 의례와 계율을 포함한 까닭에 삼장三藏[50]을 완전히 갖추어 그 삼장 전체의 지위는 타 종교의 성경에 해당한다.

『대장경』은 경經, 율律, 논論의 세 가지 큰 부분으로 나뉘는데 그 전문용어와 벽자僻字의 방대함으로 교리가 묻히는 바람에 힌두교에 비해서 지나치게 격식을 차린 면이 있다. 힌두교는 신의 계시로 이루어진 스루티sruti가 의심할 여지 없이 최정상의 지위를 차지한 것 말고는, 그다음 등급인 스므리티smrti부터 그 계통이 다소 미궁에 빠지는 경향이 있다. 본래 스루티는『베다』의 본집本集인 삼히타samhita의 일부, 즉 성가를 지칭했으나『브라흐마나』『아라냐카』『우파니샤드』등 환 베다권의 모든 단계도 베다 산스크리트어로 쓴 것이라서 마찬가지로 기초 문헌 단계로 편입되었는데 뒤늦게 일어난 고전 산스크리터어 '스므리티'보다 더욱 고풍스럽다. 이 회색 지대가 바로 그 뒤 경문의 미궁이 시작되는 기원이다. 일반적으로는 스므리티에서 시작해서 수트라 등급으로 들어가야 하는데

'수트라'는 불교에서 삼장 중의 『경장經藏』으로 '신의 계시'가 없는 불전 가운데서는 정상급에 속한다.[51] 그러나 힌두교에서 '수트라'는 예절과 의식을 규정한 의궤경儀軌經이고 그 아래로는 스루티의 의궤경srautasutras 과 스므리티의 의궤경smartasutras으로 나뉜다. 전자는 대 제사의 의례를 규정한 것이고 후자는 가족 제사의 의식grhyasutras과 사회 습속을 규정한 법경dharmasutras을 뜻한다. 전체적으로 그것들은 대략 불교 삼장 가운데 『율장律藏』에 해당하며 힌두교에서는 '경經'으로 존중받는다.

불교의 삼장에 따르면 '경經'과 '율律'의 아래로는 '논論, sastra'에 이르러야 하는데 『마누 법경』은 본래 이 등급에 속하여야 한다. 그러나 그것은 '경'이기도 하고 '논'이기도 해서 '논'으로 그것을 칭하면 Manavadharmasastra가 되고 '경'으로 칭하면 Manusmrti가 되니 스므리티의 총류로 그것을 일컫는다. 사실상 그것이 힌두교도의 일상에 미치는 영향은 스루티 『베다』의 수준을 훨씬 넘어섰다.[52] 그러나 그것을 '법경'으로 번역하면 앞서 서술한 사회 습속을 규정한 의궤인 '법경dharmasutras'과 혼동되므로 『마누 법경』 이후의 속편은 일률적으로 '법론dharmsastras'으로 칭한다. 그러나 어째서 '법경'이 있는데 또 '법론'도 있는가? 그 관계를 보면 법경은 시문의 형태로 쓴 것이고 법론은 산문의 형태로 쓴 것이다. 여기서 우리는 일종의 인지심리학에서 말하는 인지 양식cognitive style을 엿볼 수 있는데 이를 통해 어째서 같은 '천민'인데도 그토록 많은 유형으로 분류되는지 알아보고자 한다.

이번 장에서 경전을 논하는 부분은 아직 끝나지 않았다. 힌두교에는 상술한 스루티, 스므리티, 수트라의 각 논論으로 이어지는 계통 말고도 다른 분류가 있다. '삼히타samhita'를 예로 들면 이는 상술한 『베다경』의 주문呪文만을 별도로 모아 엮은 것이다. 이 때문에 4대 베다에는 각자의 주문 본집이 있으며 그 등급은 자연히 스루티급이다. 그러나 '베다 이후의 삼히타post-Vedic samhitas'는 도리어 백과 잡술식의 문헌으로 변하여 일부 저자는 리쉬스rishis (선인)로, 내용은 천문학과 의약학, 요가술로 이루어졌으며 어떤 것은 『바가바드 기타Bhagavad Gita』와 같은 성가집, 어떤 것은 『푸라나』와 같은 신의 이야기를 다루었다. 이제 문제는 『바가바드 기타』, 『푸라나』와 양대 서사시가 어느 등급의 성서에 편입되느냐는 것이다. 『바가바드 기타』 전체가 『마하브하라타』와 중첩되고 『마누 법경』은 3분의 1에서 2분의 1이 마찬가지로 『마하브하라타』 안에 포함된 것으로 보이는데 누가 누구의 것을 베꼈는지 확신할 수 없다.[53] 이 때문에 『마하브하라타』는 푸라나, 성가, 법경의 혼성체로 볼 수 있지만, 힌두교 전통 속 서사시인 이티하사itihāsa는 별도의 유형에 속하며 이 또한 종교 전적에 해당한다. 인도의 신 가운데는 1천여 개 이상의 이름을 가진 신이 여럿 있으므로 신의 이름을 기준으로 찬가를 배열, 편성한 『사하스라나마sahasranama』가 등장했다. 밀교의 전적은 자기만의 독특한 풍격을 이루어 힌두교에서는 그것을 '탄트라tantra'라고 불렀고 불교에서는 이를 '밀속密續'이라고 번역하였다.

상술한 스루티, 스므리티의 양대 분류에 따르면 '탄트라'는 비교적 늦게 등장한 스므리티에 속하지만 힌두교의 스므리티는 '아함경agama'의 범주를 포함한다. 아함경의 문헌 유형은 '수트라'와 같지만 역시나 힌두교와 불교, 자이나교의 삼교를 아우른다. 불교의 『아함경』은 성문승聲聞乘(부처의 음성을 듣고 깨달은 제자), 벽지불辟支佛(부처의 교화에 의지하지 않고 스스로 깨달음에 이른 성자)과 같은 원시 불교에 비교적 근접한 전적으로 남방 불교에서는 석가모니의 원시 설교로 여겨진다. 자이나교의 성서는 거의 모두 아함경의 성격이어서 바르다마나Vardhamana의 설교에 가까우므로 수구적 성격임은 가히 짐작할 수 있다. 힌두교 경전은 '천계天啓(신의 계시)'를 가장 최고最古의 차원으로 여기니 자연히 가장 원시적인 교주의 설법이란 있을 수 없다. 이 때문에 힌두교 아함경의 문헌 유형은 우주를 구축하고 신상을 빚는 안내서이자 비非 베다화한 밀교 전적이라고 할 수 있다. 이는 반드시 산스크리트어로 쓴 것은 아니며 남인도의 타밀어를 사용한 것도 있다. 이들 경전은 대부분 쓸데없이 긴 단독 주석이 있다. 그런데도 힌두교가 오늘날까지 대장경을 집대성하지 못한 것은 그 경전이 세려야 셀 수 없을 정도로 많이 늘어났기 때문이다. 하물며 그것이 하나의 교회도 아니고 백성 전체에 퍼진 문화이니 오죽하겠는가.

이번 장에서는 불교를 대강 훑어보며 비교하였는데 자이나교는 건너뛰고 힌두교만 소개하였는데도 이미 미궁과 같은 모호함 속에 갇히고 말았다. 그러나 그것은 인문학의 금광이자 세계 문화유산의 성대한 연회라고 할 수 있다. 역사학 전통에서는 모든 학과가 '베당가Vedanga'인 인도는 중요하지 않지만, 이들 전적은 사료이자 민족지이고 의학 경전이자 과학, 문법학, 문예, 기예 안내 책자로, 인도 특유의 종교화한 백과전서라고 하겠다.

'부다페스트식' 인지 유형

불교는 비록 바티칸과 같은 중앙 기구가 없지만 몇 차례의 결집대회를 개최, 열대 우림 속 덩굴식물처럼 무절제하게 파생된 힌두교의 종교적 상상을 조금이나마 막아내기도 했다. 인도에는 인도인의 수만큼 신이 있다는 우스갯소리가 있듯이 힌두교의 마법 세계가 갖는 다양성은, 오늘날 애니메이션의 기상천외한 상상력에도 뒤지지 않는다. 힌두교 정령精靈의 세계에는 데바Deva, 나가Naga, 야차Yaksha, 간다르바Gandharva, 아수라Asura, 가루다Garuda, 킨나라Kinnara, 마후라가Mahoraga, 락샤사Rakshasa, 피샤차Piśāca, 리쉬Rishi가 있다. 이는 엘프, 마법사, 난쟁이, 호빗, 반수인, 오크, 스마우그가 등장하는 『반지의 제왕』 속 우주보다 더 다채롭고, 여타의 대형 종교에 존재하는 신과 마귀, 선과 악이 맞서는 이원 대립과는 사뭇 다른 모습의 우주이다. 불교는 본래 무신론이었지만 종국에는 그 인도라는 토양에서 벗어나지 못하였기 때문에 앞의 여덟 신을 불법을 수호하는 '천룡팔부天龍八部'54에 포함시켰다. 락샤사와 피샤차(시체를 먹는 자)는 극악하여 배제되고 리쉬는 브라만이 사칭하는 선조이며 그들은 고행을 통해 도를 닦는다. 법력은 여러 데바보다 커서 천신조차 그들을 두려워하였는데 실제로 브라만은 자신의 얼굴에 금박을 입히기도 했다.

이 마법 세계는 이형異形 신이 많아서 설령 천계의 데바라고 할지라도 온갖 신의 모습을 보일 뿐 아니라, 인간과 짐승, 괴물로 화신化身하고 심지어 자기 복제를 하기도 한다. 이러한 경향은 샤크티와 밀교에서 더욱 심화하였다. 락슈미가 여덟 명으로 변한 것을 아쉬타 락슈미Ashta-Lakshmi라고 한다. 스리쿨라Srikula의 최고 법력은 '16라리타Shodaśhi Lalitā'로 표현되지만 그녀가 락슈미인지 아니면 죽음의 여신 칼리의 자상慈相(자애로운 모습)인지는 여러 신이 서로 뒤섞인 상황에서는 사실 세밀하게 연구할 필요가 없다. 락슈미와 서로 보완하는 관계에 있는 것은 바로 칼리울라Kaliula이고 그것은 분노를 '두르가Durga'로 높이고 아홉 번 바뀌어 '나바두르가Navadurga'가 되거나 아홉 번 자기 복제하여 '다사마하비디아Dasamahavidya'가 되기도 한다.

인도식 사유는 숫자를 무한화하는 경향이 있다. 이 때문에 '0'을 발명하지 않았다면 그 무한성을 표현할 수 없었을 것이다. '0'의 발명은 세계 역사에 일대 공헌이라고 할 수 있다.55 인도의 '0'은 만물을 탄생시킨 궁극의 실재이며, 이 때문에 4대 원소가 모두 '공空'에서 나왔고 '0'에서 출발하여 무한급수로 확장한다고 말하니, 명실상부 '무無'에서 '유有'를 만들어냈다고 한 말이 들어맞는 셈이다. 불교에는 '삼천불三千佛'의 설법이 있는데 성수겁星宿劫56이 되면 8만 부처가 등장하고 청정겁淸淨劫이 되면 8만 4,000 부처가 세상에 나온다. 이처럼 공양하는 이가 없는 부처(이름조차 없는 부처)는 공연히 광활한 망상만 채우는 기능뿐이라 숭배의 의미는 없다. 미륵교의 『관미륵보살상생도솔천경觀彌勒菩薩上生兜率天經』에는 이런 말이 나온다. '미륵이 도솔 천궁에 화생하여 불법을 설파하였다. 천궁의 대신大神이 선법당善法堂을 짓기로 서원할 때 이마에서 500억 보배구슬이 나와 그 광채로 49중重의 미묘한 보배궁전을 이루었다. 또한 도솔천에는 500억 천자가 있어서 궁전을 지을 때 미륵을 봉양하기로 서원하였다. 이로써 장엄한 도솔 천궁이 이루어져 도솔천은 절경의 국토國土가 되었다.' 개미의 수를 천자天子의 단위로 삼았으니 이미 만인지상萬人之上의 정의를 뒤집은 것이다. 밀교에서는 다수多首(머리가 여럿), 천비千臂(천 개의 팔), 천안千眼(천 개의 눈), 천발千鉢(천 개의 발우)의 부처가 등장하는데 신神이란 진리의 광활함에 통하여 마음을 움직이기만 하면 그만이지, 어찌 신체 기관이나 사지가 기형적이고 제멋대로 자랄 필요가 있겠는가? 그야말로 부도浮屠(부처)와 초도超度(중생을 제도함)가 아닌 '부도復屠(반복하여 죽임)' '초도超屠(초과하여 죽임)'인 셈이다.[57] 나는 여러 해 전 국내의 만불사万佛寺를 방문하였을 때 순간적으로 영감이 떠올라 그곳에 '부다페스트'라는 별명을 지어준 적도 있다.[58]

『마누 법경』 역시 우주의 연령을 무한화 하였다. 각 '신대神代(신의 시대)'는 1200년이고 그 뒤에는 두 가지 계산법이 있다. 그 중 하나는 신대 1천 개의 총합이 대범천의 1주晝가 되는데 대범천의 1숙宿도 같은 주기이며 대범천은 영생한다는 것이다. 또 다른 계산법은 하나의 신대에 71을 곱하면 1마누기가 되는데 '마누기는 다 셀 수 없는 것으로 우주의 토흡吐吸(내뱉고 들이쉼)이 이와 같다. 지고지상의 주재자는 주유하다가 다시 처음으로 돌아온다.'[59] 이렇게 절망적인 우주로부터 달아나는 길은 오직 범아합일梵我合一 혹은 열반하는 것뿐이다. 이런 까닭에 우주는 신이고 신은 우주라는 범신론이 필연적 답이다. 법상계의 인도 종교는 이 길로 갔으니 그 논리의 귀결은 응당 모든 소이小異(작은 차이)가 대동大同(거의 같음)으로 화하는 것이며 최종적으로는 일체의 것은 하나로 귀결한다. 그러나 인도의 무한한 사유 세계는 현상계를 대할 때 번쇄함을 싫어하거나 피곤한 것으로 여기지 않고 오히려 즐기는 태도를 갖게 하였다. 부문별로 유형을 나누는 행위는 등급의 차이를 대하는 토대가 되었고, 차별대우를 제도화하는 것도 모자라 그것을 신성화하기도 했다.

힌두교는 사람을 서로 다른 등급의 귀천으로 나누었다. 동물에 대해서는 암소는 풀을 먹고 우유를 생산하므로 가장 존귀한 것으로 여겼고 아프가니스탄 근처에서는 낙타를 가장 귀하게 쳤으며 어디든지 돼지와 개는 가장 천한 것으로 여겼다. 신神 역시 채식을 하는 신이 육식하는 신보다 귀했고 신계神界에는 심지어 '천민'도 있었는데 피샤차(시체를 먹는 자)가 바로 그 예다. 설사 채식을 하더라도 식물 역시 정결한 것과 부정한 것을 구분해야 한다. 『마누 법경』에서는 '마늘, 파, 양파, 그리고 부정한 곳에서 자란 식물은 드비자(재생족)는 먹어서는 안 된다'라고 하였다.[60] 자이나교는 강력하게 '살생 금지'를 주장한 종파로 '생生'에 대해서 번잡한 분석을 통해 우주 본체를 두 종류의 현상, 즉 '지와jiva'와 '아지와ajiva'로 나누었다. '지와'는 생명이자 영혼이며 영혼은 다시금 해탈한 것과 해탈하지 않은 것으로 구분된다. 해탈하지 않은 자는 다시금 '정지'와 '활동'의 두 부류로 나뉜다. 활동하는 생명체는 다시 네 유형으로 나뉜다. (1)촉감과 맛의 두 가지 감각 식별력을 갖는 것, 이를테면 개각介殼과 달팽이 등이다. (2)촉감과 맛, 향의 세 종류의 감각을 식별하는 것으로 개미와 거머리 등이 해당한다. (3)촉감, 향기, 맛, 색의 네 가지 감각을 식별하는 것으로 모기, 파리, 벌 등이 있다. (4)촉감, 색, 소리, 향기, 맛의 다섯 가지 감각을 식별하는 것으로 인류와 고등 동물이 이에 해당한다.

정지靜止한 생명체의 육체는 무척 단순해서 촉감적 의식만 남는다. 지나신도는 감정을 가진 중생은 물론 영혼도 가진다고 믿었는데 비록 영혼이나 생명이 없는 '아지와'의 식물이나 광물이라고 할지라도 초급 단계의 영혼은 가진다고 봤다. 중생의 존재는 서로 돕는 것을 기반으로 하기 때문에 살생하는 것을 엄금하고 만물을 다치게 하지 않는다. 오늘날 인도의 자이나교도들은 호흡할 때 공기 중의 작은 벌레가 다치지 않도록 콧구멍에 사각형 흰 천을 덮어쓰기도 한다. 그러나 초신자에게는 두 가지 이상의 감각 식별력을 가진 생명체를 해치지 않는 것부터 시작할 것을 권한다.[61]

만일 문법학의 대가인 파니니가 문자 부호가 발명되기 이전에 산스크리트어 문법서를 '써서' 산스크리트어를 3959조의 규칙으로 귀납했더라면, 인도 인지유형의 번잡함은 문자적 장애로 말미암아 생긴 문제가 아니었을 것이다.

역대 인도 역사의 사이비적 이미지 바로잡기

무한함과 번잡함의 경향은 비단 브라만교에만 한정된 것은 아니다. 브라만교는 겨우 카스트 제도의 기조를 정했다고 말할 수 있다. 그러나 카스트가 범람하여 자티jati가 되었는데, 그 핵심 원인은 다원성이다. 브라만교는 카스트의 경계를 넘어서서 만들어진 오염을 통해 그 기원을 꾸며내었다. 그 의도는 카스트를 성전聖典에서 허용하는 4대 유형 이내로 제한하여 '비非 성전화'의 범람을 막고자 한 것이었지만 도리어 그것을 초래한 원흉이 되고 말았다. 불교도는 확실히 채식을 지향하는데 오늘날 인도 경내에서 '지정 카스트(천민화한 부류)'가 89%에 달하는 것을 보면 불교의 세력이 약해지다 못해 주변화한 것으로 보인다. 그러나 이렇게 된 데는 '불결'의 요소도 배제할 수는 없다. 자이나교와 비교하면 불교도의 채식은 그리 철저한 편은 아니지만 이는 어쩌면 가장 깊은 종교적 원인이 아닐 수도 있다. 힌두교는 그들보다 더 철저하지 않아서 심지어 크샤트리아에게는 육식이 허용되기도 하기 때문이다. 그러나 힌두교의 '비非 인간화' 일면은 불교보다 한층 심하다. 몸속의 액체를 더러운 것으로 여기는 것 말고도 시체를 가장 부정한 것으로 여기기 때문에 시체를 운반하거나 화장장 노동자를 천민 중에서도 최하층으로 여긴다. 그래서 그들은 불교가 사리탑을 납골당charnel houses에 모시는 것에 대해 신을 버리는 행위라며 질책했다.[62] 자이나교 신도는 전 세계 채식주의자의 본보기가 될 만큼 누구보다도 순전한 채식주의를 지향했으므로 만일 그들을 천민화한다면 그 누구도 천민화되는 것을 피할 수 없을 것이다. 그 수도 420만 명에 달해 구성원의 사회적 지위가 결코 낮지 않으며 이 때문에 천민이 없어 '지정 부족민'과 '기타 낙후 계층'에 속하는 이들을 합해도 4.6%를 넘지 않았다. 조로아스터교는 인도 경내에서 겨우 2만 5,000명 정도이지만 의외로 천민이 없다. '지정 부족민'과 '기타 낙후 계층'에 속한 이들을 합해서 30%를 넘지 않은 것을 보면 가난한 이보다는 부유한 이가 많은 것으로 보인다. 이에 비해 기독교인은 3개 범주의 합이 거의 40%에 달하는데 사회 하층민 사이에 개종자가 많이 있는 것이 틀림없다. 힌두교도 가운데 '지정 카스트'는 22.2%에 달하여 기독교와 시크족의 바로 다음이며 '기타 낙후 계층'에 속하는 이도 42.8%에 달하는 등 모든 종족에서 최고치를 기록한다. 힌두교인은 주류로서 노동계급의 신분이 분명 기타 신분보다 많다. 여기서 '카스트'는 마르크스적 계급의 성격을 띠는 것으로 보이지만 사실 반드시 그렇지는 않은데 이에 관해서는 뒤에서 설명한다.

종교적 요인은 아직 철저하게 규명되지 않았다. 주류인 힌두교도 고작 26%만이 '정결'한데 이들이 전부 브라만인 것은 아니다. 제사장은 그들이 만든 경전에서 비록 제1카스트로 자리 잡았지만 실상은 많은 경우 통치자의 신하 계층에 속할 뿐이며 브라만이 세운 왕조는 많지 않다. 한때 권세를 떨쳤던 마우리아 왕조 또한 수드라가 세웠다. 그 밖에 사정을 모르는 외지인은 브라만이 전 국민의 제사를 장악했기 때문에 모든 사람이 반드시 그들에게 복종해야 한다고 생각한다. 사실 그들은 왕과 세도가들을 대신해서 일하는 것이며 단순히 부정해지는 것이 두려워 그들에게 부정한 백성과 접촉하지 말라고 하는 것뿐이다. 이는 어째서 브라만교가 동남아시아로 전해져 왕권 축성의 틀이 되었던 반면, 인도적인 의미가 엄격한 카스트 제도가 동남아로 수출되지 못했는지 설명해 준다. 인도에서는 사당조차 카스트별로 구분된다. 정결하지 않은 백성들은 그들만의 제사장을 따로 두었는데 그들은 브라만이 아니었기 때문에 어쩌면 또 다른 유형의 카스트를 만들어낸 것인지도 모른다.[63] 어쩌면 브라만 내부에도 귀천의 등급이 나뉜 수많은 '자티'가 생성됐는지도 모를 일이다. '브라만은 수없이 많은 유형과 등급이 있지만 보통은 지위와 명망 혹은 학식을 기준으로 나뉜다. …브라만이라고 모두 같은 성격은 아니고 어떤 이는 구전口傳에 익숙한 반면 어떤 이는 문자를 통한 글쓰기를 잘한다. 신화에서 반수인ogres 역시 그들만의 브라만이 있었고 전설에서도 조상이 반수인인 브라만도 있다. 현실에는 수드라 브라만, 믈레차 브라만, 칸델라 브라만, 니샤다 브라만이 있다….'[64] 이는 인도만의 복잡다단하고 번잡함이 낳은 또 다른 걸작이 아닐 수 없다!

여기에는 불결함이나 정결함, 계급, 빈부 외에도 직업이나 지위, 명망의 요소도 추가된다. 라즈푸트족Rajputs은 서인도에서 강세를 보인 종족이고 자트족Jats은 펀자브에서 우위를 점하여 많은 이가 지주였으나 라자스탄Rajasthan(라지푸트족의 땅)에 이르러 소작농이 되었기 때문에 카스트의 등급이 전체적으로 하락하였다.[65] 여기서는 대형 '자티'가 어떻게 대형 지역들과 연관되게 되었는지 연구해보고 필자의 마음을 오랫동안 곤혹스럽게 한 인도 역사의 복잡다단한 면모를 들여다보기로 한다. 인도의 역사는 한데 합하기보다는 흩어지기 좋아하고 겉보기에는 같은 것이나 실상은 본질이 전혀 다른 둘로 나뉜 것이라는 점에서 중국과는 다르다. 중국 역사상 분열은 간헐적인 현상이었고 많은 경우 무장 할거였다. 인도 역사에서는 분열은 간헐적이라기보다는 늘 있었던 익숙한 일이고 그 성격 또한 무장 할거가 아닌 종족 문화적 차이를 배경으로 한다. 이런 상황에서는 이치대로라면 유럽과 비슷한 방국 체계로 발전해야 했지만 인도는 절대 그렇지 않았다. 대형 카스트는 여러 지방, 심지어 전국으로 퍼져나갔고 각지의 다른 세력과 만나 힘의 강약과 관계없이 타 카스트들과 병존해야만 했다. 그들은 서로 흡수되지 않았으니 공동의 혈연이나 언어, 기억을 바탕으로 구축된 유럽식 '국족國族' 공동체가 탄생했을 리 만무하다. 각 지역에서는 혈연과 어족이 신앙과 정결함, 불결함, 귀천, 강약, 지위와 명망, 직업 등 요소의 영향을 받아 서로 뒤섞였지만 하나로 합쳐지지는 않았다. 섞일수록 오히려 한층 다양한 격벽이 생겨났다. 인도 역사에서 농민 항쟁이 발발했다는 이야기는 들어본 적이 없다. 과거에는 일반적으로 윤회와 환생의 미신이 억압받는 민중이 현세를 견디어내는 통로가 되었지만, 이제는 같은 지역의 카스트의 이름과 명분이 번다하게 파생하는 경향 때문에 피차간에 수밀격창과 같은 격벽이 생겨났고 이로써 대형 반란을 일으킬 만한 세력을 한곳으로 규합할 수가 없었기 때문이다.[66]

후 굽타 시대에는 인도 유럽의 북방과 드라비다의 남방 사이에 있는 광대한 구릉 지대가 '부락민'의 거주지였다. 남아시아 어계인 문다Munda 종족을 위주로 한 그들 조직은 많은 경우 단일 종족 촌락이어서 카스트 전통이 드물었고 이 주변 지역에는 북방의 형태와 비슷한 지점이 파편처럼 그들 사이에 흩어져 있었다.[67] 이들 원주민의 수는 오늘날 이미 격감하였지만 인류학자는 산지 촌민 사이에 여전히 '평원의 카스트와는 다른 형태의 계급관'이 있음을 알아냈다. 동족 내에서도 기술자와 매매업 종사자는 농가에 들어갈 수 없었고 벌이가 적은 농가 또한 별도의 사회 범주로 편입되었다.[68] 만일 오늘날 이들 '지정 부족민'이 스스로가 전체를 천민화하여 내부적으로 분리, 격리하며 지냈다면 힌두교화 했을 가능성도 배제할 수 없지만, 현지 자체의 사정에 의한 요인일 가능성이 더 크다. 인도에는 브라만의 힘이 아예 미치지 않은 곳도 있고 뒤늦게 도달한 곳도 있다. 일반인이 인도 역사에 대해 사시이비似是而非(그럴듯하지만 실상은 그렇지 않음)적으로 이해하고 있는 부분을 들자면, 석가모니와 바르다마나는 인도의 마틴 루터나 칼뱅에 다름 아니어서 대대적인 '종교개혁'을 일으켰지만 그들이 겨냥한 대상은 인도 전역을 뒤덮은 브라만 '국교'였다는 부분이다. 브라만의 패권이 오히려 나중에 일어난 것이라고 단언하기는 어렵지만 그들의 대 본영인 북인도 '중원' 이외의 지역에서는 특히나 그러했다. 앞에서도 이미 지적했듯이 설령 아리안 지역이라고 하더라도 산스크리트어의 황금시대는 굽타 왕조였고 그 이전의 마우리아 왕조가 행사했던 것은 마가다 세속어의 패권이며 이는 부처가 포교의 매체로 활용한 것이다. 인도 서남부의 말라바 해안Malabar Coast에는 불교와 자이나교가 먼저 도달했던 것으로 보이는데 이 때문에 해상무역이 한때 막힘 없이 통행하기도 했다. 그러나 8~12세기, 브라만이 왕실의 지원 아래 대거 이민하면서 원주민의 카스트화가 날로 심해졌고, 그 뒤 바다를 기피하는 분위기가 형성되었다. 이러한 현상은 불교와 자이나교에까지 영향을 미쳐 그들이 결국 해외 무역의 관할권을 '외지인'에게 넘기게 했다. 관할권을 넘겨받은 대상은 바로 유대인, 무슬림, 기독교인이었다.[69]

카스트제도가 베다 시대에 최종적으로 완성됐다고 여겨서는 안 된다. 카스트 제도의 발전 과정은 지극히 복잡하다. 모 권위자는 '중심축과 주변축'의 개념으로 북인도를 도해하기도 했다. 즉, 북인도 평원에는 동일 지역 내 카스트의 25종이 중앙에 집중되어 있고 서쪽 인더스강 중하류에 이르면 4~5종으로 줄어들었으며 동쪽으로는 갠지스강 삼각주에 이르러 1~2종으로 줄어들었다. 또 다른 축은 '남과 북의 축'으로 카스트는 남방에서 비교적 정체되었다. 10세기 이후에는 북방이 점차 이슬람에 정복되면서 남방이 힌두교의 요충지가 되었으나 이는 부차적인 요인이다. 남북의 카스트 제도는 어쩌면 근본적으로 뿌리가 달랐는지도 모른다. 남방은 기본적으로 비非 아리안 모계 사회로 혈통의 요인이 비교적 중요하여 혼인 관계도 근친에 편향되어 있으며 범주가 협소하여 한번 정착한 곳을 쉽게 떠나려 하지 않아 오랜 세월 촌락을 떠나지 않은 가계도 있다. 그들은 북방으로부터 산스크리트화의 영향을 받기 이전에 이미 극단적으로 배척된 혈연 조직과 지연 관계를 발전시켰다. 인도 동남부의 코로만델 해안Coromandel Coast(타밀 문명의 본향)에서 브라만의 주요 역할은 현지에 일찌감치 존재했던 부농 카스트the Vellalar caste가 피고용인 카스트를 압도했던 상황을 합법화하는 것이었다. 어떤 이는 브라만은 북방 이주민이며 남방의 팔라바 왕국Pallava(575~900)이 끌어들였는데 이는 이는 왕의 축성祝聖 의식을 봉행하기 위함이었다고 본다. 후자는 브라만이 왕의 축성 의식을 동남아로 수출한 것으로 보이지만 동남아에 대해서는 인도의 카스트 제도는 동시에 수출할 수 없었다. 남인도에서는 도리어 산스크리트화를 통해 현지의 카스트 제도로 자리 잡았다. 부농설과 왕자설은 모두 해당 지역이 지금까지 유일하게 고도의 자치를 누리는 브라만 촌brahmadeya villages으로 이어졌다는 점을 근거로 내세웠다.[70]

만약 오늘날 카스트 제도가 남방이 북방보다 견고하다면 후 굽타 시대의 신 브라만교에 강심제 주사 역할을 했던 것은 바로 남방화일 것이다. 이 남방화는 또한 그것의 바크티화와 샤크티화에서 드러난다. 그러나 최소한 이슬람이 침투하기 전, 북방 형세의 변화 역시 브라만의 부흥에 유리했는데 그중 하나가 바로 후 굽타의 새로운 제국 도시가 '브라만의 본향'인 카나우지로 옮겨갔던 일이다.

다른 하나는 서북부의 틈을 노려 인도로 침입한 외부 종족이 결국 브라만교로의 개종을 원하여 자신을 고대 크샤트리아로 다시 태어나게 한 뒤 라지푸트족의 신분으로 인도의 '중고 역사'의 무대에 등장한 것이다. 그들은 이슬람의 침입을 10세기까지 막아내었으며 이 이슬람의 침입은 인도를 '중고 후기'로 진입하게 한 분기점이 되었다(다음 장 참조).

북부 변방과 힌두교의 탄트라화

힌두교가 '남방화'의 전략을 써서 카스트 제도를 강화한 것은 곧, 새로운 땅에서 옛 형식을 개척하여 발전시킨 것에 해당한다. 인도 문화를 예로부터 지금까지 깨지지 않고 전해진 하나의 철판 덩어리로 보는 사람은 종종 역사의 상호 요인을 소홀히 하곤 한다. 힌두교는 남방화를 통해 카스트 제도를 강화하고 바크티화와 샤크티화를 촉진한 것 말고도 탄트라의 길을 동시에 걸었지만, 그 출처는 오히려 북부의 변방이었다.

'탄트라', 즉 밀교는 힌두교와 불교, 자이나교의 신新 종교 체계를 가로지르며 안 그래도 전적典籍의 미궁에 빠진 이들에게 '탄트라'라는 이름의 전적 날개를 하나 더 덧붙였다. 많이 알려지지 않은 자이나교는 잠시 제쳐두고 힌두교와 불교 탄트라의 연구자는 몇몇 밀교의 피타스pithas를 판별해 내었다. 이들은 곧, 스와트 계곡Swat Valley의 우디야나Uddiyana, 오늘날 우타라칸드Uttarakhand의 푸르나기리Purnagiri, 펀자브의 잘란다라Jalandhara, 그리고 아잠의 카마루파Kamarupa 혹은 옛 동성국東星國으로 인도

반도와 내륙 아시아 혹은 미얀마 사이의 교차점에 위치했다. 이들 피타스는 인도의 남성 수행자들이 요기니_{yoginis}나 다키니_{dakini}를 해후하는 지점이다. 이들 신新 종교 운동이 아직 베다화 하기 전에는 그것이 정통 신앙에 대한 천민 신앙의 전복 시도라는 조짐이 곳곳에서 엿보였다. 다키니는 화장장의 정령이어서 그녀들은 해골을 장신구 삼고 신도를 '통째로 삼기는' 방식으로 그들을 입교시켜 그들로 하여금 공포의 신 바이라바_{Bhairava}와 하나가 되게 하는데 이로써 스스로 신력을 얻고 요괴와 악마를 부릴 수 있게 되는 식이다(작은 요괴를 키우는 것과 비슷함).[71]

이것은 다른 사회에서는 사교邪教로 여겨지지만 없는 것이 없는 힌두교에 의해 오히려 흡수된다. 그 경로는 여전히 시바, 비슈누, 대大 데비(대 여신) 등 푸라나 1대의 신이다. 탄트라는 어둠의 종교이고 시바는 원래부터 이미 '어둠(타마)'을 주재하였기 때문에 그 탄트라화는 푸라나 계통에서 가장 볼만한 비슈누를 크게 초월하고 시바 밀교는 번영하여 대종大宗이 되었다. 다키니가 '샤크티'라는 요소를 끌어들인 이상 자연스럽게 대 여신 숭배와 맞물리게 되었고 이에 시바와 그 '샤크티'의 교합은 서로 남녀쌍수男女雙修(남녀 결합을 통한 음양의 평형으로 질병을 치료함)의 모형이 되었다. 그러나 이는 다만 대략적인 틀을 소개한 것이고 밀교의 공통점은 밀주密呪(주문)를 중시하고 자기만의 특별한 요가 단 수련법과 고도로 복잡한 단성壇城, 혹은 만달라_{Mandala}의 마법 세계 도형을 구상했다는 점을 들 수 있다. 중고시대 인도의 밀교도 분파가 무척 많은데 그중에서도 주목할 만한 것은 샤이바 싯단타_{Shaiva Siddhanta}이다. 그것은 시바 아함경의 전통으로 베다를 대체하였는데 후자는 '보잘 것 없게' 변하였다.[72] 그러나 그것은 여전히 자기 자신을 예로부터 내려온 베다 전통이라는 주물 안에 집어넣어 시바를 최고의, 없는 것이 없는 '범梵'과 동등하게 여겼다. 그리고 대, 중, 소 우주를 같은 구조로 봤으며 수행의 최종 목적은 범아합일에서 소아Paśu와 시바의 합일로 바뀌었다. 시바는 창조주, 파괴왕, 모든 것을 아우르는 주재가 되었지만 그의 에너지는 오히려 '샤크티'여서 사실상 '선명하게 드러나 있는 모든 우주는 다만 그의 샤크티일 뿐이다'[73] 이는 모든 것을 주재하는 남신도는 그 외면일 뿐이고 정작 에너지는 여성성(음의 성질)인 또 다른 반쪽에서 나온다는 말이며, 이는 대범천을 여성화한 것일 뿐 아니라 육욕화肉欲化한 것이다.

샤이바 싯단타가 브라만 주류에 편입되는 것 외에도, 일종의 광선狂禪과 유사한 해골 밀교인 카팔리카Kapalika가 있는데 이러한 전통의 경전은 일률적으로 '탄트라'로 칭한다. 예를 들어 『바이라바 탄트라Bhairava Tantras』와 『카울라 탄트라Kaula Tantras』는 베다 정통 경전에서 멀리 떨어져 있을 뿐 아니라 심지어 푸라나 전통과도 멀다. 그것은 '정결함'을 고수하는 브라만 전통에 대한 대대적인 반격이라고 할 수 있다. 해골 밀교가 숭배하는 것은 묘지의 시체를 먹는 신이다. 그리고 그들의 두타頭陀는 목에 해골 목걸이를 걸고 해골 지팡이를 쥔 채 손에는 사람 두개골 바리를 들고 '오감로五甘露, pancamakara', 즉 여성 음부의 물과 월경, 가래, 콧물, 대소변을 섞은 것을 마시라고 주장한다. 만일 입교자가 조금도 주저함 없이 두개골 사발에 든 이 '칵테일'을 마신다면 곧장 신의 의식에 이를 수 있다.[74] 이는 『우파니샤드』가 사람의 몸속 액체가 모두 불결하다고 한 교리를 전면적으로 부정한 것이다.

화장장 노동자는 대체로 '불가촉 천민'에 속한다. 탄트라 초창기의 '싯다siddha'라는 존호에서 추측해볼 수 있듯이 그들은 대다수 시체 운반자, 사냥꾼, 가죽 장인, 세탁 노동자, 도장공, 재봉사, 어부, 나무꾼이다.[75] 만약 인도 역사상 이것이 중국의 농민 봉기에 가장 근접한 형태라면 그 결과는 아마도 마찬가지로 모두 주류에 의해 흡수될 것이다. 고대 브라만 제사 종교는 불교와 자이나교의 '살생 금지'에 관한 성토에 대응하기 위해 그들이 속세를 평가절하할수록, 오히려 육체계의 '불결'함을 중생 '천민화'의 잣대로 삼았고, 이로써 고대 도전자들의 '중생 평등' 이념을 소멸시켰다. 그래서 중고시대 힌두교를 가리켜 원시 불교와 자이나교라는 겉옷을 뒤집어 입은 신 브라만교라고 일컫기도 한다.

이제는 천민 종교가 다시금 이 힌두교의 외피를 뒤집어 입은 뒤, 남녀의 성욕을 수련 대상으로 삼고 더러운 것을 성물로 여기는 애분愛糞적 변태 행위를 추구하여 이를 '범아합일梵我合一'의 최고 경지로 삼았다! 이는 흡사 해골 밀경에서 지도하는 것과도 같다. '인간은 오직 발을 헛디뎌 넘어진 땅에서만 비로소 다시 일어날 수 있다. 이 때문에 오직 생명의 찌꺼기를 모두 마셔야만 정신적으로 이 경지에 이를 수 있다. 독은 반드시 독으로 공격해야 한다. 마찬가지 이치로, 반드시 욕구대로 행동해 만족을 얻어야만 더 높은 정신적 가치에 이른다. 사람을 취하게 하는 술은 죄악의 음료이나 그것은 쾌락을 선사하여 근심을 잊게 한다. 이 때문에 마음에 합치한다. 같은 이치로 성욕은 몸을 건강하게 하고 어류는 성욕을 돋우며 오곡은 체력과 기백을 활성화하고 성교는 지극한 기쁨mahāsukha을 유발하여 종족과 후예를 확장하게 하니, 이러한 것은 모두 사다카 sādhaka(도를 추구하는 자)가 신체를 통해 진리를 추구하는 데 더욱 적합하다. … 사다카는 반드시 각양각색의 이원대립(이를테면 더러움과 정결함)을 초월해야 하는데… 그래야만 신의 경지divya에 이를 수 있고 사다카로 하여금 신과 같이 인간의 기쁨과 증오를 초탈하게 하여 누구나 차별 없이 대하게 한다.'[76]

문제는 힌두계 종교 내부의 이러한 대규모 반복이 불교에까지 영향을 미쳐 상좌上座와 대승大乘을 잇는 제3의 물결인 밀승密乘을 탄생시켰다는 데 있다. 인도 역사가 사람들에게 주는 또 다른 사이비적 이미지는 예로부터 지금까지 변함없이 늘 한결같았으리라는 점이다. 헤겔은 '동방'

이 자연계를 초탈하지 못하여 정신적 확장이 부족하다고 봤는데 이 같은 타성은 마르크스 사상의 '아시아 생산방식'에 의해 더욱 확대되었고 인도를 범례로 삼았다.

샤이바 싯단타는 11~12세기 남인도에 전파되어 타밀 문화와 결합하였고 북방이 이슬람 침입의 충격을 받은 뒤로는 남인도에만 남아 남방 교파가 되었다.[77] 해골 밀교는 8~10세기 카슈미르에서 꽃을 피워 새로운 신학으로 발전하였는데 이를 카슈미르 샤이비즘Kashmir Shaivism이라고 하며 훗날에는 쇠락하다가 20세기에는 다시 부흥하기도 했다. 비교적 주목할 만한 곳은 방글라데시 일대이다. 이곳은 중고시대에 밀교와 불교가 결합한 곳이었고 불교 밀승 역시 주로 해당 지역에서 티베트로 전파되어 오늘날 티베트 문화의 정형화에 도움을 주었다. 이는 인도가 '세계 중고 역사' 구축에 참여한 지표 가운데 하나이며 이에 관해서는 다음 장에서 상세히 논하기로 한다.

주

1. Wendy Doniger, The Hindus: An Alternative History(New York: The Penguin Press, 2009), p. 68.

2. Rajesh Kochhar, "Pre-Telescope Astronomy in India," in A. Rahman, ed., History of Science, Philosophy and Culture in Indian Civilization(New Delhi: Oxford University Press, 2007), Vol. III, Part 1, History on Indian Science, Technology and Culture, pp. 185~186.

3. 하르샤 제국의 판도는 굽타 제국에 맞먹는 수준이었으나 한 세대를 넘기지 못하고 쇠락하였다. 그런 면에서 중국의 진晉 왕조와 비슷하며 상고시대와 중고시대가 교차하는 시점에 세워졌다. 보통 인도사는 하르샤 이후, 라지푸트족의 등장을 중고시대 전기로 보고, 이슬람 돌궐 정권의 북인도 침입을 중고시대 후기로 본다. 상세한 내용은 다음 장 참조.

4. S. A. H. Rizvi, "Glimpses of Astronomy in Medieval India," in A. Rahman, ed., History of Science, Philosophy and Culture in Indian Civilization, Vol. III, Part 1, History on Indian Science, Technology and Culture, p. 199.

5. Wendy Doniger, The Hindus: An Alternative History(New York: The Penguin Press, 2009), pp. 372~373.

6. Wazir Hasan Abdi, "Glimpses of Mathematics in Medieval India," in A. Rahman, ed., History of Science, Philosophy and Culture in Indian Civilization, Vol. III, Part 1, History on Indian Science, Technology and Culture, p. 51.

7. 이 방면의 참고 자료로는 지셴린의 「원시 불교의 언어문제」「원시 불교의 언어문제 재론」「원시 불교의 언어문제 삼론」 등의 논문 등이 있는데 이는 『지셴린 불교 학술 논문집』(타이베이시: 둥추출판사, 1995)에 수록되어 있다.

8. 『서유기』는 『라마야나』로부터 깊은 영향을 받았다. 후자는 미후왕美猴王 손오공 캐릭터의 원형이 되었다.

9. Jagannath Pathak, "Rāmayāna as Ādikāvya," in G. G. Pande, ed., History of Science, Philosophy and Culture in Indian Civilization, Vol. I, Part 2, Life, Thought and Culture in India(from 600 BC to AD 300)(New Delhi: Pauls Press, 2001), p. 148.

10. 아바타avatar는 보통 '화신化身'으로 번역되지만 기본적인 뜻은 천상계로부터 형체가 있는 공간으로 들어가는 것이다. 이 '속세로의 강하'라는 주제는 중국의 민속 이야기에 대거 등장한다. 본문에서는 신이 또 다른 형체로 변하였지만 속세로 들어가지는 않은 상태를 '화신'으로 번역하였다.

11. B. P. Sinha, "The Vālmī ki Rāmayāna: A Study," in G. G. Pande, ed., History of Science, Philosophy and Culture in Indian Civilization, Vol. I, Part 2, Life, Thought and Culture in India(from 600 BC to AD 300), p. 100.

12. Wendy Doniger, The Hindus: An Alternative History, pp. 218~219.

13. R. C. Majumdar, ed., The Age of Imperial Unity, vol. II, The History and Culture of the Indian People, 4th edition(Bombay: Bharatiya Vidya Bhavan, 1968), p. 244.

14. A. K. Majumdar, ed., The History and Culture of the Indian People, Volume III, The Classical Age(Bombay: Bharatiya Vidya Bhavan, 4th edition, 1988), p. 304.

15. Wendy Doniger, The Hindus: An Alternative History, p. 120.

16. Ibid., pp. 85, 411~412.

17. 이는 곧 Sarga, Pratisarga, Vaṃśa, Manvañtara, Vaṃśānucaritam을 말하며 상세한 내용은 다음 참조. S. N. Roy, "The Origin and Growth of Purana Literature,"in G. G. Pande, ed., History of Science, Philosophy and Culture in Indian Civilization, Vol. I, Part 2, Life, Thought and Culture in India(from 600 BC to AD 300)(New Delhi: Pauls Press, 2001), p. 79. '마누기'는 우주의 대주기이고 일종日種(태양의 족속), 월종月種(달의 족속)은 전설 속의 고대 크샤트리아 왕조이다. 그 전승은 중고시대 초기 라지푸트족의 굴기와 관련이 있다.

18. 『하리밤사Harivamsa』는 『마하바라다』의 부록으로 그 기능은 『푸라나』와 유사하다. 또다른 방면에서는 『시바 푸라나Shiva Purana』와 『베이우 푸라나Vayu Purana』가 리스트에 늘함께 나열된 것이 아니라 하나가 있으면 다른 하나가 없으므로 이들을 종합하였을 때19부라고 말한다. 시바는 베다 시대에 바람의 신인 풍신風神과 뒤섞여 불확실하다.

19. 『푸라나』가 형식상 세 부분으로 나뉘는 이유는 삼상신三相神이 대표하는 삼덕三德, 3gunas을 한데 모으기 위해서이다. 삼덕은 비슈누의 '기쁨(사트바, Sattva)', 대범천의 '근심(라자, Rajas)', 시바의 '어둠(타마스, Tamas)'이다. 세 신을 기준으로 구분한 『푸라나』도 『샤트바 푸라나』『라자 푸라나』『타마스 푸라나』라고 나뉜다.

20. S. N. Roy, "The Origin and Growth of Purana Literature—A Review of Some Aspects," in G. G. Pande, ed., History of Science, Philosophy and Culture in Indian Civilization, Vol. I, Part 2, Life, Thought and Culture in India (from 600 BC to AD 300), p. 79.

21. Wendy Doniger, The Hindus: An Alternative History, p. 370.

22. Ibid., p. 379.

23. 두르가 숭배의 기초 문헌인 『데비의 영광Devi Mahatmya』은 『마르칸데야 푸라나Mārkandeya Purana』의 일부분으로 서기 400~500년 사이에 완성되었다. 간략한 내용 소개는 『100개 인도 서사시 신화 이야기 도해』(타이베이: 올빼미 출판사, 2012년), 152~153쪽 참조.

24. Om Prakash, "Ritual Social and Legal Ideas in the Dharmasutras and Early Smrtis," in G. G. Pande, ed., History of Science, Philosophy and Culture in Indian Civilization, Vol. I, Part 2, Life, Thought and Culture in India(from 600 BC to AD 300), p. 242.

25. Robert Ernest Hume, translated from Sanskrit, The Thirteen Principal Upanishads, 2nd edition, revised(Bombay, Calcutta, Madras: Oxford University Press, 1992), p. 413.

26. "Food," in Knut A. Jacobsen, Brill's Encyclopedia of Hinduism, Volume III, Society, Religious Specialists, Religious Traditions, Philosophy(Leiden, Boston: Brill, 2011), p. 70.

27. Wendy Doniger and Brian K. Smith, trans., The Laws of Manu(London & New York: Penguin Books, 1991), p. 11.

28. B. N. S. Yadava, "Society as Reflected in the Dharmasastra Tradition(with special reference to Manu and Yajnavalkya)," in G. G. Pande, ed., History of Science, Philosophy and Culture in Indian Civilization, Vol. I, Part 2, Life, Thought and Culture in India(from 600 BC to AD 300), p. 265.

29. Ibid., p. 262.

30. "Caste," Brill's Encyclopedia of Hinduism, Volume III: Society, Religious Specialists, Religious Traditions, Philosophy, p. 27. 이발사에 대한 남북의 대우는 서로 달랐다. 나의 관점은 이슬람이 북인도에 진입하면서 비록 카스트 제도를 뒤흔들지는 않았지만 그것을 불안정하게 하였고 이 때문에 힌두교의 중심축은 남인도로 옮겨가게 되었다.

31. S. P. Nagendra, "The Moral and Ritual Foundations of Ancient Indian Society," in G. G. Pande, ed., History of Science, Philosophy and Culture in Indian Civilization, Vol.I, Part 2, Life, Thought and Culture in India(from 600 BC to AD 300), p. 219.

32. Braja Dulal Chattopadhyaya, "South Asia from 200 BC to AD 300 [18,1] Dynastic Patterns of the Northern Subcontinent: Commercial and Cultural Links," in UNESCO, History of Humanity, Scientific and Cultural Developmen, Vol. III, From the Seventh Century BC to the Seventh Century AD(London & New York: Routledge, 1996), p. 375.

33. B. N. S. Yadava, "Society as Reflected in the Dharmasastra Tradition(with special reference to Manu and Yajnavalkya)," in G. G. Pande, ed., History of Science, Philosophy and Culture in Indian Civilization, Vol. I, Part 2, Life, Thought and Culture in India(from 600 BC to AD 300), pp. 263~264.

34. "Food," in Knut A. Jacobsen, Brill's Encyclopedia of Hinduism, Volume III, Society, Religious Specialists, Religious Traditions, Philosophy, pp. 68~69.

35. Wendy Doniger, The Hindus, An Alternative History, pp. 148~149.

36. Ibid., p. 38.

37. "Caste," Brill's Encyclopedia of Hinduism, Volume III, Society, Religious Specialists, Religious Traditions, Philosophy, p. 27.

38. Om Prakash, "Ritual Social and Legal Ideas in the Dharmasutras and Early Smritis," in G. G. Pande, ed., History of Science, Philosophy and Culture in Indian Civilization, Vol. I, Part 2, Life, Thought and Culture in India(from 600 BC to AD 300), p. 235.

39. Michael Carrithers, ed., The Assembly of Listeners: Jains in Society(Cambridge and New York: Cambridge University Press, 1991), pp. 54~56.

40. "Caste," Brill's Encyclopedia of Hinduism, Volume III, Society, Religious Specialists, Religious Traditions, Philosophy, p. 33.

41. "Food," in Knut A. Jacobsen, Brill's Encyclopedia of Hinduism, Volume III, Society, Religious Specialists, Religious Traditions, Philosophy, p. 69.

42. Wendy Doniger, The Hindus, An Alternative History, p. 135

43. "Food," in Knut A. Jacobsen, Brill's Encyclopedia of Hinduism, Volume III, Society, Religious Specialists, Religious Traditions, Philosophy, p. 70.

44. 쑨룽지『성공대학 종교와 문화학보』(타이난 성공대학 중국문학과 제5호, 2005/12, 7쪽)에 수록된『중국인의 신체화한 종교관』참조.

45. 초기 불교와 자이나교의 전적에서 천민과 같은 외국인(즉 '믈레차')은 열반에 도달할

길이 없다고 여겼다. cf. "Foreigner(Mleccha)," in Knut A. Jacobsen, Brill's Encyclopedia of Hinduism, Vol. III, Society, Religious Specialists, Religious Traditions, Philosophy, p. 77.

46. Sachar, Rajindar, Sachar Committee Report(2004-2005), (http://www.minorityaffairs.gov.in/sites/upload_files/moma/files/pdfs/sachar_comm.pdf) 검색일자 2015/1/9.

47. 2011 Census Primary Census, Abstract, (http://www.censusindia.gov.in/2011census/hlo/pca/pca_pdf/PCA-CRC-0000.pdf) 검색일자 2015/1/9.

48. 인도 헌법령에 언급된 '카스트'는 브라만, 크샤트리아, 바이샤 등 종교 성전의 범주를 아우르는 것이 아니고 법률 명사이다. 브라만은 신분증명서가 없고 크샤트리아는 고대에 이미 사라졌으며 바이샤는 공상업계에 광범위하게 퍼져 있다. 오늘날 민주 인도의 평등 권리법 아래에서 천민은 천민증서를 발급받아 의회에서 의석을 유지하고 취직과 입학 시에 우선권을 얻는다. 이 때문에 1108개의 카스트는 특별히 약소 종족을 가리키게 되었으며 이런 까닭에 '지정 카스트' '지정 부족'이라는 말이 나왔다.

49. Wendy Doniger and Brian K. Smith, trans., The Laws of Manu, p. 235.

50. 삼장三藏은 부처의 가르침을 담은 경장經藏, 스님 등 제자들이 지켜야 할 윤리·도덕적 규범인 계율을 담은 율장律藏, 경장과 율장을 포함해 부처의 가르침에 대한 제자들의 논설을 모은 논장論藏을 말하고 여기서 '장'藏은 '그릇' '광주리'란 의미다. '대장경'은 불교의 성전인 '삼장'三藏을 중심으로 부처의 가르침과 관련된 기록을 총칭하는 용어이고 '대장경판'大藏經板은 대장경을 새긴 목판(경판)을 말한다. - 옮긴이 주

51. 이를테면『금강경金剛經』의 영문 번역은 '다이아몬드 수트라Diamond Sutra'이고『반야바라밀다심경般若波羅蜜多心經』은 영문으로 '허트 수트라Heart Sutra'로 번역된다.

52. 지셴린은 그것을『마누 법론』으로 번역하였지만 나폴레옹 법전과 같은 것으로 오인되는 것을 피하기 위해 필자는 그것을『마누 법경』으로 번역하였다. 왜냐면 그것은 '스므리티smrti, 聞經'로 지칭되기 때문이다.

53. Wendy Doniger and Brian K. Smith, trans., The Laws of Manu, p. xviii.

54. 불법佛法을 지키는 신장神將들, 곧, 천天, 용龍, 야차夜叉, 건달바乾闥婆, 아수라阿修羅, 가루라迦樓羅, 긴나라緊那羅, 마후라가摩睺羅伽의 팔신八神. - 옮긴이 주

55. 나카무라 하지메中村元는 이렇게 말했다. "인도인은 구속받지 않고 자유롭게 추상적인 사고를 한다. 이는 그들이 가진 '수數' 관념에 대한 표현 기교에서 선명히 드러난다. 극히 크거나 극히 작은 수數가 종종 종교 성전과 문학작품에 등장하는데 이는 그들이 가진 풍부한 공상력과 추상성 때문이다. …그러나 '영(0)'의 개념은 인도인이 발명한 것이다. 산스크리트어에서 '영(0)'은 '수냐sunya'라고 불리는데 이 단어는 중국어 불경에서는 '공空'으로 번역된다. 상세한 내용은 [일본]나카무라 하지메 저, 린타이, 마샤오허 번역『동방민족의 사유방식』(타이베이시: 슈신, 1999년), 상권, 53쪽을 참조.

56. 불교에서는 천지가 한번 개벽한 이후 다음 개벽 때까지의 기간을 겁劫이라고 하는데, 겁에는 과거겁인 장엄겁, 현재겁인 현겁, 미래겁인 성수겁이 있다. 한 겁의 기간 동안 석가모니불, 구나함모니불 등 수많은 부처가 등장한다. - 옮긴이 주

57. Overkill은 미국 군부가 베트남 전쟁 기간에 사용한 용어로 한 번의 폭격만으로도 베트콩 촌락 하나를 몰살할 만큼 충분한 파괴력이 있는데도 세 번, 다섯 번, 과도하게 폭격한다는 뜻이다.

58. 헝가리의 수도인 부다페스트는 영문으로 하면 공교롭게도 '부다佛(부처)'와 '페스트 成災(재해)' 두 개 음의 조합으로 이루어진다. 한 번은 학교에 강연하러 오신 한 인도학자와 그의 부인을 모시고 식사를 하면서 '만불사萬佛寺'로 수수께끼를 낸 적이 있었다. 정답은 유럽 모 국가의 수도 이름이었는데 내가 수수께끼의 답을 밝히기도 전에 두 인도학자는 배꼽이 빠지도록 웃었지만 동석한 중국 학자는 무슨 영문인지 몰라 어리둥절하기도 했다.

59. Wendy Doniger and Brian K. Smith, trans., The Laws of Manu, pp. 11~12.

60. Ibid., p. 99.

61. 성엄법사聖嚴法師: '자이나교(2009/11/19), https://www.ptt.cc/bbs/Buddhism?m. 1258631290.A.4EF.html 검색일자: 2015/1/11.

62. Johannes Bronkhorst, Greater Magadha: Study in the Culture of Early India(Leiden: Brill, 2007), pp. 5~6.

63. "Caste," Brill's Encyclopedia of Hinduism, Volume III, Society, Religious Specialists, Religious Traditions, Philosophy, p. 30.

64. Wendy Doniger and Brian K. Smith, trans., The Laws of Manu, p. 384.

65. "Caste," Brill's Encyclopedia of Hinduism, Volume III, Society, Religious Specialists, Religious Traditions, Philosophy, p. 26.

66. 그러나 오늘날 '민주' 제도와 대중 매체를 배경으로 인도의 카스트는 상술한 갖가지 정의 말고도 정당으로 탈바꿈하였고 이에 의지해서 1997년에는 천민 출신 대통령도 탄생하였다!

67. André Wink, Al-Hind: The Making of the Indo-Islamic World, Volume I, Early Medieval India and the Expansion of Islam, 7th-11th Centuries(Boston & Leiden: Brill Academic Publishers, Inc., 2002), p. 31.

68. "Adivasis," in Knut A. Jacobsen, Brill's Encyclopedia of Hinduism, Volume III, Society, Religious Specialists, Religious Traditions, Philosophy, p. 5.

69. André Wink, Al-Hind: The Making of the Indo-Islamic World, Volume I, Early Medieval India and the Expansion of Islam, 7th-11th Centuries, pp. 72, 101. 불교와 자이나교는 '살생 금지' 계율을 지키기 위해 흙을 뒤집는 과정에서 자칫 미생물이 죽을 수 있는 환경의 농업에는 종사하기를 꺼리고, 많은 경우 상업에 종사하였기 때문에 불교도가 실크로드 개척에 기여한 공이 크다고 할 수 있다. 고등 힌두교도에게 있어서 바다를 건너 타지로 간다는 것은 낯선 지방에서 재생족으로서의 교리를 지키지 않을 것임을 암시하는 일이므로 짐승과 다를 바 없는 외지인으로 여겨졌으며 내력이 불분명한 음식을 먹어 '오염' 될 리스크가 상당히 컸다.

70. "Caste," Brill's Encyclopedia of Hinduism, Volume III, Society, Religious Specialists, Religious Traditions, Philosophy, p. 28.

71. "Tantra ," Brill's Encyclopedia of Hinduism, Volume III: Society, Religious Specialists, Religious Traditions, Philosophy, pp. 575~576.

72. "Śaiva Siddhānta," Brill's Encyclopedia of Hinduism, Volume III, Society, Religious Specialists, Religious Traditions, Philosophy, p. 523.

73. Ibid., p. 517.

74. "Tantra", Brill's Encyclopedia of Hinduism, Volume III, Society, Religious Specialists, Religious Traditions, Philosophy, p. 585. '오감로五甘露'는 마찬가지로 브라만의 '오성식五聖食, pancgavya (소의 젖, 정화한 버터, 응고된 우유, 소의 똥과 소의 오줌)'에 대한 부분적 전복의 성격을 갖는다. 상세한 내용은 다음 참조. "Food,"Brill's Encyclopedia of Hinduism, Volume III: Society, Religious Specialists, Religious Traditions, Philosophy, p. 68.

75. N. N. Bhattacharyya, "Tantrism and Shaktism," in J. S. Grewal, ed., Religious Movement and Institutions in Medieval India, Volume VII, Part 2 of History of Science, Philosophy and Culture in Indian Civilization (Oxford and New York: Oxford University Press, 2006), p. 84.

76. R. C. Majumdar, ed., The History and Culture of the Indian People, Volume IV, The Age of Imperial Kanauji (Bombay: Bharatiya Vidya Bhavan, 1984), p. 321.

77. "Śaiva Siddhānta," Brill's Encyclopedia of Hinduism, Volume III, Society, Religious Specialists, Religious Traditions, Philosophy, p. 522.

제29장

인도 역사의
'중고화'

상술한 내용에서 알 수 있듯 남아시아 아대륙의 역사는 그 자체에 내재한 로직이 있어서 세계사의 거대한 분기표에 편입시킬 수 없을 것처럼 보이지만 세계의 다른 지역이라고 어찌 그렇지 않겠는가? 동아시아와 이슬람 세계는 '중고中古' 세계의 쌍봉을 이루었고 당시 정말로 뒤처졌던 것은 오히려 유럽이었으며 전체 지역이 뒤로 후퇴했지만 '476~1453년'은 도리어 전 세계 중고시대 역사의 모델이 되었는데 어떻게 그렇게 될 수 있었을까? 인도의 역사를 세계 중고 역사에 끼워 넣지 않는다면 세계 역사는 서로 연결될 수 없을 것이다.

우선 이번 장에서는 '세계사'를 통해 인도 '중고사'의 위치를 조명하고 내륙 아시아 종족의 침입과 라지푸트족의 등장을 실마리 삼아 해당 시대를 가늠해보았다. 이는 문명지대에 자리 잡은 '흉노시대'(좁은 의미의 흉노에 한정하지 않음)가 세계사의 획을 그은, 하나의 분기점이 되었기 때문이다. 두 번째는 이슬람의 침입이다. 이슬람의 굴기는 '중고' 시대의 현상이므로 이 '중고' 시대가 인도 앞에 들이닥친 셈이다. 세 번째는 불교 밀승이 토번으로 유입되면서 오늘날 티베트 문명의 바탕이 형성된 사건이다. 토번 제국의 굴기는 이슬람 제국과 마찬가지로 대체로 세계사의 중고 단계에 속한다. 네 번째는 상좌부 불교가 스리랑카에서 인도차이나반도로 유입되어 버마(미얀마)를 중심으로 점차 해당 반도(베트남 제외)의 문화적 바탕에 자리 잡은 사건인데, 버마인이 인도차이나반도로 남하한 것은 서기 1천 년 전후의 일이다. 그 밖에 세계사가 중고시대에 들어선 다음에야 형성되었던 '대인도 문화권'도 고려해야 한다.

카나우지 제왕의 위업

굽타 제국(320~550)이 백흉노의 충격으로 붕괴하자 북인도 중원 지역에 있던 카나우지Kanauji의 지도자 이사나바르만Isanavarman이 굽타의 잔당을 쫓아내면서 카나우지 지역이 점차 위세를 떨치게 되었다. 원래는 굽타의 지배 아래 있던 지방이 새로운 중심지로 변모하기 시작한 것이다.[1] 굽타 왕조 멸망 후 그 통일 대업을 계승할 것으로 기대된 유일한 인물은 하르샤바르다나Harshavardhana(589~r.606~647)이다. 사실상 그는 북인도를 통일하였지만 아쉽게도 그의 통일 대업은 마치 중국의 진晉나라처럼 오래 가지 못했다. 인도의 많은 역사가는 그 시기를 '고대' 말기로 편입시켰다. 그러나 하르샤바르다나 제국이 마가다 마우리아 왕조에서 굽타까지 한 계통으로 이어진 '고대 제국'과 갖는 가장 큰 차이점은(새로운 출발점이기도 하다), 최초로 제국의 수도를 갠지스강 하류에서 갠지스강 상류, 정확히 말하면 갠지스강 원류와 그 지류인 야무나강Yamuna 사이의 카나우지로 옮겼다는 점이다.

북인도 평원은 오늘날 속칭 힌두스탄Hindustan에 해당하고『마누 법경』에서 말하는 브라만의 성역으로 그 협소한 핵심 지대를 일컬어 '브라흐마바르타Brahmavarta'라고 하는데 이는 브라만교 성전聖典의 탄생지이다. 그곳을 둘러싼 외곽은 '브라만의 땅Brahmarsidesa'이며 밝혀지지 않은 두 줄기 성스러운 강 사이에 있었다. 그보다 더 바깥 지역은 이 성지가 확대된 영역으로 북부의 히말라야에서 남으로는 데칸고원 북부 경계의 빈디아산맥Vindhya Mountains이 아우르는 지역을 '마디야데사Madhyadesa(중국)'라고 불렀다. 그리고 가장 바깥 지역을 '아리안의 땅Aryavarta(아리아바르타)'이라고 불렀는데 이는 히말라야와 빈디아 사이, 동해에서 서해에 이르는 지역을 포괄한다.[2]

이 성역은 고대 인더스강 유역 문명지대조차 포함하지 않지만 부처가 도를 설파한 마가다 지역이 기본적으로 그곳의 동쪽 가장자리 지대에 속한다. 비교적 최근 제시된 새로운 관점에 따르면 불교와 자이나교를 탄생시킨 '대 마가다the Great Magadha' 지역은 애초부터 '브라만의 땅'인 '마디야데사Madhyadesa (중국)'와는 상황이 달라, 브라만에 우호적인 곳이 아니었다고 한다.[3] 브라만 세력이 마침내 인도 전역에 널리 퍼진 뒤, 불교가 마지막에 사라진 지역은 벵골 지역, 즉 '대 마가다'의 동쪽이며 거기서부터 다시 티베트로 유입되었다. 브라만 세력은 비록 최후에 '브라만의 땅' 이외의 지역에서도 우위를 점하였지만, 브라만의 땅에 위치한 '카냐쿠브자 브라만Kanyakubja Brahmins'은 여전히 해당 카스트의 정상급 계층을 차지했다. 여기서 우리는 인도 역사의 중심축이 '고대 제국'의 갠지스강 중하류에서 카나우지로 이동한 것이 무척 결정적이고 핵심적인 사건임을 알 수 있다. 하르샤바르다나는 당唐나라의 우방이었던 까닭에 중국 역사의 시야에 들어갈 수 있었고 현장玄奘의 『대당서역기』에서는 특히 그를 불교의 벗으로 묘사하기도 했다. 사실 그는 시바의 신도였는데 시바 숭배는 굽타 시대에 새롭게 일어났고 푸라나 단계의 신 브라만교 Puranic Brahmanism (앞장 참조)에 속하였다. 이 때문에 하르샤바르다나는 복고파가 아니라 시대의 흐름을 좇는 쪽에 가까웠지만, 당시 여전히 큰 세력이었던 '구교' 불교에 꽤 우호적이었다. 하르샤바르다나 이후의 변화 추세는 갈수록 브라만 세력의 성장에 유리했던 반면 불교의 생존에는 불리했다. 이 때문에 모 인도 학자는 굽타 왕조에서 하르샤 왕조에 이르는 시기를 '힌두교의 황금시대'라고 일컫기도 하는데[4] 사실 이는 힌두교의 초창기에 해당한다.

　　하르샤바르다나는 북인도를 통일한 뒤 남하를 시도하였으나 또 다른 제국, 오늘날 카르나타카주를 핵심으로 하는 찰루키아Chalukya에 의해 저지되었다. 데칸고원 이남의 카르나타카 지역은 한때 마우리아 왕조 (322~185BCE)의 영토였으나 훗날 인도 반도 동부 연안의 사타바하나 왕조Satavahana dynasty (230BCE~220CE)에 속하게 되었다. 굽타 시대에는 현지

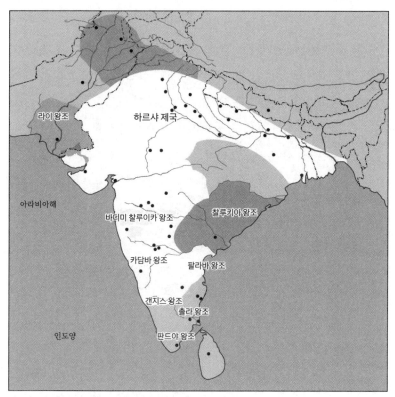

하르샤바르다나 제국의 판도

의 브라만이 카담바 왕조Kadamba dynasty (345~525)를 세우는데 이는 카르나
타어 지역 내 최초의 자립 왕조로 굽타 왕조는 반드시 그와 통혼하여 인
척 관계를 맺어야 했다. 카담바의 멸망은 굽타와 거의 동시에 이루어진
일이었고 뒤이어 등장한 것은 찰루키아 왕조(543~753)와 북인도 세력
간의 대치 정세였다. 하르샤 왕조는 한 세대에서 끝이 났고 후後 하르샤
의 역사는 각 지역이 카나우지라는 이 '중국' 지대를 쟁탈하는 양상으로
발전하였으며 브라만의 땅은 갈수록 인도 전체의 패권을 인증하는 인감
도장 역할을 하였다.

　　하르샤바르다나 사후의 카나우지의 역사는 알려진 바가 많지 않

다. 오직 토번의 역사를 통해 토번제국의 세력이 678년 인도로 확장하였고 한때 카나우지에까지 위험이 미쳤음을 알 수 있을 뿐이다.[5] 소위 토번의 역사도 중국의 기록에 의존해야 하는데, 이는 토번의 세력이 또한 당나라 서부 영토와 오늘날 윈난雲南에 해당하는 대리국大理國을 위협했기 때문이다. 692년, 당나라는 토번 세력을 타림 분지로 쫓아내고 실크로드를 열었으나 오래지 않아 아바스 왕조 통치의 이슬람 제국, 즉 흑의대식黑衣大食으로부터 새로운 위협이 더해지기 시작했다. 후자는 또한 인도에까지 그 세력을 확장하였는데 이 때문에 카슈미르의 카르코타 왕조Karkota Dynasty는 713년에 당나라에 구조를 요청하기도 했다. 당나라의 지원 속에서 카슈미르는 라리타디티야 무크타피다Lalitāditya Muktapīda(r.724~760) 시대에 이르러 북인도와 내륙 아시아의 또 다른 강권으로 성장하여 인도를 충분히 수호하는 한편, 내륙 아시아에서 토번을 견제하는 역할을 했다.

그 밖에도 당나라가 북인도에 두었던 맹우로는 카나우지의 군주인 야소바르만Yashovarman을 들 수 있다. 그는 731년, 당나라에 사신을 파견하였는데 이는 『구당서』「서융전」에서 '이사복마伊沙伏摩'로 표현되었다. 당나라의 이 두 맹우도 서로 동맹 관계에 있었다. 둘 다 인도 내 이슬람 제국 세력의 확대를 저지해야 할 필요가 있었기 때문이다. 그러나 훗날 야소바르만과 카슈미르왕은 사이가 틀어지게 되는데 후자의 역사 기록 『라자타랑기니Rajatarangini(제왕의 계보)』에 의하면 후자가 전자를 멸망시켰다고 한다. 라리타디티야 무크타피다는 723년 '전체 인도의 왕'을 자처하고 '디그비자야digvijaya(세계 정복)' 명목의 순시를 거행, 733년에 카나우지에 입성하였으나 747년, 다시금 카슈미르로 회귀한다.[6] 이로써 카나우지는 하나의 상징이 되어, 제국의 실제 수도라기보다는 '인도 전체의 주인'임을 증명해주는 인감도장과 같은 역할을 하게 되었다.

카슈미르의 카르코타 제국의 판도

카슈미르라는 이 히말라야 왕국은 북으로는 토번을 저지하고 서로
는 아라비아인의 침입을 막아 내었지만, 그 패권은 3대까지만 유지되
다가 쇠락한다. 그러나 카슈미르가 야소바르만 세력을 약화하고 카나
우지를 '디그비자야(세계 정복)'라는 공덕이 충만한 정치 유산으로 삼은
결과, 카나우지는 세 가지 세력이 각축전을 벌이는 전쟁터가 되었다.
그 세 가지 세력은 각각 데칸고원의 라슈트라쿠타Rashtrakuta 왕국과 벵
골의 팔라Pala 왕조, 그리고 마지막으로 오늘날의 라자스탄Rajasthan과 구
자라트Gujarat 지역에 해당하는 서북부 구석의 라지푸트족이다. 이 세 가
지 세력은 회전문처럼 돌아가며 카나우지에 입성하였지만, 그중에서
도 라지푸트족의 카나우지 점거 기간이 가장 길었다. 그들은 아라비아
인이 남아시아 아대륙에 대해 품었던 판세 확장의 꿈을 성공적으로 저
지하였다. 이슬람 세력의 인도 진출은 아라비아인의 '대식 제국'이 해
체된 이후 그의 돌궐 계승국이 남하하여 인도로 확장할 때까지 가로막
혔다.

라지푸트족의 굴기

라지푸트족은 인도의 '중고'시대 진입 초기에 등장한 종족으로 그중에서도 가장 강력하고도 가장 처음에 등장한 것은 구르자라인Gurjaras이다. 그들은 6세기에 굽타 왕조가 붕괴한 틈을 타 오늘날 라자스탄 중앙에 있는 조드푸르Jodhpur에 최초의 방국을 세웠다. 그러나 당시에는 '라자스탄' 혹은 영국령 인도의 전신인 '라즈푸타나Rajputana'는 모두 아직 형성되지 않았던 터라 구르자라인의 분포 지역은 가상의 '구르자라인의 땅Gurjaradesa'일 것이며, 오늘날 히말라야 서쪽 기슭, 펀자브(인도에 속한 부분은 '방국', 파키스탄 부분은 '성'으로 일컬음), 북부 지방 정권, 라자스탄 서부, 신드 지방 정권의 산 지대를 아우른다. 하지만 오늘날 그 종족들의 이름은 하나의 축소된 땅, 구자라트주에만 흔적으로 남아 있을 뿐이다.[7] 구자라트Gujarat, 곧 구자르Gujar인의 땅은, 현장법사의 『대당서역기』에서 '구절라瞿折羅'로 음역되었다. 앞에서 이미 언급하였듯이 이 신흥 세력과 데칸고원의 라슈트라쿠타, 그리고 벵골의 팔라 왕조는 카나우지를 돌아가며 지배하였다. 구르자라 제국은 프라티하라 왕조에 의해 통치되었던 까닭에 해당 정권은 구르자라-프라티하라Gurjara-Pratihara라고 불렸고 10세기에는 이미 스스로 '아리안의 성에 군림한 왕 중의 왕Maharajadhiraja of āryāvarta', 즉 북인도의 왕이라고 칭했다.

의미심장한 것은 이 브라만의 요충지를 다스린 이들은 새로 들어온 종족인데도, 웬일인지 고대 크샤트리아 카스트의 후예의 신분으로 등장했다는 점이다. 이 때문에 그들을 '제윤족帝胤族(임금의 혈통)', 즉 '라지푸트족'으로 명명하였다.[8] 그들은 한때 백훙노의 후예로 여겨졌는데 이 설은 서방 이민족의 대이동이 '상고' 시대를 종식했던 상황을 모방한 것이다. 그러나 포스트 식민주의 사유가 성행하는 오늘날, 그들이 본토에서 유래했다는 주장도 나와 그들이 원래 주변화한 종족이었으나 해당 시기

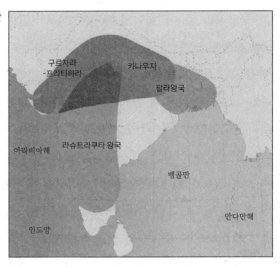

카나우지 쟁탈을 둘러싼
3대 세력의 판도

에 이르러 무대의 중앙으로 나왔다고 한다. 해당 관점은 그 가운데 내륙
아시아에서 백흉노의 남하를 따라 들어온 종족도 포함되어 있음을 배제
할 수 없다.[9] 문제는 브라만은 보통 경내의 주변화한 종족을 '천민'으로
여기는데 후자가 어떻게 고대 크샤트리아의 후예가 되어 일약 발돋움할
수 있었느냐는 것이다.

고대 말기에 훗날 라지푸트족으로 변모하게 되는 기지는 한때 이란
배경의 '서부 스트라프Western Satraps(제17장, 제18장 참조)'에 의해 점거되었
다. 그들은 별도의 종교가 있어서 브라만교를 섬기지 않았기 때문에 브
라만이 장악한 작품에서는 '쇠락한 크샤트리아'로 불렸다.[10] 여기서 알
수 있듯이 설령 부정한 '믈레차(외국인)'라고 하더라도 정복지 왕조에 속
한 통치 계급이라면 브라만은 부득이하게 그들을 '크샤트리아'로 칭할
수밖에 없었다. 라지푸트족은 '고대' 말기의 서부 스트라프 태수들과는
달라 결국에는 브라만교를 믿었기 때문에 '고대 크샤트리아 후예'라는
새로운 인가증을 얻을 수 있었다. 본토의 낙후한 종족도 세력을 얻기만
하면 '라지푸트'로 다시 태어날 가능성이 있었던 셈이다.

구르자라-프라티하라의 패권은 10세기 말까지 이어졌고 그 계승국은 오늘날 라자스탄주에 위치한 차우한족Chauhans과 오늘날 구자라트주에 있던 솔란키족Solankis, 말와Malwa(오늘날 중앙주)에 위치한 파라마라족Paramaras이다. 현지의 민요에 의하면 해당 네 부족은 모두 고대의 불의 족속Agnikula(아그니쿨라) 크샤트리아의 후예이며 하나같이 오늘날 라자스탄과 구자라트가 교차하는 지점, 아부산Mount Abu의 불을 제사하던 구덩이agnikunda에서 발원하였다.[11] 아부산에서 거행된 것은 크샤트리아의 재생의식으로 그들 앞에 놓인 새로운 대업은 '믈레차'인 아라비아인을 몰아내는 것이었다.[12] 이 일대는 일찍이 스키타이인과 서부 스트라프, 백흉노의 통치기를 겪었으니 월지인의 쿠샨 제국이 아우르는 땅이었음은 더 말할 필요가 없다. 해당 지역의 비非 조로아스트교 문화의 동부 외연은 대승불교의 요충지였다. 힌두교가 해당 지역을 '광복'하자 지연地緣 정치를 토대로 힌두교는 북인도에서 불교를 대신하여 문화 패권을 세웠다.

라지푸트족은 불의 족속 말고도 태양의 족속과 달의 족속이 있었다. 비록 이 신들이 모두 환 베다 시대에 뿌리를 두고 있긴 하지만 그 신화의 편직은 푸라나(양대 서사시 포함) 브라만교Puranic Brahmanism의 작품이었다. 이 새로운 '크샤트리아'가 이제 고대 신이 된 이후 그들에게 합법성을 부여한 신 브라만은 스스로 리쉬rishi(선인)라고 칭하였고 그 뒤 푸라나 이야기에서는 수련으로 된 선인仙人이 신神보다 더 대단한 신력을 가지게 되어, 후자를 두렵게 했다. 이는 자연히 브라만이 크샤트리아와 결탁하기도 하고 그들을 압도하는 수단이 되었다. 브라만교를 신봉하고자 했던 이들 신 귀족, 그리고 이미 브라만의 땅을 점거한 '마디야데사(중국)', 이둘의 합법성은 모두 새로운 종교의 '정통성'을 통해 공고해졌다. 후 굽타시대에 다시 짜인 이 같은 판세는 결국 인도 불교가 '중고' 시대로 진입하지 못한 채 '상고' 시대에 정체하게 했다.

힌두교가 광복한 북부 영토와 서부 땅

힌두교의 서북부 지역 '광복'은 전 카나우지 시대에도 이미 조짐이 보였다. 이 땅은 원래 '마디야데사(중국)' 지대에서 떨어져 있어서 브라만 세력이 한때 해당 지역에 도달했는지 여부도 문제가 되었다. 이제 새로운 힌두교가 해당 지역에 스며든 것은 굽타라는 강력한 세력의 산스크리트화 '고전주의'의 영향이라고 볼 수 있을까? 이 부분은 로마 제국의 패망이 도리어 고전 문명을 제국의 이북 지역에까지 확산시켰던 역사에 빗대어 볼 수 있다. 그러나 인도 역사를 서양 역사의 모델에 끼워 맞추는 것은 여기까지뿐이다. 앞서 '대 마가다'를 핵심으로 하는 마우리아 왕조가 일찍이 불교 문명의 세력권을 형성한 적이 있었는데 그 영향으로 중앙아시아에서 북인도까지의 지대를 아우르는 쿠샨 시대의 탄생을 촉진하였다.

만일 우리가 이 관점을 수정해서 문제를 바라본다면, 인도의 '고대'에서 '중고'에 이르는 시기는 사실 두 개의 고전 문명이 교체하는 시기일 뿐 서양사의 모델처럼 '고전' 시대로부터 '중고'시대로 이어지는 변천이 아니다. 고대 인도의 전반부 고전 시대는 심지어 선사시대에 뿌리를 두고 있기도 하다. 인도의 '축의 시대' 전반부는 문자 이전 단계에서 무르익었기 때문이다. 첫 번째 전형적인 모델은 최후에 인도에서 쫓겨났지만 그뒤 도리어 중국, 인도, 한국, 인도차이나반도 등지를 아우르는 '세계적 종교'로 변모하였다. 두 번째 산스크리트화한 모델은 인도 아대륙 및 동남아에 보급되었으나 그곳에 한정되지는 않았으며, 세계적이진 않고 인도적이었다. 여기서는 반드시 서양사 고전 시대라는 모판이 주는 '친숙함을 제거'해야만 비로소 이 시기의 인도사를 파악할 수 있다.

서북부 인도에서 신구 모델의 교체는 역사적 유적의 출토 단계를 통해 구체화하였다. 파키스탄 펀자브성 북부의 소금 산맥Salt Range 및 신드의 데발Debal, 미르푸르 카즈Mirpur Khas 등지에서 굽타 시대의 브라만 사당과 조소 작품이 출토된 것이다. 이 쿠샨 시기의 불교 성지는 브라만에 의해 '광복'되기 전에 이미 사산제국과 백흉노에게 침입당한 적이 있었는데 사산제국은 해당 지역에서 조로아스터교의 불씨를 다시금 일으켰다. 백흉노에 대해서는 현장법사의 『대당서역기』에서 '대족왕大族王(미히라쿨라)'의 멸불滅佛(불교를 멸함) 고사가 나온다(제19장 참조). 대족왕은 시바의 신도로 알려졌는데 만일 뒤에 일어나는 라지푸트족에 백흉노의 후예가 포함된다면 여기서 '멸불'을 시작한 이는 중원에서 온 '정통파'가 아니라 외부에서 온 민족이 되는 셈이다. 이해하기 어려운 것은 브라만의 행위는 복음파의 포교 활동과 완전히 상반되어, 외국인이나 낮은 계층의 사람에게서 '오염'되는 것을 극도로 꺼렸는데, 어떻게 그들이 한 지역에서 장기간 득세했던 불교를 대체하고 해당 지역에 진입할 수 있었느냐는 것이다.

카슈미르는 비록 불교의 중심지로 일컬어지며 용수龍樹(나가르주나)도 일찍이 이곳에서 활약했고 현장법사도 이곳에 이르러 참배하였지만, 8세기에 이르면 브라만이 행정 분야를 장악하였고 교리 전문가 신분으로 중용되었다.[13] 카슈미르 일대는 쿠샨 왕조 시대에 대승불교의 중심지였는데 이는 후 굽타의 새로운 발전이자 진전이었다. 오늘날 우리는 어째서 불교의 전륜성왕轉輪聖王의 의식 형태가 계속 유지될 수 없었는지 분명히 알지 못하며 왕권의 정통화는 갈수록 브라만의 교리에 의존해야 했다. 쿠샨 왕조 이전에 이곳에 브라만의 세력이 있었는지는 단언하기 어렵다. '대 마가다' 지역에 굽타 왕조 이전에 브라만이 정권을 장악했었을까? 불교와 자이나교가 일찍이 그들을 대체하였을까? 아니면 그들이 훗날 불교와 자이나교를 대체하고 고대의 베다교로부터 굽타 시대의 신브라만교(힌두교)까지 일맥상통하는 계보학을 썼을까? 더 서쪽에 있는 지역, 즉 카슈미르의 서쪽은 아라비아 제국과 직접 경계를 맞대고 있던 샤히Shahi 정권이 있었다. 해당 정권은 내륙 아시아와도 가까웠기 때문에 그들을 쿠샨의 후예이자 백흉노의 후예, 돌궐인이자 티베트족으로 보는 등 다양한 설이 있다. 어쩌면 기원전 16웅방 시대의 캄보자Kamboja의 후예일 수도 있다.

어찌 되었든 이번 장에서 조명하는 시대 구간 안에서 그것은 현장법사의 방문 시기인 '불교국 샤히Buddhist Shahi'에서 '힌두 샤히Hindu Shahi(힌두교의 샤히)'로 전환되었으니 그 시기는 대략 870년이다.[16] 전체적으로 보면 그것은 수도로 명명되었는데 수도가 함락된 뒤에도 여전히 '카불 샤히Kabul Shahi'로 불렸다. 인더스강 하류의 신드에서 마지막 출토된 불교 유적은 11세기 것이다. 신드에서는 라이 왕조Rai Dynasty(489~632?)가 굽타 말기에 출현했다. 굽타의 영향이 미치지 않은 이곳에서 라이 정권은 백흉노의 침입으로 동요한 사산 세력 이후 권력의 진공 상태를 틈타 등장했다. 이에 관하여 밝혀진 역사적 사실이 극히 적어 그곳은 언뜻 몇몇 문화가 뒤섞인 혼합 지역으로 보이지만 불교 위주였다. 불교가 사라지기 전에도 정부 관직은 이미 대다수 브라만이 차지했고 7세기 중엽에 이르면 한 명의 브라만 차치Chach가 왕위를 찬탈하고 브라만 왕조를 세웠다. 그러나 그 풍조를 보면 차치가 공공연히 과부와 혼인하고 그 계승자가 불교의 흰 코끼리를 탈것으로 삼는 등 중원 지역의 브라만과 다른 모습을 보였다. 브라만은 또한 불교 승려가 집집을 돌며 탁발하는 것을 연용延用하기도 했다. 당시 신드에는 과부를 불에 태워죽이는 의식을 비롯해서 실을 매는 의식인 우파나야나Upanayana, 성우聖牛 숭배의식, 목욕 의식

등 힌두교의 교리는 알려지지 않았고, 카스트 제도 역시 엄격하지 않아 직업을 기준으로 결정되는 사회적 계층이 교리에 앞섰다.[15] 이러한 갖가지 요소가 그곳이 힌두교의 '신토新土'였음을 설명해준다. 이처럼 힌두교의 토대가 안정적이지 않았던 지역은 빠르게 이슬람의 세력권으로 편입되었고 오늘날 파키스탄의 전신이 되었다.

서북부 모퉁이에서 침투한 이슬람의 삼중 공세

아라비아인은 사산 제국을 멸망시킨 뒤 664년에 대장군 무할랍Al Muhallab ibn Abi Suffrah(632~702)을 파견하여 동이란에서 펀자브로 쳐들어가 사산의 잔당을 소탕하였으나 정복의 의도는 없었다. 이후 몇 차례 더 진군하였으나 대다수 실패로 끝났다. 멀리 로마 시대에는 지중해 세계는 이미 인도와 통상하였고 이슬람 제국의 성립으로 지중해와 인도양이 하나로 연결되었기 때문에 이제 페르시아만 물길과 그 주변에 대한 통제는 반드시 이루어져야만 하는 일이 되었다. 그렇지 않으면 두 바다 사이의 교통이 해적에 의해 끊길 수 있었기 때문이다. 711년, 우마이아 정권의 기둥이었던 이라크 총독 알 하자이 이븐 요셉Al-Hajjaj ibn Yusuf(661~714)은 16세의 대장군 무함마드 이븐 카심Muhammad ibn Qāsim(695~715)을 보내어 바다와 육지 양면으로 신드와 물탄(펀자브 남부)을 공격했고 712~713년에 이들 지역을 정복하였다.[16] 그 뒤, 이슬람 세력은 장족의 발전을 이루지 못한 채 카슈미르와 라지푸트족에 가로막혔고 이로써 대식 제국의 계보는 끝을 맺었는데 그것은 해당 지역에서 다만 페르시아만이었을 뿐 인도 반도의 정권이 아니었다. 11세기부터 시작된 이슬람의 인도 정복은 신드에서 시작된 것이 아니라 아프가니스탄에서 시작되었고 주축이 된 세력 역시 아라비아인이 아닌 돌궐인이었다.[17]

서기 10세기, '이슬람의 땅'으로서 대식 제국은 한쪽에서는 붕괴의

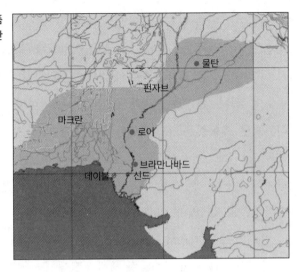

인더스강 중하류를 품은 카심의 페르시아만 정권

물탄

펀자브

마크란

로어

브라만나바드

데이불   신드

길을 걷게 된 반면 다른 한쪽에서는 북부의 돌궐족이 대거 이슬람으로 개종하면서 '이슬람의 땅'의 신예 부대를 얻을 수 있었다. 이 과정은 특히 동북 변경주 총독의 사만 토후국 땅에 집중되었고 돌궐인은 수니 정통파와 신 이란 문화(이란 문예 부흥)로부터 종합적인 영향을 받았다. 당시의 바그다드 중앙은 시아파의 부이 정권에 얽매인 상태였기 때문이다(제25장 참조). 977년, 돌궐 노예 장군인 아부 만수르 사부크티진Abu Mansur Sabuktigin(942~r.977~997)이 장인인 가즈니Ghaznavid 정권을 계승하였다. 가즈니 역시 노예 장군이었으나 일찌감치 사만 토후국으로부터 독립했다.[18]

이슬람 제국의 대 동부 '방백'의 위치에서 사만 토후국의 전임인 사파르 왕조Saffarid dynasty(861~1003)는 이미 879년에 카불을 점령한 뒤 가장 먼저 아프가니스탄에 세력을 확대하였고, 이제 돌궐 군사 집단이 세운 가즈니가 아프가니스탄을 근본으로 하는 최초의 이슬람 정권이 되었다.[19] 사부크티진이 동으로 카불 샤히를 섬멸하면서 인도 반도 진출의 문이 열렸다. 그는 동부 영토를 오늘날 파키스탄의 페샤와르 땅까지 확장하였다. 그의 아들 가즈니의 마흐무드Mahmud of Ghazni(971~r.998~1030)는 1001년에 카불 샤히에 타격을 준 것을 시작으로 뒤이어 물탄을 점거한 시아파 이단도 정벌하였다. 그는 횡으로 인도반도의 서북부 지역을 소탕하였고 동으로는 마투라와 카나우지를 공격하였으나 그 목적은 다만 북인도의 부(특히 오늘날 구자라트주에 위치한 연해 지역의 사당 유적지 솜나트Somnath의 금동불상과 보물창고)를 약탈하기 위함이어서 인도 제후들이 굴복한 것에 이미 만족하였으나 라지푸트의 방어선은 붕괴되었다.

마흐무드는 최초로 '술탄Sultan'으로 칭해지지만 사부크티진의 '총독'과는 달랐는데 이는 이슬람 세계에 돌궐 군사 지도자가 등판하였음을 보여준다. 마흐무드 말년에는 가즈니 술탄 주의 서부 영토가 새롭게 굴기한 셀주크 투르크인에게 함락되기 시작하였다. 후자는 마찬가지로 새롭게 귀의한 무슬림이었는데 다른 점이 있다면 전 대식 제국의 돌궐 군사 집단이 아니고 종족 전체가 대거 이동한 돌궐인이었다는 점이다. 1040년, 마흐무드의 아들 마수드 1세Mas'ud I of Ghazni(r.1030~1040)는 셀주크인에 의해 단다나칸 전투Battle of Dandanaqan에서 타격을 입고 제국은 호라산(이란의 대 동부)을 상실하였다. 가즈니를 수호하기는 했지만 인도를 다스리는 것으로 전향하여 퇴로를 삼았다.

최후에 이슬람 세력으로 하여금 힌두스탄에 자리 잡게 한 것은 아프가니스탄의 구리드인Ghürids이다. 그들은 동이란 혹은 타지크인으로 유목이 아닌 농사를 지었다. 원래는 가즈니의 부속국으로 그들을 통해 이슬람으로 개종하였으나 가즈니가 셀주크인에 패배한 뒤 구리드인 역시 셀주크인에게 공물을 보냈다.[20] 이후 구리드인의 세력은 점차 커져 오구즈 돌궐인을 노예군으로 하는 무장집단이 세워졌다. 1163년, 그들은 가즈니를 공격하여 해당 정권은 펀자브의 라호르Lahore로 천도하였다. 구

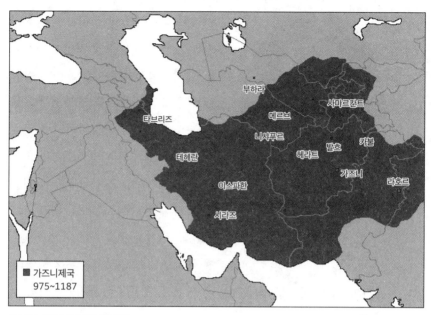

가즈니 술탄 주의 전성기 판도

리드인의 인도 정복은 가즈니에서 출발하였고 구리드의 술탄은 그 동생인 무이즈 알딘 무함마드Mu'izz al-Din Muhammad (1149~1206)를 가즈니에 봉하였다. 후자는 구리드 집단의 곁가지로서 그가 인도에서 새롭게 일군 일도 주로 주요 가지인 노예군에 의지했기 때문에 대체로 다른 구리드인을 배제하였다. 무이즈 알딘 무함마드는 1186년 라호르를 함락하고 가즈니의 잔당을 섬멸하였다. 그가 죽은 뒤 보위는 그의 노예 장군 쿠두브 우딘 아이바크Qutb-ud-din Aybak (r.1206~1210)에게 넘어갔다. 아이바크를 계승한 이는 또 다른 노예 장군인 샴스 우딘 일투트미쉬Shams-ud-din Iltutmish (r.1211~1236)였다. 그들은 델리에 노예 왕조를 세웠는데 기본적으로 돌궐 군사 집단이었다.

구리드 왕조가 힌두스탄을 정복한 시기와 맞물려 화레즘 제국 (1077~1231)이 북방에서 굴기하였고 구리드 왕조는 그들과의 다툼을

무이즈 알딘 무함마드

피하였으며 가즈니 선배들과 마찬가지로 인도 통치에만 주력하였다. 구리드 집단은 1197년 델리를 점령하고 1199년에 카나우지를 함락했다.[21] 몽고족이 화레즘을 멸망시키자 후자의 잔존 세력은 몽고의 추격부대와 함께 인도에 진입하였으나 구리드 정권은 끝내 버텨냈다.[22] 그리하여 '델리 노예 술탄국the Slave Sultanate of Delhi'은 320년에 걸친 기업(1206~1526)을 유지하였다.

본서의 제3권에서는 서부 정벌에 나선 몽고인이 아프리카에 진입하지 못한 이유는 카이로의 맘루크 돌궐 노예 정권에 가로막혔기 때문임을 지적하고자 한다. 세계사에서 이 단계에 이르면 문명지대에서 일어난 패권 다툼이라고 하더라도 초원의 무장 세력에 의지해서 힘을 겨루었다.

그때부터 델리 지역은 줄곧 중심적 지위를 점하였다. 한때 비록 영국령 인도가 행정 중심지를 벵골 지역으로 옮기기는 했지만 말이다. 오늘날 인도의 주요 국어인 힌디어Hindi는 파키스탄의 국어인 우르두어Urdu와 함께 모두 델리 지역에 기원을 두고 대영제국 통치 이전 아대륙 최후의 통일제국인 무굴 왕조 때 형성되었다. 무굴제국은 중고시대 델리 술탄국의 계승자로 그것이 국어의 탄생지가 된 것은 마치 원元나라의 북경어가 오늘날 중국의 표준어로 자리 잡은 것과 같은 맥락이다. 힌디어와 우르두어는 '힌두스탄어Hindustani'로 통칭하며 중국어 다음으로 세계에서 두 번째로 많이 사용되는 언어이다. 둘의 차이는 힌디어가 산스크리트어 어휘를 더 많이 사용하고 데바나가리체로 쓴다는 점이다. 우르두어는 페르시아가 개량한 아라비아 자모를 문자로 사용했으며 아라비아와 페르시아 어휘를 다량 포함한다. 어느 쪽과 비교하든 산스크리트어는 이미 굳어진 사어死語가 되었고 그것이 브라만의 패권을 든든히 떠받쳤던 것은 의외의 일이었다.

석양의 불교국: 벵골국

후後 하르샤 시대에는 벵골국이 굴기하였다. 고대 베다 아리아인이 동쪽으로 이주했다는 기록에는 해당 지역이 거의 언급되지 않았다. 후자는 『베다』를 쓴 민족과 연관이 없고 다른 아리아인일 가능성이 크다. 부처가 활약했던 고대 인도 16웅방 시대에 이곳에는 앙가Anga 왕국이 있었는데 '벵골'이라는 이름도 그 음이 변하여 유래하였을 것이다. 더욱 동쪽에 있는 오늘날의 아삼 지역은 몽고 종족이 살았던 땅이다. 마우리아 왕조 때부터 벵골은 비로소 '아리안의 성'으로부터 문화적 영향을 받기 시작했는데 여전히 불교를 통해서였다.[23]

굽타의 통일 제국이 붕괴한 뒤 동북부 인도는 일련의 지방 왕조로 분열되었고 하르샤바르다나의 통섭력은 한때 해당 지역까지 확대되기도 했다. 하르샤바르다나 사후에는 토번 제국이 남하하여 비하르와 벵골까지 확장하였는데 그 범위는 밝혀지지 않았지만 토번 제국까지 미치지 못했음은 분명하다. 당나라의 기록에 따르면 인도 동북부는 8세기 초 토번의 통제에서 벗어나 일련의 단명한 지방 정권 아래에 있다가 750년 전후, 고팔라Gopala(750s~770s)가 지방에서 국왕이 되면서 400여 년에 이르는 팔라 왕조의 문을 열었다고 한다. 불교도였던 그는 신 힌두교가 모든 것을 석권했던 시대에 하나의 불교 왕조를 세웠던 것이다. 당시는 마침 트리송데첸 시대로 토번 제국의 전성기였는데 불교 정권이 인도 동북부에 등장한 것이 토번 경내 숭불 세력 출현에 영향을 끼친 것인지, 아

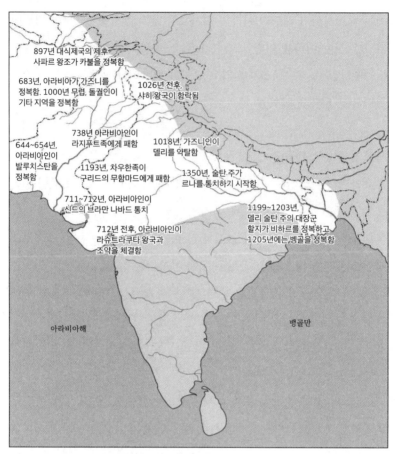

897년 대식제국의 제후
사파르 왕조가 카불을 정복함

683년, 아라비아카,가즈니를
정복함. 1000년 무렵, 돌궐인이
기타 지역을 정복함

1026년 전후,
샤히 왕국이 함락됨

644~654년,
아라비아인이
발루치스탄을
정복함

738년 아라비아인이
라지푸트족에게 패함

1018년, 가즈니인이
델리를 약탈함

1193년, 차우한족이
구리드의 무함마드에게 패함

1350년, 술탄 주가
르나를 통치하기 시작함

711~712년, 아라비아인이
신드의 브라만 나바드 통치

712년 전후, 아라비아인이
라슈트라쿠타 왕국과
조약을 체결함

1199~1203년,
델리 술탄 주의 대장군
할지가 비하르를 정복하고
1205년에는, 벵골을 정복함

아라비아해

벵골만

13세기 아프가니스탄 이슬람 세력의 북인도 진출

니면 우연이었는지 명확하지 않다. 팔라 왕조 초창기 세 명의 왕, 즉 고
팔라, 다르마팔라Dharmapala(8세기에 활약), 데바팔라Devapala(9세기에 활약)
시기, 왕국은 전성기를 맞이했다.

팔라 왕조는 벵골에서 기업을 일궜지만 수도는 역대 난다 왕조, 마
우리아 왕조, 슌가 왕조에서 굽타의 여러 왕조를 거친 고도古都 파탈리
푸트라Pataliputra로, 오늘날의 비하르 주에 있었다. 이 벵골국의 전성기
세력은 아삼과 오다(오늘날 동부 연안의 오리사주)까지 확대되었는데 다

르마팔라가 네팔의 국왕을 아울러 맡기도 한 것을 보면 이미 토번에게서 해당 왕국을 빼앗은 것이 틀림없다.[24] 다르마팔라는 서쪽으로 카나우지를 차지하고 해당 지역에 한 꼭두각시 정권을 세웠다. 비록 두 차례에 걸쳐 라지푸트족 구르자라인에 의해 쫓겨나긴 했지만 구르자라인은 데칸고원의 강자였던 라슈트라쿠타에 패한다. 후자는 다시금 팔라 제국의 세력에 좌절하지만 결국에는 승리를 거둔 뒤 남쪽으로 돌아간다. 이로써 팔라 제국은 삼국이 삼발 솥의 형태로 대치하는 국면에서 북인도를 장악하게 된다. 알려진 바로는 3대 군주인 데바팔라 때는 그 세력이 동해(벵골만)에서 서해(페르시아만)에 이르렀으며 남북으로는 빈디아산맥과 히말라야산맥을 경계로 삼았다고 한다.[25] 팔라 제국은 북인도 제국으로 도약하였지만, 벵골이 제국의 발원지였음과 벵골만이 세계 역사에서 갖는 중요성은 이 시기에 이르러서야 비로소 부각되기 시작했다.

팔라 제국은 중간에 몇 차례 중흥과 쇠퇴를 반복하다가 11세기에 이르러 네팔을 손에 넣었다. 북방의 슈퍼 대국이었던 토번은 이미 존재하지 않았다. 네팔의 불전佛典은 대다수 팔라 왕국의 이주 학자에 의해 유입되었다.[26] 벵골-비하르 일대는 오늘날 티베트 공동체의 정체성 형성에 결정적인 역할을 하였다.

'제3의 물결' 불교가 벵골에서 티베트로 전파되다

인도에서 불교가 쇠퇴하기 전 마지막 근거지는 '대 벵골'로 칭할 수 있는데 이는 불교의 탄생과 관계된 지역이 '대 마가다'로 불렸던 것과 같은 맥락이다. 팔라 왕조의 관할지에는 원시 불교의 탄생지, 이를테면 부처가 깨달음을 얻고 설파했던 부다 가야Bodh Gaya와 사르나트Sarnath 등지가 포함되는데 이는 오늘날 비하르주와 북방 일대에 있다. 인도 불교의 최고 학술 사원인 날란다 사원도 비하르에 있다. 날란다 사원은 굽타 시대에 세워졌고 팔라 왕조의 기반을 다진 고팔라 1세는 그 부근에 오단타푸리Odantapuri를 세웠는데 그곳은 팔라 시기의 5대 사원 중 하나였으며 그 중 으뜸은 단연 날란다였다. 8세기, 다르마팔라는 날란다 학술 수준이 저하되자 별도로 규모가 더 큰 위끄라마쉴라Vikramaśilā를 세웠는데 그 역시 대규모급 사원이었다. 다르마팔라는 그 밖에도 소마푸라 마하비하라Somapura Mahavihara를 축조했다. 마지막 한 곳은 야까달라Jaggadala로 팔라 왕조 말기에 세워졌으며 이는 라마팔라Ramapala(1077~1120)의 시대였을 것으로 보인다.[27]

팔라 왕국이 날란다 사원을 필두로 이룬 불교학 사원 네트워크는 불법佛法을 티베트에 전파한 상사上師들의 훈련소가 되었다. 팔라 왕조가 등장했을 무렵 티베트 역사의 '전홍기前弘期'에는 날란다 사원의 산트락시타Śāntaraksita(725~788)와 파드마삼바바Padmasambhava가 토번에서 최초로 티베트 승려단을 세우는 기반 다지기 역할을 했다. 산트락시타는 대승중관파大乘中觀派에 속하였고 파드마삼바바가 전한 것은 이미 밀승密乘이었다. 즉, '전홍기前弘期' 종파가 유일하게 '후홍기後弘期(978~현재)'에 전파한 것으로 닝마파寧瑪派가 되었다. 티베트 역사에서 두 개의 홍법弘法(부처의 도를 넓힘) 기간에는 일찍이 불법이 중도 쇠퇴하기도 했는데, 부흥기가 도래하기까지는 닝마파를 제외하고는 모두 전에 없던 종파로 밀승에 의해 모두 압도되었다.

아티사Atisa(980~1054)와 나로파Naropa(1016~1100) 등의 고승은 조금도 의심할 여지 없이 팔라 시기에 속하였고 그들은 티베트 불교를 부흥시키는 역할을 했다. 아티샤는 알려진 바에 의하면 한때 소융사의 주지승이자 티베트 카담파噶当派의 시조였다. 카규파噶舉派 밀교의 상사上師가 된 나로파 역시 날란다와 소융사의 이중 배경을 가진다. 후자의 상사, 즉 카규파를 일으킨 창시자는 84명의 마하싯다Mahasiddha(대 성취자) 가운데 한 명인 틸로파다Tilopada(988~1069)로 오늘날 방글라데시 치타공의 브라만 가정에서 태어났다. 벵골은 오늘날 티베트인의 공동체적 정체성 형성에 일조하여 대식 제국 동북부 사만 토후국의 '이란 문예 부흥' 운동이 돌궐 민족에 문화 세례를 베풀었던 공에 결코 뒤지지 않는다.

제25장에서 '대 이란 문화권'을 논할 때 그것이 '돌궐 페르시아 공생체'였음을 지적했던 것과 마찬가지로 여기서도 벵골 불교를 네팔-티베트와 비교할 때 일변도 현상이 아님을 반드시 강조해야 한다. 제29장에서도 이미 지적했듯이 밀교의 조짐은 가장 먼저 히말라야 서쪽 기슭과 남쪽 기슭, 아삼의 일부 '비구'에서 나타났고 훗날 인도의 여신교(샤크티)와 결합하여 완비된 체제의 샤크티 숭배가 형성하였으며 이로써 힌두교와 불교 양교에 침투하였다.[28] 이 단계에 이르자 이제 불교는 힌두교와는 떼어서 생각할 수 없는 상태가 되었고 결국에는 불교는 힌두교라는 이 기괴한 물고기를 기르는 거대 양식장에서 도태하고 만다. 오늘날 티베트 공동체적 정체성을 이루는 불교는 원시 불교나 대승불교와 유사한 점이 없기 때문에 인도의 불교가 티베트에 들어갔다기보다는 히말라야와 아삼 지역의 비의가 인도의 불교로 개량된 것이라고 보는 편이 낫다. 인도는 석가모니의 탄생지라는 영광을 얻었지만 이제는 옛 모습을 찾아볼 수 없을 정도로 바뀌어버린 불교가 역으로 본토에 '전파'된 것이다.

힌두교가 대 벵골을 '광복'하다

팔라 왕조는 마우리아 왕조와 마찬가지로 불법을 숭상하였음에도 나머지 교파(인도의 전통 형태 종교)를 배척하지는 않았지만 오직 '현대화'한 이후로는 종교 종족 간 충돌이 심각해져 유혈 폭동으로 확대되기도 했다. 팔라 왕조는 여러 차례 카나우지로 진입함으로써 '브라만의 땅'에 거주하는 브라만의 동부 이주를 촉진하였다.[29] 앞서 언급하였듯이 브라만의 행실은 기독교 복음파와는 상반된 모습이어서, 그들은 거리에서『성경』을 나눠주기는커녕 불결한 백성과 접촉하는 것을 최대한 피하고 불결한 땅에 들어가려 하지도 않았으며 정결하지 않은 나라에서는 거주하려 하지도 않았다. 그렇다면 그들의 종교가 어떻게 전파될 수 있었을까? 그들이 어떻게 인도 전역에서 불교를 상대로 전승을 거두고 심지어 최후에는 불교 탄생지에서 불교를 대체한 종교로 자리매김할 수 있었을까?

이해利害라는 두 글자 앞에서는 교리나 의궤는 한쪽에 치워두고 자기만의 학설을 그럴듯하게 꾸며대는 것은 역대 종교의 생존을 위한 비장의 수완이었다. 이슬람의 침입으로 '중원'이 함락되자, 브라만은 속속 국외로 도망하였고 앞서『베다경』에 의해 '아수라의 땅'으로 저주받은 대 동부로 브라만의 정통을 옮긴 것이다.[30] 이렇게 된 데는 위압 말고도 이익을 미끼로 한 유혹의 요인도 있다. 팔라 왕조를 포함한 벵골의 통치자는 모두 중토中土로부터 브라만을 불러들여 동부 삼림 지대를 개척하게 했다. 이로써 '중원'의 비교적 발달한 농업을 동방의 변경으로 유입, 어렵 생활 방식을 대체하였고 철기 생산 공구와 계급 사회 및 산스크리트어도 도입했다. 이는 동유럽 중고시대의 귀족들이 도이치의 자작농을 불러들인 것과는 다르고 오히려 영지를 하사한 것에 가깝다. 브라만 자체가 노동을 하지 않았고 다만 선진 지식과 기술, 카스트를 가지고 온 것이기 때문이다. 브라만은 종교 전문가 말고도 지식보고의 수호자이기도 해서 전통 인도의 각 학문 분야를 '베당가Vedanga', 즉 베다에서 갈라져 나온 가지라고 부른다.

문제는 팔라 왕조에서 불교가 국교화하였는데도 어째서 교세 확장이 이루어지지 않았을까 하는 점이다. 불교와 자이나교는 자칫 땅을 갈아엎을 때 발생할 수 있는 살생을 피하고자 농경에 종사하지 않기 때문에 승려들은 보시에 의존하고 세속인들은 상업에 주로 종사한다. 불교는 특히 실크로드의 종교로 변모하였고 그 때문에 스스로 점차 인도 이외의 지역으로 옮겨가게 되었다. 팔라 시대의 벵골은 종교와 경제를 분리하였고 뒤이어 일어난 세나 왕조Sena Dynasty(1070~1230) 때는 브라만 이민자에게 토지를 증여가 급증했던 반면 불교 관련 기구를 더는 지원하지 않았다. 거기다 이슬람 침입의 충격까지 더해지면서 기반이 약해진 불교는 다시 일어서지 못했다.

여기서 드는 의문은 힌두교가 통치자에게 더욱 효과적인 합법성을 부여할 수 있지는 않았을까 하는 문제이다. 불교는 원래 무신론이기 때문에 군주가 불법을 널리 전파하여 '전륜성왕'이 되는 것이 그 신권론의 기원이기도 하지만 불교 역사에 이 같은 이는 손에 꼽는다. 전륜성왕의 개념이 중국에 전파된 뒤 남북조의 '황제 보살'이나 무측천의 미륵 환생 같은 우상화 운동으로 변모하긴 했지만 이는 일반적인 제도는 아니었으며 무주武周(무측천의 왕조)의 경우는 심지어 혁명적이기까지 했다. 푸라나 힌두교 아래서 군주는 비슈누나 시바와 동일하게 여겨져 그들이 제위에 오를 때는 환생한 신으로 여겨졌다.

'브라만의 땅'인 중원에 비해 벵골은 상대적으로 '변방'적인 성격이 있어서 브라만이 경전의 4대 카스트를 구축하고 지탱할 수 없었다. 벵골에서 크샤트리아와 바이샤 계층은 기본적으로 공석이었기 때문에 '드비자(재생족)'는 오직 브라만만 남게 되었다(원래 '전 백성이 다 오염된' 나라는 이럴 수밖에 없었다). 팔라 왕조나 세나 왕조를 포함한 벵골의 정부 관료들은 스스로 경전의 '크샤트리아' 범주로 편입되기를 원했지만 브라만은 그들을 현지화한 수드라로 보았고, 일부 브라만의 저서에서는 아예 그들을 비非카스트화하여 직책으로 여기기도 했다.[31] 이러한 것들은 모두 산스크리트화라는 거대한 우산 아래서 진행되었고 인도의 점진적인 힌두교화가 굽타 고전주의의 음덕 아래서 진행되었음을 보여준다. 이러한 고전주의 이전의 마우리아 왕조는 마가다 방언을 사용하였는데 그것은 부처가 설파할 때 사용한 언어이기도 하지만 중고시대 인도 대륙의 불전佛典은 이미 불교 혼합 산스크리트어를 고쳐 사용하였다(제28장 참조).

오늘날, 3억 명 가까이 사용하는 벵골어는 세계 7대 언어 가운데 하나이자, 더욱 광범위한 '동부 인도 아리안(마가다) 어족Eastern Indo-Aryan(Magadhan)'에 속하여, 부처와 마우리아 왕조의 국어를 모태 삼아 발전하였다. 알려진 바로는 오늘날 인도에서 산스크리트어를 말할 수 있는 인구는 5만 명에 불과한데 이들은 대개 일상의 삶을 벗어나 있는 복고주의자라고 한다. 그러함에도 여전히 인도의 22종에 달하는 공식 등록 언어 가운데 하나가 되었다. 그것은 고전 산스크리트어를 바탕으로 발전하였으며 최종적인 권위는 베다교의 교리어이다. 이번 장에서 주목하는 것은 '중고' 시대로 굽타 시대의 산스크리트어 고전주의가 그것의 패권을 형성하였고 브라만의 카스트 패권과도 서로 연결되어 있다는 점이다.

상좌부의 중심축: 스리랑카와 버마

인도 대륙의 불교국은 물론 옮겨가기는 했지만 또 다른 불교국이 여전히 실론섬에 남아 있다. 그것은 팔리문을 기초로 삼았고 그 교리어가 비록 아리안어이긴 하지만 베다 산스크리트어와 기원이 달라 독립된 계열을 이루었다. 해당 나라의 역사서『마하밤사Mahavamsa, 大史』와『디파밤사Dipavamsa, 島史』에 의하면 부처가 한때 친히 스리랑카에 들렀다고 한다.

비교적 신뢰할 만한 전설에 따르면 불교는 아소카왕의 장자 마힌다 테라Mahinda Thera에 의해 기원전 250년 들어온 뒤 빠르게 국교가 됐다고 한다.[32] 부처가 일찍이 친히 왔다는 것은 신화이지만 아소카왕이 전도사를 사방에 파견했다는 것은 실제 역사 기록에 남아 있다. 스리랑카의 상좌부 불교를 신봉하는 신할라족Sinhalese은 확실한 아리아인으로 북인도 해상으로부터 이주해 왔다.

마가다 상좌는 국왕의 협조 아래 왕국의 도읍인 아누라다푸라Anuradhapura에 유명한 '대정사大精舍', 즉 '마하위하라Mahavihara'를 세웠는데 이는 상좌부의 문화 중심지 및 정신적 본부가 되었다.[33] 실론섬은 남인도에 있고 나머지는 드라비다어의 천하였으니 남방불교의 관점에서 디파밤사를 보면 다른 부분의 섬 주민, 즉 힌두교를 믿는 타밀족은 적체敵體(적대적 대상)로 여겨진다. 이 적대적 관계는 사실 힌두교의 영향을 배척하고 아리안 상좌부의 순수성을 유지하는 데 도움이 되었다. 1017년, 남인도 타밀족의 촐라 제국Chola Empire은 해협을 건너 실론을 정복한 뒤 1071년까지 통치하였다. 신할라족은 나라를 회복한 뒤 수도를 폴로나루와Polonnaruwa로 옮겨 국교의 기반을 다시 세우고자 했고 벵골만의 버마에 도움을 청했다.[34]

버마의 불교는 인도에서 유입된 것이지만 초창기에는 일존一尊(유일한 권위자나 절대자)이 없었고 '버마'라는 국가 또한 없었다. 해당 지역의 상좌부 관련 역사적 전설은 스리랑카와 궤적을 같이하며 부처는 일찍이 초청에 응하여 오늘날의 미얀마 경내를 세 차례 방문하였고, 그 밖에도 이와 관련해서는 아소카왕을 빼놓을 수 없다. 불교력 235년, 스리랑카는 아소카왕이 지원한 남방불교 제3차 결집대회를 거행한 뒤 구방九方으로 전도사를 파견하였는데 훗날 버마 지역이 된 것이 그중 일방一方이다.[35] 만일 부처가 이미 직접 해당 지역에 가서 설법하였다면 훗날 전도

아노라타 대왕

파간 지역은 1044년 당시 왕국의 핵심이
었다.

사를 파견할 필요가 있었을까?

　고고학적 증거에 따르면 5~6세기 팔리문 불교는 이미 오늘날 미얀
마의 경내로 유입되었다고 한다. 서기 4세기 후반, 남방불교에 있어서
이정표적인 사건 중 하나는 대 상좌 부다고사Maha Thera Buddhaghosa가 일찍
이 남인도와 실란, 그리고 오늘날 미얀마 프롬 사이를 빈번히 왕래하였
던 것인데 미얀마의 타톤Thaton과 페구Pegu에도 부다고사 전승의 흔적이
남아 있다. 당시 버마인은 아직 해당 지역으로 남하하지 않았고 불교화
의 영향을 받은 이들은 피우족Pyus과 몬족Mons이었다. 승려가 자주 드나

들었던 범위에서 보면 불교의 전파는 하나의 근거지에 한정되는 것이 아니라 인도 동부 연안의 안드라Andhra와 동남부 연안의 팔라바Pallava, 즉 텔루구어Telugu 지대까지 포함한다. 여러 차례 전파된 교리 역시 한 종파에 한정되지 않았기 때문에 몬족은 실란의 상좌부에 귀의하였고 피우족은 소승불교의 설일체유부說一切有部, Sarvastivada를 받아들였다.[36] 버마에는 심지어 대승과 밀승의 흔적도 있는데 어쩌면 티베트와 아삼, 오늘날의 인도 마니푸르Manipur 등 북쪽으로 치우친 지대에서 유래했을 수 있다.[37]

서기 9세기 중반 이후, 버마인은 오늘날 중국 경내에서 남하하여 상좌부에 결정적인 영향을 끼친다. 버마인은 파간Pagan을 세우고 사방으로 확장해 나갔다. '버마의 아버지'라 불리는 아노라타Anawratha 대왕의 세력은 북으로 운남雲南에 이르렀고 남으로는 말레이반도의 끄라 지협, 서로는 아라칸 산지대Arakan Hills까지 이르렀다. 1057년, 그는 타톤 지대 몬족의 땅을 멸하고 최대한 그 문화를 받아들인 결과 그 땅은 인도차이나반도 내 상좌부의 중심지가 되었다.[38] 아노라타는 신할라 국왕 위자야바후 1세Vijayabāhu I(r.1055~1110)의 지원 요청에 응하여 기술자를 스리랑카로 보내 불교 성지를 재건하게 했는데 양측의 우호적인 경전 및 승려 교환으로 아노라타는 부처의 사리를 얻게 된다.

상좌부 불교는 버마의 국교가 되었고 나머지 교파는 그다지 주목받지 못했는데 특히 힌두교는 인도 이민족과 상인 등 버마에 머물던 외국인의 종교가 되었을 뿐이다.[39] 당시의 첸라는 대승불교와 시바 숭배가 우위를 보였고 참파의 주류는 시바 숭배였으며 남양南洋은 대승불교와 힌두교가 뒤섞여 발전하였다. 지금까지도 베트남 이외의 인도차이나반도는 남방불교가 주류를 이루지만, 태국과 캄보디아에는 여전히 힌두교적 요소가 짙게 깔려 있다. 남양南洋 일대는 대다수 이슬람화하였고, 유일하게 미얀마만 홍일점으로 남아 상좌부의 정통을 고수하면서 힌두교 세력과 양립할 수 없는 신할라 스리랑카와 더불어 세력을 다투었다. 스리랑카의 상좌부는 특히 계율을 중시하는데 버마 역사에서는 여러 차례 승려에 대한 정풍整風 운동이 일어났고 심지어 어떤 때는 국왕이 나서서 주도하기도 했다. 여기서는 아노라타의 대사원이 정통을 구축하는 바티칸의 역할을 하였다.[40]

인도와 '대인도 문화권'

대개 동남아(베트남 제외)는 대인도 문화권에 속하는데 이는 어떻게 형성되었을까? 제17장에서는 유라시아 대륙을 가로지르는 4대 제국의 문명 사슬이 등장하면서 중국과 서아시아 무역의 실크로드를 연결하였음을 설명하였다. 중국의 실크로드는 서쪽으로 페르시아로 들어가는 길 말고도 쿠샨 제국이 건재했을 당시 실크로드의 중간 라인이 서북 인도의 항구를 통해 페르시아의 적국인 로마로 향하기도 하였다. 이때 남인도는 토산품인 향료를 납품하기도 했다.

　인도차이나반도의 '상고' 시대에 속하는 푸난국Funan은 한漢나라 때 굴기하였는데 이는 인도양 상인이 중국으로 진입하는 길목에서 중도 정거장 역할을 하면서 등장하였다. 벵골만으로부터 남부로 확장된 부분의 안다만해로부터 시암만으로 가는 가장 편리한 길은 비좁은 끄라 지협이다. 그러나 해당 지역에는 밀림이 들어서 있어서 비록 길이 빠르기는 해도 중도에 머물기에는 적합하지 않았다. 시암만에 위치한 푸난국은 쌀이 많이 생산됐다. 그래서 계절풍의 방향이 바뀌기를 기다리며 머물던 거대한 규모의 상인 집단을 부양하기에 충분했다.[41] 여객은 인도인이 다수를 차지하였는데 푸난 전설에 의하면 나라를 세운 이가 브라만이고 최초의 문자도 산스크리트어였다고 한다. 푸난의 인도화는 동남아시아(베트남 제외)가 대 인도 문화권에 속하게 된 출발점이 되었다. 이 문화권의 형성은 동아시아와 함께 중국, 인도, 한국, 베트남을 포괄하는 대한大漢 문화권을 형성하였다. 지중해의 로마화 및 인도 아대륙의 점진적인 산스크리트화는 동시대에 평행적으로 일어났던 현상이다.[42] 인도화와 산스크리트화는 중첩되지만 동일한 과정은 아니다. 인도 문화의 동남아시아 전파가 반드시 산스크리트화를 의미하는 것은 아니다. 스리랑카가 버마에 수출한 팔리문화가 그 예다. 동남아 인도화의 시작은 산스크리트어 고전 시대의 굽타 왕조보다 이르기 때문에 불교는 매우 큰 비중을 차지했으며 산스크리트화는 브라만이 주가 되었다.

푸난은 원래 국제 무역에 직접 종사하지 않았으나 하나의 중계점이 되었다. 그 뒤 말레이인의 국제 무역 활동이 점차 활발해지면서 해상 실크로드에 하나의 지역을 추가하였으며 남양南洋으로 깊숙이 발전해 나갔다. 350년 전후, 말레이 선원은 이미 스리랑카에서 말라카나 순다해협을 관통하여 남중국해에 이르는 상업 로드를 구축하였는데 중국의 순례승 법현法顯(337~422)이 바로 그 증인이다. 말레이 상인은 토산품인 송진과 장뇌, 그리고 동아프리카와 남아라비아, 서남부 이란 일대의 유향, 안식향, 몰약을 중국 시장에 들여가 경쟁하였다.[43] 7세기(당나라 건립 시기) 이전에는 중국과 서아시아의 해상 무역 활동은 여전히 인도양 해안과 페르시아만을 끼고 이루어졌고 남양南洋의 역할은 그리 두드러지지 않아 해당 지역에는 강력한 국가가 출현하지 못했다. 아라비아인은 651년, 이란의 사산제국을 멸하고 수도를 메소포타미아 유역에서 다마스쿠스로 이전하였다. 이는 고대 로마 제국의 지중해 동부 연안이 그들의 옛 숙적인 페르시아 지역을 압박해서 페르시아만 무역이 중도 쇠퇴하였고 그것을 남양南洋의 대당對當 무역이 대체하게 되었음을 의미한다.

수마트라섬 스리비자야Srivijaya의 굴기도 이 시기에 이루어졌고 그들은 당나라에 공물도 바쳤는데 설마 이것이 역사의 우연일까? 대식 제국의 정권 교체기에 수도가 메소포타미아 유역의 바그다드로 이전되면서 서아시아와 동아시아의 무역은 이제 말레이인이 추가된 삼각 형태의 무역 구도로 변모하였고, 남방이라는 지역도 해상 제국으로 발전하기 시작했다. 스리비자야와 당나라, 그리고 벵골의 팔라 왕조는 우호 관계를 구축하였다. 860년, 스리비자야의 정부는 날란다 일대에 사원 한 곳을 헌납하였다.[44] 이번 장에서 조명하는 역사적 기간에 남양南洋에서 대승불교가 성행했던 것은 벵골국과 큰 관계가 있다. 스리비자야의 힌두교화한 남양만의 독특한 불교는 불교국인 벵골과 연관성이 있지만, 그 밖에도 다른 무역 상대인 당나라 또한 마침 중국 불교의 전성기를 맞이하고 있었다.[45] 7세기 말 스리비자야는 이미 남양 불교학의 중심지가 되었고 당나라 승려 의정義淨(635~713)도 스리비자야에 다년간 머무르며 경전 번역에 주력했다. 그 해상 제국의 세력 범주는 멀리 인도차이나반도까지 이르러 전체 말라카 해협을 관할했고 육지와 해상의 요충지인 끄라 지협을 점령하였다.

스리비자야의 동시대에는 자와틍와의 사일렌드라 왕조Sailendra Dynasty가 있었다. 해당 왕조는 780년 전후 '현존하는 최대의 불교 건축이자 남반구 최대의 건축물'인 보로부두르Borobudur를 건축하였다.[46] 이는 캄보디아의 앙코르와트와 더불어 최대의 힌두교 건축일 뿐 아니라 세계 최대의 종교 건축물로 여겨졌으니 이제는 딸이 엄마를 넘어서는 수준에 이른 셈이다. 앙코르와트의 영감은 처음 힌두교에서 시작되었다가 이후 점차 남방불교의 문물이 되었다. 보로부두르는 대승불교의 성지로, 뿌리가 되는 것은 만다라 도형인데 여기에는 동남아의 산악숭배가 반영되었다. 이 만다라의 최고봉은 대일여래大日如來로 금강승金剛乘(밀승)의 요

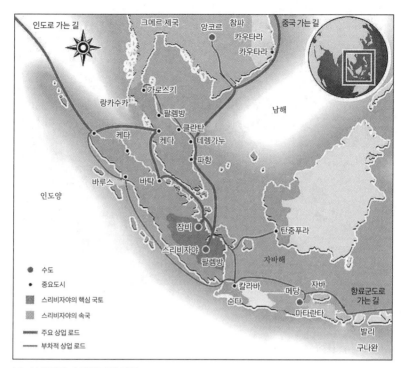

지도 안 텍스트:

인도로 가는 길
크메르제국
앙코르
참파
카우타라
중국 가는 길
카우타라
가로스키
랑카수카
팔렘방
남해
케다
클란탄
케다
테렝가누
파항
바루스
바탁
인도양
잠비
탄중푸라
스리비자야
팔렘방
자바해
칼라바
자바
항료군도로
가는 길
순다
메당
마타란타
발리
구나완

범례:
● 수도
• 중요도시
■ 스리비자야의 핵심 국토
■ 스리비자야의 속국
━ 주요 상업 로드
━ 부차적 상업 로드

10~11세기의 스리비자야 제국

소가 함축된 듯하다. 이는 인도 말기 불교가 밀승으로 넘어가는 과도기적 형태와 맞아떨어진다.

사일렌드라 왕조의 역사는 명확하게 규명되지는 않았지만 훗날 내란으로 분열되어 왕위는 외척에 찬탈되었으며 기존의 왕실은 수마트라로 도망하여 스리비자야를 계승해 후자의 왕조가 되었다고 알려져 있다.[47] 사일렌드라 왕조의 통치 아래 스리비자야의 패권은 1025년, 남인도 촐라 제국에게서 치명적인 타격을 입고 수도 팔렘방Palembang, 말레이반도의 케다Kedah, 그리고 다수의 해협이 함락된 결과 스리비자야는 여전히 존재했지만 사일렌드라 왕조는 종식되고 말았다.

촐라 제국은 타밀 땅의 한 오래된 나라로 패주인 라자라자Rajaraja

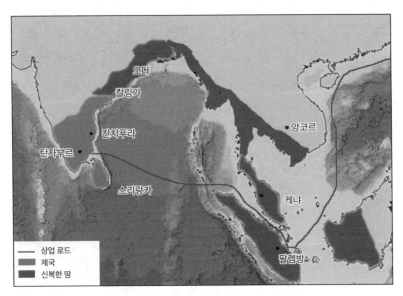

촐라 제국과 그 복속국

(r.985~1014)의 손을 거쳐 슈퍼 강권으로 변모한다. 그는 비록 인도 반도를 통일하지는 못했지만 세력을 외부까지 확장하여 바다 건너 실란에 침입, '1만 2,000개의 도서'로 불리는 멜다이브 제도를 정복하였다. 한편 그는 군대를 파견하여 북상, 칼링가Kalinga(오늘날 오디샤 주)를 정복하고 인도 동부 해안의 패권을 장악하여 벵골을 직접 위협했다.[48] 이제 제업의 상징으로 반드시 카나우지를 내세울 필요는 없게 되었다.

그의 아들 라젠드라 1세Rajendra I(r.1012~1044)는 실란의 신할라족 국가를 멸하고 1019~1024년 북으로 갠지스강 유역까지 침입하여 팔라 왕국에 타격을 입힌 뒤, 벵골만의 새로운 패주로 등극했다. 1025년, 그는 또한 해군을 파견하여 스리비자야의 해상 패권을 거의 무너뜨렸다.[49] 이는 인도양 전체 무역 형태의 변화와 관계가 있다. 11~13세기, 벵골 지역의 도시화와 무역은 모두 쇠퇴하다가 코로만델 해안Coromandel Coast(인도 아대륙의 동남부 연안)에서 유래한 자바와의 경쟁에 부닥쳤다. 아라비아인의 상업 활동 역시 아대륙 서남부의 말라바 해안Malabar Coast에서 코로만델 해안의 목화밭으로 방향을 틀어야만 했다.[50] 코로만델 해안의 촐라 제국의 굴기는 의외의 역사가 아니었다. 그의 군사적 행동은 벵골과 수마트라 등 경쟁자의 세력을 약화하고자 했던 시도 내지는 인도양의 물자가 풍부한 지역을 약탈하려는 해적 행위로 해석될 수 있다. 간단히 말해 인도는 이미 인도양의 일부가 되었던 셈이다.

주

1. R. C. Majumdar, ed., The History and Culture of the Indian People, vol.4, The Age of Imperial Kanauj(Bombay: Bharatiya Vidya Bhavan, 3rd edition, 1984), p. viii.

2. Wendy Doniger and Brian K. Smith, trans., The Laws of Manu, pp. 18~19; B. N. S. Yadava, "Society as Reflected in the Dharmasastra Tradition(with special reference to Manu and Yajnavalkya)," in G. G. Pande, ed., History of Science, Philosophy and Culture in Indian Civilization, Vol. I, Part 2, Life, Thought and Culture in India(from 600 BC to AD 300), pp. 254~255.

3. 초기 브라만 문헌은 거의 '브라만의 땅'인 동부 땅을 언급하지 않았고 오직 『백 가지 경로의 브라흐마나Satapathabrahmana』만 그것을 '동방 요괴(아수라)의 백성'으로 칭했다. 상세한 내용은 다음 참조. Johannes Bronkhorst, Greater Magadha: Studies in the Culture of Early India(Leiden: Brill, 20070), p. 4.

4. Axel Michaels, Hinduism. Past and Present(New Jersey: Princeton University Press, 2004), pp. 40~41.

5. André Wink, Al-Hind: The Making of the Indo-Islamic World, Volume I, Early Medieval India and the Expansion of Islam, 7th-11th Centuries(Boston & Leiden: Brill Academic Publishers, Inc., 2002), p. 241.

6. Ibid., pp. 243~244.

7. R. C. Majumdar, ed., The History and Culture of the Indian People, Vol. III, The Classical Age(Bombay: Bharatiya Vidya Bhavan, 4th edition, 1988), pp. 64~65.

8. 음역하면 '라지푸트인'인데 그 뜻은 '왕Raja의 아들putra'이며 오늘날 라자스탄주의 이름이 여기서 유래했다.

9. André Wink, Al-Hind: The Making of the Indo-Islamic World, Volume I, Early Medieval India and the Expansion of Islam, 7th-11th Centuries(Boston & Leiden: Brill Academic Publishers, Inc., 2002), pp. 280~282, 291.

10. Wendy Doniger and Brian K. Smith, trans., The Laws of Manu, pp. 240~241.

11. R. C. Majumdar, ed., The History and Culture of the Indian People, Volume 4, The Age of Imperial Kanauj(Bombay: Bharatiya Vidya Bhavan,second edition, 1964), p. 39.

12. André Wink, Al-Hind: The Making of the Indo-Islamic World, Volume I,Early Medieval India and the Expansion of Islam, 7th-11th Centuries, p. 288

13. Ibid., p. 237.

14. Ibid., p. 125.

15. Ibid., pp. 149~151.

16. Ibid., p. 51.

17. Stanley Lane-Poole, The Mohammadan Dynasties: Chronological and Genealogical Tables with Historical Introductions(London: Archibald Constable and Company, 1894, reprint by Routledge, USA), p. 283.

18. 가즈니는 『원사元史』에서 '가질녕呷疾寧'으로 칭해졌다.

19. Stanley Lane-Poole, The Mohammadan Dynasties, p. 284.

20. André Wink, Al-Hind, The Making of the Indo-Islamic World, Volume 2, The Slave Kings and the Islamic Conquest, 11th 13th Centuries(Boston & Leiden: Brill Academic Publishers, Inc., 2002), pp. 135~136.

21. Peter Jackson, The Delhi Sultanate, A Political and Military History(Cambridge, UK: Cambridge University Press, 2000), p. 12.

22. Ibid., pp. 33~34.

23. André Wink, Al-Hind, Volume I, Early Medieval India and the Expansion of Islam, 7th- 11th Centuries, pp. 256, 260~261.

24. X Ibid., p. 266.

25. R. C. Majumdar, ed., The History and Culture of the Indian People, Volume IV, The Age of Imperial Kanauj, p. 50.

26. André Wink, Al-Hind, Volume I, Early Medieval India and the Expansion of Islam, 7th- 11th Centuries, pp. 258~259.

27. Sukumar Dutt, Buddhist Monks and Monasteries of India: Their History and Contribution to Indian Culture(London: George Allen and Unwin Ltd, 1962), pp. 344, 352~353.

28. 마준다르의 『인도인의 역사와 문화』에서는 '벵골은 어쩌면 일반적으로 말해서 동인도, 즉 샤크티 숭배의 땅'으로 여겼다. 상세한 내용은 다음 참조. A. K. Majumdar, ed., History and Culture of the Indian People, Volume III, The Classical Age(Bombay: Bharatiya Vidya Bhavan, 4th edition, 1988), p. 447. '~의 땅'은 '~이 성행한 땅'이라는 뜻으로 '발원지'와는 다르지만 해당 지역은 불교의 도모度母, Tara 숭배의 기원지라고 보는 편이 비교적 타당하다.

29. André Wink, Al-Hind, Volume I, Early Medieval India and the Expansion of Islam, 7th- 11th Centuries, p. 269.

30. Ibid., p. 263.

31. Ibid., p .269.

32. Ravindra Panth, "Buddhist Religion, Art and Literature in Sri Lanka," in G. C. Pande, ed., History of Science, Philosophy and Culture in Indian Civilization, Volume I, Part 3, India's Interaction with Southeast Asia(New Delhi: Centre for Studies in Civilizations, 2006), p. 595.

33. Ravindra Panth, "Buddhist Religion, Art and Literature in Sri Lanka," p. 598.

34. Ibid., p. 607.

35. Manu Panth, "Theravada Buddhism and its Influence in Myanmar," in G. C. Pande, ed., History of Science, Philosophy and Culture in Indian Civilization, Volume I, Part 3, India's Interaction with Southeast Asia, p. 583.

36. 여기서는 '소승小乘'과 '상좌上座'를 분리하여 사용하였다. 모든 소승이 다 남방불교인 것은 아니며 오직 스리랑카 팔리문의 상좌부를 '남방' 불교로 칭한다. 소승의 설일체유부는 인도 전역에 널리 퍼져 있으며 카슈미르와 간다라에 있는 것은 비슈누종Vaibhashikas으로 부른다. 자세한 내용은 다음 참조 A. K. Majumdar, ed., History and Culture of the

Indian People, Volume III, The Classical Age, p. 381.

37. Manu Panth, "Theravada Buddhism and its Influence in Myanmar," pp. 585~587.

38. Nicholas Tarling, ed., The Cambridge History of Southeast Asia, Volume One, Part One, From early times to c.1500(Cambridge, UK: Cambridge University Press, 1999), p. 165; 이러한 무공은 아마도 훗날 추인된 것으로 보인다. 버마인 역시 피우족의 문화를 대거 흡수하였고 몬족에 대해서는 일부 학자는 그들에게 이 같은 규모의 왕국이 없었다는 것에 의구심을 품지만, 버마인이 해당 지역으로 남하하여 그들이 스리랑카의 상좌부와 접촉하게끔 한 것은 사실로 봤다. 상세한 내용은 다음 참조. Victor Lieberman, Strange Parallels, Southeast Asia in Global Context, 800-1830, Volume 1, Integration on the Mainland(New York: Cambridge University Press, 2010). p. 91.

39. V. C. Srivastava, "Hinduism in Southeast Asia: Burma, Champa, Kambuja, Ceylon, Bali and Indonesia," in G.C.Pande,ed., History of Science, Philosophy and Culture in Indian Civilization, Volume I, Part 3, India's Interaction with Southeast Asia, p. 623.

40. Manu Panth, "Theravada Buddhism and its Influence in Myanmar," pp. 588~589; Nicholas Tarling, ed., The Cambridge History of Southeast Asia, Volume One, Part One, From early times to 1500, p. 295.

41. Lynda Norene Shaffer, Maritime Southeast Asia to 1500(Armonk, New York: M.E.Sharpe, 1996), p. 21.

42. Ibid., p. 24. 인도 아대륙의 점진적인 산스크리트화는 굽타왕조의 고전주의 확산이지 Shaffer의 책에서 언급한 것처럼 마우리아 왕조에서 시작된 것이 아니다. 후자의 마가다 문화는 인도 전역의 문화가 되지 못했다. 앞서 이미 지적하였듯이 마가다 지역에서 탄생한 불교조차 훗날 산스크리트화의 길에 들어서게 되었다.

43. Ibid., pp. 29, 23.

44. Nicholas Tarling, ed., The Cambridge History of Southeast Asia, Volume One, Part One, From early times to 1500, p. 174.

45. Ibid., p. 297; Lynda Norene Shaffer, Maritime Southeast Asia to 1500, p. 42.

46. Lynda Norene Shaffer, Maritime Southeast Asia to 1500, p. 69.

47. Ibid., p. 73.

48. R. C. Majumdar, ed., The History and Culture of the Indian People, Vol. V, The Struggle for Empire(Bombay: Bharatiya Vidya Bhavan, 4th edition, 1989), p. 235

49. Ibid., pp. 238~239.

50. André Wink, Al-Hind, Volume I, p. 275.

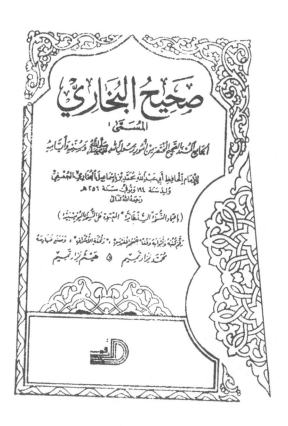

صحيح البخاري

المسمّى

الجامع المسند الصحيح المختصر من أمور رسول الله ﷺ وسننه وأيامه

للإمام الحافظ أبي عبد الله محمد بن إسماعيل البخاري الجعفي

ولد سنة ١٩٤ وتوفي سنة ٢٥٦ هـ

رحمه الله تعالى

(اعتماد النسخة السلطانية المنسوبة على النسخ اليونينية)

قرأته وأعدته وضبط نصه المفهرس «رحمة الأشقر»، وعني بنشره

محمد زهير زار تميم ٥ ميتر زار تميم

신세계사 2

초판 1쇄 인쇄 2022년 6월 13일
초판 1쇄 발행 2022년 6월 30일

지은이 쑨룽지
옮긴이 오수현
펴낸이 유정연

기획 노승현
이사 김귀분
책임편집 조현주 **기획편집** 신성식 심설아 유리슬아 이가람 서옥수 **디자인** 안수진 기경란
마케팅 이승헌 반지영 박중혁 김예은 **제작** 임정호 **경영지원** 박소영

펴낸곳 흐름출판(주) **출판등록** 제313-2003-199호(2003년 5월 28일)
주소 서울시 마포구 월드컵북로5길 48-9(서교동)
전화 (02)325-4944 **팩스** (02)325-4945 **이메일** book@hbooks.co.kr
홈페이지 http://www.hbooks.co.kr **블로그** blog.naver.com/nextwave7
출력·인쇄·제본 (주)상지사 **용지** 월드페이퍼(주) **후가공** (주)이지앤비(특허 제10-1081185호)

ISBN 978-89-6596-279-3 04900
　　　978-89-6596-356-1 (세트)

A NEW
HISTORY OF
THE WORLD

04900

값 42,000원

ISBN 978-89-6596-279-3
ISBN 978-89-6596-356-1(세트)

9 788965 962793